ɪ	city ['sɪtɪ]	wie *Mitte*
iː	see [siː]	wie *nie*
ɒ	shop [ʃɒp]	wie *Gott*
ɔː	course [kɔːs]	wie *Lord*
ʊ	good [gʊd]	wie *Mutter*
uː	too [tuː]	wie *Schuh*
aɪ	night [naɪt]	wie *Neid*
aʊ	now [naʊ]	wie *blau*
əʊ	home [həʊm]	von [ə] zu [ʊ] gleiten
eə	air [eə]	wie *Bär*
eɪ	eight [eɪt]	wie *ai*
ɪə	near [nɪə]	von [ɪ] zu [ə] gleiten
ɔɪ	join [dʒɔɪn]	wie *neu*
ʊə	tour [tʊə]	wie *Kur*
j	yes [jes], tube [tjuːb]	wie *jetzt*
w	way [weɪ], one [wʌn]	wie [uː], Lippen gerundet
ŋ	thing [θɪŋ]	wie *Ding*
r	room [ruːm]	nicht gerollt, Zunge am Gaumen
s	see [siː]	wie *lassen*
z	is [ɪz], zero ['zɪərəʊ]	wie *lesen*
ʃ	shop [ʃɒp]	wie *Scholle*
tʃ	cheap [tʃiːp]	wie *tschüs*
ʒ	television ['telɪvɪʒn]	wie *Genie*
dʒ	just [dʒʌst]	wie *Job*
θ	thanks [θæŋks]	wie *Faß*, aber gelispelt
ð	that [ðæt]	wie *Sense*, aber gelispelt
v	very ['verɪ]	wie deutsches *w*
x	loch [lɒx]	wie *ach*
ː	bedeutet Längung des voranstehenden Vokals	

LANGENSCHEIDTS UNIVERSAL-WÖRTERBUCH

ENGLISCH

ENGLISCH-DEUTSCH
DEUTSCH-ENGLISCH

Vollständige Neubearbeitung 1992

LANGENSCHEIDT
BERLIN · MÜNCHEN · WIEN
ZÜRICH · NEW YORK

Bearbeitet von
Holger Freese, Helga Krüger, Brigitte Wolters

Inhaltsverzeichnis

Hinweise für den Benutzer	3
Englisch-Deutsches Wörterverzeichnis	11
Deutsch-Englisches Wörterverzeichnis	335
Britische und amerikanische Abkürzungen	570
Unregelmäßige englische Verben	572
Zahlwörter	575

Erklärung der phonetischen Zeichen vorderer Buchdeckel innen

Als Warenzeichen geschützte Wörter sind durch das Zeichen TM kenntlich gemacht. Ein Fehlen dieses Zeichens ist keine Gewähr dafür, daß dieses Wort als Handelsname frei verwendet werden darf.

Auflage:	10.	9.	8.	7.	6.	Letzte Zahlen
Jahr:	1997	96	95	94	93	maßgeblich

© *1957, 1976, 1992*
Langenscheidt KG, Berlin und München
Druck: Druckhaus Langenscheidt, Berlin-Schöneberg
Printed in Germany · ISBN 3-468-18122-1

Hinweise für den Benutzer

1. Stichwort. Das Wörterverzeichnis ist alphabetisch geordnet und verzeichnet im englisch-deutschen Teil auch die unregelmäßigen Verb- und Pluralformen an ihrer alphabetischen Stelle. Im deutsch-englischen Teil werden die Umlautbuchstaben ä, ö, ü wie a, o, u behandelt. Das „ß" wird wie „ss" eingeordnet.

Die Angabe der weiblichen Formen erfolgt im deutsch-englischen Teil im Stichwort normalerweise durch eingeklammertes „(in)", z. B. „Lehrer(in)" oder durch die Genusangabe, z. B. „Abgeordnete *m, f*".

Die Tilde (~, bei veränderter Schreibung des Anfangsbuchstabens 2) ersetzt entweder das ganze Stichwort oder den vor dem senkrechten Strich (|) stehenden Teil:

foot ... ~**ball** = football
approv|**al** ... ~**e** = approve
Bäck|**er**|**(in)** ..: ~**ei** = Bäckerei
house ... 2 **of Commons** = House of Commons
Beginn ... 2**en** = beginnen

Die Tilde ersetzt in Anwendungsbeispielen das unmittelbar vorangehende halbfette Stichwort, das auch selbst mit einer Tilde gebildet sein kann:

distance ... *in the* ~ = in the distance
after ... ~**noon** ... *good* ~ = good afternoon
ab|**beißen** ...; ~**biegen** ... *nach rechts* (*links*) ~ = ... abbiegen

2. Aussprache. 2.1 Die Aussprache des englischen Stichworts steht in eckigen Klammern und wird durch die Symbole der International Phonetic Association wiedergegeben. (Die Erklärung der phonetischen Zeichen siehe vorderer Buchdeckel innen!)

Aus Gründen der Platzersparnis wird in der Lautschriftklammer oft die Tilde (~) verwendet. Sie ersetzt den Teil der Lautschrift, der sich gegenüber der vorhergehenden Umschrift nicht verändert:

abuse 1. [ə'bjuːs] ... **2.** [~z]

Häufig wird auch nur eine Teilumschrift gegeben, z. B. **blotting paper** ['blɒtɪŋ].

2.2 Die Betonung der englischen Wörter wird durch das Zeichen ' für den Hauptakzent vor der zu betonenden Silbe angegeben:

onion ['ʌnjən] — **advantage** [əd'vɑːntɪdʒ]
administration [~'streɪʃn]
'lighthouse — **'~ing glass** (magnifying glass)
~'loyal (disloyal) — **~-of-'fact** (matter-of-fact)

Bei zusammengesetzten, aber getrennt geschriebenen Stichwörtern oder bei zusammengeschriebenen Stichwörtern, die die Betonung in der Mitte des Wortes haben, gilt die Betonung und Aussprache der jeweiligen Einzelbestandteile:

bank account — **irrecoverable**

2.3 Endsilben ohne Lautschrift. Um Raum zu sparen, werden die häufigsten Endungen der englischen Stichwörter hier einmal mit Lautschrift aufgelistet. Sie erscheinen im Wörterverzeichnis in der Regel ohne Umschrift (sofern keine Ausnahmen vorliegen).

-ability [-ə'bɪlətɪ]
-able [-əbl]
-age [-ɪdʒ]
-al [-(ə)l]
-ally [-əlɪ]
-an [-ən]
-ance [-əns]
-ancy [-ənsɪ]
-ant [-ənt]
-ar [-ə]
-ary [-ərɪ]
-ation [-eɪʃn]
-cious [-ʃəs]
-cy [-sɪ]
-dom [-dəm]
-ed [-d; -t; -ɪd]*
-edness [-dnɪs; -tnɪs; -ɪdnɪs]*

-ee [-iː]	-iness [-ɪnɪs]	-oid [-ɔɪd]
-en [-n]	-ing [-ɪŋ]	-or [-ə]
-ence [-əns]	-ish [-ɪʃ]	-o(u)r [-ə]
-ency [-ənsɪ]	-ism [-ɪzəm]	-ous [-əs]
-ent [-ənt]	-ist [-ɪst]	-ry [-rɪ]
-er [-ə]	-istic [-ɪstɪk]	-ship [-ʃɪp]
-ery [-ərɪ]	-ite [-aɪt]	-(s)sion [-ʃn]
-ess [-ɪs]	-ity [-ətɪ; -ɪtɪ]	-sive [-sɪv]
-ful [-fʊl]	-ive [-ɪv]	-some [-səm]
-ial [-əl]	-ization [-aɪ'zeɪʃn]	-ties [-tɪz]
-ian [-ən]	-ize [-aɪz]	-tion [-ʃn]
-ible [-əbl]	-izing [-aɪzɪŋ]	-tional [-ʃənl]
-ic(s) [-ɪk(s)]	-less [-lɪs]	-tious [-ʃəs]
-ical [-ɪkl]	-ly [-lɪ]	-trous [-trəs]
-ie [-ɪ]	-ment(s) [-mənt(s)]	-try [-trɪ]
-ily [-ɪlɪ; -əlɪ]	-ness [-nɪs]	-y [-ɪ]

* [-d] nach Vokalen und stimmhaften Konsonanten
   [-t] nach stimmlosen Konsonanten
   [-ɪd] nach auslautendem d und t

Plural -s:
[-z] nach Vokalen und stimmhaften Konsonanten
[-s] nach stimmlosen Konsonanten

Das englische Alphabet

a [eɪ], b [biː], c [siː], d [diː], e [iː], f [ef], g [dʒiː], h [eɪtʃ], i [aɪ], j [dʒeɪ], k [keɪ], l [el], m [em], n [en], o [əʊ], p [piː], q [kjuː], r [ɑː], s [es], t [tiː], u [juː], v [viː], w [ˈdʌblju], x [eks], y [waɪ], z [zed]

3. Arabische Ziffern. Ein Wechsel der Wortart innerhalb eines Stichwortartikels wird im englisch-deutschen Teil durch halbfette arabische Ziffern gekennzeichnet. Die Wortart wird nur dann angegeben, wenn dies zum Verständnis notwendig ist:

control ... **1.** kontrollieren ... **2.** Kontrolle *f*
but ... **1.** *cj* aber, jedoch ... **2.** *prp* außer

4. Sachgebiet. Das Sachgebiet, dem ein Stichwort oder eine seiner Bedeutungen angehört, wird durch Abkürzungen oder ausgeschriebene Hinweise kenntlich gemacht. Die vor einer Übersetzung stehende abgekürzte Sachgebietsbezeichnung gilt für die folgenden durch Komma getrennten Übersetzungen. Steht im englisch-deutschen Teil hinter der Sachgebietsbezeichnung ein Doppelpunkt, so gilt sie für mehrere folgende Übersetzungen, auch wenn diese durch ein Semikolon voneinander abgetrennt sind:

manager ... *econ.*: Manager(in); Führungskraft *f*; ...

5. Sprachebene. Die Kennzeichnung der Sprachebene durch Abkürzungen wie F, *sl.* etc. bezieht sich auf das jeweilige Stichwort. Die Übersetzung wurde möglichst so gewählt, daß sie auf der gleichen Sprachebene wie das Stichwort liegt.

6. Grammatische Hinweise. Eine Liste der unregelmäßigen englischen Verben befindet sich im Anhang auf S. 572.

Im englisch-deutschen Teil stehen die unregelmäßigen Verbformen bzw. bei Substantiven die unregelmäßigen Pluralformen in runder Klammer hinter dem Stichwort:

do ... (*did, done*) — **bring** ... (*brought*)
shelf ... (*pl* shelves [~vz])

Im deutsch-englischen Teil werden die unregelmäßigen englischen Verben mit einem Stern * gekennzeichnet:

baden ... take* *od.* have* a bath; ... swim*

7. Übersetzungen. Sinnverwandte Übersetzungen eines Stichworts werden durch Komma voneinander getrennt. Mehrere Bedeutungen eines Wortes werden durch ein Semikolon getrennt.

Unübersetzbare Stichwörter werden in *Kursivschrift* erläutert:

lemon squash *Brt. Getränk aus gesüßtem Zitronenkonzentrat u. Wasser.*

Die Angabe der weiblichen Formen erfolgt bei den Übersetzungen im englisch-deutschen Teil durch eingeklammertes „(in)", z. B. „Lehrer(in)" oder durch die Genusangabe, z. B. „Abgeordnete m, f".

Vor der Übersetzung stehen im englisch-deutschen Teil (kursiv) die Akkusativobjekte von Verben und mit Doppelpunkt kursive Erläuterungen zur Übersetzung:

abandon ... *Hoffnung etc.* aufgeben
blow² ... *Sicherung:* durchbrennen

Im deutsch-englischen Teil wird ein Doppelpunkt gesetzt:

befolgen ... *Vorschrift:* a. observe; *Gebote:* keep*
Bauer¹ ... *Schach:* pawn

Hinter der Übersetzung kann (kursiv und in Klammern) ein Substantiv zur Erläuterung stehen:

beat ... Runde *f* ... (*e-s Polizisten*)

Wird das Stichwort (Verb, Adjektiv oder Substantiv) von bestimmten Präpositionen regiert, so werden diese mit den deutschen bzw. englischen Entsprechungen, der jeweiligen Bedeutung zugeordnet, angegeben:

aim ... zielen (**at** auf, nach)
indication ... (**of**) (An)Zeichen *n* (**für**); Hinweis *m* (**auf**)
Bericht *m* report (**über** on)

Hat eine Präposition in der Übersetzung keine direkte Entsprechung, so wird nur die Rektion gegeben:

correspond ... (**with, to**) entsprechen (*dat*)

8. Anwendungsbeispiele in Auszeichnungsschrift und ihre Übersetzungen stehen nach der Grundübersetzung eines Stichworts bzw. der Wortart, auf die sich das Beispiel bezieht:

mean³ ... meinen ... **be ~t for** bestimmt sein für
catch ... **2.** ... *v/t* (auf-, ein)fangen ... **~ (a) cold** sich erkälten
Beginn ... start; **zu ~** at the beginning

9. Rechtschreibung. Unterschiede in der britischen und amerikanischen Rechtschreibung werden in der folgenden Weise angedeutet:

catalogue, *Am.* -log, deutsch-engl. Teil: catalog(ue)
colo(u)r (= *Am.* color)
travel(l)er (= *Am.* traveler)
kidnap(p)er (= *Am.* kidnaper)
centre, *Am.* -ter, deutsch-engl. Teil: cent|re, *Am.* -er
defen|ce, *Am.* -se

10. Abkürzungen

a. also, auch
abbr. abbreviation, Abkürzung
acc accusative, Akkusativ
adj adjective, Adjektiv, Eigenschaftswort
adv adverb, Adverb, Umstandswort
aer. aeronautics, Luftfahrt
agr. agriculture, Landwirtschaft
Am. (originally or chiefly) American English, (ursprünglich oder hauptsächlich) amerikanisches Englisch
amer. amerikanisch, *American*
anat. anatomy, Anatomie, Körperbaulehre
appr. approximately, etwa
arch. architecture, Architektur
ast. astronomy, Astronomie; *astrology*, Astrologie
attr attributive, attributiv, beifügend

biol. biology, Biologie
bot. botany, Botanik, Pflanzenkunde
brit. britisch, *British*
Brt. British English, britisches Englisch
bsd. besonders, *especially*
chem. chemistry, Chemie
cj conjunction, Konjunktion, Bindewort
comp comparative, Komparativ, Höherstufe
cond conditional, konditional, Bedingungs...
contp. contemptuously, verächtlich
dat dative, Dativ
eccl. ecclesiastical, kirchlich
econ. economic term, Wirtschaft
EDV elektronische Datenverarbeitung, *electronic data processing*
e-e eine, *a (an)*
EG Europäische Gemeinschaft, *European Community*

electr. electrical engineering, Elektrotechnik
e-m einem, *to a (an)*
e-n einen, *a (an)*
e-r einer, *of a (an), to a (an)*
e-s eines, *of a (an)*
et. etwas, *something*
etc. etcetera, usw.
euphem. euphemistic, euphemistisch, verhüllend
F familiar, *familiar*; Umgangssprache, *colloquial language*
f feminine, weiblich
fig. figuratively, bildlich, im übertragenen Sinn
gastr. gastronomy, Kochkunst
GB Great Britain, Großbritannien
gen genitive, Genitiv
geogr. geography, Geographie, Erdkunde
geol. geology, Geologie
ger gerund, Gerundium
gr. grammar, Grammatik
hist. history, Geschichte; *historical*, inhaltlich veraltet
hunt. hunting, Jagd
impers impersonal, unpersönlich
int interjection, Interjektion, Ausruf
j. jemand, *someone*
j-m jemandem, *to someone*
j-n jemanden, *someone*
j-s jemandes, *of someone*
jur. jurisprudence, Rechtswissenschaft
konstr. konstruiert, *constructed*

ling. linguistics, Sprachwissenschaft
m masculine, männlich
mar. maritime term, Schiffahrt
math. mathematics, Mathematik
m-e meine, *my*
med. medicine, Medizin
metall. metallurgy, Hüttenkunde
meteor. meteorology, Wetterkunde
mil. military, militärisch
min. mineralogy, Gesteinskunde
m-m meinem, *to my*
m-n meinen, *my*
mot. motoring, Kraftfahrwesen
m-r meiner, *of my, to my*
m-s meines, *of my*
mst meistens, *mostly, usually*
mus. musical term, Musik
n neuter, sächlich
nom nominative, Nominativ
od. oder, *or*
opt. optics, Optik
o.s. oneself, sich
östr. österreichisch, *Austrian*
paint. painting, Malerei
parl. parliamentary term, parlamentarischer Ausdruck
pass passive, Passiv
ped. pedagogy, Schulwesen
pers personal, persönlich
phls. philosophy, Philosophie
phot. photography, Fotografie
phys. physics, Physik

physiol. physiology, Physiologie
pl plural, Plural, Mehrzahl
poet. poetic, dichterisch
pol. politics, Politik
poss possessive, possessiv, besitzanzeigend
post. post and telecommunications, Post- u. Fernmeldewesen
pp past participle, Partizip Perfekt, Mittelwort der Vergangenheit
pred predicative, prädikativ, als Aussage gebraucht
pres present, Präsens, Gegenwart
pres p present participle, Partizip Präsens, Mittelwort der Gegenwart
pret preterite, Präteritum, 1. Vergangenheit
print. printing, Buchdruck
pron pronoun, Pronomen, Fürwort
prp preposition, Präposition, Verhältniswort
psych. psychology, Psychologie
rail. railway, Eisenbahn
reflex reflexive, reflexiv, rückbezüglich
rel relative, relativ
s substantive, Substantiv, Hauptwort
s-e seine, *his, one's*
sg singular, Singular, Einzahl
sl. slang, Slang
s-m seinem, *to his, to one's*
s-n seinen, *his, one's*

s.o. someone, jemand
s-r seiner, *of his, of one's, to his, to one's*
s-s seines, *of his, of one's*
s.th. something, etwas
südd. süddeutsch, *Southern German*
sup superlative, Superlativ, Höchststufe
tech. technology, Technik
tel. telegraphy, Telegrafie
teleph. telephony, Fernsprechwesen
thea. theatre, Theater
TM trademark, Warenzeichen
TV television, Fernsehen
typ. typography, Buchdruck
u. und, *and*
univ. university, Hochschulwesen
USA United States, Vereinigte Staaten
V vulgar, vulgär, unanständig
v/aux auxiliary verb, Hilfszeitwort
vb verb, Verb, Zeitwort
vet. veterinary medicine, Tiermedizin
v/i intransitive verb, intransitives Verb, nichtzielendes Zeitwort
v/t transitive verb, transitives Verb, zielendes Zeitwort
z. B. zum Beispiel, *for instance*
zo. zoology, Zoologie
zs.-, Zs.- zusammen, *together*
Zssg(n) Zusammensetzung (-en), *compound word(s)*

→ siehe, *see, refer to*

Englisch-Deutsches Wörterverzeichnis

A

a [ə, *betont* eɪ], *vor Vokal:* **an** [ən, *betont* æn] ein(e)
abandon [ə'bændən] verlassen; *Hoffnung etc.* aufgeben
abbey ['æbɪ] Abtei *f*
abbreviat|e [ə'briːvɪeɪt] (ab-)kürzen; **~ion** [~'eɪʃn] Abkürzung *f*
ABC [eɪbiː'siː] Abc *n*
abdicate ['æbdɪkeɪt] *Amt etc.* niederlegen; abdanken
abdom|en ['æbdəmən] Unterleib *m*; **~inal** [~'dɒmɪnl] Unterleibs-
abduct [əb'dʌkt] entführen
abhor [əb'hɔː] verabscheuen; **~rence** [~'hɒrəns] Abscheu *m*; **~rent** verhaßt, zuwider
ability [ə'bɪlətɪ] Fähigkeit *f*
able ['eɪbl] fähig, tüchtig, geschickt; **be ~ to** imstande sein zu, können
abnormal [əb'nɔːml] anomal, abnorm
aboard [ə'bɔːd] an Bord
abolish [ə'bɒlɪʃ] abschaffen
abominable [ə'bɒmɪnəbl] abscheulich, scheußlich
aboriginal [æbə'rɪdʒənl] eingeboren, einheimisch
abortion [ə'bɔːʃn] Fehlgeburt *f*; Schwangerschaftsabbruch *m*, Abtreibung *f*

about [ə'baʊt] **1.** *prp* um (... herum); herum in (*dat*); um, gegen (**~ noon**); über (*acc*); bei, an (*dat*), an (*dat*) (**I had no money ~ me**); im Begriff, dabei; **2.** *adv* herum, umher; in der Nähe, da; ungefähr
above [ə'bʌv] **1.** *prp* auf, oberhalb, über, mehr als; **~ all** vor allem; **2.** *adv* (dr)oben; darüber (hinaus); **3.** *adj* obig, obenerwähnt
abrasion [ə'breɪʒn] (Haut-)Abschürfung *f*
abridge [ə'brɪdʒ] kürzen
abroad [ə'brɔːd] im *od.* ins Ausland; überall(hin)
abrupt [ə'brʌpt] abrupt, plötzlich, kurz, schroff
abscess ['æbsɪs] Abszeß *m*
absence ['æbsəns] Abwesenheit *f*; Fehlen *n*
absent ['æbsənt] abwesend; geistesabwesend; **be ~** fehlen; **~'minded** zerstreut
absolute ['æbsəluːt] absolut; vollkommen, völlig
absolve [əb'zɒlv] freisprechen
absorb [əb'sɔːb] absorbieren, auf-, einsaugen; **~ed in** vertieft in; **~ent** absorbierend; **~ cotton** *Am.* Watte *f*

abstain [əb'steɪn] sich enthalten *(from gen)*

abstinen|ce ['æbstɪnəns] Abstinenz *f*, Enthaltsamkeit *f*; **~t** abstinent, enthaltsam

abstract 1. ['æbstrækt] abstrakt; **2.** [~'strækt] abstrahieren; ~ed zerstreut

absurd [əb'sɜːd] absurd; lächerlich

abundan|ce [ə'bʌndəns] Überfluß *m*; **~t** reichlich

abus|e 1. [ə'bjuːs] Mißbrauch *m*; Beschimpfung *f*; **2.** [~z] mißbrauchen; beschimpfen; **~ive** [~sɪv] beleidigend

abyss [ə'bɪs] Abgrund *m*

academ|ic [ækə'demɪk] akademisch; **~y** [ə'kædəmɪ] Akademie *f*

accelerat|e [ək'seləreɪt] beschleunigen; *mot.* Gas geben; **~or** Gaspedal *n*

accent ['æksent] Akzent *m*

accept [ək'sept] an-, entgegennehmen; akzeptieren; hinnehmen

access ['ækses] Zugang *m*; *Computer:* Zugriff *m* (**to** auf); *fig.* Zutritt *m*; **~ary** [ək'sesərɪ] *jur.* Mitschuldige *m*, *f*; **~ible** [ək'sesəbl] (leicht) zugänglich; **~ion** [æk'seʃn] Antritt *m* (*e-s Amtes*)

accessory [ək'sesərɪ] Zubehörteil *n*, *Mode:* Accessoire *n*, *pl.* a. Zubehör *n*; *jur.* Mitschuldige *m*, *f*

accident ['æksɪdənt] Unfall *m*, Unglück(sfall *m*) *n*; Zufall *m*; **by** ~ zufällig; **~al** [~'dentl] zufällig; versehentlich

acclimat|e [ə'klaɪmət] → **~ize** (**to**) (sich) akklimatisieren (an)

accommodat|e [ə'kɒmədeɪt] unterbringen; Platz haben für, fassen; anpassen (**to** *dat od.* an *acc*); *j-m* aushelfen; **~ion** [~'deɪʃn] (*Am. mst pl*) Unterkunft *f*

accompan|iment [ə'kʌmpənɪmənt] Begleitung *f*; **~y** begleiten

accomplice [ə'kʌmplɪs] Komplize *m*, -zin *f*

accomplish [ə'kʌmplɪʃ] erreichen; leisten; **~ed** fähig; vollendet, perfekt

accord [ə'kɔːd] **1.** Übereinstimmung *f*; **of one's own** ~ von selbst; **with one** ~ einstimmig; **2.** übereinstimmen; **~ance: in** ~ **with** entsprechend, gemäß; **~ing: ~ to** laut, nach; **~ingly** (dem)entsprechend

account [ə'kaʊnt] **1.** Konto *n* (**with** bei); Rechnung *f*; Bericht *m*; Rechenschaft *f*; **give an** ~ **of** Bericht erstatten über; **on no** ~ auf keinen Fall; **on** ~ **of** wegen; **take into** ~, **take** ~ **of** berücksichtigen; **2.** ~ **for** Rechenschaft über *et.* ablegen; (sich) erklären; **~ant** Buchhalter(in)

accumulate [ə'kjuːmjʊleɪt] (sich) ansammeln *od.* (an)häufen; **~or** Akkumu-

accuracy ['ækjurəsɪ] Genauigkeit f; **~te** ['~rət] genau
accusation [ækjuː'zeɪʃn] jur. Anklage f; An-, Beschuldigung f; **~e** [ə'kjuːz] jur. anklagen (**of** gen wegen); beschuldigen (**of** gen); **~ed**: **the ~** der od. die Angeklagte, die Angeklagten pl
accustom [ə'kʌstəm] gewöhnen (**to** an); **get ~ed to** sich gewöhnen an; **~ed** gewohnt
ace [eɪs] As n (a. fig.)
ache [eɪk] **1.** weh tun; **2.** anhaltender Schmerz
achieve [ə'tʃiːv] Ziel erreichen, Erfolg erzielen; **~ment** Leistung f
acid ['æsɪd] **1.** sauer; fig. bissig; **2.** Säure f; **~ rain** saurer Regen
acknowledge [ək'nɒlɪdʒ] anerkennen; zugeben; Empfang bestätigen; **~(e)ment** Anerkennung f
acoustics [ə'kuːstɪks] pl e-s Raumes: Akustik f
acquaint [ə'kweɪnt] bekannt od. vertraut machen; **be ~ed with** j-n, et. kennen; **~ance** Bekanntschaft f; Bekannte m, f
acquire [ə'kwaɪə] erwerben
acquit [ə'kwɪt] freisprechen
acrid ['ækrɪd] scharf, beißend
across [ə'krɒs] **1.** prp (quer) über (acc); (quer) durch; jenseits (gen), auf der anderen Seite von (od. gen); **2.** adv (quer) hin- od. herüber; (quer) durch; drüben
act [ækt] **1.** handeln; sich verhalten od. benehmen; (ein)wirken; thea. spielen, Stück a. aufführen; **~ as** fungieren als; **2.** Tat f, Handlung f; jur. Gesetz n; thea. Akt m (Programm)Nummer f; **'~ion** Handlung f; Tat f (a. thea.), Film etc.: Action f; tech. Funktionieren n; (Ein)Wirkung f; jur. Klage f, Prozeß m; mil. Gefecht n, Einsatz m
active ['æktɪv] aktiv; tätig; lebhaft; **~ity** [~'tɪvɪtɪ] Aktivität f
actor ['æktə] Schauspieler m; **~ress** ['~trɪs] Schauspielerin f
actual ['æktʃuəl] wirklich
acute [ə'kjuːt] scharf(sinnig); spitz; med. akut
ad [æd] F → **advertisement**
adapt [ə'dæpt] (sich) anpassen; Text bearbeiten; **~ation** [ædæp'teɪʃn] Anpassung f; Bearbeitung f; **~er, ~or** [ə'dæptə] Adapter m
add [æd] hinzufügen
addict ['ædɪkt] Süchtige m, f; **~ed** [ə'dɪktɪd]: **be ~ to** ...süchtig sein
addition [ə'dɪʃn] Hinzufügung f, Zusatz m; math. Addition f; **in ~ to** außer, zusätzlich zu; **~al** zusätzlich
address [ə'dres] **1.** Worte etc. richten (**to** an), j-n anreden od. ansprechen; adressieren;

2. Adresse f, **Anschrift** f; **Rede** f, **Ansprache** f; ~**ee** [ædre'siː] Empfänger(in)
adequate ['ædɪkwət] angemessen
adhe|re [əd'hɪə]: ~ **to** haften od. kleben an; fig. festhalten an; ~**sive** [~'hiːsɪv] Klebstoff m; ~ **plaster** Heftpflaster n; ~ **tape** Klebstreifen m; Am. Heftpflaster n
adjacent [ə'dʒeɪsənt] angrenzend, -stoßend (**to** an)
adjective ['ædʒɪktɪv] gr. Adjektiv n, Eigenschaftswort n
adjoin [ə'dʒɔɪn] (an)grenzen od. ~ (-)stoßen an
adjourn [ə'dʒɜːn] verschieben, (sich) vertagen
adjust [ə'dʒʌst] anpassen; tech. einstellen, regulieren; ~**able** verstellbar
administ|er [əd'mɪnɪstə] verwalten; Arznei geben, verabreichen; Recht sprechen; ~**ration** [~'streɪʃn] Verwaltung f; Verabreichung f; bsd. Am. Regierung f, Amtsdauer f; ~**rative** [~strətɪv] Verwaltungs...; ~**rator** [~treɪtə] Verwalter m; Verwaltungsbeamte m
admirable ['ædmərəbl] bewundernswert, großartig
admiral ['ædmərəl] Admiral m
admir|ation [ædmə'reɪʃn] Bewunderung f; ~**e** [əd'maɪə] bewundern, verehren; ~**er** [~rə] Verehrer(in)

admiss|ible [əd'mɪsəbl] zulässig; ~**ion** [~'mɪʃn] Eintritt m; Aufnahme f; Eintritt(sgeld n) m; Eingeständnis n; ~ **free** Eintritt frei
admit [əd'mɪt] einlassen; zulassen; zugeben; ~**tance** Zutritt m
adolescent [ædəʊ'lesnt] Jugendliche m, f
adopt [ə'dɒpt] adoptieren; ~**ion** Adoption f
adorable [ə'dɔːrəbl] bezaubernd, entzückend; ~**e** [ə'dɔː] anbeten, verehren
adult ['ædʌlt] **1.** erwachsen; **2.** Erwachsene m, f
adultery [ə'dʌltərɪ] Ehebruch m
advance [əd'vɑːns] **1.** v/t vorrücken, -schieben; Zeitpunkt vorverlegen; Argument vorbringen; (be)fördern; Preis erhöhen; Geld vorauszahlen, vorschießen; Fortschritte machen; **2.** Vorrücken n, Fortschritt m; Vorschuß m; (Preis)Erhöhung f; **in** ~ im voraus; vorher; ~ **booking** Vor(aus)bestellung f; thea. Vorverkauf m; ~ **payment** Vorauszahlung f; ~**d** vorgerückt, fortgeschritten; fortschrittlich
advantage [əd'vɑːntɪdʒ] Vorteil m; **take** ~ of ausnutzen; ~**ous** [ædvən'teɪdʒəs] vorteilhaft, günstig
adventur|e [əd'ventʃə] Aben-

teuer *n*; **~er** [~rə] Abenteurer *m*; **~ous** [~rəs] abenteuerlustig; abenteuerlich
adverb ['ædvɜːb] *gr.* Adverb *n*, Umstandswort *n*
adversary ['ædvəsəri] Gegner(in)
advertis|e ['ædvətaiz] inserieren; Reklame machen (für), werben für; ankündigen; **~ement** [əd'vɜːtismənt] (Zeitungs)Anzeige *f*, Inserat *n*; → **~ing** [ædvətaiziŋ] Werbung *f*, Reklame *f*
advice [əd'vais] Rat(schlag) *m*; *take s.o.'s* ~ j-s Rat befolgen
advis|able [əd'vaizəbl] ratsam; **~e** [~z] *j-m* raten; *j-n* beraten; **~er** Berater(in)
aerial ['eəriəl] Luft...; *bsd. Brt.* Antenne *f*
aero|bics [eə'rəubiks] *sg* Aerobic *n*; **~plane** ['eərəplein] *Brt.* Flugzeug *n*
aesthetic [iːs'θetik] ästhetisch
affair [ə'feə] Angelegenheit *f*; Affäre *f*, Verhältnis *n*
affect [ə'fekt] beeinflussen; *med.* angreifen, befallen; bewegen, rühren
affection [ə'fekʃn] Liebe *f*, Zuneigung *f*; **~ate** [~ʃnət] liebevoll, herzlich
affinity [ə'finəti] *chem.* Affinität *f*; (geistige) Verwandtschaft; Neigung *f*
affirm [ə'fɜːm] versichern; beteuern; bestätigen; **~ation** [æfə'meiʃn] Versicherung *f*;

Beteuerung *f*; Bestätigung *f*; **~ative** [ə'fɜːmətiv] **1.** *adj* bejahend, zustimmend; **2.** *s*: *answer in the* ~ bejahen
afflict [ə'flikt] plagen
affluent ['æfluənt] reich, wohlhabend; ~ *society* Wohlstandsgesellschaft *f*
afford [ə'fɔːd] sich leisten
affront [ə'frʌnt] Beleidigung *f*
afraid [ə'freid]: *be* ~ (*of*) sich fürchten *od.* Angst haben (vor)
African ['æfrikən] **1.** afrikanisch; **2.** Afrikaner(in)
after ['ɑːftə] **1.** *prp räumlich*: hinter (... her), nach; *zeitlich, fig.*: nach; ~ *all* schließlich; doch; ~ *that* danach; **2.** *adv* nachher, hinterher, danach; **3.** *adj* später; **4.** *cj* nachdem; **~noon** Nachmittag *m*; *in the* ~ am Nachmittag; *this* ~ heute nachmittag; *good* ~ *nachmittags*: guten Tag; **~ward(s** *Brt.*) ['~wəd(z)] später, nachher, hinterher
again [ə'gen] wieder; noch einmal
against [ə'genst] gegen; an
age [eidʒ] **1.** Alter *n*; Zeit(alter *n*) *f*; *at the* ~ *of* im Alter von; *of* ~ volljährig; *under* ~ minderjährig; *five years of* ~ fünf Jahre alt; *for* ~*s* F seit e-r Ewigkeit; **2.** alt werden; alt machen; **~d** ['eidʒid] alt, betagt; [eidʒd] im Alter von
agency ['eidʒənsi] Agentur *f*; Geschäftsstelle *f*, Büro *n*

agenda [əˈdʒendə] Tagesordnung *f*

agent [ˈeɪdʒənt] Agent *m*, Vertreter *m*; Makler *m*; Wirkstoff *m*, Mittel *n*

aggress|ion [əˈgreʃn] *bsd. mil.* Angriff *m*, Aggression *f*; **~ive** [~sɪv] aggressiv; **~or** [~sə] Angreifer *m*

agile [ˈædʒaɪl] beweglich

agitat|e [ˈædʒɪteɪt] schütteln, (um)rühren; aufregen; *j-n* aufhetzen; hetzen (*against* gegen); **~ion** [~ˈteɪʃn] Aufregung *f*, Agitation *f*

ago [əˈgəʊ] *zeitlich*: vor; *long* **~** vor langer Zeit

agon|izing [ˈægənaɪzɪŋ] qualvoll; **~y** Qual *f*

agree [əˈgriː] *v/i* einig werden, sich einigen; zustimmen, einverstanden sein; gleicher Meinung sein; *Speise*: bekommen; *v/t* vereinbaren; *bsd. Brt.* sich einigen auf; **~able** [~ɪ~] angenehm; **~ment** [~ː~] Übereinstimmung *f*, Vereinbarung *f*; Abkommen *n*; Einigung *f*

agricultur|al [ægrɪˈkʌltʃərəl] landwirtschaftlich; **~e** [ˈ~ʃə] Landwirtschaft *f*

ahead [əˈhed] vorn; voraus, vorwärts; **~ of** vor, voraus

aid [eɪd] **1.** helfen; **2.** Hilfe *f*

ailing [ˈeɪlɪŋ] kränkelnd

aim [eɪm] **1.** *v/i* zielen (*at* auf, nach); beabsichtigen; *v/t* *Waffe* richten (*at* auf); **2.** Ziel *n*; Absicht *f*

air¹ [eə] **1.** Luft *f*; *by* **~** auf dem Luftweg; *in the open* **~** im Freien; *on the* **~** im Rundfunk *od.* Fernsehen; **2.** (aus)lüften

air² [~] Miene *f*, Aussehen *n*

'air|base Luftstützpunkt *m*; **'~bed** Luftmatratze *f*; **~brake** Druckluftbremse *f*; **~-conditioned** mit Klimaanlage; **'~conditioning** Klimaanlage *f*; **~craft** (*pl* **-craft**) Flugzeug *n*; **~ carrier** Flugzeugträger *m*; **~ field** Flugplatz *m*; **~ force** Luftwaffe *f*; **~ hostess** Stewardeß *f*; **~ letter** Luftpost(leicht)brief *m*; **'~lift** Luftbrücke *f*; **'~line** Fluggesellschaft *f*; **'~mail** Luftpost *f*; *by* **~** mit Luftpost; **'~plane** *Am.* Flugzeug *n*; **~ pollution** Luftverschmutzung *f*; **~ port** Flughafen *m*, -platz *m*; **~ pressure** Luftdruck *m*; **'~sick** luftkrank; **~ space** Luftraum *m*; **~ terminal** Flughafenabfertigungsgebäude *n*; **'~tight** luftdicht; **~ traffic** Flugverkehr *m*; **~ traffic control** Flugsicherung *f*; **'~traffic controller** Fluglotse *m*; **'~way** Fluggesellschaft *f*; **'~y** luftig

aisle [aɪl] *arch.* Seitenschiff *n*; Gang *m*

ajar [əˈdʒɑː] *Tür*: angelehnt

alarm [əˈlɑːm] **1.** Alarm *m*; Alarmvorrichtung *f*, -anlage *f*; Wecker *m*; Angst *f*, Unru-

almond

he f; **give** od. **raise the ~** Alarm geben; fig. Alarm schlagen; **2.** alarmieren; ängstigen, beunruhigen; **~clock** Wecker m

alcohol ['ælkəhɔl] Alkohol m; **~ic** [~'hɔlɪk] **1.** alkoholisch; **2.** Alkoholiker(in)

ale [eɪl] Ale n (helles, obergäriges Bier)

alert [ə'lɜːt] **1.** auf der Hut, wachsam; **2.** (Alarm)Bereitschaft f; Alarm(signal n) m; **3.** alarmieren

alibi ['ælɪbaɪ] Alibi n

alien ['eɪljən] **1.** ausländisch; fremd; **2.** Ausländer(in); Außerirdische m, f

alight [ə'laɪt] (*alighted* od. *alit*) aussteigen, absteigen, absitzen; *Vogel*: sich niederlassen; *aer.* landen

alike [ə'laɪk] gleich; ähnlich

alimony ['ælɪmənɪ] Unterhalt(szahlung f) m

alive [ə'laɪv] lebend, am Leben; lebendig, lebhaft

all [ɔːl] **1.** *adj* all, gesamt, ganz; alle(r, -s), alle *pl*; **2.** *adv* ganz; gänzlich; **3.** *pron* alles, alle *pl*; **~ at once** auf einmal, plötzlich; *but* fast; **~ of us** wir alle; **~ over** überall; **~ right** in Ordnung; **~ the better** um so besser; **~ the time** die ganze Zeit; (*not*) *at* **~** überhaupt (nicht); *not at* **~** ! F nichts zu danken!; *for* **~** *I care* meinetwegen; *for* **~** *I know*

soviel ich weiß; *two* **~** *Sport:* 2:2

alleged [ə'ledʒd] angeblich

allerg|ic [ə'lɜːdʒɪk] allergisch (*to* gegen); **~y** ['ælədʒɪ] Allergie f

alleviate [ə'liːvɪeɪt] mildern

alley ['ælɪ] Gasse f, Pfad m; *Bowling:* Bahn f

alliance [ə'laɪəns] Bund m, Bündnis n; **~ied** [ə'laɪd, *attr* 'ælaɪd] verbündet; verbunden (*with, to* mit)

allocate ['æləʊkeɪt] zuteilen

allot [ə'lɒt] zuteilen, zuweisen

allow [ə'laʊ] erlauben, gestatten; bewilligen, gewähren; zugestehen; *Summe* geben; anerkennen, gelten lassen; **~ for** berücksichtigen; **be ~ed** dürfen; **~ance** Erlaubnis f; Bewilligung f; Taschengeld n; Zuschuß m, Beihilfe f; Rabatt m; Nachsicht f

alloy [ə'lɔɪ] Legierung f

'all-purpose Allzweck..., Universal...; **~'round** vielseitig, Allround-

allude [ə'luːd]: **~ to** anspielen auf

alluring [ə'ljʊərɪŋ] verlockend

allusion [ə'luːʒn] Anspielung f

'all-wheel drive Allradantrieb m

ally 1. [ə'laɪ]: **~ (o.s.)** sich vereinigen od. verbünden; **2.** ['ælaɪ] Verbündete m, f

almighty [ɔːl'maɪtɪ] allmächtig

almond ['ɑːmənd] Mandel f

almost

almost ['ɔːlməʊst] fast, beinahe
alms [ɑːmz] *pl* Almosen *n*
alone [ə'ləʊn] allein
along [ə'lɒŋ] **1.** *prp* entlang, längs, an ... vorbei; **2.** *adv* weiter, vorwärts; **~ with** zs. mit; **all ~** F die ganze Zeit
aloud [ə'laʊd] laut
alphabet ['ælfəbet] Alphabet *n*; **~ical** [~'betɪkl] alphabetisch
alpine ['ælpaɪn] Alpen-
already [ɔːl'redɪ] bereits, schon
also ['ɔːlsəʊ] auch, ebenfalls
altar ['ɔːltə] Altar *m*
alter ['ɔːltə] (ver-, ab-, um)ändern; sich (ver)ändern; **~ation** [~'reɪʃn] (Ver-, Ab-, Um)Änderung *f*
alternat|e 1. ['ɔːltəneɪt] abwechseln (lassen); **2.** [~'tɜːnət] abwechselnd; '**~ing current** [~'tɜːnətɪv] **1.** alternativ, Ersatz...; **2.** Alternative *f*, Wahl *f*
although [ɔːl'ðəʊ] obwohl
altitude ['æltɪtjuːd] Höhe *f*
altogether [ɔːltə'geðə] ganz (u. gar), völlig; alles in allem
alumin|ium [ælju'mɪnɪəm], *Am.* **~um** [ə'luːmənəm] Aluminium *n*
always ['ɔːlweɪz] immer
am [æm] *ich bin*
amateur ['æmətə] Amateur (-in)
amaze [ə'meɪz] erstaunen, verblüffen; **~ement** (Er-) Staunen *n*, Verblüffung *f*; **~ing** erstaunlich
ambassad|or [æm'bæsədə] *pol.* Botschafter *m*; **~ress** [~drɪs] *pol.* Botschafterin *f*
amber ['æmbə] Bernstein *m*; Verkehrsampel: Gelb(licht) *n*; **at ~** bei Gelb
ambiguous [æm'bɪɡjʊəs] zwei-, vieldeutig; unklar
ambiti|on [æm'bɪʃn] Ehrgeiz *m*; **~ous** ehrgeizig
ambulance ['æmbjʊləns] Krankenwagen *m*
ambush ['æmbʊʃ] **1.** Hinterhalt *m*; **2.** aus dem Hinterhalt überfallen; auflauern
amen [ɑː'men] *int* amen!
amend [ə'mend] verbessern; *Gesetz* abändern, ergänzen; **~ment** Verbesserung *f*; *parl.* Abänderungs-, Ergänzungsantrag *m*; **~s** (Schaden)Ersatz *m*
amenity [ə'miːnətɪ] *oft pl* Annehmlichkeit(en *pl*) *f*
American [ə'merɪkən] **1.** amerikanisch; **2.** Amerikaner(in)
amiable ['eɪmjəbl] liebenswürdig, freundlich
amicable ['æmɪkəbl] freund (schaft)lich, *a. jur.* gütlich
ammunition [æmjʊ'nɪʃn] Munition *f*
amnesty ['æmnəstɪ] Amnestie *f*
among(st) [ə'mʌŋ(st)] (mitten) unter, zwischen
amount [ə'maʊnt] **1.** Betrag

annual

m, Summe *f;* Menge *f;* **2.** ~ *to* sich belaufen auf, betragen; hinauslaufen auf
ample ['æmpl] weit, groß, geräumig; reichlich
amplifier ['æmplıfaıə] Verstärker *m;* ~**y** ['~aı] verstärken
amputate ['æmpjuteıt] amputieren, abnehmen
amus|e [ə'mju:z] amüsieren; unterhalten; ~**ement** Unterhaltung *f;* Zeitvertreib *m;* ~ **arcade** Spielsalon *m;* ~ **park** *Am.* Vergnügungspark *m,* Rummelplatz *m;* ~**ing** lustig
an [ən, *betont* æn] ein(e)
anaemia [ə'ni:mjə] Anämie *f,* Blutarmut *f*
analog|ous [ə'næləgəs] analog, entsprechend; ~**y** [~dʒı] Analogie *f,* Entsprechung *f*
analy|se, *Am. a.* ~**ze** ['ænəlaız] analysieren, zerlegen, gründlich untersuchen; ~**sis** [ə'næləsıs] (*pl* ~**ses** [~si:z]) Analyse *f*
anatomy [ə'nætəmı] Anatomie *f*
ancest|or ['ænsestə] Vorfahr *m;* ~**ress** ['~trıs] Vorfahrin *f*
anchor ['æŋkə] **1.** Anker *m;* **2.** (ver)ankern
anchovy ['æntʃəvı] An(s)chovis *f,* Sardelle *f*
ancient ['eınʃənt] (ur)alt
and [ənd] und
anemia *Am.* → **anaemia**
angel ['eındʒəl] Engel *m*
anger ['æŋgə] **1.** Zorn *m,* Ärger *m,* Wut *f;* **2.** (ver)ärgern
angle¹ ['æŋgl] Winkel *m*
angle² ['~] angeln; '~**r** Angler(in)
Anglican ['æŋglıkən] **1.** anglikanisch; **2.** Anglikaner(in)
angry ['æŋgrı] verärgert, ärgerlich, böse
anguish ['æŋgwıʃ] Qual *f*
angular ['æŋgjulə] wink(e)lig; knochig
animal ['ænıml] **1.** Tier *n;* **2.** animalisch, tierisch
animat|e 1. ['ænımeıt] *v/t* beleben; anregen, aufmuntern; **2.** ['~mət] *adj* belebt, lebend; lebhaft; '~**ed cartoon** Zeichentrickfilm *m;* ~**ion** [~'meıʃn] Lebhaftigkeit *f;* (Zeichen)Trickfilm *m;* *Computer:* bewegtes Bild
animosity [ænı'mosətı] Feindseligkeit *f*
ankle ['æŋkl] (Fuß)Knöchel *m*
annex ['æneks] *v/t* annektieren; **2** *a.* ~**e** ['æneks] *s* Anbau *m,* Nebengebäude *n*
anniversary [ænı'vɜ:sərı] Jahrestag *m*
announce [ə'nauns] ankündigen; bekanntgeben; *TV etc.:* ansagen; ~**ment** Ankündigung *f;* Bekanntgabe *f;* *TV etc.:* Ansage *f;* Durchsage *f;* ~**r** *TV etc.:* Ansager(in)
annoy [ə'nɔı] ärgern; **be** ~**ed** sich ärgern; ~**ance** Ärger *m;* Belästigung *f,* Störung *f;* ~**ing** ärgerlich; lästig
annual ['ænjuəl] jährlich

annul [ə'nʌl] annullieren
anonymous [ə'nɒnɪməs] anonym
anorak ['ænəræk] Anorak *m*
another [ə'nʌðə] ein anderer, e-e andere, ein anderes; noch ein(er, -e, -es), ein zweiter, e-e zweite, ein zweites
answer ['ɑːnsə] **1.** Antwort *f*; **2.** antworten (auf *od.* to auf); beantworten; ~ **the bell** *od.* **door** die Tür öffnen, aufmachen; ~ **the telephone** ans Telefon gehen; ~ **for** einstehen für; sich j-m gegenüber verantworten
ant [ænt] Ameise *f*
antelope ['æntɪləʊp] Antilope *f*
antenna [æn'tenə] (*pl* **-nae** [~niː]) *zo.* Fühler *m*; (*pl* **-nas**) *bsd. Am.* Antenne *f*
anthem ['ænθəm] Hymne *f*
anti|... [æntɪ] Gegen..., gegen..., Anti..., anti...; **~biotic** [~baɪ'ɒtɪk] Antibiotikum *n*; **~body** Antikörper *m*, Abwehrstoff *m*
anticipat|e [æn'tɪsɪpeɪt] voraussehen, ahnen; erwarten; zuvorkommen; vorwegnehmen; **~ion** [~'peɪʃn] (Vor-) Ahnung *f*; Erwartung *f*; Vorwegnahme *f*
anti|clockwise [æntɪ'klɒkwaɪz] gegen den Uhrzeigersinn; **~dote** ['~dəʊt] Gegengift *n*, -mittel *n*; **~freeze** *mot.* Frostschutzmittel *n*

antipathy [æn'tɪpəθɪ] Antipathie *f*, Abneigung *f*
antiquated ['æntɪkweɪtɪd] veraltet
antiqu|e [æn'tiːk] **1.** antik, alt; **2.** Antiquität *f*; **~ity** [~ɪkwətɪ] Altertum *n*
antiseptic [æntɪ'septɪk] **1.** antiseptisch; **2.** Antiseptikum *n*
antisocial [æntɪ'səʊʃl] asozial; ungesellig
antlers ['æntləz] *pl* Geweih *n*
anxiety [æŋ'zaɪətɪ] Angst *f*, Sorge *f*
anxious ['æŋkʃəs] besorgt; gespannt (**for** auf); bestrebt
any ['enɪ] **1.** *adj u. pron* (irgend)eine(e), einige *pl*, etwas; jede(r, -s) (beliebig); **not** ~ kein; **at** ~ **time** jederzeit; **2.** *adv* irgend(wie), (noch) etwas; **~body** (irgend) jemand; jeder; **~how** irgendwie; trotzdem; jedenfalls; **~one** → **anybody**; **~thing** (irgend) etwas; alles; ~ **but** alles andere als; ~ **else?** (sonst) noch etwas?; nichts; **~way** → **anyhow**; **~where** irgendwo(hin); überall; **not** ~ nirgendwo(hin)
apart [ə'pɑːt] auseinander, getrennt, für sich; beiseite; ~ **from** abgesehen von
apartment [ə'pɑːtmənt] *Am.* Wohnung *f*; *mst pl* Raum *m*
apathetic [æpə'θetɪk] apathisch, teilnahmslos

ape [eɪp] (Menschen)Affe *m*
aperture ['æpətjʊə] Öffnung *f*; *phot.* Blende *f*
apolog|ize [ə'pɒlədʒaɪz] sich entschuldigen; **~y** Entschuldigung *f*
apoplexy ['æpəʊpleksɪ] Schlaganfall *m*
apostle [ə'pɒsl] Apostel *m*
apostrophe [ə'pɒstrəfɪ] Apostroph *m*, Auslassungszeichen *n*
appal(l) [ə'pɔːl] entsetzen; **~ling** F entsetzlich
apparatus [æpə'reɪtəs] (*pl -tus, -tuses*) Apparat *m*
apparent [ə'pærənt] augenscheinlich, offensichtlich; scheinbar
appeal [ə'piːl] **1.** *jur.* Berufung einlegen; **~ to** j-n dringend bitten (*for* um); appellieren an, sich wenden an; gefallen, zusagen; **2.** *jur.* Berufung *f*, Revision *f*; dringende Bitte; Appell *m*; Anziehung(skraft) *f*, Wirkung *f*
appear [ə'pɪə] erscheinen; scheinen, aussehen; *TV etc.*: auftreten; **~ance** [~rəns] Erscheinen *n*, Auftreten *n*; Aussehen *n*, *das* Äußere; *mst pl* (An)Schein *m*
appendicitis [əpendɪ'saɪtɪs] Blinddarmentzündung *f*
appendix [ə'pendɪks] (*pl -dixes, -dices* [~dɪsiːz]) *Buch:* Anhang *m*; *a.* **vermiform ~** Blinddarm *m*

appe|tite ['æpɪtaɪt] (*for*) Appetit *m* (auf); Verlangen *n* (nach), Lust *f* (auf); **~tizing** [~zɪŋ] appetitanregend
applau|d [ə'plɔːd] applaudieren, Beifall klatschen; **~se** [~z] Applaus *m*, Beifall *m*
apple ['æpl] Apfel *m*; **~ pie** gedeckter Apfelkuchen; **~ sauce** Apfelmus *n*
appliance [ə'plaɪəns] Gerät *n*
applicable ['æplɪkəbl] anwendbar (*to* auf); zutreffend
applica|nt ['æplɪkənt] Antragsteller(-in); Bewerber (-in); **~tion** [~'keɪʃn] Gesuch *n*, Antrag *m*; Bewerbung *f*; Anwendung *f*; Auftragen *n* (*e-r Salbe etc.*)
apply [ə'plaɪ] beantragen (*for* acc); sich bewerben (*for* um); verwenden (*to* auf); anwenden (*to* auf); betätigen; auflegen, -tragen (*to* auf); zutreffen (*to* auf)
appoint [ə'pɔɪnt] festsetzen, bestimmen; ernennen, berufen; **~ment** Verabredung *f*, Termin *m*; Ernennung *f*
appreciat|e [ə'priːʃɪeɪt] schätzen, würdigen, zu schätzen wissen; **~ion** [~'eɪʃn] Würdigung *f*; Anerkennung *f*
apprehen|d [æprɪ'hend] festnehmen, verhaften; **~sion** [~ʃn] Besorgnis *f*; Festnahme *f*, Verhaftung *f*; **~sive** [~sɪv] besorgt (*for* um; *that* daß)
apprentice [ə'prentɪs] **1.** Auszubildende *m*, *f*, Lehrling *m*;

2. in die Lehre geben; ~**ship** Lehrzeit *f*; Lehre *f*
approach [ə'prəʊtʃ] **1.** *v/i* sich nähern; *v/t* sich nähern (*dat*); herangehen *od.* herantreten an; **2.** (Heran)Nahen *n*; Annäherung *f*; Zugang *m*
appropriate [ə'prəʊprɪət] passend, geeignet
approval [ə'pruːvl] Billigung *f*; Anerkennung *f*, Beifall *m*; ~**e** [~v] billigen, genehmigen
approximate [ə'prɒksɪmɪt] annähernd, ungefähr
apricot ['eɪprɪkɒt] Aprikose *f*
April ['eɪprəl] April *m*
apron ['eɪprən] Schürze *f*
apt [æpt] *Bemerkung etc.*: treffend; neigend (**to do** zu tun)
aquatic [ə'kwætɪk] Wasser...
aquiline ['ækwɪlaɪn] Adler...; ~ **nose** Adlernase *f*
Arab ['ærəb] Araber(in); ~**ic** ['~ɪk] arabisch
arable ['ærəbl] anbaufähig; Acker...
arbit|er ['ɑːbɪtə] Schiedsrichter *m*; ~**rary** ['~trərɪ] willkürlich, eigenmächtig; ~**rate** ['~treɪt] schlichten
arbo(u)r ['ɑːbə] Laube *f*
arc [ɑːk] (Licht)Bogen *m*
arcade [ɑː'keɪd] Arkade *f*
arch[^1] [ɑːtʃ] **1.** Bogen *m*; Gewölbe *n*; Wölbung *f*; **2.** (sich) wölben; krümmen
arch[^2] Erz...
archaeology [ɑːkɪ'ɒlədʒɪ] Archäologie *f*
archaic [ɑː'keɪɪk] veraltet

arch|angel [ɑː'keɪndʒəl] Erzengel *m*; ~**bishop** [ɑːtʃ'bɪʃəp] Erzbischof *m*; ~**eology** *Am.* → *archaeology*
archer ['ɑːtʃə] Bogenschütze *m*; ~**y** ['~rɪ] Bogenschießen *n*
architect ['ɑːkɪtekt] Architekt(in); ~**ure** ['~tʃə] Architektur *f*
archives ['ɑːkaɪvz] *pl* Archiv *n*
archway ['ɑːtʃweɪ] Bogen(gang) *m*
arctic ['ɑːktɪk] arktisch
ardent ['ɑːdənt] *fig.* feurig, glühend; begeistert, eifrig
are [ɑː] *pl u.* 2. *sg pres von* **be**
area ['eərɪə] Fläche *f*; Gebiet *n*; Bereich *m*; ~ **code** *Am. teleph.* Vorwahl(nummer) *f*
arena [ə'riːnə] Arena *f*
Argentine ['ɑːdʒəntaɪn] **1.** argentinisch; **2.** Argentinier(in)
argue ['ɑːgjuː] argumentieren; streiten; diskutieren
argument ['ɑːgjʊmənt] Argument *n*; Streit *m*
arid ['ærɪd] dürr, trocken
arise [ə'raɪz] (**arose**, **arisen**) entstehen; auftauchen; ~**n** [ə'rɪzn] *pp von* **arise**
arithmetic [ə'rɪθmətɪk] Rechnen *n*
ark [ɑːk] Arche *f*
arm[^1] [ɑːm] Arm *m*; Armlehne *f*; Ärmel *m*
arm[^2] (sich) bewaffnen; aufrüsten
armament ['ɑːməmənt] Aufrüstung *f*

armchair [ɑːmˈtʃeə] Lehnstuhl *m*

armistice [ˈɑːmɪstɪs] Waffenstillstand *m*

armo(u)r [ˈɑːmə] **1.** Rüstung *f*, Panzer *m* (*a. zo.*); **2.** panzern

armpit Achselhöhle *f*

arms [ɑːmz] *pl* Waffen *pl*

army [ˈɑːmɪ] Armee *f*, Heer *n*

aroma [əˈrəʊmə] Aroma *n*, Duft *m*

arose [əˈrəʊz] *pret von* **arise**

around [əˈraʊnd] **1.** *adv* (rings)herum; umher; herum; in der Nähe; da; **2.** *prp* um (... herum); in ... herum

arouse [əˈraʊz] (auf)wecken; aufrütteln; erregen

arrange [əˈreɪndʒ] (an)ordnen; festsetzen, -legen; arrangieren; vereinbaren; **~ment** Anordnung *f*; Vereinbarung *f*; Vorkehrung *f*

arrears [əˈrɪəz] *pl* Rückstand *m*, -stände *pl*

arrest [əˈrest] **1.** Verhaftung *f*; **2.** verhaften; aufhalten

arriv|al [əˈraɪvl] Ankunft *f*; **~e** [~v] (an)kommen, eintreffen; **~ at** *fig.* erreichen, kommen *od.* gelangen zu

arrogant [ˈærəgənt] arrogant, überheblich

arrow [ˈærəʊ] Pfeil *m*

arsenic [ˈɑːsnɪk] Arsen *n*

arson [ˈɑːsn] Brandstiftung *f*

art [ɑːt] Kunst *f*; *pl* Geisteswissenschaften *pl*

arter|ial [ɑːˈtɪərɪəl] Arteri-en...; **~ road** Hauptverkehrsstraße *f*; **~y** [ˈɑːtərɪ] Arterie *f*, Schlagader *f*; (Haupt)Verkehrsader *f*

article [ˈɑːtɪkl] Artikel *m*

articulate 1. [ɑːˈtɪkjʊleɪt] artikulieren, deutlich (aus)sprechen; **2.** [~lət] klar; *zo.* gegliedert

artificial [ɑːtɪˈfɪʃl] künstlich

artisan [ɑːtɪˈzæn] (Kunst-)Handwerker *m*

artist [ˈɑːtɪst] Künstler(in); **~ic** [ɑːˈtɪstɪk] künstlerisch

as [æz] **1.** *adv* so, ebenso; wie (z. B.); **2.** *cj* (so) wie; als, während; da, weil; **~ ...** (eben)so ... wie; **~ for** was ... (an)betrifft; **~ Hamlet** als Hamlet

ascen|d [əˈsend] (auf)steigen; ansteigen; besteigen; ²**sion Day** [~ʃn] Himmelfahrtstag *m*; **~t** [~t] Aufstieg *m*; Besteigung *f*; Steigung *f*

ascetic [əˈsetɪk] asketisch

ash[1] [æʃ] Esche(nholz *n*) *f*

ash[2] [æʃ] *a.* **~es** *pl* Asche *f*

ashamed [əˈʃeɪmd] beschämt; **be ~ of** sich e-r Sache *od.* j-s schämen

ash| bin, ~ can *Am.* → **dustbin**

ashore [əˈʃɔː] am *od.* ans Ufer; **go ~** an Land gehen

ash|tray Aschenbecher *m*; ²**Wednesday** Aschermittwoch *m*

Asia|n [ˈeɪʃn], **~tic** [eɪʃɪˈætɪk] **1.** asiatisch; **2.** Asiat(in)

aside [ə'saɪd] beiseite, auf die Seite

ask [ɑːsk] v/t j-n fragen; j-n fragen nach; bitten um; j-n bitten, fragen (**for** um); einladen; verlangen (**of** von); v/i fragen; ~ **for** bitten um; fragen nach

askew [ə'skjuː] schief

asleep [ə'sliːp] schlafend; **be** (**fast, sound**) ~ (fest) schlafen; **fall** ~ einschlafen

asparagus [ə'spærəgəs] Spargel m

aspect ['æspekt] Aspekt m, Seite f, Gesichtspunkt m

asphalt ['æsfælt] **1.** Asphalt m; **2.** asphaltieren

aspic ['æspɪk] Aspik m, n

ass [æs] Esel m

assassin [ə'sæsɪn] pol. Mörder(in), Attentäter(in); ~**ate** [~eɪt] bsd. pol. ermorden; ~**ation** [~'neɪʃn] (bsd. politischer) Mord, Ermordung f, Attentat n

assault [ə'sɔːlt] **1.** Angriff m; **2.** angreifen; überfallen

assembl|age [ə'semblɪdʒ] (An)Sammlung f; Versammlung f; tech. Montage f; ~**e** [~bl] (sich) versammeln; tech. montieren; ~**y** Versammlung f; tech. Montage f; ~**y line** Fließband n

assent [ə'sent] **1.** Zustimmung f; **2.** (**to**) zustimmen (dat); billigen (acc)

assert [ə'sɜːt] behaupten, erklären; geltend machen

assess [ə'ses] (zur Steuer) veranlagen (**at** mit); schätzen, (be)werten

asset ['æset] econ. Aktivposten m; pl econ. Aktiva pl; pl jur. Vermögen n; fig. Vorzug m, Plus n; Gewinn m

assign [ə'saɪn] an-, zuweisen; bestimmen; zuschreiben; ~**ment** Anweisung f; Aufgabe f, Auftrag m

assimilate [ə'sɪmɪleɪt] (sich) angleichen od. anpassen

assist [ə'sɪst] j-m helfen, beistehen; ~**ance** Hilfe f, Beistand m; ~**ant** Assistent(in), Mitarbeiter(in); (**shop**) ~ Brt. Verkäufer(in)

associat|e 1. [ə'səʊʃɪeɪt] vereinigen, -binden, zu-schließen; assoziieren; verkehren; **2.** [~ʃɪət] Kollege m, -in f; Teilhaber(in); ~**ion** [~'eɪʃn] Vereinigung f, Verbindung f; Verein m; Assoziation f

assort|ed [ə'sɔːtɪd] gemischt; ~**ment** econ. Sortiment n, Auswahl f

assume [ə'sjuːm] annehmen

assur|ance [ə'ʃɔːrəns] Zu-, Versicherung f; bsd. Brt. (Lebens)Versicherung f; Sicherheit f, Gewißheit f; Selbstsicherheit f; ~**e** [ə'ʃɔː] versichern; bsd. Brt. Leben versichern; ~**ed 1.** sicher; **2.** bsd. Brt. Versicherte m, f

asthma ['æsmə] Asthma n

astonish [ə'stɒnɪʃ] in Erstau-

asylum [ə'sailəm] Asyl *n*

at [æt] *prp Ort:* in, an, bei, auf; *Richtung:* auf, nach, gegen, zu; *Beschäftigung:* bei, beschäftigt mit, in; *Art u. Weise, Zustand:* in, bei, zu, unter; *Preis etc.:* für, um; *Zeit, Alter:* um, bei; **~ the cleaner's** in der Reinigung; **the door** an der Tür; **~ 10 pounds** zu 10 Pfund; **~ 18** mit 18 (Jahren); **~ 5 o'clock** um 5 Uhr; **~ all** 3

ate [et] *pret von* **eat**

athlet|e ['æθli:t] (Leicht)Athlet(in), Sportler(in); **~ic** [~'letik] athletisch; **~ics** *sg* Leichtathletik *f*

Atlantic [ət'læntik] atlantisch

atmosphere ['ætməsfiə] Atmosphäre *f*

atom ['ætəm] Atom *n*; **~ bomb** Atombombe *f*

atomic [ə'tɔmik] atomar, Atom...; **~ bomb** Atombombe *f*; **~ energy** Atomenergie *f*; **~ pile** Atomreaktor *m*; **~ power** Atomkraft *f*; **~ waste** Atommüll *m*

atomizer ['ætəmaizə] Zerstäuber *m*

atrocious [ə'trəuʃəs] gräßlich; **~ty** [~'rɔsəti] Scheußlichkeit *f*; Greueltat *f*

attach [ə'tætʃ] (**to**) befestigen, anbringen (an), anheften, ankleben (an); *Wichtigkeit etc.* beimessen; **be ~ed to** hängen an

attack [ə'tæk] **1.** angreifen; **2.** *a. med.* Anfall *m*

attempt [ə'tempt] **1.** versuchen; **2.** Versuch *m*

attend [ə'tend] *v/t* (ärztlich) behandeln; *Kranke* pflegen; teilnehmen an, *Vorlesung etc.* besuchen; *fig.* begleiten; *v/i* anwesend sein; erscheinen; **~ on** j-n bedienen; **~ to** j-n (in e-m Geschäft) bedienen; **~ to** beachten, achten auf; sich kümmern um; **~ance** Dienst *m*, Bereitschaft *f*; Pflege *f*; Anwesenheit *f*, Erscheinen *n*; Besucher(zahl *f*) *pl*, Beteiligung *f*; **~ant** Begleiter(in); *Museum, Park etc.:* Aufseher(in), Wächter(in); (*Tank*)Wart *m*

attention [ə'tenʃn] Aufmerksamkeit *f*; **~ive** [~tiv] aufmerksam

attic ['ætik] Dachboden *m*

attitude ['ætitju:d] (Ein)Stellung *f*; Haltung *f*

attorney [ə'tɜ:ni] *Am.* Rechtsanwalt *m*, -anwältin *f*; Bevollmächtigte(r) *m, f*; (**power of**) **~** Vollmacht *f*

attract [ə'trækt] anziehen;

attraction

Aufmerksamkeit erregen; **~ion** [~k∫n] Anziehung(skraft) f; Reiz m; Attraktion f; **~ive** anziehend; attraktiv; reizvoll

attribute¹ [ə'trıbjuːt] zuschreiben (*to dat*); zurückführen (*to aus*)

attribute² ['ætrıbjuːt] Attribut n

auction ['ɔːk∫n] **1.** Auktion f, Versteigerung f; **2.** *mst* **~ off** versteigern

audacious [ɔː'deı∫əs] unverfroren; **~ty** [~'dæsətı] Kühnheit f; Unverfrorenheit f

audible ['ɔːdəbl] hörbar

audience ['ɔːdjəns] Publikum n, Zuhörer(schaft f) pl, Zuschauer pl, Besucher pl, Leser(kreis m) pl; Audienz f

audit ['ɔːdıt] *econ.* **1.** Buchprüfung f; **2.** prüfen; **'~or** *econ.* Buchprüfer m; **~orium** [~'tɔːrıəm] Zuschauerraum m

August ['ɔːgəst] August m

aunt [ɑːnt] Tante f

austere [ɒ'stıə] streng

Australian [ɒ'streıljən] **1.** australisch; **2.** Australier(in)

Austrian ['ɒstrıən] **1.** österreichisch; **2.** Österreicher(in)

authentic [ɔː'θentık] authentisch; echt

author ['ɔːθə] Urheber(in); Autor(in), Verfasser(in)

authoritative [ɔː'θɒrıtətıv] gebieterisch, herrisch; autoritativ, maßgeblich; **~ty**

[~rətı] Autorität f; Vollmacht f; Kapazität f; *mst pl* Behörde(n pl) f; **~ze** ['ɔːθəraız] autorisieren

auto/biography [ɔːtəʊbaı'ɒgrəfı] Autobiographie f; **~graph** ['~əgrɑːf] Autogramm n

automate ['ɔːtəʊmeıt] automatisieren; **~ic** [~'mætık] automatisch; **~ion** [~'meı∫n] Automation f; **~on** [ɔː'tɒmətən] (*pl* **-ta** [~ə], **-tons**) Automat m

automobile ['ɔːtəməʊbiːl] *bsd. Am.* Auto(mobil) n

autonomy [ɔː'tɒnəmı] Autonomie f

autumn ['ɔːtəm] Herbst m

auxiliary [ɔːg'zıljərı] **1.** Hilfs...; **2.** Hilfskraft f; Hilfsverb n

available [ə'veıləbl] verfügbar, vorhanden; erreichbar; *econ.* lieferbar, vorrätig

avalanche ['ævəlɑːnt∫] Lawine f

avarice ['ævərıs] Habsucht f; **~ious** [~'rı∫əs] habgierig

avenge [ə'vendʒ] rächen

avenue ['ævənjuː] Allee f; Hauptstraße f

average ['ævərıdʒ] **1.** Durchschnitt m; **2.** durchschnittlich, Durchschnitts...

aversion [ə'vɜː∫n] Abneigung f

avert [ə'vɜːt] abwenden

aviary ['eıvjərı] Voliere f

aviation [eıvı'eı∫n] Luftfahrt f

avid ['ævɪd] gierig (*for* nach)

avoid [ə'vɔɪd] (ver)meiden, ausweichen

awake [ə'weɪk] **1.** wach, munter; **2.** (**awoke** *od.* **awaked, awoken** *od.* **awaked**) *v/t* (auf)wecken; *v/i* auf-, erwachen; **~n** [~ən] → **awake** 2

award [ə'wɔːd] **1.** Preis *m*, Auszeichnung *f*; **2.** Preis *etc.* verleihen

aware [ə'weə]: *be* **~** *of s.th.* et. wissen *od.* kennen, sich e-r Sache bewußt sein; *become* **~** *of s.th.* et. bemerken

away [ə'weɪ] **1.** *adv u. adj* weg, fort; (weit) entfernt; immer weiter, d(a)rauflos; **2.** *adj Sport:* Auswärts...

awe [ɔː] **1.** (Ehr)Furcht *f*; **2.** (Ehr)Furcht einflößen

awful ['ɔːfʊl] furchtbar

awkward ['ɔːkwəd] ungeschickt, unbeholfen, linkisch; unangenehm; unhandlich, unpraktisch; *Zeitpunkt etc.:* ungünstig

awl [ɔːl] Ahle *f*, Pfriem *m*

awning ['ɔːnɪŋ] Plane *f*; Markise *f*

awoke [ə'wəʊk] *pret von* **awake** 2; **~n** [~ən] *pp von* **awake** 2

awry [ə'raɪ] schief

ax(e) [æks] Axt *f*, Beil *n*

axis ['æksɪs] (*pl* **axes** ['~siːz]) Achse *f*

axle ['æksl] (Rad)Achse *f*

azure ['æʒə] azur-, himmelblau

B

baboon [bə'buːn] Pavian *m*

baby ['beɪbɪ] **1.** Baby *n*, Säugling *m*; **2.** Baby..., Säuglings...; Klein...; **~ carriage** *Am.* Kinderwagen *m*; **'~hood** [~hʊd] Säuglingsalter *n*; **'~-sit** (-*sat*) babysitten; **'~-sitter** Babysitter(in)

bachelor ['bætʃələ] Junggeselle *m*; **~ girl** Junggesellin *f*

back [bæk] **1.** *s* Rücken *m*; Rückseite *f*; (Rück)Lehne *f*; hinterer *od.* rückwärtiger Teil; *Sport:* Verteidiger *m*; **2.** *adj* Hinter-, Rück..., hintere(r, -s); **3.** *adv* zurück; rückwärts; **4.** *v/t u.* **~ up** unterstützen; *a.* **~ up** zurückbewegen, rückwärts fahren lassen; wetten *od.* setzen auf; *v/i* oft **~ up** sich rückwärts bewegen, zurückgehen *od.* -fahren, *mot. a.* zurückstoßen; **'~bone** Rückgrat *n*; **'~comb** Haar toupieren; **~fire** Früh-, Fehlzündung *f*; **'~ground** Hintergrund *m*; **'~hand** *Sport:* Rückhand *f*; **'~ing** Unterstützung *f*; **'~pack** *bsd. Am.* Rucksack *m*; **'~ seat** Rücksitz *m*; **'~space (key)**

backstairs

Schreibmaschine, *Computer*: Rück(stell)taste *f*; **~'stairs** *pl* Hintertreppe *f*; **'~stroke** Rückenschwimmen *n*; **'~up** Unterstützung *f*; *tech*. Ersatzgerät *n*; **~ward** ['~wəd] **1.** *adj* Rückwärts...; zurückgeblieben; rückständig; **2.** *adv* (*a*. **~wards** ['~wədz]) rückwärts, zurück; **~'yard** *Brt*. Hinterhof *m*

bacon ['beɪkən] Frühstücksspeck *m*

bacteria [bæk'tɪərɪə] *pl* Bakterien *pl*

bad [bæd] schlecht; böse; schlimm

bade [bæd] *pret von* bid 1

badge [bædʒ] Abzeichen *n*; Button *m*; Dienstmarke *f*

badger ['bædʒə] Dachs *m*

'badly schlecht, schlimm; **he is ~ off** es geht ihm sehr schlecht

baffle ['bæfl] verwirren

bag [bæg] Beutel *m*; Sack *m*; Tüte *f*, Tasche *f*

baggage ['bægɪdʒ] *bsd*. *Am*. (Reise)Gepäck *n*; **~ car** *Am*. *rail*. Gepäckwagen *m*; **~ check** *Am*. Gepäckschein *m*; **~ room** *Am*. Gepäckaufbewahrung(sstelle) *f*

baggy ['bægɪ] F bauschig; *Hose*: ausgebeult

'bagpipes *pl* Dudelsack *m*

bail [beɪl] **1.** Kaution *f*; **2. ~ s.o. out** j-n gegen Kaution freibekommen

bailiff ['beɪlɪf] *Brt*. Gerichtsvollzieher *m*

bait [beɪt] Köder *m* (*a. fig.*)

bak|e [beɪk] backen; *Ziegel* brennen; dörren; **~d potatoes** *pl* ungeschälte, im Ofen gebackene Kartoffeln; **'~er** Bäcker *m*; **'~ery** [*'*~ərɪ] Bäckerei *f*; **'~ing powder** Backpulver *n*

balance ['bæləns] **1.** Waage *f*; Gleichgewicht *n* (*a. fig.*); *econ*. Bilanz *f*; *econ*. Saldo *m*, Guthaben *n*; *econ*. Restbetrag *m*; **2.** *v/t* ab-, erwägen; im Gleichgewicht halten, balancieren; *Konten etc*. ausgleichen; *v/i* balancieren; *econ*. sich ausgleichen; **'~d** ausgewogen, -geglichen; **~ sheet** Bilanz *f*

balcony ['bælkənɪ] Balkon *m*

bald [bɔːld] kahl

bale [beɪl] *econ*. Ballen *m*

ball [bɔːl] Ball *m*; Kugel *f*; Knäuel *m*, *n*; *pl* V *Hoden*: Eier *pl*; *Tanzen*: Ball *m*

ballad ['bæləd] Ballade *f*

ball bearing [bɔːl'beərɪŋ] Kugellager *n*

ballet ['bæleɪ] Ballett *n*

balloon [bə'luːn] Ballon *m*

ballot ['bælət] **1.** Stimmzettel *m*; (*bsd*. geheime) Wahl; **2.** *v/i* stimmen (*for*), (*bsd*. in geheimer Wahl) wählen (*acc*); **~ box** Wahlurne *f*

ball|point (pen) ['bɔːlpɔɪnt] Kugelschreiber *m*; **'~room** Ball-, Tanzsaal *m*

balm [bɑ:m] Balsam *m*
balustrade [bælə'streɪd] Balustrade *f*
bamboo [bæm'bu:] Bambus *m*
ban [bæn] **1.** (amtliches) Verbot; **2.** verbieten
banana [bə'nɑ:nə] Banane *f*
band [bænd] Band *n*; Streifen *m*; Schar *f*, Gruppe *f*; (*bsd. Räuber*)Bande *f*; (Musik)Kapelle *f*, (*Jazz-, Rock- etc.*)Band *f*
bandage [bændɪdʒ] **1.** Binde *f*; Verband *m*; **2.** bandagieren; verbinden
'Band-Aid TM *Am.* Heftpflaster *n*
bandit ['bændɪt] Bandit *m*
band|leader Bandleader *m*; **~master** Kapellmeister *m*
bang [bæŋ] **1.** heftiger Schlag, Knall *m*; *mst pl* Frisur: Pony *m*; **2.** Tür zuschlagen
banish ['bænɪʃ] verbannen
banister ['bænɪstə] *a. pl* Treppengeländer *n*
bank¹ [bæŋk] **1.** *econ.* Bank *f*; (*Blut-, Daten- etc.*)Bank *f*; **2.** *v/t* Geld bei e-r Bank einzahlen; *v/i* ein Bankkonto haben
bank² [~] (*Fluß- etc.*)Ufer *n*; (Erd)Wall *m*; Böschung *f*; (*Sand-, Wolken*)Bank *f*
bank| account Bankkonto *n*; **~ bill** *Am.* → **bank note**; **~book** Sparbuch *n*; **~er** Bankier *m*, F Banker *m*; **~ holiday** *Brt.* gesetzlicher Feiertag; **~ note** Banknote *f*,

Geldschein *m*; **~ rate** Diskontsatz *m*
bankrupt ['bæŋkrʌpt] **1.** bankrott; *go* **~** in Konkurs gehen, Bankrott machen; **2.** Bankrott machen; **~cy** ['-rəptsɪ] Bankrott *m*
banner ['bænə] Transparent *n*
banns [bænz] *pl* Aufgebot *n*
banquet ['bæŋkwɪt] Bankett *n*
banter ['bæntə] necken
bapti|sm ['bæptɪzəm] Taufe *f*; **~ze** [~'taɪz] taufen
bar [bɑ:] **1.** Stange *f*, Stab *m*; (Quer)Latte *f*; *jur.* Gitter *n*; (*Gold- etc.*)Barren *m*; Schranke *f*; *mus.* Taktstrich *m*; *mus.* einen Takt *m*; (dicker) Strich; *Hotel:* Bar *f*, Lokal *n*, Imbißstube *f*; *a* **~** *of chocolate* ein Riegel (*a.* e-e Tafel) Schokolade; *a* **~** *of soap* ein Riegel *od.* Stück Seife; **2.** zuverriegeln; (ver)hindern
barbecue ['bɑ:bɪkju:] Bratrost *m*, Grill *m*; Barbecue *n*
barbed wire [bɑ:bd 'waɪə] Stacheldraht *m*
barber ['bɑ:bə] (Herren)Friseur *m*
bar code Strichkode *m*
bare [beə] **1.** nackt; kahl; leer; knapp; **2.** entblößen *fig.* enthüllen; **~foot** barfuß; **~ly** kaum
bargain ['bɑ:gɪn] **1.** Geschäft *n*, Handel *m*; vorteilhaftes Geschäft; *it's a* **~!** abgemacht!; **2.** (ver)handeln
barge [bɑ:dʒ] Lastkahn *m*

bark

bark¹ [ba:k] Rinde f, Borke f
bark² [~] 1. bellen; 2. Bellen n
barley ['ba:lɪ] Gerste f
barn [ba:n] Scheune f
barometer [bə'rɒmɪtə] Barometer n
barracks ['bærəks] sg Kaserne f
barrel ['bærəl] Faß n; (Gewehr)Lauf m; **~ organ** Drehorgel f
barren ['bærən] unfruchtbar
barricade [bærɪ'keɪd] Barrikade f
barrier ['bærɪə] Schranke f, Barriere f, Sperre f; fig. Hindernis n
barrister ['bærɪstə] Brt. (plädierender) Rechtsanwalt
barrow ['bærəʊ] Karre(n f) f
barter ['ba:tə] 1. Tausch(handel) m; 2. (ein)tauschen
base¹ [beɪs] gemein
base² [~] 1. Basis f, Grundlage f, Fundament n; mil. Standort m; mil. Stützpunkt m; 2. gründen, stützen (**on, upon** auf); **~ball** Baseball(spiel n) m; **~less** grundlos; **~ment** Kellergeschoß n
bashful ['bæʃfʊl] schüchtern
basic ['beɪsɪk] 1. grundlegend, Grund...; 2. pl Grundlagen pl; **~ally** im Grunde
basin ['beɪsn] Becken n, Schüssel f
basis ['beɪsɪs] (pl **-ses** ['~si:z]) Basis f; Grundlage f
bask [ba:sk] sich sonnen
basket ['ba:skɪt] Korb m; **~ball** Basketball(spiel n) m

bass [beɪs] mus. Baß m
bastard ['ba:stəd] Bastard m
bat¹ [bæt] Fledermaus f
bat² [~] Schlagholz, Schläger m
batch [bætʃ] Stoß m, Stapel m
bath [ba:θ] 1. (pl **baths** [~ðz]) Bad(ewanne f) n; **have a ~** Brt., **take a ~** Am. baden, ein Bad nehmen; 2. Brt. baden
bathe [beɪð] v/t Wunde, Am. Kind baden; v/i Am. baden; Brt. baden, schwimmen
bathing ['beɪðɪŋ] Baden n; Bade...; **~ costume, ~ suit** Badeanzug m
'bath|robe Bademantel m; Am. Morgenrock m; **~room** Badezimmer n; Am. Toilette f; **~ towel** Badetuch n
baton ['bætən] Taktstock m; Sport: (Staffel)Stab m
batter ['bætə] 1. heftig schlagen; mißhandeln; verbeulen; 2. Rührteig m; **~y** [~rɪ] Batterie f
battle ['bætl] 1. Schlacht f (**of** bei); fig. Kampf m; **~field, ~ground** Schlachtfeld n
Bavarian [bə'veərɪən] 1. bay(e)risch; 2. Bayer(in)
bawdy ['bɔ:dɪ] obszön
bawl [bɔ:l] brüllen, schreien
bay [beɪ] Bai f, Bucht f; Erker m; **~ window** Erkerfenster n
bazaar [bə'za:] Basar m
be [bi:] (**was** od. **were, been**) sein; Passiv, beruflich: werden; **she is reading** sie liest

before

(gerade); *it is me* F ich bin es; *how much is (are) ...?* was kostet (kosten) ...?; *there is, there are* es gibt

beach [bi:tʃ] Strand *m*; **'~wear** Strandkleidung *f*

beacon ['bi:kən] Leucht-, Signalfeuer *n*

bead [bi:d] (Glas- *etc.*)Perle *f*

beak [bi:k] Schnabel *m*

beaker ['bi:kə] Becher *m*

beam [bi:m] **1.** Balken *m*; (Licht)Strahl *m*; strahlendes Lächeln *n*; **2.** strahlen

bean [bi:n] Bohne *f*

bear¹ [beə] Bär *m*

bear² [~] (**bore, borne** *od.* **geboren: born**) tragen; zur Welt bringen; ertragen, aushalten, ausstehen; **~able** ['~rəbl] erträglich

beard [biəd] Bart *m*

bearer ['beərə] Träger(in); Überbringer(in)

bearing ['beəriŋ] (Körper)Haltung *f*; Beziehung *f*

beast [bi:st] Tier *n*; Bestie *f*

beat [bi:t] **1.** (**beat, beaten** *od.* **beat**) schlagen; (ver)prügeln; besiegen; übertreffen; *~ it!* F hau ab!; *~ up* F j-n zs.-schlagen; **2.** Schlag *m*; *mus.:* Takt *m*; Schlag(musik *f*) *m*; Runde *f*, Revier *n* (*e-s Polizisten*); **'~en** *pp von* **beat** 1

beautiful ['bju:təful] schön; **'~y** Schönheit *f*

beaver ['bi:və] Biber *m*

became [bı'keɪm] *pret von* **become**

because [bı'kɒz] weil; *~ of* wegen

beckon ['bekən] (zu)winken

become [bı'kʌm] (**became, become**) werden (of aus); sich schicken für; *j-m* stehen; **~ing** kleidsam

bed [bed] Bett *n*; *Tier:* Lager *n*; *agr.* Beet *n*; Unterlage *f*; *~ and breakfast* Zimmer *n* mit Frühstück; **'~clothes** *pl* Bettwäsche *f*; **'~ding** Bettzeug *n*; Streu *f*; **'~ridden** bettlägerig; **'~room** Schlafzimmer *n*; **'~side:** *at the ~* am Bett; *~ lamp* (*table*) Nachttischlampe *f* (-tisch *m*); **'~sit** F, **~'sitter**, **~'sitting room** *Brt.* möbliertes Zimmer; Einzimmerappartement *n*; **'~spread** Tagesdecke *f*; **'~stead** Bettgestell *n*; **'~time** Schlafenszeit *f*

bee [bi:] Biene *f*

beech [bi:tʃ] Buche *f*

beef [bi:f] Rindfleisch *n*; **~ tea** (Rind)Fleischbrühe *f*

'bee|hive Bienenkorb *m*, -stock *m*; **'~line:** *make a ~ for* F schnurstracks zugehen auf

been [bi:n] *pp von* **be**

beer [biə] Bier *n*

beet [bi:t] (Runkel)Rübe *f*

beetle ['bi:tl] Käfer *m*

beetroot ['bi:tru:t] rote Beete

before [bı'fɔ:] **1.** *adv räumlich:* vorn, voran; *zeitlich:* vorher, zuvor; **2.** *cj* bevor, ehe; **3.** *prp*

beforehand

vor; **~hand** zuvor, (im) voraus

beg [beg] *et.* erbitten (*of s.o.* von j-m); betteln (um)

began [bɪ'gæn] *pret von* **begin**

beget [bɪ'get] (**begot, begotten**) *Kind* zeugen

beggar ['begə] Bettler(in)

begin [bɪ'gɪn] (**began, begun**) beginnen, anfangen; **~ner** Anfänger(in); **~ning** Beginn *m*, Anfang *m*

begot [bɪ'gɒt] *pret von* **beget**; **~ten** *pp von* **beget**

begun [bɪ'gʌn] *pp von* **begin**

behalf [bɪ'hɑːf]: **on** (*Am. a in*) **~ of** im Namen von

behave [bɪ'heɪv] sich benehmen; **~io(u)r** [~vjə] Benehmen *n*

behind [bɪ'haɪnd] 1. *prp* hinter; 2. *adv* hinten, dahinter; nach hinten; 3. *adj* im Rückstand *or.* Verzug (**with,** *in* mit); 4. *s F* Hintern *m*

being ['biːɪŋ] (Da)Sein *n*; Wesen *n*

belated [bɪ'leɪtɪd] verspätet

belch [beltʃ] aufstoßen, rülpsen; *Rauch etc.* speien

belfry ['belfrɪ] Glockenturm *m*

Belgian ['beldʒən] 1. belgisch; 2. Belgier(in)

belief [bɪ'liːf] Glaube *m* (**in** an); Überzeugung *f*

believe [bɪ'liːv] glauben (**in** an); **~r** Gläubige *m, f*

bell [bel] Glocke *f*; Klingel *f*

belligerent [bɪ'lɪdʒərənt] streitlustig, aggressiv

bellow ['beləʊ] 1. brüllen; 2. Brüllen *n*; Grölen *n*; **~s** *pl, sg* Blasebalg *m*

belly ['belɪ] F: Bauch *m*; Magen *m*

belong [bɪ'lɒŋ] gehören; angehören (**to** *dat*); **~ings** *pl* Habseligkeiten *pl*

beloved [bɪ'lʌvd] 1. (innig) geliebt; 2. Geliebte *m, f*

below [bɪ'ləʊ] 1. *adv* unten; nach unten; 2. *prp* unter(halb)

belt [belt] Gürtel *m*; Gurt *m*; Zone *f*, Gebiet *n*; *tech.* Treibriemen *m*

bench [bentʃ] (Sitz- *etc.*)Bank *f*

bend [bend] 1. Biegung *f*, Krümmung *f*, Kurve *f*; 2. (**bent**) (sich) biegen *od.* krümmen; beugen

beneath [bɪ'niːθ] 1. *adv* unten; darunter; 2. *prp* unter(halb)

benediction [benɪ'dɪkʃn] Segen *m*

benefactor ['benɪfæktə] Wohltäter *m*

beneficial [benɪ'fɪʃl] vorteilhaft, günstig, nützlich

benefit ['benɪfɪt] 1. Nutzen *m*, Vorteil *m*; Wohltätigkeitsveranstaltung *f*; (*Sozial-, Versicherungs- etc.*)Leistung *f*; (*Arbeitslosen*)Unterstützung *f*; (*Kranken*)Geld *n*; 2. nützen; **~ by** *od.* **from** Vorteil haben von *od.* durch

benevolent [bɪ'nevələnt] wohltätig; wohlwollend

benign [bɪ'naɪn] *med.* gutartig
bent [bent] *pret u. pp von* **bend** 2
bequeath [bɪ'kwi:ð] vermachen, hinterlassen
bereaved [bɪ'ri:vd] Hinterbliebene *m, f*
beret ['bereɪ] Baskenmütze *f*
berry ['berɪ] Beere *f*
berth [bɜ:θ] *mar.* Liege-, Ankerplatz *m*; *mar.* Koje *f*; *rail.* (Schlafwagen)Bett *n*
beside [bɪ'saɪd] *prp* neben; ~ **o.s.** außer sich (**with** vor); → **point** 1; **~s** [~z] 1. *adv* außerdem; 2. *prp* außer, neben
best [best] 1. *adj* beste(r, -s), größte(r, -s), meiste; 2. *adv* am besten; 3. *s der, die, das* Beste; **at** ~ bestenfalls; **do one's** ~ sein möglichstes tun; **make the** ~ **of** das Beste machen aus; **all the** ~! alles Gute!; ~**man** (*pl* -**men**) *engster Freund des Bräutigams bei dessen Hochzeit;* '~**seller** *m* Bestseller *m*
bet [bet] 1. Wette *f*; 2. (*bet od.* **betted**) wetten; **you** ~ F und ob!
betray [bɪ'treɪ] verraten; **~al** Verrat *m*
better ['betə] 1. *adj* besser; **he is** ~ es geht ihm besser; 2. *s das* Bessere; 3. *adv* besser
between [bɪ'twi:n] 1. *adv* dazwischen; 2. *prp* zwischen; unter
beverage ['bevərɪdʒ] Getränk *n*

beware [bɪ'weə] sich in acht nehmen, sich hüten
bewilder [bɪ'wɪldə] verwirren
beyond [bɪ'jɒnd] 1. *adv* darüber hinaus; 2. *prp* jenseits; über ... hinaus
bi... [baɪ] zwei...
bias ['baɪəs] Neigung *f*; Vorliebe *f*; Vorurteil *n*; ~(**s**)**ed** voreingenommen
bib [bɪb] Lätzchen *n*
Bible ['baɪbl] Bibel *f*
biblical ['bɪblɪkl] biblisch
bibliography [bɪblɪ'ɒgrəfɪ] Bibliographie *f*
biceps ['baɪseps] (*pl* ~) Bizeps *m*
bicker ['bɪkə] sich zanken
bicycle ['baɪsɪkl] Fahrrad *n*
bid [bɪd] 1. (**bid** *od.* **bade, bid** *od.* **bidden**) *econ.* bieten; 2. *econ.* Gebot *n*; Angebot *n*; '~**den** *pp von* **bid** 1
biennial [baɪ'enɪəl] zweijährlich; zweijährig
bier [bɪə] (Toten)Bahre *f*
big [bɪɡ] groß; F großspurig
bigamy ['bɪɡəmɪ] Bigamie *f*
bike [baɪk] F (Fahr)Rad *n*
bilateral [baɪ'lætərəl] bilateral
bilberry ['bɪlbərɪ] Blau-, Heidelbeere *f*
bile [baɪl] Galle *f*
bilingual [baɪ'lɪŋɡwəl] zweisprachig
bill¹ [bɪl] Schnabel *m*
bill² [~] Rechnung *f*; *pol.* (Gesetzes)Vorlage *f*; Plakat *n*; *Am.* Banknote *f*, Geldschein

2 Uni Englisch

billboard 34

m; '**~board** *Am.* Reklametafel *f*; '**~fold** *Am.* Brieftasche *f*
billiards ['bɪljədz] *sg* Billard *n*
billion ['bɪljən] Milliarde *f*
bill| **of delivery** *econ.* Lieferschein *m*; **~ of exchange** *econ.* Wechsel *m*
bin [bɪn] (großer) Behälter
binary ['baɪnərɪ] Binär...
bind [baɪnd] (**bound**) (an-, ein-, fest-, ver-, zs.-)binden; verpflichten; **'~er** *f* (*bsd. Buch*)Binder(in); Einband *m*, (*Akten- etc.*)Deckel *m*; '**~ing 1.** bindend, verbindlich; **2.** (Buch)Einband *m*; Einfassung *f*, Borte *f*; (Ski)Bindung *f*
binoculars [bɪ'nɒkjʊləz] *pl* Fernglas *n*
biodegradable [baɪəʊdɪ-'greɪdəbl] biologisch abbaubar
biography [baɪ'ɒɡrəfɪ] Biographie *f*
biolog|**ical** [baɪəʊ'lɒdʒɪkl] biologisch; **~y** [~'ɒlədʒɪ] Biologie *f*
birch [bɜːtʃ] Birke *f*
bird [bɜːd] Vogel *m*; **~ of passage** Zugvogel *m*; **~ of prey** Raubvogel *m*; **~ sanctuary** Vogelschutzgebiet *n*
biro ['baɪərəʊ] *TM Brt.* Kugelschreiber *m*
birth [bɜːθ] Geburt *f*; Herkunft *f*; **give ~ to** gebären, zur Welt bringen; **date of ~** Geburtsdatum *n*; **~ certificate** Geburtsurkunde *f*; **~ control** Geburtenregelung *f*, -kontrolle *f*; '**~day** Geburtstag *m*; **happy ~!** alles Gute *od.* herzlichen Glückwunsch zum Geburtstag!; '**~place** Geburtsort *m*; '**~rate** Geburtenziffer *f*
biscuit ['bɪskɪt] *Brt.* Keks *m, n*
bishop ['bɪʃəp] Bischof *m*; *Schach:* Läufer *m*
bit¹ [bɪt] Stück(chen) *n*; **a ~ a** bißchen; ziemlich
bit² [~] *Computer:* Bit *n*
bit³ [~] *pret von* **bite** 2
bitch [bɪtʃ] Hündin *f*; *sl. vulg. e-r Frau:* Miststück *n*
bite [baɪt] **1.** Biß *m*; F Bissen *m*, Happen *m*; **2.** (*bit, bitten*) (an)beißen; *Insekt:* beißen, stechen; *Pfeffer:* brennen
bitten ['bɪtn] *pp von* **bite** 2
bitter ['bɪtə] **1.** bitter; *fig.* verbittert; **2.** *pl* Magenbitter *m*
black [blæk] **1.** schwarz; **~** schwarz machen; *Brt. econ.* boykottieren; **~ out** ab-, verdunkeln; **3.** Schwarze *m*; '**~berry** Brombeere *f*; '**~bird** Amsel *f*; '**~board** (Schul-, Wand)Tafel *f*; '**~ box** Flugschreiber *m*; '**~en** schwarz machen *od.* werden; **~ eye** blaues Auge, Veilchen *n*; '**~head** *med.* Mitesser *m*; '**~ ice** Glatteis *n*; '**~mail 1.** Erpressung *f*; **2.** *j-n* erpressen; '**~mailer** Erpresser(in); **~ market** Schwarzmarkt *m*; '**~ness** Schwärze *f*; '**~out** Blackout *n, m*; Ohnmacht *f*

block

~ pudding Blutwurst f; **'~smith** Schmied m

bladder ['blædə] anat. Blase f

blade [bleɪd] Halm m; (Säge-, Schulter- etc.)Blatt f; (Propeller)Flügel m; Klinge f

blame [bleɪm] **1.** tadeln; **~ s.o. for s.th.** j-m die Schuld geben an et.; **2.** Tadel m; Schuld f

blank [blæŋk] **1.** leer; unbeschrieben; econ. Blanko...; **2.** freier Raum, Lücke f; Leerzeichen n; unbeschriebenes Blatt; Lotterie: Niete f

blanket ['blæŋkɪt] **1.** (Woll-, Bett)Decke f; **2.** zudecken

blare [bleə] Radio etc.: brüllen, plärren; Trompete: schmettern

blast [blɑːst] **1.** Windstoß m; Blasinstrument: Ton m; Explosion f; Druckwelle f; Sprengung f; v/t sprengen; fig. zunichte machen; v/i. **~ off** Rakete: abheben, starten; **~!** verdammt!; **~ furnace** Hochofen m; **'~off** Rakete: Start m

blatant ['bleɪtənt] offenkundig

blaze [bleɪz] **1.** Flamme(n pl) f, Feuer n; **2.** lodern

blazer ['bleɪzə] Blazer m

bleach [bliːtʃ] bleichen

bleak [bliːk] öde, kahl; fig. trost-, freudlos, trüb, düster

bleat [bliːt] blöken

bled [bled] pret u. pp von **bleed**

bleed [bliːd] (**bled**) bluten; fig. F schröpfen; **'~ing** Bluten n, Blutung f

bleep [bliːp] Piepton m

blemish ['blemɪʃ] **1.** Fehler m; Makel m; **2.** verunstalten

blend [blend] **1.** (sich) (ver-)mischen; Wein verschneiden; **2.** Mischung f; Verschnitt m; **'~er** Mixer m

bless [bles] (**blessed** od. **blest**) segnen; (**God**) **~ you!** alles Gute!; Gesundheit!; **~ me!, ~ my soul!** F du meine Güte!; **~ed** ['~ɪd] selig, gesegnet; **'~ing** Segen m

blest [blest] pret u. pp von **bless**

blew [bluː] pret von **blow²**

blind [blaɪnd] **1.** blind (fig. **to** gegenüber); Kurve etc.: unübersichtlich; **2.** Rouleau n, Rollo n, Jalousie f; **the ~ pl** die Blinden pl; **3.** blenden; blind machen (fig. **to** für, gegen); **~ alley** Sackgasse f; **'~fold** j-m die Augen verbinden; **~ spot** mot. Rückspiegel: toter Winkel

blink [blɪŋk] blinzeln, zwinkern; blinken

bliss [blɪs] (Glück)Seligkeit f

blister ['blɪstə] Blase f

blizzard ['blɪzəd] Blizzard m, Schneesturm m

bloated ['bləʊtɪd] aufgedunsen, aufgebläht

bloc [blɒk] pol. Block m

block [blɒk] **1.** Block m, Klotz m; Baustein m, (Bau)Klötzchen n; (Schreib-, No-

blockade 36

tiz)Block *m; bsd. Am.* (Häuser)Block *m;* Verstopfung *f;* geistige Sperre; *a.* **~ of flats** *Brt.* Wohnhaus *n;* **2.** *a.* **~ up** (ab-, ver)sperren, blockieren, verstopfen

blockade [blɒˈkeɪd] **1.** Blockade *f;* **2.** blockieren

blockage [ˈblɒkɪdʒ] Blockade *f;* Blockierung *f*

block letters *pl* Blockschrift *f*

bloke [bləʊk] *Brt.* F Kerl *m*

blond [blɒnd] blond; hell

blood [blʌd] Blut *n;* Blut...; **in cold ~** kaltblütig; **~ bank** Blutbank *f;* **~ donor** Blutspender(in); **~ group** Blutgruppe *f;* **~less** blutlos, -leer; unblutig; **~ poisoning** Blutvergiftung *f;* **~ pressure** Blutdruck *m;* **~ relation, ~ relative** Blutsverwandte *m, f;* **~ sample** Blutprobe *f;* **~shed** Blutvergießen *n;* **~shot** blutunterlaufen; **~stream** Blut(bahn *f*) *n;* **~ transfusion** Bluttransfusion *f;* **~ vessel** Blutgefäß *n;* **~y** blutig; *Brt.* F verdammt, verflucht

bloom [bluːm] **1.** Blüte *f;* **2.** blühen

blossom [ˈblɒsəm] *bsd. bei Bäumen:* **1.** Blüte *f;* **2.** blühen

blot [blɒt] Klecks *m; fig.* Makel *m;* **2.** beklecksen; *fig.* beflecken

blotting paper [ˈblɒtɪŋ] Löschpapier *n*

blouse [blaʊz] Bluse *f*

blow¹ [bləʊ] Schlag *m,* Stoß *m*

blow² [~] (**blew, blown**) blasen, wehen; keuchen, schnaufen; explodieren; *Reifen:* platzen; *Sicherung:* durchbrennen; **~ one's nose** sich die Nase putzen; **~ up** (in die Luft) sprengen; *Foto* vergrößern; in die Luft fliegen; explodieren (*a. fig.*); **~dry** fönen; **~n** *pp von* **blow²**; **~out:** **they had a ~** *mot.* ihnen ist ein Reifen geplatzt; **~-up** Explosion *f; phot.* Vergrößerung *f;* F: Wutausbruch *m;* Krach *m*

blue [bluː] blau; *fig.* melancholisch, traurig; **~bell** *bsd.* wilde Hyazinthe; **~berry** [ˈbəri] Blau-, Heidelbeere *f;* **~print** *phot.* Blaupause *f*

blues [bluːz] *pl sing mus.* Blues *m;* F Melancholie *f*

bluff¹ [blʌf] Steilufer *n*

bluff² [~] bluffen

blunder [ˈblʌndə] **1.** Schnitzer *m,* Fehler *m;* **2.** e-n (groben) Fehler machen

blunt [blʌnt] stumpf; *fig.* offen; **~ly** frei heraus

blur [blɜː] **1.** F *m;* undeutlicher Eindruck, verschwommene Vorstellung; **2.** verwischen; verschmieren; *phot.* verwackeln; *Sinne* trüben

blush [blʌʃ] **1.** Erröten *n;* **2.** erröten, rot werden

boar [bɔː] Eber *m;* Keiler *m*

board [bɔːd] **1.** Brett *n,* Diele

f, Planke *f*; (Anschlag-, Schach- etc.)Brett *n*; (Wand-)Tafel *f*; Pappe *f*; Ausschuß *m*, Kommission *f*; Kost *f*, Verpflegung *f*; ~ **and lodging** Kost u. Logis, Wohnung u. Verpflegung; ~ **(of directors)** Vorstand *m*, Aufsichtsrat *m*; **on** ~ an Bord; im Zug *etc.* Bus; **2.** dielen, täfeln, verschalen; an Bord gehen; einsteigen; verpflegen; in Pension sein, wohnen (**with** bei); **'~er** Kostgänger(in); Pensionsgast *m*; Internatsschüler(in)

'**boarding**| **card** *aer.* Bordkarte *f*; **'~house** Pension *f*, Fremdenheim *n*; **~ pass** *aer.* Bordkarte *f*; **~ school** Internat *n*

boast [bəʊst] **1.** Prahlerei *f*, Stolz *m*; **2.** prahlen

boat [bəʊt] Boot *n*; Schiff *n*

bob¹ [bɒb] sich auf u. ab bewegen

bob² [~] Haare kurz schneiden

bobby ['bɒbɪ] *Brt.* F Polizist: Bobby *m*

bobsleigh ['bɒbsleɪ] *a.* **bobsled** *Sport*: Bob *m*

bodice ['bɒdɪs] Mieder *n*

bodily ['bɒdɪlɪ] körperlich

body ['bɒdɪ] Körper *m*; (*oft dead* ~) Leiche *f*, Körperschaft *f*, Gruppe *f*; Hauptteil *m*, Text(teil) *m*; *mot.* Karosserie *f*; **'~guard** Leibwache *f*; Leibwächter *m*; **~ odo(u)r** Körpergeruch *m*; **'~work** Karosserie *f*

bog [bɒg] Sumpf *m*, Morast *m*

bogus ['bəʊgəs] Schwindel...

boil¹ [bɔɪl] Geschwür *n*, Furunkel *m, n*

boil² [~] kochen, sieden; **'~er** Dampfkessel *m*; Boiler *m*; **~er suit** Overall *m*

boisterous ['bɔɪstərəs] stürmisch; lärmend; wild

bold [bəʊld] kühn; frech; dreist

bolster ['bəʊlstə] Keilkissen *n*

bolt [bəʊlt] **1.** Bolzen *m*; Riegel *m*; Blitz(strahl) *m*; **2.** ~ **upright** kerzengerade; **3.** v/t verriegeln; v/i davonlaufen

bomb [bɒm] **1.** Bombe *f*; **2.** bombardieren

bond [bɒnd] *econ.* Schuldverschreibung *f*, Obligation *f*; *pl fig.* Bande *pl*

bone [bəʊn] Knochen *m*; Gräte *f*

bonfire ['bɒnfaɪə] Freudenfeuer *n*; Feuer *n* im Freien

bonnet ['bɒnɪt] Haube *f*; *Brt.* Motorhaube *f*

bonus ['bəʊnəs] Bonus *m*, Prämie *f*; Gratifikation *f*

book [bʊk] **1.** Buch *n*; Heft *n*; Liste *f*; Notizbuch *n*, **-block** *n*; **2.** *Reise etc.* buchen; *Eintritts-, Fahrkarte* lösen; *Zimmer etc.* (vor)bestellen; *Gepäck* aufgeben; **~ in** *bsd. Brt.* sich (*im Hotel*) eintragen; **~ in at** übernachten in; **~ed up** ausgebucht, -verkauft, *Ho-*

tel: belegt; '~able im Vorverkauf erhältlich; '~case Bücherschrank m; '~ing clerk Fahrkartenverkäufer(in), Schalterbeamt|e m, -in f; '~ing office Fahrkartenschalter m; (Theater etc.)Kasse f, Vorverkaufsstelle f; '~keeper Buchhalter(in); '~keeping Buchhaltung f, -führung f; '~let ['~lɪt] Broschüre f; '~mark(er) Lesezeichen n; '~seller Buchhändler(in); '~shop Buchhandlung f; '~stall Bücherstand m; Zeitungskiosk m, -stand m

boom¹ [buːm] Boom m, Aufschwung m, Hochkonjunktur f

boom² [~] dröhnen

boost [buːst] 1. hochschieben; Preise in die Höhe treiben; Produktion etc. ankurbeln; electr. Spannung verstärken; tech. Druck erhöhen; fig. stärken, Auftrieb geben; 2. Auftrieb m; (Ver)Stärkung f

boot [buːt] Stiefel m; Brt. mot. Kofferraum m

booth [buːð] (Markt- etc.)Bude f; (Messe)Stand m; (Wahl- etc.)Kabine f; (Telefon)Zelle f

'bootlace Schnürsenkel m

booze [buːz] F 1. saufen; 2. von Alkohol: Zeug n, Stoff m

border ['bɔːdə] 1. Rand m; Einfassung f; Grenze f; 2. einfassen; grenzen (on an)

bore¹ [bɔː] 1. Bohrloch n; tech. Kaliber n; 2. bohren

bore² [~] 1. Langweiler m; bsd. Brt. F langweilige od. lästige Sache f; 2. j-n langweilen; be ~d sich langweilen

bore³ [~] pret von bear²

boring [~rɪŋ] langweilig

born [bɔːn] 1. pp von bear²; 2. adj geboren

borne [bɔːn] pp von bear²

borrow ['bɒrəʊ] (sich) et. (aus)borgen, leihen

bosom ['bʊzəm] Busen m

boss [bɒs] F Boss m, Chef m; '~y herrisch

botan|ical [bə'tænɪkl] botanisch; ~y ['bɒtənɪ] Botanik f

botch [bɒtʃ] verpfuschen

both [bəʊθ] beide(s); ~ of them alle beide; ~ ... and sowohl ... als (auch)

bother ['bɒðə] 1. Belästigung f, Störung f, Mühe f; 2. belästigen, stören; don't ~! bemühen Sie sich nicht!

bottle ['bɒtl] 1. Flasche f; 2. in Flaschen abfüllen; ~ bank Brt. Altglascontainer m; '~neck fig. Engpass m

bottom ['bɒtəm] Boden m, Berg: Fuß m; Unterseite f; Grund m; F Hintern m

bought [bɔːt] pret u. pp von buy

boulder ['bəʊldə] Felsbrocken m

bounce [baʊns] 1. Sprung m, Satz m; 2. Ball: aufprallen od. springen (lassen); sprin-

bound³ [baʊnd] 1. *pret u. pp von* bind; 2. *adj*: be ~ to do s.th. et. tun müssen
bound² [~] unterwegs (*for* nach)
bound³ [~] 1. Sprung *m*, Satz *m*; 2. springen, hüpfen; auf-, abprallen
bound⁴ [~] *mst pl* Grenze *f*, *fig. a.* Schranke *f*; 2. begrenzen; **~ary** Grenze *f*; **~less** grenzenlos
bouquet [bu'keɪ] Bukett *n*, Strauß *m*; *Wein*: Blume *f*
boutique [bu:'ti:k] Boutique *f*
bow¹ [baʊ] 1. Verbeugung *f*; 2. *v/i* sich verbeugen (*to* vor); *v/t* beugen, *Kopf* neigen
bow² [~] *mar.* Bug *m*
bow³ [bəʊ] *Bogen m*; Schleife *f*
bowel [baʊəl] Darm *m*, *pl a.* Eingeweide *pl*
bowl¹ [bəʊl] Schale *f*, Schüssel *f*; (*Zucker*-)Dose *f*; Napf *m*; (*Pfeifen*)Kopf *m*
bowl² [~] 1. (*Bowling*-, *Kegel*-)Kugel *f*; 2. *Bowlingkugel* rollen; *Kricketball* werfen; **~ing** Bowling *n*; Kegeln *n*; **~ing alley** Bowling-, Kegelbahn *f*
box¹ [bɒks] Kasten *m*, Kiste *f*; Büchse *f*, Schachtel *f*; *tech.* Gehäuse *n*; Postfach *n*; (*Telefon*)Zelle *f*; *jur.* Zeugenstand *m*; *thea.* Loge *f*; *für Pferde auch*: Autos: Box *f*; *Fernseher*: Kasten *m*

box² [~] 1. boxen; ~ s.o.'s ears j-n ohrfeigen; 2. ~ on the ear Ohrfeige *f*; **~er** Boxer *m*; **~ing** Boxen *n*, Boxsport *m*; **ℒing Day** *Brt.* der zweite Weihnachtsfeiertag
box office *thea. etc.* Kasse *f*
boy [bɔɪ] Junge *m*
boycott ['bɔɪkɒt] boykottieren
'boyfriend Freund *m* (*e-s Mädchens*); **~ish** jungenhaft; **~ scout** Pfadfinder *m*
bra [brɑː] Büstenhalter *m*, BH *m*
brace [breɪs] 1. *tech.* Strebe *f*, Stützbalken *m*; (Zahn-) Klammer *f*, (-)Spange *f*; *pl Brt.* Hosenträger *pl*; 2. *tech.* verstreben
bracelet ['breɪslɪt] Armband *n*
bracket ['brækɪt] *tech.* Träger *m*, Halter *m*, Stütze *f*; *print.* Klammer *f*
brag [bræg] prahlen
braid [breɪd] 1. Zopf *m*; Borte *f*, Tresse *f*; 2. flechten
brain [breɪn] *anat.* Gehirn *n*; *oft pl* Kopf *m*, Verstand *m*; **'~storm**: have a ~ *Brt.* F geistig weggetreten sein; *Am.* F → **brainwave**; **'~storming** Brainstorming *n*; **~s trust** *Brt.*, **~ trust** *Am.* Beratergruppe; Brain-Trust *m*; **'~washing** Gehirnwäsche *f*; **'~wave** F Geistesblitz *m*
braise [breɪz] *gastr.* schmoren
brake [breɪk] 1. Bremse *f*; 2. bremsen
bramble ['bræmbl] Brom-

branch

beerstrauch *m*; Brombeere *f*
branch [brɑːntʃ] **1.** Ast *m*, Zweig *m*; Branche *f*, Filiale *f*, Zweigstelle *f*, *fig*. Zweig *m*; **2.** *oft* ~ **off** sich verzweigen; abzweigen
brand [brænd] (Handels-, Schutz)Marke *f*, Warenzeichen *n*; Ware: Sorte *f*
brand-new (funkel)nagelneu
brass [brɑːs] Messing *n*; ~**band** Blaskapelle *f*
brassière ['bræsiə] Büstenhalter *m*
brat [bræt] Balg *m, n*, Gör *n*
brave [breɪv] tapfer, mutig
brawl [brɔːl] Rauferei *f*
breach [briːtʃ] *fig.* Bruch *m*
bread [bred] Brot *n*
breadth [bredθ] Breite *f*
break [breɪk] **1.** Bruch *m* (*a. fig.*); Pause *f*, Unterbrechung *f*; Umschwung *m*; F Chance *f*; **give s.o. a** ~ j-m e-e Chance geben; **take a** ~ e-e Pause machen; **at ~ of day** bei Tagesanbruch; **bad** ~ F Pech *n*; **lucky** ~ F Dusel *m*, Schwein *n*; **2.** (**broke, broken**) *v/t* ab-, auf-, durch-, zer)brechen; zerschlagen, -trümmern, kaputtmachen; (*a.* ~ **in**) Tiere zähmen, abrichten, *Pferd* zureiten; *Code etc*. knacken; *Nachricht* (schonend) mitteilen; *v/i* brechen (*a.* ~ **away** ab-, losbrechen; sich losreißen; ~ **down** ein-, niederreißen; *Haus* abreißen; zs.-brechen (*a. fig.*); *tech*. versagen, *mot*. e-e Panne haben; scheitern; ~ **in** einbrechen, -dringen; *Tür* aufbrechen; ~ **off** abbrechen; ~ **out** ausbrechen; ~ **up** abbrechen, beenden, schließen; (sich) auflösen; *Ehe etc*.: zerbrechen, auseinandergehen; ~**age** ['~ɪdʒ] Bruch *m*; ~**down** Zs.-bruch *m*; *mot*. Panne *f*
breakfast ['brekfəst] **1.** Frühstück *n*; **have** ~ → **2.** frühstücken
breast [brest] Brust *f*; '~**stroke** Brustschwimmen *n*
breath [breθ] Atem(zug) *m*; Hauch *m*
breathalyse ['breθəlaɪz] *mot.* F (ins Röhrchen) blasen lassen; '~**r** *mot.* F Röhrchen *n*
breathe [briːð] atmen
breath|**less** ['breθlɪs] atemlos; '~**taking** atemberaubend
bred [bred] *pret u. pp von* **breed** 2
breeches ['brɪtʃɪs] *pl* Kniebund-, Reithose *f*
breed [briːd] **1.** Rasse *f*, Zucht *f*; **2.** (**bred**) sich fortpflanzen; *Tiere etc*. züchten; ~**er** Züchter(in); Zuchttier *n*; *phys*. Brüter *m*; '~**ing** Fortpflanzung *f*; (Tier-) Zucht *f*; Erziehung *f*
breeze [briːz] Brise *f*

brew [bruː] *Bier* brauen; *Tee etc.* zubereiten, aufbrühen; '**~er** Brauer *m*; **~ery** ['bruəri] Brauerei *f*

bribe [braib] **1.** Bestechungsgeld *n*, -geschenk *n*; **2.** bestechen; **~ry** [~əri] Bestechung *f*

brick [brik] Ziegel(stein) *m*, Backstein *m*; *Brt.* Baustein *m*; (Bau)Klötzchen *n*; '**~layer** Maurer *m*

bride [braid] Braut *f*; **~groom** ['~grum] Bräutigam *m*; **~smaid** [~zmeid] Brautjungfer *f*

bridge [bridʒ] Brücke *f*

bridle ['braidl] **1.** Zaum *m*; Zügel *m*; **2.** (auf)zäumen; zügeln; **~ path** Reitweg *m*

brief [briːf] **1.** kurz; knapp; **2.** instruieren, genaue Anweisungen geben; '**~case** Aktentasche *f*

briefs [briːfs] *pl* Slip *m*

bright [brait] hell, glänzend, strahlend; heiter; gescheit; '**~en**, *a.* **~ up** heller machen, auf-, erhellen; aufheitern; sich aufhellen; '**~ness** Helligkeit *f*; Glanz *m*; Gescheitheit *f*

brillian|ce, **~cy** ['briljəns, ~si] Glanz *m*; Leuchten *n*; *fig.* Brillanz *f*; **~t 1.** glänzend; hervorragend, brillant; **2.** Brillant *m*

brim [brim] Rand *m*; Krempe *f*; '**~ful(l)** randvoll

bring [briŋ] (**brought**) (mit-, her)bringen; *j-n* dazu bringen (**to do** zu tun); **~ about** zustande bringen; bewirken; **~ forth** hervorbringen; **~ round**, **~ to** zu Ohnmächtigen wieder zu sich bringen; **~ up** *Kind* auf-, großziehen

brink [briŋk] Rand *m* (*a. fig.*)

brisk [brisk] flott; lebhaft

bristle ['brisl] **1.** Borste *f*; (Bart)Stoppel *f*; **2.** *a.* **~ up** *Fell:* sich sträuben

British ['britiʃ] **1.** britisch; **2. the ~** *pl* die Briten *pl*

brittle ['britl] spröde

broad [brɔːd] breit; weit; *Tag:* hell; *Wink etc.:* deutlich; *Witz:* derb; *Akzent:* breit, stark; allgemein; '**~cast 1.** (**-cast** *od.* **-casted**) im Rundfunk *od.* Fernsehen bringen; übertragen; senden; **2.** *Rundfunk, TV:* Sendung *f*; Übertragung *f*; '**~caster** Rundfunk-, Fernsehsprecher(in); **~en** verbreitern, erweitern; **~ jump** *Am.* Weitsprung *m*; '**~minded** großzügig, tolerant

brochure ['brəʊʃə] Broschüre *f*, Prospekt *m*

broke [brəʊk] **1.** *pret von* **break 2**; F pleite, abgebrannt; '**~n 1.** *pp von* **break 2**; **2.** zerbrochen, kaputt; gebrochen (*a. fig.*); zerrüttet; '**~-hearted** untröstlich

broker ['brəʊkə] Makler(in)

bronchitis [brɒŋˈkaitis] Bronchitis *f*

bronze

bronze [brɒnz] **1.** Bronze f; **2.** bronzefarben; Bronze...
brooch [brəʊtʃ] Brosche f
brood [bruːd] **1.** Brut f; Brut...; **2.** brüten (a. fig.)
brook [brʊk] Bach m
broom [bruːm] Besen m
broth [brɒθ] (Kraft-, Fleisch-) Brühe f
brothel [ˈbrɒθl] Bordell n
brother [ˈbrʌðə] Bruder m; **~s and sisters** pl Geschwister pl; **~-in-law** [ˈ~rɪnlɔː] Schwager m; **'~ly** brüderlich
brought [brɔːt] pret u. pp von **bring**
brow [braʊ] (Augen)Braue f; Stirn f
brown [braʊn] **1.** braun; **2.** bräunen; braun werden
browse [braʊz] grasen, weiden; **~ a book** in e-m Buch schmökern
bruise [bruːz] **1.** Quetschung f, blauer Fleck; **2.** quetschen; Frucht anstoßen
brush [brʌʃ] **1.** Bürste f; Pinsel m; (Hand)Feger m; Unterholz n; **2.** bürsten; fegen; streifen; **~ up** Kenntnisse auffrischen, -frischen
brusque [bruːsk] barsch
Brussels sprouts [brʌslˈspraʊts] pl Rosenkohl m
brutal [ˈbruːtl] brutal; **~ity** [~ˈtælətɪ] Brutalität f
brute [bruːt] Scheusal n
bubble [ˈbʌbl] **1.** (Luft- etc.) Blase f; **2.** sprudeln

buck[1] [bʌk] **1.** Bock m; **2.** bocken
buck[2] [~] Am. sl. Dollar m
bucket [ˈbʌkɪt] Eimer m
buckle [ˈbʌkl] **1.** Schnalle f, Spange f; **2. ~ on** umschnallen
'buckskin Wildleder n
bud [bʌd] **1.** Knospe f; **2.** knospen
buddy [ˈbʌdɪ] F Kumpel m
budgerigar [ˈbʌdʒərɪgɑː] Wellensittich m
budget [ˈbʌdʒɪt] Budget n, Etat m
buff [bʌf] F in Zssgn: ...fan m; ...experte m
buffalo [ˈbʌfələʊ] (pl **~o**[**e**]**s**) Büffel m
buffer [ˈbʌfə] tech. Puffer m
buffet[1] [ˈbʌfɪt] Büfett n, Anrichte f
buffet[2] [ˈbʊfeɪ] (Frühstücks- etc.)Büfett n, Theke f
bug [bʌg] **1.** zo. Wanze f; Am. Insekt n; F Bazillus m; tech. F Wanze f; F Defekt m, Computer: Fehler m im Programm; F Wanzen anbringen in
buggy [ˈbʌgɪ] Am. Kinderwagen m
build [bɪld] **1.** (**built**) (er)bauen, errichten; **2.** Körperbau m, Statur f; **'~er** Bauunternehmer m; **'~ing** Gebäude n; Bau...
built [bɪlt] pret u. pp von **build** 1; **~-'in** eingebaut, Einbau...; **~-'up area** bebautes Ge-

lände; Wohngebiet n
bulb [bʌlb] Zwiebel f, Knolle f; *electr.* (Glüh)Birne f
bulge [bʌldʒ] 1. (Aus)Bauchung f, Ausbuchtung f; 2. sich (aus)bauchen; hervorquellen
bulk [bʌlk] Umfang m, Größe f, Masse f; Großteil m; '~y umfangreich; sperrig
bull [bʊl] Bulle m, Stier m; '~dog Bulldogge f; '~doze planieren
bullet [ˈbʊlɪt] Kugel f
bulletin [ˈbʊlətɪn] Bulletin n, Tagesbericht m; ~ **board** *Am.* Schwarzes Brett
bull|ock [ˈbʊlək] Ochse m; '~'s-eye: *hit the* ~ ins Schwarze treffen (a. fig.)
bully [ˈbʊlɪ] 1. Tyrann m; 2. tyrannisieren
bum [bʌm] *Am.* F 1. Gammler m; Tippelbruder m; Saukerl m; 2. schnorren; ~ *around*, ~ *about* herumgammeln
bumblebee [ˈbʌmblbiː] Hummel f
bump [bʌmp] 1. heftiger Schlag *od.* Stoß; Beule f; Unebenheit f; 2. stoßen; rammen; prallen; zs.-stoßen; holpern; '~er Stoßstange f; '~y holp(e)rig, rauh: Straße
bun [bʌn] süßes Brötchen n; (Haar)Knoten m
bunch [bʌntʃ] Bündel n, Bund n; F Verein m, Haufen m; ~ *of flowers* Blumenstrauß m; ~ *of grapes* Weintraube f

bundle [ˈbʌndl] 1. Bündel n, Bund n; 2. *a.* ~ *up* bündeln
bungalow [ˈbʌŋɡələʊ] Bungalow m
bungle [ˈbʌŋɡl] verpfuschen
bunk [bʌŋk] Koje f; ~ *bed* Etagenbett n
bunny [ˈbʌnɪ] Häschen n
buoy [bɔɪ] Boje f
burden [ˈbɜːdn] 1. Last f, *fig. a.* Bürde f; 2. belasten
burger [ˈbɜːɡə] *gastr.* Hamburger m
burgl|ar [ˈbɜːɡlə] Einbrecher m; ~**arize** [ˈ~raɪz] *Am.* → **burgle**; ~**ary** [ˈ~rɪ] Einbruch m; ~**e** [ˈ~ɡl] einbrechen (in)
burial [ˈberɪəl] Begräbnis n, Beerdigung f
burly [ˈbɜːlɪ] stämmig
burn [bɜːn] 1. Verbrennung f, Brandwunde f; Brandstelle f; 2. (**burnt** *od.* **burned**) (ver-, an)brennen; ~**t** [~t] *pret et pp von* **burn** 2
burp [bɜːp] F rülpsen
burst [bɜːst] 1. (**burst**) bersten, (zer)platzen; explodieren; zerspringen; (auf)sprengen, zum Platzen bringen; ~ *into tears* in Tränen ausbrechen; 2. Bersten n, Platzen n; *fig.* Ausbruch m
bury [ˈberɪ] ver-, begraben; verschütten; beerdigen
bus [bʌs] Bus m
bush [bʊʃ] Busch m, Strauch m
bushy [ˈbʊʃɪ] buschig
business [ˈbɪznɪs] Geschäft n;

business hours 44

Arbeit *f*, Beschäftigung *f*; Beruf *m*; Angelegenheit *f*; Sache *f*; Aufgabe *f*; *on* ~ geschäftlich, beruflich; *that's none of your* ~ das geht Sie nichts an; ~ *mind* 2; '~**hours** *pl* Geschäftszeit *f*; '~**like** beschäftlich; '~**man** (*pl* -**men**) Geschäftsmann *m*; ~**trip** Geschäftsreise *f*; '~**woman** (*pl* -**women**) Geschäftsfrau *f*
bus stop Bushaltestelle *f*
bust¹ [bʌst] Büste *f*
bust² [~]: *go* ~ F pleite gehen
bustle ['bʌsl] **1.** geschäftiges Treiben; **2.** geschäftig hin u. her eilen
busy ['bɪzɪ] **1.** beschäftigt; geschäftig, fleißig; *Straße*: belebt; *Tag*: arbeitsreich; *Am. teleph.* besetzt; *be* ~ *doing s.th.* damit beschäftigt sein, et. zu tun; **2.** (~ *o.s.*) 'sich) beschäftigen
but [bʌt] **1.** *cj* aber, jedoch; sondern; außer, als; ~ *then* (*again*) and(e)rerseits; *he could not* ~ *laugh* er mußte einfach lachen; **2.** *prp* außer; *all* ~ *him* alle außer ihm; *the last* ~ *one* der vorletzte; *the next* ~ *one* der übernächste; *nothing* ~ nichts als
butcher ['bʊtʃə] Fleischer *m*
butler ['bʌtlə] Butler *m*
butter ['bʌtə] **1.** Butter *f*; **2.** mit Butter bestreichen; '~**cup** Butterblume *f*; '~**fly** Schmetterling *m*

buttocks ['bʌtəks] *pl* Gesäß *n*
button ['bʌtn] **1.** Knopf *m*; Button *m*, (Ansteck)Plakette *f*; **2.** *mst* ~ *up* zuknöpfen; '~**hole** Knopfloch *n*
buttress ['bʌtrɪs] Strebepfeiler *m*
buxom ['bʌksəm] drall
buy [baɪ] (*bought*) (an-, ein-) kaufen; ~**er** Käufer(in)
buzz [bʌz] **1.** Summen *n*, Surren *n*; **2.** summen, surren
buzzard ['bʌzəd] Bussard *m*
buzzer ['bʌzə] Summer *m*
by [baɪ] **1.** *prp räumlich:* (nahe *od.* dicht) bei *od.* an, neben (*side* ~ *side* Seite an Seite); vorbei *od.* vorüber an; *zeitlich:* bis um, bis spätestens; *Tageszeit:* während, bei (~ *day* bei Tage); per, mit, durch (~ *bus* mit dem Bus); nach, ...weise (*the dozen* ~ dutzendweise); nach, gemäß (~ *my watch* nach *od.* auf m-r Uhr); von (~ *nature* von Natur aus); *Urheber, Ursache:* von, durch (*a play* ~ ... ein Stück von ...); ~ *o.s.* allein); um (~ *an inch* um 1 Zoll); *math.* mal (2 × 4); *math. geteilt* durch (6 ÷ 3); **2.** *adv* vorbei, vorüber (→ *go by, pass by*); nahe, dabei; beiseite (→ *put by*)
by... [baɪ] Neben...; Seiten
bye [baɪ], *a.* ~'**bye** *int* F Wiedersehen!, Tschüs!
'**by-election** Nachwahl *f*; '~**gone 1.** vergangen; *2. let*

~ be ~s laß(t) das Vergangene ruhen; **'~pass** Umgehungsstraße *f;* Umleitung *f; med.* Bypass *m;* **~product** Nebenprodukt *n;* **'~road** Neben-, Seitenstraße *f;* **'~stander** Zuschauer(in) **byte** [baɪt] *Computer:* Byte *n* **by|way** ['baɪweɪ] → **byroad;** **'~word** Inbegriff *m*

C

cab [kæb] Taxi *n*
cabbage ['kæbɪdʒ] Kohl *m*
cabin ['kæbɪn] Hütte *f;* Kabine *f; mar. a.* Kajüte *f*
cabinet ['kæbɪnɪt] *pol.* Kabinett *n;* (*Kartei- etc.*)Schrank *m;* Vitrine *f*
cable ['keɪbl] **1.** Kabel *n* (*a. electr.*), (Draht)Seil *n;* **2.** telegrafieren; kabeln; *TV* verkabeln; **~ car** Seilbahn *f*
cab|rank, ~stand Taxistand *m*
cackle ['kækl] gackern, schnattern
cactus ['kæktəs] (*pl* **-tuses, -ti** ['~taɪ]) Kaktus *m*
café ['kæfeɪ] Café *n*
cafeteria [kæfɪ'tɪərɪə] Cafeteria *f, a.* Kantine *f*
cage [keɪdʒ] **1.** Käfig *m; Bergbau:* Förderkorb *m;* **2.** einsperren
cake [keɪk] Kuchen *m,* Torte *f; Schokolade:* Tafel *f; Seife:* Stück *n,* Riegel *m*
calamity [kə'læmətɪ] Katastrophe *f*
calculat|e ['kælkjʊleɪt] berechnen; kalkulieren, schätzen; **~ion** [~'leɪʃn] Berechnung *f* (*a. fig.*), Kalkulation *f;* **'~or** *Gerät:* Rechner *m*
calendar ['kælɪndə] Kalender *m*
calf¹ [kɑːf] (*pl* **calves** [~vz]) Wade *f*
calf² [~] (*pl* **calves** [~vz]) Kalb *n*
calibre, *Am.* **-ber** ['kælɪbə] Kaliber *n*
call [kɔːl] **1.** Ruf *m; teleph.* Anruf *m,* Gespräch *n; aer., Computer:* Aufruf *m;* Aufforderung *f;* (kurzer) Besuch; **on ~** auf Abruf, in Bereitschaft; **make a ~** telefonieren; **2.** *v/t* rufen; *teleph.* j-n anrufen; *aer., Computer:* aufrufen; nennen; wecken; *Aufmerksamkeit* lenken (**to** auf); *v/i* rufen; *teleph.* anrufen; **be ~ed** heißen; **~ s.o. names** j-n beschimpfen, j-n beleidigen; **~ at** gehen zu, besuchen; *rail.* halten in; *Hafen* anlaufen; **~ back** wiederkommen; *teleph.* zurückrufen; **~ for** rufen nach; um *Hilfe* rufen; et. erfordern, verlangen; et. anfordern; et. abholen; **~ off** absagen; **~ on s.o.** j-n besuchen;

box Telefonzelle *f*; **~er** Anrufer(in); Besucher(in)

callous ['kæləs] schwielig; *fig.* gefühl-, herzlos

calm [kɑːm] **1.** still, ruhig; windstill; **2.** (Wind)Stille *f*; Ruhe *f*; **3.** *oft* **~ down** besänftigen, (sich) beruhigen

calorie ['kælərɪ] Kalorie *f*

calves [kɑːvz] *pl von* **calf¹,²**

came [keɪm] *pret von* **come**

camel ['kæml] Kamel *n*

camera ['kæmərə] Kamera *f*, Fotoapparat *m*

camomile ['kæməmaɪl] Kamille *f*

camouflage ['kæməflɑːʒ] **1.** Tarnung *f*; **2.** tarnen

camp [kæmp] **1.** Lager *n*; **2.** zelten, campen

campaign [kæm'peɪn] **1.** *mil.* Feldzug *m*, *fig. a.* Kampagne *f*; *pol.* Wahlkampf *m*; **2.** *Am.* kandidieren

camp| **chair** Klapp-, Campingstuhl *m*; **~er** Camper(in); Zeltler(in); Campingbus *m*; **~ground** *bsd. Am.* → **campsite**; **~ing** Camping *n*, Zelten *n*; **~site** Lagerplatz *m*; Camping-, Zeltplatz *m*

can¹ [kæn] *v/aux (pret* **could**) ich, du *etc.* kann; kann(st) *etc.* nicht

can² [~] **1.** (Blech)Kanne *f*; (Blech-, Konserven)Dose *f*, (-)Büchse *f*; **2.** eindosen

Canadian [kə'neɪdɪən] **1.** kanadisch; **2.** Kanadier(in)

canal [kə'næl] Kanal *m*

canary [kə'neərɪ] Kanarienvogel *m*

cancel ['kænsl] (durch-, aus)streichen; *Fahrschein etc.* entwerten; rückgängig machen; *Abonnement etc.* kündigen; absagen

cancer ['kænsə] Krebs *m*

candid ['kændɪd] offen

candidate ['kændɪdət] Kandidat(in), Bewerber(in)

candle ['kændl] Kerze *f*; **~stick** Kerzenleuchter *m*

cando(u)r ['kændə] Offenheit *f*, Aufrichtigkeit *f*

candy ['kændɪ] *bsd. Am.* Süßigkeiten *pl*; Bonbon *m, n*

cane [keɪn] *bot.* Rohr *n*; Stock *m*

canned ['kænd] Dosen..., Büchsen...; **~ fruit** Obstkonserven *pl*

cannon ['kænən] *(pl* **~[s])** Kanone *f*

cannot ['kænɒt] ich, du *etc.* kann(st) *etc.* nicht

canny ['kænɪ] gerissen, schlau

canoe [kə'nuː] Kanu *n*

can opener *bsd. Am.* → **tin opener**

canopy ['kænəpɪ] Baldachin *m*

cant [kænt] Jargon *m*

can't [kɑːnt] = **cannot**

canteen [kæn'tiːn] Kantine *f*; Feldflasche *f*; *Brt.* Besteck(kasten *m*) *n*

canter ['kæntə] **1.** *kurzer Galopp:* Kanter *m*; **2.** kantern

canvas ['kænvəs] Segeltuch *n*; Zeltleinwand *f*

paint. Leinwand *f*
canyon ['kænjən] Cañon *m*
cap [kæp] Kappe *f*, Mütze *f*, Haube *f*, (Verschluß)Kappe *f*, (Schutz)Haube *f*, Deckel *m*
capab|ility [keɪpə'bɪlətɪ] Fähigkeit *f*; **'~le** fähig (*of* zu)
capacity [kə'pæsətɪ] (Raum)Inhalt *m*; Fassungsvermögen *n*, Kapazität *f*; (Leistungs)Fähigkeit *f*
cape[1] [keɪp] Kap *n*
cape[2] [~] Cape *n*, Umhang *m*
capital ['kæpɪtl] **1.** Hauptstadt *f*; *econ.* Kapital *n*; **2.** Kapital...; Haupt...; großartig
capitalis|m ['kæpɪtəlɪzəm] Kapitalismus *m*; **'~t** Kapitalist *m*
capital| letter Großbuchstabe *m*; **~ punishment** Todesstrafe *f*
capitulate [kə'pɪtjʊleɪt] kapitulieren
capricious [kə'prɪʃəs] launenhaft
capsize [kæp'saɪz] kentern
capsule ['kæpsju:l] Kapsel *f*
captain ['kæptɪn] Kapitän *m*; *mil.* Hauptmann *m*
caption ['kæpʃn] Überschrift *f*; Bildunterschrift *f*; *Film:* Untertitel *m*
captiv|ate ['kæptɪveɪt] *fig.* gefangennehmen, fesseln; **'~e** Gefangene *m, f*; **~ity** [~'tɪvətɪ] Gefangenschaft *f*
capture ['kæptʃə] fangen, gefangennehmen
car [kɑ:] Auto *n*, Wagen *m*; *Ballon:* Gondel *f*; *Aufzug:* Kabine *f*
caravan ['kærəvæn] Karawane *f*; *Brt.* Wohnwagen *m*
caraway ['kærəweɪ] Kümmel *m*
carbohydrate [kɑ:bəʊ'haɪdreɪt] Kohle(n)hydrat *n*
carbon ['kɑ:bən] Kohlenstoff *m*; *a.* **~copy** Durchschlag *m*; *a.* **~ paper** Kohlepapier *n*
carbu|ret(t)er, ~ret(t)or [kɑ:bə'retə] *mot.* Vergaser *m*
card [kɑ:d] Karte *f*; **'~board** Pappe *f*
cardiac ['kɑ:dɪæk] Herz...
cardigan ['kɑ:dɪgən] Strickjacke *f*
cardinal ['kɑ:dɪnl] **1.** hauptsächlich, Haupt...; **2.** Kardinal *m*; **~ number** Grundzahl *f*
card index Kartei *f*
care [keə] **1.** Sorge *f*; Sorgfalt *f*, Vorsicht *f*; Obhut *f*, Fürsorge *f*; Pflege *f*; **~ of** (*abbr. c/o*) *Adresse:* bei...; **take ~!** vorsichtig sein, aufpassen; **take ~ of** aufpassen auf; **with ~!** Vorsicht!; **2.** sich sorgen, sich kümmern (**about** um); Interesse haben (**for** an); **~ for** sorgen für, sich kümmern um; **I don't ~!** meinetwegen
career [kə'rɪə] Karriere *f*
'care|free sorgenfrei; **'~ful** vorsichtig; sorgfältig; **be ~!** paß auf!, gib acht!; **'~less** nachlässig; unachtsam
caress [kə'res] **1.** Liebkosung

caretaker *f*; **2.** liebkosen; streicheln
'care|taker Hausmeister *m*; **'~worn** abgehärmt
cargo ['kɑːgəʊ] (*pl* **-go[e]s**) Ladung *f*
caricature ['kærɪkətjʊə] Karikatur *f*
carnation [kɑːˈneɪʃn] Nelke *f*
carnival ['kɑːnɪvl] Karneval *m*
carol ['kærəl] Weihnachtslied *n*
carp [kɑːp] Karpfen *m*
car park *Brt.* Parkplatz *m*; Parkhaus *n*
carpenter ['kɑːpəntə] Zimmermann *m*
carpet ['kɑːpɪt] Teppich *m*
car pool Fuhrpark *m*; Fahrgemeinschaft *f*
carriage ['kærɪdʒ] Kutsche *f*; *Brt. rail.* (Personen)Wagen *m*; Transport(kosten *pl*) *m*
carrier ['kærɪə] Spediteur *m*; *Fahrrad etc.:* Gepäckträger *m*; **~ bag** *bsd. Brt.* Trag(e)tasche *f*, -tüte *f*
carrot ['kærət] Karotte *f*, Mohrrübe *f*
carry ['kærɪ] tragen; befördern; bei sich haben *od.* tragen; **~ on** fortführen, -setzen; betreiben; **~ out**, **~ through** durch-, ausführen; **~cot** *Brt.* (Baby)Trag(e)tasche *f*
cart [kɑːt] Karren *m*
cartilage ['kɑːtɪlɪdʒ] Knorpel *m*
carton ['kɑːtən] (Papp)Karton *m*; *Milch:* Tüte *f*; *Zigaretten:* Stange *f*
cartoon [kɑːˈtuːn] Cartoon *m*, *n*; Karikatur *f*; Zeichentrickfilm *m*
cartridge ['kɑːtrɪdʒ] Patrone *f*; *phot.* (Film)Patrone *f*, (-)Kassette *f*; *Plattenspieler:* Tonabnehmer *m*
carv|e [kɑːv] *Fleisch* zerlegen, tranchieren; schnitzen; meißeln; **'~er** (Holz)Schnitzer *m*; Bildhauer *m*; **'~ing** Schnitzerei *f*
car wash Autowäsche *f*; Waschanlage *f*, -straße *f*
case¹ [keɪs] Kiste *f*, Kasten *m*; Koffer *m*; Etui *n*
case² [~] Fall *m* (*a. med., jur.*); **in ~ (that)** falls
cash [kæʃ] **1.** Bargeld *n*; Barzahlung *f*; **~ down** gegen bar; **in ~** bar; **~ in advance** gegen Vorauszahlung; **~ on delivery** (*abbr.* **COD**) (per) Nachnahme; **short of ~** knapp bei Kasse; **2.** *Scheck etc.* einlösen; **~ desk** *Warenhaus etc.:* Kasse *f*; **~ dispenser** Geldautomat *m*; **~ier** [~ˈʃɪə] Kassierer(in)
cask [kɑːsk] Faß *n*
casket ['kɑːskɪt] Kästchen *n*; *bsd. Am.* Sarg *m*
cassette [kəˈset] (Film-, Band- *etc.*)Kassette *f*; **~ deck** Kassettendeck *n*; **~ radio** Radiorecorder *m*; **~ recorder** Kassettenrecorder *m*
cassock ['kæsək] Soutane *f*
cast [kɑːst] **1.** Wurf *m*; *tech.* Guß(form *f*) *m*; Abguß *m*, Abdruck *m*; *med.* Gips(verband *m*) *m*; *thea.* Besetzung *f*;

2. (*cast*) (ab-, aus)werfen; *tech.* gießen, formen; *thea.* Stück besetzen; Rollen verteilen (**to** an); **be ~ down** niedergeschlagen *od.* deprimiert sein; **~ off** *mar.* losmachen; Maschen abnehmen

caste [kɑːst] Kaste *f*

caster → **castor**

cast| iron Gußeisen *n*; **~'iron** gußeisern

castle ['kɑːsl] Burg *f*; Schloß *n*; *Schach:* Turm *m*

castor ['kɑːstə] Laufrolle *f* (*Salz- etc.*)Streuer *m*; **~ oil** Rizinusöl *n*

castrate [kæ'streit] kastrieren

casual ['kæʒʊəl] zufällig; gelegentlich; *Bemerkung:* beiläufig; *Blick:* flüchtig; lässig; **~ wear** Freizeitkleidung *f*; **~ty** [-ti] Verletzte *m*, *f*; Unglückte *m*, *f*; *mil.* Verwundete *m*, Gefallene *m*; **casualties** *pl* Opfer *pl* (*e-r Katastrophe*), *mil.* Verluste *pl*; *a.* **~ ward** Unfallstation *f*

cat [kæt] Katze *f*

catalogue, *Am.* **-log** ['kætəlɒg] **1.** Katalog *m*; **2.** katalogisieren

catalytic converter [kætə'litɪk kən'vɜːtə] *mot.* Katalysator *m*

catarrh [kə'tɑː] Katarrh *m*

catastrophe [kə'tæstrəfi] Katastrophe *f*

catch [kætʃ] **1.** Fangen *n*; Fang *m*, Beute *f*; Haken *m* (*a. fig.*); (*Tür*)Klinke *f*; Verschluß *m*; **2.** (**caught**) *v/t* (auf-, ein)fangen; packen; fassen, ergreifen; erwischen; *Zug etc.* (noch) kriegen; verstehen; hängenbleiben mit; sich *e-e Krankheit* holen; (**a**) **cold** sich erkälten; *v/i* sich verfangen, hängenbleiben; klemmen; **~ up** (**with**) einholen; **~er** Fänger *m*; **~ing** packend; *med.* ansteckend (*a. fig.*); **~word** Schlagwort *n*; Stichwort *n*

category ['kætəgəri] Kategorie *f*

cater ['keitə] sich u. Getränke liefern (**for** für); sorgen (**for** für); **~er** [-rə] Lieferant *m od.* Lieferfirma *f* für Speisen u. Getränke

caterpillar ['kætəpilə] Raupe *f*; **~ tractor** TM Raupenschlepper *m*

cathedral [kə'θiːdrəl] Dom *m*, Kathedrale *f*

Catholic ['kæθəlik] **1.** katholisch; **2.** Katholik(in)

catkin ['kætkin] *bot.* Kätzchen *n*

cattle ['kætl] (Rind)Vieh *n*

caught [kɔːt] *pret. pp* von **catch** 2

cauliflower ['kɒliflauə] Blumenkohl *m*

cause [kɔːz] **1.** Ursache *f*; Grund *m*; Sache *f*; **2.** verursachen; veranlassen

caution ['kɔːʃn] **1.** Vorsicht *f*; Warnung *f*; Verwarnung *f*; **2.** warnen; verwarnen

cautious ['kɔːʃəs] vorsichtig

cave

cave [keɪv] Höhle f
cavern ['kævən] Höhle f
cavity ['kævətɪ] Loch n
CD [siː'diː] (*abbr. für* **compact disc**) CD(-Platte) f
cease [siːs] aufhören; beenden; **~'fire** Feuereinstellung f; Waffenstillstand m
ceiling ['siːlɪŋ] Decke f
celebr|ate ['selɪbreɪt] feiern; **~ed** berühmt (**for** für, wegen); **~ion** [~'breɪʃn] Feier f
celebrity [sɪ'lebrətɪ] Berühmtheit f
celery ['selərɪ] Sellerie m, f
cell [sel] Zelle f
cellar ['selə] Keller m
cello ['tʃeləʊ] Cello n
cellophane ['seləfeɪn] *TM* Zellophan n
cement [sɪ'ment] **1.** Zement m; Kitt m; **2.** zementieren; (ver)kitten
cemetery ['semɪtrɪ] Friedhof m
censor ['sensə] zensieren
cent [sent] *Am.* Cent m
centen|ary [sen'tiːnərɪ], *Am.* **~nial** [~'tenjəl] Hundertjahrfeier f
center *Am.* → **centre**
centi|grade ['sentɪgreɪd]: **10 degrees ~** 10 Grad Celsius; **'~metre**, *Am.* **'~meter** Zentimeter m, n
central ['sentrəl] zentral; Haupt...; Zentral...: Mittel(punkts)...; **~ heating** Zentralheizung f; **'~ize** zentralisieren; **~ processing unit** (*abbr.* **CPU**) Computer: Zentraleinheit f
centre, *Am.* **-ter** ['sentə] **1.** Mitte f, *a. fig.* Zentrum n, Mittelpunkt m; **2.** *tech.* zentrieren
century ['sentʃərɪ] Jahrhundert n
ceramics [sɪ'ræmɪks] *pl* Keramik f
cereal ['sɪərɪəl] **1.** Getreide...; **2.** Getreide(pflanze f) n; Getreideflocken *pl*
ceremony ['serɪmənɪ] Zeremonie f; Feier f
certain ['sɜːtn] sicher; bestimmt; gewiß; **a ~ Mr S.** ein gewisser Herr S.; **'~ly** sicher, bestimmt; *Antwort:* aber sicher, natürlich; **'~ty** Sicherheit f, Bestimmtheit f
certi|ficate [sə'tɪfɪkət] Bescheinigung f, Attest n; Zeugnis n; **~ of birth** Geburtsurkunde f; **~fy** ['sɜːtɪfaɪ] *et.* bescheinigen
chafe [tʃeɪf] warm reiben; (sich) aufreiben
chaffinch ['tʃæfɪntʃ] Buchfink m
chain [tʃeɪn] **1.** Kette f; **2.** (an)ketten; fesseln
chair [tʃeə] Stuhl m, Sessel m; *fig.* Vorsitz m; **'~ lift** Sessellift m; **'~man** (*pl* **-men**) Vorsitzende m; **'~woman** (*pl* **-women**) Vorsitzende f
chalk [tʃɔːk] Kreide f
challenge ['tʃælɪndʒ] **1.** Herausforderung f; **2.** herausfordern; **'~r** *bsd. Sport:* Her-

ausforderer *m*, -forderin *f*
chamber ['tʃeɪmbə] Kammer *f*; **'~maid** Zimmermädchen *n*
chamois ['ʃæmwɑː] Gemse *f*; *a.* ~ **leather** [*mst* 'ʃæmɪ] Sämischleder *n*; Fensterleder *n*
champagne [ʃæm'peɪn] Champagner *m*; Sekt *m*
champion ['tʃæmpjən] *Sport:* Meister(in); Verfechter(in); **'~ship** Meisterschaft *f*
chance [tʃɑːns] **1.** Zufall *m*; Chance *f*, (günstige) Gelegenheit, Aussicht *f* (**of** auf); Möglichkeit *f*; **by** ~ zufällig; **take a** ~ es darauf ankommen lassen; **take no ~s** nichts riskieren (wollen); **2.** riskieren; **3.** zufällig
chancellor ['tʃɑːnsələ] Kanzler *m*
chandelier [ʃændə'lɪə] Kronleuchter *m*
change [tʃeɪndʒ] **1.** (sich) (ver)ändern *od.* wandeln; wechseln; (ver)tauschen; *Geld* (um)wechseln; *Teile* (aus)wechseln; *mot.*, *tech.* schalten; sich umziehen; ~ (**trains**, **planes** *etc.*) umsteigen; **2.** (Ver)Änderung *f*, Wechsel *m*; Abwechslung *f*; (Aus)Tausch *m*; Wechselgeld *n*; Kleingeld *n*; **for a** ~ zur Abwechslung
channel ['tʃænl] Kanal *m*
chaos ['keɪɒs] Chaos *n*; **~tic** [~'ɒtɪk] chaotisch
chap [tʃæp] F Bursche *m*
chapel ['tʃæpl] Kapelle *f*

chaplain ['tʃæplɪn] Kaplan *m*
chapped [tʃæpt] *Hände, Lippen:* aufgesprungen, rissig
chapter ['tʃæptə] Kapitel *n*
char [tʃɑː] verkohlen
character ['kærəktə] Charakter *m*; Ruf *m*, Leumund *m*; *Roman etc.:* Figur *f*, Gestalt *f*, *pl* ia Charaktere *pl*; Schriftzeichen *n*, Buchstabe *m*; **~istic** [~'rɪstɪk] **1.** charakteristisch (**of** für); **2.** charakteristisches Merkmal; **~ize** ['~raɪz] charakterisieren
charge [tʃɑːdʒ] **1.** *Batterie etc.* (auf)laden, *Gewehr etc.* laden; *j-n* beschuldigen *od.* anklagen (**with** e-r Sache); *a. jur.*); *econ. j-n* belasten (**with** mit e-m Betrag); beauftragen; berechnen, verlangen, fordern (**for** für); ~ **at** losgehen auf; **2.** *Batterie*, *Gewehr etc.:* Ladung *f*; Preis *m*; Forderung *f*, Gebühr *f*; *a. pl* Unkosten *pl*, Spesen *pl*; Beschuldigung *f*, *a. jur.* Anklage(punkt *m*) *f*; Schützling *m*; **free of** ~ kostenlos; **be in ~ of** verantwortlich sein für
charit|able ['tʃærətəbl] wohltätig; nachsichtig; **'~y** Nächstenliebe *f*; Wohltätigkeit *f*
charm [tʃɑːm] **1.** Charme *m*; Zauber *m*; Talisman *m*, Amulett *n*; **2.** bezaubern; **'~ing** charmant, bezaubernd
chart [tʃɑːt] (*See-, Himmels-, Wetter*)Karte *f*; Diagramm *n*, Schaubild *n*; *pl* Charts

pl, Hitliste(n *pl*) *f*

charter ['tʃɑːtə] **1.** Urkunde *f*; Charta *f*; Chartern *n*; **2.** chartern; ~ **flight** Charterflug *m*

charwoman ['tʃɑːˌwʊmən] (*pl -women*) Putzfrau *f*

chase [tʃeɪs] **1.** jagen, Jagd machen auf; rasen, rennen; *a.* ~ **away** verjagen, -treiben; **2.** (Hetz)Jagd *f*

chasm ['kæzəm] Kluft *f*, Abgrund *m* (*a. fig.*)

chassis ['ʃæsɪ] (*pl* ['~sɪz]) Fahrgestell *n*

chaste [tʃeɪst] keusch

chat [tʃæt] F **1.** plaudern, schwatzen; **2.** Schwatz(en *n*) *m*; ~ **show** Talk-Show *f*

chatter ['tʃætə] **1.** plappern, schwatzen, schnattern; *Zähne:* klappern; **2.** Geplapper *n*, Geschnatter *n*; Klappern *n*; '~**box** F Plappermaul *n*

chatty ['tʃætɪ] F geschwätzig

chauffeur ['ʃəʊfə] Chauffeur *m*

cheap [tʃiːp] billig; schäbig, gemein

cheat [tʃiːt] **1.** betrügen; **2.** Betrug *m*, Schwindel *m*

check [tʃek] **1.** Schach(stellung *f*) *n*; Hemmnis *n*, Hindernis *n* (**on** für); Einhalt *m*; Kontrolle *f*, Überprüfung *f*; *Am.* Scheck *m* (**for** über); *Am.* Kassenzettel *m*, Rechnung *f*; Kontrollabschnitt *m*, -schein *m*; *Am.* Gepäckschein *m*; *Am.* Garderobenmarke *f*; Schachbrett-, Karomuster *n*; karierter Stoff;

hold *od.* **keep in** ~ *fig.* in Schach halten; **keep a** ~ **on** unter Kontrolle halten; **2.** *v/i* (plötzlich) innehalten; ~ **in** sich (*in e-m Hotel*) anmelden; einstempeln; *aer.* einchecken; ~ **out** *aus e-m Hotel* abreisen; ausstempeln; ~ **up** (**on**) *e-e Sache* nachprüfen, *e-e Sache*, *j-n* überprüfen; *v/t* Schach bieten; hemmen, hindern; drosseln, bremsen; zurückhalten; checken, kontrollieren, überprüfen; *Am. auf e-r Liste* abhaken; *Am.* in der Garderobe abgeben; (als Reisegepäck) aufgeben; '~**book** *Am.* Scheckbuch *n*, -heft *n*; ~ **card** *Am.* Scheckkarte *f*; ~**ed** kariert

checker|board ['tʃekəbɔːd] *Am.* Dame-, Schachbrett *n*; '~ed *Am.* → **chequered**; '~**s** *sg Am.* Dame(spiel *n*) *f*

'check-in Anmeldung *f* (*in e-m Hotel*); Einstempeln *n*; *aer.* Einchecken *n*; ~ **counter** *aer.* Abfertigungsschalter *m*; '~**ing account** *Am.* Girokonto *n*; '~**list** Check-, Kontrolliste *f*; '~**mate 1.** (Schach)Matt *n*; **2.** (schach)matt setzen; '~**out** Abreise *f* (*aus e-m Hotel*); Ausstempeln *n*; Kasse *f*; '~**point** Kontrollpunkt *m*; '~**room** *Am.* Garderobe(nraum *m*) *f*; *Am.* Gepäckaufbewahrung *f*; '~**up** *med.* F Check-up *m*

cheek [tʃiːk] Backe *f*, Wange

f; F Frechheit *f*; **'~bone** Bakkenknochen *m*; **'~y** F frech

cheer [tʃɪə] **1.** Hoch(ruf *m*) *n*, Beifall(sruf) *m*; Auf-, Ermunterung *f*; **~s!** Brt. F prost!; **2.** *v/t* Beifall spenden, hochleben lassen; *a.* **~ on** anspornen, anfeuern; *a.* **~ up** aufmuntern, aufheitern; *v/i* Beifall spenden, jubeln; *a.* **~ up** Mut fassen; **~ up!** Kopf hoch!; **'~ful** vergnügt, fröhlich; *Raum, Wetter etc.*: freundlich, heiter; **~io** [ˌ~rɪ'əʊ] *int* Brt. F mach's gut!, tschüs!; prost!; **'~less** freudlos; *Raum, Wetter etc.*: unfreundlich

cheese [tʃiːz] Käse *m*

cheetah ['tʃiːtə] Gepard *m*

chef [ʃef] Küchenchef *m*

chemical ['kemɪkl] **1.** chemisch; **2.** Chemikalie *f*

chemist ['kemɪst] Chemiker(in); Apotheker(in); Drogist(in); **~'s shop** Apotheke *f*, Drogerie *f*; **~ry** ['~trɪ] Chemie *f*

cheque [tʃek] Brt. Scheck *m*; *crossed* **~** Verrechnungsscheck *m*; **~ account** Girokonto *n*; **~book** Brt. Scheckbuch *n*, -heft *n*; **~ card** Brt. Scheckkarte *f*

chequered ['tʃekəd] *bsd.* Brt. kariert; *fig.* wechselvoll

cherry ['tʃerɪ] Kirsche *f*

chess [tʃes] Schach(spiel) *n*; **'~board** Schachbrett *n*

chest [tʃest] Kiste *f*, Truhe *f*; *anat.* Brust(kasten *m*) *f*; **~ of drawers** Kommode *f*

chestnut ['tʃesnʌt] **1.** Kastanie *f*; **2.** kastanienbraun

chew [tʃuː] (zer)kauen; **'~ing gum** Kaugummi *m*

chick [tʃɪk] Küken *n*

chicken ['tʃɪkɪn] Huhn *n*; Küken *n*; *als Nahrung*: Hähnchen *n*, Hühnchen *n*; **~ pox** [pɒks] Windpocken *pl*

chicory ['tʃɪkərɪ] Chicorée *f, m*

chief [tʃiːf] **1.** Chef *m*; Häuptling *m*; **2.** erste(r, -s), oberste(r, -s), Ober..., Haupt...; wichtigste(r, -s); **'~ly** hauptsächlich

chilblain ['tʃɪlbleɪn] Frostbeule *f*

child [tʃaɪld] (*pl* **children** ['tʃɪldrən]) Kind *n*; **'~birth** Geburt *f*, Entbindung *f*; **'~hood** [**~**hʊd] Kindheit *f*; **'~ish** kindlich; kindisch; **'~less** kinderlos; **'~like** kindlich; **'~minder** [**~**maɪndə] Brt. Tagesmutter *f*; **~ren** ['tʃɪldrən] *pl von* **child**

chill [tʃɪl] **1.** Kältegefühl *n*, Frösteln *n*; Kälte *f*, Kühle *f*; Erkältung *f*; **2.** (ab)kühlen; *j-n* frösteln lassen; **3.** *adj* → **~y** kalt, frostig, kühl

chime [tʃaɪm] **1.** (Glocken)Geläute *n*; *mst pl* Glockenspiel *n*; **2.** läuten; *Uhr*: schlagen

chimney ['tʃɪmnɪ] Schornstein *m*

chimpanzee [ˌtʃɪmpən'ziː] Schimpanse *m*

chin [tʃɪn] Kinn *n*
china ['tʃaɪnə] Porzellan *n*
Chinese ['tʃaɪ'niːz] **1.** chinesisch; **2.** Chines|e *m*, -in *f*
chink [tʃɪŋk] Ritze *f*, Spalt *m*
chip [tʃɪp] **1.** Splitter *m*, Span *m*, Schnitzel *m*; Chip *m*, Spielmarke *f*; *Computer:* Chip *m*; *pl: Brt.* Pommes frites *pl; Am.* (Kartoffel)Chips *pl*; **2.** anschlagen
chirp [tʃɜːp] zwitschern
chisel ['tʃɪzl] **1.** Meißel *m*; **2.** meißeln
chivalrous ['ʃɪvlrəs] ritterlich
chive(s *pl*) [tʃaɪv(z)] Schnittlauch *m*
chlorine ['klɔːriːn] Chlor *n*
chocolate ['tʃɒkəlɪt] Schokolade *f*; Praline *f*; **'~s** *pl* Pralinen *pl*, Konfekt *n*
choice [tʃɔɪs] **1.** Wahl *f*; Auswahl *f*; **2.** ausgesucht (gut)
choir ['kwaɪə] Chor *m*
choke [tʃəʊk] **1.** würgen; erwürgen, erdrosseln; ersticken; *a.* **~ up** verstopfen; **2.** *mot.* Choke *m*, Luftklappe *f*
cholesterol [kə'lestərɒl] Cholesterin *n*
choose [tʃuːz] (*chose, chosen*) (aus)wählen
chop [tʃɒp] **1.** Hieb *m*, Schlag *m*; (*Schweine-, Lamm*)Kotelett *n*; **2.** (zer)hacken; **~ down** fällen; **'~per** Hackmesser *n*; F Hubschrauber *m*; **'~stick** Eßstäbchen *n*
chord [kɔːd] Saite *f*; Akkord *m*
chore [tʃɔː] schwierige *od.* unangenehme Aufgabe
chorus ['kɔːrəs] Chor *m*; Refrain *m*; *Revue:* Tanzgruppe *f*
chose [tʃəʊz] *pret von* **choose**; **'~n** *pp von* **choose**
Christ [kraɪst] Christus *m*
christen ['krɪsn] taufen
Christian ['krɪstʃən] **1.** christlich; **2.** Christ(in); **~ity** [~tɪ'ænətɪ] Christentum *n*; **~ name** Vorname *m*
Christmas ['krɪsməs] Weihnachten *n u. pl*; **at ~** zu Weihnachten; **~ merry!**; **~ Day** erster Weihnachtsfeiertag; **~ Eve** Heiliger Abend
chrome [krəʊm] Chrom *n*
chromium ['krəʊmɪəm] *Metall:* Chrom *n*
chronic ['krɒnɪk] chronisch; ständig, (an)dauernd
chronicle ['krɒnɪkl] Chronik *f*
chronological [krɒnə'lɒdʒɪkl] chronologisch
chrysanthemum [krɪ'sænθəməm] Chrysantheme *f*
chubby ['tʃʌbɪ] rundlich
chuck [tʃʌk] F schmeißen
chuckle ['tʃʌkl]: **~** (*to o.s.*) (stillvergnügt) in sich hineinlachen
chum [tʃʌm] F Kumpel *m*
chunk [tʃʌŋk] Klotz *m*, (dickes) Stück
church [tʃɜːtʃ] Kirche *f*; **'~yard** Kirch-, Friedhof *m*
chute [ʃuːt] Stromschnelle *f*; Rutsche *f*, Rutschbahn *f*; F Fallschirm *m*

cider ['saɪdə] Apfelwein *m*
cigar [sɪ'gɑː] Zigarre *f*
cigarette, *Am. a.* **-ret** [sɪgə'ret] Zigarette *f*
cinder ['sɪndə] Schlacke *f*; *pl* Asche *f*; **~ella** [~'relə] Aschenbrödel *n*, -puttel *n*; **~ track** *Sport:* Aschenbahn *f*
cine|camera ['sɪnɪ] (Schmal-)Filmkamera *f*; **'~film** Schmalfilm *m*
cinema ['sɪnəmə] *Brt.* Kino *n*
cinnamon ['sɪnəmən] Zimt *m*
cipher ['saɪfə] **1.** Chiffre *f*; **2.** chiffrieren, verschlüsseln
circle ['sɜːkl] **1.** Kreis *m*; *thea.* Rang *m*; *fig.* Kreislauf *m*; **2.** (um)kreisen
circuit ['sɜːkɪt] Runde *f*, Rundreise *f*, -flug *m*; *electr.* Strom-, Schaltkreis *m*; **short ~** Kurzschluß *m*
circular ['sɜːkjʊlə] **1.** (kreis)rund, kreisförmig; Kreis...; **2.** Rundschreiben *n*
circulat|e ['sɜːkjʊleɪt] zirkulieren, im Umlauf sein, in Umlauf setzen; **'~ing library** Leihbücherei *f*; **~ion** [~'leɪʃn] (*a.* Blut)Kreislauf *m*, Zirkulation *f*; *econ.* Umlauf *m*
circum|ference [sə'kʌmfərəns] *math.* Umfang *m*; **~scribe** ['sɜːkəmskraɪb] *math.* umschreiben; begrenzen, einschränken; **~stance** ['~stəns] Umstand *m*; *mst pl* (Sach)Lage *f*, Umstände *pl*; *pl* Verhältnisse *pl*; *in od. under no* **~s** unter keinen Um-ständen, auf keinen Fall; *in od. under the* **~s** unter diesen Umständen

circus ['sɜːkəs] Zirkus *m*; *Brt.* runder Platz
cistern ['sɪstən] Wasserbehälter *m*; *Toilette:* Spülkasten *m*; Zisterne *f*
citizen ['sɪtɪzn] Bürger(in); Städter(in); Staatsangehörige *m*, *f*; **~ship** Staatsangehörigkeit *f*
city ['sɪtɪ] (Groß)Stadt *f*; *the* 2 die (Londoner) City; **~ centre** *Brt.* Innenstadt *f*, City *f*; **~ hall** Rathaus *n*
civic ['sɪvɪk] städtisch, Stadt...; **~s** *sg* Staatsbürgerkunde *f*
civil ['sɪvl] staatlich, Staats...; (staats)bürgerlich, Bürger...; zivil, Zivil...; *jur.* zivilrechtlich; höflich
civilian [sɪ'vɪljən] **1.** Zivilist *m*; **2.** zivil, Zivil...
civiliz|ation [sɪvɪlaɪ'zeɪʃn] Zivilisation *f*, Kultur *f*; **~e** ['~laɪz] zivilisieren
civil| rights *pl* (Staats)Bürgerrechte *pl*; **~ servant** Staatsbeam|te *m*, -tin *f*; **~ service** Staatsdienst *m*; **~ war** Bürgerkrieg *m*
claim [kleɪm] **1.** Anspruch *m*, Anrecht *n* (*to* auf); Forderung *f*; Behauptung *f*; **2.** beanspruchen; fordern; behaupten
clammy ['klæmɪ] feuchtkalt, klamm

clamo(u)r ['klæmə] lautstark verlangen (*for* nach)
clamp [klæmp] Zwinge *f*
clan [klæn] Clan *m*, Sippe *f*
clap [klæp] **1.** Klatschen *n*; Klaps *m*; **2.** klatschen
claret ['klærət] roter Bordeaux(wein); Rotwein *m*
clarinet [klærə'net] Klarinette *f*
clarity ['klærətɪ] Klarheit *f*
clash [klæʃ] **1.** Zs.-stoß *m*; Konflikt *m*; **2.** zs.-stoßen; nicht zs.-passen
clasp [klɑːsp] **1.** Schnalle *f*, Spange *f*, (Schnapp)Verschluß *m*; Griff *m*; **2.** umklammern, (er)greifen; befestigen, schließen; **~ knife** (*pl* **- knives**) Taschenmesser *n*
class [klɑːs] **1.** Klasse *f*; (Bevölkerungs)Schicht *f*; (Schul-)Klasse *f*; (Unterrichts)Stunde *f*; Kurs *m*; *Am.* Schulabgänger *etc.*: Jahrgang *m*; **2.** einteilen, -ordnen, -stufen
classic ['klæsɪk] **1.** Klassiker *m*; **2.** klassisch; **~al** klassisch
classi|fication [klæsɪfɪ'keɪʃn] Klassifizierung *f*, Einteilung *f*; **~fied** ['~faɪd] *mil.*, *pol.* geheim; **~ ad(vertisement)** Kleinanzeige *f*; **~fy** ['~faɪ] klassifizieren, einteilen
class|mate Mitschüler(in); **~room** Klassenzimmer *n*
clatter ['klætə] klappern
clause [klɔːz] *jur.* Klausel *f*
claw [klɔː] **1.** Klaue *f*, Kralle *f*; *Krebs:* Schere *f*; **2.** (zer)kratzen; sich krallen
clay [kleɪ] Ton *m*, Lehm *m*
clean [kliːn] **1.** *adj* rein, sauber; *sl.* clean (*nicht mehr drogenabhängig*); **2.** *adv* völlig, total; **3.** *v/t* reinigen, säubern, putzen; **~ out** reinigen; **~ up** gründlich reinigen; aufräumen; **'~er** Reiniger *m*; Rein(e)machefrau *f*, (Fenster- *etc.*)Putzer *m*; → **dry cleaner('s)**
cleanse [klenz] reinigen, säubern; **'~r** Reinigungsmittel *n*
clear [klɪə] **1.** *adj* klar; hell; rein; klar, deutlich; frei (*of* von) (*a. fig.*); *econ.* Netto..., Rein...; **2.** *adv* klar; hell; deutlich; los, weg (*of* von); **3.** *v/t* wegräumen (*oft* **~ away**); freimachen, (ab)räumen; *Computer:* löschen; reinigen, säubern; freisprechen (*of* von); *v/i* klar *od.* hell werden; *Wetter:* aufklären; *Nebel:* sich verziehen; **~ off!** hau ab!; **~ out** F abhauen; auf-, ausräumen, entfernen; **~ up** Verbrechen *etc.* aufklären; aufräumen; *Wetter:* aufklaren; **~ance** ['~rəns] Räumung *f*; Freigabe *f*; **~ance sale** Räumungs-, Ausverkauf *m*; **~ing** ['~rɪŋ] Lichtung *f*; **'~ly** klar, deutlich; offensichtlich
cleft [kleft] Spalt *m*, Spalte *f*
clemen|cy ['klemənsɪ] Milde *f*, Nachsicht *f*; **~t** ['~nt] *Wetter:* mild

clench [klentʃ] *Lippen etc.* (fest) zs.-pressen, *Zähne* zs.-beißen, *Faust* ballen

clergy ['klɜːdʒɪ] *die* Geistlichen *pl*; **~man** (*pl* **-men**) Geistliche *m*

clerk [klɑːk] (Büro- *etc.*)Angestellte *m*, (Bank-, Post)Beamte *m*, -in *f*; *Am.* Verkäufer(in)

clever ['klevə] clever; klug, gescheit; gerissen; geschickt

click [klɪk] **1.** Klicken *n*; **2.** klicken; zu-, einschnappen

client ['klaɪənt] *jur.* Klient(in), Mandant(in); Kund|e *m*, -in *f*

cliff [klɪf] Klippe *f*

climacteric [klaɪ'mæktərɪk] *physiol.* Wechseljahre *pl*

climate ['klaɪmɪt] Klima *n*

climax ['klaɪmæks] Höhepunkt *m*

climb [klaɪm] klettern (auf) (er-, be)steigen; **~er** Bergsteiger(in); *bot.* Kletterpflanze *f*

cling [klɪŋ] (**clung**) (**to**) kleben (an), haften (an); festhalten (an), sich klammern (an); sich (an)schmiegen (an); **~film** *bsd. Brt.* Frischhaltefolie *f*

clinic ['klɪnɪk] Klinik *f*; **~al** klinisch

clink [klɪŋk] **1.** klingen *od.* klirren (lassen); **2.** Klirren *n*

clip¹ [klɪp] **1.** (aus)schneiden; scheren; **2.** Schnitt *m*; (Film- *etc.*)Ausschnitt *m*; (Video)Clip *m*; Schur *f*

clip² [~] **1.** (Heft-, Büro- *etc.*)Klammer *f*; (Ohr)Klipp *m*; **2.** *a.* **~ on** anklammern

clipp|ers ['klɪpəz] *pl*, *a.* **pair of ~** (Nagel- *etc.*)Schere *f*; Haarschneidemaschine *f*; **~ing** *bsd. Am.* (Zeitungs)Ausschnitt *m*

clitoris ['klɪtərɪs] Klitoris *f*

cloak [kləʊk] Umhang *m*; **~room** Garderobe *f*; *Brt.* Toilette *f*

clock [klɒk] **1.** (Wand-, Stand-, Turm)Uhr *f*; **2.** *Sport:* Zeit stoppen; **~ in, ~ on** einstempeln; **~ out, ~ off** ausstempeln; **~ radio** Radiowecker *m*; **~wise** im Uhrzeigersinn; **~work** Uhrwerk *n*; *like* **~** wie am Schnürchen

clod [klɒd] (Erd)Klumpen *m*

clog [klɒg] **1.** (Holz)Klotz *m*; Holzschuh *m*; **2.** *a.* **~ up** verstopfen

cloister ['klɔɪstə] Kreuzgang *m*; Kloster *n*

close 1. [kləʊs] *adj* nah; *Ergebnis etc.*: knapp; genau, gründlich; stickig, schwül; eng(anliegend); *Freund:* eng, *Verwandte/r:* nah; **2.** [kləʊs] *adv* eng, nahe, dicht; **~ by** ganz in der Nähe; **~ at hand** nahe bevorstehend; **3.** [kləʊz] *s* Ende *n*, Schluß *m*; **4.** [kləʊz] *v/t* (ab-, ver-, zu)schließen, zumachen; *Betrieb etc.* schließen; *Straße etc.* sperren; beenden, be-

closed schließen; v/i sich schließen; schließen, zumachen; ~ **down** schließen; Betrieb stillegen; ~ **in** Dunkelheit, Nacht: hereinbrechen; ~ **up** (ab-, ver-, zu)schließen; Straße etc. sperren; aufrücken, aufschließen; **~d** (*~zd*) geschlossen; gesperrt (*to* für)

closet ['klɒzɪt] (Wand-) Schrank m

close-up ['kləʊsʌp] phot. etc.: Nah-, Großaufnahme f

closing time ['kləʊzɪŋ] Laden-, Geschäftsschluß m; Polizeistunde f

clot [klɒt] **1.** Klumpen m, Klümpchen n; **2. of blood** Blutgerinnsel n; **2.** gerinnen

cloth [klɒθ] Stoff m, Tuch n; Lappen m, Tuch n

clothe [kləʊð] (an-, be)kleiden; einkleiden

clothes [kləʊðz] pl Kleider pl, Kleidung f; **~ brush** Kleiderbürste f; **~ hanger** Kleiderbügel m; **~ peg** Brt., **~pin** Am. Wäscheklammer f

cloud [klaʊd] **1.** Wolke f; **2.** (sich) bewölken; (sich) trüben; **'~burst** Wolkenbruch m; **'~y** bewölkt; trüb

clove [kləʊv] Gewürznelke f

clover ['kləʊvə] Klee m

clown [klaʊn] Clown m

club [klʌb] **1.** Knüppel m; (Golf)Schläger m; Klub m; pl Karten: Kreuz n; **2.** einknüppeln auf, prügeln

cluck [klʌk] gackern; glucken

clue [kluː] Anhaltspunkt m, Spur f

clump [klʌmp] Klumpen m

clumsy ['klʌmzɪ] unbeholfen

clung [klʌŋ] pret u. pp von **cling**

clutch [klʌtʃ] **1.** Kupplung f; **2.** umklammern; (er)greifen

coach [kəʊtʃ] **1.** Reisebus m; Brt. rail. (Personen)Wagen m; Kutsche f; Sport: Trainer(in); Nachhilfelehrer(in); **2.** Nachhilfeunterricht geben; Sport: trainieren

coagulate [kəʊˈægjʊleɪt] gerinnen (lassen)

coal [kəʊl] Kohle f

coalition [ˌkəʊəˈlɪʃn] Koalition f

'coalmine Kohlenbergwerk n

coarse [kɔːs] grob; vulgär

coast [kəʊst] **1.** Küste f; **2.** Fahrrad: im Freilauf fahren; **'~al** Küsten...; **'~guard** Küstenwache f

coat [kəʊt] **1.** Mantel m; Fell n; Anstrich m, Schicht f; **2.** mit Glasur: überziehen; mit Farbe: (an)streichen; **~ hanger** Kleiderbügel m; **'~ing** Überzug m; Anstrich m, Schicht f; Mantelstoff m; **~ of arms** Wappen n

coax [kəʊks] überreden

cob [kɒb] Maiskolben m

cobbled street ['kɒbld] Straße f mit Kopfsteinpflaster

cobweb ['kɒbweb] Spinnennetz n, Spinnwebe f

cocaine [kəʊˈkeɪn] Kokain *n*
cock [kɒk] **1.** *zo.* Hahn *m*; **2.** aufrichten, schiefstellen
cockatoo [kɒkəˈtuː] Kakadu *m*
cockchafer [ˈkɒktʃeɪfə] Maikäfer *m*
'**cockpit** Cockpit *n*
cockroach [ˈkɒkrəʊtʃ] Schabe *f*
'**cocktail** Cocktail *m*
cocoa [ˈkəʊkəʊ] Kakao *m*
coconut [ˈkəʊkənʌt] Kokosnuß *f*
cocoon [kəˈkuːn] Kokon *m*
cod [kɒd] Kabeljau *m*, Dorsch *m*
coddle [ˈkɒdl] verhätscheln
code [kəʊd] **1.** Code *m*; *Regel:* Kodex *m*; **2.** verschlüsseln, chiffrieren, kodieren
cod-liver oil [kɒdlɪvərˈɔɪl] Lebertran *m*
coexist [kəʊɪɡˈzɪst] nebeneinander bestehen; **~ence** Koexistenz *f*
coffee [ˈkɒfɪ] Kaffee *m*; **~ bar** *Brt.* Café *n*
coffin [ˈkɒfɪn] Sarg *m*
cog [kɒɡ] (Rad)Zahn *m*; '**~wheel** Zahnrad *n*
coherent [kəʊˈhɪərənt] zs.-hängend
coil [kɔɪl] **1.** *v/t a.* **~ up** aufwickeln, -rollen; *v/i* sich schlängeln *od.* winden; **2.** Rolle *f*; *electr.* Spule *f*; *med.* Spirale *f*
coin [kɔɪn] **1.** Münze *f*; **2.** prägen
coincide [kəʊɪnˈsaɪd] zs.-fal-
len; übereinstimmen; **~nce** [~ˈɪnsɪdəns] Zufall *m*; Übereinstimmung *f*
cold [kəʊld] **1.** kalt; *I'm (feeling)* **~** mir ist kalt, ich friere; → *blood;* **2.** Kälte *f;* Erkältung *f*
coleslaw [ˈkəʊlslɔː] Krautsalat *m*
colic [ˈkɒlɪk] Kolik *f*
collaborate [kəˈlæbəreɪt] zs.-arbeiten
collapse [kəˈlæps] **1.** zs.-brechen; einstürzen; **2.** Zs.-bruch *m;* Zs.-klappbar, Falt..., Klapp...
collar [ˈkɒlə] Kragen *m;* *Hund:* Halsband *n;* '**~bone** Schlüsselbein *n*
colleague [ˈkɒliːɡ] Kolleg|e *m*, -in *f*
collect [kəˈlekt] **1.** *v/t* (ein)sammeln; *Geld* kassieren; abholen; *v/i* sich versammeln; **2.** *adv: a.* **on delivery** (*abbr.* **COD**) *Am.* (per) Nachnahme; *call* **~** *Am.* ein R-Gespräch führen; **~ call** *Am.* R-Gespräch *n*; per *fig.* gefaßt; **~ion** [~kʃn] Sammlung *f;* *econ.* Eintreibung *f;* Abholung *f;* *bsd. Brt.* Leerung *f;* *eccl.* Kollekte *f;* **~ive** gemeinsam; per Sammler(in); Steuereinnehmer *m*
college [ˈkɒlɪdʒ] College *n;* Fachhochschule *f*
collide [kəˈlaɪd] zs.-stoßen
colliery [ˈkɒljərɪ] *bsd. Brt.* Zeche *f,* Grube *f*

collision [kəˈlıʒn] Zs.-stoß *m*
colloquial [kəˈləʊkwıəl] umgangssprachlich
colon [ˈkəʊlən] Doppelpunkt *m*; *anat.* Dickdarm *m*
colonel [ˈkɜːnl] Oberst *m*
colony [ˈkɒlənı] Kolonie *f*
colo(u)r [ˈkʌlə] **1.** Farbe *f*; *pl mil.* Fahne *f*, *mar.* Flagge *f* (Farb...); **2.** färben; sich (ver-)färben; erröten; **∼ bar** Rassenschranke *f*; **∼-blind** farbenblind; **∼ed 1.** bunt; farbig; **2.** *pl konstr.* Farbige *pl*; **∼fast** farbecht; **∼ful** farbenprächtig; *fig.* bewegt, schillernd
colt [kəʊlt] (Hengst)Fohlen *n*
column [ˈkɒləm] Säule *f*; *print.* Spalte *f*
comb [kəʊm] **1.** Kamm *m*; **2.** kämmen
combat [ˈkɒmbæt] **1.** Kampf *m*; **2.** bekämpfen
combin|ation [kɒmbıˈneıʃn] Verbindung *f*, Kombination *f*; **∼e 1.** [kəmˈbaın] (sich) verbinden; **2.** [ˈkɒmbaın] *econ.* Konzern *m*; *a.* **∼ harvester** Mähdrescher *m*
combust|ible [kəmˈbʌstəbl] brennbar; **∼ion** Verbrennung *f*
come [kʌm] (**came, come**) kommen, kommen, gelangen; kommen, geschehen, sich ereignen; **∼ about:** *p* geschehen, passieren; **∼ across** auf *j-n od. et.* stoßen; **∼ along** mitkommen, -gehen; **∼ apart** auseinanderfallen; **∼ away** sich lösen, *Knopf etc.:* abgehen; **∼ by** zu *et.* kommen; *Besucher:* vorbeikommen; **∼ down** *Preise:* sinken; **∼ for** abholen kommen, kommen wegen; **∼ forward** sich melden; **∼ home** nach Hause kommen; **∼ in** *Nachricht etc.:* eintreffen; *Zug:* einlaufen; **∼ in!** herein!; **∼ off** *Knopf etc.:* ab-, losgehen; **∼ on!** los!, komm!; **∼ round** *Besucher:* vorbeikommen; **∼** wieder zu sich kommen; **∼ through** durchkommen, *Krankheit etc.* überstehen, -leben; **∼ to** sich belaufen auf; wieder zu sich kommen; **∼ to see** besuchen
comed|ian [kəˈmiːdjən] Komiker *m*; **∼y** [ˈkɒmıdı] Komödie *f*
comfort [ˈkʌmfət] **1.** Komfort *m*, Bequemlichkeit *f*; Trost *m*; **2.** trösten; **∼able** komfortabel, behaglich, bequem
comic|(al) [ˈkɒmık(əl)] komisch, humoristisch; **∼s** *pl* Comics *pl*; Comic-Hefte *pl*
comma [ˈkɒmə] Komma *n*
command [kəˈmɑːnd] **1.** Befehl *m*; Beherrschung *f*; *mil.* Kommando *n*; **2.** befehlen; *mil.* kommandieren; verfügen über; beherrschen; **∼er** Kommandeur *m*, Befehlshaber *m*; Kommandant *m*; **∼er in chief** [∼ərınˈtʃiːf] Oberbefehlshaber *m*; **∼ment** Gebot *n*

commemorate [kəˈmeməreɪt] gedenken (gen); **~ion** [~ˈreɪʃn]: *in ~ of* zum Gedenken an

comment [ˈkɒment] **1.** (on) Kommentar *m* (zu); Bemerkung *f* (zu); Anmerkung *f* (zu); *no ~!* kein Kommentar!; **2.** (on) kommentieren (acc); sich äußern (über); **~ary** [ˈ~əntəri] Kommentar *m* (on zu); **~ator** [ˈ~əntertə] Kommentator *m*, *Rundfunk, TV*: *a.* Reporter(in)

commerce [ˈkɒmɜːs] Handel *m*

commercial [kəˈmɜːʃl] **1.** Geschäfts..., Handels...; kommerziell, finanziell; **2.** *Rundfunk, TV*: Werbespot *m*; **~ize** [~ʃəlaɪz] kommerzialisieren, vermarkten; **~ television** Werbefernsehen *n*; **~traveller** Handelsvertreter(in)

commission [kəˈmɪʃn] **1.** Auftrag *m*; Kommission *f* (*a. econ.*); Ausschuß *m*; Provision *f*; **2.** beauftragen; *et.* in Auftrag geben; **~er** [~ʃnə] Beauftragte *f*

commit [kəˈmɪt] anvertrauen, übergeben; *Verbrechen etc.* begehen, verüben; verpflichten (*to* auf); festlegen (*to* auf); **~ment** Verpflichtung *f*; Engagement *n*; **~tee** [~ti] Ausschuß *m*, Komitee *n*

common [ˈkɒmən] **1.** gemeinsam; allgemein; alltäglich; gewöhnlich, einfach; **2.** Gemeindeland *n*; *in ~* gemeinsam; **'~er** Bürgerliche *m*, *f*; **~ law** Gewohnheitsrecht *n*; **2 Market** Gemeinsamer Markt; **'~place 1.** Gemeinplatz *m*; **2.** alltäglich; **~room** Gemeinschaftsraum *m*; **'~s** *pl*: *the 2 Brt. parl.* das Unterhaus; **~ sense** gesunder Menschenverstand

commotion [kəˈməʊʃn] Aufregung *f*; Aufruhr *m*

communal [ˈkɒmjʊnl] Gemeinde...; Gemeinschafts...

communicat|e [kəˈmjuːnɪkeɪt] *v/t* mitteilen; *Krankheit* übertragen (**to** auf); *v/i* in Verbindung stehen; sich verständigen; sich verständlich machen; **~ion** [~ˈkeɪʃn] Verständigung *f*, Kommunikation *f*; Verbindung *f*; *pl* Fernmeldewesen *n*; **~ions satellite** Nachrichtensatellit *m*; **~ive** [kəˈmjuːnɪkətɪv] gesprächig

Communion [kəˈmjuːnjən] *eccl.* Kommunion *f*, Abendmahl *n*

communis|m [ˈkɒmjʊnɪzəm] Kommunismus *m*; **~t** [ˈ~ɪst] **1.** Kommunist(in); **2.** kommunistisch

community [kəˈmjuːnətɪ] Gemeinschaft *f*; Gemeinde *f*

commut|ation [kɒmjuːˈteɪʃn] *jur.* (Straf)Umwandlung *f*; *Am. rail. etc.* Pendeln *n*; **~ ticket** *Am. rail. etc.* Dauer-

commute

Zeitkarte f; ~e [kə'mju:t] v/t jur. Strafe umwandeln (to in); v/i rail. etc. pendeln; ~r Pendler(in); ~ train Pendler-, Nahverkehrszug m

compact 1. ['kɒmpækt] s Puderdose f; **2.** [kəm'pækt] adj kompakt; eng, gedrängt; Stil: knapp; ~ disc → CD

companion [kəm'pænjən] Begleiter(in); Gefährt|e m, -in f; Handbuch n, Leitfaden m; ~ship Gesellschaft f

company ['kʌmpəni] Gesellschaft f; econ. Gesellschaft f, Firma f; mil. Kompanie f; thea. Truppe f; **keep s.o. ~** j-m Gesellschaft leisten

compar|able ['kɒmpərəbl] vergleichbar; ~**ative** [kəm'pærətɪv] **1.** adj verhältnismäßig; ~ **degree** ~ 2. s gr. Komparativ m; ~**e** [~'peə] v/t vergleichen; v/i sich vergleichen (lassen); ~**ison** [~'pærɪsn] Vergleich m

compartment [kəm'pɑːtmənt] Fach n; rail. Abteil n

compass ['kʌmpəs] Kompaß m; pl, **a pair of** ~**es** Zirkel m

compassion [kəm'pæʃn] Mitleid n; ~**ate** [~ʃənət] mitleidig, -fühlend

compatible [kəm'pætəbl] vereinbar; **be ~ (with)** zs.-passen, Computer etc.: kompatibel (mit)

compel [kəm'pel] zwingen

compensat|e ['kɒmpenseɪt] j-n entschädigen; et. ersetzen; ~**ion** [~'seɪʃn] Ausgleich m; (Schaden)Ersatz m, Entschädigung f

compete [kəm'piːt] sich (mit)bewerben (**for** um); konkurrieren; Sport: (am Wettkampf) teilnehmen

competen|ce, ~cy ['kɒmpɪtəns, ~sɪ] Fähigkeit f; jur. Zuständigkeit f, Kompetenz f; ~**t** [~nt] fähig, tüchtig

competit|ion [kɒmpɪ'tɪʃn] Wettbewerb m; Konkurrenz f; ~**ive** [kəm'petətɪv] konkurrierend; konkurrenzfähig; ~**or** [~tɪtə] Mitbewerber(in); Konkurrent(in); Sport: Teilnehmer(in)

compile [kəm'paɪl] zs.-stellen; ~**r** Computer: Compiler m, Übersetzer m

complacen|ce, ~cy [kəm'pleɪsns, ~sɪ] Selbstzufriedenheit f; ~**t** [~nt] selbstzufrieden

complain [kəm'pleɪn] sich beklagen od. beschweren (**about** od. **to** bei); klagen (**of** über); ~**t** [~t] Klage f, Beschwerde f; med. Leiden n

complete [kəm'pliːt] **1.** vollständig; vollzählig; **2.** vervollständigen; beenden

complexion [kəm'plekʃn] Gesichtsfarbe f, Teint m

complicat|e ['kɒmplɪkeɪt] komplizieren; ~**ed** kompliziert; ~**ion** [~'keɪʃn] Komplikation f

compliment 1. ['kɒmplɪmənt] Kompliment n; **2.**

conciliatory

['_ment] *j-m* ein Kompliment machen (**on** für)

component [kəm'pəʊnənt] (Bestand)Teil *m*

compos|e [kəm'pəʊz] zs.-setzen *od.* -stellen; *mus.* komponieren; **be ~d of** bestehen *od.* sich zs.-setzen aus; **~ o.s.** sich beruhigen; **~ed** ruhig, gelassen; **~er** Komponist (-in); **~ition** [kɒmpə'zɪʃn] Zs.-setzung *f*, Komposition *f*; Aufsatz *m*; **~ure** [kəm'pəʊʒə] Fassung *f*

compound 1. [kəm'paʊnd] *v/t* zs.-setzen; **2.** ['kɒmpaʊnd] *adj* zs.-gesetzt; *med. Bruch:* kompliziert; **3.** ['kɒmpaʊnd] *s* Zs.-setzung *f*; *chem.* Verbindung *f*; *gr.* zs.-gesetztes Wort; **~ interest** Zinseszinsen *pl*

comprehen|d [kɒmprɪ'hend] begreifen, verstehen; **~sion** [~ʃn] Verständnis *n*; *past ~* unfaßbar, unfaßlich; **~sive** [~sɪv] **1.** umfassend; **2.** *a.* **~ school** *Brt.* Gesamtschule *f*

compress [kəm'pres] zs.-drücken, -pressen

compromise ['kɒmprəmaɪz] **1.** Kompromiß *m*. **2.** *v/t* aufs Spiel setzen; kompromittieren, bloßstellen; *v/i* e-n Kompromiß schließen

compuls|ion [kəm'pʌlʃn] Zwang *m*; **~ive** [~sɪv] zwingend, Zwangs...; *psych.* zwanghaft; **~ory** [~sərɪ] obligatorisch, Pflicht...

compunction [kəm'pʌŋkʃn] Gewissensbisse *pl*

computer [kəm'pju:tə] Computer *m*, Rechner *m*; **~-controlled** computergesteuert; **~ize** [~raɪz] (sich) auf Computer umstellen; computerisieren, mit Hilfe e-s Computers errechnen *od.* zs.-stellen; **~ science** Informatik *f*; **~ scientist** Informatiker(in)

comrade ['kɒmreɪd] Kamerad *m*; (Partei)Genosse *m*

conceal [kən'si:l] verbergen, -stecken; verheimlichen

conceit [kən'si:t] Einbildung *f*, Dünkel *m*; **~ed** eingebildet

conceiv|able [kən'si:vəbl] denk-, vorstellbar; **~e** [~'si:v] *v/i* schwanger werden; *v/t* Kind empfangen; sich *et.* vorstellen *od.* denken

concentrate ['kɒnsəntreɪt] (sich) konzentrieren

conception [kən'sepʃn] Vorstellung *f*, Begriff *m*; *biol.* Empfängnis *f*

concern [kən'sɜ:n] **1.** Angelegenheit *f*, Sorge *f*; *econ.* Geschäft *n*, Unternehmen *n*; **2.** betreffen, angehen; beunruhigen; **~ o.s. with** sich beschäftigen mit; **~ed** besorgt

concert [kən'sɜ:t] Konzert *n*; **~o** [kən'tʃeətəʊ] (Solo)Konzert *n*

concession [kən'seʃn] Zugeständnis *n*; Konzession *f*

conciliatory [kən'sɪlɪətərɪ] versöhnlich, -mittelnd

concise [kən'saɪs] kurz, knapp
conclu|de [kən'kluːd] folgern, schließen; **~sion** [~uːʒn] (Ab)Schluß m, Ende n; (Schluß)Folgerung f; **~sive** [~sɪv] schlüssig
concrete ¹ ['kɒnkriːt] konkret
concrete ² [~'~] Beton m
concussion (of the brain) [kən'kʌʃn] Gehirnerschütterung f
condemn [kən'dem] verurteilen (a. jur.); für unbewohnbar etc. erklären; **~ation** [kɒndem'neɪʃn] Verurteilung f
condens|ation [kɒndenˈseɪʃn] Kondensation f; **~e** [kən'dens] kondensieren, zs.-fassen; **~ed milk** Kondensmilch f; **~er** Kondensator m
condescend [kɒndɪ'send] sich herablassen; **~ing** herablassend
condition [kən'dɪʃn] **1.** Zustand m; Sport: Form f; Bedingung f; pl Verhältnisse pl; **on ~ that** unter der Bedingung, daß; **2.** bedingen; in Form bringen; **~al** [~ənl] bedingt, abhängig
condole [kən'dəʊl] sein Beileid ausdrücken; **~nce** oft pl Beileid n
condom ['kɒndəm] Kondom n, m
conduct 1. ['kɒndʌkt] Führung f; Verhalten n, Betragen n; **2.** [kən'dʌkt] führen; phys. leiten; mus. dirigieren; **~ed tour** Führung f (of durch); **~or** [~'dʌktə] Führer m; Schaffner m; Am. Zugbegleiter m; mus. Dirigent m; phys. Leiter m; Blitzableiter m; **~ress** [~'dʌktrɪs] Schaffnerin f
cone [kəʊn] Kegel m; Am. Eistüte f; bot. Zapfen m
confection [kən'fekʃn] Konfekt n; **~er** [~ʃnə] Konditor m; **~ery** [~ʃnərɪ] Süßwaren pl; Konditorei f
confederation [kənfedə'reɪʃn] Bund m, Bündnis n
confer [kən'fɜː] v/t Titel etc. verleihen; v/i sich beraten; **~ence** ['kɒnfərəns] Konferenz f
confess [kən'fes] gestehen, beichten; **~ion** [~'feʃn] Geständnis n; Beichte f; **~ional** [~'feʃənl] Beichtstuhl m; **~or** [~'fesə] Beichtvater m
confide [kən'faɪd] **~ in s.o.** sich j-m anvertrauen
confiden|ce ['kɒnfɪdəns] Vertrauen n; Selbstvertrauen n; **~t** überzeugt, zuversichtlich; selbstsicher; **~tial** [~'denʃl] vertraulich
confine [kən'faɪn] beschränken; einsperren; **be ~d of** entbunden werden von; **~ment** Haft f; Entbindung f
confirm [kən'fɜːm] bestätigen; eccl.: konfirmieren; firmen; **~ation** [kɒnfə'meɪʃn]

Bestätigung *f*; *eccl.*: Konfirmation *f*; Firmung *f*; **~ed** *Gewohnheit etc.*: fest; überzeugt

confiscate [ˈkɒnfɪskeɪt] beschlagnahmen, konfiszieren

conflict 1. [ˈkɒnflɪkt] Konflikt *m*; **2.** [kənˈflɪkt] im Widerspruch stehen (**with** zu)

conform [kənˈfɔːm] (*to*) (sich) anpassen (*dat*); übereinstimmen (mit)

confront [kənˈfrʌnt] gegenüberstehen; sich e-m Problem *etc.* stellen; konfrontieren

confus|e [kənˈfjuːz] verwechseln; verwirren; **~ed** verwirrt; verworren; **~ing** verwirrend; **~ion** [~ʒn] Verwirrung *f*; Durcheinander *n*

congest|ed [kənˈdʒestɪd] überfüllt; verstopft; **~ion** [~tʃən] Blutandrang *m*; *a.* **traffic ~** (Verkehrs)Stau *m*

congratulat|e [kənˈɡrætʃʊleɪt] *j-n* beglückwünschen; *j-m* gratulieren; **~ion** [~ˈleɪʃn] Glückwunsch *m*; **~s!** (ich) gratuliere!; herzlichen Glückwunsch!

congregat|e [ˈkɒŋɡrɪɡeɪt] sich versammeln; **~ion** [~ˈɡeɪʃn] *eccl.* Gemeinde *f*

congress [ˈkɒŋɡres] Kongreß *m*

conifer [ˈkɒnɪfə] Nadelbaum *m*

conjunction [kənˈdʒʌŋkʃn] *gr.* Konjunktion *f*

conjunctivitis [kənˌdʒʌŋktɪˈvaɪtɪs] Bindehautentzündung *f*

conjur|e [ˈkʌndʒə] zaubern; [kənˈdʒʊə] beschwören; **~er**, **~or** [ˈkʌndʒərə] Zauberer *m*, Zauberkünstler *m*

connect [kəˈnekt] verbinden; *electr.* anschließen (**to** an); *rail. etc.* Anschluß haben (**with** an); verbunden, (logisch) zs.-hängend; **~ion** Verbindung *f*; Anschluß *m*; Zs.-hang *m*

conquer [ˈkɒŋkə] erobern; besiegen; **~or** [ˈ~rə] Eroberer *m*

conquest [ˈkɒŋkwest] Eroberung *f*

conscience [ˈkɒnʃəns] Gewissen *n*

conscientious [ˌkɒnʃɪˈenʃəs] gewissenhaft; **~ objector** Wehrdienstverweigerer *m*

conscious [ˈkɒnʃəs] bei Bewußtsein; bewußt; **'~ness** Bewußtsein *n*

conscript 1. [kənˈskrɪpt] *mil.* einberufen; **2.** [ˈkɒnskrɪpt] *mil.* Wehr(dienst)pflichtige *m*; **~ion** [kənˈskrɪpʃn] *mil.*: Einberufung *f*; Wehrpflicht *f*

consecutive [kənˈsekjʊtɪv] aufeinanderfolgend

consent [kənˈsent] **1.** Zustimmung *f*; **2.** zustimmen

consequen|ce [ˈkɒnsɪkwəns] Folge *f*, Konsequenz *f*; Bedeutung *f*; **~tly** [~tlɪ] folglich, daher

conserv|ation [ˌkɒnsəˈveɪʃn]

conservationist

Erhaltung f; Natur-, Umweltschutz m; **~ationist** [~ʃnɪst] Natur-, Umweltschützer(in); **~ative** [kən'sɜːvətɪv] **1.** konservativ; **2.** pol. mst ⚆ Konservative m, f; **~atory** [~'sɜːvətrɪ] Treibhaus n; Wintergarten m; **~e** [~'sɜːv] erhalten, bewahren; konservieren

consider [kən'sɪdə] nachdenken über; betrachten als, halten für; sich überlegen; in Betracht ziehen, berücksichtigen; **~able** [~rəbl] ansehnlich, beträchtlich; **~ably** bedeutend, (sehr) viel; **~ate** [~rət] aufmerksam, rücksichtsvoll; **~ation** [~'reɪʃn] Erwägung f, Überlegung f; Rücksicht(nahme) f; **~ing** [~'sɪdərɪŋ] in Anbetracht (der Tatsache, daß)

consign [kən'saɪn] zusenden; **~ment** (Waren)Sendung f

consist [kən'sɪst]: **~ of** bestehen aus; **~ence**, **~ency** [~əns, ~ənsɪ] Konsistenz f, Beschaffenheit f; Konsequenz f; **~ent** übereinstimmend; konsequent

consolation [kɒnsə'leɪʃn] Trost m; **~e** [kən'səʊl] trösten

consonant ['kɒnsənənt] Konsonant m, Mitlaut m

conspicuous [kən'spɪkjʊəs] deutlich sichtbar; auffallend

conspiracy [kən'spɪrəsɪ] Verschwörung f; **~e** [~'spaɪə] sich verschwören

constable ['kʌnstəbl] Brt. Polizist m

constant ['kɒnstənt] konstant, gleichbleibend; (be)ständig, (an)dauernd

consternation [kɒnstə'neɪʃn] Bestürzung f

constipat|ed ['kɒnstɪpeɪtɪd] med. verstopft; **~ion** [~'peɪʃn] med. Verstopfung f

constituen|cy [kən'stɪtjʊənsɪ] Wählerschaft f; Wahlkreis m; **~t** (wesentlicher) Bestandteil; pol. Wähler(in)

constitute ['kɒnstɪtjuːt] ernennen, einsetzen; bilden, ausmachen

constitution [kɒnstɪ'tjuːʃn] pol. Verfassung f; Konstitution f, körperliche Verfassung; **~al** [~ʃənl] konstitutionell; pol. verfassungsmäßig

constrain|ed [kən'streɪnd] gezwungen, unnatürlich; **~t** [~t] Zwang m

construct [kən'strʌkt] bauen, konstruieren; **~ion** [~kʃn] Konstruktion f; Bau(werk n) m; **under ~** im Bau (befindlich); **~ion site** Baustelle f; **~ive** konstruktiv; **~or** Erbauer m, Konstrukteur m

consul ['kɒnsəl] Konsul m; **~ general** Generalkonsul m; **~ate** [~'sjʊlət] Konsulat n; **~ general** Generalkonsulat n

consult [kən'sʌlt] v/t konsultieren, um Rat fragen; in e-m Buch nachschlagen; v/i (sich) beraten; **~ant** (fachmänni-

sche[r] Berater(in); *Brt.* Facharzt *m*, -ärztin *f*; **~ation** [kɒnsəl'teɪʃn] Konsultation *f*, Beratung *f*; **~ing hour** Sprechstunde *f*; **~ing room** Sprechzimmer *n*

consum|e [kən'sjuːm] Essen *etc.* zu sich nehmen, verzehren; **~er** Verbraucher(in); **~er goods** *pl* Konsumgüter *pl*; **~er society** Konsumgesellschaft *f*; **~ption** [~'sʌmpʃn] Verbrauch *m*

contact ['kɒntækt] **1.** Berührung *f*, Kontakt *m*, Verbindung *f*; **2.** sich in Verbindung setzen mit; **~ lens** Kontaktlinse *f*, Haftschale *f*

contagious [kən'teɪdʒəs] ansteckend (a. fig.)

contain [kən'teɪn] enthalten; **~er** Behälter *m*; Container *m*

contaminat|e [kən'tæmɪneɪt] verunreinigen; infizieren, vergiften, verseuchen; **~ion** [~'neɪʃn] Verunreinigung *f*, Infizierung *f*, Vergiftung *f*, Verseuchung *f*

contemplate ['kɒntempleɪt] nachdenken über

contemporary [kən'tempərəri] **1.** zeitgenössisch; **2.** Zeitgenoss|e *m*, -in *f*

contempt [kən'tempt] Verachtung *f*; **~ible** verabscheuungswürdig; **~uous** [~tʃʊəs] geringschätzig, verächtlich

content[1] ['kɒntent] Gehalt *m* (**of** an); *mst pl* Inhalt *m*

content[2] [kən'tent] **1.** zufrieden; **2.** zufriedenstellen; **~ o.s. with** sich begnügen mit; **~ed** zufrieden

contest 1. ['kɒntest] (Wett-)Kampf *m*; Wettbewerb *m*; **2.** [kən'test] sich bewerben um; bestreiten, *jur.* anfechten; **~ant** [kən'testənt] (Wettkampf)Teilnehmer(in)

context ['kɒntekst] Zs.-hang *m*

continent ['kɒntɪnənt] Kontinent *m*, Erdteil *m*; **the 2** *Brt.* das (europäische) Festland; **~al** [~'nentl] kontinental

continu|al [kən'tɪnjʊəl] andauernd, ständig; immer wiederkehrend; **~ation** [~'eɪʃn] Fortsetzung *f*; Fortbestand *m*, -dauer *f*; **~e** [~'tɪnjuː] *v/t* fortsetzen, -fahren mit; beibehalten; **to be ~d** Fortsetzung folgt; *v/i* fortfahren; andauern; (fort-)bestehen; (ver)bleiben; **~ity** [kɒntɪ'njuːətɪ] Kontinuität *f*; **~ous** [~'tɪnjʊəs] ununterbrochen

contort [kən'tɔːt] verdrehen, -renken; verzerren, -ziehen

contour ['kɒntʊə] Kontur *f*, Umriß *m*

contracept|ion [kɒntrə'sepʃn] Empfängnisverhütung *f*; **~ive** [~tɪv] *adj u. s* empfängnisverhütend(es Mittel)

contract 1. ['kɒntrækt] Vertrag *m*; **2.** [kən'trækt] (sich)

contractor

zs.-ziehen; e-n Vertrag abschließen; sich vertraglich verpflichten; **~or** [kən'træktə] *a.* **building ~** Bauunternehmer *m*
contradict [kɒntrə'dɪkt] widersprechen; **~ion** [~kʃn] Widerspruch *m*; **~ory** [~tərɪ] (sich) widersprechend
contrary [kɒntrərɪ] **1.** entgegengesetzt (**to** dat); gegensätzlich; **2.** Gegenteil *n*; **on the ~** im Gegenteil
contrast 1. ['kɒntrɑːst] Gegensatz *m*, Kontrast *m*; **2.** [kən'trɑːst] *v/t* gegenüberstellen, vergleichen; *v/i* im Gegensatz stehen (**with** zu)
contribut|e [kən'trɪbjuːt] beitragen, -steuern (**to** zu); spenden (**to** für); **~ion** [kɒntrɪ'bjuːʃn] Beitrag *m*
contrive [kən'traɪv] zustande bringen; es fertigbringen
control [kən'trəʊl] **1.** kontrollieren; beherrschen; überwachen; *tech.* steuern, regeln, regulieren; **2.** Kontrolle *f*, Herrschaft *f*, Macht *f*, Beherrschung *f*; *tech.* Reg(e)lung *f*, Regulierung *f*; *tech.* Regler *m*; *mst pl* fern. Steuerung *f*, Steuervorrichtung *f*; **be in ~ of** et. leiten *od*. unter sich haben; **bring (get) under ~** unter Kontrolle bringen; **get out of ~** außer Kontrolle geraten; **lose ~ of** die Herrschaft *od*. Kontrolle verlieren über; **~ of o.s.** die (Selbst)Beherrschung verlieren; **~ centre** (*Am.* **center**) Kontrollzentrum *n*; **~ desk** Schaltpult *n*; **~ler** Fluglotse *m*; **~ lever** Schalthebel *m*; **~ panel** Schalttafel *f*; **~ tower** *aer.* Kontrollturm *m*, Tower *m*
controvers|ial [kɒntrə'vɜːʃl] umstritten; **~y** [′~ɪ] Kontroverse *f*, Streitfrage *f*
convalesce [kɒnvə'les] gesund werden; **~nce** [~ns] Rekonvaleszenz *f*, Genesung *f*; **~nt** [~nt] Rekonvaleszent(in), Genesende *m*, *f*
convenien|ce [kən'viːnjəns] Annehmlichkeit *f*, Bequemlichkeit *f*; *Brt.* Toilette *f*; **all ~s** (**modern**) **~s** aller Komfort; **~t** bequem; günstig, passend
convent ['kɒnvənt] (Nonnen)Kloster *n*
convention [kən'venʃn] *Brauch:* Konvention *f*, Sitte *f*; Zs.-kunft *f*, Tagung *f*, Versammlung *f*; Abkommen *n*; **~al** [~ʃənl] konventionell
conversation [kɒnvə'seɪʃn] Konversation *f*, Gespräch *n*, Unterhaltung *f*; **~al** [~ʃənl] umgangssprachlich
conversion [kən'vɜːʃn] Umwandlung *f*, Verwandlung *f*; *math.* Umrechnung *f*; *eccl.* Bekehrung *f*; **~ table** Umrechnungstabelle *f*
convert [kən'vɜːt] um-, verwandeln; *math.* umrechnen; *eccl.* bekehren; **~ible 1.** um-,

corkscrew

verwandelbar; **2.** *mot.* Kabrio(lett) *n*
convey [kən'veɪ] befördern, transportieren; überbringen, -mitteln; *Ideen etc.* mitteilen; **~ance** Beförderung *f*, Transport *m*; Übermittlung *f*; Verkehrsmittel *n*; **~er (belt)** Förderband *n*
convict 1. [kən'vɪkt] *jur.* (**of**) überführen (*gen*); verurteilen (*wegen*); **2.** ['kɒnvɪkt] Strafgefangene *m*, *f*; Verurteilte *m*, *f*; **~ion** [kən'vɪkʃn] *jur.* Verurteilung *f*; Überzeugung *f*
convinc|e [kən'vɪns] überzeugen; **~ing** überzeugend
convoy ['kɒnvɔɪ] Konvoi *m*
convuls|ion [kən'vʌlʃn] Krampf *m*, Zuckung *f*; **~ive** [~sɪv] krampfhaft
coo [kuː] gurren
cook [kʊk] **1.** Koch *m*; Köchin *f*; **2.** kochen; **~book** *bsd. Am.* Kochbuch *n*; **~er** *Brt.* Herd *m*; **~ery** Kochen *n*, Kochkunst *f*; **~ery book** *bsd. Brt.* Kochbuch *n*; **~ie** *Am.* (süßer) Keks
cool [kuːl] **1.** kühl; *fig.* kalt(blütig), gelassen; **2.** (sich) abkühlen
cooperat|e [kəʊ'ɒpəreɪt] zs.-arbeiten; mitwirken; **~ion** [~'reɪʃn] Zs.-arbeit *f*, Mitwirkung *f*, Hilfe *f*; **~ive** [~'ɒpərətɪv] zs.-arbeitend; kooperativ, hilfsbereit; Gemeinschafts...; Genossenschafts...

coordinate [kəʊ'ɔːdɪneɪt] koordinieren, abstimmen
cop [kɒp] *F* Polizist(in): Bulle *m*
cope [kəʊp]: **~ with** fertigwerden mit
copier ['kɒpɪə] Kopiergerät *n*, Kopierer *m*
copilot ['kəʊpaɪlət] Kopilot *m*
copious ['kəʊpjəs] reichlich
copper ['kɒpə] **1.** Kupfer *n*; Kupfermünze *f*; **2.** kupfern
copy ['kɒpɪ] **1.** Kopie *f*; Abschrift *f*; Nachbildung *f*; Durchschlag *m*, -schrift *f*; *Buch etc.*: Exemplar *n*; *print.* (Satz)Vorlage *f*; **fair ~** Reinschrift *f*; **rough ~** Rohentwurf *m*; **2.** kopieren, abschreiben; e-e Kopie anfertigen von; nachbilden, nachahmen; **~right** Urheberrecht *n*, Copyright *n*
coral ['kɒrəl] Koralle *f*
cord [kɔːd] **1.** Schnur *f* (*a. electr.*), Strick *m*; Kordsamt *m*; **2.** ver-, zuschnüren
cordial¹ ['kɔːdjəl] Fruchtsaftkonzentrat *n*
cordial² [~] herzlich
cordon [kɔːdn]: **~ off** abriegeln, absperren
corduroy ['kɔːdərɔɪ] Kord(-samt) *m*; *pl* Kordhose *f*
core [kɔː] **1.** Kerngehäuse *n*; Kern *m*, *fig. a. das* Innerste; **2.** entkernen; **~ time** *Brt.* Kernzeit *f*
cork [kɔːk] **1.** Kork(en) *m*; **2.** zu-, verkorken; **~screw** Korkenzieher *m*

corn¹ [kɔːn] **1.** Korn n, Getreide n; Am. Mais m; **2.** (ein)pökeln

corn² [~] med. Hühnerauge n

corner ['kɔːnə] **1.** Ecke f; Winkel m; bsd. mot. Kurve f; Fußball: Eckball m, Ecke f; fig. schwierige Lage, Klemme f; **2.** Eck...; **3.** fig. in die Enge treiben; **~ed** ...eckig; **~ kick** Fußball: Eckstoß m

cornet ['kɔːnɪt] Brt. Eistüte f

coronary ['kɒrənərɪ] F, **~ thrombosis** (pl -ses [~siːz]) Herzinfarkt m

coronation [kɒrə'neɪʃn] Krönung f

coroner ['kɒrənə] jur. Coroner m (Untersuchungsbeamter)

corporate ['kɔːpərət] gemeinsam; Firmen...; **~ion** [~ə'reɪʃn] jur. Körperschaft f; Gesellschaft f, Firma f; Am. Aktiengesellschaft f; Stadtverwaltung f

corpse [kɔːps] Leiche f

corral [kə'rɑːl, Am. kə'ræl] Korral m, Hürde f, Pferch m

correct [kə'rekt] **1.** korrekt, richtig; Zeit: a. genau; **2.** korrigieren, berichtigen, verbessern; **~ion** [~kʃn] Korrektur f; Berichtigung f

correspond [kɒrɪ'spɒnd] **(with, to)** entsprechen (dat), übereinstimmen (mit); korrespondieren; **~ence** Entsprechung f, Übereinstimmung f; Korrespondenz f, Briefwechsel m; **~ent** Briefpartner(in); Korrespondent(in); **~ing** entsprechend

corridor ['kɒrɪdɔː] Korridor m, Flur m, Gang m

corroborate [kə'rɒbəreɪt] bestätigen

corrode [kə'rəʊd] zerfressen; rosten; **~sion** [~ʒn] Korrosion f

corrugated ['kɒrəgeɪtɪd] gewellt; **~ iron** Wellblech n

corrupt [kə'rʌpt] **1.** korrupt; bestechlich; **2.** bestechen; **~ion** [~pʃn] Verdorbenheit f; Korruption f, Bestechung f

cosmetic [kɒz'metɪk] **1.** kosmetisch; **2.** Kosmetikartikel m; **~ian** [~mə'tɪʃn] Kosmetikerin f

cosmonaut ['kɒzmənɔːt] Kosmonaut(in), Raumfahrer(in)

cost [kɒst] **1.** Kosten pl; Preis m; **2.** (cost) kosten; **'~ly** kostspielig, teuer; **~ of living** Lebenshaltungskosten pl

costume ['kɒstjuːm] Kostüm n; Tracht f; **~ jewel(le)ry** Modeschmuck m

cosy ['kəʊzɪ] gemütlich

cot [kɒt] Kinderbett(chen) n

cottage ['kɒtɪdʒ] Cottage n, (kleines) Landhaus; **~ cheese** Hüttenkäse m

cotton ['kɒtn] Baumwolle f; (Baumwoll)Garn n; **~ wool** Brt. Watte f

couch [kaʊtʃ] Couch f

couchette [ku:'ʃet] *rail. im Liegewagen:* Platz *m*

cough [kɒf] **1.** Husten *m;* **2.** husten

could [kʊd] *pret von* **can¹**

council ['kaʊnsl] Rat(sversammlung *f*) *m; Brt.* Gemeinderat *m;* Stadtrat *m;* **~house** *Brt.* gemeindeeigenes Wohnhaus (*mit niedrigen Mieten*); **~(I)or** ['~sələ] Ratsmitglied *n*, Stadtrat *m*, -rätin *f*

counsel ['kaʊnsl] **1.** (Rechts)Anwalt *m;* Rat(-schlag) *m;* Beratung *f;* **2.** *j-m* raten; zu *et.* raten; **~(I)or** ['~sələ] Berater(in); *bsd. Am.* Anwalt *m*

count¹ [kaʊnt] zählen; **~ on** zählen auf, sich verlassen auf, rechnen mit

count² [~] Graf *m*

countdown ['kaʊntdaʊn] Countdown *m (a. fig.)*

countenance ['kaʊntənəns] Gesichtsausdruck *m*

counter¹ ['kaʊntə] *tech.* Zähler *m;* Spielmarke *f*

counter² [~] Ladentisch *m;* Theke *f;* Schalter *m*

counter³ [~] entgegen (**to** *dat*); Gegen...

counter|act [kaʊntə'rækt] entgegenwirken; *Wirkung* neutralisieren; **~balance 1.** ['~bæləns] Gegengewicht *n;* **2.** [~'bæləns] *v/t* ein Gegengewicht bilden zu, ausgleichen; **~'clockwise** *Am.* →

anticlockwise; **~espionage** [~r'espjəna:ʒ] Spionageabwehr *f;* **~feit 1.** falsch, gefälscht; **2.** Fälschung *f;* **3.** *Geld etc.* fälschen; **~foil** (Kontroll)Abschnitt *m;* **~part** Gegenstück *n;* genaue Entsprechung

countess ['kaʊntıs] Gräfin *f*

'countless zahllos, unzählig

country ['kʌntrɪ] Land *n; in the ~* auf dem Lande; **'~man** (*pl* **-men**) Landsmann *m;* Landbewohner *m;* **~side** (ländliche) Landschaft *f;* **~woman** (*pl* **-women**) Landsmännin *f;* Landbewohnerin

county ['kaʊntɪ] *Brt.* Grafschaft *f; Am.* (Land)Kreis *m*

couple ['kʌpl] **1.** Paar *n; a ~ of* zwei; F ein paar; **2.** (zs.-)koppeln; verbinden

coupon ['ku:pɒn] Gutschein *m;* Bestellzettel *m*

courage ['kʌrɪdʒ] Mut *m;* **~ous** [kə'reɪdʒəs] mutig

courier ['kʊrɪə] Eilbote *m,* Kurier *m;* Reiseleiter(in)

course [kɔ:s] *Sp.* (Renn-)Bahn *f,* (-)Strecke *f;* (*Golf-*)Platz *m;* (Ver)Lauf *m;* (*Speisen:*) Gang *m;* Kurs *m,* Lehrgang *m;* **of ~** natürlich

court [kɔ:t] **1.** *jur.* Gericht *n;* Hof *m* (*a. e-s Fürsten*); (*Tennis- etc.*)Platz *m;* **2.** werben um; miteinander gehen

courte|ous ['kɜ:tjəs] höflich; **~sy** [~tɪsɪ] Höflichkeit *f*

'court|house Gerichtsgebäude *n*; **~ martial** Militärgericht *n*; **~ order** Gerichtsbeschluß *m*; **'~room** Gerichtssaal *m*; **'~yard** Hof *m*

cousin ['kʌzn] Cousin *m*, Vetter *m*; Cousine *f*

cove [kəʊv] kleine Bucht

cover ['kʌvə] **1.** Decke *f*; Deckel *m*; Einband *m*; (Schutz)Umschlag *m*; Umschlagseite *f*; Hülle *f*, Futteral *n*; Überzug *m*, Bezug *m*; Abdeck-, Schutzhaube *f*; *mil. etc.* Deckung *f*; Schutz *m*; *econ.* Deckung *f*, Sicherheit *f*; Gedeck *n*; **2.** (be-, zu)decken; sich erstrecken über; *Strecke* zurücklegen; decken, schützen; *econ.* (ab)decken; versichern; *Presse etc.:* berichten über; *Sport:* Gegenspieler decken; **~ up** verheimlichen, -tuschen; **~age** [*-*rɪdʒ] Versicherungsschutz *m*, (Schadens)Deckung *f*; *Presse etc.:* Berichterstattung *f*

cow [kaʊ] Kuh *f*

coward ['kaʊəd] Feigling *m*; **~ice** [*-*ɪs] Feigheit *f*; **'~ly** feig(e)

cower ['kaʊə] kauern

cowslip ['kaʊslɪp] Schlüsselblume *f*; *Am.* Sumpfdotterblume *f*

coy [kɔɪ] schüchtern

cozy ['kəʊzɪ] *Am.* → **cosy**

crab [kræb] Krabbe *f*; Taschenkrebs *m*

crack [kræk] **1.** *s* Knall *m*; Sprung *m*, Riß *m*; Spalt(e *f*) *m*, Ritze *f*; (heftiger) Schlag; **2.** *adj* erstklassig; **3.** *v/i* krachen, knallen; (zer)springen; *Stimme:* überschnappen; *fig.* (*a.* **~ up**) zs.-brechen; **get .ing** F loslegen; *v/t* knallen mit (*Peitsche*); zerbrechen; *Nuß,* F *Code, Safe* etc. knacken; *Witz* reißen; **'~er** ungesüßter *Keks:* Cracker *m*, Kräcker *m*; Schwärmer *m*, Knallfrosch *m* Knallbonbon *m*, *n*; **'~k|**l] knistern

cradle ['kreɪdl] **1.** Wiege *f*; **2.** wiegen, schaukeln

craft [krɑːft] Handwerk *n*; Boot(e *pl*) *n*, Schiff(e *pl*) *n*, Flugzeug(e *pl*) *n*; **'~sman** (*pl* -men) Handwerker *m*; **'~y** schlau

crag [kræg] Fels(enspitze *f*) *m*

cram [kræm] (voll)stopfen

cramp [kræmp] Krampf *m*; *tech.* Krampe *f*

cranberry ['krænbərɪ] Preiselbeere *f*

crane [kreɪn] *zo.* Kranich *m*; *tech.* Kran *m*

crank [kræŋk] Kurbel *f*; F komischer Kauz, Spinner *m*

crash [kræʃ] **1.** zertrümmern; krachen, knallen; krachend einstürzen, zs.-krachen; *econ.* zs.-brechen; *mot.* verunglücken (mit), e-n Unfall haben (mit), zs.-stoßen; *aer.* abstürzen (mit); **2.** Krach(en *n*) *m*; *econ.* Zs.-bruch *m*, (Börsen)Krach *m*; *mot.* Unfall *m*, Zs.-stoß *m*; *aer.* Absturz *m*; **~ course** Schnell-, Intensivkurs *m*; **~ diet** radikale Schlankheitskur; **~ helmet** Sturzhelm *m*; **~ landing** Bruchlandung *f*

crate [kreɪt] (Latten)Kiste *f*

crater ['kreɪtə] Krater *m*

crave [kreɪv] verlangen

crawl [krɔːl] kriechen; krabbeln; *Schwimm.*: kraulen

crayfish ['kreɪfɪʃ] Flußkrebs *m*; Languste *f*

crayon ['kreɪən] Buntstift *m*

craz|e [kreɪz] Manie *f*, Verrücktheit *f*; *the latest* **~** der letzte Schrei; **'~y:** (*about*) verrückt (nach)

creak [kriːk] knarren, quietschen

cream [kriːm] **1.** Rahm *m*, Sahne *f*; Creme *f*; *fig.* Auslese *f*, Elite *f*; **2.** creme(farben); **~ cheese** Rahmkäse *m*; **'~y** sahnig

crease [kriːs] **1.** (Bügel)Falte *f*; **2.** falten; (zer)knittern

creat|e [kriː'eɪt] (er)schaffen; verursachen; **~ion** Schöpfung *f*; **~ive** schöpferisch, kreativ; **~or** Schöpfer *m*; **~ure** ['~tʃə] Geschöpf *n*, Kreatur *f*

crèche [kreɪʃ] (Kinder)Krippe *f*; *Am.* (Weihnachts)Krippe *f*

credible ['kredəbl] glaubwürdig; glaubhaft

credit ['kredɪt] **1.** *econ.* Kredit *m*; *econ.* Guthaben *n*, Haben *n*; Glaube(n) *m*; Ansehen *n*; Anerkennung *f*; **2.** *econ.* Betrag zuschreiben; glauben (*dat*); **~able** anerkennenswert; **~ card** Kreditkarte *f*; **'~or** Gläubiger *m*

credulous ['kredjʊləs] leichtgläubig

creed [kriːd] Glaubensbekenntnis *n*

creek [kriːk] *Brt.* kleine Bucht; *Am.* kleiner Fluß

creep [kriːp] (**crept**) kriechen; schleichen; **'~er** Kletterpflanze *f*; **'~y** grus(e)lig

cremat|e [krɪ'meɪt] einäschern; **~ion** Einäscherung *f*, Feuerbestattung *f*

crept [krept] *pret u. pp von creep*

crescent ['kresnt] Halbmond *m*, Mondsichel *f*

cress [kres] Kresse *f*

crest [krest] *zo.* Haube *f*, Büschel *n*; (*Hahnen*)Kamm *m*; Bergrücken *m*, Kamm *m*; (*Wellen*)Kamm *m*; Wappen *n*; **'~fallen** *fig.* niedergeschlagen

crevasse [krɪ'væs] Gletscherspalte *f*

crevice ['krevɪs] Spalte *f*

crew [kruː] Besatzung *f*, Mannschaft *f*

crib [krɪb] **1.** *Am.* Kinderbettchen *n*; Krippe *f*; *Schule:* Spickzettel *m*; **2.** *Schule:* F spicken

cricket

cricket ['krɪkɪt] *zo.* Grille *f*; *Sport:* Kricket *n*
crime [kraɪm] Verbrechen *n*
criminal ['krɪmɪnl] **1.** kriminell; Straf...; **2.** Verbrecher(in), Kriminelle *m, f*
crimson ['krɪmzn] karmesin-, feuerrot
cringe [krɪndʒ] sich ducken
cripple ['krɪpl] **1.** Krüppel *m*; **2.** zum Krüppel machen, verkrüppeln; lähmen
crisis ['kraɪsɪs] (*pl* **-ses** ['~siːz]) Krise *f*
crisp [krɪsp] **1.** knusp(e)rig; *Gemüse:* frisch, fest; *Luft etc.:* scharf, frisch; *Haar:* kraus; **2.** *pl* Brt. (Kartoffel-)Chips *pl*
critic ['krɪtɪk] Kritiker(in); **~al** kritisch; gefährlich; **~ism** ['~sɪzəm] Kritik *f*; **~ize** ['~saɪz] kritisieren
croak [krəʊk] krächzen; *Frosch:* quaken
crochet ['krəʊʃeɪ] häkeln
crockery ['krɒkərɪ] *bsd.* Brt. Geschirr *n* (*aus Steingut*)
crocodile ['krɒkədaɪl] Krokodil *n*
crocus ['krəʊkəs] Krokus *m*
crook [krʊk] **1.** Krümmung *f*, Biegung *f*; F Gauner *m*; **2.** (sich) krümmen; **~ed** ['~ɪd] gekrümmt, krumm
crop [krɒp] **1.** *zo.* Kropf *m*; Ernte *f*; **2.** *Haar* kurz schneiden, stutzen
cross [krɒs] **1.** Kreuz *n*; *biol.* Kreuzung *f*; **2.** (sich) kreu-

zen; *Straße* überqueren; *Plan etc.* durchkreuzen; *biol.* kreuzen; **~ off**, **~ out** aus-, durchstreichen; **~ o.s.** sich bekreuzigen; **~ one's legs** die Beine übereinanderschlagen; *keep one's fingers ~ed* den Daumen drücken *od.* halten; **3.** *adj* böse, ärgerlich; **'~bar** *Sport:* Tor-, Querlatte *f*; **'~breed** Kreuzung *f*; **~'country** Querfeldein...; **~'country skiing** Skilanglauf *m*; **~ed cheque** Brt. Verrechnungsscheck *m*; **~-ex'amine** ins Kreuzverhör nehmen; **'~-eyed: be ~** schielen; **'~ing** (*Straßen- etc.*)Kreuzung *f*; Straßenübergang *m*; Brt. Fußgängerüberweg *m*; *mar.* Überfahrt *f*; **'~roads** *pl od. sg* (Straßen)Kreuzung *f*; *fig.* Scheideweg *m*; **~'section** Querschnitt *m*; **~'walk** Am. Fußgängerüberweg *m*; **'~word (puzzle)** Kreuzworträtsel *n*
crotch [krɒtʃ] *Hose, Körper:* Schritt *m*
crouch [kraʊtʃ] sich bücken *od.* ducken
crow¹ [krəʊ] Krähe *f*
crow² [~] **1.** krähen; **2.** Krähen *n*
crowd [kraʊd] **1.** (Menschen-)Menge *f*; (zs.-)strömen, sich drängen; *Straßen etc.* bevölkern; **'~ed (with)** überfüllt (mit), voll (von)

crown [kraʊn] **1.** Krone *f*; Kron...; **2.** krönen

crucial ['kru:ʃl] entscheidend

cruci|fixion [kru:sɪ'fɪkʃn] Kreuzigung *f*; **~fy** ['~faɪ] kreuzigen

crude [kru:d] roh, unbearbeitet; *fig.* roh, grob; **~ (oil)** Rohöl *n*

cruel [kruəl] grausam; hart; '**~ty** Grausamkeit *f*

cruet ['kru:ɪt] Essig-, Ölfläschchen *n*; Gewürzständer *m*

cruise [kru:z] **1.** kreuzen, e-e Kreuzfahrt machen; **2.** Kreuzfahrt *f*

crumb [krʌm] Krume *f*, Krümel *m*; **~le** ['~bl] zerkrümeln

crumple ['krʌmpl] (zer)knittern

crunch [krʌntʃ] (geräuschvoll) (zer)kauen; knirschen

crush [krʌʃ] **1.** Gedränge *n*, Gewühl *n*; **lemon ~** Zitronensaft *m*; **2.** sich drängen; zerquetschen; zerdrücken; zerkleinern, -mahlen; auspressen; *fig.* niederdrücken, -schmettern; *Aufstand etc.* niederwerfen

crust [krʌst] Kruste *f*

crutch [krʌtʃ] Krücke *f*

cry [kraɪ] **1.** schreien, rufen (**for** nach); weinen, heulen, jammern; **2.** Schrei *m*, Ruf *m*; Geschrei *n*; Weinen *n*

crystal ['krɪstl] Kristall *m*; (*Am. glass*) Kristall(glas) *n*; *Am.* Uhrglas *n*; **~lize** ['~təlaɪz] kristallisieren

cub [kʌb] (*Raubtier*)Junge *n*

cube [kju:b] Würfel *m*; Kubikzahl *f*

cubic ['kju:bɪk] Kubik..., Raum...; **~le** ['~kl] Kabine *f*

cuckoo ['kʊku:] Kuckuck *m*

cucumber ['kju:kʌmbə] Gurke *f*

cuddle ['kʌdl] an sich drücken, hätscheln

cue [kju:] Stichwort *n*; Wink *m*, Fingerzeig *m*

cuff [kʌf] Manschette *f*, (Ärmel-, *Am.* a. Hosen)Aufschlag *m*; **~ link** Manschettenknopf *m*

cul-de-sac ['kʌldəsæk] Sackgasse *f*

culminat|e ['kʌlmɪneɪt] gipfeln; **~ion** [~'neɪʃn] *fig.* Höhepunkt *m*

culottes [kju:'lɒts] *pl* Hosenrock *m*

culprit ['kʌlprɪt] Täter(in), Schuldige *m, f*

cult [kʌlt] Kult *m*

cultivat|e ['kʌltɪveɪt] anbauen, bebauen; kultivieren, fördern; **~ion** [~'veɪʃn] Anbau *m*, Bebauung *f*

cultur|al ['kʌltʃərəl] kulturell, Kultur...; **~e** ['~tʃə] Kultur *f*; (*Tier*)Zucht *f*

cumbersome ['kʌmbəsəm] lästig, unhandlich, sperrig

cunning ['kʌnɪŋ] **1.** schlau, listig; **2.** List *f*, Schlauheit *f*

cup [kʌp] Tasse *f*; Becher *m*; *Sport:* Cup *m*, Pokal *m*

~board ['kʌbəd] Schrank *m*; **~ final** Pokalendspiel *n*
cupola ['kju:pələ] Kuppel *f*
cup tie Pokalspiel *n*
curable ['kjʊərəbl] heilbar
curb [kɜ:b] *Am.* Bordstein *m*
curd [kɜ:d] *oft pl* Quark *m*; **~le** ['~dl] gerinnen (lassen)
cure [kjʊə] **1.** Kur *f*, Heilverfahren *n*; Heilung *f*; (Heil)Mittel *n*; **2.** heilen; trocknen; (ein)pökeln
curi|osity [kjʊərɪ'ɒsətɪ] Neugier *f*; Rarität *f*; Sehenswürdigkeit *f*; **~ous** ['~əs] neugierig; seltsam
curl [kɜ:l] **1.** Locke *f*, (Rauch)Ring *m*; **2.** (sich) locken *od.* kräuseln; **~ up** *Rauch:* in Ringen hochsteigen; sich zs.-rollen; **~er** Lockenwickler *m*; **~y** gelockt, lockig
currant ['kʌrənt] Johannisbeere *f*; Korinthe *f*
curren|cy ['kʌrənsɪ] *econ.* Währung *f*; **foreign ~** Devisen *pl*; **~t** [~t] **1.** Monat, Ausgaben *etc*.: laufend; gegenwärtig, aktuell; üblich, gebräuchlich; **~ events** *pl* Tagesereignisse *pl*; **2.** Strömung *f*, Strom *m* (*beide a. fig.*); *electr.* Strom *m*; **~ account** *Brt.* Girokonto *n*
curriculum [kə'rɪkjələm] (*pl* **-la** [~lə], **-lums**) Lehr-, Studienplan *m*; **~ vitae** [~'vi:taɪ] Lebenslauf *m*

curse [kɜ:s] **1.** Fluch *m*; **2.** (ver)fluchen; **~d** ['~ɪd] verflucht
cursor ['kɜ:sə] *Computer:* Cursor *m*, Leuchtmarke *f*
cursory ['kɜ:sərɪ] flüchtig
curt [kɜ:t] barsch, schroff
curtain ['kɜ:tn] Vorhang *m*
curts(e)y ['kɜ:tsɪ] Knicks *m*; **2.** knicksen
curve [kɜ:v] **1.** Kurve *f*, Krümmung *f*, Biegung *f*; **2.** (sich) krümmen *od.* biegen
cushion ['kʊʃn] **1.** Kissen *n*; **2.** polstern; Stoß dämpfen
custard ['kʌstəd] Vanillesoße *f*
custody ['kʌstədɪ] Haft *f*; Obhut *f*; *jur.* Sorgerecht *n*
custom ['kʌstəm] Brauch *m*, Gewohnheit *f*; *econ.* Kundschaft *f*; **~ary** üblich; **~er** Kund|e *m*, -in *f*
customs ['kʌstəmz] *pl* Zoll *m*; **~ clearance** Zollabfertigung *f*; **~ inspection** Zollkontrolle *f*; **~ officer** Zollbeamte *m*
cut [kʌt] **1.** Schnitt *m*; Schnittwunde *f*; (Fleisch)Schnitte *f*, Stück *n*; *Holz:* Schnitt *m*; *Edelsteine:* Schliff *m*; Kürzung *f*, Senkung *f*; **cold ~s** *pl* Aufschnitt *m*; **2.** (*cut*) (ab-, an-, be-, durch-, zer)schneiden; *Edelsteine* schleifen; *mot.* Kurve schneiden; *Löhne etc.* kürzen; *Preise* herabsetzen, senken; *Karten* abheben; **~ a tooth** e-n Zahn be-

dancing

kommen, zahnen; ~ **down** Bäume fällen; (sich) einschränken; ~ **in on s.o.** *mot.* j-n schneiden; j-n unterbrechen; ~ **off** abschneiden; unterbrechen, trennen; **Strom** sperren; ~ **out** ausschneiden; **Kleid etc.** zuschneiden

cute [kjuːt] schlau, clever; niedlich, süß

cuticle ['kjuːtɪkl] Nagelhaut *f*

cutlery ['kʌtlərɪ] Besteck *n*

cutlet ['kʌtlɪt] (Kalbs-, Lamm)Kotelett *n*

cut|-'price *Brt.*, ~**-'rate** *Am.* ermäßigt, herabgesetzt

cutt|er ['kʌtə] Zuschneider(in); (Glas-, Diamant)Schleifer *m*; Schneidewerkzeug *n*, -maschine *f*;

Film: Cutter(in); *mar.* Kutter *m*; '**~ing 1.** schneidend, Schneid(e)...; **2.** *bsd. Brt.* (Zeitungs)Ausschnitt *m*

cycl|e ['saɪkl] **1.** Zyklus *m*; **2.** radfahren, radeln; '**~ing** Radfahren *n*; '**~ist** Rad-, Motorradfahrer(in)

cylinder ['sɪlɪndə] Zylinder *m*, Walze *f*, Trommel *f*

cynic ['sɪnɪk] Zyniker(in); '**~al** zynisch

cypress ['saɪprəs] Zypresse *f*

cyst [sɪst] Zyste *f*

Czech [tʃek] **1.** Tscheche *m*, -in *f*; **2.** tschechisch

Czechoslovak [tʃekəʊ'sləʊvæk] **1.** Tschechoslowak|e *m*, -in *f*; **2.** tschechoslowakisch

D

dab [dæb] be-, abtupfen

dachshund ['dækshʊnd] Dackel *m*

dad [dæd] F, '**~dy** Papa *m*, Vati *m*

daffodil ['dæfədɪl] gelbe Narzisse, Osterglocke *f*

daft [dɑːft] F doof, dämlich

dagger ['dægə] Dolch *m*

dahlia ['deɪljə] Dahlie *f*

daily ['deɪlɪ] **1.** täglich; **2.** Tageszeitung *f*; *a.* ~ **help** *Brt.* Putzfrau *f*

dainty ['deɪntɪ] zierlich; wählerisch, verwöhnt

dairy ['deərɪ] Molkerei *f*;

Milchgeschäft *n*

daisy ['deɪzɪ] Gänseblümchen *n*

dam [dæm] **1.** (Stau)Damm *m*; **2.** *a.* ~ **up** stauen

damage ['dæmɪdʒ] **1.** Schaden *m*; *pl jur.* Schadenersatz *m*; **2.** beschädigen; schaden

damn [dæm] *a.* ~**ed** verdammt; ~ **it!** F verflucht!

damp [dæmp] **1.** feucht; **2.** Feuchtigkeit *f*; **3.** *a.* ~**en** an-, befeuchten; dämpfen

danc|e [dɑːns] **1.** tanzen; **2.** Tanz *m*; Tanz(veranstaltung *f*) *m*; '**~er** Tänzer(in); '**~ing** Tanzen *n*; Tanz...

dandelion ['dændɪlaɪən] *bot.* Löwenzahn *m*

dandruff ['dændrʌf] (Kopf-)Schuppen *pl*

Dane [deɪn] Dän|e *m*, -in *f*

danger ['deɪndʒə] Gefahr *f*; **~ous** ['~dʒərəs] gefährlich

dangle ['dæŋgl] baumeln *od.* herabhängen (lassen)

Danish ['deɪnɪʃ] dänisch

dar|e [deə] es *od. et.* wagen; *how ~ you!* was fällt dir ein!; **~ing** ['~rɪŋ] kühn, wagemutig; gewagt, verwegen

dark [dɑːk] **1.** dunkel; finster; *fig.* düster, trüb(e), finster; **2.** Dunkel(heit *f*) *n*; *after ~* nach Einbruch der Dunkelheit; **~en** ['~ən] verdunkeln; dunkel *od.* dunkler machen; dunkel werden, sich verdunkeln; **'~ness** Dunkelheit *f*

darling ['dɑːlɪŋ] **1.** Liebling *m*; **2.** lieb; F goldig

darn [dɑːn] stopfen

dart [dɑːt] **1.** (Wurf)Pfeil *m*; Satz *m*, Sprung *m*; **2.** sausen, flitzen, huschen; schleudern

dash [dæʃ] **1.** schleudern, schmettern; *Hoffnungen etc.* zerstören, zunichte machen; stürmen, stürzen; **~ off** davonstürzen; **2.** Schlag *m*, Stoß *m* (*Rum etc.*), Prise *f* (*Salz etc.*), Spritzer *m* (*Zitrone*); Gedankenstrich *m*; Sprint *m*; Prise *f*; *make a ~ for* losstürzen auf; **'~board** Armaturenbrett *n*; **'~ing** schneidig, forsch

data ['deɪtə] *pl (oft sg)* Daten *pl*, Angaben *pl*; *Computer:* Daten *pl*; **~ bank**, **~ base** Datenbank *f*; **~ capture** Datenerfassung *f*; **~ processing** Datenverarbeitung *f*; **~ protection** Datenschutz *m*; **~ storage** Datenspeicher *m*

date¹ [deɪt] Dattel *f*

date² [~] **1.** Datum *n*; Zeit(punkt *m*) *f*; Termin *m*; Verabredung *f*; *bsd. Am.* F (Verabredungs)Partner(in); *out of ~* veraltet, unmodern; *up to ~* zeitgemäß, modern, auf dem laufenden; **2.** datieren; *bsd. Am.* F sich verabreden mit, gehen mit; **'~d** veraltet, überholt

daub [dɔːb] (be)schmieren

daughter ['dɔːtə] Tochter *f*; **~-in-law** ['~rɪnlɔː] Schwiegertochter *f*

dawdle ['dɔːdl] (herum)trödeln, (-)bummeln

dawn [dɔːn] **1.** (Morgen-)Dämmerung *f*; **2.** dämmern

day [deɪ] Tag *m*; *oft pl* (Lebens)Zeit *f*; **~ off** (dienst)freier Tag; *the ~* heute (*d. Tage*); *after ~* Tag für Tag; *~ in, ~ out* tagaus, tagein; *in those ~s* damals; *one ~* e-s Tages; *the other ~* neulich; *the ~ after tomorrow* übermorgen; *the ~ before yesterday* vorgestern; *let's call it a ~!* Feierabend!, Schluß für heute!; **'~break** Tagesanbruch *m*; **'~dream** (mit offenen Au-

gen) träumen; '~light Tageslicht n; '~light saving time Sommerzeit f; ~ nursery Tagesheim n, -stätte f; ~ return Brt. Tagesrückfahrkarte f
dazed [deɪzd] benommen
dazzle [dæzl] blenden
dead [ded] 1. tot; gestorben; gefühllos; unempfänglich (for); gleichgültig (to gegen); bsd. econ. flau; völlig, total; plötzlich, abrupt; ~ tired todmüde; 2. the ~ pl die Toten pl; in the ~ of night mitten in der Nacht; ~en [dedn] dämpfen, abschwächen, abstumpfen (to gegen); ~ end Sackgasse f (a. fig.); ~ heat Sport: totes Rennen; ~line letzter Termin; Stichtag m; '~lock toter Punkt; '~ly tödlich; Tod...
deaf [def] taub; schwerhörig; ~-and-'dumb taubstumm; ~en ['defn] taub machen; '~ening ohrenbetäubend; ~'mute taubstumm
deal [diːl] 1. (dealt) Karten: geben; sl. Drogen: dealen; oft ~ out aus-, verteilen; ~ in econ. handeln mit; ~ with sich befassen od. beschäftigen mit; handeln von; mit et. od. j-m fertig werden; econ. Geschäfte machen mit; 2. Abkommen n; F Geschäft n; Handel m; Karten: Geben n; Menge f; it's a ~! abgemacht!; a good ~ (ziemlich) viel; a great ~ of sehr viel;

December

'~er Händler(in); sl. Drogen: Dealer m; Karten: Geber(in); '~ing mst pl od. ~t [delt] pret u. pp von deal 1
dean [diːn] Dekan m
dear [dɪə] 1. lieb; teuer; ≷ Sir, (in Briefen) Sehr geehrter Herr (Name); 2. Liebste m, f, Schatz m; 3. int (oh) ~!, ~ me! du liebe Zeit!, ach herrje!; '~ly innig, herzlich; teuer
death [deθ] Tod m
debat|able [dɪˈbeɪtəbl] umstritten; ~e [~eɪt] 1. Debatte f, Diskussion f; 2. debattieren, diskutieren
debit [ˈdebɪt] econ. 1. Soll n; 2. Konto belasten
debris [ˈdebriː] Trümmer pl
debt [det] Schuld f; be in ~ Schulden haben, verschuldet sein; '~or Schuldner(in)
debug [diːˈbʌɡ] F entwanzen; Computer: Fehler im Programm suchen u. beheben
decade [ˈdekeɪd] Jahrzehnt n
decaffeinated [diːˈkæfɪneɪtɪd] koffeinfrei
decanter [dɪˈkæntə] Karaffe f
decay [dɪˈkeɪ] 1. zerfallen; verfaulen; Zahn: kariös od. schlecht werden; (geistig) schwach werden; 2. Zerfall m; Verfaulen n
deceit [dɪˈsiːt] Betrug m
deceive [dɪˈsiːv] betrügen; täuschen, Sache: a. trügen
December [dɪˈsembə] Dezember m

decen|cy ['di:snsɪ] Anstand m; **~t** anständig
decept|ion [dɪ'sepʃn] Täuschung f; **~ive** [~tɪv] täuschend, trügerisch
decide [dɪ'saɪd] (sich) entscheiden; sich entschließen; beschließen; **~d** entschieden
decimal ['desɪml] dezimal, Dezimal...
decipher [dɪ'saɪfə] entziffern
decis|ion [dɪ'sɪʒn] Entscheidung f; Entschluß m; **~ive** [dɪ'saɪsɪv] entscheidend; entschieden, -schlossen
deck [dek] mar. Deck n; bsd. Am. Spiel n, Pack m (Spiel-) Karten; **~chair** Liegestuhl m
declar|ation [deklə'reɪʃn] Erklärung f; **~e** [dɪ'kleə] erklären; deklarieren, verzollen
decline [dɪ'klaɪn] **1.** abnehmen, zurückgehen; (höflich) ablehnen; **2.** Abnahme f, Rückgang m, Verfall m
declutch [di:'klʌtʃ] mot. auskuppeln
decode [di:'kəʊd] decodieren, entschlüsseln
decompose [di:kəm'pəʊz] (sich) zersetzen
decorat|e ['dekəreɪt] (aus-) schmücken, verzieren; dekorieren; tapezieren; (an)streichen; mit Orden od. ausgezeichnen; **~ion** [~'reɪʃn] Schmuck m, Dekoration f, Verzierung f; Orden m; **~ive** ['~rətɪv] dekorativ, Zier...; **~or** ['~reɪtə] Dekorateur m;

Maler m u. Tapezierer m
decoy ['di:kɔɪ] Lockvogel m
decrease 1. ['di:kri:s] Abnahme f; **2.** [di:'kri:s] abnehmen, (sich) verringern
dedicat|e ['dedɪkeɪt] widmen; **~ion** [~'keɪʃn] Widmung f
deduce [dɪ'dju:s] schließen (**from** aus); ableiten
deduct [dɪ'dʌkt] Betrag abziehen (**from** von); **~ion** [~kʃn] Abzug m; (Schluß-) Folgerung f, Schluß m
deed [di:d] Tat f; jur. (Übertragungs)Urkunde f
deep [di:p] tief (a. fig.); **~en** (sich) vertiefen, fig. a. (sich) verstärken; steigern od. verstärken; **~-freeze 1.** Tiefkühl-, Gefriertruhe f; **2.** (-froze, -frozen) tiefkühlen, einfrieren; **~-frozen food** Tiefkühlkost f; **~-fry** fritieren
deer [dɪə] Hirsch m; Reh n
defeat [dɪ'fi:t] **1.** besiegen, schlagen; zunichte machen, vereiteln; **2.** Niederlage f
defect [dɪ'fekt] Defekt m, Fehler m; Mangel m; **~ive** [dɪ'fektɪv] schadhaft, fehlerhaft
defence [dɪ'fens] Verteidigung f
defend [dɪ'fend] verteidigen; **~ant** jur. Angeklagte m, f
defens|e [dɪ'fens] Am. → **defence; department; ~ive** **1.** Defensive f; **2.** defensiv, Verteidigungs...
defer [dɪ'fɜ:] verschieben
defiant [dɪ'faɪənt] herausfordernd; trotzig

deficien|cy [dɪ'fɪʃnsɪ] Mangel m, Fehlen n; **~t** mangelhaft, unzureichend

deficit ['defɪsɪt] Defizit n, Fehlbetrag m

defin|e [dɪ'faɪn] definieren, erklären, bestimmen; **~ite** ['defɪnɪt] bestimmt, klar, endgültig, definitiv; **~itely** bestimmt; **~ition** [~'nɪʃn] Definition f, Erklärung f, Bestimmung f; *phot.*, *TV etc.*: Schärfe f; **~itive** [dɪ'fɪnɪtɪv] endgültig, definitiv

deflect [dɪ'flekt] ablenken

deform [dɪ'fɔːm] deformieren, entstellen, verunstalten; **~ity** Mißbildung f

defrost [diː'frɒst] entfrosten; *Gerät*: abtauen; *Essen*: auftauen

defy [dɪ'faɪ] trotzen; sich widersetzen; herausfordern

degenerate 1. v/i [dɪ'dʒenəreɪt] degenerieren; **2.** [~rət] *adj* degeneriert

degrade [dɪ'greɪd] degradieren; erniedrigen

degree [dɪ'griː] Grad m; Stufe f; *univ.* ~s akademischer Grad; **by ~s** allmählich

dehydrate [diː'haɪdreɪt] v/t das Wasser entziehen; austrocknen; **~d vegetables** pl Trockengemüse n

de-ice [diː'aɪs] enteisen

deity ['diːɪtɪ] Gottheit f

dejected [dɪ'dʒektɪd] niedergeschlagen

delay [dɪ'leɪ] **1.** aufschieben;

delivery

verzögern; aufhalten; **be ~ed** *rail.*, *etc.* Verspätung haben; **2.** Aufschub m; Verzögerung f; *rail.*, *etc.* Verspätung f

delegat|e 1. ['delɪgət] Delegierte m, f; **2.** [~geɪt] abordnen, delegieren; übertragen; **~ion** [~'geɪʃn] Abordnung f, Delegation f

delete [dɪ'liːt] (aus)streichen; *Computer*: löschen

deliberate [dɪ'lɪbərət] bewußt, absichtlich, vorsätzlich; bedächtig; **~ly** absichtlich

delica|cy ['delɪkəsɪ] Zartheit f; Feingefühl n; Empfindlichkeit f; Delikatesse f; **~te** [~ət] zart; fein; zierlich; zerbrechlich; delikat, heikel; empfindlich; **~tessen** [~'tesn] pl Delikatessen f, Feinkost f; sg Feinkostgeschäft n

delicious [dɪ'lɪʃəs] köstlich

delight [dɪ'laɪt] **1.** Vergnügen n, Entzücken n; **2.** entzücken, erfreuen; **~ful** entzückend

delinquen|cy [dɪ'lɪŋkwənsɪ] Kriminalität f; **1.** straffällig; **2.** Straffällige m, f

delirious [dɪ'lɪrɪəs] im Delirium, phantasierend

deliver [dɪ'lɪvə] aus-, (ab)liefern; *Briefe* zustellen; *Rede* halten; befreien, erlösen; **be ~ed of** entbunden werden von; **~y** [~rɪ] Lieferung f; *Post*: Zustellung f; Vortrag(sweise f) m; *med.* Ent-

delivery van

bindung f; → **cash** 1; **~y van** Lieferwagen m

delude [dɪˈluːd] täuschen

deluge [ˈdeljuːdʒ] Überschwemmung f; fig. Flut f

delusion [dɪˈluːʒn] Täuschung f; Wahn(vorstellung f) m

demand [dɪˈmɑːnd] **1.** Nachfrage f (**for** nach); Anforderung f (**for** an); Aufrage f (**for** nach); **on ~** auf Verlangen; **2.** verlangen, fordern; (fordernd) fragen nach; **~ing** anspruchsvoll

demented [dɪˈmentɪd] wahnsinnig

demi... [demi] Halb..., halb...

demo [ˈdeməʊ] F Demonstration: Demo f

democra|cy [dɪˈmɒkrəsɪ] Demokratie f; **~t** [ˈdeməkræt] Demokrat(in); **~tic** [~ˈkrætɪk] demokratisch

demolish [dɪˈmɒlɪʃ] abreißen; fig. vernichten

demonstrat|e [ˈdemənstreɪt] demonstrieren; beweisen; zeigen; vorführen; **~ion** [~ˈstreɪʃn] Demonstration f; **~or** Demonstrant(in)

den [den] zo. Höhle f (a. fig.)

denial [dɪˈnaɪəl] Leugnen n; Ablehnung f

denims [ˈdenɪmz] pl Jeans pl

denomination [dɪnɒmɪˈneɪʃn] eccl. Konfession f; econ. Nennwert m

dens|e [dens] dicht; fig. begriffsstutzig; **~ity** [ˈ~ətɪ] Dichte f

dent [dent] **1.** Beule f, Delle f; **2.** ver-, einbeulen

dent|al [ˈdentl] Zahn...; **~ist** Zahnarzt m, -ärztin f; **~ure** [ˈ~tʃə] mst pl (Zahn)Prothese f

deny [dɪˈnaɪ] ab-, bestreiten, (ab)leugnen, dementieren; j-m et. abschlagen

deodorant [diːˈəʊdərənt] De(s)odorant m, Deo n

depart [dɪˈpɑːt] abreisen; abfahren; aer. abfliegen; abweichen (**from** von)

department [dɪˈpɑːtmənt] Abteilung f, univ. a. Fachbereich m; pol. Ministerium n; **⁓ of Defense / of the Interior / of State** Am. Verteidigungs-/ Innen-/ Außenministerium n; **~ store** Kauf-, Warenhaus n

departure [dɪˈpɑːtʃə] Abreise f; Abfahrt f; Abflug m; **~ lounge** Abflughalle f

depend [dɪˈpend] (**on**) sich verlassen (auf); abhängen (von); angewiesen sein (auf); **that ~s** das kommt darauf an; **~able** zuverlässig; **~ant** (Familien)Angehörige m, f; **~ence** (**on**) Abhängigkeit (von); Vertrauen (auf); **~ent:** (**on**) abhängig (von); angewiesen (auf)

deplor|able [dɪˈplɔːrəbl] beklagenswert; **~e** [~ˈɔː] mißbilligen

deport [dɪˈpɔːt] ausweisen, abschieben; deportieren

deposit [dɪ'pɒzɪt] **1.** absetzen, abstellen, niederlegen; (sich) ablagern *v/i.* absetzen; deponieren; *Bank:* Betrag einzahlen; *Betrag* anzahlen; **2.** *chem.* Ablagerung *f, geol. a.* (Erz- etc.) Lager *n*; Deponierung *f; Bank:* Einzahlung *f*; Anzahlung *f*

depot ['depəʊ] Depot *n*

depraved [dɪ'preɪvd] verdorben, -kommen

depress [dɪ'pres] (nieder)drücken; deprimieren, bedrücken; **~ed** deprimiert, niedergeschlagen; **~ed area** Notstandsgebiet *n*; **~ion** [~ʃn] Depression *f* (*a. econ.*), Niedergeschlagenheit *f*; Vertiefung *f*, Senke *f*; *meteor.* Tief(druckgebiet) *n*

deprive [dɪ'praɪv] **~ s.o. of s.th.** j-m et. nehmen; **~d** benachteiligt

depth [depθ] Tiefe *f*

deput|ation [depjʊ'teɪʃn] Abordnung *f*; **~ize** ['~taɪz] **~ for** j-n vertreten; **~y 1.** (Stell-) Vertreter(in); Abgeordnete *m*, *f*; *Am.* Hilfssheriff *m*; **2.** stellvertretend

derail [dɪ'reɪl] **be ~ed** entgleisen

deranged [dɪ'reɪndʒd] geistesgestört

derelict ['derəlɪkt] heruntergekommen, baufällig

deri|de [dɪ'raɪd] verhöhnen, -spotten; **~sion** [~ʒn] Hohn *m*, Spott *m*; **~sive** [~aɪsɪv], **~sory** [~sərɪ] höhnisch, spöttisch

derive [dɪ'raɪv] **~ from** abstammen von; herleiten von; *Nutzen* ziehen aus

derogatory [dɪ'rɒgətərɪ] abfällig, geringschätzig

descend [dɪ'send] hinuntergehen; absteigen (**from** von); **~ant** Nachkomme *m*

descent [dɪ'sent] Hinuntergehen *n*; Abstieg *m*; Gefälle *n*; *aer.* Niedergehen *n*; Abstammung *f*, Herkunft *f*

descri|be [dɪ'skraɪb] beschreiben; **~ption** [~'skrɪpʃn] Beschreibung *f*

desert¹ ['dezət] Wüste *f*

desert² [dɪ'zɜːt] verlassen, im Stich lassen; *mil.* desertieren

deserve [dɪ'zɜːv] verdienen

design [dɪ'zaɪn] **1.** entwerfen, *tech.* konstruieren; **2.** Design *n*, Entwurf *m*, (Konstruktions)Zeichnung *f*; Design *n*, Muster *n*; Gestaltung *f*

designate ['dezɪgneɪt] bestimmen

designer [dɪ'zaɪnə] Designer(in); *tech.* Konstrukteur(in); Modeschöpfer(in)

desir|able [dɪ'zaɪərəbl] wünschenswert; begehrenswert; **~e** [~aɪə] **1.** wünschen; begehren; **2.** Wunsch *m*, Verlangen *n*, Begierde *f*

desk [desk] Schreibtisch *m*; *Restaurant etc.:* Kasse *f*; Empfang *m*, Rezeption *f*

desolate ['desələt] einsam, verlassen; trostlos

despair [dɪ'speə] **1.** verzweifeln (*of* an); **2.** Verzweiflung *f*

desperat|e ['despərət] verzweifelt; **~ion** [~'reɪʃn] Verzweiflung *f*

despise [dɪ'spaɪz] verachten

despite [dɪ'spaɪt] trotz

despondent [dɪ'spɒndənt] mutlos, verzagt

dessert [dɪ'zɜːt] Nachtisch *m*, Dessert *n*

destin|ation [destɪ'neɪʃn] Bestimmungsort *m*; Reiseziel *n*; Ziel *n*; **~e** ['~ɪn] bestimmen; **'~y** Schicksal *n*

destitute ['destɪtjuːt] mittellos, (völlig) verarmt

destroy [dɪ'strɔɪ] zerstören, vernichten; *Tier* töten, einschläfern

destruct|ion [dɪ'strʌkʃn] Zerstörung *f*; **~ive** [~tɪv] zerstörend; schädlich

detach [dɪ'tætʃ] (ab-, los-)trennen, (los)lösen; **~ed** *Haus*: Einzel...; distanziert

detail ['diːteɪl] Detail *n*, Einzelheit *f*

detain [dɪ'teɪn] aufhalten; *jur.* in Haft behalten

detect [dɪ'tekt] entdecken; **~ion** Entdeckung *f*; Aufdeckung *f*; **~ive** Detektiv *m*, Kriminalbeamte *m*; **~ive novel** *od.* **story** Kriminalroman *m*; **~or** Detektor *m*

detention [dɪ'tenʃn] *jur.* Haft *f*; *Schule*: Nachsitzen *n*

deter [dɪ'tɜː] abschrecken

detergent [dɪ'tɜːdʒənt] Reinigungs-, Waschmittel *n*

deteriorate [dɪ'tɪərɪəreɪt] sich verschlechtern

determin|ation [dɪtɜːmɪ'neɪʃn] Entschluß *m*; Entschlossenheit *f*; Feststellung *f*; **~e** [dɪ'tɜːmɪn] *et.* beschließen; *Zeitpunkt etc.* bestimmen; feststellen, ermitteln; (sich) entscheiden; sich entschließen; **~ed** entschlossen

deterrent [dɪ'terənt] **1.** abschreckend; **2.** Abschreckungsmittel *n*

detest [dɪ'test] verabscheuen

detonate ['detəneɪt] *v/t* zünden; *v/i* detonieren

detour ['diːtʊə] Umweg *m*; *Am.* (Verkehrs)Umleitung *f*

deuce [djuːs] *Kartenspiel, Würfeln*: Zwei *f*; *Tennis*: Einstand *m*

devalu|ation [diːvæljʊ'eɪʃn] Abwertung *f*; **~e** [~'væljuː] abwerten

devastat|e ['devəsteɪt] verwüsten; **~ing** verheerend

develop [dɪ'veləp] (sich) entwickeln; erschließen; **~er** *phot.* Entwickler *m*; (Stadt-)Planer *m*; **~ing country** Entwicklungsland *n*; **~ment** Entwicklung *f*

deviate ['diːvɪeɪt] abweichen

device [dɪ'vaɪs] Vorrichtung *f*, Gerät *n*; Einfall *m*; Trick *m*

devil ['devl] Teufel *m*; **'~ish** teuflisch

devious ['di:vjəs] gewunden, krumm (*a. fig.*); unaufrichtig; *Mittel:* fragwürdig

devise [dɪ'vaɪz] (sich) ausdenken

devote [dɪ'vəʊt] widmen (*to dat*); **~d** ergeben; hingebungsvoll; eifrig, begeistert

devour [dɪ'vaʊə] verschlingen

devout [dɪ'vaʊt] fromm; sehnlichst, innig

dew [dju:] Tau *m*

dexter|ity [dek'sterətɪ] Geschicklichkeit *f*; **~(e)rous** ['~st(ə)rəs] geschickt

diabetes [daɪə'bi:ti:z] Diabetes *m*, Zuckerkrankheit *f*

diagonal [daɪ'ægənəl] **1.** diagonal; **2.** Diagonale *f*

diagram ['daɪəgræm] Diagramm *n*

dial ['daɪəl] **1.** Zifferblatt *n*; *teleph.* Wählscheibe *f*; Skala *f*; **2.** *teleph.* wählen

dialect ['daɪəlekt] Dialekt *m*

dialling| code ['daɪəlɪŋ] *Brt. teleph.* Vorwahl(nummer) *f*; **~ tone** *Brt. teleph.* Freizeichen *n*

dialogue, *Am.* **-log** ['daɪəlɒg] Dialog *m*

dial tone *Am. teleph.* Freizeichen *n*

diameter [daɪ'æmɪtə] Durchmesser *m*

diamond ['daɪəmənd] Diamant *m*; *Karten:* Karo *n*

diaper ['daɪəpə] *Am.* Windel *f*

diaphragm ['daɪəfræm] Zwerchfell *n*; *phot.* Blende *f*; *teleph.* Membran(e) *f*; *med.* Diaphragma *n*

diarrh(o)ea [daɪə'rɪə] *med.* Durchfall *m*

diary ['daɪərɪ] Tagebuch *n*; Taschen-, Terminkalender *m*

dice [daɪs] **1.** (*pl* **~**) Würfel *m*; **2.** in Würfel schneiden

dictat|e [dɪk'teɪt] diktieren; **~ion** Diktat *n*; **~or** Diktator *m*; **~orship** Diktatur *f*

dictionary ['dɪkʃənrɪ] Wörterbuch *n*

did [dɪd] *pret von* **do**

die[1] [daɪ] sterben; eingehen, verenden; **~ of hunger / thirst** verhungern / verdursten; **~ away** *Wind:* sich legen; *Ton:* verhallen; *Licht:* verlöschen; **~ down** **~ away**; *Aufregung etc.:* sich legen; **~ out** aussterben

die[2] [~] *Am.* Würfel *m*

diet ['daɪət] **1.** Nahrung *f*, Ernährung *f*, Kost *f*, Diät *f*; **2.** Diät halten, diät leben

differ ['dɪfə] sich unterscheiden; *Meinungen:* auseinandergehen; anderer Meinung sein; **~ence** ['dɪfrəns] Unterschied *m*; Differenz *f*; Meinungsverschiedenheit *f*; **~ent** verschieden; anders; **~entiate** [~'renʃɪeɪt] (sich) unterscheiden

difficult ['dɪfɪkəlt] schwierig, schwer; **~y** Schwierigkeit *f*

dig [dɪg] (**dug**) graben

digest 1. [dɪ'dʒest] verdauen;

2. ['daɪdʒest] Auslese f, Auswahl f; **~ible** [dɪ'dʒestəbl] verdaulich; **~ion** [dɪ'dʒestʃn] Verdauung f

digit ['dɪdʒɪt] *math.*: Ziffer f; Stelle f; **~al** Digital...

digni|fied ['dɪgnɪfaɪd] würdevoll; **~ty** ['~tɪ] Würde f

digress [daɪ'gres] abschweifen

digs [dɪgz] *pl Brt.* F Bude f

dike [daɪk] Deich m

dilapidated [dɪ'læpɪdeɪtɪd] verfallen, baufällig

dilate [daɪ'leɪt] (sich) ausdehnen *od.* (aus)weiten

diligent ['dɪlɪdʒənt] fleißig

dilute [daɪ'ljuːt] verdünnen

dim [dɪm] **1.** (halb)dunkel, düster; *Licht:* schwach, trüb(e); undeutlich; **2.** (sich) verdunkeln *od.* trüben; **~ the headlights** *Am.* abblenden

dime [daɪm] *Am.* Zehncentstück n

dimension [dɪ'menʃn] Dimension f, Maß n, Abmessung f; *pl fig* Ausmaß n

dimin|ish [dɪ'mɪnɪʃ] (sich) vermindern *od.* verringern; **~utive** [~jʊtɪv] winzig

dimple ['dɪmpl] Grübchen n

dine [daɪn] speisen, essen; **'~r** *im Restaurant* Gast m; *Am.* Imbißstube f; *rail.* Speisewagen m

dingy ['dɪndʒɪ] schmuddelig

dining ['daɪnɪŋ]: **~ car** Speisewagen m; **~ room** Speise-, Eßzimmer n; **~ table** Eßtisch m

dinner ['dɪnə] (Mittag-, Abend)Essen n; Diner n, Festessen n; **~ jacket** Smoking m; **~ party** Diner n, Abendgesellschaft f; **'~time** Essens-, Tischzeit f

diox|ide [daɪ'ɒksaɪd] Dioxyd n; **~in** [~sɪn] Dioxin n

dip [dɪp] **1.** (ein-, unter)tauchen; sich senken, abfallen; **~ the headlights** *bsd. Brt. mot.* abblenden; **2.** (Ein-, Unter)Tauchen n; F kurzes Bad; *Boden:* Senke f

diphtheria [dɪf'θɪərɪə] Diphtherie f

diploma [dɪ'pləʊmə] Diplom n

diploma|cy [dɪ'pləʊməsɪ] Diplomatie f; **~t** [~mæt] Diplomat m; **~tic** [~ə'mætɪk] diplomatisch

dire ['daɪə] schrecklich; äußerste(r, -s), höchste(r, -s)

direct [dɪ'rekt] **1.** richten, lenken; leiten; *Film etc.:* Regie führen bei; *Brief etc.* adressieren; *j-n* anweisen; *et.* anordnen; *j-m* den Weg zeigen (*to* zu, nach); **2.** direkt, gerade; **~ current** Gleichstrom m; **~ion** [~kʃn] Richtung f; Leitung f; *Film etc.:* Regie f; Anweisung f, Anordnung f; **~s** *pl* (*for use*) Gebrauchsanweisung f; **~ion indicator** *mot.* Richtungsanzeiger m, Blinker m; **~ly** direkt; sofort; **~or** Direktor(in), Leiter(in); *Film etc.:*

discourage

Regisseur(in); **~ory** [~tərɪ] Telefonbuch *n*

dirt [dɜːt] Schmutz *m*, Dreck *m*; **~'cheap** F spottbillig; **'~y 1.** schmutzig, dreckig; gemein; **2.** beschmutzen

disabled [dɪs'eɪbld] behindert; invalid

disadvantage [dɪsəd'vɑːntɪdʒ] Nachteil *m*; **~ous** [dɪsədvən'teɪdʒəs] nachteilig, ungünstig

disagree [dɪsə'griː] nicht übereinstimmen; anderer Meinung sein (**with** als); *Essen*: nicht bekommen (**with** *dat*); **~able** [~'grɪəbl] unangenehm; **~ment** [~'griːmənt] Meinungsverschiedenheit *f*

disappear [dɪsə'pɪə] verschwinden; **~ance** [~rəns] Verschwinden *n*

disappoint [dɪsə'pɔɪnt] enttäuschen; **~ing** enttäuschend; **~ment** Enttäuschung *f*

disapprove [dɪsə'pruːv] mißbilligen (**of** *s.th.* etc.)

disarm [dɪs'ɑːm] entwaffnen; *pol.* abrüsten; **~ament** [~əmənt] *pol.* Abrüstung *f*

disaster [dɪ'zɑːstə] Unglück *n*, Katastrophe *f*; **~rous** [~strəs] katastrophal

disbelief [dɪsbɪ'liːf]: **in ~** ungläubig; **~lieve** [~'liːv] nicht glauben

disc [dɪsk] Scheibe *f*; (Schall-)Platte *f*; Parkscheibe *f*; *anat.*

Bandscheibe *f*; *Computer* → **disk**; **slipped ~** Bandscheibenvorfall *m*

discern [dɪ'sɜːn] wahrnehmen, erkennen

discharge [dɪs'tʃɑːdʒ] **1.** *v/t* aus-, entladen; *Gewehr etc.* abfeuern; ausstoßen, absondern; entlassen; *jur.* freisprechen; *Verpflichtungen* erfüllen, nachkommen; *v/i* münden (**into** in); *med.* eitern; *electr.* sich entladen; **2.** Entladen *n*; Abfeuern *n*; Ausstoß *m*; Ausd. Absonderung *f*, Ausfluß *m*; *electr.* Entladung *f*; Entlassung *f*; Erfüllung *f* (**e-r** *Pflicht*)

discipline ['dɪsɪplɪn] Disziplin *f*

disclaim [dɪs'kleɪm] ab-, bestreiten; **~close** aufdecken, enthüllen

disco ['dɪskəʊ] F Disko *f*

discolo(u)r [dɪs'kʌlə] (sich) verfärben; **~comfort** Unbehagen *n*; **~concert** [~kən'sɜːt] beunruhigen; **~connect** trennen; *Strom etc.* abstellen; **~consolate** [~'kɒnsələt] untröstlich

discontent [dɪskən'tent] Unzufriedenheit *f*; **~ed** unzufrieden

discotheque ['dɪskəʊtek] Diskothek *f*

discount ['dɪskaʊnt] Preisnachlaß *m*, Rabatt *m*, Skonto *m*, *n*

discourage [dɪs'kʌrɪdʒ] entmutigen; abschrecken; *j-m* abraten

discover [dɪ'skʌvə] entdecken; **~er** [~rə] Entdecker(in); **~y** [~rɪ] Entdeckung *f*

dis|credit [dɪs'kredɪt] **1.** in Verruf *od.* Mißkredit bringen; **2.** Mißkredit *m*; **~creet** [dɪ'skriːt] diskret; besonnen; **~crepancy** [dɪ'skrepənsɪ] Diskrepanz *f*, Widerspruch *m*; **~cretion** [dɪ'skreʃn] Diskretion *f*; Ermessen *n*, Gutdünken *n*; **~criminate** [dɪ'skrɪmɪneɪt] unterscheiden; **~ against** *j-n* benachteiligen, diskriminieren

discus ['dɪskəs] (*pl* **-cuses**, **-ci** ['~kaɪ]) Diskus *m*

discuss [dɪ'skʌs] diskutieren, besprechen; **~ion** [~ʃn] Diskussion *f*, Besprechung *f*

disease [dɪ'ziːz] Krankheit *f*

dis|embark [dɪsɪm'bɑːk] von Bord gehen (lassen); Waren ausladen; **~engage** los-, freimachen; *tech.* aus-, auskuppeln; **~entangle** entwirren; **~figure** entstellen

disgrace [dɪs'greɪs] **1.** Schande *f*; **2.** Schande bringen über; **~ful** unerhört

disguise [dɪs'gaɪz] **1.** (*o.s.* sich) verkleiden *od.* maskieren; Stimme *etc.* verstellen; *et.* verbergen; **2.** Verkleidung *f*; Verstellung *f*

disgust [dɪs'gʌst] **1.** Ekel *m*, Abscheu *m*; **2.** anekeln; empören; **~ing** ekelhaft

dish [dɪʃ] (flache) Schüssel, Schale *f*; Gericht *n*, Speise *f*; *the* **~es** *pl* das Geschirr; **'~cloth** Spüllappen *m*

dishevel(l)ed [dɪ'ʃevld] zerzaust, wirr

dishonest [dɪs'ɒnɪst] unehrlich; **~y** Unehrlichkeit *f*

dishono(u)r [dɪs'ɒnə] **1.** Schande *f*; **2.** Schande bringen über; *econ.* Wechsel nicht honorieren *od.* einlösen

'dish|washer Geschirrspülmaschine *f*; **'~water** Spülwasser *n*

dis|illusion [dɪsɪ'luːʒn] desillusionieren; **~inclined** abgeneigt

disinfect [dɪsɪn'fekt] desinfizieren; **~ant** Desinfektionsmittel *n*

dis|inherit [dɪsɪn'herɪt] enterben; **~integrate** (sich) auflösen; ver-, zerfallen; **~interested** uneigennützig; *F* un-, desinteressiert

disk [dɪsk] *bsd. Am.* → **disc**; *Computer:* Diskette *f*; **~ drive** Diskettenlaufwerk *n*; **~ette** [dɪs'ket, 'dɪskət] Diskette *f*

dis|like [dɪs'laɪk] **1.** Abneigung *f*; **2.** nicht leiden können, nicht mögen; **'~locate** *med.* sich *den Arm etc.* verod. ausrenken; **~loyal** treulos, untreu

dismal ['dɪzməl] trostlos
dis|mantle [dɪs'mæntl] de-

montieren; ~**may** [~'meɪ] **1.** bestürzen; **2.** Bestürzung f
dismiss [dɪs'mɪs] entlassen; wegschicken; *Thema etc.* fallenlassen; ~**al** Entlassung f
dis|obedience [dɪsə'biːdjəns] Ungehorsam m; ~**obedient** ungehorsam; ~**obey** nicht gehorchen
disorder [dɪs'ɔːdə] Unordnung f, Durcheinander n; Aufruhr m, Unruhen pl; med. Störung f; ~**ly** unordentlich; jur. ordnungswidrig
dis|organized [dɪs'ɔːgənaɪzd] in Unordnung; ~'**own** nichts zu tun haben wollen mit
dis|paraging [dɪs'pærɪdʒɪŋ] geringschätzig; ~**passionate** [~'pæʃnət] sachlich; ~**patch** [~'pætʃ] (ab)senden
dispensary [dɪ'spensərɪ] Krankenhaus- *etc.* Apotheke f; ~**e** [~s] aus-, verteilen; ~ **with** verzichten auf; ~**er** *tech.* Spender m; (*Geld etc.*)Automat m; ~**ing chemist** *Brt.* Apotheker(in)
disperse [dɪ'spɜːs] (sich) zerstreuen; sich verteilen
displace [dɪs'pleɪs] verrücken, -schieben; verdrängen; *j-n* ablösen; verschleppen
display [dɪs'pleɪ] **1.** zeigen; *Waren* auslegen, -stellen; **2.** (*Schaufenster*)Auslage f; Ausstellung f; Display n, (*Sichtbild*)Anzeige f
displease [dɪs'pliːz] mißfallen

dispos|able [dɪ'spəʊzəbl] Einweg..., Wegwerf...; ~**al** Beseitigung f, Entsorgung f; **be / put at s.o.'s** ~ j-m zur Verfügung stehen / stellen; ~**e** [~z] anordnen; ~ **of** beseitigen; ~**ed** geneigt; ~**ition** [~pə'zɪʃn] Veranlagung f
dis|proportionate [dɪsprə'pɔːʃnət] unverhältnismäßig; ~**prove** widerlegen
dispute 1. [dɪ'spjuːt] streiten (über *acc*); **2.** [~, 'dɪspjuːt] Disput m; Streit m
disqualify [dɪs'kwɒlɪfaɪ] disqualifizieren; ~**regard** nicht beachten; ~**respectful** respektlos; ~**rupt** [~'rʌpt] unterbrechen, stören
dissatis|faction ['dɪssætɪs'fækʃn] Unzufriedenheit f; ~**fied** [~'sætɪsfaɪd] unzufrieden
dissen|sion [dɪ'senʃn] Meinungsverschiedenheit(en *pl*) f; ~**t 1.** Meinungsverschiedenheit f; **2.** anderer Meinung sein (**from** als)
dissociate [dɪ'səʊʃɪeɪt] trennen; ~ **o.s. from** sich distanzieren von
dissolute ['dɪsəluːt] ausschweifend
dissolution [dɪsə'luːʃn] Auflösung f
dis|solve [dɪ'zɒlv] (sich) auflösen; ~**suade** [dɪ'sweɪd] *j-m* abraten / *j-n* abbringen (**from doing** davon, *et.* zu tun)
distan|ce ['dɪstəns] Entfer-

distant nung *f;* Ferne *f;* Strecke *f;* Distanz *f;* **in the ~** in der Ferne; **~t** entfernt; ferner

distaste [dɪsˈteɪst] Widerwille *m;* Abneigung *f*

distinct [dɪˈstɪŋkt] verschieden (**from** von); deutlich, klar; **as ~ from** im Unterschied zu; **~ion** Unterscheidung *f;* Unterschied *m;* Auszeichnung *f;* Rang *m;* **~ive** unverwechselbar

distinguish [dɪˈstɪŋgwɪʃ] unterscheiden; kennzeichnen; **~ed** hervorragend, ausgezeichnet; vornehm

distort [dɪˈstɔ:t] verdrehen, *Gesicht* verzerren, *Tatsachen etc. a.* entstellen

distract [dɪˈstrækt] ablenken; **~ed** beunruhigt, besorgt; außer sich; **~ion** Ablenkung *f,* oft *pl* Zerstreuung *f;* Wahnsinn *m*

distraught [dɪˈstrɔːt] außer sich (**with** vor)

distress [dɪˈstres] **1.** Leid *n,* Sorge *f;* Schmerz *m;* Not(lage) *f;* **2.** beunruhigen, mit Sorge erfüllen; **~ed area** Notstandsgebiet *n;* **~ signal** Notsignal *n*

distribut|e [dɪˈstrɪbjuːt] verteilen, verbreiten; **~ion** [~bjuːʃn] Verteilung *f;* Verbreitung *f;* **~or** [~ˈstrɪbjuːtə] Verteiler *m (a. tech.);* *econ.* Großhändler *m*

district [ˈdɪstrɪkt] Bezirk *m;* Gegend *f,* Gebiet *n*

distrust [dɪsˈtrʌst] **1.** Mißtrauen *n;* **2.** mißtrauen

disturb [dɪˈstɜːb] stören; e-n Eindruck beunruhigen; **~ance** Störung *f*

disused [dɪsˈjuːzd] stillgelegt

ditch [dɪtʃ] Graben *m*

dive [daɪv] **1.** (unter)tauchen; e-n Kopfsprung *(aer.* Sturzflug) machen, springen; hechten (**for** nach); **2.** (Kopf)Sprung *m; aer.* Sturzflug *m;* **~r** Taucher(in)

diverge [daɪˈvɜːdʒ] abweichen

divers|e [daɪˈvɜːs] verschieden; Ablenkung *f;* Zerstreuung *f,* Zeitvertreib *m;* *Brt.* (Verkehrs)Umleitung *f;* **~ity** [~səti] Vielfalt *f*

divert [daɪˈvɜːt] ablenken; *Brt. Verkehr etc.* umleiten

divide [dɪˈvaɪd] **1.** *v/t* teilen, ver-, aufteilen; trennen; *math.* dividieren, teilen (**by** durch); entzweien; *v/i* sich teilen; sich aufteilen; *math.* sich dividieren *od.* teilen lassen (**by** durch); **2.** Wasserscheide *f*

divine [dɪˈvaɪn] göttlich

diving [ˈdaɪvɪŋ] Tauchen *n;* *Sport:* Wasserspringen *n;* Taucher...; **~ board** Sprungbrett *n*

divis|ible [dɪˈvɪzəbl] teilbar; **~ion** [~ʒn] Teilung *f;* Trennung *f; mil., math.* Division *f;* Abteilung *f*

divorce [dɪˈvɔːs] **1.** (Ehe)Scheidung *f;* **get a ~** sich scheiden lassen (**from** von);

dole

2. *jur.* j-n, Ehe scheiden; **get ~d** sich scheiden lassen
dizzy ['dɪzɪ] schwind(e)lig
do [du:] **(did, done)** *v/t* tun, machen; *Speisen* zubereiten; *Zimmer* aufräumen, machen; *Geschirr* abwaschen; *Wegstrecke etc.* zurücklegen, schaffen; F *Strafe* absitzen; **~ London** F London besichtigen; **have one's hair done** sich die Haare machen *od.* frisieren lassen; **have done reading** fertig sein mit Lesen; *v/i* handeln, sich verhalten; genügen, reichen; **that will ~** es hat genügt; **~ well** gut abschneiden; s-e Sache gut machen; *bei der Vorstellung:* **how ~ you ~** guten Tag; *v/aux* in *Fragesätzen:* **~ you know him?** kennst du ihn?; *in verneinten Sätzen:* **I don't know** ich weiß nicht; *zur Verstärkung:* **~ be quick** sei beil dich doch; *v/t u. v/i* Ersatzverb zur Vermeidung von Wiederholungen: **you like London? - I ~** gefällt dir London? - ja; *in Frageanhängseln:* **he works hard, doesn't he?** er arbeitet hart, nicht wahr?; **~ away with** beseitigen, weg-, abschaffen; **I'm done in** F ich bin geschafft; **~ up** *Kleid etc.* zumachen; *Haus etc.* instand setzen; *Päckchen* zurechtmachen, verschnüren; **~ o.s. up** sich zurechtmachen; **I could**

~ with ... ich könnte ... vertragen; **~ without** auskommen ohne
doc [dɒk] F → **doctor**
docile ['dəʊsaɪl] fügsam
dock¹ [dɒk] **1.** Dock *n*; Kai *m*, Pier *m*; *pl* Docks *pl*, Hafenanlagen *pl*; **2.** *v/t* Schiff (ein)docken; *Raumschiff* koppeln; *v/i* docken; im Hafen *od.* am Kai anlegen; *Raumschiff:* andocken
dock² [~] Anklagebank *f*
dock|er ['dɒkə] Dock-, Hafenarbeiter *m*; **~yard** Werft *f*
doctor ['dɒktə] Doktor *m*, Arzt *m*, Ärztin *f*
document 1. ['dɒkjʊmənt] Dokument *n*, Urkunde *f*, *pl* Akten *pl*; **2.** ['~ment] dokumentarisch *od.* urkundlich belegen; **~ary (film)** ['~məntərɪ] Dokumentarfilm *m*
dodge [dɒdʒ] (rasch) zur Seite springen; ausweichen; sich drücken (vor)
doe [dəʊ] Hirschkuh *f*; (Reh)Geiß *f*, Ricke *f*; *Hase, Kaninchen:* Weibchen *n*
dog [dɒg] Hund *m*; **~-eared** mit Eselsohren; **~ged** ['~ɪd] verbissen, hartnäckig; **~gy** ['dɒgɪ] Hündchen *n*
dogmatic [dɒg'mætɪk] dogmatisch
dog-'tired F hundemüde
do-it-yourself [du:ɪtjɔ:'self] **1.** Heimwerken *n*; **2.** Heimwerker...
dole [dəʊl] **1.** *Brt.* F Stempel-

doll 92

geld n; **be** od. **go on the ~** stempeln gehen; **2. ~ out** sparsam ver- od. austeilen
doll [dɒl] Puppe f
dollar ['dɒlə] Dollar m
dolphin ['dɒlfɪn] Delphin m
dome [dəʊm] Kuppel f
domestic [dəʊ'mestɪk] **1.** häuslich; Haus(halts)...; inländisch; Inlands...; Binnen...; Innen...; **2.** Hausangestellte m, f; **~ animal** Haustier n; **be ~d** häuslich sein; **~ flight** Inlandsflug m; **~ trade** Binnenhandel m
domicile ['dɒmɪsaɪl] (jur. ständiger) Wohnsitz
domin|ant ['dɒmɪnənt] dominierend, vorherrschend; **~ate** ['~neɪt] beherrschen; dominieren; **~ation** [~'neɪʃn] (Vor)Herrschaft f; **~eering** [~'nɪərɪŋ] herrisch
donat|e [dəʊ'neɪt] spenden (a. Blut etc.); **~ion** Spende f
done [dʌn] pp von **do**; getan; erledigt; fertig; gastr. gar; **well ~** durchgebraten
donkey ['dɒŋkɪ] Esel m
donor ['dəʊnə] Spender(in)
doom [du:m] **1.** Schicksal n, Verhängnis n; **2.** verurteilen, -dammen; **~sday** ['~mz-] der Jüngste Tag
door [dɔ:] Tür f; **~bell** Türklingel f; **~handle** Türgriff m, -klinke f; **~keeper** Pförtner m; **~man** (pl **-men**) (livrierter) Portier; **~mat**

(Fuß)Abtreter m; **~plate** Türschild n; **~step** Türstufe f; **~way** Türöffnung f
dope [dəʊp] **1.** F Rauschgift: Stoff m; Dopingmittel n; Betäubungsmittel n; sl. Trottel m; **2.** F j-m Stoff geben; dopen
dormitory ['dɔ:mətrɪ] Schlafsaal m; Am. Studentenwohnheim n
dose [dəʊs] Dosis f
dot [dɒt] **1.** Punkt m; **on the ~** F auf die Sekunde pünktlich; **2.** punktieren, tüpfeln, sprenkeln, übersäen
dote [dəʊt]: **~ on** vernarrt sein in
'dotted line punktierte Linie
double ['dʌbl] **1.** adj doppelt, Doppel-, zweifach; **2.** adv doppelt; **3.** s das Doppelte; Doppelgänger(in); Film, TV: Double n; **4.** vb (sich) verdoppeln; **~ up** sich krümmen vor; **~ bed** Doppelbett n; **~ bend** S-Kurve f; **~'check** genau nachprüfen; **~'cross** F ein doppeltes od. falsches Spiel treiben mit; **~'decker** Doppeldecker m; **~ park** in zweiter Reihe parken; **~'quick 1.** adj: **in ~ time 2.** adv F im Eiltempo, fix; **~ room** Doppel-, Zweibettzimmer n; **~s** (pl) Tennis: Doppel n
doubt [daʊt] **1.** bezweifeln; **2.** Zweifel m; **no ~** zweifellos, fraglos, ohne Zweifel; **~ful**

zweifelhaft; '~less zweifellos, ohne Zweifel
dough [dəʊ] Teig m; '~nut Schmalzkringel m
dove [dʌv] Taube f
dowel [daʊəl] Dübel m
down¹ [daʊn] **1.** adv nach unten, her-, hinunter; unten; **2.** adj nach unten (gerichtet), Abwärts...; niedergeschlagen, down; **3.** prp her-, hinunter; **4.** v/t niederschlagen, zu Fall bringen; F Getränk runterkippen
down² [~] Daunen pl; Flaum m
'**down|cast** niedergeschlagen; Blick: gesenkt; '~**fall** fig. Sturz m; '~**hearted** niedergeschlagen; '~**hill** abwärts, bergab; abschüssig; Skisport: Abfahrts...; ~ **payment** Anzahlung f; '~**pour** Platzregen m; '~**right** völlig, ausgesprochen
downs [daʊnz] pl Hügelland n
down|stairs 1. [daʊnˈsteəz] adv die Treppe her- od. hinunter, nach unten; **2.** [ˈ~steəz] adj im unteren Stockwerk (gelegen); '~**to-earth** realistisch, praktisch; '~**town** bsd. Am. **1.** [ˌ~ˈtaʊn] in die od. der Innenstadt; im Geschäftsviertel; **2.** [ˈ~taʊn] Geschäftsviertel n, Innenstadt f, City f; '~**ward(s)** [ˈ~wəd(z)] nach unten; abwärts

dowry [ˈdaʊərɪ] Mitgift f
doze [dəʊz] **1.** dösen; ~ **off** einnicken, -dösen; **2.** Nikkerchen n
dozen [ˈdʌzn] Dutzend n
drab [dræb] trist, eintönig
draft [drɑːft] **1.** Entwurf m; econ. Wechsel m, Tratte f; Am. mil. Einberufung f; Am. → **draught**; **2.** entwerfen, Brief etc. aufsetzen; Am. mil. einberufen; ~**ee** [ˌ~ˈtiː] Wehr(dienst)pflichtige m
drag [dræg] schleppen, ziehen, zerren, schleifen; ~ **on** fig. sich in die Länge ziehen; '~**lift** Schlepplift m
dragon [ˈdrægən] Drache m; '~**fly** Libelle f
drain [dreɪn] **1.** v/t abfließen lassen; entwässern, austrocknen; v/i: ~ **off** od. **away** abfließen, ablaufen; **2.** Abfluß(rohr n, -kanal) m; Entwässerungsgraben m; ~**age** [ˈ~ɪdʒ] Abfließen n, Ablaufen n; Entwässerung f; Kanalisation f; Abwasser n; '~**pipe** Abflußrohr n
drake [dreɪk] Enterich m, Erpel m
drama [ˈdrɑːmə] Drama n; ~**tic** [drəˈmætɪk] dramatisch; ~**tist** [ˈdræmətɪst] Dramatiker m; ~**tize** [ˈdræmətaɪz] dramatisieren
drank [dræŋk] pret von **drink** 1
drape [dreɪp] drapieren; ~**ry** [ˈ~ərɪ] Brt. Textilien pl; ~**s** pl Am. schwere Vorhänge pl

drastic ['dræstɪk] drastisch

draught [drɑːft] (*Am. draft*) (*Luft- etc.*)Zug *m*; Zug(luft *f*) *m*; Zug *m*, Schluck *m*; *Schiff*: Tiefgang *m*; *Brt.*: (Dame)Stein *m*; *pl* (*sg konstr.*) Damespiel *n*); **beer on ~, ~ beer** Bier *n* vom Faß, Faßbier *n*; **~board** Damebrett *n*; **'~sman** (*pl -men*) *bsd. Brt.* (Konstruktions)Zeichner *m*; *Brt.* (Dame)Stein *m*; **'~swoman** (*pl -women*) *bsd. Brt.* (Konstruktions)Zeichnerin *f*; **'~y** *bsd. Brt.* zugig

draw [drɔː] **1.** (*drew, drawn*) *v/t* ziehen; *Vorhänge* auf- *od.* zuziehen; *Wasser* schöpfen; *Atem* holen; *Tee* ziehen lassen; *fig. Menge* anziehen; *Interesse* auf sich ziehen; zeichnen; *Geld* abheben; *Scheck* ausstellen; *v/i Kamin, Tee etc.*: ziehen; *Sport*: unentschieden spielen; **~ back** zurückweichen; **~ out** *Geld* abheben; *fig.* in die Länge ziehen; **~ up** *Schriftstück* aufsetzen; *Wagen etc.*: (an)halten; vorfahren; **2.** Ziehen *n*; *Lotterie*: Ziehung *f*; *Sport*: Unentschieden *n*; *fig.* Attraktion *f*, Zugnummer *f*; **'~back** Nachteil *m*; **'~bridge** Zugbrücke *f*

drawer[1] [drɔː] Schublade *f*, -fach *n*

drawer[2] ['drɔːə] Zeichner(in); *econ.* Aussteller(in) (*e-s Schecks etc.*)

drawing ['drɔːɪŋ] Zeichnen *n*; Zeichnung *f*; **~ board** Reißbrett *n*; **~ pin** *Brt.* Reißzwecke *f*; **~ room** Salon *m*

drawn [drɔːn] **1.** *pp von draw* 1; **2.** *Sport*: unentschieden

dread [dred] **1.** (sich) fürchten, (große) Angst haben *od.* sich fürchten vor; **2.** (große) Angst, Furcht *f*; **'~ful** schrecklich, furchtbar

dream [driːm] **1.** Traum *m*; **2.** (*dreamed od. dreamt*) träumen; **~er** Träumer(in); **~t** [dremt] *pret u. pp von dream* 2; **'~y** verträumt

dreary ['drɪərɪ] trostlos; trüb(e); *F* langweilig

dregs [dreɡz] *pl* (Boden)Satz *m*; *fig.* Abschaum *m*

drench [drentʃ] durchnässen

dress [dres] **1.** Kleidung *f*; Kleid *n*; **2.** (sich) ankleiden *od.* anziehen; zurechtmachen; *Salat* anmachen; *Haar* frisieren; *Wunde etc.* verbinden; **get ~ed** sich anziehen; **~ circle** *thea.* erster Rang

dressing ['dresɪŋ] Ankleiden *n*; *med.* Verband *m*; *Salatsoße*: Dressing *n*; *Am. gastr.* Füllung *f*; **~ gown** Morgenmantel *m*, -rock *m*; **~ room** *thea.* (Künstler)Garderobe *f*; *Sport*: (Umkleide)Kabine *f*; **~ table** Toilettentisch *m*

'dress|maker (*bsd. Damen-*)

Schneider(in); ~ **rehearsal** Generalprobe f
drew [druː] *pret von* **draw** 1
dribble ['drɪbl] sabbern; tropfen; *Sport:* dribbeln
drier ['draɪə] → **dryer**
drift [drɪft] **1.** v/i getrieben werden, treiben (*a. fig.*); *Schnee, Sand:* wehen, sich häufen; *fig.* sich treiben lassen; v/t (dahin)treiben; **2.** Treiben n; (Schnee)Verwehung f, (Schnee-, Sand)Wehe f; *fig.* Strömung f, Tendenz f
drill [drɪl] **1.** Bohrer m; *mil.* Drill m; Exerzieren n; **2.** bohren; drillen
drink [drɪŋk] **1.** (**drank, drunk**) trinken; **2.** Getränk n; Drink m; '**~er** Trinker(in); '**~ing water** Trinkwasser n
drip [drɪp] **1.** tropfen *od.* tröpfeln (lassen) **2.** Tropfen m; *med.* Tropf(infusion f) m; '**~'dry** bügelfrei; '**~ping** Bratenfett n
drive [draɪv] **1.** (**drove, driven**) fahren; (an)treiben; ~ *s.o.* **mad** j-n verrückt machen; **2.** Fahrt f; Aus-, Spazierfahrt f; Zufahrt(s- straße) f; (private) Auffahrt; *tech.* Antrieb m; *Computer:* Laufwerk n; *psych.* Trieb m; *fig.* Schwung m, Elan m; **left-/right-hand ~** Links-/ Rechtssteuerung f
'**drive-in** Auto..., Drive-in-...
driven ['drɪvn] *pp von* **drive** 1
driver ['draɪvə] Fahrer(in);

~'s **license** *Am.* Führerschein m
'**driving** ['draɪvɪŋ] (an)treibend; *tech.* Treib..., Antriebs...; ~ **force** treibende Kraft; ~ **instructor** Fahrlehrer(in); '**~lesson** Fahrstunde f; ~ **licence** *Brt.* Führerschein m; ~ **school** Fahrschule f; ~ **test** Fahrprüfung f
drizzle ['drɪzl] **1.** nieseln; **2.** Niesel-, Sprühregen m
droop [druːp] (schlaff) herabhängen (lassen)
drop [drɒp] **1.** Tropfen m; Bonbon m; *fig.* (Ab)Fall m, Sturz m (*a. Preise*); **2.** v/i (herab)tropfen; (herunter-) fallen; *a. Preise:* sinken, fallen; *Wind:* sich legen; v/t tropfen lassen; fallen lassen; *Bemerkung etc.* fallenlassen; *Fahrgast etc.* absetzen; *Augen, Stimme* senken; ~ *s.o.* **a few lines** j-m ein paar Zeilen schreiben; ~ **in** (kurz) hereinschauen; ~ **out** die Schule *od.* das Studium abbrechen; aussteigen (**of** *aus Politik etc.*); '**~out** (Schul-, Studien)Abbrecher m, Aussteiger m
drought [draʊt] Dürre f
drove [drəʊv] *pret von* **drive** 1
drown [draʊn] ertrinken; ertränken; **be ~ed** ertrinken
drowsy ['draʊzɪ] schläfrig
drudge [drʌdʒ] sich (ab)plagen

drug [drʌg] **1.** Arzneimittel *n*, Medikament *n*; Droge *f*, Rauschgift *n*; **be on ~s** rauschgift-, drogensüchtig sein; **2.** *j-m* Medikamente geben; *j-n* unter Drogen setzen; ein Betäubungsmittel beimischen; betäuben; **~ ad'dict** Drogen-, Rauschgiftsüchtige *m, f*; Medikamentenabhängige *m, f*; **~gist** ['~ɪst] *Am.*: Apotheker(in); Inhaber(in) e-s Drugstores; **'~store** *Am.*: Apotheke *f*; Drugstore *m*

drum [drʌm] **1.** Trommel *f*; *anat.* Trommelfell *n*; *pl mus.* Schlagzeug *n*; **2.** trommeln; **'~mer** Trommler *m*; Schlagzeuger *m*

drunk [drʌŋk] **1.** *pp von* **drink** 1; **2.** betrunken; **get ~** sich betrinken; **3.** Betrunkene *m, f*; → **~ard** ['~əd] Trinker(in), Säufer(in); **'~en** betrunken; **~ driving** Trunkenheit *f* am Steuer

dry [draɪ] **1.** trocken; *Wein etc.*: trocken, herb; **2.** (ab-) trocknen, dörren; trocknen, trocken werden; **~ up** austrocknen; versiegen; **~ 'clean** chemisch reinigen; **~ 'cleaner('s)** Geschäft: chemische Reinigung; **'cleaning** chemische Reinigung; **'~er**, *a.* **drier** Trockner *m*

dual ['dju:əl] doppelt; **~ carriageway** *Brt.* durch Mittelstreifen vom Gegenverkehr getrennte (Schnell)Straße

dub [dʌb] synchronisieren

dubious ['dju:bjəs] zweifelhaft

duchess ['dʌtʃɪs] Herzogin *f*

duck [dʌk] **1.** Ente *f*; *Brt.* F Schatz *m*; **2.** (unter)tauchen; (sich) ducken

due [dju:] **1.** *adj* zustehend; gebührend; angemessen; *econ.* fällig; *zeitlich* fällig; **~ to** wegen; **be ~ to** zurückzuführen sein auf; **2.** *adv* direkt, genau (*nach Osten etc.*); **3.** *s pl* Gebühren *pl*

duel ['dju:əl] Duell *n*

dug [dʌg] *pret u. pp von* **dig**

duke [dju:k] Herzog *m*

dull [dʌl] **1.** matt, glanzlos; dumpf; *Wetter etc.*: trüb; langweilig; schwer von Begriff, dumm; *Klinge etc.*: stumpf; *econ.* flau, schleppend; **2.** abstumpfen; schwächen; *Schmerz* betäuben

dumb [dʌm] stumm; sprachlos; *bsd. Am.* F doof, dumm

dum(b)founded [dʌm'faʊndɪd] verblüfft, sprachlos

dummy ['dʌmɪ] **1.** Attrappe *f*; *Brt.* Schnuller *m*; **2.** Schein...

dump [dʌmp] **1.** (hin)plumpsen *od.* (-)fallen lassen, hinwerfen; *Schutt etc.* auskippen, abladen; *econ.* zu Dumpingpreisen verkaufen; *Computer*: *Daten* auf Diskette *etc.* abspeichern; **2.** Schutt-,

Abfallhaufen m; (Schutt-, Müll)Abladeplatz m
dumpling ['dʌmplɪŋ] Knödel m, Kloß m
dune [dju:n] Düne f
dung [dʌŋ] Mist m, Dung m
dungarees [dʌŋɡə'ri:z] pl Latzhose f
dupe [dju:p] Betrogene, r m
duplex ['dju:pleks] Doppel...; ~ **(apartment)** Am. Maison(n)ette(wohnung) f
duplicate 1. ['dju:plɪkət] doppelt; genau gleich; **2.** [~] Duplikat n; → ~ **key**; **3.** [~keɪt] ein Duplikat anfertigen von; kopieren, vervielfältigen; ~ **key** Zweit-, Nachschlüssel m
dura|ble ['djʊərəbl] haltbar; dauerhaft; **~tion** [~'reɪʃn] Dauer f
during ['djʊərɪŋ] während
dusk [dʌsk] (Abend)Dämmerung f
dust [dʌst] **1.** Staub m; **2.** v/t abstauben; (be)streuen; v/i Staub wischen; **'~bin** Brt.: Abfall-, Mülleimer m; Abfall-, Mülltonne f; **'~cart**

Brt. Müllwagen m; ~ **cover** Schutzumschlag m; **'~er** Staubtuch n; **'~ jacket** Schutzumschlag m; **'~man** (pl -**men**) Brt. Müllmann m; **'~pan** Kehrschaufel f; **'~y** staubig
Dutch [dʌtʃ] **1.** holländisch; **2.** **the** ~ pl die Holländer pl
duty ['dju:tɪ] Pflicht f; Aufgabe f; econ. Zoll m; Dienst m; **be on** ~ Dienst haben; **be off** ~ dienstfrei haben; **~-'free** zollfrei
dwarf [dwɔ:f] (pl ~**s** [~fs], **dwarves** [~vz]) Zwerg(in)
dwell [dwel] (**dwelt** od. **dwelled**) wohnen
dwelt [dwelt] pret u. pp von **dwell**
dwindle ['dwɪndl] abnehmen
dye [daɪ] färben
dying ['daɪɪŋ] sterbend
dynamic [daɪ'næmɪk] dynamisch; **~s** mst sg Dynamik f
dynamite ['daɪnəmaɪt] Dynamit n
dysentery ['dɪsntrɪ] med. Ruhr f

E

each [i:tʃ] **1.** adj, pron jede(r, -s); ~ **other** einander, sich; **2.** adv je, pro Person / Stück
eager ['i:ɡə] eifrig; begierig
eagle ['i:ɡl] Adler m
ear[1] [ɪə] Ohr n; Gehör n
ear[2] [~] Ähre f

ear|ache ['ɪəreɪk] Ohrenschmerzen pl; **'~drum** Trommelfell n
earl [ɜ:l] britischer Graf
early ['ɜ:lɪ] früh; bald; zu früh
'earmark vorsehen (**for** für)
earn [ɜ:n] Geld etc. verdienen

earnest ['ɜːnɪst] **1.** ernst (-haft); **2.** *in* ~ im Ernst

earnings ['ɜːnɪŋz] *pl* Verdienst *m*, Einkommen *n*

ear|phones /-/ Kopfhörer *pl*; **~ring** Ohrring *m*; **~shot**: *within/out of* ~ in/außer Hörweite

earth [ɜːθ] **1.** Erde *f*; Welt *f*; *Brt. electr.* Erdung *f*; **2.** *Brt. electr.* erden; **~en** ['ɜːθn] irden; **~enware** Steingut(geschirr) *n*; **~ly** irdisch; **~quake** Erdbeben *n*; **~worm** Regenwurm *m*

ease [iːz] **1.** Leichtigkeit *f*; Bequemlichkeit *f*; (Gemüts)Ruhe *f*; Sorglosigkeit *f*; *at (one's)* ~ ruhig, entspannt; *be od. feel at* ~ sich wohl fühlen; *be od. feel ill at* ~ sich (in s-r Haut) nicht wohl fühlen; **2.** erleichtern; beruhigen; *Schmerzen* lindern

easel ['iːzl] Staffelei *f*

easily ['iːzɪlɪ] leicht, mühelos

east [iːst] **1.** Osten *m*; **2.** östlich, Ost...; **3.** nach Osten, ostwärts

Easter ['iːstə] Ostern *n*; Oster...

east|erly ['iːstəlɪ], **~ern** ['~ən] östlich, Ost...; **~ward(s)** ['~wəd(z)] ostwärts, nach Osten

easy ['iːzɪ] leicht, mühelos; einfach; bequem; gemächlich, gemütlich; ungezwungen, natürlich; *take it* ~*!* immer mit der Ruhe!; ~ **chair** Sessel *m*

eat [iːt] (*ate, eaten*) essen; *Tier:* fressen; zerfressen; ~ *up* aufessen; **~able** eß-, genießbar; **~en** ['iːtən] Ebenholz *n*

eaves [iːvz] *pl* Traufe *f*; **~drop** lauschen; ~ *on s.o.* j-n belauschen

ebb [eb] **1.** Ebbe *f*; **2.** zurückgehen; ~ *away* abnehmen, verebben; ~ *tide* Ebbe *f*

ebony ['ebənɪ] Ebenholz *n*

echo ['ekəʊ] **1.** (*pl -oes*) Echo *n*; **2.** widerhallen

eclipse [ɪ'klɪps] (Sonnen-, Mond)Finsternis *f*

ecocide [ɪ'kəsaɪd] Umweltzerstörung *f*

ecolog|ical [iːkə'lɒdʒɪkl] ökologisch, Umwelt...; ~ *balance* ökologisches Gleichgewicht; **~y** [iː'kɒlədʒɪ] Ökologie *f*

economic [iːkə'nɒmɪk] (staats-, volks)wirtschaftlich, Wirtschafts...; rentabel; **~al** wirtschaftlich, sparsam; **~s** *sg* Volkswirtschaft(slehre) *f*

econom|ist [ɪ'kɒnəmɪst] Volkswirt(schaftler) *m*; **~ize**: ~ *on* sparsam umgehen mit; **~y** Wirtschaft(ssystem *n*) *f*; Wirtschaftlichkeit *f*

ecosystem ['iːkəʊsɪstəm] Ökosystem *n*

ecstasy ['ekstəsɪ] Ekstase *f*

eddy ['edɪ] **1.** Wirbel *m*, Strudel *m*; **2.** wirbeln

edge [edʒ] 1. Rand *m*; Kante *f*; Schneide *f*; **on ~ → edgy**; 2. umsäumen, einfassen; '**~y** nervös; gereizt

edible ['edɪbl] eßbar

edit ['edɪt] *Texte* herausgeben; *Zeitung etc.* als Herausgeber leiten; *Computer*: editieren; **~ion** [ɪ'dɪʃn] Ausgabe *f*; **~or** ['edɪtə] Herausgeber(in); Redakteur(in); **~orial** [edɪ'tɔːrɪəl] Leitartikel *m*; Redaktions...

educat|e ['edʒʊkeɪt] erziehen, (aus)bilden; **~ed** gebildet; **~ion** [~'keɪʃn] Erziehung *f*; (Aus)Bildung *f*; Bildungs-, Schulwesen *n*; **~ional** pädagogisch, Unterrichts...

eel [iːl] Aal *m*

effect [ɪ'fekt] 1. (Aus)Wirkung *f*; Effekt *m*, Eindruck *m*; **take ~** in Kraft treten; 2. bewirken; **~ive** wirksam

effeminate [ɪ'femɪnət] weibisch

effervescent [efə'vesnt] sprudelnd, schäumend

efficien|cy [ɪ'fɪʃənsɪ] (Leistungs)Fähigkeit *f*; **~t** tüchtig, (leistungs)fähig

effort ['efət] Anstrengung *f*, Bemühung *f*; Mühe *f*; '**~less** mühelos

effusive [ɪ'fjuːsɪv] überschwenglich

egg [eg] Ei *n*; '**~cup** Eierbecher *m*; '**~head** *Intellektueller*: F Eierkopf *m*

egocentric [egəʊ'sentrɪk] egozentrisch

Egyptian [ɪ'dʒɪpʃn] 1. ägyptisch; 2. Ägypter(in)

eiderdown ['aɪdə] Eiderdaunen *pl*; Daunendecke *f*

eight [eɪt] acht; **~h** [eɪtθ] 1. achte(r, -s); 2. Achtel *n*; '**~hly** achtens; **~ieth** ['~tɪɪθ] achtzigste(r, -s); '**~y** achtzig

either ['aɪðə, Am. 'iːðə] jede(r, -s), irgendeine(r, -s) (*von zweien*); beides; **~ ... or** entweder ... oder; **not ~** auch nicht

ejaculate [ɪ'dʒækjʊleɪt] ejakulieren

eject [ɪ'dʒekt] *j-n* hinauswerfen; *tech.* ausstoßen

elaborate 1. [ɪ'læbərət] sorgfältig *od.* kunstvoll (aus)gearbeitet; 2. [~eɪt] sorgfältig ausarbeiten

elapse [ɪ'læps] *Zeit*: vergehen

elastic [ɪ'læstɪk] 1. elastisch, dehnbar; 2. *Brt. a.* **~ band** Gummiband *n*

elated [ɪ'leɪtɪd] begeistert

elbow ['elbəʊ] 1. Ell(en)bogen *m*; Biegung *f*; *tech.* Knie *n*; **mit dem Ellbogen** stoßen, drängen

elder¹ ['eldə] 1. ältere(r, -s); 2. *der, die* Ältere

elder² [~] Holunder *m*

elde|rly ['eldəlɪ] ältlich, ältere(r, -s); '**~st** *Bruder, Schwester etc.*: älteste(r, -s)

elect [ɪ'lekt] 1. *j-n* wählen; 2. designiert, zukünftig; **~ion** [~kʃn] Wahl *f*; **~or** Wäh-

electorate 100

ler(in); *Am.* Wahlmann *m*; **~orate** [~ərət] Wähler *pl*
electric [ɪ'lektrɪk] elektrisch; Elektro...; **~al** elektrisch; **~ blanket** Heizdecke *f*; **~ian** [~'trɪʃn] Elektriker *m*; **~ity** [~'trɪsətɪ] Elektrizität *f*
electrify [ɪ'lektrɪfaɪ] elektrifizieren; elektrisieren
electronic [ɪlek'trɒnɪk] elektronisch; Elektronen...; **~ data processing** elektronische Datenverarbeitung; **~s** *sg* Elektronik *f*
elegan|ce ['elɪɡəns] Eleganz *f*; **~t** elegant, geschmackvoll
element ['elɪmənt] Element *n*; *pl* Anfangsgründe *pl*; **~al** [~'mentl] elementar; **~ary** [~'mentərɪ] elementar, wesentlich; Anfangs...; **~ school** *Am.* Grundschule *f*
elephant ['elɪfənt] Elefant *m*
elevat|e ['elɪveɪt] (hoch-)erheben; **~ion** [~'veɪʃn] (Boden)Erhebung *f*, (An)Höhe *f*; **~or** *Am.* Aufzug *m*, Fahrstuhl *m*; *aer.* Höhenruder *n*
eleven [ɪ'levn] elf; **~th** [~θ] elfte(r, -s)
eligible ['elɪdʒəbl] berechtigt
eliminat|e [ɪ'lɪmɪneɪt] beseitigen, entfernen; *Gegner* ausschalten; (*Sport:* **be ~d**) ausscheiden; **~ion** [~'neɪʃn] Beseitigung *f*; Ausscheidung *f* (*a. Sport*); Ausschaltung *f*
elk [elk] Elch *m*
ellipse [ɪ'lɪps] Ellipse *f*
elm [elm] Ulme *f*

elope [ɪ'ləʊp] durchbrennen
eloquent ['eləkwənt] beredt
else [els] sonst, weiter, außerdem; andere(r, -s); *anything* **~?** sonst noch etwas?; *no one* **~** sonst niemand; *or* **~** sonst, andernfalls; **~'where** anderswo(hin)
elu|de [ɪ'luːd] ausweichen, sich entziehen; **~sive** ausweichend, schwer faßbar
emaciated [ɪ'meɪʃɪeɪtɪd] abgemagert, ausgemergelt
emancipate [ɪ'mænsɪpeɪt] emanzipieren
embalm [ɪm'bɑːm] einbalsamieren
embankment [ɪm'bæŋkmənt] (Erd)Damm *m*; (Bahn-, Straßen)Damm *m*; Uferstraße *f*
embargo [em'bɑːɡəʊ] (*pl* **-goes**) Embargo *n*; (Handels)Sperre *f*, (-) Verbot *n*
embark [ɪm'bɑːk] an Bord gehen; *et.* anfangen (**on** *acc*)
embarrass [ɪm'bærəs] in Verlegenheit bringen; **~ed** verlegen; **~ing** peinlich; **~ment** Verlegenheit *f*
embassy ['embəsɪ] *pol.* Botschaft *f*
embed [ɪm'bed] (ein)betten
embers ['embəz] *pl* Glut *f*
embezzle [ɪm'bezl] unterschlagen, veruntreuen
embitter [ɪm'bɪtə] *j-n* verbittern
embolism ['embəlɪzəm] Embolie *f*

embrace [ɪmˈbreɪs] **1.** (sich) umarmen; **2.** Umarmung *f*
embroider [ɪmˈbrɔɪdə(r)] (be)sticken; *fig.* ausschmücken; **~y** [~rɪ] Stickerei *f*
embryo [ˈembrɪəʊ] Embryo *m*
emerald [ˈemərəld] **1.** Smaragd *m*; **2.** smaragdgrün
emerge [ɪˈmɜːdʒ] auftauchen; *Wahrheit etc.*: sich herausstellen
emergency [ɪˈmɜːdʒənsɪ] Notlage *f*, -fall *m*; Not...; *in an* **~** im Ernst- *od.* Notfall; **~ call** Notruf *m*; **~ exit** Notausgang *m*; **~ landing** *aer.* Notlandung *f*; *make an* **~** notlanden; **~ number** Notruf(nummer *f*) *m*
emigra|nt [ˈemɪgrənt] Auswanderer *m*, Emigrant(in); **~te** [~eɪt] auswandern, emigrieren; **~tion** [~ˈgreɪʃn] Auswanderung *f*, Emigration *f*
eminent [ˈemɪnənt] berühmt
emotion [ɪˈməʊʃn] Emotion *f*, Gefühl *n*; Rührung *f*, Ergriffenheit *f*; **~al** emotional; gefühlsbetont; gefühlvoll
emperor [ˈempərə] Kaiser *m*
empha|sis [ˈemfəsɪs] (*pl* **-ses** [~siːz]) Nachdruck *m*, Betonung *f*; **'~size** betonen; **~tic** [ɪmˈfætɪk] nachdrücklich
empire [ˈempaɪə] Reich *n*, Imperium *n*; Kaiserreich *n*
employ [ɪmˈplɔɪ] *j-n* beschäftigen; an-, einstellen; **~ee** [emplɔɪˈiː] Arbeitnehmer(in), Angestellte *m*, *f*; **~er** [ˈplɔɪə] Arbeitgeber(in); **~ment** Beschäftigung *f*, Arbeit *f*, (An)Stellung *f*
empress [ˈemprɪs] Kaiserin *f*
empti|ness [ˈemptɪnɪs] Leere *f* (*a. fig.*); **~y 1.** leer; **2.** (aus)leeren; sich leeren
emulate [ˈemjʊleɪt] wetteifern mit; nacheifern
enable [ɪˈneɪbl] *j-n* möglich machen; *et.* möglich machen
enact [ɪˈnækt] *Gesetz* erlassen; verfügen
enamel [ɪˈnæml] Email(le *f*) *n*; Glasur *f*; Zahnschmelz *m*; Nagellack *m*
enchant [ɪnˈtʃɑːnt] bezaubern, entzücken
encircle [ɪnˈsɜːkl] umgeben, einkreisen, umzingeln
enclos|e [ɪnˈkləʊz] einschließen, umgeben; *Brief:* beilegen, -fügen; **~ure** [~ʒə] Einzäunung *f*; Gehege *n*; *Brief:* Anlage *f*
encounter [ɪnˈkaʊntə] **1.** begegnen, treffen; *auf Schwierigkeiten etc.* stoßen; **2.** Begegnung *f*; *mil.* Zs.-stoß *m*
encourag|e [ɪnˈkʌrɪdʒ] ermutigen; unterstützen; **~ment** Ermutigung *f*, Unterstützung *f*
encouraging [ɪnˈkʌrɪdʒɪŋ] ermutigend
end [end] **1.** Ende *n*, Schluß *m*; Zweck *m*, Ziel *n*; *in the* **~** am Ende, schließlich; *stand*

endanger 102

on ~ *Haare:* zu Berge stehen; **2.** beenden; enden, aufhören; ~ **up** enden; landen
endanger [ɪn'deɪndʒə] gefährden
endearing [ɪn'dɪərɪŋ] gewinnend; liebenswert
endeavo(u)r [ɪn'devə] **1.** bemüht sein; **2.** Bemühung *f*
endive ['endɪv] Endivie *f*
'**endless** endlos
endorse [ɪn'dɔːs] billigen, unterstützen; *Scheck* indossieren; ~**ment** *econ.* Indossament *n*, Giro *m*
endur|ance [ɪn'djʊərəns] Ausdauer *f*; ~ **test** Belastungsprobe *f*; ~**e** [~ʊə] ertragen
enemy ['enəmɪ] **1.** Feind *m*; **2.** feindlich
energ|etic [enə'dʒetɪk] energisch; tatkräftig; ~**y** Energie *f*; ~-**saving** energiesparend
enforce [ɪn'fɔːs] durchsetzen
engage [ɪn'geɪdʒ] *v/t j-n* einstellen, anstellen, *Gang* einlegen; (*o.s.* sich) verpflichten; *tech.* einrasten lassen; *j-s Aufmerksamkeit* auf sich ziehen; *v/i* sich verpflichten; *tech.* einrasten, ineinandergreifen; ~ **in** sich beschäftigen mit; ~**d** beschäftigt; *Platz, Toilette, Brt. teleph.* besetzt; verlobt (**to** mit); **get** ~ sich verloben (**to** mit); ~**tone** Besetzzeichen *n*; ~**ment** Verlobung *f*; Verabredung *f*; Verpflichtung *f*

engaging [ɪn'geɪdʒɪŋ] *Lächeln etc.:* gewinnend
engine ['endʒɪn] Motor *m*; Lokomotive *f*; ~ **driver** Lokomotivführer *m*
engineer [endʒɪ'nɪə] Ingenieur(in), Techniker(in); Maschinist *m*; *Am.* Lokomotivführer *m*; ~**ing** [~rɪŋ] Technik *f*, Ingenieurwesen *n*
English ['ɪŋglɪʃ] **1.** englisch; **2. the** ~ *pl* die Engländer *pl*; '~**man** (*pl* -**men**) Engländer *m*; '~**woman** (*pl* -**women**) Engländerin *f*
engrav|e [ɪn'greɪv] (ein)gravieren, ~meißeln, einschnitzen; ~**ing** (Kupfer-, Stahl-) Stich *m*, Holzschnitt *m*
engrossed [ɪn'grəʊst] vertieft, -sunken (**in** in)
enigma [ɪ'nɪgmə] Rätsel *n*
enjoy [ɪn'dʒɔɪ] Vergnügen *od.* Freude finden an, genießen; **did you ~ it?** hat es dir gefallen?; ~ *o.s.* sich amüsieren; gut unterhalten; ~**able** angenehm, erfreulich; ~**ment** Vergnügen *n*, Freude *f*; Genuß *m*
enlarge [ɪn'lɑːdʒ] (sich) vergrößern *od.* erweitern; ~**ment** Vergrößerung *f*
enlighten [ɪn'laɪtn] aufklären, belehren
enliven [ɪn'laɪvn] beleben
enormous [ɪ'nɔːməs] enorm, ungeheuer, gewaltig
enough [ɪ'nʌf] genug

enquire, enquiry → *inquire, inquiry*

enraged [ɪnˈreɪdʒd] wütend

enrapture [ɪnˈræptʃə] hinreißen, entzücken

enrich [ɪnˈrɪtʃ] bereichern

enrol(l) [ɪnˈrəʊl] (sich) einschreiben *od.* -tragen

ensure [ɪnˈʃɔː] garantieren

entangle [ɪnˈtæŋgl] verwickeln, -wirren

enter [ˈentə] *v/t* (hinein-, herein)gehen, (-)kommen, (-)treten in, eintreten, -steigen in, betreten; einreisen in; *mar.*, *rail.* einlaufen, -fahren in; eindringen in; *Namen etc.* eintragen, -schreiben; *Computer:* eingeben; *Sport:* melden, nennen; *fig.* eintreten in, beitreten; *v/i* eintreten, herein-, hineinkommen, -gehen; *thea.* auftreten; sich eintragen *od.* -schreiben *od.* anmelden; *Sport:* melden, nennen

enterpris|e [ˈentəpraɪz] Unternehmen *n*; Betrieb *m*; Unternehmungsgeist *m*; '~**ing** unternehmungslustig

entertain [entəˈteɪn] unterhalten; bewirten; **~er** Unterhaltungskünstler(in), Entertainer(in); **~ment** Unterhaltung *f*, Entertainment *n*

enthrall [ɪnˈθrɔːl] *fig.* fesseln

enthusias|m [ɪnˈθjuːzɪæzəm] Enthusiasmus *m*, Begeisterung *f*; **~t** [~st] Enthusiast(in); **~tic** [~ˈæstɪk] enthusiastisch, begeistert

entice [ɪnˈtaɪs] (ver)locken

entire [ɪnˈtaɪə] ganz; vollständig; **~ly** völlig

entitle [ɪnˈtaɪtl] betiteln; berechtigen (**to** zu)

entrails [ˈentreɪlz] *pl* Eingeweide *pl*

entrance [ˈentrəns] Eintreten *n*, -tritt *m*; Ein-, Zugang *m*; Zufahrt *f*; Einlaß *m*, Ein-, Zutritt *m*; *thea.* Auftritt *m*; **~ fee** Eintritt(sgeld *n*) *m*; Aufnahmegebühr *f*

entranced [ɪnˈtrɑːnst] entzückt, hingerissen

entrust [ɪnˈtrʌst] *et.* anvertrauen; *j-n* betrauen

entry [ˈentrɪ] Eintreten *n*, -tritt *m*; Einreise *f*; Beitritt *m*; Einlaß *m*, Zutritt *m*; Zu-, Eingang *m*, Einfahrt *f*; Eintrag(ung *f*) *m*; *Lexikon:* Stichwort *n*; *Sport:* Nennung *f*, Meldung *f*; **~ form** Anmeldeformular *n*; **~ visa** Einreisevisum *n*

envelop [ɪnˈveləp] (ein)hüllen, einwickeln; **~e** [ˈenvələʊp] (Brief)Umschlag *m*

envi|able [ˈenvɪəbl] beneidenswert; **~ous** neidisch

environment [ɪnˈvaɪərənmənt] Umgebung *f*; Umwelt *f*; **~al** [~ˈmentl] Umwelt...; **~ pollution** Umweltverschmutzung *f*; **~ protection** Umweltschutz *m*; **~alist** [~təlɪst] Umweltschützer(in)

environs [ɪnˈvaɪərənz] *pl* Umgebung *f* (*e-s Ortes etc.*)

envisage [ɪn'vɪzɪdʒ] sich *et.* denken

envoy ['envɔɪ] Gesandte *m*

envy ['envɪ] **1.** Neid *m* (**of** auf); **2.** beneiden (*s.o. s.th.* j-n um et.)

epidemic [epɪ'demɪk] Epidemie *f*, Seuche *f*

epidermis [epɪ'dɜːmɪs] Oberhaut *f*

epilepsy ['epɪlepsɪ] Epilepsie *f*

epilogue, *Am.* **-log** ['epɪlɒɡ] Epilog *m*, Nachwort *n*

episode ['epɪsəʊd] Episode *f*; *Rundfunk, TV:* Folge *f*

epitaph ['epɪtɑːf] Grabinschrift *f*

epoch ['iːpɒk] Epoche *f*

equal ['iːkwəl] **1.** *adj* gleich; ebenbürtig; **be ~ to** gleich; entsprechen; *e-r Aufgabe etc.* gewachsen sein; **2.** *s* Gleichgestellte *m, f*; **3.** *v/t* gleich kommen; **~ity** [ɪ'kwɒlətɪ] Gleichheit *f*, -berechtigung *f*; **~ize** ['iːkwəlaɪz] gleichmachen, -setzen, -stellen; ausgleichen; *Sport:* Rekord einstellen; **~izer** *Sport:* Ausgleich(streffer) *m*; **~ly** gleich

equat|e [ɪ'kweɪt] gleichsetzen, -stellen; **~ion** [~ʒn] *math.* Gleichung *f*

equator [ɪ'kweɪtə] Äquator *m*

equilibrium [iːkwɪ'lɪbrɪəm] Gleichgewicht *n*

equip [ɪ'kwɪp] ausrüsten, -statten; **~ment** Ausrüstung *f*, -stattung *f*; *tech.* Einrichtung *f*, Anlage *f*

equivalent [ɪ'kwɪvələnt] **1.** gleichbedeutend (**to** mit); gleichwertig, äquivalent; **be ~ to** entsprechen (*dat*); **2.** Äquivalent *n*, Gegenwert *m*

era ['ɪərə] Ära *f*, Zeitalter *n*

eradicate [ɪ'rædɪkeɪt] ausrotten (*a. fig.*)

erase [ɪ'reɪz] ausstreichen, -radieren; *Tonband* löschen; **~r** Radiergummi *m*

erect [ɪ'rekt] **1.** aufgerichtet, aufrecht; **2.** aufrichten; errichten; aufstellen; **~ion** [~kʃn] Errichtung *f*; Aufstellung *f*; Bau *m*, Gebäude *n*; *physiol.* Erektion *f*

ero|de [ɪ'rəʊd] zer-, wegfressen; *geol.* erodieren; **~sion** [~ʒn] *geol.* Erosion *f*

erotic [ɪ'rɒtɪk] erotisch

err [ɜː] (sich) irren

errand ['erənd] Besorgung *f*, Botengang *m*; **run ~s** Besorgungen machen

erratic [ɪ'rætɪk] sprunghaft

error ['erə] Irrtum *m*, Fehler *m*

erupt [ɪ'rʌpt] *Vulkan, Ausschlag, Streit etc.:* ausbrechen; **~ion** [~pʃn] Ausbruch *m*; *med.* Ausschlag *m*

escalat|e ['eskəleɪt] eskalieren; *Preise etc.:* steigen; **~ion** [~'leɪʃn] Eskalation *f*; **~or** Rolltreppe *f*

escape [ɪ'skeɪp] **1.** *v/t* entfliehen, -kommen; *dem Gedächtnis* entfallen; *v/i* (ent)fliehen, entkommen; sich retten; *Flüssigkeit:* auslaufen; *Gas:* ausströmen; **2.** Entkommen *n*, Flucht *f*; **have a narrow ~** mit knapper Not davonkommen; **~chute** *aer.* Notrutsche *f*

escort 1. ['esko:t] Begleiter(in) *f*; Eskorte *f*; **2.** [ɪ'sko:t] begleiten, eskortieren

especial [ɪ'speʃl] besondere(r, -s); **~ly** besonders

espionage ['espɪənɑ:ʒ] Spionage *f*

essay ['eseɪ] Essay *m, n,* Aufsatz *m*

essential [ɪ'senʃl] **1.** wesentlich; unentbehrlich; **2.** *mst pl* das Wesentliche, Hauptsache *f*; **~ly** im wesentlichen

establish [ɪ'stæblɪʃ] errichten, einrichten, gründen; be-, nachweisen; **~ o.s.** sich etablieren *od.* niederlassen; **~ment** Er-, Einrichtung *f*, Gründung *f*; Unternehmen *n*, Firma *f*

estate [ɪ'steɪt] Landsitz *m*, Gut *n*; *Brt.* (Wohn)Siedlung *f*; Industriegebiet *n*; *jur.:* Besitz *m*; Nachlaß *m*; **~ agent** Grundstücks-, Immobilienmakler *m*; Grundstücksverwalter *m*; **~ car** *Brt.* Kombiwagen *m*

esthetic *Am.* → **aesthetic**

estimate 1. ['estɪmeɪt] (ab-, ein)schätzen; beurteilen, bewerten; e-n Kostenvoranschlag machen; **2.** ['~ət]

Schätzung *f*, Kostenvoranschlag *m*; **~ion** [\~'meɪʃn] Achtung *f*, Wertschätzung *f*

estrange [ɪ'streɪndʒ] entfremden

estuary ['estjʊərɪ] Flußmündung *f (ins Meer)*

etch [etʃ] ätzen; in Kupfer stechen; radieren; **~ing** Kupferstich *m*; Radierung *f*

etern|al [ɪ'tɜ:nl] ewig; **~ity** [\~nətɪ] Ewigkeit *f*

ether [ˈi:θə] Äther *m*

ethic|al [ˈeθɪkl] ethisch; **~s** [\~ks] *sg* Ethik *f; pl* Moral *f*

Eurocheque ['jʊərəʊtʃek] *Brt.* Euroscheck *m*

European [jʊərə'pi:ən] **1.** europäisch; **2.** Europäer(in)

evacuate [ɪ'vækjʊeɪt] evakuieren; *Haus etc.* räumen

evade [ɪ'veɪd] ausweichen; umgehen, vermeiden

evaluate [ɪ'væljʊeɪt] (ab-)schätzen, bewerten

evaporate [ɪ'væpəreɪt] verdunsten *od.* verdampfen (lassen); **~d milk** Kondensmilch *f*

evasi|on [ɪ'veɪʒn] Umgehung *f*, Vermeidung *f*; (Steuer-)Hinterziehung *f*; **~ve** [\~sɪv] ausweichend

eve [i:v] *mst* 2 Vorabend *m*, -tag *m (e-s Festes)*

even [ˈi:vn] **1.** *adv* selbst, sogar; **not ~** nicht einmal; **~ if** selbst wenn; **2.** *adj* eben, flach, gerade; gleichmäßig; ausgeglichen; gleich, iden-

tisch; *Zahl:* gerade; **get ~ with s.o.** es j-m heimzahlen
evening ['i:vnɪŋ] Abend *m*; *in the ~* abends, am Abend; *this ~* heute abend; **good ~** guten Abend; **~ classes** *pl* Abendkurs *m*, -unterricht *m*; **~ dress** Abendkleid *n*; Frack *m*; Smoking *m*; **~ paper** Abendzeitung *f*
event [ɪ'vent] Ereignis *n*; Fall *m*; *Sport:* Disziplin *f*; Wettbewerb *m*; **at all ~s** auf alle Fälle
eventually [ɪ'ventʃʊəlɪ] schließlich
ever ['evə] immer (wieder); je(mals); **~ since** seitdem; **'~green** immergrüne Pflanze; *mus.* Evergreen *m*, *n*; **~'lasting** ewig
every ['evrɪ] jede(r, -s); **~ other day** jeden zweiten Tag, alle zwei Tage; **~ now and then** ab u. zu, hin u. wieder; **'~body** → **everyone;** **'~day** (all)täglich; Alltags...; **'~one** jeder(mann), alle; **'~thing** alles; **'~where** überall(hin)
evict [ɪ'vɪkt] *jur.:* zur Räumung zwingen; ausweisen
eviden|ce ['evɪdəns] *jur.* Beweis(e *pl*) *m*; (Zeugen)Aussage *f*, (An)Zeichen *n*, Spur *f*; **give ~** aussagen; **'~t** augenscheinlich, offensichtlich
evil ['i:vl] **1.** übel, böse; **2.** Übel *n*; *das* Böse
evoke [ɪ'vəʊk] (herauf)beschwören; wachrufen

evolution [i:və'lu:ʃn] Entwicklung *f*; Evolution *f*
evolve [ɪ'vɒlv] (sich) entwickeln
ewe [ju:] Mutterschaf *n*
ex- [eks] ex..., ehemalig
exact [ɪg'zækt] **1.** exakt, genau; **2.** fordern, verlangen; **~ly** exakt, genau
exaggerat|e [ɪg'zædʒəreɪt] übertreiben; **~ion** [~'reɪʃn] Übertreibung *f*
exam [ɪg'zæm] F Examen *n*
examin|ation [ɪgzæmɪ'neɪʃn] Untersuchung *f*; Prüfung *f*, Examen *n*; *jur.* Vernehmung *f*; **~e** [~'zæmɪn] untersuchen; *ped.* prüfen (**in** in; **on** über); *jur.* vernehmen, -hören; **~er** *ped.* Prüfer(in)
example [ɪg'zɑ:mpl] Beispiel *n*; **for ~** zum Beispiel
exasperated [ɪg'zæspəreɪtɪd] wütend, aufgebracht
excavat|e ['ekskəveɪt] ausgraben, -baggern; **~ion** [~'veɪʃn] Ausgrabung *f*; **~or** ['~veɪtə] Bagger *m*
exceed [ɪk'si:d] überschreiten; übertreffen; **~ingly** äußerst
excel [ɪk'sel] übertreffen (*o.s.* sich selbst); sich auszeichnen; **'~lent** ausgezeichnet
except [ɪk'sept] **1.** ausnehmen; **2.** außer; **~ for** bis auf (*acc*); **~ion** Ausnahme *f*; **~ional(ly)** außergewöhnlich
excerpt ['eksɜ:pt] Auszug *m*

excess [ɪkˈses] Übermaß n, -fluß m (*of* an); Überschuß m; *pl* Exzesse *pl*; ~ **baggage** *aer.* (Fahrpreis)Zuschlag m; ~**ive** übermäßig, -trieben; ~ **luggage** *bsd. Brt. aer.* Übergepäck n; ~**postage** Nachporto n, -gebühr f

exchange [ɪksˈtʃeɪndʒ] **1.** (aus-, ein-, um)tauschen (*for* gegen); Geld (um)wechseln (*for*); **2.** (Aus-, Um)Tausch m; *econ.* (Um)Wechseln n; *econ.* Börse f, Wechselstube f; (Fernsprech)Amt n, Vermittlung f; **rate of ~, ~ rate** Wechselkurs m; ≈ **bill of exchange**; **foreign exchange**

Exchequer [ɪksˈtʃekə]: *the ~* *Brt.* Finanzministerium n

excit|able [ɪkˈsaɪtəbl] reizbar, (leicht) erregbar; ~**e** [~aɪt] er-, aufregen; anregen; ~**ed** erregt, aufgeregt; ~**ement** Auf-, Erregung f; ~**ing** er-, aufregend, spannend

exclaim [ɪkˈskleɪm] (aus)rufen

exclamation [ekskləˈmeɪʃn] Ausruf m; ~ **mark**, *Am. a.* ~ **point** Ausrufezeichen n

exclu|de [ɪkˈskluːd] ausschließen; ~**sion** [~ʒn] Ausschluß m; ~**sive** [~sɪv] ausschließlich; exklusiv

excursion [ɪkˈskɜːʃn] Ausflug m

excuse 1. [ɪkˈskjuːz] entschuldigen; ~ *me* entschuldige(n Sie)!, Verzeihung!; **2.** [~uːs] Entschuldigung f

execute [ˈeksɪkjuːt] aus-, durchführen; *mus. etc.* vortragen; hinrichten; ~**ion** [~ˈkjuːʃn] Aus-, Durchführung f; *mus.* Vortrag m; Hinrichtung f; ~**ive** [ɪgˈzekjʊtɪv] **1.** ausübend, vollziehend, *pol.* Exekutiv...; **2.** *pol.* Exekutive f; *econ.* leitende(r) Angestellte(r)

exemplary [ɪgˈzemplərɪ] beispielhaft; abschreckend

exempt [ɪgˈzempt] befreit

exercise [ˈeksəsaɪz] **1.** Übung f; (körperliche) Bewegung; Übung(sarbeit) f; Schulaufgabe f; **take ~** sich Bewegung machen; **2.** Macht *etc.* ausüben; üben, trainieren; sich Bewegung machen; ~ **book** (Schul-, Übungs)Heft n

exert [ɪgˈzɜːt] Einfluß *etc.* ausüben; ~ **o.s.** sich anstrengen; ~**ion** [~ʃn] Anstrengung f

exhaust [ɪgˈzɔːst] **1.** erschöpfen; Vorräte ver-, aufbrauchen; **2.** Auspuff m; *a.* ~ **fumes** *pl* Auspuff-, Abgase *pl*; ~**ed** erschöpft; ~**ion** Erschöpfung f; ~ **pipe** Auspuffrohr n

exhibit [ɪgˈzɪbɪt] **1.** ausstellen; *fig.* zeigen, zur Schau stellen; **2.** Ausstellungsstück n; *jur.* Beweisstück n; ~**ion** [eksɪˈbɪʃn] Ausstellung f

exhilarating [ɪgˈzɪləreɪtɪŋ] erregend, berauschend

exile ['eksaɪl] 1. Exil *n*; 2. ins Exil schicken

exist [ɪg'zɪst] existieren; vorkommen; bestehen; leben (**on** von); **~ence** Existenz *f*; Vorkommen *n*; **~ent** existierend; **~ing** bestehend

exit ['eksɪt] Ausgang *m*; Ausfahrt *f*; *thea.* Abgang *m*; 2. *thea.* (er, sie, geht) ab

exotic [ɪg'zɒtɪk] exotisch

expan|d [ɪk'spænd] ausbreiten; (sich) ausdehnen *od.* erweitern; *econ. a.* expandieren; **~se** [~ns] weite Fläche; **~sion** Ausbreitung *f*; Ausdehnung *f*; Erweiterung *f*

expect [ɪk'spekt] erwarten; F vermuten, glauben, annehmen; **be ~ing** F in anderen Umständen sein; **~ant** erwartungsvoll; **~ mother** werdende Mutter; **~ation** [ekspek'teɪʃn] Erwartung *f*

expedient [ɪk'spi:djənt] 1. zweckdienlich, -mäßig; 2. (Hilfs)Mittel *n*

expedition [ekspɪ'dɪʃn] Expedition *f*

expel [ɪk'spel] (*from*) vertreiben (aus); ausweisen (aus); ausschließen (von, aus)

expen|diture [ɪk'spendɪtʃə] Ausgaben *pl*, (Kosten)Aufwand *m*; **~se** [~ns] Ausgabe *f*; Ausgaben *pl*; *pl* Unkosten *pl*, Spesen *pl*; **at the ~ of** auf Kosten von; **at s.o.'s ~** auf j-s Kosten; **~sive** teuer, kostspielig

experience [ɪk'spɪərɪəns] 1. Erfahrung *f*; Erlebnis *n*; 2. erfahren; erleben; *et.* durchmachen; **~d** erfahren

experiment 1. [ɪk'sperɪmənt] Experiment *n*, Versuch *m*; 2. [~ment] experimentieren

expert ['ekspɜ:t] 1. Expert|e *m*, -in *f*, Sachverständige *m*, *f*, Fachmann *m*, -frau *f*; 2. erfahren; fachmännisch

expire [ɪk'spaɪə] ablaufen, erlöschen; verfallen; **~y** [~ərɪ] Ablauf *m*, Ende *n*

expl|ain [ɪk'spleɪn] erklären; **~anation** [eksplə'neɪʃn] Erklärung *f*

explicit [ɪk'splɪsɪt] deutlich

explode [ɪk'spləʊd] explodieren; zur Explosion bringen; sprengen

exploit [ɪk'splɔɪt] ausbeuten

explor|ation [eksplə'reɪʃn] Erforschung *f*; Untersuchung *f*; **~e** [ɪk'splɔ:] erforschen; untersuchen; **~er** [~rə] Forscher *m*

explosi|on [ɪk'spləʊʒn] Explosion *f*; **~ve** [~sɪv] 1. explosiv; 2. Sprengstoff *m*

export 1. [ɪk'spɔ:t] exportieren, ausführen; 2. ['ekspɔ:t] Export *m*, Ausfuhr *f*; Export(güter *pl*) *m*; **~ation** [ekspɔ:'teɪʃn] Ausfuhr *f*; **~er** [ɪk'spɔ:tə] Exporteur *m*

expose [ɪk'spəʊz] *Waren* ausstellen; *phot.* belichten; *fig.* et. aufdecken; j-n entlarven, bloßstellen; **~ to** dem Wetter, e-r Gefahr *etc.* aussetzen

exposition [ekspəʊˈzɪʃn] Ausstellung *f*

exposure [ɪkˈspəʊʒə] *fig.:* Aussetzen *n*, Ausgesetztsein *n* (**to** *dat*); Unterkühlung *f*; *phot.:* Belichtung *f*; Aufnahme *f*; Bloßstellung *f*, Enthüllung *f*, **~-larvung** *f*; **~meter** Belichtungsmesser *m*

express [ɪkˈspres] **1.** *v/t* ausdrücken, äußern; **~ o.s.** sich ausdrücken; **2.** *s* Schnellzug *m*; *bsd. Brt. post.* Eilbote *m*; **3.** *adv bsd. Brt.* durch Eilboten; **4.** *adj* Expreß..., Eil..., Schnell...; ausdrücklich; **~ion** [~ʃn] Ausdruck *m*; **~ive** [~sɪv] ausdrucksvoll; **~ train** Schnellzug *m*; **~way** *Am.* Schnellstraße *f*; Autobahn *f*

expulsion [ɪkˈspʌlʃn] Vertreibung *f*, Ausweisung *f*; Ausschluß *m*

extend [ɪkˈstend] (aus)dehnen, (-)weiten; *Hand etc.* ausstrecken; *Betrieb etc.* vergrößern, ausbauen; *Frist, Paß etc.* verlängern; sich ausdehnen *od.* erstrecken; **~sion** [~ʃn] Ausdehnung *f*; Vergrößerung *f*, Erweiterung *f*; (Frist)Verlängerung *f*; *arch.* Erweiterung *f*, Anbau *m*; *teleph.* Nebenanschluß *m*, Apparat *m*; **~sive** [~sɪv] ausgedehnt; *fig.:* umfassend; beträchtlich; **~t** Ausdehnung *f*; Umfang *m*, (Aus)Maß *n*

exterior [ɪkˈstɪərɪə] **1.** äußere(r,

-s), Außen...; **2.** *das* Äußere

exterminate [ɪkˈstɜːmɪneɪt] ausrotten

external [ɪkˈstɜːnl] äußere(r, -s), äußerlich, Außen...

extinct [ɪkˈstɪŋkt] ausgestorben; *Vulkan:* erloschen

extinguish [ɪkˈstɪŋgwɪʃ] (aus)löschen, ausmachen; **~er** (Feuer)Löscher *m*

extra [ˈekstrə] **1.** zusätzlich, Extra..., Sonder...; extra, besonders; **be ~** gesondert berechnet werden; **~ charge** Zuschlag *m*; **2.** Sonderleistung *f*; *bsd. mot.* Extra *n*; Zuschlag *m*; Extrablatt *n*; *Film:* Statist(in)

extract 1. [ɪkˈstrækt] herausziehen, -holen; *Zahn* ziehen; *tech.* Öl *etc.* gewinnen; **2.** [ˈekstrækt] Extrakt *m*; (*Buch- etc.*) Auszug *m*

extradite [ˈekstrədaɪt] *Verbrecher* ausliefern

extraordinary [ɪkˈstrɔːdnrɪ] außerordentlich, -gewöhnlich; ungewöhnlich

extravagan|ce [ɪkˈstrævəgəns] Verschwendung *f*; Extravaganz *f*; **~t** verschwenderisch; extravagant

extrem|e [ɪkˈstriːm] **1.** äußerste(r, -s), größte(r, -s), höchste(r, -s); extrem; **2.** *das* Äußerste, Extrem *n*; **~ely** äußerst, höchst; **~ity** [~ˈstremətɪ] *das* Äußerste; (höchste) Not; *pl* Gliedmaßen *pl*, Extremitäten *pl*

extrovert

extrovert ['ekstrəʊvɜːt] extrovertiert
exuberant [ɪɡˈzjuːbərənt] üppig; überschwenglich
exult [ɪɡˈzʌlt] jubeln
eye [aɪ] **1.** Auge *n*; Öhr *n*; Öse *f*; *fig.* Blick *m*; **2.** betrachten, mustern; **~ball** Augapfel *m*; **~brow** Augenbraue *f*; **~glasses** *pl* Brille *f*; **~lash** Augenwimper *f*; **~lid** Augenlid *n*; **~liner** Eyeliner *m*; **~ shadow** Lidschatten *m*; **~sight** Augen(licht *n*) *pl*, Sehkraft *f*; Messe *f*; **~witness** Augenzeug|e *m*, -in *f*

F

fable ['feɪbl] Fabel *f*
fabric ['fæbrɪk] Stoff *m*, Gewebe *n*; *fig.* Struktur *f*
fabulous ['fæbjʊləs] sagenhaft
facade [fəˈsɑːd] Fassade *f*
face [feɪs] **1.** Gesicht *n*; *das Äußere*; Vorderseite *f*; Zifferblatt *n*; **~ to ~** Auge in Auge; **2.** ansehen; gegenüberstehen, -liegen, -sitzen
face value Nennwert *m*
facil|itate [fəˈsɪlɪteɪt] *et.* erleichtern; **~ity** Leichtigkeit *f*; Gewandtheit *f*; *pl* Einrichtungen *pl*, Anlagen *pl*
fact [fækt] Tatsache *f*; **in ~, as a matter of ~** tatsächlich
factor ['fæktə] Faktor *m*
factory ['fæktərɪ] Fabrik *f*
faculty ['fæklti] Fähigkeit *f*, Gabe *f*; *univ.* Fakultät *f*; *Am. univ.* Lehrkörper *m*
fade [feɪd] (ver)welken (lassen); *Farben:* verblassen
fag [fæɡ] *Brt.* Glimmstengel *m*; **~ end** *Brt.* F Kippe *f*
fail [feɪl] versagen; mißlingen, fehlschlagen; nachlassen; *Kandidat:* durchfallen (lassen); *Prüfung* nicht bestehen; im Stich lassen; **~ure** ['~jə] Versagen *n*; Fehlschlag *m*, Mißerfolg *m*; Versager *m*
faint [feɪnt] **1.** schwach, matt; **2.** Ohnmacht *f*; **3.** ohnmächtig werden
fair¹ [feə] (Jahr)Markt *m*; *econ.* Messe *f*
fair² [~] gerecht, anständig, fair; recht gut, ansehnlich; *Wetter:* schön; *Himmel:* klar; *Haar:* blond; *Haut:* hell; *Frau (veraltet):* schön, hübsch; **play ~** fair spielen; *fig.* sich an die Spielregeln halten; **~ly** gerecht; ziemlich; **~ness** Gerechtigkeit *f*, Fairneß *f*
fairy ['feərɪ] Fee *f*; **~ tale** Märchen *n*
faith [feɪθ] Glaube *m*; Vertrauen *n*; **~ful** treu; genau
fake [feɪk] **1.** Fälschung *f*; Schwindel *m*; Schwindler(in) *f*; **2.** fälschen

falcon ['fɔ:lkən] Falke *m*
fall [fɔ:l] **1.** Fall(en *n*) *m*; Sturz *m*; *Am.* Herbst *m*; Wasserfall *m*; **2.** (*fell, fallen*) fallen, stürzen; *Nacht:* hereinbrechen; sinken; **~ back on** zurückgreifen auf; **~ for** hereinfallen auf; F sich in *j-n* verknallen; **~ ill, ~ sick** krank werden; **~ in love with** sich verlieben in; '**~en** *pp* von *fall* 2
false [fɔ:ls] falsch
falsify ['fɔ:lsɪfaɪ] fälschen
falter ['fɔ:ltə] schwanken, zaudern; straucheln; *Stimme:* stocken; stammeln
fame [feɪm] Ruhm *m*
familiar [fə'mɪljə] vertraut, bekannt, gewohnt; *Ton etc.:* ungezwungen; **~ity** [~ɪ'ærətɪ] Vertrautheit *f*; *oft pl* (plumpe) Vertraulichkeit; **~ize** [~-'mɪljəraɪz] vertraut machen
family ['fæmɪlɪ] Familie *f*; **~ doctor** Hausarzt *m*; **~ name** Familien-, Nachname *m*
famine ['fæmɪn] Hungersnot *f*
famous ['feɪməs] berühmt
fan[¹] [fæn] Fächer *m*; Ventilator *m*
fan[²] [~] (*Sport- etc.*) Fan *m*
fanatic [fə'nætɪk] Fanatiker(in); **~(al)** fanatisch
fan belt Keilriemen *m*
fanciful ['fænsɪfʊl] phantasievoll; seltsam
fancy ['fænsɪ] **1.** Phantasie *f*, Einbildung *f*; plötzlicher Einfall; Laune *f*; Vorliebe *f*, Neigung *f*; **2.** ausgefallen; Phantasie...; **3.** sich vorstellen; sich einbilden; gern haben *od.* mögen; '**~dress ball** Kostümfest *n*; **~ goods** *pl* Modeartikel *pl*; kleine Geschenkartikel *pl*; '**~work** feine Handarbeit
fang [fæŋ] Reiß-, Fangzahn *m*; Giftzahn *m*; Hauer *m*
fantastic [fæn'tæstɪk] phantastisch
fantasy ['fæntəsɪ] Phantasie *f*
far [fɑ:] **1.** *adj* fern, entfernt, weit; **2.** *adv* fern, weit; **~ away, ~ off** weit weg *od.* entfernt; **as ~ as** so weit (wie)
fare [feə] Fahrgeld *n*, -preis *m*; Flugpreis *m*; Fahrgast *m*; Kost *f*, Nahrung *f*; **~well 1.** *int* leb(en Sie) wohl!; **2.** Abschied *m*, Lebewohl *n*
farfetched [fɑ:'fetʃt] weitherhergeholt
farm [fɑ:m] **1.** Bauernhof *m*, Farm *f*; **2.** *Land* bewirtschaften; '**~er** Bauer *m*, Landwirt *m*, Farmer *m*; '**~house** Bauernhaus *n*
farsighted [fɑ:'saɪtɪd] *bsd. Am. med.* weitsichtig
fart [fɑ:t] V **1.** Furz *m*; **2.** furzen
farthe|**r** ['fɑ:ðə] *comp von* **far**; **~st** [~ɪst] *sup von* **far**
fascinat|**e** ['fæsɪneɪt] faszinieren; '**~ing** faszinierend; **~ion** [~'neɪʃn] Faszination *f*
fashion ['fæʃn] Mode *f*; **in / out of ~** modern / unmo-

fashionable 112

dern; **~able** modisch, elegant; **~ly** [´fæʃnli] in Mode
fast¹ [fɑːst] schnell; fest; (wasch)echt; **be ~** *Uhr*: vorgehen
fast² [~] **1.** Fasten *n*; **2.** fasten
fasten [´fɑːsn] befestigen, festmachen, anschnallen, anbinden, zuknöpfen, zu-, verschnüren; *Blick etc.* richten (**on** auf); sich schließen lassen; **~er** Verschluß *m*
fast food Schnellgericht (*e pl*) *n*
fast|lane *mot.* Überholspur *f*; **~ train** Schnellzug *m*
fat [fæt] **1.** dick, *contp.* fett; fett(ig); **2.** Fett *n*
fatal [´feɪtl] tödlich
fate [feɪt] Schicksal *n*
father [´fɑːðə] Vater *m*; **~hood** [´~hʊd] Vaterschaft *f*; **~in-law** [´~rɪnlɔː] Schwiegervater *m*; **~less** vaterlos; **~ly** väterlich
fatigue [fə´tiːɡ] **1.** Ermüdung *f* (*a. tech.*); **2.** ermüden
fat|ten [´fætn] dick machen *od.* werden; mästen; **~ty** fettig
faucet [´fɔːsɪt] *Am.* (Wasser)Hahn *m*
fault [fɔːlt] Fehler *m*; Defekt *m*; Schuld *f*; **find ~ with** etwas auszusetzen haben; **~less** fehlerfrei, tadellos; **~y** fehlerhaft, *tech.* defekt
favo(u)r [´feɪvə] **1.** Gunst *f*, Wohlwollen *n*; Gefallen *m*; **in ~ of** zugunsten von *od.* gen; **be in ~ of** für *et.* sein; **do s.o. a ~** j-m e-n Gefallen tun; **2.** begünstigen; vorziehen; unterstützen, für *et.* sein; favorisieren; **~able** [´~rəbl] günstig; vorteilhaft; **~ite** [´~rɪt] **1.** Liebling *m*, Favorit(in); **2.** Lieblings...
fax [fæks] **1.** (Tele)Fax *n*; **2.** (tele)faxen
fear [fɪə] **1.** Furcht *f*, Angst *f* (**of** vor); **2.** (be)fürchten; sich fürchten vor; **~ful** furchtbar; **~less** furchtlos
feast [fiːst] *eccl.* Fest *n*; Festmahl *n*, -essen *n*
feat [fiːt] große Leistung
feather [´feðə] Feder *f*, *pl* Gefieder *n*; **~ bed** Unterbett *n*
feature [´fiːtʃə] **1.** (Gesichts)Zug *m*; (charakteristisches) Merkmal; *Zeitung etc.*: Feature *n*; *a.* **~ film** Haupt-, Spielfilm *m*; **2.** groß herausbringen *od.* -stellen
February [´febrʊərɪ] Februar *m*
fed [fed] *pret u. pp von* **feed**
federa|l [´fedərəl] *pol.* Bundes...; **~tion** [~´reɪʃn] Bund *m*; Staatenbund *m*; (*Sport- etc.*)Verband *m*
fee [fiː] Gebühr *f*; Honorar *n*
feeble [´fiːbl] schwach
feed [fiːd] **1.** Fütterung *f*; F Mahlzeit *f*; Futter *n*; **2. (fed)** *v*/*t* füttern; *Familie* ernähren; *tech.* Maschine speisen, *Computer*: eingeben; **be fed up with** *et.* satt haben; *v*/*i Tier*: fressen;

Mensch: F futtern; sich ernähren (**on** von); '**~back** *electr.* Feedback *n*, Rückkopp(e)lung *f*; Feedback *n*, Zurückleitung *f (von Informationen)* (**to** an)
feel [fi:l] (**felt**) (sich) fühlen; befühlen; empfinden; sich anfühlen; '**~er** Fühler *m*; '**~ing** Gefühl *n*
feet [fi:t] *pl von* **foot**
fell [fel] **1.** *pret von* **fall** 2; **2.** niederschlagen; fällen
fellow ['feləʊ] Gefährt|e *m*, -in *f*, Kamerad(in); F Kerl *m*, Bursche *m*; **~ citizen** Mitbürger(in); **~ countryman** *(pl -men)* Landsmann *m*
felony ['feləni] Kapitalverbrechen *n*
felt[1] [felt] *pret u. pp von* **feel**
felt[2] [~] Filz *m*; **~ tip**, **~ tip(ped) pen** Filzschreiber *m*, -stift *m*
female ['fi:meɪl] **1.** weiblich; **2.** *zo.* Weibchen *n*
femin|ine ['femɪnɪn] weiblich; '**~st** Feminist(in)
fen [fen] Sumpfland *n*
fenc|e [fens] **1.** Zaun *m*; **2.** *v/t* **~ in** ein-, umzäunen; *v/i* fechten; '**~ing** Fechten *n*
fend [fend]: **~ for o.s.** für sich selbst sorgen; '**~er** *Am.* Kotflügel *m*; Kamingitter *n*
ferment 1. ['fɜ:ment] Ferment *n*; Gärung *f*; Unruhe *f*; **2.** [fə'ment] gären; **~ation** [~men'teɪʃn] Gärung *f*
fern [fɜ:n] Farn(kraut *n*) *m*

ferocious [fə'rəʊʃəs] wild
ferry ['feri] **1.** Fähre *f*; **2.** (in e-r Fähre) übersetzen
fertil|e ['fɜ:taɪl] fruchtbar; **~ity** [fə'tɪlətɪ] Fruchtbarkeit *f*; **~ize** ['fɜ:tɪlaɪz] befruchten; düngen; '**~izer** *(bsd. Kunst)*Dünger *m*
fervent ['fɜ:vənt] glühend, leidenschaftlich
fester ['festə] eitern
festiv|al ['festəvl] Fest *n*; Festival *n*, Festspiele *pl*; **~e** ['~ɪv] festlich; **~ity** [~'stɪvətɪ] Festlichkeit *f*
fetch [fetʃ] holen
feud [fju:d] Fehde *f*
fever ['fi:və] Fieber *n*; **~ish** ['~rɪʃ] fieb(e)rig; *fig.* fieberhaft
few [fju:] wenige; **a ~** ein paar, einige
fiancé [fɪ'ɒnseɪ] Verlobte *m*; **~e** [~] Verlobte *f*
fib [fɪb] F flunkern
fib|re, *Am.* **-er** ['faɪbə] Faser *f*; **~rous** ['~brəs] faserig
fickle ['fɪkl] launenhaft, launisch; *Wetter:* unbeständig
fiction ['fɪkʃn] Erfindung *f*; Prosa-, Romanliteratur *f*
fictitious [fɪk'tɪʃəs] erfunden
fiddle ['fɪdl] **1.** Fiedel *f*, Geige *f*; **2.** *mus.* fiedeln; *a.* **~ about** *od.* **around** herumtrödeln; '**~r** Geiger(in)
fidelity [fɪ'delətɪ] Treue *f*; Genauigkeit *f*
fidget ['fɪdʒɪt] nervös machen; (herum)zappeln

field [fi:ld] Feld n; Sport: Spielfeld n; Gebiet n; Bereich m; **~ events** pl Sprung- u. Wurfdisziplinen pl; **~ glasses** pl Feldstecher m

fiend [fi:nd] Teufel m; (Frischluft- etc.)Fanatiker(in)

fierce [fɪəs] wild; heftig

fiery ['faɪərɪ] glühend; feurig

fif|teen [fɪf'ti:n] fünfzehn; **~th** [fɪfθ] **1.** fünfte(r, -s); **2.** Fünftel n; **~thly** fünftens; **~tieth** ['~tɪɪθ] fünfzigste(r, -s); **~ty** fünfzig; **~ty-'fifty** F fifty-fifty, halbe-halbe

fig [fɪg] Feige f

fight [faɪt] **1.** Kampf m; Rauferei f, Schlägerei f; **2.** (fought) (be)kämpfen; kämpfen gegen od. mit; sich schlagen; **~er** Kämpfer m; Sport: Boxer m, Fighter m

figurative ['fɪgərətɪv] bildlich

figure ['fɪgə] **1.** Figur f; Gestalt f; Zahl f, Ziffer f; **2.** erscheinen, vorkommen; sich et. vorstellen; Am. meinen, glauben; **~ out** herauskommen; Lösung finden; schlau werden aus; **~ skating** Eiskunstlauf m

filch [fɪltʃ] F klauen, stibitzen

file¹ [faɪl] **1.** (Akten)Ordner m, Karteikasten m; Akte f; Akten pl, Ablage f; Computer: Datei f; Reihe f; **on ~** bei den Akten; **2.** a. **~ away** Briefe etc. ablegen

file² [~] **1.** Feile f; **2.** feilen

filing cabinet ['faɪlɪŋ] Aktenschrank m

fill [fɪl] (sich) füllen; an-, aus-, vollfüllen; **~ in** Namen einsetzen; (Am. a. **~ out**) Formular ausfüllen; **~ up** vollfüllen; volltanken; sich füllen

fillet, Am. a. **filet** ['fɪlɪt] Filet n

filling ['fɪlɪŋ] Füllung f; (Zahn)Plombe f; **~ station** Tankstelle f

film [fɪlm] **1.** Film m; (Plastik)Folie f; **2.** (ver)filmen

filter ['fɪltə] **1.** Filter m, tech. mst n; **2.** filtern; **~ tip** Filter m; → **'~-tipped cigarette** Filterzigarette f

filth [fɪlθ] Schmutz m; **~y** schmutzig; fig. unflätig

fin [fɪn] zo. Flosse f; Am. Schwimmflosse f

final ['faɪnl] **1.** letzte(r, -s); End..., Schluß...; endgültig; **2.** Sport: Finale n; mst pd Schlußexamen n, -prüfung f; **~ly** ['~nəlɪ] endlich

financ|e [faɪ'næns] **1.** Finanzwesen n; pl Finanzen pl; **2.** finanzieren; **~ial** [~nʃl] finanziell; **~ier** [~nsɪə] Finanzier m

finch [fɪntʃ] Fink m

find [faɪnd] **1.** (found) finden; (a. **~ out**) herausfinden; jur. j-n für (nicht) schuldig erklären; **2.** Fund m

fine¹ [faɪn] **1.** adj fein; schön; ausgezeichnet; dünn; **I'm ~** mir geht es gut; **2.** adv klein, fein; F sehr gut, bestens

fine² [~] **1.** Geldstrafe *f*, Bußgeld *n*; **2.** mit e-r Geldstrafe belegen

finger ['fɪŋgə] **1.** Finger *m*; **2.** befühlen; '~**nail** Fingernagel *m*; '~**print** Fingerabdruck *m*; '~**tip** Fingerspitze *f*

finicky ['fɪnɪkɪ] pingelig

finish ['fɪnɪʃ] **1.** (be)enden, aufhören (mit); a. ~ **off** vollenden, zu Ende führen, erledigen; a. ~ **up** od. **off** aufessen, austrinken; **2.** Ende *n*; Vollendung *f*, letzter Schliff; *Sport:* Endspurt *m*, Finish *n*; Ziel *n*; ~**ing line** Ziellinie *f*

Finn [fɪn] Finn|e *m*, -in *f*; '~**ish** finnisch

fir [fɜː] Tanne *f*

fire ['faɪə] **1.** Feuer *n*, Brand *m*; **be on** ~ in Flammen stehen, brennen; **catch** ~ Feuer fangen, in Brand geraten; **set on** ~, **set** ~ **to** anzünden; **2.** *v/t* anzünden; *Schußwaffe* abfeuern; *Schuß* (ab)feuern, abgeben; F feuern, rausschmeißen; heizen; *v/i* feuern, schießen; ~ **alarm** Feueralarm *m*; Feuermelder *m*; ~**arms** ['~rɑːmz] *pl* Feuer-, Schußwaffen *pl*; ~ **brigade** *Brt.* ~ **department** *Am.* Feuerwehr *f*; ~ **engine** Löschfahrzeug *n*; ~ **escape** Feuerleiter *f*, -treppe *f*; ~ **extinguisher** Feuerlöscher *m*; '~**man** (*pl* -**men**) Feuerwehrmann *m*; Heizer *m*; '~**place** (offener) Kamin *m*; '~**proof** feuerfest; '~**wood** Brennholz *n*; '~**work** Feuerwerkskörper *m*; *pl* Feuerwerk *n*

firm¹ [fɜːm] Firma *f*

firm² [~] fest, hart; standhaft

first [fɜːst] **1.** *adj* erste(r, -s); beste(r, -s); **at** ~ **hand** aus erster Hand; **2.** *adv* zuerst; (zu)erst (einmal); als erste(r, -s); ~ **of all** zu allererst; **3.** *s* at ~ zuerst; ~ **aid** Erste Hilfe; ~**'aid box** *od.* **kit** Verband(s)kasten *m*; ~**born** erstgeborene(r, -s); ~ **class** 1. Klasse; ~**'class** erstklassig; erster Klasse; ~ **floor** *Brt.* erster Stock; *Am.* Erdgeschoß *n*; ~ **hand** aus erster Hand; '~**ly** erstens; ~ **name** Vorname *m*; ~**'rate** erstklassig

firth [fɜːθ] Förde *f*

fish [fɪʃ] **1.** (*pl* ~, *Fischarten:* ~**es**) Fisch *m*; **2.** fischen, angeln; ~**erman** ['~əmən] (*pl* -**men**) Fischer *m*, Angler *m*

'**fishing** Fischen *n*, Angeln *n*; ~ **line** Angelschnur *f*; ~ **rod** Angelrute *f*

'**fish|monger** ['fɪʃmʌŋgə] *bsd. Brt.* Fischhändler(in); '~**y** F verdächtig, faul

fission ['fɪʃn] Spaltung *f*; '~**sure** ['~ʃə] Spalt *e f*), Riß *m*

fist [fɪst] Faust *f*

fit¹ [fɪt] **1.** geeignet; richtig, angebracht; fit, in Form; **2.** passend machen, anpassen;

ausrüsten, -statten, einrichten; zutreffen auf; *tech.* einpassen, -bauen, anbringen; *Kleid etc.*: passen, sitzen

fit² [~] Anfall *m*

'fit|ful *etc.*: unruhig; **'~ness** Eignung *f;* Tauglichkeit *f;* Fitneß *f,* (gute) Form; **'~ted** zugeschnitten; Einbau...; **~ carpet** Spannteppich *m,* Teppichboden *m;* **'~ter** Monteur *m;* Installateur *m;* **'~ting 1.** passend; schicklich; **2.** Montage *f;* Installation *f; pl* Ausstattung *f*

five [faɪv] fünf

fix [fɪks] **1.** befestigen, anbringen (**to** an); *Preis* festsetzen, fixieren (**on** auf); *Blick etc.* richten (**on** auf); *Aufmerksamkeit etc.* fesseln; reparieren; *bsd. Am. Essen* zubereiten; **2.** F Klemme *f; sl. Schuß Heroin etc.*: Fix *m;* **~ed** fest; starr; **~ disk** *Computer:* Festplatte *f;* **~ture** ['~stʃə] fest angebrachtes Zubehörteil

fizz [fɪz] zischen, sprudeln

flabbergast ['flæbəgɑːst] *be ~ed* F ganz platt sein

flabby ['flæbɪ] schlaff

flag¹ [flæg] **1.** Fahne *f,* Flagge *f;* **2.** beflaggen

flag² [~] (Stein)Platte *f,* Fliese *f*

flag³ [~] *fig.* nachlassen

flak|e [fleɪk] **1.** Flocke *f;* Schuppe *f;* **2. a. ~ off** abblättern; **'~y** flockig; blätt(e)rig; **~ pastry** Blätterteig *m*

flame [fleɪm] **1.** Flamme *f;* **2.** flammen, lodern

flammable ['flæməbl] *Am. od. tech.* → **inflammable**

flan [flæn] Obst-, Käsekuchen *m*

flank [flæŋk] **1.** Flanke *f;* **2.** flankieren

flannel ['flænl] Flanell *m; Brt.* Waschlappen *m; pl* Flanellhose *f*

flap [flæp] **1.** Flattern *n,* (*Flügel*)Schlag *m;* Klappe *f;* **2.** mit den Flügeln *etc.* schlagen; flattern

flare [fleə] flackern; *Nasenflügel:* sich weiten

flash [flæʃ] **1.** Aufblitzen *n,* Blitz *m; Rundfunk etc.:* Kurzmeldung *f;* **2.** (auf)blitzen *od.* aufleuchten (lassen); rasen, flitzen; **'~back** Rückblende *f;* **'~bulb** Blitz(licht)birne *f;* **'~cube** Blitzwürfel *m;* **'~er** *mot.* Blinker *m;* **'~light** Blitzlicht *n; bsd. Am.* Taschenlampe *f;* **~ of lightning** Blitz *m;* **'~y** protzig; auffallend

flask [flɑːsk] Taschenflasche *f;* Thermosflasche *f* (TM)

flat¹ [flæt] **1.** flach, eben; schal; *econ.* flau; *Reifen:* platt; **2.** Flachland *n; bsd. Am.* Reifenpanne *f*

flat² [~] *Brt.* Wohnung *f*

flatten ['flætn] (ein)ebnen; abflachen; *a.* **~ out** flach(er) werden

flatter ['flætə] schmeicheln; **'~y** ['~ərɪ] Schmeichelei *f* (*en pl*)

flatulence ['flætjʊlǝns] Blähung(en pl) f

flavo(u)r ['fleɪvǝ] **1.** (fig. Bei)Geschmack m, Aroma n; **2.** würzen; **~ing** ['~rɪŋ] Würze f, Aroma n

flaw [flɔː] Fehler m, tech. a. Defekt m; **'~less** einwandfrei, makellos

flax [flæks] Flachs m

flea [fliː] Floh m

fled [fled] pret u. pp von flee

fledged [fledʒd] flügge

flee [fliː] (fled) fliehen, flüchten

fleet [fliːt] Flotte f

fleeting ['fliːtɪŋ] flüchtig

flesh [fleʃ] lebendiges Fleisch; **'~y** fleischig

flew [fluː] pret von fly³

flex [fleks] **1.** bsd. anat. biegen, beugen; **2.** bsd. Brt. (Anschluß- etc.)Kabel n; **'~ible** flexibel; elastisch

flexitime ['fleksɪtaɪm] gleitende Arbeitszeit, Gleitzeit f

flick [flɪk] schnippen

flicker ['flɪkǝ] flackern; flimmern

flight [flaɪt] Flucht f; Flug m; Vögel: Schwarm m; **~ (of stairs)** Treppe f

flimsy ['flɪmzɪ] dünn, zart

flinch [flɪntʃ] (zurück)zucken, zs.-fahren; zurückschrecken

fling [flɪŋ] **1.** Wurf m; Versuch m; **2.** (flung) werfen, schleudern; **~ o.s.** sich stürzen

flip [flɪp] schnipsen, schnippen; Münze hochwerfen

flipper ['flɪpǝ] zo. Flosse f; Schwimmflosse f

flit [flɪt] flitzen, huschen; (umher)flattern

float [flǝʊt] **1.** tech. Schwimmer m; Floß n; **2.** schwimmen od. treiben (lassen); schweben

flock [flɒk] **1.** (Schaf-, Ziegen)Herde f (a. eccl.); von Menschen: Schar f; **2.** fig. (zs.-)strömen

floe [flǝʊ] Eisscholle f

flog [flɒg] prügeln, schlagen

flood [flʌd] **1.** a. **~ tide** Flut f; Überschwemmung f, Hochwasser n; fig. Flut f, Strom m; **2.** überschwemmen, -fluten; **'~light** Scheinwerfer-, Flutlicht n; **'~lit** angestrahlt

floor [flɔː] **1.** (Fuß)Boden m; Stock(werk) m, Etage f; **2.** e-n (Fuß)Boden legen in; zu Boden schlagen; fig. F j-n umhauen; Versammlung: Diele f; **'~cloth** Putzlappen m; **'~ lamp** Stehlampe f

flop [flɒp] **1.** sich (hin)plumpsen lassen; F durchfallen, ein Reinfall sein; **2.** Plumps m; F Flop m, Reinfall m, Pleite f

floppy disk Diskette f

florist ['flɒrɪst] Blumenhändler(in)

flounder ['flaʊndǝ] Flunder f

flour ['flaʊǝ] Mehl n

flourish ['flʌrɪʃ] gedeihen, fig. a. blühen; schwenken

flow [flǝʊ] **1.** fließen; **2.** Fluß m, Strom m

flower

flower ['flauə] **1.** Blume *f*; Blüte *f* (*a. fig.*); **2.** blühen
flown [fləun] *pp von* **fly³**
flu [flu:] F Grippe *f*
fluctuate ['flʌktjueit] schwanken
fluent ['flu:ənt] *Sprache:* fließend; *Stil:* flüssig; *Rede:* gewandt
fluff [flʌf] Flaum *m*; Staubflocke *f*; **~y** flaumig
fluid ['flu:id] **1.** flüssig; **2.** Flüssigkeit *f*
flung [flʌŋ] *pret u. pp von* **fling 2**
flurry ['flʌri] Bö *f*; Schauer *m*
flush [flʌʃ] **1.** (Wasser)Spülung *f*; Erröten *n*; Röte *f*; **2.** erröten, rot werden; *a.* **~ out** (aus)spülen; **~ down** hinunterspülen; **~ the toilet** spülen
fluster ['flʌstə] nervös machen *od.* werden
flute [flu:t] Flöte *f*
flutter ['flʌtə] flattern
fly¹ [flai] Fliege *f*
fly² [~] Hosenschlitz *m*; Zeltklappe *f*
fly³ [~] (**flew, flown**) fliegen (lassen); stürmen, stürzen; wehen; *Zeit:* (ver)fliegen; *Drachen* steigen lassen
'flyover Brt. (Straßen- *etc.*) Überführung *f*
foal [fəul] Fohlen *n*
foam [fəum] **1.** Schaum *m*; **2.** schäumen; **~ rubber** Schaumgummi *m*; **~y** schaumig
focus ['fəukəs] **1.** (*pl* **-cuses, -ci** ['~sai]) Brenn-, *fig. a.* Mittelpunkt *m*; *opt., phot.* Scharfeinstellung *f*; **2.** *opt., phot.* scharf einstellen
fodder ['fɒdə] (Trocken)Futter *n*
fog [fɒg] (dichter) Nebel; **'~gy** neb(e)lig
foil¹ [fɔil] Folie *f*
foil² [~] vereiteln
fold¹ [fəuld] **1.** falten; *Arme* verschränken; einwickeln; *oft* **~ up** zs.-falten, zs.-legen; zs.-klappen; **2.** Falte *f*
fold² [~] (Schaf)Hürde *f*, Pferch *m*; *eccl.* Herde *f*
'folder Aktendeckel *m*; Schnellhefter *m*; Faltprospekt *m*; **'~ing** zs.-legbar, zs.-faltbar; Klapp...; **~ chair** Klappstuhl *m*
foliage ['fəuliidʒ] Laub(werk) *n*, Blätter *pl*
folk [fəuk] **1.** *pl* Leute *pl*; **2.** Volks...
follow ['fɒləu] folgen (auf); befolgen; *as* **~s** wie folgt; **'~er** Anhänger(in)
folly ['fɒli] Torheit *f*
fond [fɒnd] zärtlich, liebevoll; *be* **~ of** gern haben, mögen; **~le** ['~dl] liebkosen, streicheln; **~ness** Zärtlichkeit *f*; Vorliebe *f*
food [fu:d] Nahrung *f* (*a. fig.*); Essen *n*, Nahrungs-, Lebensmittel *pl*; Futter *n*
fool [fu:l] **1.** Narr *m*, Närrin *f*, Dummkopf *m*; *make a* **~ of o.s.** sich lächerlich machen; **2.** zum Narren halten; betrü-

foreleg

gen; ~ *about od.* **around** herumtrödeln; Unsinn machen, herumalbern; '~**hardy** tollkühn; '~**ish** töricht, dumm; '~**proof** *Plan etc.*: todsicher; narren-, idiotensicher

foot [fʊt] (*pl* **feet** [fiːt]) Fuß *m*; (*pl a.* **foot**) Fuß *m* (30,48 *cm*); Fußende *n*; **on** ~ zu Fuß; '~**ball** *Brt.* Fußball *m*; *Am.* Football *m*; '~**bridge** Fußgängerbrücke *f*; '~**hills** *pl* Vorgebirge *n*, Ausläufer *pl*; '~**hold** Stand *m*, Halt *m*; '~**ing** Stand *m*, Halt *m*; *fig.* Basis *f*, Grundlage *f*; '~**lights** *pl* Rampenlicht *n*; '~**note** Fußnote *f*; '~**path** (Fuß)Pfad *m*, (-)Weg *m*; '~**print** Fußabdruck *m*, *pl* Fußspuren *pl*; '~**step** Schritt *m*, Tritt *m*; Fußstapfe *f*; '~**wear** Schuhwerk *n*, Schuhe *pl*

for [fɔː] **1.** *prp* für; als; *Zweck, Ziel, Richtung*: zu, nach; *warten, hoffen etc.* auf; *sich sehnen etc.* nach; *Grund*: aus, vor, wegen; *Mittel*: gegen; *Zeitdauer*: ~ **three days** drei Tage lang; seit drei Tagen; *Entfernung*: **walk** ~ **a mile** e-e Meile (weit) gehen; **what** ~? wozu?; **2.** *cj* denn, weil

forbad(e) [fəˈbæd] *pret von* **forbid**

forbid [fəˈbɪd] (**-bade** *od.* **-bad**, **-bidden** *od.* **-bid**) verbieten; ~**den** *pp von* **forbid**; ~**ding** abstoßend, abschreckend; bedrohlich

force [fɔːs] **1.** Stärke *f*, Kraft *f*; Gewalt *f*; **the (police)** ~ die Polizei; *pl, a.* **armed** ~**s** *mil.* Streitkräfte *pl*; **by** ~ mit Gewalt; **come** *od.* **put into** ~ in Kraft treten *od.* setzen; **2.** j-n zwingen; *et.* erzwingen; zwängen, drängen; ~ **open** *Tür etc.* aufbrechen; ~**d** erzwungen; gezwungen; ~ **landing** Notlandung *f*; '~**ful** energisch

forceps [ˈfɔːseps] (*pl* ~) *med.* Zange *f*

forcible [ˈfɔːsəbl] gewaltsam

ford [fɔːd] **1.** Furt *f*; **2.** durchwaten

fore [fɔː] vorder, Vorder...; ~**arm** [ˈfɔːrɑːm] Unterarm *m*; ~**boding** [-ˈbəʊdɪŋ] (böse) (Vor)Ahnung *f*; ~**cast** (-cast[ed]) voraussagen, vorhersehen; *Wetter* vorhersagen; Vorhersage *f*; ~**fathers** *pl* Vorfahren *pl*; ~**finger** Zeigefinger *m*; ~**foot** (*pl* -feet) Vorderfuß *m*; ~**ground** Vordergrund *m*; ~**head** [ˈfɒrɪd] Stirn *f*

foreign [ˈfɒrən] fremd, ausländisch, Auslands..., Außen...; ~ **affairs** *pl* Außenpolitik *f*; ~ **currency** Devisen *pl*; '~**er** Ausländer(in); ~ **exchange** Devisen *pl*; ~ **language** Fremdsprache *f*; 2 **Office** *Brt.* Außenministerium *n*; ~ **policy** Außenpolitik *f*; 2 **Secretary** *Brt.* Außenminister *m*

'**foreleg** Vorderbein *n*; '~

foreman (*pl* **-men**) Vorarbeiter *m*, *am Bau*: Polier *m*; *jur.* Geschworene*r* Sprecher *m*; **~most 1.** *adj* vorderste(r, -s), erste(r, -s); **2.** *adv* zuerst; **'~runner** *fig.*: Vorläufer *m*; Vorbote *m*; **~'see** (**-saw, -seen**) vorher-, voraussehen; **'~sight** Weitblick *m*

forest ['fɒrɪst] Wald *m* (*a. fig.*), Forst *m*; **'~er** Förster *m*; **'~ry** Forstwirtschaft *f*

'foretaste Vorgeschmack *m*; **~tell** (**-told**) vorher-, voraussagen

forever [fə'revə] für immer

'foreword Vorwort *n*

forge [fɔːdʒ] **1.** Schmiede *f*; **2.** schmieden; fälschen; **'~r** Fälscher *m*; **'~ry** ['~ərɪ] Fälschen *n*; Fälschung *f*

forget [fə'get] (**-got, -gotten**) vergessen; **~ful** vergeßlich; **~me-not** Vergißmeinnicht *n*

forgive [fə'gɪv] (**-gave, -given**) vergeben, -zeihen

fork [fɔːk] **1.** Gabel *f*; Gab(e)lung *f*, Abzweigung *f*; **2.** (sich) gabeln, abzweigen; **~ed** Zunge: gespalten; **~lift (truck)** Gabelstapler *m*

form [fɔːm] **1.** Form *f*; Gestalt *f*; Formular *n*, Vordruck *m*; *bsd. Br.* (*Schul*)Klasse *f*; **2.** (sich) formen *od.* bilden

formal ['fɔːml] förmlich; formell; **~ity** [~'mælətɪ] Förmlichkeit *f*; Formalität *f*

format|ion [fɔː'meɪʃn] Formung *f*, Gestaltung *f*; Bildung *f*; Formation *f*; **~ive** ['~mətɪv] formend

former ['fɔːmə] **1.** früher; ehemalig; **2. the ~** der, die, das erstere; **'~ly** früher

formidable ['fɔːmɪdəbl] furchterregend; schrecklich

formula ['fɔːmjʊlə] (*pl* **-las, -lae** [~liː]) Formel *f*; Rezept *n*; **~te** ['~leɪt] formulieren

forsake [fə'seɪk] (**-sook, -saken**) verlassen; **~saken** [~'seɪkən] *pp*, **~sook** [~'sʊk] *pret von* forsake

fort [fɔːt] Fort *n*

forth [fɔːθ] weiter, fort; (her)vor; **~'coming** bevorstehend, kommend

fortieth ['fɔːtɪɪθ] vierzigste(r, -s)

forti|fy ['fɔːtɪfaɪ] befestigen; verstärken, anreichern; **~tude** ['~tjuːd] (innere) Kraft *od.* Stärke

fortnight ['fɔːtnaɪt] vierzehn Tage; *in a ~* in 14 Tagen

fortress ['fɔːtrɪs] Festung *f*

fortunate ['fɔːtʃnət] glücklich; **'~ly** glücklicherweise

fortune ['fɔːtʃuːn] Vermögen *n*; Glück *n*; Schicksal *n*

forty ['fɔːtɪ] vierzig

forward ['fɔːwəd] **1.** *adv a.* **~s** nach vorn, vorwärts; **2.** *adj* vordere(r, -s); Vorwärts...; Voraus...; fortschrittlich; vorlaut, dreist; **3.** *s Sport*: Stürmer *m*; **4.** *v/t* (be)fördern; (ver)senden, schicken; *Brief etc.* nachsenden

foster| child ['fɔstəʧaɪld] (*pl -children*) Pflegekind *n*; **~ parents** *pl* Pflegeeltern *pl*

fought [fɔ:t] *pret u. pp von* **fight** 2

foul [faʊl] **1.** schmutzig, *fig. a.* zotig; *Lebensmittel:* faul, verdorben; *Wetter:* schlecht, stürmisch; stinkend; *Luft:* verpestet; ekelhaft, gemein; *Sport:* regelwidrig; **2.** Foul *n*; **3.** be-, verschmutzen; *Sport:* foulen

found¹ [faʊnd] *pret u. pp von* **find** 1

found² [~] gründen; stiften

found³ [~] *tech.* gießen

foundation [faʊn'deɪʃn] Fundament *n*; Gründung *f*; Stiftung *f*; *fig.* Grundlage *f*

'founder Gründer(in); Stifter(in)

foundry ['faʊndrɪ] Gießerei *f*

fountain ['faʊntɪn] Springbrunnen *m*; Strahl *m*; **~ pen** Füllfederhalter *m*

four [fɔ:] vier; **~-star** *Brit.* Super(benzin) *n*; **~teen** [~'ti:n] vierzehn; **~th** [~θ] **1.** vierte(r, -s); **2.** Viertel *n*; **~thly** viertens

fowl [faʊl] Geflügel *n*

fox [fɔks] Fuchs *m*

fract|ion ['frækʃn] *math.* Bruch *m*; **~ure** ['~ktʃə] (*bsd.* Knochen-)Bruch *m*

fragile ['fræʤaɪl] zerbrechlich; gebrechlich

fragment ['frægmənt] Fragment *n*; Bruchstück *n*

fragran|ce ['freɪgrəns] Wohlgeruch *m*, Duft *m*; **~t** wohlriechend, duftend

frail [freɪl] gebrechlich; zart

frame [freɪm] **1.** Rahmen *m*; (Brillen- *etc.*)Gestell *n*; Körper(bau) *m*; **~ of mind** Gemütsverfassung *f*; **2.** (ein-)rahmen; bilden, formen; formulieren; **~ s.o.** F j-m *et.* anhängen; **'~work** *tech.* Gerüst *n*; *fig.* Struktur *f*

frank [fræŋk] **1.** offen, aufrichtig, frei(mütig); **2.** *Brief* frankieren; **~ly** offen gesagt

frantic ['fræntɪk] außer sich

fraternal [frə'tɜ:nl] brüderlich

fraud [frɔ:d] Betrug *m*; Schwindel *m*; Betrüger(in); Schwindler(in); **~ulent** ['~jʊlənt] betrügerisch

fray [freɪ] ausfransen

freak [fri:k] Mißgeburt *f*; verrückter Einfall, Laune *f*; *in Zssgn:* F …freak *m*, …fanatiker *m*; F Freak *m*, irrer Typ

freckle ['frekl] Sommersprosse *f*

free [fri:] **1.** frei; ungehindert; ungebunden; kostenlos; freigebig; **~ and easy** ungezwungen; sorglos; **set ~** freilassen; **2.** (*freed*) befreien; freilassen; **'~dom** Freiheit *f*; **'~lance** freiberuflich (tätig); **'2mason** Freimaurer *m*; **'~way** *Am.* Autobahn *f*

freez|e [fri:z] **1.** (*froze, frozen*) *v/i* (ge)frieren; *fig.* er-

freezer

starren; v/t einfrieren; **2.** Frost m, Kälte f; econ., pol. Einfrieren n; **~age** ~ Lohnstopp m; **~er**, a. **deep freeze** Gefriertruhe f; Gefrierfach n; **~ing** eiskalt; **~ing compartment** Gefrierfach n; **~ing point** Gefrierpunkt m

freight [freɪt] Fracht(gebühr) f; ~ **car** Am. Güterwagen m; **~er** Frachter m; Transportflugzeug n; ~ **train** Am. Güterzug m

French [frentʃ] **1.** französisch; **2. the ~** pl die Franzosen pl; **~ doors** pl bsd. Am. → **French window(s);** ~ **fries** pl bsd. Am. Pommes frites pl; **~man** (pl -men) Franzose m; ~ **windows** pl Terrassen-, Balkontür f; **~woman** (pl -women) Französin f

frequen|**cy** ['friːkwənsɪ] Häufigkeit f; electr., phys. Frequenz f; **~t 1.** [~nt] häufig; **2.** [frɪ'kwent] häufig besuchen

fresh [freʃ] frisch; neu; unerfahren; **~en** Wind: auffrischen; ~ (o.s.) **up** sich frisch machen; **~man** (pl -men) univ. F Erstsemester n; **~ness** Frische f; **~water** Süßwasser...

fret [fret] j-m od. sich Sorgen machen; **~ful** gereizt; unruhig, quengelig

friction ['frɪkʃn] Reibung f

Friday ['fraɪdɪ] Freitag m

fridge [frɪdʒ] Kühlschrank m

friend [frend] Freund(in); Bekannte m, f; **make ~s with** sich anfreunden mit; **~ly** freund(schaft)lich; **~ship** Freundschaft f

fright [fraɪt] Schreck(en) m; **~en** j-n erschrecken; **be ~ed** erschrecken; Angst haben (**of** vor); **~ful** schrecklich

frigid ['frɪdʒɪd] kalt, frostig

frill [frɪl] Krause f, Rüsche f

fringe [frɪndʒ] Franse f; Brt. Frisur: Pony m; Rand m

frisk [frɪsk] herumtollen; F j-n filzen, durchsuchen

fro [frəʊ] → **to** 3

frock [frɒk] Kutte f; Kleid n

frog [frɒɡ] Frosch m

frolic ['frɒlɪk] herumtoben

from [frɒm] von; aus, von ... aus /ab her; von (... an), seit; aus, vor (dat); ~ **9 to 5** (o'clock) von 9 bis 5 (Uhr)

front [frʌnt] **1.** Vorderseite f; Front f (a. mil.); **in ~** vorn; **in ~ of** räumlich: vor; **2.** a. **on** od. **to(wards)** gegenüberstehen, -liegen; ~ **door** Haus-, Vordertür f; ~ **entrance** Vordereingang m

frontier ['frʌntɪə] Grenze f

front| **page** Vorderseite f; **~ row** vorder(st)e Reihe; **~ seat passenger** mot. Beifahrer(in); **~-wheel drive** Vorderrad-, Frontantrieb m

frost [frɒst] **1.** Frost m; Reif m; **2.** mit Reif überziehen; mattieren; bsd. Am. glasieren, mit (Puder)Zucker bestreuen; '**~bite** Erfrierung *f*; '**~bitten** erfroren; '**~ed glass** Matt-, Milchglas *n*; '**~y** eisig, frostig

froth [frɒθ] Schaum *m*; '**~y** schaumig, schäumend

frown [fraʊn] **1.** die Stirn runzeln; **2.** Stirnrunzeln *n*

froze [frəʊz] *pret von* **freeze** 1; '**~n 1.** *pp von* **freeze** 1; **2.** (eis)kalt; (ein-, zu)gefroren; Gefrier...; **~ food** Tiefkühlkost *f*

fruit [fruːt] Frucht *f*; Früchte *pl*; Obst *n*; '**~erer** Obsthändler(in); '**~ful** erfolgreich

frustrate [frʌˈstreɪt] vereiteln; frustrieren

fry [fraɪ] braten; **fried eggs** *pl* Spiegeleier *pl*; **fried potatoes** *pl* Bratkartoffeln *pl*; '**~ing pan** Bratpfanne *f*

fuchsia [ˈfjuːʃə] Fuchsie *f*

fuck [fʌk] V: ficken, vögeln; **~ off!** verpiß dich!; '**~ing** V Scheiß..., verflucht, -dammt

fuel [fjʊəl] **1.** Brennstoff *m*, *mot.* Treib-, Kraftstoff *m*; **2.** (auf)tanken

fugitive [ˈfjuːdʒətɪv] **1.** flüchtig; **2.** Flüchtige *m*, *f*

fulfil, *Am. a.* **-fill** [fʊlˈfɪl] erfüllen; **~ment** Erfüllung *f*

full [fʊl] **1.** *adj* voll; voll...; ganz; **~ of** voll von, voller; (*up*) voll besetzt; **2.** *adv* völlig, ganz; **~ board** Vollpension *f*; **~'grown** ausgewachsen; **~'length** in voller Größe *od.* Länge; **~ stop** Punkt *m*; **~'time** ganztägig, -tags

fumble [ˈfʌmbl] *a.* **~ about** *od.* **around** (herum)fummeln; tastend suchen

fume [fjuːm] wütend sein; **~s** *pl* Dämpfe *pl*; Abgase *pl*

fun [fʌn] Spaß *m*; **for ~** aus *od.* zum Spaß; **make ~ of** sich lustig machen über

function [ˈfʌŋkʃn] **1.** Funktion *f*; Aufgabe *f*; Veranstaltung *f*; **2.** funktionieren; **~ary** Funktionär *m*

fund [fʌnd] Fonds *m*; Kapital *n*, Vermögen *n*; *pl a.* (Geld)Mittel *pl*

fundamental [fʌndəˈmentl] grundlegend, fundamental

funeral [ˈfjuːnərəl] Begräbnis *n*, Beerdigung *f*

'****unfair** Vergnügungspark *m*, Rummelplatz *m*

funicular (railway) [fjuːˈnɪkjʊlə] (Draht)Seilbahn *f*

funnel [ˈfʌnl] Trichter *m*; *mar.*, *rail.* Schornstein *m*

funny [ˈfʌnɪ] komisch, spaßig, lustig; sonderbar

fur [fɜː] V: Pelz *m*, Fell *n*; *auf der Zunge:* Belag *m*

furious [ˈfjʊərɪəs] wütend

furl [fɜːl] zs.-rollen

furnace [ˈfɜːnɪs] Schmelz-, Hochofen *m*; Heizkessel *m*

furnish [ˈfɜːnɪʃ] versorgen, ausrüsten, -statten; liefern; einrichten, möblieren

furniture [ˈfɜːnɪtʃə] Möbel *pl*, Einrichtung *f*

furred [fɜːd] *Zunge:* belegt

furrow ['fʌrəʊ] 1. Furche f; 2. furchen

further ['fɜːðə] 1. adv fig.: mehr, weiter; ferner, weiterhin; 2. adj fig. weiter; 3. v/t fördern, unterstützen

furtive ['fɜːtɪv] heimlich

fury ['fjʊərɪ] Zorn m, Wut f

fuse [fjuːz] 1. Zünder m; electr. Sicherung f; 2. phys., tech. schmelzen; electr. durchbrennen

fuselage ['fjuːzəlɑːʒ] (Flug-zeug)Rumpf m

fusion ['fjuːʒn] Verschmelzung f, Fusion f

fuss [fʌs] 1. Aufregung f, Theater n; 2. viel Aufhebens machen; '~y aufgeregt, hektisch; heikel, wählerisch

futile ['fjuːtaɪl] nutzlos

future ['fjuːtʃə] 1. Zukunft f; gr. Futur n, Zukunft f; 2. (zu)künftig

fuzzy ['fʌzɪ] Haar: kraus; unscharf, verschwommen

G

gab [gæb] F Gequassel n, Geqatsche f

gable ['ɡeɪbl] Giebel m

gadfly ['gædflaɪ] zo. Bremse f

gadget ['gædʒɪt] F Apparat m, Gerät n; technische Spielerei

gag [gæg] 1. Knebel m; F Gag m; 2. knebeln

gage Am. → gauge

gaiety ['geɪətɪ] Fröhlichkeit f; '~ly lustig, fröhlich

gain [geɪn] 1. gewinnen; erreichen, bekommen, Erfahrungen sammeln; zunehmen (an); Uhr: vorgehen (um); ~ speed schneller werden; ~ 10 pounds 10 Pfund zunehmen; 2. Gewinn m; Zunahme f

gait [geɪt] Gang(art f) m

gale [geɪl] Sturm m

gallant ['gælənt] tapfer

gall bladder ['ɡɔːlblædə] Gallenblase f

gallery ['gælərɪ] Galerie f; Empore f

galley ['gælɪ] hist. Galeere f; mar. Kombüse f; a. ~ proof typ. Fahne(nabzug m) f

gallon ['gælən] Gallone f (4,55 Liter, Am. 3,79 Liter)

gallop ['gæləp] 1. Galopp m; 2. galoppieren

gallows ['gæləʊz] (pl ~) Galgen m

gallstone ['ɡɔːlstəʊn] Gallenstein m

galore [gə'lɔː] F in rauhen Mengen

gamble ['gæmbl] 1. (um Geld) spielen; 2. Hasardspiel n; '~er (Glücks)Spieler(in); '~ing Spiel n

game [geɪm] Spiel n; pl Schule: Sport m; Wild(bret) n; '~keeper Wildhüter m

gammon ['gæmən] gepökelter

od. geräucherter Schinken

gander ['gændə] Gänserich *m*

gang [gæŋ] **1.** Gang *m*, Bande *f*; Clique *f*; *(Arbeiter)*Kolonne *f*, Trupp *m*; **2.** ~ **up** (**on** *od.* **against**) sich verbünden *od.* verschwören (gegen)

gangway ['gæŋweɪ] (Durch-)Gang *m*; Gangway *f*, Laufplanke *f*

gaol [dʒeɪl] *bsd. Brt.* → **jail**

gap [gæp] Lücke *f* (*a. fig.*); *fig.* Kluft *f*

gap|e [geɪp] gaffen, glotzen; **'~ing** *Wunde:* klaffend; *Abgrund:* gähnend

garage ['gæra:ʒ] Garage *f*; (Auto)Reparaturwerkstatt *f* (*u.* Tankstelle *f*)

garbage ['ga:bɪdʒ] *bsd. Am.* Abfall *m*, Müll *m*; **~ can** *Am.* → **dustbin**

garden ['ga:dn] Garten *m*; **'~er** Gärtner(in); **'~ing** Gartenarbeit *f*

gargle ['ga:gl] gurgeln

garish ['geərɪʃ] grell

garland ['ga:lənd] Girlande *f*

garlic ['ga:lɪk] Knoblauch *m*

garment ['ga:mənt] Kleidungsstück *n*

garnish ['ga:nɪʃ] *gastr.* garnieren

garret ['gærət] Dachkammer *f*

garrison ['gærɪsn] Garnison *f*

garter ['ga:tə] Strumpfband *n*; Sockenhalter *m*; *Am.* Strumpfhalter *m*, Straps *m*

gas [gæs] Gas *n*; *Am.* F Benzin *n*, Sprit *m*

gash [gæʃ] klaffende Wunde

gasket ['gæskɪt] Dichtung(sring *m*) *f*

gasoline ['gæsəʊli:n], *a.* **-lene** *Am.* Benzin *n*; **~ pump** *Am.* Zapfsäule *f*

gasp [ga:sp] keuchen; **~ for breath** nach Luft schnappen

gas|pedal *Am.* Gaspedal *n*; **~ station** *Am.* Tankstelle *f*; **'~works** *sg* Gaswerk *n*

gate [geɪt] Tor *n*; Schranke *f*, Sperre *f*; *aer.* Flugsteig *m*; **'~crash** F uneingeladen kommen (zu); **'~way** Tor (-weg *m*) *n*, Einfahrt *f*

gather ['gæðə] *v/t* sammeln, *Informationen* einholen, -ziehen; *Personen* versammeln; ernten, pflücken; *fig.* folgern, schließen (**from** aus); **~ speed** schneller werden; *v/i* sich (ver)sammeln; sich (an)sammeln; **'~ing** ['~rɪŋ] Versammlung *f*

gaudy ['gɔ:dɪ] bunt, grell

gauge [geɪdʒ] **1.** Eichmaß *n*; Meßgerät *n*; *bsd. von Draht etc.:* Stärke *f*, Dicke *f*; *rail.* Spur(weite) *f*; **2.** eichen; (ab-, aus)messen

gaunt [gɔ:nt] hager

gauze [gɔ:z] Gaze *f*; Mull *m*

gave [geɪv] *pret von* **give**

gay [geɪ] **1.** lustig, fröhlich; bunt; F *homosexuell.*: schwul; **2.** F Schwule *m*

gaze [geɪz] **1.** starren; **2.** (fester, starrer) Blick

gear [gɪə] *mot.* Gang *m*, pl

gear lever

Getriebe n; Vorrichtung f, Gerät n; Kleidung f, Aufzug m; **~ lever**, Am. a. **~shift** Schalthebel m
geese [giːs] pl von **goose**
gel [dʒel] Gel n
gelding ['geldɪŋ] Wallach m
gem [dʒem] Edelstein m
gender ['dʒendə] gr. Genus n, Geschlecht n
gene [dʒiːn] Gen n
general ['dʒenərəl] **1.** allgemein, Haupt..., General...; **2.** mil. General m; **~ election** Parlamentswahlen pl; **'~ize** verallgemeinern; **'~ly** im allgemeinen; allgemein; **~ practitioner** Arzt m/Ärztin f für Allgemeinmedizin
generat|e ['dʒenəreɪt] erzeugen; **~ion** [\~'reɪʃn] Generation f; Erzeugung f; **~or** ['\~reɪtə] Generator m; mot. Lichtmaschine f
gener|osity [dʒenə'rɒsɪtɪ] Großzügigkeit f; **~ous** ['\~rəs] großzügig; reichlich
genial ['dʒiːnjəl] freundlich
genitals ['dʒenɪtlz] pl Genitalien pl, Geschlechtsteile pl
genius ['dʒiːnjəs] Genie n
gentle ['dʒentl] sanft, zart; freundlich; **'~man** (pl **-men**) Gentleman m; Herr m
gentry ['dʒentrɪ] Brt. niederer Adel; Oberschicht f
gents [dʒents] sg Brt. F Herrenklo n
genuine ['dʒenjʊɪn] echt
geographic(al) [dʒɪə'græfɪk(l)] geographisch; **~y** [\~'ɒgrəfɪ] Geographie f, Erdkunde f
geolog|ic(al) [dʒɪəʊ'lɒdʒɪk(l)] geologisch; **~ist** [\~'ɒlədʒɪst] Geolog|e m, -in f; **~y** Geologie f
geometr|ic(al) [dʒɪəʊ'metrɪk(l)] geometrisch; **~y** [\~'ɒmɪtrɪ] Geometrie f
germ [dʒɜːm] Keim m; Bazillus m, Bakterie f
German ['dʒɜːmən] **1.** deutsch; **2.** Deutsche m, f
germinate ['dʒɜːmɪneɪt] keimen (lassen)
gerund ['dʒerənd] gr. Gerundium n
gesticulate [dʒe'stɪkjʊleɪt] gestikulieren
gesture ['dʒestʃə] Geste f
get [get] (**got, got** od. Am. **gotten**) v/t bekommen, erhalten; sich et. verschaffen od. besorgen; erringen, erwerben, sich aneignen; holen; bringen; F erwischen; F kapieren, verstehen; j-n dazu bringen (**to do** zu tun); mit pp: lassen; **~ one's hair cut** sich die Haare schneiden lassen; **~ going** in Gang bringen; fig. Schwung bringen in; **~ s.th. by heart** et. auswendig lernen; **~ s.th. ready** et. fertigmachen; **have got** haben; **have got to** müssen; v/i kommen, gelangen; mit pp od. adj: werden; **~ tired** müde werden, ermüden; **~**

going in Gang kommen; *fig.* in Schwung kommen; ~ **home** nach Hause kommen; ~ **to know** u. erfahren u. kennenlernen; ~ **about** herumkommen; *Gerücht etc.:* sich herumsprechen *od.* verbreiten; ~ **along** auskommen, sich vertragen; vorwärts-, weiterkommen; ~ **away** loskommen; entkommen; ~ **away with** davonkommen mit; ~ **back** zurückkommen; zurückbekommen; ~ **down** Essen etc. runterkriegen; ~ **down to** sich machen an; ~ **in** hinein-, hereinkommen; ~ **off** aussteigen (aus); absteigen (von); ~ **on** einsteigen (in); vorwärts-, vorankommen; ~ **on with** s.o. mit j-m auskommen; ~ **out** aussteigen; *et.* herausbekommen; ~ **over** hinwegkommen über; ~ **round** kommen nach; ~ **together** zs.-kommen; ~ **up** aufstehen;

ghastly ['gɑːstlɪ] gräßlich

gherkin ['gɜːkɪn] Gewürz-, Essiggurke f

ghost [gəʊst] Geist m, Gespenst n; **'~ly** geisterhaft

giant ['dʒaɪənt] **1.** Riese m; **2.** riesig, Riesen...

gibberish ['dʒɪbərɪʃ] Unsinn m, dummes Geschwätz

giblets ['dʒɪblɪts] Innereien pl (vom Geflügel)

giddiness ['gɪdɪnɪs] Schwindel(gefühl n) m; **'~y** schwind(e)lig; schwindelerregend

gift [gɪft] Geschenk n; Begabung f, Talent n; **'~ed** begabt

gigantic [dʒaɪˈɡæntɪk] riesig

giggle ['gɪgl] **1.** kichern; **2.** Gekicher n

gild [gɪld] (**gilded, gilded** *od.* **gilt**) vergolden

gill [gɪl] Kieme f; *bot.* Lamelle f

gilt [gɪlt] *pp* von *gild*

gimmick ['gɪmɪk] F Trick m, Dreh m; Spielerei f

ginger ['dʒɪndʒə] **1.** Ingwer m; **2.** rötlich- *od.* gelblichbraun; **'~bread** Leb-, Pfefferkuchen m

gingerly ['dʒɪndʒəlɪ] behutsam, vorsichtig; zimperlich

gipsy ['dʒɪpsɪ] Zigeuner(in)

giraffe [dʒɪˈrɑːf] (pl **~s**, **~**) Giraffe f

girder ['ɡɜːdə] *tech.* Träger m

girdle ['ɡɜːdl] Hüfthalter m, -gürtel m; Gürtel m, Gurt m

girl [ɡɜːl] Mädchen n; **'~friend** Freundin f; **~ guide** *Brt.* Pfadfinderin f; **~ scout** *Am.* Pfadfinderin f

giro ['dʒaɪərəʊ] *Brt.* (Post-) Giroverkehr m

gist [dʒɪst] *das* Wesentliche, Kern m

give [gɪv] (**gave, given**) v/t geben; schenken; spenden; *Leben* hingeben, opfern; *Befehl etc.* geben, erteilen; *Hilfe* leisten; *Schutz* bieten;

given 128

Grund etc. (an)geben; *Konzert geben; Theaterstück geben,* aufführen; *Vortrag halten; Schmerzen bereiten, verursachen;* **~** *her my love* bestelle ihr herzliche Grüße von mir; *v/i* geben, spenden; nachgeben; **~** *away* her-, weggeben; verschenken; verraten; **~** *back* zurückgeben; **~** *in* nachgeben; aufgeben; *Gesuch etc.* einreichen; *Prüfungsarbeit* abgeben; **~** *off* Geruch verbreiten, ausströmen; *Gas, Wärme* aus-, verströmen; **~** *on od. onto* führen auf *od.* nach, gehen nach; **~** *out* aus-, verteilen, bekanntgeben; *Vorräte etc.*: zu Ende gehen; *Maschine etc.*: versagen; **~** *up* aufgeben; aufhören mit; **~** *er* ausliefern; **~** *o.s. up* sich stellen (*to dat*); **~** *pp von* give

glacier ['glæsjə] Gletscher *m*

glad [glæd] froh, erfreut; *be* **~** sich freuen; **'~ly** gern(e)

glam|orous ['glæmərəs] bezaubernd, reizvoll; **'~our** Zauber *m*, Glanz *m*, Reiz *m*

glance [gla:ns] **1.** (schnell, kurz) blicken (*at dat*); **2.** (schneller, kurzer) Blick

gland [glænd] Drüse *f*

glare [gleə] **1.** grell scheinen *od.* leuchten; **~** *at s.o.* j-n wütend anstarren; **2.** greller Schein; wütender Blick

glass [gla:s] Glas *n*; Glas (-waren *pl*) *n*; (Trink)Glas *n*; Glas(gefäß) *n*; (Fern-, Opern)Glas *n*; *bsd. Brt.* F Spiegel *m*; *Brt.* Barometer *n*; **'~es** *pl* Brille *f*; **'~house** *Brt.* Gewächshaus *n*; **'~ware** Glaswaren *pl*; **'~y** gläsern; *Augen*: glasig

glaz|e [glez] **1.** verglasen, glasieren; *a.* **~** *over Auge*: glasig werden; **2.** Glasur *f*; **~ier** ['~jə] Glaser *m*

gleam [gli:m] **1.** schwacher Schein, Schimmer *m*; **2.** leuchten, schimmern

glee [gli:] Freude *f*; Schadenfreude *f*; **'~ful** fröhlich; schadenfroh

glen [glen] enges Tal

glib [glɪb] schlagfertig

glid|e [glaɪd] **1.** gleiten; segeln; **2.** Gleiten *n*; *aer.* Gleitflug *m*; **'~er** Segelflugzeug *n*; **'~ing** Segelfliegen *n*

glimmer ['glɪmə] **1.** schimmern; **2.** Schimmer *m*

glimpse [glɪmps] **1.** (nur) flüchtig zu sehen bekommen; **2.** flüchtiger Blick

glint [glɪnt] glitzern, glänzen

glisten ['glɪsn] glänzen

glitter ['glɪtə] **1.** glitzern, funkeln; **2.** Glitzern *n*, Funkeln *n*

gloat [gləʊt]: **~** *over* verzückt betrachten (*acc*); sich hämisch *od.* diebisch freuen über

globe [gləʊb] Erdkugel *f*; Globus *m*

gloom [glu:m] Düsterkeit *f*, Dunkel *n*; düstere *od.* ge-

gobble

drückte Stimmung; '~y dunkel, düster; hoffnungslos; niedergeschlagen

glor|ify ['glɔːrɪfaɪ] verherrlichen; '~ious ruhm-, glorreich; herrlich, prächtig; '~y Ruhm *m*, Ehre *f*

gloss [glɒs] Glanz *m*

glossary ['glɒsərɪ] Glossar *n*

glossy ['glɒsɪ] glänzend

glove [glʌv] Handschuh *m*

glow [gləʊ] 1. glühen; 2. Glühen *n*; Glut *f*

glue [gluː] 1. Leim *m*, Klebstoff *m*; 2. leimen, kleben

glum [glʌm] bedrückt, niedergeschlagen

glutton ['glʌtn] Vielfraß *m*; '~ous gefräßig, unersättlich

gnarled [nɑːld] knorrig, *Finger*: knotig, knöcherig

gnash [næʃ] *~ one's teeth* mit den Zähnen knirschen

gnat [næt] (Stech)Mücke *f*

gnaw [nɔː] nagen (an); nagen (*at* an)

go [gəʊ] 1. (*pl goes*) Schwung *m*; F Versuch *m*; *it's my ~* F ich bin dran *od.* an der Reihe; *be all the ~* F große Mode sein; *have a ~ at s.th.* et. probieren; 2. (*went, gone*) gehen, fahren, reisen (*to* nach); (fort)gehen; *Straße etc.*: gehen, führen (*to* nach); sich erstrecken, gehen (*to* bis); *Bus etc.*: verkehren, fahren; *tech.* gehen, laufen, funktionieren; *Zeit*: vergehen; harmonieren (*with* mit);

passen (*with* zu); werden; ~ *swimming* schwimmen gehen; *it is ~ing to rain* es wird Regen; *I must be ~ing* ich muß gehen *od.* weg; ~ *for a walk* e-n Spaziergang machen, spazierengehen; ~ *to bed* ins Bett gehen; ~ *to school* zur Schule gehen; ~ *to see* besuchen; *let* ~ loslassen; ~ *ahead* vorangehen (*of s.o.* j-m); ~ *ahead with* beginnen mit; fortfahren mit; ~ *at* losgehen auf; ~ *away* weggehen; ~ *back* zurückgehen; ~ *between* vermitteln zwischen; ~ *by* vorbeigehen, -fahren; *Zeit*: vergehen; *fig.* sich halten an, sich richten nach; ~ *down* *Sonne*: untergehen; ~ *for* holen; losgehen auf; ~ *in* hineingehen; ~ *in for* teilnehmen an; ~ *off* explodieren, losgehen; *Licht*: ausgehen; ~ *on* weitergehen, -fahren; *fig.* fortfahren (*doing* zu tun); *fig.* vor sich gehen, vorgehen; ~ *out* hinausgehen; ausgehen (*a. Licht*); ~ *through* durchgehen, -nehmen; durchmachen; ~ *up* steigen

goad [gəʊd] anstacheln

go-ahead ['gəʊəhed] 1. fortschrittlich; 2. *get the* ~ grünes Licht bekommen

goal [gəʊl] Ziel *n*; *Sport*: Tor *n*; '~keeper Torwart *m*

goat [gəʊt] Ziege *f*

gobble ['gɒbl] verschlingen

'go-between Vermittler(in)
goblin ['gɒblɪn] Kobold m
god [gɒd] (eccl. 2) Gott m; **'~child** (pl -children) Patenkind n; **'~dess** ['gɒdɪs] Göttin f; **2 '~father** Pate m; **'~forsaken** gottverlassen; **'~less** gottlos; **'~mother** Patin f; **'~parent** Pat|e m, -in f
goggle ['gɒgl] glotzen; **'~s** pl Schutzbrille f
goings-on [gəʊɪŋz'ɒn] pl F Treiben n, Vorgänge pl
gold [gəʊld] **1.** Gold n; **2.** golden, Gold...; **'~en** golden; **'~smith** Goldschmied(in)
golf [gɒlf] **1.** Golf(spiel) n; **2. ~ club** Golfklub m; Golfschläger m; **~ course** Golfplatz m; **~er** Golfer(in), Golfspieler(in); **~ links** pl od. sg Golfplatz m
gondola ['gɒndələ] Gondel f
gone [gɒn] **1.** pp von **go** 2; **2.** fort, weg
good [gʊd] **1.** gut; artig, lieb; geeignet; gut, richtig; **a ~ many** ziemlich viele; **~ at** gut in, geschickt in; **2.** Nutzen m, Wert m; das Gute, Gutes n; **for ~** für immer; **~by(e)** [~'baɪ] **1. say ~ to s.o., wish s.o. ~** j-m auf Wiedersehen sagen, sich von j-m verabschieden; **2.** int (auf) Wiedersehen!, teleph. auf Wiederhören!; **~-hearted** gutherzig; **~-for-nothing** ['~fənʌθɪŋ] Taugenichts m; **2 Friday** Karfreitag m; **'humo(u)red** gutgelaunt; gutmütig; **~-'looking** gutaussehend; **~-'natured** gutmütig; **'~ness** Güte f; **thank ~** Gott sei Dank
goods [gʊdz] pl Güter pl, Ware(n pl) f
goodwill [gʊd'wɪl] guter Wille, gute Absicht
goose [guːs] (pl **geese** [giːs]) Gans f; **~berry** [~bərɪ] Stachelbeere f; **~flesh** [guːs], **~ pimples** pl Gänsehaut f
gorge [gɔːdʒ] **1.** enge Schlucht; **2. ~ o.s. on** od. **with** sich vollstopfen mit
gorgeous ['gɔːdʒəs] prächtig; F großartig, wunderbar
gorilla [gə'rɪlə] Gorilla m
go-'slow Brt. Bummelstreik m
gospel ['gɒspl] mst 2 Evangelium n
gossip ['gɒsɪp] **1.** Klatsch m; Schwatz m; Klatschbase f; **2.** klatschen
got [gɒt] pret u. pp von **get**
gotten ['gɒtn] Am. pp von **get**
gout [gaʊt] Gicht f
govern ['gʌvn] regieren; verwalten; **~ment** Regierung f; **~or** ['~ənə] Gouverneur m
gown [gaʊn] Kleid n; Robe f
grab [græb] greifen, packen
grace [greɪs] Anmut f, Grazie f; Anstand m; Frist f, Aufschub m; Gnade f; Tischgebet n; **'~ful** anmutig
gracious ['greɪʃəs] **1.** gnädig; freundlich; **2.** int **good ~!** du meine Güte!
grade [greɪd] **1.** Grad m,

Stufe *f*; Qualität *f*; *Am. Schule*: Klasse *f*; *bsd. Am.* Note *f*, Zensur *f*; *bsd. Am.* Steigung *f*, Gefälle *n*; **2.** sortieren, einteilen; ~ **crossing** *Am.* schienengleicher Bahnübergang

gradient ['greidjənt] Steigung *f*, Gefälle *n*

gradual ['grædʒuəl] allmählich, stufenweise

graduate 1. ['grædʒuət] Akademiker(in), Hochschulabsolvent(in); Graduierte *m*, *f*; *Am.* Schulabgänger(in); **2.** ['~eit] graduieren; *Am.* die Abschlußprüfung bestehen; einteilen; abstufen; staffeln; **~ion** [~'eiʃn] Abstufung *f*, Staffelung *f*; (Maß-)Einteilung *f*; *univ.* Graduierung *f*; *Am.* Absolvieren *n* (**from** *e-r Schule*)

graft [grɑːft] *med.* verpflanzen; *bot.* pfropfen

grain [grein] (Samen-, *bsd.* Getreide)Korn *n*; Getreide *n*; (Sand- *etc.*)Körnchen *n*, (-)Korn *n*; Maserung *f*

gram [græm] Gramm *n*

gramma|r ['græmə] Grammatik *f*; **~tical** [grə'mætikl] grammatisch

gramme [græm] Gramm *n*

grand [grænd] **1.** großartig; groß, bedeutend, wichtig; Haupt...; **2.** *mus.* F Flügel *m*; (*pl* **grand**) *bsd. Am. sl.* Riese *m* (*1000 Dollar* od. *Pfund*); **~child** ['~tʃ-] (*pl* **-children**)

Enkelkind *n*; '**~dad** F Opa *m*; '**~daughter** Enkelin *f*; **~eur** ['~ndʒə] Größe *f*, Wichtigkeit *f*; **~father** ['~d-] Großvater *m*; '**~ma** ['~nmɑː] F Oma *f*; '**~mother** Großmutter *f*; F Oma *f*; '**~parents** *pl* Großeltern *pl*; **~ piano** *mus.* Flügel *m*; '**~son** Enkel *m*; '**~stand** ['~d-] Haupttribüne *f*

granite ['grænit] Granit *m*

granny ['græni] F Oma *f*

grant [grɑːnt] **1.** bewilligen, gewähren; *Erlaubnis etc.* geben; *Bitte etc.* erfüllen; zugeben; **take s.th. for ~ed** et. als selbstverständlich betrachten; **2.** Stipendium *n*; Unterstützung *f*

granul|ated sugar ['grænjuleitid] Kristallzucker *m*; **~e** ['~juːl] Körnchen *n*

grape [greip] Weintraube *f*, -beere *f*; '**~fruit** Grapefruit *f*, Pampelmuse *f*; **~ juice** Traubensaft *m*; **~ sugar** Traubenzucker *m*; **~vine** Weinstock *m*

graph [grɑːf, græf] Diagramm *n*, Schaubild *n*; **~ic** ['græfik] **1.** graphisch; anschaulich; **2.** *pl* Graphik(en *pl*) *f*

grapple ['græpl]: **~ with** kämpfen mit

grasp [grɑːsp] **1.** (er)greifen, packen; *fig.* verstehen, begreifen; **2.** Griff *m*; *fig.*: Reichweite *f*; Verständnis *n*

grass [grɑːs] Gras n; Rasen m; sl. Marihuana: Gras(s) n; '~hopper Heuschrecke f; ~ **widow(er)** Strohwitwe(r m) f; '~y grasbedeckt

grate¹ [greɪt] Gitter n; (Feuer)Rost m

grate² [greɪt] reiben, raspeln, knirschen, quietschen

grateful ['greɪtfʊl] dankbar

grater ['greɪtə] Reibe f

grati|fication [grætɪfɪ'keɪʃn] Befriedigung f; Freude f; ~**fy** ['~faɪ] befriedigen

grating ['greɪtɪŋ] Gitter n

gratitude ['grætɪtjuːd] Dankbarkeit f

gratuity [grə'tjuːətɪ] Gratifikation f

grave¹ [greɪv] Grab n

grave² [~] ernst

gravel ['grævl] Kies m

'**grave|stone** Grabstein m; '~**yard** Friedhof m

gravit|ation [grævɪ'teɪʃn] Gravitation f, Schwerkraft f; ~**y** ['~vətɪ] Gravitation f, Schwerkraft f

gravy ['greɪvɪ] Bratensoße f

gray [greɪ] Am. → **grey**

graze¹ [greɪz] (ab)weiden

graze² [~] **1.** streifen; sich das Knie etc. ab- od. aufschürfen; **2.** Abschürfung f, Schramme f

greas|e [griːs] **1.** Fett n; tech. Schmierfett n, Schmiere f; **2.** [~z] (ein)fetten, tech. (ab-) schmieren; ~**y** ['~zɪ] fettig, schmierig, ölig

great [greɪt] groß; groß, bedeutend, wichtig; F großartig, super; ~'**grandchild** (pl -**children**) Urenkel(in); ~'**grandfather** Urgroßvater m; ~'**grandmother** Urgroßmutter f; ~'**grandparents** pl Urgroßeltern pl; '~**ly** sehr; '~**ness** Größe f; Bedeutung f

greed [griːd] Gier f (for nach); '~**y** gierig; gefräßig

Greek [griːk] **1.** griechisch; **2.** Griech|e m, -in f

green [griːn] **1.** grün; fig. grün, unerfahren; **2.** pl grünes Gemüse; '~**grocer** bsd. Brt. Obst- u. Gemüsehändler(in); '~**horn** F Grünschnabel m, Neuling m; '~**house** Gewächs-, Treibhaus n; '~**ish** grünlich

greet [griːt] (be)grüßen; '~**ing** Gruß m, Begrüßung f; ~**s** pl Grüße pl; Glückwünsche pl

grenade [grə'neɪd] Granate f

grew [gruː] pret von **grow**

grey [greɪ] grau; '~'**haired** grauhaarig; '~**hound** zo. Windhund m

grid [grɪd] Gitter n; electr. etc. Versorgungsnetz n; Kartographie: Gitter(netz) n; '~**iron** Bratrost m

grief [griːf] Kummer m

griev|ance ['griːvns] (Grund m zur) Beschwerde f; Mißstand m; ~**e** [griːv]: ~ **for** trauern um

grill [grɪl] **1.** grillen; **2.** Grill *m*; Gegrillte *n*; Grillroom *m*
grille [grɪl] (Schalter)Gitter *n*; *mot.* (Kühler)Grill *m*
grim [grɪm] grimmig; schrecklich
grimace [grɪ'meɪs] **1.** e-e Grimasse *f*; **2.** e-e Grimasse *od.* Grimassen schneiden
grim|e [graɪm] (dicker) Schmutz *m*; **~y** schmutzig
grin [grɪn] **1.** grinsen; **2.** Grinsen *n*
grind [graɪnd] (**ground**) (zer-)mahlen, zerreiben, (kleinern; *Messer etc.* schleifen; *Am.* Fleisch durchdrehen
grip [grɪp] **1.** packen (*a. fig.*), ergreifen; **2.** Griff *m* (*a. fig.*)
gripes [graɪps] *pl* Kolik *f*
gristle ['grɪsl] Knorpel *m*
grit [grɪt] Kies *m*; *fig.* Mut *m*
groan [grəʊn] **1.** stöhnen; **2.** Stöhnen *n*
grocer ['grəʊsə] Lebensmittelhändler *m*; **at the ~'s** (*shop*) beim Lebensmittelhändler; **~ies** ['~rɪz] *pl* Lebensmittel *pl*; **~y** ['~rɪ] Lebensmittelgeschäft *n*
groin [grɔɪn] *anat.* Leiste *f*
groom [gru:m] **1.** Pferdepfleger *m*, Stallbursche *m*; Bräutigam *m*; **2.** Pferde striegeln; **well~ed** gepflegt
groove [gru:v] Rinne *f*, Furche *f*, Rille *f*
grope [grəʊp] tasten
gross [grəʊs] **1.** Brutto...; *Fehler etc.*: schwer, grob; grob, derb; dick, fett; **2.** (*pl* **~**) Gros *n* (*12 Dutzend*)
ground¹ [graʊnd] *pret u. pp von* **grind**; **2.** gemahlen; **~ meat** Hackfleisch *n*
ground² [~] **1.** (Erd)Boden *m*, Erde *f*; Boden *m*, Gebiet *n*, *Sport:* (Spiel)Platz *m*; *fig.* (Beweg)Grund *m*; *Am. electr.* Erdung *f*; *pl:* Grundstück *n*, Park *m*, Gartenanlage *f*; Boden(satz) *m*; **2.** *mar.* auflaufen; *Am. electr.* erden; *fig.* gründen, stützen
ground *aer.* ~ **control** Bodenstation *f*; **~ crew** *aer.* Bodenpersonal *n*; **~ floor** *bsd. Brt.* Erdgeschoß *n*; **~less** grundlos; **~nut** Erdnuß *f*; **~ plan** Grundriß *m*; **~ staff** *Brt. aer.* Bodenpersonal *n*; **~ station** *aer.* Bodenstation *f*
group [gru:p] **1.** Gruppe *f*; **2.** sich gruppieren; (in Gruppen) einteilen *od.* anordnen
grove [grəʊv] Wäldchen *n*
grow [grəʊ] (**grew, grown**) *v/i* wachsen; (allmählich) werden; **~ up** auf-, heranwachsen; *v/t* anbauen
growl [graʊl] knurren
grown [grəʊn] *pp von* **grow**; **~-up 1.** [~'ʌp] erwachsen; **2.** ['~ʌp] Erwachsene *m, f*
growth [grəʊθ] Wachsen *n*, Wachstum *n*; Wuchs *m*, Größe *f*; *fig.* Zunahme *f*, Anwachsen *n*; *med.* Gewächs *n*
grub [grʌb] Made *f*, Larve *f*; **~by** schmudd(e)lig

grudge

grudg|e [grʌdʒ] **1.** mißgönnen (*s.o. s.th.* j-m et.); **2.** Groll *m*; **˷ing** widerwillig

gruel [gruəl] Haferschleim *m*

gruel(l)ing ['gruəlɪŋ] aufreibend; mörderisch

gruff [grʌf] schroff, barsch

grumble ['grʌmbl] murren; *Donner:* (g)rollen

grunt [grʌnt] grunzen

guarant|ee [gærən'tiː] **1.** Garantie *f*; Kaution *f*; Sicherheit *f*; **2.** (sich ver)bürgen für; garantieren; **˷or** [-'tɔː] *jur.* Bürge *m*, -in *f*; **˷y** ['ɡæræntɪ] *jur.:* Bürgschaft *f*; Garantie *f*

guard [gaːd] **1.** bewachen, (be)schützen; **˷ against** sich hüten *od.* in acht nehmen *od.* schützen vor; **2.** Wache *f*, (Wach)Posten *m*; Wächter *m*; Aufseher *m*, Wärter *m*; Wache *f*, Bewachung *f*; *Brt. rail.* Schaffner *m*, Zugbegleiter *m*; **on one's ˷** auf der Hut; **off one's ˷** unachtsam; **˷ed** vorsichtig, zurückhaltend; **˷ian** [-jən] *jur.* Vormund *m*; Schutz...; **˷ianship** *jur.* Vormundschaft *f*

guess [ges] **1.** (er)raten; schätzen; *bsd. Am.* glauben, annehmen; **2.** Vermutung *f*; **˷work** (reine) Vermutung(en) *pl*

guest [gest] Gast *m*; **˷house** (Hotel)Pension *f*, Fremdenheim *n*; **˷room** Gäste-, Fremdenzimmer *n*

guffaw [ɡʌ'fɔː] schallend lachen

guidance ['ɡaɪdns] Führung *f*; (An)Leitung *f*; (Berufs-, Ehe- *etc.*)Beratung *f*

guide [ɡaɪd] **1.** führen; lenken; **2.** (Reise-, Fremden-) Führer(in); Buch: (Reise-) Führer *m*; Handbuch *n* (*to* gen); **˷book** (Reise)Führer *m*; **˷d** (fern)gelenkt; **˷ tour** Führung *f* (*of* durch); **˷lines** *pl* Richtlinien *pl*

guilt [ɡɪlt] Schuld *f*; **˷y** schuldig (*of* gen); **˷less** unschuldbewußt

guinea pig ['ɡɪnɪ] Meerschweinchen *n*; *fig.* Versuchskaninchen *n*

guitar [ɡɪ'tɑː] Gitarre *f*

gulf [ɡʌlf] Golf *m*; *fig.* Kluft *f*

gull [ɡʌl] Möwe *f*

gullet [ɡʌlɪt] Speiseröhre *f*; Gurgel *f*

gulp [ɡʌlp] **1.** *oft* **˷ down** *Getränk* hinunterstürzen, *Speise* hinunterschlingen; **2.** (großer) Schluck

gum¹ [ɡʌm] *mst pl* Zahnfleisch *n*

gum² [ɡʌm] **1.** Gummi *m, n*; Klebstoff *m*; Kaugummi *m*; **2.** *v/t* kleben

gun [ɡʌn] Gewehr *n*; Pistole *f*, Revolver *m*; Geschütz *n*, Kanone *f*; **˷powder** Schießpulver *n*; **˷shot** Schuß *m*

gurgle ['ɡɜːɡl] gurgeln, gluckern, glucksen

gush [ɡʌʃ] **1.** strömen, schießen (*from* aus); **2.** Schwall *m*

gust [gʌst] Windstoß *m*, Bö *f*
gut [gʌt] Darm *m*; *pl* Eingeweide *pl*; *pl* F Mumm *m*, Schneid *m*
gutter ['gʌtə] Gosse *f* (*a. fig.*), Rinnstein *m*; Dachrinne *f*
guy [gaɪ] F Kerl *m*, Typ *m*
gym [dʒɪm] F → **gymnasium**, **gymnastics**; **~ shoes** *pl*

Turnschuhe *pl*; **~nasium** [~'neɪzɪəm] Turn-, Sporthalle *f*; **~nast** ['~næst] Turner(in); **~nastics** [~'næstɪks] *sg* Turnen *n*, Gymnastik *f*
gyn(a)ecologist [gaɪnə'kɒlədʒɪst] Gynäkologe *m*, -in *f*, Frauenarzt *m*, -ärztin *f*
gypsy ['dʒɪpsɪ] *bsd. Am.* → *gipsy*

H

haberdasher ['hæbədæʃə] *Brt.* Kurzwarenhändler *m*; *Am.* Herrenausstatter *m*
habit ['hæbɪt] (An)Gewohnheit *f*; **~able** bewohnbar; **~at** ['~tæt] *bot., zo.* Lebensraum *m*; **~ual** [hə'bɪtʃʊəl] gewohnheitsmäßig
hack [hæk] hacken; **~er** F *Computer:* Hacker(in)
hackneyed ['hæknɪd] abgedroschen
had [hæd] *pret u. pp von* **have**
haddock ['hædək] (*pl* **~**) Schellfisch *m*
haemorrhage ['hemərɪdʒ] Blutung *f*
hag [hæg] häßliches altes Weib, Hexe *f*
haggard ['hægəd] abgehärmt; abgespannt
haggle ['hægl] feilschen
hail¹ [heɪl] **1.** Hagel *m*; **2.** hageln
hail² [~] an-, herbeirufen
'hailstone Hagelkorn *n*; **~**

storm Hagelschauer *m*
hair [heə] *einzelnes* Haar; Haar *n*, Haare *pl*; **~brush** Haarbürste *f*; **~cut** Haarschnitt *m*; **~do** F Frisur *f*; **~dresser** Friseur *m*, Friseuse *f*; *at the* **~**'s beim Friseur; **~dryer**, *a.* **hairdrier** Trockenhaube *f*; Haartrockner *m*; Fön *m* (TM); **~grip** Haarklammer *f*; **~less** unbehaart, kahl; **~pin** Haarnadel *f*; **~bend** Haarnadelkurve *f*; **~raising** haarsträubend; **~ slide** Haarspange *f*; **~splitting** Haarspalterei *f*; **~style** Frisur *f*
half [hɑːf] **1.** *s* (*pl* **halves** [hɑːvz]) Hälfte *f*; **~ past ten**, *Am. a.* **~ after ten** halb elf (Uhr); **2.** *adj* halb; **~ an hour** e-e halbe Stunde; **~ a pound** ein halbes Pfund; **3.** *adv* halb, zur Hälfte; **~hearted** halbherzig; **~ time** *Sport:* Halbzeit *f* (*Pause*); **~time 1.**

halfway

['~] *adj* Halbtags...; *Sport*: Halbzeit...; **~ job** Halbtagsarbeit *f*; **2.** [ˌ~'taɪm] *adv* halbtags; **'~way** auf halbem Weg *od.* in der Mitte (liegend)

halibut ['hɔːlɪbət] (*pl* ~) Heilbutt *m*

hall [hɔːl] Halle *f*, Saal *m*; (Haus)Flur *m*, Diele *f*

halo ['heɪləʊ] *ast.* Hof *m*; Heiligenschein *m*

halt [hɔːlt] **1.** Halt *m*; **2.** anhalten

halter ['hɔːltə] Halfter *m, n*

halve [hɑːv] halbieren; **~s** [~vz] *pl von* **half 1**

ham [hæm] Schinken *m*

hamburger ['hæmbɜːgə] *gastr.* Hamburger *m*

hammer ['hæmə] **1.** Hammer *m*; **2.** hämmern

hammock ['hæmək] Hängematte *f*

hamper¹ ['hæmpə] (Deckel-)Korb *m*; Geschenk-, Freßkorb *m*; *Am.* Wäschekorb *m*

hamper² [ˌ~] (be)hindern

hamster ['hæmstə] Hamster *m*

hand [hænd] **1.** Hand *f* (*a. fig.*); Handschrift *f*; (Uhr-)Zeiger *m*; *mst in Zssgn.*: Arbeiter *m*; Fachmann *m*; Kartenspiel: Blatt *n*, Karten *pl*; **at ~** in Reichweite; nahe; bei der *od.* zur Hand; **at first ~** aus erster Hand; **by ~** mit der Hand; **on the one ~ ..., on the other ~** einerseits..., andererseits; **on the right ~** rechts; **~s off!** Hände weg!; **~s up!** Hände hoch!; **change ~s** den Besitzer wechseln; **shake ~s with** j-m die Hand schütteln *od.* geben; **2.** aushändigen, über(geben), (-)reichen; **~ down** weitergeben, überliefern; **~ in** *Prüfungsarbeit etc.* abgeben, *Gesuch etc.* einreichen; **~ on** weiterreichen, -geben; **~ out** weitergeben, überliefern; **~ over** übergeben (*to dat*); **'~bag** Handtasche *f*; **'~bill** Handzettel *m*, Flugblatt *n*; **~book** Handbuch *n*; Reiseführer *m*; **'~brake** Handbremse *f*; **'~cuffs** *pl* Handschellen *pl*

handicap ['hændɪkæp] **1.** Handikap *n*, *med. a.* Behinderung *f*, *Sport: a.* Vorgabe *f*; **2.** behindern, benachteiligen

handi|craft ['hændɪkrɑːft] (*bsd.* Kunst)Handwerk *n*; **'~work** (Hand)Arbeit *f*; *fig.* Werk *n*

handkerchief ['hæŋkətʃɪf] Taschentuch *n*

handle ['hændl] **1.** Griff *m*; Stiel *m*; Henkel *m*; (Tür-)Klinke *f*; **2.** anfassen, berühren; hantieren *od.* umgehen mit; behandeln; **'~bars** *pl* Lenkstange *f*

hand| luggage Handgepäck *n*; **~made** handgearbeitet; **'~rail** Geländer *n*; Handlauf *m*; **'~shake** Händedruck *m*

handsome ['hænsəm] *bsd.*

Mann: gutaussehend; *Summe etc.*: beträchtlich
'**hand|writing** (Hand)Schrift *f*; '**~written** handgeschrieben; '**~y** praktisch; nützlich; geschickt; nahe, zur Hand
hang [hæŋ] (*hung*) (auf-, be-, ein)hängen; *Tapete* ankleben; *pret. u. pp* **hanged**: *j-n* (auf)hängen; **~ o.s.** sich erhängen; **~ about, ~ around** herumlungern, sich herumtreiben; **~ on** festhalten (*to acc*); warten
hangar ['hæŋə] Hangar *m*, Flugzeughalle *f*
'**hanger** Kleiderbügel *m*
hang|glider (Flug)Drachen *m*; Drachenflieger(in); '**~gliding** Drachenfliegen *n*; '**~nail** Niednagel *m*; '**~over** Kater *m*
hanker ['hæŋkə] sich sehnen
han|kie, ~ky ['hæŋkɪ] F Taschentuch *n*
haphazard [hæp'hæzəd] planlos, willkürlich
happen ['hæpən] (zufällig) geschehen; sich ereignen, passieren, vorkommen; **~ing** ['hæpnɪŋ] Ereignis *n*; Happening *n*
happ|ily ['hæpɪlɪ] glücklich(erweise); '**~iness** Glück *n*; '**~y** glücklich; '**~y-go-'lucky** unbekümmert, sorglos
harass ['hærəs] ständig belästigen; aufreiben, zermürben
harbo(u)r ['hɑːbə] 1. Hafen *m*; Zufluchtsort *m*; 2. *j-m* Unterschlupf gewähren; *Gedanken, Groll etc.* hegen
hard [hɑːd] hart; schwer, schwierig; heftig, stark; hart, streng (*a. Winter*); *Tatsachen etc.*: hart, nüchtern; *Droge*: hart, *Getränk*: *a.* stark; heart, fest; **~ of hearing** schwerhörig; **~ up** F in (Geld)Schwierigkeiten; '**~back** gebundene Ausgabe; **~'boiled** *Ei*: hart(gekocht); **~ copy** Computerausdruck *m*; **~ core** Bandenwesen *etc.*: harter Kern; '**~cover** → **hardback**; **~ disk** *Computer*: Festplatte *f*; **~en** ['hɑːdn] härten; hart machen; hart werden; erhärten; (sich) abhärten; '**~headed** praktisch, nüchtern; '**~ly** kaum; '**~ness** Härte *f*; '**~ship** Not *f*; Härte *f*; **~ shoulder** *Brt. mot.* Standspur *f*; '**~ware** Eisenwaren *pl*; Haushaltswaren *pl*; *Computer*: Hardware *f*; '**~y** zäh, robust
hare [heə] Hase *m*; '**~bell** Glockenblume *f*
harm [hɑːm] 1. Schaden *m*; 2. schaden; '**~ful** schädlich; '**~less** harmlos
harmon|ious [hɑːˈməʊnjəs] harmonisch; **~ize** [-naɪz] harmonieren; in Einklang sein *od.* bringen
harness ['hɑːnɪs] 1. (Pferde*etc.*)Geschirr *n*; 2. anschirren; anspannen (*to* an)

harp [hɑːp] 1. Harfe f; 2. Harfe spielen; ~ **on** (about) fig. herumreiten auf

harpoon [hɑːˈpuːn] 1. Harpune f; 2. harpunieren

harrow [ˈhærəʊ] 1. Egge f; 2. eggen

harsh [hɑːʃ] rauh; streng; grell; barsch, schroff

harvest [ˈhɑːvɪst] 1. Ernte(-zeit) f; Ertrag m; 2. ernten

has [hæz] er, sie, es hat

hash¹ [hæʃ] Haschee n

hash² [~] sl. Hasch n; **~ish** [ˈ~iːʃ] Haschisch n

haste [heɪst] Eile f, Hast f; **~en** [ˈ~sn] (sich be)eilen; j-n antreiben; **~r** et. beschleunigen; **'~y** eilig, hastig, überstürzt

hat [hæt] Hut m

hatch¹ [hætʃ] a. ~ **out** ausbrüten; ausschlüpfen

hatch² [~] Luke f; Durchreiche f

hatchet [ˈhætʃɪt] Beil n

hat|e [heɪt] 1. hassen; 2. Haß m; **~red** [ˈ~rɪd] Haß m

haughty [ˈhɔːtɪ] hochmütig, überheblich

haul [hɔːl] 1. ziehen, zerren; schleppen; befördern, transportieren; 2. Fischzug m, Fang m (a. fig.); Transport(weg) m; **'~age** Transport m; **'~er** Am., **'~ier** [~jə] Brt. Spediteur m

haunch [hɔːntʃ] Hüfte f, Hüftpartie f; Tier: Hinterbacke f, Keule f

haunt [hɔːnt] 1. spuken in; häufig besuchen; fig. verfolgen; **this place is ~ed** hier spukt es; 2. häufig besuchter Ort; Schlupfwinkel m

have [hæv] (**had**) v/t haben; erhalten, bekommen; essen, trinken (~ **breakfast** frühstücken); vor inf: müssen (**I ~ to go now** ich muß jetzt gehen); mit Objekt u. pp: lassen (**I had my hair cut** ich ließ mir die Haare schneiden); **~ back** zurückbekommen; **~ on** Kleidungsstück anhaben, Hut aufhaben; v/aux haben, bei v/i oft sein; **I ~ come** ich bin gekommen

haven [ˈhevn] (sicherer) Hafen, Zufluchtsort m

havoc [ˈhævək] Verwüstung f

hawk [hɔːk] Habicht m, Falke m (a. pol.)

hawthorn [ˈhɔːθɔːn] Weiß-, Rotdorn m

hay [heɪ] Heu n; **~ fever** Heuschnupfen m; **'~stack** Heuschober m, -haufen m

hazard [ˈhæzəd] 1. Gefahr f, Risiko n; 2. riskieren, aufs Spiel setzen; **'~ous** gewagt, gefährlich, riskant

haze [heɪz] Dunst m

hazel [ˈheɪzl] 1. Haselnußstrauch m; 2. nußbraun; **'~nut** Haselnuß f

hazy [ˈheɪzɪ] dunstig, diesig; fig. verschwommen

he [hiː] 1. pers pron er; 2. s Er m; Junge m, Mann m

Männchen n; **3.** *adj zo.* in Zssgn: ...männchen n

head [hed] **1.** *s* Kopf m; (Ober)Haupt n; (An)Führer(in), Leiter(in); Spitze f; *Bett:* Kopf(ende n) m; Überschrift f; *£15 a od. per* ~ fünfzehn Pfund pro Kopf od. Person; *40* ~ *pl (of cattle)* 40 Stück pl (Vieh); ~*s or tails?* Münze: Kopf od. Zahl?; *at the* ~ *of* an der Spitze (gen); ~ *over heels* kopfüber; bis über beide Ohren (*verliebt sein*); *lose one's* ~ den Kopf od. die Nerven verlieren; **2.** *adj* Kopf..., Chef..., Haupt..., Ober...; **3.** *v/t* anführen, an der Spitze stehen von (*od. gen*); voran-, vorausgehen; (an)führen, leiten; *Fußball:* köpfen; *v/i (for)* gehen, fahren (nach); lossteuern, -gehen (auf); Kurs halten (auf); '~**ache** Kopfschmerz(en pl) m; Überschrift f, Titel m; '~**lamp** = **headlight**; '~**land** Landspitze f; '~**-zunge** f; '~**light** Scheinwerfer m; '~**line** Überschrift f; Schlagzeile f; '~**long** kopfüber; ~**master** *Schule:* (Di)Rektor m; '**mistress** *Schule:* (Di)Rektorin f, -sitz m, Zentrale f; ~**office** Hauptbüro n, -sitz m, Zentrale f; ~**'on** frontal, Frontal...; '~**phones** pl Kopfhörer pl; ~**'quarters** pl, sg mil. Hauptquartier n; Hauptsitz m, Zentrale f;

(*Polizei*)Präsidium n; '~**rest** Kopfstütze f; '~**set** Kopfhörer pl; '~**strong** eigensinnig, halsstarrig; '~**y** berauschend

heal [hi:l] heilen; ~ *up, over* (zu-, ver)heilen

health [helθ] Gesundheit f; *your* ~! auf Ihr Wohl!; ~ *club* Fitneßclub m; ~ *food* Reform-, Biokost f; ~ *insurance* Krankenversicherung f; ~ *resort* Kurort m; '~**y** gesund

heap [hi:p] **1.** Haufen m; **2.** häufen; ~ *up* auf-, anhäufen

hear [hɪə] (*heard*) (ver-, zu-, *Lektion*) ab)hören; ~**d** [hɜːd] *pret u. pp von* **hear**; ~**er** ['~rə] (Zu)Hörer(in); ~**ing** ['~rɪŋ] Gehör n; Hören n; *bsd. pol.* Hearing n, Anhörung f; *jur.* Verhandlung f; *within/out of* ~ in/außer Hörweite; ~**ing aid** Hörgerät n; '~**say**: *by* ~ vom Hörensagen

hearse [hɜːs] Leichenwagen m

heart [hɑːt] Herz n *a. fig.* Kern m; *Kartenspiel:* Herz(karte f) n; ~*'s* alle Farbe: ~ *by* ~ auswendig; ~ *attack* Herzanfall m; Herzinfarkt m; ~ *beat* Herzschlag m; '~**breaking** herzzerreißend; '~**burn** Sodbrennen n; ~ *failure* Herzversagen n; '~**felt** tiefempfunden, aufrichtig

hearth [hɑːθ] Kamin m

'**heart|less** herzlos; ~**rend-**

heart transplant 140

ing herzzerreißend; **~transplant** Herzverpflanzung *f*; **'~y** herzlich; herzhaft

heat [hi:t] **1.** Hitze *f*; *phys.* Wärme *f*; *fig.* Eifer *m*; *zo.* Läufigkeit *f*, Brunst *f*; *Sport:* (Einzel)Lauf *m*; **2.** *v/t* heizen; *a.* **~ up** erhitzen, aufwärmen; *v/i* sich erhitzen (*a. fig.*); **'~ed** geheizt; *fig.* erregt, hitzig; **'~er** Heizgerät *n*

heath [hi:θ] Heide(land *n*) *f*; Erika *f*, Heidekraut *n*

heathen ['hi:ðən] **1.** Heid|e *m*, -in *f*; **2.** heidnisch

heather ['heðə] Heidekraut *n*

heat|ing ['hi:tɪŋ] Heizung *f*; Heiz...; **'~proof**, **'~resistant** hitzebeständig; **'~stroke** Hitzschlag *m*; **~ wave** Hitzewelle *f*

heave [hi:v] (hoch)stemmen, (-)hieven; *Seufzer etc.* ausstoßen; sich heben und senken, wogen

heaven ['hevn] Himmel *m*; **'~ly** himmlisch

heavy ['hevɪ] schwer; *Raucher, Regen, Verkehr etc.*: stark; *Geldstrafe, Steuern etc.*: hoch; *Nahrung etc.*: schwer(verdaulich); drückend, lastend; **~ current** Starkstrom *m*; **'~weight** *Sport:* Schwergewicht(ler *m*) *n*

Hebrew ['hi:bru:] hebräisch

heckle ['hekl] durch Zwischenrufe stören

hectic ['hektɪk] hektisch

hedge [hedʒ] **1.** Hecke *f*; **2.** *v/t* *a.* **~ in** mit e-r Hecke einfassen; *v/i* *fig.* ausweichen; **'~hog** Igel *m*

heed [hi:d] **1.** beachten, Beachtung schenken; **2.** *s: pay ~ to, take ~ of* → 1; **'~less**: *be ~ of* nicht beachten

heel [hi:l] Ferse *f*; Absatz *m*

hefty ['heftɪ] kräftig, stämmig; gewaltig, *Preise, Geldstrafe etc.*: saftig

'he-goat Ziegenbock *m*

height [haɪt] Höhe *f*; (Körper)Größe *f*; *fig.* Höhe (-punkt *m*) *f*; **'~en** ['haɪtn] erhöhen; vergrößern

heir [eə] Erbe *m*; **'~ess** ['~rɪs] Erbin *f*

held [held] *pret u. pp von* **hold** 1

helicopter ['helɪkɒptə] Hubschrauber *m*

hell [hel] Hölle *f*; *what the ~ ...?* F was zum Teufel ...?

hello [hə'ləʊ] hallo

helm [helm] Ruder *n*, Steuer *n*

helmet ['helmɪt] Helm *m*

help [help] **1.** Hilfe *f*; Hausangestellte *f*; **2.** (*j-m*) helfen; **~ o.s.** sich bedienen, sich nehmen; *I can't ~ it* ich kann es nicht ändern; ich kann nichts dafür; *I couldn't ~ laughing* ich mußte einfach lachen; **'~er** Helfer(in) *f*; **'~ful** hilfreich; hilfsbereit; **'~ing** *Essen:* Portion *f*; **'~less** hilflos

helter-skelter [heltə'skeltə] holterdiepolter

hem [hem] **1.** Saum *m*; **2.** (ein)säumen
hemisphere ['hemɪsfɪə] Halbkugel *f*, Hemisphäre *f*
'**hemline** Rocklänge *f*
hemorrhage *bsd. Am.* → **haemorrhage**
hemp [hemp] Hanf *m*
hen [hen] Henne *f*, Huhn *n*; (*Vogel*)Weibchen
henchman ['hentʃmən] (*pl* -**men**) *contp.* Handlanger *m*
'**henpecked** unter dem Pantoffel stehend; **~ husband** Pantoffelheld *m*
hepatitis [hepə'taɪtɪs] Hepatitis *f*, Leberentzündung *f*
her [hɜː] sie; ihr; ihr(e)
herb [hɜːb] Kraut *n*
herd [hɜːd] Herde *f*
here [hɪə] hier; hier/her; **~'s to you!** auf dein Wohl!; **~ you | we are!** hier (bitte)! (*da hast du es*)
hereditary [hɪ'redɪtərɪ] erblich, Erb...
heritage ['herɪtɪdʒ] Erbe *n*
hermetic [hɜː'metɪk] hermetisch, luftdicht
hermit ['hɜːmɪt] Einsiedler *m*, Eremit *m*
hero ['hɪərəʊ] (*pl* -**oes**) Held *m*; **~ic** [hɪ'rəʊɪk] heroisch
heroin ['herəʊɪn] Heroin *n*
heroine ['herəʊɪn] Heldin *f*
heron ['herən] Reiher *m*
herpes ['hɜːpiːz] Herpes *m*
herring ['herɪŋ] (*pl* **~s**, **~**) Hering *m*
hers [hɜːz] ihrs, ihre(r, -s)

high

herself [hɜː'self] *pron* sich (selbst) (*reflexiv*); *verstärkend*: sie *od.* ihr selbst
hesitat|e ['hezɪteɪt] zögern, Bedenken haben; **~ion** [~'teɪʃn] Zögern *n*
hew [hjuː] (**hewed, hewed** *od.* **hewn**) hauen, hacken; **~n** *pp von* **hew**
heyday ['heɪdeɪ] Höhepunkt *m*, Gipfel *m*; Blüte(zeit) *f*
hi [haɪ] *int* F hallo!; he!, heda!
hibernate ['haɪbəneɪt] *zo.* Winterschlaf halten
hiccup ['hɪkʌp] **1.** *a.* **hiccough** Schluckauf *m*; **2.** den Schluckauf haben
hid [hɪd] *pret. up.*, '**~den** *pp von* **hide¹**
hide¹ [haɪd] (**hid, hidden** *od.* **hid**) (sich) verbergen *od.* verstecken; verheimlichen
hide² [~] Haut *f*, Fell *n*
hide|-and-'seek Versteckspiel *n*; '**~away** Versteck *n*
hideous ['hɪdɪəs] abscheulich
hiding¹ ['haɪdɪŋ] Tracht *f* Prügel
hiding² ['~]: **be in ~** sich versteckt halten; **go into ~** untertauchen; **~ place** Versteck *n*
hi-fi ['haɪfaɪ] Hi-Fi-Gerät *n*, -Anlage *f*) *n*
high [haɪ] **1.** hoch; *Hoffnungen etc.*: groß; *Fleisch*: angegangen; F *betrunken*: blau, *Drogen*: high; **in spirits** guter Laune; **it is ~ time** es ist höchste Zeit; **2.** *meteor.*

highbrow

Hoch *n*; '~**brow 1.** Intellektuelle *m*, *f*; **2.** (betont) intellektuell; ~**'class** erstklassig; ~**diving** Turmspringen *n*; ~**fidelity** High-Fidelity-...; ~**grade** erstklassig; hochwertig; ~**'handed** anmaßend, eigenmächtig; ~**'heeled** *Schuhe*: hochhackig; ~ **jump** Hochsprung *m*; ~**'light 1.** Höhepunkt *m*; **2.** hervorheben; ~**ly** *fig.* hoch; **think** ~ **of** viel halten von; '~**ness** *fig.* Höhe *f*; **&ness** *Titel*: Hoheit *f*; ~**'pitched** *Ton*: schrill; *Dach*: steil; ~**'powered** Hochleistungs-...; *fig.* dynamisch; ~**'pressure** *tech., meteor.* Hochdruck-...; ~**'rise** Hochhaus *n*; ~**road** *bsd. Brt.* Hauptstraße *f*; ~ **school** *Am.* High-School *f*; ~ **street** *Brt.* Hauptstraße *f*; ~ **tea** *Brt.* (frühes) Abendessen; ~ **tech** [~tek] High-Tech-...; ~**technology** Hochtechnologie *f*; ~**'tension** *electr.* Hochspannungs-...; ~ **tide** Flut *f*; ~ **water** Flut *f*; Hochwasser *n*; '~**way** *bsd. Am.* Highway *m*; Haupt(verkehrs)straße *f*; &**way Code** *Brt.* Straßenverkehrsordnung *f*

hijack ['haɪdʒæk] *Flugzeug* entführen; *Geldtransport etc.* überfallen; '~**er** Flugzeugentführer *m*; Räuber *m*

hike [haɪk] **1.** wandern; **2.** Wanderung *f*; '~**r** Wanderer *m*, Wanderin *f*

hilarious [hɪ'leərɪəs] vergnügt, ausgelassen; lustig

hill [hɪl] Hügel *m*, Anhöhe *f*; '~**side** Abhang *m*; '~**y** hügelig

hilt [hɪlt] Heft *n*, Griff *m*

him [hɪm] ihn; ihm; ~**'self** *pron sich* selbst (*reflexiv*); *verstärkend:* er *od.* ihm *od.* ihn selbst

hind [haɪnd] Hinter...

hind|er ['hɪndə] *j-n, et.* aufhalten; behindern, hindern (**from** an); ~**rance** ['~drəns] Behinderung *f*; Hindernis *n*

hinge [hɪndʒ] Scharnier *n*, (Tür)Angel *f*

hint [hɪnt] **1.** Wink *m*, Andeutung *f*; Tip *m*; Anspielung *f*; **2.** andeuten

hip [hɪp] Hüfte *f*

hippopotamus [hɪpə'pɒtəməs] (*pl* -**muses**, -**mi** [~maɪ]) Fluß-, Nilpferd *n*

hire ['haɪə] **1.** *Brt. Auto etc.* mieten; *Flugzeug etc.* chartern; *j-n* anstellen; *j-n* engagieren, anheuern; ~ **out** *Brt.* vermieten; **2.** Miete *f*; **for** ~ zu vermieten; *Taxi:* frei; ~ **purchase: on** ~ *bsd. Brt.* auf Abzahlung *od.* Raten

his [hɪz] sein(e); seins, seine(r, -s)

hiss [hɪs] **1.** zischen, *Katze:* fauchen; anzischen; **2.** Zischen *n*, Fauchen *n*

histori|an [hɪ'stɔːrɪən] Historiker(in); ~**ic** [~'storɪk] histo-

risch; **~ical** historisch, geschichtlich; **~y** ['~ɔrɪ] Geschichte f
hit [hɪt] **1.** (*hit*) schlagen; treffen (*a. fig.*); *mot. etc.*: j-n, et. anfahren, et. rammen; **~ on** *od.* **upon** (zufällig) auf et. stoßen, en finden; **2.** Schlag m; Treffer m (*a. fig.*); Buch, Schlager etc.: Hit m; Drogen: sl. Schuß m; **~-and-run**: **~ accident** Unfall m mit Fahrerflucht; **~ driver** (unfall)flüchtiger Fahrer
hitch [hɪtʃ] **1.** befestigen, festhaken (**to** an); **~ up** hochziehen; **~ a ride** F im Auto mitgenommen werden; → **hitchhike**; **2.** Ruck m, Zug m; Schwierigkeit f, Haken m; **without ~** glatt, reibungslos; **'~hike** per Anhalter fahren, trampen; **'~hiker** Anhalter(in), Tramper(in)
hi-tech [haɪ'tek] → **high tech**
hive [haɪv] Bienenkorb m, -stock m; Bienenvolk n
hoard [hɔːd] **1.** Vorrat m, Schatz m; **2.** horten, hamstern; sich Vorräte anlegen
hoarfrost ['hɔː'frɒst] (Rauh-) Reif m
hoarse [hɔːs] heiser, rauh
hoax [həʊks] Streich m
hobble ['hɒbl] humpeln, hinken
hobby ['hɒbɪ] Hobby n, Steckenpferd n; **'~horse** Steckenpferd n (*a. fig.*)
hobo ['həʊbəʊ] (*pl* **-bo[e]s**)

Am. Landstreicher m
hock [hɒk] weißer Rheinwein
hockey ['hɒkɪ] *bsd. Brt.* Hockey n; *bsd. Am.* Eishockey n
hoe [həʊ] **1.** Hacke f; **2.** Boden hacken
hog [hɒg] (Schlacht)Schwein n
hoist [hɔɪst] **1.** hochziehen, hissen; **2.** (Lasten)Aufzug m
hold [həʊld] **1.** (*held*) *v/t* (fest)halten; Gewicht etc. tragen, (aus)halten; zurück-, abhalten (**from** von); Wahlen, Versammlung etc. abhalten; *mil., fig.* Stellung halten, behaupten; Aktien, Rechte etc. besitzen; Amt etc. bekleiden; Platz etc. (inne)haben; Rekord halten; fassen, enthalten; Platz bieten für; der Ansicht sein (**that** daß); halten für; **~ s.th. against s.o.** j-m et. vorhalten *od.* vorwerfen; j-m et. übelnehmen *od.* nachtragen; **~ one's own** sich behaupten (**with** gegen); **~ responsible** verantwortlich machen; *v/i* (aus)halten; (sich) festhalten (**to** an); *Wetter, Glück etc.*: anhalten, andauern; *a.* **~ the line** *teleph.* am Apparat bleiben; **~ on** (sich) festhalten (**to** an); **~** *a.* durchhalten; *teleph.* am Apparat bleiben, warten; **~ out** aus-, durchhalten; reichen; **~ up** aufhalten, et. verzögern; j-n, Bank etc. überfallen; *fig.* hinstellen (**as an example**

als Beispiel); **2.** Griff m, Halt m; Stütze f; **(on, over, of)** Gewalt f, Macht f (über), Einfluß (auf); *have a (firm)* ~ *on s.o.* j-n in s-r Gewalt haben, j-n beherrschen; *catch (get, take)* ~ *of s.th.* et. ergreifen *od.* zu fassen bekommen; '~**all** *bsd. Brt.* Reisetasche f; '~**up** *Verkehr:* Stockung f; (bewaffneter) (Raub)Überfall

hole [həʊl] **1.** Loch n; Höhle f, Bau m; **2.** durchlöchern

holiday ['hɒlədeɪ] Feiertag m; freier Tag; *mst pl bsd. Brt.* Ferien pl, Urlaub m; *take a* ~ (sich) e-n Tag frei nehmen; ~**maker** ['hɒlədɪ] Urlauber(in)

hollow ['hɒləʊ] **1.** Mulde f, Vertiefung f; **2.** hohl; **3.** *oft* ~ *out* aushöhlen

holly ['hɒlɪ] Stechpalme f

holocaust ['hɒləkɔːst] Massenvernichtung f

holster ['həʊlstə] (Pistolen-)Halfter m, n

holy ['həʊlɪ] heilig; ♀ **Week** Karwoche f

home [həʊm] **1.** *s* Heim n; Haus n; Wohnung f; Zuhause n; Heimat f; *at* ~ zu Hause; *make o.s. at* ~ es sich bequem machen; *at* ~ *and abroad* im In- und Ausland; **2.** *adj* häuslich; inländisch, Inlands...; Heimat...; *Sport:* Heim...; **3.** *adv* heim, nach Hause; zu Hause, daheim; ~ **address** Heimatanschrift f; '~**coming** Heimkehr f; ~ **computer** Heimcomputer m; '~**less** heimatlos; obdachlos; '~**ly** einfach; *Am.* unscheinbar, reizlos; ~**'made** selbstgemacht; ~ **match** *Sport:* Heimspiel n; ♀ **Office** Brt. Innenministerium n; ♀ **Secretary** Brt. Innenminister m; '~**sick**: *be* ~ Heimweh haben; ~ **town** Heimatort m, Vaterstadt f; ~ **trade** Binnenhandel m; ~**ward** ['~wəd] heimwärts, nach Hause; Heim..., Rück...; ~**wards** heimwärts, nach Hause; '~**work** Hausaufgabe(n *pl*) f

homicide ['hɒmɪsaɪd] *jur.* Mord m; Totschlag m; Mörder(in)

homosexual [hɒməʊ'sekʃʊəl] **1.** homosexuell; **2.** Homosexuelle m, f

honest ['ɒnɪst] ehrlich; aufrichtig; '~**y** Ehrlichkeit f; Aufrichtigkeit f

honey ['hʌnɪ] Honig m; *bsd. Am.* Liebling m, Schatz m; '~**comb** (Honig)Wabe f; '~**moon** Flitterwochen pl, Hochzeitsreise f

honk [hɒŋk] *mot.* hupen

honorary ['ɒnərərɪ] Ehren...; ehrenamtlich

hono(u)r ['ɒnə] **1.** Ehre f; Ehrung f, Ehre(n pl) f; **2.** ehren; auszeichnen; *Scheck etc.* einlösen; ~**able** ['~ərəbl] ehrenwert; ehrenvoll, -haft

hood [hud] Kapuze *f*; *Brt.* Verdeck *n*; *Am.* (Motor-)Haube *f*

hoodwink ['hudwɪŋk] hinters Licht führen

hoof [huːf] (*pl* ~**s**, **hooves** [~vz]) Huf *m*

hook [huk] **1.** Haken *m*; **2.** an-, ein-, fest-, zuhaken

hooligan ['huːlɪɡən] Rowdy *m*

hoop [huːp] Reif(en) *m*

hoot [huːt] hupen

hoover ['huːvə] **1.** *TM oft* ℠ Staubsauger *m*; **2.** (staub)saugen

hooves [huːvz] *pl von* **hoof**

hop[1] [hɒp] **1.** hüpfen, hopsen; **2.** Sprung *m*

hop[2] [~] Hopfen *m*

hope [həup] **1.** hoffen (*for* auf); *I ~ so* hoffentlich; **2.** Hoffnung *f*; **'~ful** hoffnungsvoll; **'~fully** hoffnungsvoll, hoffentlich; **'~less** hoffnungslos

horizon [hə'raɪzn] Horizont *m*; **~tal** [hɒrɪ'zɒntl] horizontal, waag(e)recht

hormone ['hɔːməun] Hormon *n*

horn [hɔːn] Horn *n*; *mot.* Hupe *f*; *F* Geweih *n*

hornet ['hɔːnɪt] Hornisse *f*

horny ['hɔːnɪ] schwielig; V geil

horoscope ['hɒrəskəup] Horoskop *n*

horr|ible ['hɒrəbl] schrecklich, entsetzlich, scheußlich; **'~ify** [~ɪfaɪ] entsetzen; **'~or** Entsetzen *n*; Abscheu *m* (*of* vor); Schrecken *m*, Greuel *m*; Horror...

horse [hɔːs] Pferd *n*; **'~back:** *on ~* zu Pferde, beritten; **~ chestnut** Roßkastanie *f*; **'~hair** Roßhaar *n*; **'~power** Pferdestärke *f*; **~ race** Pferderennen *n*; **'~radish** Meerrettich *m*; **'~shoe** Hufeisen *n*

horticulture ['hɔːtɪkʌltʃə] Gartenbau *m*

hose[1] [həuz] Schlauch *m*

hose[2] [~] *pl* Strümpfe *pl*, Strumpfwaren *pl*

hospitable ['hɒspɪtəbl] gast(freund)lich

hospital ['hɒspɪtl] Krankenhaus *n*, Klinik *f*

hospitality [hɒspɪ'tælətɪ] Gastfreundschaft *f*

host[1] [həust] Gastgeber *m*; (Gast)Wirt *m*; Moderator *m*

host[2] [~] Menge *f*, Masse *f*

Host[3] [~] *eccl.* Hostie *f*

hostage ['hɒstɪdʒ] Geisel *f*

hostel ['hɒstl] *bsd. Brt.* (Studenten- *etc.*)Wohnheim *n*; *mst* **youth ~** Jugendherberge *f*

hostess ['həustɪs] Gastgeberin *f*; (Gast)Wirtin *f*; Betreuerin: Hosteß *f*; *aer.* Hosteß *f*, Stewardeß *f*

hostil|e ['hɒstaɪl] feindlich; feindselig; **~ity** [~'tɪlətɪ] Feindschaft *f*, Feindseligkeit *f*

hot [hɒt] heiß; *Gewürze*: scharf; hitzig; heftig

hotel [həu'tel] Hotel *n*

'hot|head Hitzkopf *m*;

hothouse 146

'~house Treibhaus n; '~plate Koch-, Herdplatte f; ~spot bsd. pol. Unruhe-, Krisenherd m; ~'water bottle Wärmflasche f
hound [haund] Jagdhund m
hour ['auə] Stunde f; pl (Arbeits)Zeit f, (Geschäfts)Stunden pl; '~ly stündlich
house [haus] **1.** (pl houses ['~zɪz]) Haus n; **2.** [~z] unterbringen; '~breaking Einbruch m; '~hold Haushalt m; Haushalts...; ~ husband Hausmann m; '~keeper Haushälterin f; '~keeping Haushaltung f, -haltsführung f; 2 of Commons GB parl. Unterhaus n; 2 of Lords GB parl. Oberhaus n; 2 of Representatives USA parl. Repräsentantenhaus n; '~warming (party) Einzugsparty f; '~wife (pl -wives) Hausfrau f
housing ['hauzɪŋ] Wohnungen pl; ~ conditions pl Wohnverhältnisse pl; ~ development, ~ estate Wohnsiedlung f
hover ['hɒvə] schweben; '~craft (pl [~s]) Luftkissenfahrzeug n
how [hau] wie; ~ are you? wie geht es dir?; ~ about ...? wie steht od. wäre es mit ...?; ~ much? wieviel?; ~ many? wie viele?; ~ much is it? was kostet es?; ~'ever wie auch (immer); jedoch

howl [haul] **1.** Heulen n; **2.** heulen; brüllen, schreien; '~er F grober Schnitzer
hub [hʌb] (Rad)Nabe f
hubbub ['hʌbʌb] Stimmengewirr n; Tumult m
'**hubcap** Radkappe f
huckleberry ['hʌklbərɪ] Amerikanische Heidelbeere
huddle ['hʌdl] ~ together (sich) zs.-drängen; ~d up zs.-gekauert
hue [hju:] Farbe f; (Farb)Ton m; a. fig. Färbung f
hug [hʌg] **1.** (sich) umarmen; **2.** Umarmung f
huge [hju:dʒ] riesig
hulk [hʌlk] Koloß m; Klotz m
hull[1] [hʌl] **1.** bot. Schale f, Hülse f; **2.** enthülsen, schälen
hull[2] [~] (Schiffs)Rumpf m
hullabaloo [hʌləbə'lu:] Lärm m, Getöse n
hum [hʌm] summen
human ['hju:mən] **1.** menschlich, Menschen...; **2.** a. ~ being Mensch m; ~e [~'mein] human, menschlich; **~itarian** [~mænɪ'teərɪən] humanitär; **~ity** [~'mænətɪ] Humanität f; die Menschheit
humble ['hʌmbl] **1.** demütig; **2.** demütigen
humdrum ['hʌmdrʌm] eintönig, langweilig
humid ['hju:mɪd] feucht; **~ifier** [~'mɪdɪfaɪə] (Luft)Befeuchter m; **~ify** [~faɪ] be-

feuchten; **~ity** [~'mɪdətɪ] Feuchtigkeit *f*
humiliat|e [hju:'mɪlɪeɪt] demütigen, erniedrigen; **~ion** [~mɪlɪ'eɪʃn] Demütigung *f*, Erniedrigung *f*
humility [hju:'mɪlətɪ] Demut *f*
'hummingbird ['hʌmɪŋbɜːd] Kolibri *m*
humorous ['hju:mərəs] humorvoll, komisch
humo(u)r ['hju:mə] **1.** Humor *m*; Stimmung *f*; **2.** j-m s-n Willen tun *od.* lassen
hump [hʌmp] Höcker *m*, Buckel *m*; **~back** Buckel *m*; Bucklige *m, f*
hunch [hʌntʃ] **1.** → **hump**; (Vor)Ahnung *f*; **2.** e-n Buckel machen; **~back** Buckel *m*; Bucklige *m, f*
hundred ['hʌndrəd] **1.** hundert; **2.** Hundert *n*; **~th** ['~tθ] hundertste(r, -s); **~weight** *appr.* Zentner *m (50,8 kg)*
hung [hʌŋ] *pret u. pp von* **hang**
Hungarian [hʌŋ'geərɪən] **1.** ungarisch; **2.** Ungar(in)
hunger ['hʌŋgə] Hunger *m (a. fig.)*; **2.** *fig.* hungern
hungry ['hʌŋgrɪ] hungrig; **be ~** Hunger haben
hunt [hʌnt] **1.** jagen; verfolgen; suchen; **2.** Jagd *f*, Jagen *n*; Verfolgung *f*; Suche *f*; **~er** Jäger *m*; **~ing** Jagen *n*, Jagd *f*; Jagd...
hurdle ['hɜːdl] Hürde *f (a. fig.)*; **~ race** Hürdenlauf *m*
hurl [hɜːl] schleudern

hur|rah [hʊ'rɑː], **~ray** [~'reɪ] *int* hurra!
hurricane ['hʌrɪkən] Hurrikan *m*; Orkan *m*
hurried ['hʌrɪd] eilig, hastig, übereilt
hurry ['hʌrɪ] **1.** *v/t* schnell *od.* eilig befördern *od.* bringen; *oft* **~ up** j-n antreiben, hetzen; *et.* beschleunigen; *v/i* eilen, hasten; **~ (up)** sich beeilen; **~ up!** (mach) schnell!; **2.** Eile *f*, Hast *f*
hurt [hɜːt] (**hurt**) verletzen; schaden; schmerzen, weh tun
husband ['hʌzbənd] (Ehe-) Mann *m*
hush [hʌʃ] **1.** *int* still!, pst!; **2.** zum Schweigen bringen; beschwichtigen; **~ up** vertuschen; **3.** Stille *f*
husk [hʌsk] **1.** Hülse *f*, Schote *f*, Schale *f*; **2.** enthülsen, schälen
husky ['hʌskɪ] *Stimme:* heiser, rauh; F stämmig, kräftig
hustle ['hʌsl] **1.** bringen *od.* schicken; hasten; hetzen; **2.** *mst* **~ and bustle** Gedränge *n*; Gehetze *n*; Betrieb *m*
hut [hʌt] Hütte *f*
hyacinth ['haɪəsɪnθ] Hyazinthe *f*
hyaena → **hyena**
hybrid ['haɪbrɪd] *biol.* Mischling *m*, Kreuzung *f*
hydrant ['haɪdrənt] Hydrant *m*
hydraulic [haɪ'drɔːlɪk] hydraulisch; **~s** *sg* Hydraulik *f*

hydro

hydro... ['haɪdrəʊ] Wasser...; **~carbon** Kohlenwasserstoff *m*; **~chloric acid** [~'klɒrɪk] Salzsäure *f*; **~foil** [~'fɔɪl] Tragflächen-, Tragflügelboot *n*

hydrogen ['haɪdrədʒən] Wasserstoff *m*; **~ bomb** Wasserstoffbombe *f*

hyena [haɪ'iːnə] Hyäne *f*

hygien|e ['haɪdʒiːn] Hygiene *f*; **~ic** [~'dʒiːnɪk] hygienisch

hymn [hɪm] Kirchenlied *n*

hyper... ['haɪpə] hyper-, übermäßig...; **~market** Brt. Großmarkt *m*; **~tension** erhöhter Blutdruck

hyphen ['haɪfn] Bindestrich *m*

hypno|sis [hɪp'nəʊsɪs] (*pl* **-ses** [~siːz]) Hypnose *f*; **~tize** ['~nətaɪz] hypnotisieren

hypo|crisy [hɪ'pɒkrəsɪ] Heuchelei *f*; **~crite** ['hɪpəkrɪt] Heuchler(in); **~critical** [~ə-'krɪtɪkl] heuchlerisch, scheinheilig

hypotension [haɪpəʊ'tenʃn] zu niedriger Blutdruck

hypothesis [haɪ'pɒθɪsɪs] (*pl* **-ses** [~siːz]) Hypothese *f*, Idee *f*

hysteri|a [hɪ'stɪərɪə] Hysterie *f*; **~cal** [~'sterɪkl] hysterisch; **~cs** [~'sterɪks] *mst sg* hysterischer Anfall

I

I [aɪ] ich

ice [aɪs] **1.** Eis *n*; **2.** mit *od.* in Eis kühlen; *gastr.* glasieren; *mst* **~ up** *od.* **over** zufrieren, vereisen; **~berg** ['~bɜːg] Eisberg *m*; **~breaker** *mar.* Eisbrecher *m*; **~ cream** (Speise)Eis *n*, Eiscreme *f*; **~ cream parlo(u)r** Eisdiele *f*; **~ cube** Eiswürfel *m*; **~d** eisgekühlt; gefroren; *gastr.* glasiert, mit Zuckerguß; **~ hockey** Eishockey *n*; **~ lolly** Brt. Eis *n* am Stiel; **~ rink** (Kunst)Eisbahn *f*

icicle ['aɪsɪkl] Eiszapfen *m*

icing ['aɪsɪŋ] *gastr.* Glasur *f*, Zuckerguß *m*; *tech.* Vereisung *f*

icy ['aɪsɪ] eisig (*a. fig.*); vereist

idea [aɪ'dɪə] Idee *f*, Vorstellung *f*, Begriff *m*; Gedanke *m*, Idee *f*

ideal [aɪ'dɪəl] ideal

identical [aɪ'dentɪkl] identisch (**to, with** mit); **~ twins** *pl* eineiige Zwillinge *pl*

identi|fication [aɪdentɪfɪ'keɪʃn] Identifizierung *f*; **(papers** *pl*) Ausweis(papiere *pl*) *m*; **~fy** [~'dentɪfaɪ] identifizieren; **~ o.s.** sich ausweisen

identity [aɪ'dentətɪ] Identität *f*; **~ card** (Personal)Ausweis *m*

ideology [aɪdɪ'ɒlədʒɪ] Ideologie *f*

idiom ['ɪdɪəm] Idiom *n*, idio-

imitation

matischer Ausdruck, Redewendung f

idiot ['ɪdɪət] Schwachsinnige m, f; Dummkopf m; ~**ic** [~'ɒtɪk] idiotisch

idle ['aɪdl] **1.** untätig; faul, träge; nutzlos; *Geschwätz:* leer, hohl; *tech.:* stillstehend; leer laufend; ~**ant; 2.** faulenzen; *tech.* leer laufen; *mst* ~ *away Zeit* vertrödeln

idol ['aɪdl] Idol n; Götzenbild n; ~**ize** [~əlaɪz] abgöttisch verehren

idyllic [ɪ'dɪlɪk] idyllisch

if [ɪf] wenn, falls; ob; ~ *I were you* wenn ich du wäre

igloo ['ɪgluː] Iglu m

ignite [ɪg'naɪt] an-, (sich) entzünden; *mot.* zünden; ~**ion** [~'nɪʃn] Zündung f; ~ *key* Zündschlüssel m

ignor|ance ['ɪgnərəns] Unwissenheit f; Unkenntnis f (*of* gen); ~**ant** unwissend; ~**e** [~'nɔː] ignorieren

ill [ɪl] **1.** krank; schlecht, schlimm; *fall* ~, *be taken* ~ krank werden, erkranken; → *ease* 1; **2.** *oft pl* Übel n; ~-**advised** schlechtberaten, unklug; ~-**bred** schlechterzogen; ungezogen

illegal [ɪ'liːgl] verboten, illegal, ungesetzlich; ~**legible** unleserlich; ~**legitimate** unrechtmäßig; uneheli

ill-**'fated** unglücklich; ~'**humo(u)red** schlecht-, übelgelaunt

illicit [ɪ'lɪsɪt] unerlaubt, verboten; ~**literate** [ɪ'lɪtərət] ungebildet

ill-'**mannered** ungehobelt, ungezogen; ~'**natured** boshaft

'**illness** Krankheit f

ill-'**tempered** schlechtgelaunt; ~'**timed** ungelegen, unpassend; ~'**treat** mißhandeln

illuminat|e [ɪ'luːmɪneɪt] beleuchten; ~**ion** [~'neɪʃn] Beleuchtung f

illus|ion [ɪ'luːʒn] Illusion f; Einbildung f; ~**ive**, ~**ory** [~ərɪ] illusorisch, trügerisch

illustrat|e ['ɪləstreɪt] illustrieren; erläutern, veranschaulichen; bebildern; ~**ion** [~'streɪʃn] Illustration f; Bild n, Abbildung f; Erläuterung f, Veranschaulichung f

ill will Feindschaft f

image ['ɪmɪdʒ] Bild n; Ebenbild n; Image n

imagin|able [ɪ'mædʒɪnəbl] vorstellbar, denkbar; ~**ary** eingebildet; ~**ation** [~'neɪʃn] Phantasie f, Einbildung(skraft) f; ~**ative** [ɪ'mædʒɪnətɪv] phantasie-, einfallsreich; phantasievoll; ~**e** [~] sich *j-n od. et.* vorstellen; et. einbilden

imbecile ['ɪmbɪsiːl] Trottel m, Idiot m

imitat|e ['ɪmɪteɪt] nachahmen, -machen, imitieren; ~**ion**

[~'teɪʃn] Nachahmung f, Imitation f, Nachbildung f
im|maculate [ɪ'mækjʊlət] makellos; tadellos; **~material** [ɪmə'tɪərɪəl] unwesentlich; **~mature** unreif; **~measurable** [ɪ'meʒərəbl] unermeßlich
immediate [ɪ'miːdjət] unmittelbar; sofortig, umgehend; *Verwandtschaft*: nächste(-r, -s); **~ly** sofort; unmittelbar
immense [ɪ'mens] riesig
immer|se [ɪ'mɜːs] (ein)tauchen; **~ o.s. in** sich vertiefen in; **~sion heater** *bsd. Brt.* Boiler *m*; Tauchsieder *m*
immigra|nt [ˈɪmɪgrənt] Einwanderer *m*, -in *f*, Immigrant(in); **~te** [~eɪt] einwandern; **~tion** [~ˈgreɪʃn] Einwanderung *f*, Immigration *f*
imminent [ˈɪmɪnənt] nahe bevorstehend; drohend
im|moderate [ɪˈmɒdərət] unmäßig, maßlos; **~moral** unmoralisch; **~mortal** unsterblich
immun|e [ɪˈmjuːn] immun (**to** gegen); geschützt (**from** *od.* **against**); **~ity** Immunität *f*
imp [ɪmp] Kobold *m*; Racker *m*
impact [ˈɪmpækt] Zs.-prall *m*; Aufprall *m*; *fig.* (Ein)Wirkung *f*, (starker) Einfluß *m*
im|pair [ɪmˈpeə] beeinträchtigen; **~partial** unparteiisch, unvoreingenommen; **~'passable** unpassierbar

impasse [æmˈpɑːs] *fig.* Sackgasse *f*
im|'passioned leidenschaftlich; **~passive** teilnahmslos; gelassen
impatien|ce Ungeduld *f*; **~t** ungeduldig
impeccable [ɪmˈpekəbl] untadelig, einwandfrei
imped|e [ɪmˈpiːd] (be)hindern; **~iment** [~ˈpedɪmənt] Hindernis *n* (**to** für); (*bsd.* angeborener) Fehler
im|pending [ɪmˈpendɪŋ] nahe bevorstehend, *Gefahr etc.*: drohend; **~penetrable** [~ˈpenɪtrəbl] undurchdringlich; *fig.* unergründlich
imperative [ɪmˈperətɪv] **1.** unumgänglich, unbedingt erforderlich; **2.** *gr.* Imperativ *m*, Befehlsform *f*
imperceptible nicht wahrnehmbar, unmerklich
imperfect [ɪmˈpɜːfɪkt] unvollkommen; mangel-, fehlerhaft
im|'peril gefährden; **~perious** [ɪmˈpɪərɪəs] herrisch, gebieterisch; **~permeable** [~ˈpɜːmjəbl] undurchlässig
impersonal unpersönlich; **~ate** [ɪmˈpɜːsəneɪt] *j-n* imitieren, nachahmen
impertinen|ce [ɪmˈpɜːtɪnəns] Unverschämtheit *f*; **~t** unverschämt, frech
im|perturbable [ɪmpəˈtɜːbəbl] unerschütterlich; **~pervious** [~ˈpɜːvjəs] un-

in

durchlässig; *fig.* unzugänglich, unempfänglich (**to** für)
implant *med.* **1.** [ɪmˈplɑːnt] implantieren; **2.** [ˈ~] Implantat *n*
implement [ˈɪmplɪmənt] Werkzeug *n*, Gerät *n*
implicat|e [ˈɪmplɪkeɪt] *j-n* verwickeln; **~ion** [~ˈkeɪʃn] Verwicklung *f*; Folge *f*, Auswirkung *f*; Andeutung *f*
im|plicit [ɪmˈplɪsɪt] vorbehalt-, bedingungslos; impliziert, (stillschweigend *od.* mit) inbegriffen; **~plore** [~ˈplɔː] *j-n* anflehen; **~ply** [~ˈplaɪ] implizieren, (sinngemäß *od.* stillschweigend) beinhalten; andeuten; mit sich bringen; **~polite** unhöflich
import 1. [ɪmˈpɔːt] importieren, einführen; **2.** [ˈ~] Import *m*, Einfuhr *f*; *pl* Importgüter *pl*, Einfuhrware *f*
importan|ce [ɪmˈpɔːtns] Wichtigkeit *f*, Bedeutung *f*; **~t** wichtig, bedeutend
importer [ɪmˈpɔːtə] Importeur *m*
impos|e [ɪmˈpəʊz] auferlegen, aufbürden (**on** dat); Strafe verhängen (**on** gegen); *et.* aufdrängen, -zwingen (**on** dat); Maßnahme etc. einführen; **~ o.s. on s.o.** sich *j-m* aufdrängen; **~ing** eindrucksvoll, imponierend
impossible unmöglich
impostor, *Am.* **-er** [ɪmˈpɒstə] Hochstapler(in)

impoten|ce [ˈɪmpətəns] Unvermögen *n*, Unfähigkeit *f*; Hilflosigkeit *f*; *med.* Impotenz *f*; **~t** unfähig; hilflos; *med.* impotent
im|poverish [ɪmˈpɒvərɪʃ]: **be ~ed** verarmt sein; **~'practicable** undurchführbar
impregnate [ˈɪmpregneɪt] imprägnieren, tränken
impress [ɪmˈpres] (auf)drücken, (ein)drücken; *j-n* beeindrucken; Eindruck *m*; Abdruck *m*; **~ive** [~ˈpresɪv] eindrucksvoll
imprint 1. [ɪmˈprɪnt] (auf)drücken, *fig.* einprägen; **2.** [ˈ~] Ab-, Eindruck *m*
imprison [ɪmˈprɪzn] einsperren; **~ment** Freiheitsstrafe *f*
im|probable unwahrscheinlich; **~proper** unpassend; falsch; unanständig
improve [ɪmˈpruːv] verbessern; sich (ver)bessern; **~ment** (Ver)Besserung *f*; Fortschritt *m*
improvise [ˈɪmprəvaɪz] improvisieren, **~prudent** [~ˈpruːdənt] unklug; **~pudent** [~ˈpjuːdənt] unverschämt
impulse [ˈɪmpʌls] Impuls *m* (*a. fig.*); Anstoß *m*, Anreiz *m*; **~ive** [~ˈpʌlsɪv] impulsiv
im|punity [ɪmˈpjuːnətɪ]: **with ~** straflos, ungestraft; **~pure** [~ˈpjʊə] unrein
in [ɪn] **1.** *prp* räumlich: (*wo?*) in (*dat*), an (*dat*), auf (*dat*): **~ London** in London; **the**

street auf der Straße; – (*wohin?*) in (*acc*): **put it ~ your pocket** steck es in deine Tasche; – *zeitlich*: in (*dat*), an (*dat*): **~ 1999** 1999; **~ two hours** in zwei Stunden; **~ the morning** am Morgen; – *Zustand, Art u. Weise*: in (*dat*), auf (*acc*), mit: **~ English** auf englisch; *Tätigkeit*: in (*dat*), bei, auf (*dat*): **~ crossing the road** beim Überqueren der Straße; bei (*Autoren*): **~ Shakespeare** bei Sh.; *Material*: in (*dat*), aus, mit: **~ dressed ~ blue** in Blau (gekleidet); *Zahl, Betrag*: in, von, aus, zu: **three ~ all** insgesamt *od.* im ganzen drei; **one ~ ten** eine(r, -s) von zehn; nach, gemäß: **~ my opinion** m-r Meinung nach; **2.** *adv* (dr)innen; hinein, herein; da, (an)gekommen; da, zu Hause; **3.** *adj* F in (Mode); **~ the ~ tray** von Briefen *etc.*: im Post- *etc.* Eingang

in|ability Unfähigkeit *f*; **~accessible** [~æk'sesəbl] unzugänglich; **~'accurate** ungenau; unrichtig; **~'active** untätig; **~'adequate** unangemessen; unzulänglich; **~advisable** nicht ratsam *od.* empfehlenswert; **~'animate** leblos; *fig.* langweilig; **~'applicable** nicht anwendbar *od.* zutreffend (*to* auf); **~appropriate** unpassend, ungeeignet; **~'apt** unpassend; **~**

articulate *Sprache*: undeutlich; unklar; **~attentive** unaufmerksam; **~'audible** unhörbar

inaugura|l [ɪ'nɔ:gjʊrəl] Einweihungs..., Eröffnungs...; **~te** [~eɪt] (feierlich) einführen; einweihen, eröffnen

in|born [ɪn'bɔ:n] angeboren; **~'breeding** Inzucht *f*; **~'calculable** [~'kælkjʊləbl] unermeßlich; unberechenbar; **~'capable** unfähig, nicht imstande

incapaci|tate [ɪnkə'pæsɪteɪt] unfähig *od.* untauglich machen; **~ty** Unfähigkeit *f*, Untauglichkeit *f*

incautious unvorsichtig
incendiary [ɪn'sendjərɪ] Brand...
incense[1] ['ɪnsens] Weihrauch *m*
incense[2] [ɪn'sens] erbosen
incentive [ɪn'sentɪv] Ansporn *m*, Anreiz *m*
incessant [ɪn'sesnt] unaufhörlich, ständig
incest ['ɪnsest] Blutschande *f*, Inzest *m*
inch [ɪntʃ] Inch *m* (2,54 cm), Zoll *m*
incident ['ɪnsɪdənt] Vorfall *m*, Ereignis *n*; *pol.* Zwischenfall *m*; **~al** [~'dentl] beiläufig; nebensächlich; **~ally** übrigens
incinerator [ɪn'sɪnəreɪtə] Verbrennungsofen *m*, -anlage *f*
incis|e [ɪn'saɪz] einschneiden; einritzen, -kerben; **~ion**

incur

[~'sɪʒn] (Ein)Schnitt m; **~ive** [~'saɪsɪv] scharf, schneidend; *fig.* prägnant, treffend; **~or** [~'saɪzə] Schneidezahn m

inclement [ɪn'klemənt] *Wetter*: rauh, unfreundlich

inclin|ation [ɪnklɪ'neɪʃn] Neigung f (*a. fig.*); **~e** [~'klaɪn] **1.** (sich) neigen; *fig.* veranlassen; **2.** Gefälle n; (Ab)Hang m

inclose, inclosure → *enclose, enclosure*

inclu|de [ɪn'kluːd] einschließen; aufnehmen; *tax* **~d** inklusive Steuer; *in Liste etc.:* einschließlich; **~ding** einschließlich; **~sive** einschließlich, inklusive (*of* gen); Pauschal...

incoherent (logisch) unzusammenhängend

income [ˈɪnkʌm] Einkommen n; **~ tax** ['~ʌmtæks] Einkommensteuer f

in|comparable unvergleichlich; **~compatible** unvereinbar; unverträglich; inkompatibel

incompeten|ce Unfähigkeit f; **~t** unfähig

in|complete unvollständig; **~comprehensible** unverständlich; **~conceivable** undenkbar; **~conclusive** nicht überzeugend; ergebnislos; **~congruous** [~'kɒŋgruəs] nicht übereinstimmend; unvereinbar; **~considerable** unbedeutend; **~considerate** rücksichtslos; unüberlegt;

~consistent unvereinbar; widersprüchlich; unbeständig, wechselhaft; **~consolable** untröstlich; **~conspicuous** unauffällig; **~constant** unbeständig

inconvenien|ce 1. Unbequemlichkeit f; Unannehmlichkeit f, Ungelegenheit f; **2.** j-m lästig sein; j-m Umstände machen; **~t** unbequem; ungelegen, lästig

incorporate 1. [ɪn'kɔːpəreɪt] v/t vereinigen, zs.-schließen, (mit) einbeziehen; aufnehmen; v/i sich zs.-schließen; **2.** [~rət] *adj* = **~d** [~'reɪtɪd] *econ.; jur.* als (*Am.* Aktien)Gesellschaft eingetragen

in|correct unrichtig; **~corrigible** [~'kɒrɪdʒəbl] unverbesserlich; **~corruptible** unbestechlich

increase 1. [ɪn'kriːs] vergrößern, -mehren, erhöhen; zunehmen, (an)wachsen, *Preise:* steigen; **~ in value** wertvoller werden; **2.** ['ɪnkriːs] Vergrößerung f, Erhöhung f; Zunahme f, Zuwachs m, Steigerung f; **~ingly** immer mehr

incred|ible unglaublich; **~ulous** ungläubig, skeptisch

incriminate [ɪn'krɪmɪneɪt] belasten

incubator ['ɪŋkjubeɪtə] Brutapparat m; *med.* -kasten m

incur [ɪn'kɜː] sich *et.* zuziehen; *Schulden* machen; *Verluste* erleiden

in|'curable unheilbar; *fig.* unverbesserlich; **~'debted** verschuldet; (zu Dank) verpflichtet (*to* s.o. j-m); **~'decent** unanständig, *jur.* unzüchtig; ungebührlich

indeed [ɪn'diːd] **1.** in der Tat, tatsächlich, allerdings; **2.** *int* ach wirklich?, was Sie nicht sagen!

in|defatigable [ɪndɪ'fætɪɡəbl] unermüdlich; **~'definable** undefinierbar; **~'definite** [~'defɪnət] unbestimmt; unbegrenzt; **Jy** auf unbestimmte Zeit, unbegrenzt (lange); **~'delible** [~'delɪbl] unauslöschlich (*a. fig.*); **~ pencil** Tintenstift *m*; **~'delicate** unfein; taktlos

independen|ce Unabhängigkeit *f*, Selbständigkeit *f*; **~t** unabhängig, selbständig

in|describable [ɪndɪ'skraɪbəbl] unbeschreiblich; **~de'structible** [~'strʌktəbl] unzerstörbar; **~de'terminate** [~'tɜːmɪnət] unbestimmt

index ['ɪndeks] (*pl* -**dexes**, -**dices** ['~dɪsiːz]) Index *m*, (Stichwort- *etc.*)Verzeichnis *n*, (Sach)Register *n*; **~ card** Kartei *f*; **~ card** Karteikarte *f*; **~ finger** Zeigefinger *m*

Indian ['ɪndjən] **1.** indisch; indianisch, Indianer...; **2.** Inder(in); Indianer(in); **~ corn** Mais *m*; **~ summer** Altweibersommer *m*

India rubber ['ɪndjə] Radiergummi *m*

indicat|e ['ɪndɪkeɪt] deuten *od.* zeigen auf; *tech.* anzeigen; *mot.* blinken; *fig.* hinweisen *od.* -deuten auf; andeuten; **~ion** [~'keɪʃn] (**of**) (An)Zeichen *n* (für); Hinweis *m* (auf); Andeutung *f*; **~ive** [~'dɪkətɪv] *gr.* Indikativ *m*; **~or** ['~dɪkeɪtə] *tech.* Zeiger *m*; *mot.* Blinker *m*; Anzeichen *n*

indices ['ɪndɪsiːz] *pl* von *index*

indict [ɪn'daɪt] *jur.* anklagen **indifferen|ce** Gleichgültigkeit *f*; Mittelmäßigkeit *f*; **~t** gleichgültig; mittelmäßig

indigestible unverdaulich; **~ion** Magenverstimmung *f*

indign|ant [ɪn'dɪɡnənt] entrüstet, empört; **~ation** [~'neɪʃn] Entrüstung *f*, Empörung *f*

in|dignity Demütigung *f*; **~di'rect** indirekt

indis|creet unbesonnen; indiskret; **~cretion** Unbesonnenheit *f*; Indiskretion *f*

in|discriminate [ɪndɪ'skrɪmɪnət] wahllos; kritiklos; **~di'spensable** unentbehrlich

indispos|ed unentschlossen, unpäßlich; abgeneigt; **~ition** Unpäßlichkeit *f*

in|disputable unbestreitbar; **~di'stinct** undeutlich; **~di'stinguishable** nicht zu unterscheiden(d)

individual [ɪndɪ'vɪdʒʊəl] **1.**

individuell; einzeln, Einzel...; persönlich; **2.** Individuum *n*, einzelne *m, f*; **~ly** individuell; einzeln

indivisible unteilbar

indolen|ce ['ɪndələns] Trägheit *f*; **~t** träge

indomitable [ɪn'dɒmɪtəbl] unbezähmbar; unbeugsam

indoor ['ɪndɔː] Zimmer..., Innen..., Sport: Hallen...; **~s** [-'dɔːz] im Haus, drinnen; ins Haus (hinein)

indorse [ɪn'dɔːs] *etc.* → **endorse** *etc*

induce [ɪn'djuːs] veranlassen; verursachen

indulge [ɪn'dʌldʒ] nachsichtig sein gegen; *e-r* Neigung *etc.* nachgeben, frönen; **~ in s.th.** sich *et.* gönnen *od.* leisten; **~nce** Nachsicht *f*; übermäßiger Genuß; Luxus *m*; **~nt** nachsichtig, -giebig

industrial [ɪn'dʌstrɪəl] industriell, Industrie..., Gewerbe..., Betriebs...; **~ estate** *Brt.*, **~ park** *Am.* Gewerbegebiet *n*, Industriegebiet *n*; **~ist** Industrielle *m, f*; **~ize** industrialisieren

industr|ious [ɪn'dʌstrɪəs] fleißig; **~y** ['ɪndəstrɪ] Industrie *f*; Fleiß *m*

in|effective, ~effectual [ɪnɪ'fekt(ʃʊəl] unwirksam, wirkungslos; untauglich; **~efficient** unwirtschaftlich; untüchtig; **~eligible** nicht berechtigt; **~ept** [ɪ'nept] unpas-

send; ungeschickt; **~equality** Ungleichheit *f*; **~escapable** unvermeidlich; unweigerlich; **~estimable** [-'estɪməbl] unschätzbar; **~evitable** [-'evɪtəbl] unvermeidlich; **~excusable** unverzeihlich; **~exhaustible** unerschöpflich; **~expensive** nicht teuer, preiswert; **~experienced** unerfahren; **~explicable** [ɪk'splɪkəbl] unerklärlich

inexpress|ible unaussprechlich; **~ive** ausdruckslos

infallible [ɪn'fæləbl] unfehlbar

infan|cy ['ɪnfənsɪ] frühe Kindheit; **~t** Säugling *m*; kleines Kind, Kleinkind *n*; **~tile** [-aɪl] infantil, kindisch; kindlich; Kinder...

infantry ['ɪnfəntrɪ] Infanterie *f*

infatuated [ɪn'fætjʊeɪtɪd]: **~ with** vernarrt in

infect [ɪn'fekt] infizieren, anstecken (*a. fig.*); **~ion** [-kʃn] Infektion *f*, Ansteckung *f*; **~ious** ansteckend

infer [ɪn'fɜː] schließen, folgern (**from** aus); **~ence** ['ɪnfərəns] Schlußfolgerung *f*

inferior [ɪn'fɪərɪə] **1.** untergeordnet (**to** dat); niedriger (**to** als); weniger wert (**to** als); minderwertig; **be ~ to s.o.** j-m untergeordnet sein; j-m unterlegen sein; **2.** Untergebene *m, f*; **~ity** [-'ɒrətɪ] Unterlegenheit *f*; Minderwertigkeit *f*

infernal [ɪnˈfɜːnl] höllisch
infertile [ɪnˈfɜːtaɪl] unfruchtbar
infidelity Untreue *f*
infinit|e [ˈɪnfɪnət] unendlich; gewaltig; **~ive** [~ˈfɪnɪtɪv] *gr.* Infinitiv *m*; **~y** [~ətɪ] Unendlichkeit *f*
infirm [ɪnˈfɜːm] schwach, gebrechlich; **~ary** Krankenhaus *n*; Schule *etc.*: Krankenzimmer *n*; **~ity** Gebrechlichkeit *f*, Schwäche *f*
inflame [ɪnˈfleɪm] (sich) entzünden
inflamma|ble [ɪnˈflæməbl] brennbar, feuergefährlich; **~tion** [~əˈmeɪʃn] *med.* Entzündung *f*
inflat|able [ɪnˈfleɪtəbl] aufblasbar; *Boot:* Schlauch...; **~e** [~eɪt] aufblasen; *Reifen etc.* aufpumpen; *Preise* hochtreiben; **~ion** *econ.* Inflation *f*
inflexible [ɪnˈfleksəbl] inflexibel; unbiegsam, starr
inflict [ɪnˈflɪkt] (**on, upon**) *Leid, Schaden* zufügen (*dat*); *Wunde* beibringen (*dat*); *Strafe* verhängen (über)
influen|ce [ˈɪnfluəns] **1.** Einfluß *m*; **2.** beeinflussen; **~tial** [~ˈenʃl] einflußreich
influenza [ɪnfluˈenzə] Grippe *f*
inform [ɪnˈfɔːm] (**of, about**) benachrichtigen (von), unterrichten (von), informieren (über); **~ against** *od.* **on s.o.** j-n anzeigen; j-n denunzieren

informal [ɪnˈfɔːml] zwanglos; inoffiziell
informatics [ɪnfəˈmætɪks] *sg* Informatik *f*
inform|ation [ɪnfəˈmeɪʃn] Auskunft *f*, Information *f*; Nachricht *f*; **~ative** [~ˈfɔːmətɪv] informativ, aufschlußreich; **~er** Denunziant(in); Spitzel *m*
infrared [ɪnfrəˈred] infrarot
infrequent [ɪnˈfriːkwənt] selten
infuriate [ɪnˈfjʊərɪeɪt] wütend machen
infus|e [ɪnˈfjuːz] *Tee* aufgießen; **~ion** [~ʒn] *med.* Infusion *f*; Aufguß *m*
ingen|ious [ɪnˈdʒiːnjəs] genial; einfallsreich; **~uity** [~dʒɪˈnjuːətɪ] Genialität *f*, Einfallsreichtum *m*
ingot [ˈɪŋgət] (*Gold- etc.*) Barren *m*
ingratiate [ɪnˈgreɪʃɪeɪt]: **~ o.s. with s.o.** sich bei j-m einschmeicheln
ingratitude Undankbarkeit *f*
ingredient [ɪnˈgriːdjənt] Bestandteil *m*; *gastr.* Zutat *f*
inhabit [ɪnˈhæbɪt] bewohnen; **~able** bewohnbar; **~ant** Bewohner(in); Einwohner(in)
inhale [ɪnˈheɪl] einatmen; inhalieren
inherent [ɪnˈhɪərənt] innewohnend
inherit [ɪnˈherɪt] erben; **~ance** Erbe *n*, Erbschaft *f*
inhibit [ɪnˈhɪbɪt] hemmen;

(ver)hindern; **~ion** [~'bɪʃn] *psych.* Hemmung *f*

inhospitable ungastlich; unwirtlich

inhuman [ɪn'hju:mən] unmenschlich; **~e** [~'meɪn] inhuman, menschenunwürdig

initial [ɪ'nɪʃl] **1.** anfänglich, Anfangs...; **2.** Initiale *f*, (großer) Anfangsbuchstabe; **3.** abzeichnen; **~ly** [~ʃəlɪ] am Anfang, anfänglich

initiate [ɪ'nɪʃɪeɪt] einleiten; *j-n* einführen; *j-n* einweihen; **~ion** [~'eɪʃn] Einleitung *f*, Einführung *f*; **~ive** [ɪ'nɪʃɪətɪv] Initiative *f*

inject [ɪn'dʒekt] *med.* injizieren, einspritzen (*a. tech.*); **~ion** [~kʃn] *med.* Injektion *f*, Spritze *f*, Einspritzung *f*

injure [ɪn'dʒə] verletzen (*a. fig.*); *fig.*: kränken; schaden; **~ed 1.** verletzt; **2. the ~** *pl* die Verletzten *pl*; **~y** ['~ərɪ] Verletzung *f* Kränkung *f*

injustice Ungerechtigkeit *f*

ink [ɪŋk] Tinte *f*

inland 1. ['ɪnlənd] *adj* binnenländisch, Binnen...; inländisch, einheimisch; ♀ **Revenue** *Brt.* Finanzamt *n*; **2.** [~'lænd] *adv* landeinwärts

inlay ['ɪnleɪ] Einlegearbeit *f*; (Zahn)Füllung *f*

inlet [~] schmale Bucht; Einlaß *m*

inmate ['ɪnmeɪt] Insass|e *m*, -in *f*

inmost ['ɪnməʊst] innerste(r,

-s), *fig. a.* geheimste(r, -s)

inn [ɪn] Gasthaus *n*, -hof *m*

innate [ɪ'neɪt] angeboren

inner ['ɪnə] innere(r, -s); In-nen...; **'~most** → *inmost*

innocen|ce ['ɪnəsəns] Unschuld *f*; **~t** ['~sənt] unschuldig

innovation [ɪnəʊ'veɪʃn] Neuerung *f*

innumerable [ɪ'nju:mərəbl] unzählig, zahllos

inoculat|e [ɪ'nɒkjʊleɪt] impfen; **~ion** [~'leɪʃn] Impfung *f*

in|offensive harmlos; **~operable** [~'ɒpərəbl] inoperabel; **~organic** unorganisch; *chem.* anorganisch

'in-patient stationärer Patient, stationäre Patientin

input 1. *econ., Computer:* Input *m, n*, Eingabe *f*; Energiezufuhr *f*; Aufwand *m*; **2.** (**-putted** *od.* **-put**) *Computer:* Daten eingeben (**into** in)

inquest ['ɪnkwest] *jur.* gerichtliche Untersuchung

inquir|e [ɪn'kwaɪə] sich erkundigen (nach); (nach)fragen; **~ into** *etc.* untersuchen, prüfen; **~y** [~rɪ] Erkundigung *f*, Nachfrage *f*; Untersuchung *f*

insane [ɪn'seɪn] geisteskrank

insanitary unhygienisch

insanity Geisteskrankheit *f*, Wahnsinn *m*

insatiable [ɪn'seɪʃəbl] unersättlich

inscription [ɪn'skrɪpʃn] In-*od.* Aufschrift *f*

insect ['insekt] Insekt n; **~icide** [~'sektisaid] Insektizid n
insecure ungesichert, nicht fest; *fig.* unsicher
inseminate [in'semineit] befruchten, *zo. a.* besamen
insensible unempfindlich (**to** gegen); bewußtlos; unempfänglich (**of, to** für); unmerklich; **~tive** unempfindlich (**to** gegen); unempfänglich (**of, to** für); gefühllos
inseparable untrennbar, unzertrennlich
insert 1. [in'sə:t] einsetzen, -fügen; (hinein)stecken, *Münze* einwerfen; **2.** ['~sə:t] Inserat n; (Zeitungs)Beilage f, (Buch)Einlage f; **~ion** [~'sə:[n] Einsetzen n, Einfügung f, *Münze:* Einwurf m; → **insert** 2
inside [in'said, 'insaid] s Innenseite f; das Innere; **turn ~ out** umdrehen, -stülpen; *fig.* umkrempeln; **2.** [~'said] *adj* innere(r, -s), Innen...; **3.** [~'said] *adv* im Inner(e)n, (dr)innen; hin-, herein; **4.** [~'said] *prp* innerhalb, im Inner(e)n; **~ the house** im Hause; **~r** [~'saidə] Insider(in), Eingeweihte m, f
insidious [in'sidiəs] hinterhältig, heimtückisch
insight ['insait] Verständnis n; Einblick m (**into** in)
in|significant unbedeutend; **~sincere** unaufrichtig; **~sinuate** [in'sinjueit] andeuten, anspielen auf

insist [in'sist] darauf bestehen; **~ on** bestehen auf; **~ent** beharrlich, hartnäckig
insolent ['insələnt] unverschämt, frech; **~'soluble** unlöslich; *fig.* unlösbar; **~'solvent** zahlungsunfähig
insomnia [in'somniə] Schlaflosigkeit f
inspect [in'spekt] untersuchen, inspizieren; **~ion** [~k∫n] Prüfung f, Untersuchung f; Inspektion f; **~or** Inspektor m, Kontrolleur m; Kommissar m
inspiration [inspə'rei∫n] Inspiration f, (plötzlicher) Einfall; **~e** [~'spaiə] inspirieren, anregen
in|stal(l) [in'stɔ:l] *tech.* installieren; **~'stallation** [~ə'lei∫n] *tech.* Installation f; *tech.* Anlage f
instal(l)ment [in'stɔ:lmənt] *econ.* Rate f; *Roman:* Fortsetzung f; *Rundfunk, TV:* Folge f; **~ plan: on / by the ~** *Am.* auf Raten
instance ['instəns] (einzelner) Fall; Beispiel n; **for ~** zum Beispiel
instant ['instənt] **1.** Moment m, Augenblick m; **2.** sofortig, augenblicklich; **~ camera** Sofortbildkamera f; **~ coffee** Pulverkaffee m; **~ food** Fertig-, Schnellgerichte *pl*; **~aneous** [~'teinjəs] augenblicklich; **~ly** sofort

instead [in'sted] statt dessen; **~ of** anstatt, an Stelle von

'instep Spann *m*

instinct ['instiŋkt] Instinkt *m*; **~ive** [~'stiŋktiv] instinktiv

institut|e ['institju:t] Institut *n*; **~ion** [~'tju:ʃn] Institution *f*, Einrichtung *f*; Institut *n*

instruct [in'strʌkt] unterrichten; ausbilden, schulen; anweisen; informieren; **~ion** [~kʃn] Unterricht *m*; Ausbildung *f*, Schulung *f*; Anweisung *f*, Instruktion *f*, *Computer: Befehl m*; **~s** *pl for use* Gebrauchsanweisung *f*; **~ive** instruktiv; **~or** Lehrer *m*; Ausbilder *m*; **~ress** Lehrerin *f*; Ausbilderin *f*

instrument ['instrəmənt] Instrument *n*; Werkzeug *n*

in|subordinate aufsässig; **~sufferable** [in'sʌfərəbl] unerträglich; **~sufficient** ungenügend

insulat|e ['insjuleit] *electr.*, *tech.* isolieren; **~ion** [~'leiʃn] Isolierung *f*

insult 1. [in'sʌlt] beleidigen; **2.** ['~] Beleidigung *f*

insur|ance [in'ʃɔ:rəns] *econ.*: Versicherung *f*; Versicherungssumme *f* od. -prämie *f*; (Ab)Sicherung *f* (**against** gegen); **~ agent** Versicherungsvertreter *m*; **~ company** Versicherungs(gesellschaft) *f*; **~ policy** Versicherungspolice *f*; **~e** [~'ʃɔ:] versichern; **~ed** (*pl* **~**) Versicherte *m, f*

insurmountable [insə'mauntəbl] unüberwindlich

intact [in'tækt] unversehrt

intake ['inteik] Aufnahme *f*; Einlaß(öffnung *f*) *m*

integrate ['intigreit] (sich) integrieren; zs.-schließen; eingliedern; **~d circuit** integrierter Schaltkreis

integrity [in'tegrəti] Integrität *f*

intellect ['intəlekt] Intellekt *m*, Verstand *m*; **~ual** [~'lektʃuəl] **1.** intellektuell, geistig; **2.** Intellektuelle *m, f*

intelli|gence [in'telidʒəns] Intelligenz *f*; nachrichtendienstliche Informationen *pl*; *a.* **~ service** Nachrichten-, Geheimdienst *m*; **~ent** intelligent, klug; **~ible** verständlich

intend [in'tend] beabsichtigen, vorhaben; bestimmen

intens|e [in'tens] intensiv, stark, heftig; *Person:* ernsthaft; **~ify** [~sifai] (sich) verstärken; **~ity** Intensität *f*; **~ive** intensiv, gründlich; **~ care unit** Intensivstation *f*; **~ course** Intensivkurs *m*

intent [in'tent] **1.** Absicht *f*; **2. be ~ on doing s.th.** fest entschlossen sein, et. zu tun; **~ion** Absicht *f*; **~ional** absichtlich

inter|cede [intə'si:d] sich verwenden *od.* einsetzen (**with**

intercept bei; *for* für); **~cept** [~'sept] *Brief etc.* abfangen; **~cession** [~'seʃn] Fürsprache *f*

interchange 1. [intə'tʃeindʒ] austauschen; **2.** ['~] Austausch *m*; kreuzungsfreier Verkehrsknotenpunkt; *a.* **motorway ~** Autobahnkreuz *n*

intercom ['intəkɔm] (Gegen-) Sprechanlage *f*

intercourse ['intəkɔːs] Verkehr *m*, Umgang *m*; (Geschlechts)Verkehr *m*

interest ['intrəst] **1.** Interesse *n*; Bedeutung *f*; *econ.*: Anteil *m*, Beteiligung *f*; Zins(en *pl*) *m*; **take an ~** sich interessieren für; **2.** interessieren (*in* für); **~ed** interessiert (*in* an); **be ~** sich interessieren für; **~ing** interessant; **~ rate** Zinssatz *m*

'**interface** *Computer:* Schnittstelle *f*

interfere [intə'fiə] sich einmischen; eingreifen; **~ with** stören; **~nce** [~'fiərəns] Einmischung *f*, Eingreifen *n*; Störung *f*

interior [in'tiəriə] **1.** innere(r, -s), Innen...; **2.** *das* Innere; **→ department; ~ decorator** Innenausstatter(in), *a.* **~ designer** Innenarchitekt(in)

inter|jection [intə'dʒekʃn] *gr.* Interjektion *f*; **~'lock** ineinandergreifen

interlude ['intəluːd] Pause *f*; Zwischenspiel *n*

intermedia|ry [intə'miːdjəri] Vermittler(in), Mittelsmann *m*; **~te** [~jət] dazwischenliegend, Zwischen...; *ped.* für fortgeschrittene Anfänger

inter|mingle [intə'mingl] (sich) vermischen; **~'mission** Pause *f*

intern [in'tɜːn] *Am.* Assistenzarzt *m*

internal [in'tɜːnl] innere(r, -s), Innen...; Inlands...; intern; **~-combustion engine** Verbrennungsmotor *m*; **2 Revenue** *Am.* Finanzamt *n*; **~ly** innen; *med.* innerlich

international [intə'næʃənl] **1.** international; **2.** *Sport:* Nationalspieler(in); Länderkampf *m*, -spiel *n*

internist [in'tɜːnist] *med.* Internist(in)

interpret [in'tɜːprit] interpretieren, auslegen; dolmetschen; **~ation** [~'teiʃn] Auslegung *f*; Dolmetschen *n*; **~er** [~'tɜːpritə] Dolmetscher(in)

interrogat|e [in'terəgeit] verhören, -nehmen; (be)fragen; **~ion** [~'geiʃn] Verhör *n*, -nehmung *f*; Frage *f*; **~ mark → question mark**

interrupt [intə'rʌpt] unterbrechen; **~ion** [~pʃn] Unterbrechung *f*

intersect [intə'sekt] sich schneiden *od.* kreuzen; (durch)schneiden; **~ion** [~kʃn] Schnittpunkt *m*; (Straßen)Kreuzung *f*

'interstate zwischenstaatlich
interval ['ɪntəvl] Abstand *m*; Intervall *n*; *Brit.* Pause *f*
interven|e [ɪntə'viːn] eingreifen, -schreiten, intervenieren; dazwischenkommen; **~tion** [~'venʃn] Eingreifen *n*, -schreiten *n*, Intervention *f*
interview ['ɪntəvjuː] **1.** Interview *n*; Einstellungsgespräch *n*; **2.** interviewen; ein Einstellungsgespräch führen mit; **~ee** [~'iː] Interviewte *m, f*; **~er** Interviewer(in)
intestine [ɪn'testɪn] Darm *m*; **large / small ~** Dick- / Dünndarm *m*
intima|cy ['ɪntɪməsɪ] Intimität *f*, Vertrautheit *f*; *(a. plumpe)* Vertraulichkeit *f*; intime *(sexuelle)* Beziehungen *pl*; **~te** ['~ət] *intim*; Freunde *etc.*: vertraut, eng; *(a. plump-)* vertraulich; *Wünsche etc.*: innerste(r, -s); *Kenntnisse*: gründlich, genau
intimidate [ɪn'tɪmɪdeɪt] einschüchtern
into ['ɪntʊ] *prp* in *(acc)*, in *(acc)* ... hinein
intoler|able [ɪn'tɒlərəbl] unerträglich; **~ant** unduldsam, intolerant *(of* gegenüber*)*
intoxicated [ɪn'tɒksɪkeɪtɪd] berauscht; betrunken
intransitive [ɪn'trænsɪtɪv] intransitiv
intravenous [ɪntrə'viːnəs] intravenös
intrepid [ɪn'trepɪd] unerschrocken, furchtlos
intricate ['ɪntrɪkət] verwickelt, kompliziert
intrigu|e [ɪn'triːg] **1.** faszinieren; interessieren; intrigieren; **2.** Intrige *f*
introduc|e [ɪntrə'djuːs] einführen; vorstellen *(to* dat*)*; **~tion** [~'dʌkʃn] Einführung *f*; *Buch etc.*: Einleitung *f*; Vorstellung *f*
introvert ['ɪntrəʊvɜːt] introvertiert
intru|de [ɪn'truːd] stören *(on* s.o. j-n*)*; **~der** Eindringling *m*; Störenfried *m*; **~sion** [~ʒn] Störung *f* *(on* an*)*
invade [ɪn'veɪd] einfallen *od.* eindringen in, *mil. a.* einmarschieren in
invalid¹ ['ɪnvəlɪd] **1.** Kranke *m, f*; Invalide *m, f*; **2.** krank; invalid(e)
invalid² [ɪn'vælɪd] (rechts)ungültig
invaluable unschätzbar
invariab|le unveränderlich; **~ly** immer; ausnahmslos
invasion [ɪn'veɪʒn] *(of)* Einfall *m* (in), *mil. a.* Invasion *f* *(gen)*, Einmarsch *m* (in)
invent [ɪn'vent] erfinden; **~ion** Erfindung *f*; **~ive** erfinderisch; einfallsreich; **~or** Erfinder(in)
invert [ɪn'vɜːt] umkehren; umdrehen; **~ed commas** *pl* Anführungszeichen *pl*
invertebrate [ɪn'vɜːtɪbreɪt] wirbelloses Tier

invest [ɪn'vest] investieren, anlegen

investigat|e [ɪn'vestɪgeɪt] untersuchen; erforschen; **~ion** [~'geɪʃn] Untersuchung f

invest|ment [ɪn'vestmənt] Investition f, Kapitalanlage f; **~or** Investor m, Kapitalanleger m

in|vincible [ɪn'vɪnsəbl] unbesiegbar; fig. unüberwindlich; **~'visible** unsichtbar

invitation [ɪnvɪ'teɪʃn] Einladung f; Aufforderung f; **~e** [~'vaɪt] einladen; auffordern

invoice ['ɪnvɔɪs] **1.** (Waren)Rechnung f; **2.** in Rechnung stellen, berechnen

invoke [ɪn'vəʊk] flehen um; Gott etc. anrufen; beschwören; **~'voluntary** unfreiwillig; unabsichtlich; unwillkürlich; **~volve** [~'vɒlv] verwickeln, hineinziehen; *j-n. et.* angehen, betreffen; zur Folge haben; **~'vulnerable** unverwundbar; unangreifbar; unantastbar

inward ['ɪnwəd] **1.** *adj* innerlich, innere(r, -s), Innen...; **2.** *adv Am.* → **inwards**; **~ly** *adv* innerlich, im Inner(e)n; **~s** ['~z] *adv* einwärts, nach innen

iodine ['aɪədiːn] Jod n

IOU [aɪəʊ'juː] (= *I owe you*) Schuldschein m

iridescent [ɪrɪ'desnt] schillernd

iris ['aɪərɪs] *anat.* Iris f, Regenbogenhaut f; *bot.* Iris f, Schwertlilie f

Irish ['aɪərɪʃ] **1.** irisch; **2. the ~** *pl* die Iren *pl*; **'~man** (*pl -men*) Ire m; **'~woman** (*pl -women*) Irin f

iron ['aɪən] **1.** Eisen n; **2.** eisern, Eisen...; **3.** bügeln

ironic(al) [aɪ'rɒnɪk(l)] ironisch

'iron|ing Bügeln n; Bügel...; **~board** Bügelbrett n; **~monger's** ['~mʌŋɡəz] *Brt.* Eisenwarenhandlung f; **'~works** *pl, a. sg* Eisenhütte f

irony ['aɪərəni] Ironie f

ir|radiate [ɪ'reɪdɪeɪt] bestrahlen; **~'rational** irrational, unvernünftig; **~'reconcilable** unversöhnlich; unvereinbar; **~'recoverable** unersetzlich; **~'regular** unregelmäßig; ungleichmäßig; regel- *od.* vorschriftswidrig; **~'relevant** unerheblich, belanglos, irrelevant; **~'reparable** [ɪ'repərəbl] nicht wiedergutzumachen(d); **~'replaceable** unersetzlich; **~'repressible** nicht zu unterdrücken(d); unbezähmbar; **~'reproachable** untadelig, tadellos; **~'resistible** unwiderstehlich; **~'resolute** unentschlossen, unschlüssig; **~'respective**: **~ of** ohne Rücksicht auf; **~'responsible** unverantwortlich; verantwortungslos; **~'retrieva-**

ble unwiederbringlich, unersetzlich; **~reverent** [ɪ'revərənt] respektlos; **~revocable** [ɪ'revəkəbl] unwiderruflich
irrigate ['ɪrɪgeɪt] bewässern; **~ion** [~'geɪʃn] Bewässerung *f*
irritable ['ɪrɪtəbl] reizbar; **~ate** [~eɪt] reizen (*a. med.*), (ver)ärgern; **~ation** [~'teɪʃn] Ärger *m*, Verärgerung *f*; *med.* Reizung *f*
is [ɪz] *3. sg pres von* **be**
Islam ['ɪzlɑːm] Islam *m*; **~ic** [~'læmɪk] islamisch
island ['aɪlənd] Insel *f*; *a.* **traffic ~**, *Am.* **safety ~** Verkehrsinsel *f*
isle [aɪl] Insel *f*
isn't ['ɪznt] *für* **is not**
isolate ['aɪsəleɪt] isolieren; **~ed** isoliert; abgeschieden; Einzel...; **~ion** [~'leɪʃn] Isolierung *f*, Absonderung *f*
Israeli [ɪz'reɪlɪ] **1.** israelisch; **2.** Israeli *m*
issue ['ɪʃuː] **1.** *s* Zeitung *etc*.: Ausgabe *f*; (Streit)Frage *f*, Streitpunkt *m*, Problem *n*; Ausgang *m*, Ergebnis *n*; *jur.*

Nachkommen(schaft *f*) *pl*; **point at ~** strittige Frage; **2.** *v/t* Zeitung *etc.* herausgeben; *Banknoten etc.* ausstellen; *Dokument etc.* ausstellen; *Befehle etc.* erteilen; *v/i* heraus-, hervorkommen
it [ɪt] *es; bezogen auf bereits Genanntes*: es, er, ihn, sie
Italian [ɪ'tæljən] **1.** italienisch; **2.** Italiener(in)
itch [ɪtʃ] **1.** Jucken *n*, Juckreiz *m*; **2.** jucken
item ['aɪtəm] Punkt *m* (*der Tagesordnung etc.*), auf e-r Liste: Posten *m*; Artikel *m*, Gegenstand *m*; (*Presse-, Zeitungs*)Notiz *f*, (*a. Rundfunk, TV*) Nachricht *f*, Meldung *f*
itinerary [aɪ'tɪnərərɪ] Reiseroute *f*
its [ɪts] sein(e), ihr(e)
it's [ɪts] *für* **it is, it has**
itself [ɪt'self] *pron* sich (selbst) (*reflexiv*); *verstärkend*: selbst
I've [aɪv] *für* **I have**
ivory ['aɪvərɪ] Elfenbein *n*
ivy ['aɪvɪ] Efeu *m*

J

jab [dʒæb] stechen, stoßen
jack [dʒæk] **1.** Wagenheber *m*; *Kartenspiel*: Bube *m*; **2. ~ up** Auto aufbocken
jackal ['dʒækɔːl] Schakal *m*
jacket ['dʒækɪt] Jacke *f*, Jackett *n*; *tech.* Mantel *m*;

(Schutz)Umschlag *m*; *Am.* (Schall)Plattenhülle *f*; **potatoes** *pl* **(boiled) in their ~s** Pellkartoffeln *pl*
jack|knife (*pl* - **knives**) Klappmesser *n*; **~pot** Jackpot *m*, Haupttreffer *m*

jagged

jag|ged ['dʒægɪd], **'~gy** (aus-)gezackt, zackig
jaguar ['dʒægjʊə] Jaguar *m*
jail [dʒeɪl] **1.** Gefängnis *n*; **2.** einsperren
jam¹ [dʒæm] Marmelade *f*
jam² [~] **1.** *v/t* (hinein)pressen, (-)quetschen, (-)zwängen; (ein)klemmen, (-)quetschen; *a.* **~ up** blockieren, verstopfen; *Funkempfang* stören; *v/i* sich (hinein)drängen *od.* (-)quetschen; *tech.* sich verklemmen, *Bremsen:* blockieren; **2.** Gedränge *n*; *tech.* Blockierung *f*; **traffic ~** Verkehrsstau *m*; **be in a ~** F in der Klemme stecken
janitor ['dʒænɪtə] *Am.* Hausmeister *m*
January ['dʒænjʊərɪ] Januar *m*
Japanese [dʒæpə'niːz] **1.** japanisch; **2.** Japaner(in)
jar¹ [dʒɑː] Gefäß *n*, Krug *m*; (Marmelade- *etc.*)Glas *n*
jar² [~]: **~ on** Geräusch, Farbe *etc.*: weh tun (*dat*)
jargon ['dʒɑːgən] Jargon *m*, Fachsprache *f*
jaundice ['dʒɔːndɪs] Gelbsucht *f*
javelin ['dʒævlɪn] *Sport:* Speer *m*
jaw [dʒɔː] *anat.* Kiefer *m*
jay [dʒeɪ] Eichelhäher *m*
jazz [dʒæz] **1.** Jazz *m*; **2.** **~ up** *j-n, et.* aufmöbeln
jealous ['dʒeləs] (**of**) eifersüchtig (auf); neidisch (auf); **'~y** Eifersucht *f*; Neid *m*

jeans [dʒiːnz] *pl* Jeans *pl*
jeep [dʒiːp] *TM* Jeep *m*
jeer [dʒɪə] **1.** (**at**) höhnische Bemerkung machen (über); höhnisch lachen (über); ~ (**at**) verhöhnen; **2.** höhnische Bemerkung; Hohngelächter *n*
jell|ied ['dʒelɪd] in Aspik *od.* Sülze; **'~y** Gallert(e *f*) *n*; Gelee *n*; Aspik *m*; Sülze *f*; Götterspeise *f*; **~ baby** *Brt.* Gummibärchen *n*; **~ bean** Gelee-, Gummibonbon *m, n*; **~fish** Qualle *f*
jeopardize ['dʒepədaɪz] gefährden
jerk [dʒɜːk] **1.** ruckartig ziehen an; sich ruckartig bewegen; (zs.-)zucken; **2.** Ruck *m*; Sprung *m*, Satz *m*; *med.* Zuckung *f*; **'~y** ruckartig; *Fahrt:* rüttelnd, schüttelnd
jersey ['dʒɜːzɪ] Pullover *m*
jest [dʒest] **1.** Scherz *m*, Spaß *m*; **2.** scherzen, spaßen
jet [dʒet] **1.** (*Wasseretc.*)Strahl *m*; Düse *f*; *aer.* Jet *m*; **2.** (heraus-, hervor)schießen (**from**); *aer.* F jetten; **~ engine** Düsentriebwerk *n*
jetty ['dʒetɪ] (Hafen)Mole *f*
Jew [dʒuː] Jude *m*, Jüdin *f*
jewel ['dʒuːəl] Juwel *m, n*, Edelstein *m*; **'~(l)er** Juwelier *m*; **~(le)ry** ['~lrɪ] Juwelen *pl*; Schmuck *m*
Jew|ess ['dʒuːɪs] Jüdin *f*; **'~ish** jüdisch
jiffy ['dʒɪfɪ] F Augenblick *m*

jigsaw (puzzle) ['dʒɪgsɔː] Puzzle(spiel) *n*

jilt [dʒɪlt] sitzenlassen; den Laufpaß geben (*dat*)

jingle ['dʒɪŋgl] **1.** klimpern (mit); bimmeln; **2.** Klimpern *n*; Bimmeln *n*

jitter ['dʒɪtə]: *the ~s pl* F Bammel *m*, e-e Heidenangst

job [dʒɒb] **1.** (*einzelne*) Arbeit; Stellung *f*, Arbeit *f*, Job *m*; Arbeitsplatz *m*; Aufgabe *f*, Sache *f*, Angelegenheit *f*; Computer: Job *m*, Auftrag *m*; *a.* **~ work** Akkordarbeit *f*; **by the ~** im Akkord; **out of a ~** arbeitslos; **2.** Gelegenheitsarbeiten machen, jobben; (im) Akkord arbeiten; **~ centre** *Brt.* Arbeitsamt *n*; **~ hopping** *Brt.* häufiger Arbeitsplatzwechsel; **~ hunt: be ~ing** auf Arbeitssuche sein; **'~less** arbeitslos

jockey ['dʒɒkɪ] Jockei *m*

jog [dʒɒg] **1.** stoßen *od.* gegen, *j-n* anstoßen; trotten, zuckeln; *Sport:* joggen; **2.** Stoß *m*, Trott *m*; *Sport:* Trimmtrab *m*

join [dʒɔɪn] **1.** *v/t* verbinden, -einigen, -fügen; sich anschließen (*dat od.* an); eintreten in, beitreten; teilnehmen an, mitmachen bei; **~ in** einstimmen in; *v/i* sich vereinigen; **~ in** teilnehmen, mitmachen; einstimmen; **2.** Verbindungsstelle *f*, Naht *f*; **'~er** Tischler, Schreiner *m*

joint [dʒɔɪnt] **1.** Verbindungs-, Nahtstelle *f*; Gelenk *n*; *gastr.* Braten *m*; *bsd.* Lokal: *sl.* Laden *m*, Bude *f*; *Haschisch- od. Marihuanazigarette:* Joint *m*; **2.** gemeinsam, gemeinschaftlich; **~'stock company** *Brt.* Aktiengesellschaft *f*; **~ venture** *econ.* Gemeinschaftsunternehmen *n*

jok|e [dʒəʊk] **1.** Scherz *m*, Spaß *m*; Witz *m*; **practical ~** Streich *m*; **play a ~ on s.o.** j-m e-n Streich spielen; **2.** scherzen, Witze *od.* Spaß machen; **'~er** Spaßvogel *m*, Witzbold *m*; *Spielkarte:* Joker *m*; **'~ingly** im Spaß, scherzhaft

jolly ['dʒɒlɪ] **1.** *adj* lustig, fröhlich, vergnügt; **2.** *adv Brt.* F ganz schön; **~ good** prima

jolt [dʒəʊlt] **1.** e-n Ruck *od.* Stoß geben; durchrütteln, -schütteln; *Fahrzeug:* rütteln, holpern; **2.** Ruck *m*, Stoß *m*; Schock *m*

jostle ['dʒɒsl] (an)rempeln

jot [dʒɒt]: **~ down** sich schnell *et.* notieren

joule [dʒuːl] Joule *n*

journal ['dʒɜːnl] Tagebuch *n*; Journal *n*, Zeitschrift *f*; **~ism** ['-əlɪzəm] Journalismus *m*; **'~ist** Journalist *m*

journey ['dʒɜːnɪ] Reise *f*

joy [dʒɔɪ] Freude *f*; **'~stick** *aer.* Steuerknüppel *m*; *Computer:* Joystick *m*

jubil|ant ['dʒuːbɪlənt] über-

glücklich; **~ation** [~'leɪʃn] Jubel *m*; **~ee** ['~liː] Jubiläum *n*
judg|e [dʒʌdʒ] **1.** Richter(in); Kenner(in); **2.** *jur.* Fall verhandeln; (be)urteilen; beurteilen, einschätzen; **~(e)ment** Urteil *n*; Urteilsvermögen *n*; Meinung *f*, Ansicht *f*; **the Last 2** das Jüngste Gericht; **2 Day, Day of 2** Jüngster Tag
judicial [dʒuː'dɪʃl] gerichtlich, Justiz...; richterlich
judicious [dʒuː'dɪʃəs] vernünftig, klug, umsichtig
jug [dʒʌg] Krug *m*; Kanne *f*, Kännchen *n*
juggle ['dʒʌgl] jonglieren (mit); **~r** Jongleur *m*
juic|e [dʒuːs] Saft *m*; **~y** saftig
jukebox ['dʒuːkbɒks] Jukebox *f*, Musikautomat *m*
July [dʒuː'laɪ] Juli *m*
jumble ['dʒʌmbl] **1.** *a.* **~ up** *od.* **together** durcheinanderwerfen; Fakten durcheinanderbringen; **2.** Durcheinander *n*; **~ sale** *Brt.* Wohltätigkeitsbasar *m*
jump [dʒʌmp] **1.** *v/i* springen; hüpfen; zs.-zucken (**at** bei); *v/t* springen über; Sprung *m*
'jumper¹ *Sport:* Springer(in)
'jumper² *bsd. Brt.* Pullover *m*
'jumpy nervös; schreckhaft
junct|ion ['dʒʌŋkʃn] *rail.* Knotenpunkt *m*; (Straßen-) Kreuzung *f*; **~ure** ['~ktʃə]: **at**

this ~ zu diesem Zeitpunkt
June [dʒuːn] Juni *m*
jungle ['dʒʌŋgl] Dschungel *m*
junior ['dʒuːnjə] **1.** junior; jüngere(r, -s); untergeordnet; *Sport:* Junioren..., Jugend...; **2.** Jüngere *m, f*; *Sport:* Junior(in)
junk [dʒʌŋk] Trödel *m*; Schrott *m*; Abfall *m*; *sl.* Stoff *m* (*bsd.* Heroin); **~ food** minderwertige(s) Nahrungsmittel; **~ie, ~y** *sl.* Junkie *m*, Fixer(in); **~yard** Schrottplatz *m*
juris|diction [dʒʊərɪs'dɪkʃn] Gerichtsbarkeit *f*; Zuständigkeit(sbereich *m*) *f*; **~prudence** ['~pruːdəns] Rechtswissenschaft *f*
juror ['dʒʊərə] Geschworene *m, f*
jury ['dʒʊərɪ] *die* Geschworenen *pl*; Jury *f*, Preisgericht *n*
just [dʒʌst] **1.** *adj* gerecht; angemessen; rechtmäßig; berechtigt; **2.** *adv* gerade, (so)eben; gerade, genau, eben; gerade (noch); nur; **~ about** ungefähr, etwa; **~ like that** einfach so; **~ now** gerade (jetzt), (so)eben
justice ['dʒʌstɪs] Gerechtigkeit *f*; Richter *m*
justi|fication [dʒʌstɪfɪ'keɪʃn] Rechtfertigung *f*; **~fy** ['~faɪ] rechtfertigen
'justly mit *od.* zu Recht
jut [dʒʌt]: **~ out** vorspringen, herausragen

juvenile ['dʒu:vənaɪl] **1.** jugendlich; Jugend...; **~ delinquency** Jugendkriminalität f; **2.** Jugendliche m, f

K

kangaroo [kæŋgə'ru:] Känguruh n
keel [ki:l] Kiel m
keen [ki:n] **1.** scharf (a. fig.); Kälte: schneidend; Interesse: stark, lebhaft; begeistert, sich leidenschaftlich; **~ on** F versessen od. scharf auf
keep [ki:p] **1.** (Lebens)Unterhalt m; **for ~s** F für immer; **2.** (**kept**) v/t (be)halten; j-n, et. lassen, in e-m bestimmten Zustand (er)halten (**~ closed** Tür etc. geschlossen halten); im Besitz behalten; j-n aufhalten; aufheben, -bewahren; Ware führen; Laden etc. haben; Tiere halten; Versprechen, Wort halten; Buch führen; ernähren, er-, unterhalten; v/i bleiben; sich halten; mit ger: weiter...; **~ smiling!** immer nur lächeln!; **~ (on) talking** weitersprechen; **~ (on) trying** es weiterversuchen, es immer wieder versuchen; **~ s.o. company** j-m Gesellschaft leisten; **~ s.o. waiting** j-n warten lassen; **~ time** Uhr: richtig gehen; Takt u. fig. Schritt halten; **~ away** (sich) fernhalten (**from** von); **~ back** zurückhalten (a. fig.); **~ from** abhalten von; bewahren vor; j-m et. vorenthalten, verschweigen, vermeiden (acc); **~ in Schüler(in)** nachsitzen lassen; **~ off** (sich) fernhalten von; sich fernhalten; **~ off!** Betreten verboten!; **~ on** Kleidungsstück anbehalten, anlassen, Hut aufbehalten; Licht brennen lassen; weitermachen (**→ keep** v/i mit ger); **~ out** nicht hinein- od. hereinlassen; **~ out!** Zutritt verboten!; **~ to** fig. festhalten an, bleiben bei; **~ s.th. to o.s.** et. für sich behalten; **~ up** fig. aufrecht erhalten; fig. sich halten; Mut nicht sinken lassen; **~ up with** Schritt halten mit; **'~er** Wächter(in), Aufseher(in); mst in Zssgn: Inhaber(in), Besitzer(in)
keg [keg] kleines Faß
kennel ['kenl] Hundehütte f; oft pl (sg konstr.) Hundezwinger m; Hundepension f
kept [kept] pret u. pp von **keep** 2
kerb [kɜ:b], **'~stone** Brt. Bord-, Randstein m
kernel ['kɜ:nl] Kern m
kettle ['ketl] Kessel m; **'~drum** (Kessel)Pauke f
key [ki:] **1.** Schlüssel m (a.

fig.); Taste *f*; *mus.* Tonart *f*; Schlüssel...; **2.** ~ *in* Computer: Daten eintippen, -geben; '~board Tastatur *f*; '~hole Schlüsselloch *n*

kick [kɪk] **1.** (mit dem Fuß) stoßen, treten, e-n Tritt geben *od.* versetzen; *Fußball:* schießen; strampeln; *Pferd:* ausschlagen; ~ *off* Fußball: anstoßen; ~ *out* F rausschmeißen; **2.** (Fuß)Tritt *m*, Stoß *m*; *(just) for* ~*s* F (nur so) zum Spaß; '~off Fußball: Anstoß *m*

kid [kɪd] **1.** Zicklein *n*; Ziegenleder *n*; F Kind *n*; **2.** F Spaß machen

kidnap ['kɪdnæp] (*-nap[p]ed*) kidnappen, entführen; ~(p)er Kidnapper(in), Entführer(in); '~(p)ing Kidnapping *n*, Entführung *f*

kidney ['kɪdnɪ] Niere *f*

kill [kɪl] töten; umbringen, ermorden; '~er Mörder(in), Killer(in)

kiln [kɪln] Brennofen *m*

kilo ['kiːləʊ] Kilo *n*; ~**gram(me)** ['kɪləʊɡræm] Kilogramm *n*; '~**metre**, *Am.* '~**meter** Kilometer *m*

kilt [kɪlt] Kilt *m*, Schottenrock *m*

kin [kɪn] (*pl konstr.*) (Bluts)Verwandtschaft *f*, Verwandte *pl*, Familie *f*

kind¹ [kaɪnd] freundlich, nett

kind² [~] Art *f*, Sorte *f*; *all* ~*s of* aller möglichen; *nothing of the* ~ nichts dergleichen; ~ *of* F ein bißchen

kindergarten ['kɪndəɡɑːtn] Kindergarten *m*

kind-hearted [kaɪnd'hɑːtɪd] gütig

kindle ['kɪndl] anzünden, (sich) entzünden; *fig.:* entfachen, *Interesse etc.* wecken

'kindly freundlich; '~**ness** Freundlichkeit *f*; Gefälligkeit *f*

king [kɪŋ] König *m*; '~**dom** (König)Reich *n*; '~**fisher** Eisvogel *m*; '~**-size(d)** Riesen...

kiosk ['kiːɒsk] Kiosk *m*; *Brt.* Telefonzelle *f*

kipper ['kɪpə] *Räucherhering:* Kipper *m*

kiss [kɪs] **1.** Kuß *m*; **2.** (sich) küssen

kit [kɪt] Ausrüstung *f*; Arbeitsgerät *n*, Werkzeug(e *pl*) *n*

kitchen ['kɪtʃɪn] Küche *f*; Küchen...; '~**ette** [~'net] Kochnische *f*; Kleinküche *f*; ~ *sink* Spüle *f*

kite [kaɪt] Drachen *m*

kitten ['kɪtn] Kätzchen *n*

knack [næk] Kniff *m*, Dreh *m*

knapsack ['næpsæk] Tornister *m*, Rucksack *m*

knave [neɪv] *Kartenspiel:* Bube *m*

knead [niːd] kneten; massieren

knee [niː] Knie *n*; '~**cap** Kniescheibe *f*; '~**-joint** Kniegelenk *n*

kneel [ni:l] (**knelt** od. **kneeled**) knien
knelt [nelt] pret u. pp von **kneel**
knew [nju:] pret von **know**
knickers ['nɪkəz] pl Brt. F (Damen)Schlüpfer m
knick-knacks ['nɪknæks] pl Nippes pl
knife [naɪf] (pl **knives** [~vz]) Messer n
knight [naɪt] 1. Ritter m; Schach: Springer m; 2. zum Ritter schlagen
knit [nɪt] (**knitted** od. **knit**) stricken; a. ~ **together** zs.-fügen, verbinden; Knochen: zs.-wachsen; '~**ting** Stricken n; Strickzeug n; '~**wear** Strickwaren pl
knives [naɪvz] pl von **knife**
knob [nɒb] Knopf m, Knauf m, runder Griff
knock [nɒk] 1. Schlag m, Stoß m; Klopfen n; 2. schlagen, stoßen; klopfen; ~ **down** Gebäude etc. abreißen; umstoßen, -werfen; niederschlagen; an-, umfahren; überfahren; mit dem Preis heruntergehen; ~ **out** bewußtlos schlagen; Boxen: k.o. schlagen; betäuben; ~ **over** umwerfen, umstoßen; überfahren; '~**er** (Tür)Klopfer m; '~**out** Boxen: K.o. m
knot [nɒt] 1. Knoten m; 2. (ver)knoten, (-)knüpfen; '~**ty** knotig; knorrig; fig. verwickelt, kompliziert
know [nəʊ] (**knew, known**) wissen; können; verstehen; kennen; (wieder)erkennen; unterscheiden (können); ~ **all about it** genau Bescheid wissen; '~**ing** klug; schlau; '~**ingly** wissentlich, absichtlich; '~**ledge** ['nɒlɪdʒ] Kenntnis(se pl) f; Wissen n; **to my** ~ meines Wissens; **have a good ~ of** viel verstehen von, sich gut auskennen in; ~**n** 1. pp von **know**; 2. bekannt
knuckle ['nʌkl] (Finger)Knöchel m

L

lab [læb] F Labor n
label ['leɪbl] 1. Etikett n, (Klebe- etc.)Zettel m, (-)Schild (-chen) n; 2. etikettieren, beschriften
labor ['leɪbə] Am. → **labour**, etc.; ~ **office** Am. Arbeitsamt n; ~ **union** Am. Gewerkschaft f
laboratory [ləˈbɒrətərɪ] Labor(atorium) n
laborious [ləˈbɔːrɪəs] mühsam
labour, Am. **-bor** ['leɪbə] 1. (schwere) Arbeit f; Mühe f; Arbeiter(schaft f) pl, Arbeitskräfte pl; med. Wehen pl; Arbeiter...; Arbeits...; 2.

laboured

(schwer) arbeiten; sich be- *od.* abmühen, sich anstrengen; **~ed** schwerfällig; mühsam; **~er** (*bsd.* Hilfs)Arbeiter *m*; **'Labour Party** *pol.* Labour Party *f*
lace [leɪs] **1.** *Textil:* Spitze *f*; Schnürsenkel *m*; **2.** *a.* **~ up** (zu)schnüren
lack [læk] **1.** Mangel *m* (**of** an); **2.** nicht haben, Mangel haben an; **be ~ing** fehlen
lacquer ['lækə] **1.** Lack *m*; (Haar)Spray *n*; **2.** lackieren
lad [læd] Bursche *m*, Junge *m*
ladder ['lædə] Leiter *f*, *Brt.* Laufmasche *f*; **'~proof** maschenfest
laden ['leɪdn] beladen
ladle ['leɪdl] Schöpflöffel *m*, -kelle *f*
lady ['leɪdɪ] Dame *f*; ♀ *Titel:* Lady *f*; **Ladies** *sg* Toilette: Damen; **'~bird,** *Am. a.* **'~bug** Marienkäfer *m*
lag [læg] **~ behind** zurückbleiben
lager ['lɑːgə] Lagerbier *n*
lagoon [lə'guːn] Lagune *f*
laid [leɪd] *pret u. pp von* **lay**²
lain [leɪn] *pp von* **lie**¹
lair [leə] *zo.:* Lager *n*; Bau *m*; Höhle *f*
lake [leɪk] See *m*
lamb [læm] Lamm *n*
lame [leɪm] **1.** lahm (*a. fig.*); **2.** lähmen
lament [lə'ment] **1.** jammern, (weh)klagen; beklagen; **2.** (Weh)Klage *f*
laminated ['læmɪneɪtɪd] laminiert, ge-, beschichtet; **~ glass** Verbundglas *n*
lamp [læmp] Lampe *f*; (Straßen)Laterne *f*; **'~post** Laternenpfahl *m*; **'~shade** Lampenschirm *m*
lance [lɑːns] Lanze *f*
land [lænd, *in Zssgn mst* lənd] **1.** Land *n*; Boden *m*; **by ~** auf dem Landweg; **2.** landen; *mar.* Güter ausladen, *mar.* löschen
landing ['lændɪŋ] *aer.* Landung *f*, Landen *n*, *mar. a.* Anlegen *n*; Treppenabsatz *m*; **~ field** → **landing strip**; **~ gear** *aer.* Fahrgestell *n*, -werk *n*; **~ stage** Landungssteg *m*, Anlegeplatz *m*; **~ strip** Landeplatz *m*, -bahn *f*
land|lady ['lænleɪdɪ] (Haus-, Gast-, Pensions)Wirtin *f*; **~lord** ['læn-] (Haus-, Gast-, Pensions)Wirt *m*; Grundbesitzer *m*; **~lubber** ['lændlʌbə] *mar.* Landratte *f*; **~mark** ['lænd-] Wahrzeichen *n*; *fig.* Meilenstein *m*; **~owner** ['lænd-] Land-, Grundbesitzer(in); **~scape** ['lænskeɪp] Landschaft *f*; **~slide** ['lænd-] Erdrutsch *m* (*a. pol.*)
lane [leɪn] (Feld)Weg *m*; Gasse *f*; Sträßchen *n*; *mar.* Fahrrinne *f*; *aer.* Flugschneise *f*; *mot.* (Fahr)Spur

f; *Sport:* einzelne Bahn; **slow ~ mot.** Kriechspur *f*
language ['læŋgwɪdʒ] Sprache *f;* Ausdrucksweise *f*
languid ['læŋgwɪd] matt; träg(e)
lank [læŋk] hager, dürr; *Haar:* glatt; **'~y** schlaksig
lantern ['læntən] Laterne *f*
lap[1] [læp] Schoß *m*
lap[2] [~] *v/t* (sch)lecken; **~ up** auflecken; *v/i* plätschern
lap[3] [~] **1.** *Sport:* Runde *f;* **2.** (sich) überlappen, hinausragen über; *Sport:* Gegner überrunden
lapel [ləˈpel] Revers *n, m,* Aufschlag *m*
larceny ['laːsənɪ] Diebstahl *m*
larch [laːtʃ] Lärche *f*
lard [laːd] Schweinefett *n,* -schmalz *n;* **'~er** Speisekammer *f;* Speiseschrank *m*
large [laːdʒ] **1.** *adj* beträchtlich, reichlich; umfassend, weitgehend; **2.** *s:* **at ~** in Freiheit, auf freiem Fuße; (sehr) ausführlich; **'~ly** großen-, größtenteils
lark[1] [laːk] Lerche *f*
lark[2] [~] F Jux *m,* Spaß *m*
larva [ˈlaːvə] (*pl* **-vae** [ˈ~viː]) Larve *f*
laryn|gitis [lærɪnˈdʒaɪtɪs] Kehlkopfentzündung *f;* **~x** [ˈlærɪŋks] (*pl* **-ynges** [ləˈrɪndʒiːz],** -ynxes**) Kehlkopf *m*
lascivious [ləˈsɪvɪəs] lüstern
laser [ˈleɪzə] Laser *m*
lash[1] [læʃ] **1.** Peitschenschnur *f;* (Peitschen)Hieb *m;* Wimper *f;* **2.** peitschen (mit); schlagen
lash[2] [~] (fest)binden
lass [læs] Mädchen *n;* **'~ie** Mädchen *n*
last[1] [laːst] **1.** *adj* letzte(r, -s); vorige(r, -s); **~ but one** vorletzte(r, -s); **~ night** gestern abend, letzte Nacht; **2.** *adv* zuletzt, an letzter Stelle; **~ but not least** nicht zuletzt; **3.** *s der, die, das* letzte; **at ~** endlich
last[2] [~] (an-, fort)dauern; (sich) halten; (aus)reichen
'lastly zuletzt, zum Schluß
latch [lætʃ] **1.** Schnappriegel *m;* Schnappschloß *n;* **2.** ein-, zuklinken; **'~key** Haus-, Wohnungsschlüssel *m*
late [leɪt] spät; ehemalig; neueste(r, -s); verstorben; **be ~** zu spät kommen, sich verspäten, *Zug etc.:* Verspätung haben; **of ~** kürzlich; **~r on** später; **'~ly** in letzter Zeit; **'~st** [ˈ~ɪst] *s* Neu(e)ste *n*
lath [laːθ] Latte *f,* Leiste *f*
lathe [leɪð] Drehbank *f*
lather [ˈlaːðə] **1.** (Seifen-) Schaum *m;* **2.** einseifen; schäumen
Latin [ˈlætɪn] **1.** lateinisch; **2.** Latein *n*
latitude [ˈlætɪtjuːd] *geogr.* Breite *f*
latter [ˈlætə] letztere(r, -s) (*von zweien*); letzte(r, -s)
lattice [ˈlætɪs] Gitter *n*
laugh [laːf] **1.** lachen; **~ at**

laughingstock

lachen über; *j-n* auslachen; **2.** Lachen *n*, Gelächter *n*; **'~ingstock: make s.o. the ~ of** *j-n* zum Gespött (*gen*) machen; **'~ter** Lachen *n*

launch [lɔːntʃ] **1.** Schiff vom Stapel lassen; *Geschoß* abschießen; *Rakete, Raumfahrzeug a.* starten; *Projekt etc.* in Gang setzen, starten; **2.** Stapellauf *m*; Abschuß *m*, Start *m*; Barkasse *f*; **~(ing) pad** Abschußrampe *f*

launder ['lɔːndə] *Wäsche* waschen (*u.* bügeln); **~ette** [~'ret], *bsd. Am.* **~romat** ['~drəmæt] Waschsalon *m*; **~ry** ['~drɪ] Wäscherei *f*; Wäsche *f*

laurel ['lɒrəl] Lorbeer *m*

lavatory ['lævətərɪ] Waschraum *m*; Toilette *f*

lavender ['lævəndə] Lavendel *m*

lavish ['lævɪʃ] (sehr) freigebig, verschwenderisch

law [lɔː] Gesetz *n*; Recht(ssystem) *n*; Rechtswissenschaft *f*; Jura; Gesetz *n*, Vorschrift *f*; **~ court** Gericht(shof *m*) *n*; **'~ful** gesetzlich; rechtmäßig; **'~less** gesetzlos; rechtswidrig

lawn [lɔːn] Rasen *m*

'lawsuit ['lɔːsuːt] Prozeß *m*; **~yer** ['~jə] (Rechts)Anwalt *m*, (-)Anwältin *f*; Jurist(in)

lax [læks] locker, lasch; **~ative** ['~ətɪv] Abführmittel *n*

lay¹ [leɪ] *pret von* **lie¹** 1

lay² [~] (**laid**) *v/t* legen; *Tisch* decken; *Eier* legen; *Hinterhalt etc.* legen; *v/i* (Eier) legen; **~ aside** beiseite legen, zurücklegen; **~ off** *Arbeiter* (*bsd.* vorübergehend) entlassen; **~ out** ausbreiten, -legen; planen, entwerfen; *Garten etc.* anlegen

lay³ [~] Laien...

'lay|about *Brt.* F Faulenzer *m*; **'~by** *Brt.* Park-, Rastplatz *m*; Parkbucht *f*; **'~er** Schicht *f*, Lage *f*

'layman (*pl* **-men**) Laie *m*

lazy ['leɪzɪ] faul, träg(e)

lead¹ [liːd] **1.** (**led**) führen; (an)führen, leiten; **~ on** *j-m et.* vor- *od.* weismachen; **~ to** *fig.* führen zu; **~ up to** *fig.* (allmählich) führen zu; **2.** Führung *f*; Leitung *f*; Spitze(nposition) *f*; *thea.*: Hauptrolle *f*; Hauptdarsteller(in); (Hunde)Leine *f*; Vorsprung *m* (*a. Sport*); Vorbild *n*, Beispiel *n*; Hinweis *m*, Tip *m*; Anhaltspunkt *m*

lead² [led] Blei *n*; Lot *n*; (Blei)Stift*m* Mine *f*; **'~ed** verbleit; **~en** ['~dn] bleiern (*a. fig.*), aus Blei, Blei...

leader ['liːdə] (An)Führer(in); Leiter(in); *Brt.* Leitartikel *m*; **'~ship** Führung *f*, Leitung *f*

lead-free [led'friː] bleifrei

leading ['liːdɪŋ] führend; leitend; Haupt...

leaf [liːf] **1.** (*pl* **leaves** [~vz])

Blatt *n*; (*Tisch*)Klappe *f*; Ausziehplatte *f*; **2.** *∼ through* durchblättern; **∼let** ['∼lɪt] Flugblatt *n*, Hand-, Reklamezettel *m*; Prospekt *m*

league [liːg] Liga *f*; Bund *m*

leak [liːk] **1.** Leck *n*; undichte Stelle; leck sein; tropfen; **∼ out** auslaufen; *fig.* durchsickern; **∼age** ['∼ɪdʒ] Auslaufen *n*; **∼y** leck, undicht

lean[1] [liːn] (leant *od.* leaned) (sich) lehnen; sich neigen; *∼ on* sich stützen auf

lean[2] [∼] mager

leant [lent] *pret u. pp von* **lean**[1]

leap [liːp] **1.** (leapt *od.* leaped) springen; **2.** Sprung *m*; **∼t** [lept] *pret u. pp von* **leap** 1; *∼ year* Schaltjahr *n*

learn [lɜːn] (learned *od.* learnt) (er)lernen; erfahren, hören; **∼ed** ['∼ɪd] gelehrt; **∼er** Anfänger(in); Fahrschüler(in); **∼ing** Gelehrsamkeit *f*; **∼t** [∼t] *pret u. pp von* **learn**

lease [liːs] **1.** Pacht *f*, Miete *f*; Pacht-, Mietvertrag *m*; **2.** pachten, mieten; leasen; *a. ∼ out* verpachten, -mieten

leash [liːʃ] (Hunde)Leine *f*

least [liːst] **1.** *adj* geringste(r, -s), mindeste(r, -s), wenigste(r, -s); **2.** *s* das Mindeste, das Wenigste; *at ∼* mindestens, wenigstens; **3.** *adv* am wenigsten

leather ['leðə] Leder *n*

leave [liːv] **1.** (*left*) (hinter-, über-, übrig-, ver-, zurück-) lassen; hängen-, liegen-, stehenlassen, vergessen; vermachen, -erben; (fort-, weg)gehen; abreisen, abfahren; *∼ alone* allein lassen; *j-n, et.* in Ruhe lassen; *be left* übrigbleiben; übrig sein; **2.** Erlaubnis *f*; *mil.* Urlaub *m*; Abschied *m*; *on ∼* auf Urlaub

leaves [liːvz] *pl von* **leaf** 1; Laub *n*

lecture ['lektʃə] **1.** Vortrag *m*; *univ.* Vorlesung *f*; Strafpredigt *f*; **2.** e-n Vortrag *od.* Vorträge halten; *univ.* e-e Vorlesung *od.* Vorlesungen halten; *j-m* e-e Strafpredigt halten; **∼r** *univ.*: Lehrbeauftragte *m*, Dozent(in)

led [led] *pret u. pp von* **lead**[1]

ledge [ledʒ] Leiste *f*, Sims *m*, *n*

leech [liːtʃ] Blutegel *m*

leek [liːk] Lauch *m*, Porree *m*

leer [lɪə] **1.** anzügliches Grinsen; lüsterner Seitenblick; **2.** anzüglich grinsen

left[1] [left] *pret u. pp von* **leave**

left[2] [∼] **1.** *adj* linke(r, -s); Links...; **2.** *s* die Linke, linke Seite; *on the ∼* links, auf der linken Seite; *to the ∼* (nach) links; *keep to the ∼* sich links halten; *mot.* links fahren; **3.** *adv* links; *turn ∼* (sich) nach links wenden; *mot.* links abbiegen; *∼-hand:* **∼ *bend*** Linkskurve *f*; **∼ *drive*** Linkssteuerung *f*; **∼ *turn*** linke

left-handed 174

Abzweigung *f*; **~'handed** linkshändig; **~ luggage (office)** *Brt.* Gepäckaufbewahrung(sstelle) *f*; **'~overs** Reste *pl*

leg [leg] Bein *n*; (*Lamm- etc.*)Keule *f*; **pull s.o.'s ~** F j-n auf den Arm nehmen

legacy ['legəsɪ] Vermächtnis *n*, Erbschaft *f*

legal ['li:gl] gesetzlich, rechtlich; legal, gesetzmäßig

legend ['ledʒənd] Legende *f* (*a. fig.*), Sage *f*

legible ['ledʒəbl] leserlich

legislat|e ['ledʒɪsleɪt] Gesetze erlassen; **~ion** [ˌ'~leɪʃn] Gesetzgebung *f*; **~ive** ['~lətɪv] gesetzgebend; **~or** ['~leɪtə] Gesetzgeber *m*; **~ure** ['~tʃə] Legislative *f*

legitimate [lɪ'dʒɪtɪmət] legitim, rechtmäßig; ehelich

leisure ['leʒə] freie Zeit; Muße *f*; Freizeit...; **'~ly** gemächlich, gemütlich

lemon ['lemən] Zitrone *f*; Zitronen...; **~ade** [ˌ'~neɪd] Zitronenlimonade *f*; **~ squash** *Brt.* Getränk aus gesüßtem Zitronenkonzentrat u. Wasser

lend [lend] (*lent*) (ver-, aus)leihen; **'~ing library** Leihbücherei *f*

length [leŋθ] Länge *f*; (Zeit-) Dauer *f*; **at ~** ausführlich; **'~en** verlängern, länger machen; länger werden

lenient ['li:nɪənt] mild(e)

lens [lenz] *anat.*, *opt.* Linse *f*; *phot.* Objektiv *n*

lent [lent] *pret u. pp von* **lend**

Lent [~] Fastenzeit *f*

lentil ['lentɪl] *bot.* Linse *f*

leopard ['lepəd] Leopard *m*

leotard ['li:əʊtɑ:d] Trikot *n*

less [les] **1.** *adj* geringer, kleiner, weniger; **3.** *prp* weniger, minus; **~en** ['~sn] (sich) vermindern *od.* verringern

lesson ['lesn] Lektion *f* (*a. fig.*); (Unterrichts)Stunde *f*; *pl* Unterricht *m*; *fig.* Lehre *f*

let [let] (*let*) lassen; *bsd. Brt.* vermieten; **~ alone** in Ruhe lassen; geschweige denn; **~ down** j-n im Stich lassen, enttäuschen; **~ go** loslassen

lethal ['li:θl] tödlich

letter ['letə] Buchstabe *m*; Brief *m*; **'~box** *bsd. Brt.* Briefkasten *m*

lettuce ['letɪs] (Kopf)Salat *m*

leuk(a)emia [lu:'ki:mɪə] Leukämie *f*

level ['levl] **1.** *adj Straße etc.*: eben; gleich (*a. fig.*); **~ with** auf gleicher Höhe mit; parallel zu; **2.** *adv*: **~ with** in Höhe (gen); **3.** *s* Wasserwaage *f*; Ebene *f* (*a. fig.*), ebene Fläche; Höhe *f* (*a. geogr.*), (*Wasser- etc.*)Spiegel *m*, (-)Stand *m*, (-)Pegel *m*; *fig.* Niveau *n*; **4.** *v/t* (ein)ebnen, planieren; dem Erdboden gleichmachen; **~ crossing** *Brt.* schienengleicher Bahn-

übergang; **~'headed** kühl, überlegt, vernünftig
lever ['liːvə] Hebel *m*
levy ['levi] **1.** *econ.*: Erhebung *f*; Steuer *f*, Abgabe *f*; **2.** *Steuern etc.* erheben
lewd [ljuːd] geil, lüstern
liability [laɪə'bɪlətɪ] Verpflichtung *f*, Verbindlichkeit *f*; Haftung *f*, Haftpflicht *f*; Anfälligkeit (**to** für)
liable ['laɪəbl] haftbar, -pflichtig; **be ~ to** neigen zu
liar ['laɪə] Lügner(in)
libel ['laɪbl] **1.** *jur.* Verleumdung *f*; **2.** verleumden
liberal ['lɪbərəl] liberal, aufgeschlossen; großzügig
liberate ['lɪbəreɪt] befreien; freilassen
liberty ['lɪbətɪ] Freiheit *f*; **at ~** frei
librar|ian [laɪ'breərɪən] Bibliothekar(in); **~y** ['~brərɪ] Bibliothek *f*; Bücherei *f*
lice [laɪs] *pl von* **louse**
licence, *Am.* **-cense** [laɪsəns] Lizenz *f*, Konzession *f*; (*Führer- etc.*)Schein *m*; **~ number** *mot.* Kennzeichen *n*
license, *Am. a.* **-cence** ['~] konzessionieren, behördlich genehmigen *od.* zulassen
licensee [laɪsən'siː] Lizenzinhaber(in)
license plate *Am. mot.* Nummernschild *n*
lichen ['laɪkən] *bot.* Flechte *f*
lick [lɪk] (ab)lecken; F verdreschen; **~ing** F Dresche *f*

light

lid [lɪd] Deckel *m*; Lid *n*
lie¹ [laɪ] **1.** (**lay**, **lain**) liegen; **~ down** sich hin- *od.* niederlegen; **~ in** *Brt.* (*morgens*) lang im Bett bleiben; **2.** Lage *f*
lie² [~] **1.** (**lied**) lügen; **2.** Lüge *f*
lieutenant [lef'tenənt, *Am.* luːˈtenənt] Leutnant *m*
life [laɪf] (*pl* **lives** [~vz]) Leben *n*; **all her ~** ihr ganzes Leben lang; **~ assurance** *Brt.* Lebensversicherung *f*; **~ belt** Rettungsgürtel *m*, -ring *m*; **~boat** Rettungsboot *n*; **~guard** Rettungsschwimmer *m*; **~ insurance** Lebensversicherung *f*; **~ jacket** Schwimmweste *f*; **~less** leblos; matt; **~like** lebensecht; **~line** *mar.* Rettungsleine *f*; *fig.* Rettungsanker *m*; **~long** lebenslang; **~ preserver** *Am.* Schwimmweste *f*; Rettungsgürtel *m*, -ring *m*; **~saving** lebensrettend; **~time** Lebenszeit *f*
lift [lɪft] **1.** (hoch-, auf)heben; sich heben; **~ off** *Rakete*: starten; *Flugzeug*: abheben; **2.** (Hoch-, Auf)Heben *n*; *phys., aer.* Auftrieb *m*; *Brt.* Lift *m*, Fahrstuhl *m*; **give s.o. a ~** j-n (im Auto) mitnehmen; **~off** *aer.* Start *m*
ligament ['lɪgəmənt] *anat.* Band *n*
light¹ [laɪt] **1.** *s* Licht *n* (*a. fig.*); Beleuchtung *f*; Kerze *etc.*: Schein *m*; Feuer *n* (zum

light 176

Anzünden); fig. Aspekt *m; in the ~ of Brt., in ~ of Am.* in Anbetracht *(gen);* **2.** *adj* hell, licht; **3.** *(lighted od. lit) v/t* be-, erleuchten, erhellen; *a. ~ up* anzünden; *v/i mst ~ up Augen etc.:* aufleuchten
light² [~] Feuerzeug *n*
light bulb Glühbirne *f*
lighten¹ ['laɪtn] sich aufhellen, hell(er) werden; blitzen; erhellen
lighten² ['~] leichter machen *od.* werden; erleichtern
'lighter Feuerzeug *n*
light-'hearted unbeschwert
'lighthouse Leuchtturm *m;* **'~ing** Beleuchtung *f*
'lightly leicht
'lightness¹ Helligkeit *f*
'lightness² Leichtigkeit *f*
lightning ['laɪtnɪŋ] Blitz *m;* **~ conductor** *Brt.,* **~ rod** *Am.* Blitzableiter *m*
light pen Lichtstift *m*
'lightweight *Sport:* Leichtgewicht(ler *m*) *n*
likable ['laɪkəbl] liebenswert
like¹ [laɪk] **1.** gleich; wie; ähnlich; *what is she ~?* wie ist sie?; **2.** der, die, das gleiche
like² [~] gern haben, mögen; wollen; *I ~ it* es gefällt mir; *I ~ her* ich kann sie gut leiden; *if you would ~ to know* ich möchte gern wissen; *(just) as you ~* (ganz) wie du *od.* wie Sie wollen; **'~able** → **likable**
like|lihood ['laɪklɪhʊd] Wahrscheinlichkeit *f;* **'~ly** wahrscheinlich; geeignet; **'~ness** Ähnlichkeit *f*
liking ['laɪkɪŋ] Vorliebe *f*
lilac ['laɪlək] **1.** Flieder *m;* **2.** fliederfarben, lila
lily ['lɪlɪ] Lilie *f;* **~ of the valley** Maiglöckchen *n*
limb [lɪm] *(Körper)*Glied *n;* Ast *m; pl* Gliedmaßen *pl*
lime¹ [laɪm] Kalk *m*
lime² [~] Linde *f*
lime³ [~] Limone *f*
'limelight *fig.* Rampenlicht *n*
limit ['lɪmɪt] **1.** Limit *n,* Grenze *f; off ~s bsd. Am.* Zutritt verboten; *that's the ~!* F das ist (doch) die Höhe!; *within ~s* in (gewissen) Grenzen; **2.** begrenzen, beschränken (*to* auf); **~ation** [~'teɪʃn] *fig.* Grenze *f;* Beschränkung *f;* **'~ed (liability) company** Gesellschaft *f* mit beschränkter Haftung
limp¹ [lɪmp] hinken
limp² [~] schlaff; welk
line¹ [laɪn] **1.** Linie *f,* Strich *m;* Falte *f,* Runzel *f;* Zeile *f; pl thea. etc.* Rolle *f,* Text *m;* Richtung *f;* Reihe *f* (Menschen)Schlange *f;* (Abstammungs)Linie *f;* Fach *n,* Gebiet *n,* Branche *f;* (Verkehrs-, Eisenbahn- *etc.*)Linie *f,* Strecke *f;* (Flug- *etc.*)Gesellschaft *f;* teleph. Leitung *f;* Leine *f;* Schnur *f; the ~ is busy od. engaged* teleph. die Leitung ist besetzt; *hold the*

~ teleph. bleiben Sie am Apparat; **draw the ~ fig.** die Grenze ziehen, haltmachen (**at** bei); **2.** lini(i)eren; Gesicht zeichnen, (zer)furchen; Straße ziehen, einfassen; **~ up** (sich) in e-r Reihe od. Linie aufstellen

line² [~] Kleid etc. füttern; tech. auskleiden, -schlagen

linen ['lɪnɪn] Leinen n; (Bett- etc.)Wäsche f

liner ['laɪnə] Linienschiff n; Verkehrsflugzeug n

'linesman / woman (pl -men / -women) Linienrichter/in

linger ['lɪŋgə] verweilen

lingerie ['lænʒəri:] Damenunterwäsche f

liniment ['lɪnɪmənt] med. Einreibemittel n

'lining Futter(stoff m) n; tech.: Auskleidung f; (Brems- etc.) Belag m

link [lɪŋk] **1.** (Ketten)Glied n; fig. (Binde)Glied n; Verbindung f; **2.** a. **~ up** (sich) verbinden

links [lɪŋks] → **golf links**

lion ['laɪən] Löwe m; **~ess** ['~es] Löwin f

lip [lɪp] Lippe f; **~stick** Lippenstift m

liqueur [lɪ'kjʊə] Likör m

liquid ['lɪkwɪd] **1.** Flüssigkeit f; **2.** flüssig

liquor ['lɪkə] alkoholische Getränke pl, Alkohol m; Am. Spirituosen pl, Schnaps m

liquorice ['lɪkərɪs] a. **licorice** Lakritze f

lisp [lɪsp] lispeln

list [lɪst] **1.** Liste f, Verzeichnis n; **2.** in e-e Liste eintragen

listen ['lɪsn] hören; **~ in** Radio hören; **~ to** zu-, anhören; hören auf; **~er** Zuhörer(in); (Rundfunk)Hörer(in)

'listless lustlos

lit [lɪt] pret u. pp von **light¹** 3

liter Am. → **litre**

literal ['lɪtərəl] wörtlich

litera|ry ['lɪtərərɪ] literarisch, Literatur...; **~ture** ['~rətʃə] Literatur f

litre, Am. **-ter** ['li:tə] Liter m

litter ['lɪtə] (bsd. Papier)Abfall m; Streu f; zo. Wurf m; Trage f; Sänfte f; **~ basket**, **~bin** Abfallkorb m

little ['lɪtl] **1.** adj klein; wenig; **the ~ ones** pl die Kleinen pl; **2.** adv wenig, kaum; **3.** s: **a ~** ein wenig; **~ by ~** (ganz) allmählich, nach u. nach

live¹ [lɪv] leben; wohnen (**with** bei); **~ on** leben von; weiterleben; **~ up to** den Erwartungen etc. entsprechen

live² [laɪv] **1.** adj lebend, lebendig; stromführend; Rundfunk, TV: Direkt..., Original..., Live-...; **2.** adv direkt, original, live

live|lihood ['laɪvlɪhʊd] Lebensunterhalt m; **~ly** lebhaft; lebendig

liver ['lɪvə] Leber f

livery ['lɪvərɪ] Livree f

lives [laɪvz] *pl von* **life**
'livestock Vieh(bestand *m*) *n*
livid ['lɪvɪd] bläulich; fahl; F futeufelswild
living ['lɪvɪŋ] **1.** lebend; **2.** Lebensunterhalt *m*; Lebens(weise *f*) *n*; **earn** *od.* **make a ~** sich s-n Lebensunterhalt verdienen; **standard of ~, ~ standard** Lebensstandard *m*; **~ room** Wohnzimmer *n*
lizard ['lɪzəd] Eidechse *f*
load [ləʊd] **1.** Last *f* (*a. fig.*); Ladung *f*; Belastung *f*; **2.** überhäufen (**with** mit); *Schußwaffe:* laden; *a.* **~ up** (auf-, be-, ein)laden
loaf[1] [ləʊf] (*pl* **loaves** [~vz]) Laib *m* (*Brot*)
loaf[2] [~] *a.* **~ about** *od.* **around** herumlungern; faulenzen
loam [ləʊm] Lehm *m*
loan [ləʊn] **1.** Anleihe *f*; Darlehen *n*; (Ver)Leihen *n*; Leihgabe *f*; **on ~** leihweise; **2.** *bsd. Am.* (aus)leihen, verleihen
loathe [ləʊð] verabscheuen
loaves [ləʊvz] *pl von* **loaf**[1]
lobby ['lɒbɪ] Vorhalle *f*; Wandelhalle *f*; *pol.* Lobby *f*
lobe [ləʊb] *anat.* Lappen *m*; Ohrläppchen *n*
lobster ['lɒbstə] Hummer *m*
local ['ləʊkl] **1.** örtlich, lokal, Orts...; ansässig; *Brt. bsd. Am.* Stammkneipe *f*; *mst pl* Ortsansässige *f*, Einheimische *m*, *f*; **~ call** *teleph.* Ortsgespräch *n*; **~ity** [~'kælətɪ] Ort *m*; **'~ly** örtlich; am

Ort; **~ time** Ortszeit *f*
locate [ləʊ'keɪt] ausfindig machen; **be ~d** gelegen sein; **~ion** Lage *f*, Standort *m*, Platz *m*; **on ~** *Film:* auf Außenaufnahme
loch [lɒk, lɒx] See *m*; Bucht *f*
lock [lɒk] **1.** (Tür-, Gewehr- *etc*.)Schloß *n*; Schleuse(nkammer) *f*; **2.** *v/t* zu-, verschließen, zu-, versperren (*a.* **~ up**); umschlingen, -fassen; sperren; **~ away** wegschließen; **~ in, ~ up** einschließen, (ein)sperren; **~ out** ausschließen; *v/i* schließen; ab- *od.* verschließbar sein; *mot. etc.* Räder: blockieren
'lock|er Schließfach *n*; Spind *m*, *n*; **~et** [~ɪt] Medaillon *n*; **'~smith** Schlosser *m*
locust ['ləʊkəst] Heuschrecke *f*
lodg|e [lɒdʒ] **1.** Portierloge *f*; Pförtnerhaus *n*; (*Jagd- etc*.) Hütte *f*; Sommer-, Gartenhaus *n*; **2.** *v/i* logieren, (in Untermiete) wohnen; *Kugel, Bissen etc.*: stecken(bleiben); *v/t* aufnehmen, (für die Nacht) unterbringen; *Beschwerde etc.* einreichen; **'~er** Untermieter(in); **'~ing** Unterkunft *f*; *pl* möbliertes Zimmer
loft [lɒft] (Dach)Boden *m*; *bsd. Am.* Dachgeschoßwohnung *f*; Heuboden *m*; Empore *f*; **'~y** hoch; hochmütig
log [lɒɡ] (Holz)Klotz *m*; (ge-

fällt) Baumstamm; (Holz-)Scheit *n*; → **'~book** *mar.* Logbuch *n*; **~** *mot.* Fahrtenbuch *n*; **~ cabin** Blockhaus *n*

logic ['lɒdʒɪk] *gastr.* Logik *f*; **~al** logisch

loin [lɔɪn] *gastr.* Lende(nstück *n*) *f*, *pl anat.* Lende *f*

loiter ['lɔɪtə] bummeln, trödeln; herumlungern

loll [lɒl] sich rekeln

lollipop ['lɒlɪpɒp] Lutscher *m*; *bsd.* Brt. Eis *n* am Stiel

lone|liness ['ləʊnlɪnɪs] Einsamkeit *f*; **~ly** einsam

long¹ [lɒŋ] **1.** *adj* lang (*Entfernung, Weg*: weit; langfristig; **2.** *adv* lang(e); **as** *od.* **so ~ as** solange wie: vorausgesetzt, daß; **so ~!** F bis dann!; **3.** *s* (e-e) lange Zeit; **before ~** bald; **for ~** lange (Zeit); **take ~** lange brauchen *od.* dauern

long² [~] sich sehnen (**for** nach)

long-'distance Fern-...; Langstrecken-...; **~ call** Ferngespräch *n*

longing ['lɒŋɪŋ] Sehnsucht *f*

longitude ['lɒŋɪtjuːd] *geogr.* Länge *f*

long| jump Weitsprung *m*; **~'range** Langstrecken-...; **~'sighted** weitsichtig; **~'standing** alt; **~'term** langfristig; **~ wave** Langwelle *f*

loo [luː] Brt. F Klo *n*

look [lʊk] **1.** Blick *m* (**at** auf);

Miene *f*, (Gesichts)Ausdruck *m*; *oft pl* Aussehen *n*; **2.** sehen, blicken, schauen (**at, on** auf, nach); (nach)schauen, nachsehen; *Zimmer etc.* liegen *od.* (hinaus)gehen nach; ausschauen, -sehen wie; *a. fig.*); **~ after** aufpassen auf, sich kümmern um, sorgen für; **~ at** ansehen, betrachten; **~ back** *fig.* zurückblicken; **~ down on** *fig.* herabsehen auf; **~ for** suchen (nach); **~ forward to** sich freuen auf; **~ in** F Besucher: vorbeischauen (**on** bei); **~ into** untersuchen, prüfen; **~ on** ansehen, betrachten (**as** als); zusehen, -schauen; **~ out** aufpassen; Ausschau halten (**for** nach); **~ out!** paß auf!; **~ over** (sich) *et.* (flüchtig) ansehen *od.* -prüfen; **~ round** sich umsehen; **~ through** *et.* durchsehen; **~ to** sich verlassen auf; **~ up** aufblicken, -sehen (*fig.* **to** zu); *Wort etc.* nachschlagen; *j-n* aufsuchen

'look|ing-glass Spiegel *m*; **~out: be on the ~ for** Ausschau halten nach

loom [luːm] Webstuhl *m*

loony ['luːnɪ] *sl.* bekloppt, verrückt; **~ bin** *sl.* Klapsmühle *f*

loop [luːp] **1.** Schlinge *f*, Schleife *f*; Schlaufe *f*; Öse

loose *f;* Computer: Programmschleife *f;* **2.** (sich) schlingen

loose [lu:s] los(e), locker; weit; frei; **~n** ['~sn] (sich) lösen *od.* lockern

loot [lu:t] **1.** (Kriegs-, Diebes)Beute *f;* **2.** plündern

lop [lɒp] *Baum* beschneiden; **~ off** abhauen; **~-sided** schief

lord [lɔ:d] Herr *m,* Gebieter *m;* Brt. Lord *m;* **the** 2**,** *a.* **(the)** 2 **God** Gott *m* (*der* Herr); **the (House of)** 2**s** Brt. Oberhaus *n;* 2 **Mayor** Brt. Oberbürgermeister *m;* 2**'s Prayer** Vaterunser *n;* 2**'s Supper** (heiliges) Abendmahl

lorry ['lɒrɪ] Brt. Last(kraft)wagen *m,* Lastauto *n*

lose [lu:z] (*lost*) verlieren; versäumen, -passen; *Uhr:* nachgehen; **~ o.s.** sich verirren; **'~r** Verlierer(in)

loss [lɒs] Verlust *m;* **be at a ~** in Verlegenheit sein (**for** um)

lost [lɒst] **1.** *pret u. pp von* **lose; 2.** verloren; *fig.* versunken, -tieft; **~-and-'found (office)** *Am.,* **~ property office** Brt. Fundbüro *n*

lot [lɒt] Los *n;* Parzelle *f;* Grundstück *n;* (Waren-) Posten *m;* Gruppe *f,* Gesellschaft *f;* Menge *f,* Haufen *m;* Los *n,* Schicksal *n;* **the ~** alles, *Personen:* alle; **a ~ of, ~s of** viel, e-e Menge; **parking ~** Am. Parkplatz *m*

lotion ['ləʊʃn] Lotion *f,* (*Haut-, Rasier*)Wasser *n*

loud [laʊd] laut; *fig.* grell, auffallend, *Farben:* schreiend; **~'speaker** Lautsprecher *m*

lounge [laʊndʒ] **1.** *bsd.* Brt. Wohnzimmer *n;* Hotel, Schiff: Gesellschaftsraum *m,* Salon *m;* Flughafen: Wartehalle *f;* **2. ~ about** *od.* **around** herumlümmeln

lous|e [laʊs] (*pl* **lice** [laɪs]) Laus *f;* **~y** ['~zɪ] verlaust; F miserabel

lout [laʊt] Flegel *m*

lovable ['lʌvəbl] liebenswert, reizend

love [lʌv] **1.** Liebe *f;* Liebling *m,* Schatz *m;* Anrede, oft unübersetzt: Schatz; *bsd. Tennis:* null; **be in ~** verliebt sein (**with** in); **fall in ~** sich verlieben (**with** in); **make ~** sich (*körperlich*) lieben; **~ to do s.th.** sehr gern tun; **'~able** → **lovable; ~ letter** Liebesbrief *m;* **'~ly** (wunder)schön; F prima, großartig; **'~r** Liebhaber *m,* Geliebte *m;* Geliebte *f;* *pl* Liebende *pl,* Liebespaar *n;* (*Musik- etc.*)Liebhaber(in)

loving ['lʌvɪŋ] liebevoll, liebend

low' [ləʊ] **1.** niedrig (*a. fig.*); tief (*a. fig.*); *Vorräte etc.:* knapp; *Ton etc.:* tief; *Ton, Stimme etc.:* leise; gering (-schätzig); ordinär; *fig.* niedergeschlagen, deprimiert; **2.** Tief *n* (*a. meteor.*)

low² [~] *Rind:* brüllen, muhen
'low|brow 1. geistig Anspruchslose *m, f;* **2.** geistig anspruchslos; **~'calorie** kalorienarm
lower ['ləuə] **1.** niedriger; tiefer; untere(r, -s), Unter...; **2.** niedriger machen; herunter-, herablassen; senken; *fig.* erniedrigen
'low|-fat fettarm; **~'land** Flachland *n;* **~'noise** *Tonband etc.:* rauscharm; **'~-pressure area** Tief(-druckgebiet) *n;* **'~rise** Flachbau *m;* **'~ season** Vor*od.* Nachsaison *f;* **~'spirited** niedergeschlagen; **~ tide** Ebbe *f*
loyal ['lɔɪəl] loyal; treu
lozenge ['lɒzɪndʒ] Raute *f,* Rhombus *m;* Pastille *f*
lubric|ant ['lu:brɪkənt] Schmiermittel *n;* **~ate** ['~eɪt] (ab)schmieren; **~ation** [~'keɪʃn] (Ab)Schmieren *n*
lucid ['lu:sɪd] klar
luck [lʌk] Glück *n;* Schicksal *n,* Zufall *m;* **bad** / **hard** / **ill ~** Unglück *n,* Pech *n;* **good ~** Glück *n;* **good ~!** viel Glück!; **~ily** zum Glück!; **'~y** Glücks...; **be ~** Glück haben; **~ fellow** Glückspilz *m*
ludicrous ['lu:dɪkrəs] lächerlich
lug [lʌg] zerren, schleppen
luggage ['lʌgɪdʒ] (Reise)Gepäck *n;* **~ rack** Gepäcknetz *n;* **~ reclaim** *aer.* Gepäck-

ausgabe *f;* **~ van** *Brt. rail.* Gepäckwagen *m*
lukewarm [lu:k'wɔ:m] lau (-warm); halbherzig, lau
lull [lʌl] **1.** *j-n* beruhigen; **2.** Pause *f;* Flaute *f;* **~aby** ['~əbaɪ] Wiegenlied *n*
lumbago [lʌm'beɪgəu] Hexenschuß *m*
lumber¹ ['lʌmbə] schwerfällig gehen; (dahin)rumpeln
lumber² [~] *bsd. Am.* Bau-, Nutzholz *n;* Gerümpel *n*
luminous ['lu:mɪnəs] leuchtend, Licht...
lump [lʌmp] Klumpen *m;* Schwellung *f,* Geschwulst *f;* Knoten *m;* Stück *n* Zucker *etc.;* **~ sugar** Würfelzucker *m;* **~ sum** Pauschalsumme *f;* **'~y** klumpig
lunar ['lu:nə] Mond...
lunatic ['lu:nətɪk] **1.** verrückt; **2.** Verrückte *m, f*
lunch [lʌntʃ] **1.** Mittagessen *n,* Lunch *m;* **2.** zu Mittag essen; **~ hour** Mittagspause *f;* **~ time** Mittagszeit *f*
lung [lʌŋ] Lunge(nflügel *m*) *f;* **the ~s** *pl* die Lunge
lunge [lʌndʒ] sich stürzen (**at** auf)
lurch [lɜ:tʃ] *mar.* schlingern; taumeln, torkeln
lure [luə] **1.** Köder *m; fig.* Lockung *f,* Reiz *m;* **2.** ködern, (an)locken
lurid ['luərɪd] *Farben:* grell; gräßlich, schauerlich
lurk [lɜ:k] lauern (*a. fig.*)

luscious ['lʌʃəs] köstlich; üppig; sinnlich
lust [lʌst] Begierde f; Gier f
lustre, Am. **-ter** ['lʌstə] Glanz m (a. fig.); Kronleuchter m
lusty ['lʌstɪ] kräftig, robust
luxurious [lʌgˈʒʊərɪəs] luxuriös, Luxus...; **~y** ['lʌkʃərɪ]

lying ['laɪɪŋ] **1.** pres p von **lie**[1] 1 u. **lie**[2] 1; **2.** verlogen
lymph [lɪmf] Lymphe f
lynch [lɪntʃ] lynchen
lynx [lɪŋks] Luchs m
lyrics ['lɪrɪks] pl (Lied)Text m

M

ma'am [mæm] F → **madam**
mac [mæk] Brt. F → **mackintosh**
machine [məˈʃiːn] Maschine f; **~ gun** Maschinengewehr n; **~-made** maschinell hergestellt; **~-readable** maschinenlesbar
machinery [məˈʃiːnərɪ] Maschinen pl
macho [ˈmætʃəʊ] Macho m
mackintosh [ˈmækɪntɒʃ] bsd. Brt. Regenmantel m
mad [mæd] wahnsinnig, verrückt; bsd. Am. F wütend; wild, versessen (**about** auf), verrückt (**about** nach); tollwütig; **drive s.o. ~** j-n verrückt machen; **go ~** verrückt werden; **like ~** wie verrückt
madam [ˈmædəm] Anrede, oft unübersetzt: gnädige Frau
made [meɪd] pret u. pp von **make** 1
'madman (pl **-men**) Verrückte m; **~ness** Wahnsinn m; **~woman** (pl **-women**) Verrückte f

magazine [mægəˈziːn] Magazin n, Zeitschrift f; Feuerwaffe etc.: Magazin n
maggot [ˈmægət] Made f
magic [ˈmædʒɪk] **1.** Magie f, Zauberei f; fig. Zauber m; **2.** magisch, Zauber...; **~ian** [məˈdʒɪʃn] Magier m, Zauberer m; Zauberkünstler m
magistrate [ˈmædʒɪstreɪt] (Friedens)Richter(in)
magnanimous [mægˈnænɪməs] großmütig
magnet [ˈmægnɪt] Magnet m; **~ic** [~ˈnetɪk] magnetisch
magnificence [mægˈnɪfɪsns] Großartigkeit f, Pracht f; **~t** [~snt] großartig, prächtig
magnify [ˈmægnɪfaɪ] vergrößern; **~ing glass** Vergrößerungsglas n, Lupe f
magpie [ˈmægpaɪ] Elster f
maid [meɪd] (Dienst)Mädchen n, Hausangestellte f; **~en** [ˈ~dn] Jungfern...; **~en name** Mädchenname m
mail [meɪl] **1.** Post(sendung) f; **2.** bsd. Am. Post (mit der Post

schicken, aufgeben; '**~box** *Am.* Briefkasten *m;* '**~man** (*pl* **-men**) *Am.* Postbote *m,* Briefträger *m*

'**mail-order catalog(ue)** Versandhauskatalog *m;* **~firm, ~house** Versandhaus *n*

maim [meɪm] verstümmeln

main [meɪn] **1.** Haupt..., wichtigste(r, -s); **2.** *mst pl* (Strom)Netz *n;* Haupt(gas-, -wasser-, -strom)leitung *f;* '**~frame** *Computer:* Großrechner *m;* **~land** ['~lənd] Festland *n;* '**~ly** hauptsächlich; **~road** Haupt(verkehrs)straße *f;* **~street** *Am.* Hauptstraße *f*

maintain [meɪn'teɪn] (aufrecht)erhalten; instand halten, pflegen, *tech.* warten; *Familie etc.* unterhalten, versorgen; behaupten

maintenance ['meɪntənəns] (Aufrecht)Erhaltung *f;* Instandhaltung *f, tech. a.* Wartung *f;* Unterhalt *m*

maize [meɪz] Mais *m*

majestic [mə'dʒestɪk] majestätisch; **~y** ['mædʒəstɪ] Majestät *f*

major ['meɪdʒə] **1.** *adj* größere(r, -s); bedeutend, wichtig; *jur.* volljährig; *mus.* Dur...; *↓* C-Dur *n;* **2.** *s* Major *m; jur.* Volljährige *m, f; am. univ.* Hauptfach *n; mus.* Dur *n.* Hauptton *m;* **~ity** [mə'dʒɔrətɪ] Mehrheit *f,* Mehrzahl *f; jur.* Volljährig-

keit *f;* **~road** Haupt(verkehrs)straße *f*

make [meɪk] **1.** (**made**) machen, anfertigen, herstellen, erzeugen; (zu)bereiten; (er)schaffen; ergeben, bilden; verursachen; machen zu, ernennen zu; *Geld* verdienen; *Person:* sich erweisen als, abgeben; schätzen auf; *Fehler* machen; *e-e Rede* halten; F *Strecke* zurücklegen; *Geschwindigkeit* erreichen; *mit inf* j-n lassen, veranlassen *od.* bringen zu; **~it** es schaffen; **~do with s.th.** mit et. auskommen; **what do you ~of it?** was halten Sie davon?; **~friends with** sich anfreunden mit; **~believe** vorgeben; **~for** zugehen auf; **~into** verarbeiten zu; **~out** *Scheck, Rechnung etc.* ausstellen; erkennen; aus j-m, e-r *Sache* klug werden; **~over** *Eigentum* übertragen; **~up** sich er. ausdenken, erfinden; *et.* zs.-stellen; (sich) zurechtmachen *od.* schminken; **~up one's mind** sich entschließen; **be made up of** bestehen aus; **~up for** nach-, aufholen; wiedergutmachen; **~it up** sich versöhnen *od.* wieder vertragen; **2.** Machart *f,* Ausführung *f;* Fabrikat *n,* Marke *f;* '**~-believe** Phantasie *f;* Phantasie..., Schein...;

makeshift

'**~shift** 1. Notbehelf *m*; 2. behelfsmäßig, Behelfs-...; '**~up** Schminke *f*, Make-up *n*
maladjusted [mælə'dʒʌstɪd] verhaltensgestört
male [meɪl] 1. männlich; 2. Mann *m*; *zo.* Männchen *n*; **~ nurse** Krankenpfleger *m*
malevolent [mə'levələnt] übelwollend, böswillig
malic|e ['mælɪs] Bosheit *f*, Gehässigkeit *f*; Groll *m*; **~ious** [mə'lɪʃəs] böswillig
malignant [mə'lɪgnənt] bösartig (*a. med.*)
mall [mɔːl] *Am.* Einkaufszentrum *n*
malnutrition [mælnjuː'trɪʃn] Unterernährung *f*; Fehlernährung *f*
malt [mɔːlt] Malz *n*
maltreat [mæl'triːt] schlecht behandeln; mißhandeln
mammal ['mæml] Säugetier *n*
mammoth ['mæməθ] Mammut *n*; Mammut-..., Riesen-...
man 1. [mæn, *in Zssgn*: mən] (*pl* **men** [men]) Mann *m*; Mensch(en *pl*) *m*; 2. [mæn] Schiff *etc.* bemannen
manage ['mænɪdʒ] Betrieb *etc.* leiten, führen; *Künstler etc.* managen; *et.* zustande bringen; umgehen (können) mit (*Werkzeug etc.*); mit *j-m*, *et.* fertig werden; *Arbeit etc.* bewältigen, schaffen; auskommen (**with** mit); F es schaffen, zurechtkommen; '**~able** handlich, lenk-, fügsam; '**~ment** (*Haus- etc.*) Verwaltung *f*; *econ.*: Management *n*, Unternehmensführung *f*, Unternehmensleitung *f*, Direktion *f*; **~ consultant** Betriebs-, Unternehmensberater(in); '**~r** (*Haus- etc.*) Verwalter(in); *econ.*: Manager(in); Führungskraft *f*; Geschäftsführer(in), Leiter(in), Direktor(in); Manager(in) (*e-s Künstlers etc.*); **~ress** [~dʒə'res] – *alle* (in)-*Formen unter* **manager**
mandarin ['mændərɪn] *a.* **~ orange** Mandarine *f*
mane [meɪn] Mähne *f*
maneuver [mə'nuːvə] *Am.* → **manoeuvre**
manger ['meɪndʒə] Krippe *f*
mangle ['mæŋgl] 1. (Wäsche)Mangel *f*; 2. mangeln; übel zurichten, verstümmeln
mania ['meɪnjə] Wahn(sinn) *m*; Sucht *f*, Manie *f*; '**~c** ['~læk] Wahnsinnige *m*, *f*
manicure ['mænɪkjʊə] 1. Maniküre *f*; 2. maniküren
manifest ['mænɪfest] 1. offenkundig; 2. offenbaren
man|kind [mæn'kaɪnd] die Menschheit, die Menschen *pl*; '**~ly** männlich; **~'made** künstlich, Kunst-...
manner ['mænə] Art *f* (*u.* Weise *f*); *pl* Benehmen *n*, Umgangsformen *pl*, Manieren *pl*
manoeuvre [mə'nuːvə] 1. Manöver *n*; 2. manövrieren

manor ['mænə] (Land)Gut *n*; **~ (house)** Herrenhaus *n*

'manpower Arbeitskräfte *pl*

mansion ['mænʃn] (herrschaftliches) Wohnhaus *n*

'manslaughter *jur.* Totschlag *m*

mantel|piece ['mæntlpi:s], **'~shelf** (*pl* **-shelves**) Kaminsims *m*

manual ['mænjuəl] **1.** Hand..., manuell; **2.** Handbuch *n*

manufacture [mænju'fæktʃə] **1.** herstellen, erzeugen; **2.** Herstellung *f*; **~r** [~ərə] Hersteller *m*, Erzeuger *m*

manure [mə'njuə] **1.** Dünger *m*, Mist *m*; **2.** düngen

manuscript ['mænjuskript] Manuskript *n*

many ['meni] viele; **~ times** oft; **a great ~** sehr viele

map [mæp] (Stadt- *etc.*)Karte *f*; (Stadt- *etc.*)Plan *m*

maple ['meipl] Ahorn *m*

marble ['ma:bl] **1.** Marmor *m*; Murmel *f*; **2.** marmorn

March [ma:tʃ] März *m*

march [~] **1.** marschieren; **2.** Marsch *m*

mare [meə] Stute *f*

margarine [ma:dʒə'ri:n], *Brt. F* **~e** [mɑ:dʒ] Margarine *f*

margin ['ma:dʒin] Rand *m*, *fig.*: Grenze *f*; Spielraum *m*; (Gewinn-, Verdienst-)Spanne *f*; **'~al** Rand...; geringfügig

marijuana [mæriju'ɑ:nə] *a.* **marihuana** Marihuana *n*

marina [mə'ri:nə] Boots-, Jachthafen *m*

marin|ade [mæri'neid] Marinade *f*; **~ate** ['~neit] marinieren

marine [mə'ri:n] Marine *f*; Marineinfanterist *m*

marital ['mæritl] ehelich

maritime ['mæritaim] See...

marjoram ['ma:dʒərəm] Majoran *m*

mark [ma:k] **1.** Marke *f*, Markierung *f*, Bezeichnung *f*; Zeichen *n* (*a. fig.*); Merkmal *n*; (Körper)Mal *n*; Ziel *n* (*a. fig.*); (Fuß-, Brems- *etc.*)Spur *f* (*a. fig.*); (Fabrik-, Waren-)Zeichen *n*, (Schutz-, Handels)Marke *f*; *econ.* Preisangabe *f*; *ped.* Note *f*, Zensur *f*; *Sport*: Startlinie *f*; *fig.* Norm *f*; **hit the ~** (*fig.* ins Schwarze) treffen; **miss the ~** danebenschießen, *fig.* das Ziel verfehlen; **2.** markieren, anzeichnen; kennzeichnen; Waren auszeichnen; Preis festsetzen; Spuren hinterlassen auf; Flecken machen auf; *ped.* benoten, zensieren; *Sport*: Gegenspieler decken; **~ down** notieren, im Preis herabsetzen; **~ off** abgrenzen; auf *er* Liste abhaken; **~ out** abgrenzen, markieren; bestimmen (**for** für); **~ up** im Preis heraufsetzen

marke|d [ma:kt] deutlich, ausgeprägt; **'~r** Markierstift *m*; Lesezeichen *n*

market

market ['mɑːkɪt] **1.** Markt *m*; Markt(platz) *m*; **2.** auf den Markt bringen; verkaufen, -treiben; **~ garden** *Brt.* Handelsgärtnerei *f*

marmalade ['mɑːməleɪd] (*bsd.* Orangen)Marmelade *f* (*bsd.* Orangen)Mark *m*

marmot ['mɑːmət] Murmeltier *n*

marquee [mɑːˈkiː] großes Zelt

marriage ['mærɪdʒ] Heirat *f*, Hochzeit *f* (**to** mit); Ehe *f*; **~ certificate** Trauschein *m*

married ['mærɪd] verheiratet

marrow ['mærəʊ] *anat.* (Knochen)Mark *n*; *a.* **vegetable ~** Kürbis *m*

marry ['mærɪ] *v/t* (ver)heiraten; trauen; *v/i a.* **get married** heiraten

marsh [mɑːʃ] Sumpfland *n*, Marsch *f*

marshal ['mɑːʃl] *mil.* Marschall *m*; *Am.* Bezirkspolizeichef *m*

marten ['mɑːtɪn] Marder *m*

martial ['mɑːʃl] kriegerisch; Kriegs..., Militär...

martyr ['mɑːtə] Märtyrer(in) *m*

marvel ['mɑːvl] **1.** Wunder *n*; **2.** sich wundern (**at** über); **~(l)ous** wunderbar; fabelhaft, phantastisch

mascara [mæˈskɑːrə] Wimperntusche *f*

mascot ['mæskət] Maskottchen *n*

masculine ['mæskjʊlɪn] männlich

mash [mæʃ] **1.** zerdrücken, -quetschen; **2.** Brei *m*; *Brt.* Kartoffelbrei *m*; **~ed potatoes** *pl* Kartoffelbrei *m*

mask [mɑːsk] **1.** Maske *f*; **2.** maskieren

mason ['meɪsn] Steinmetz *m*; **'~ry** Mauerwerk *n*

masquerade [mæskəˈreɪd] **1.** Maskerade *f*; **2.** sich verkleiden (**as** als)

mass [mæs] **1.** *eccl.* Messe *f*; Masse *f*, Mehrzahl *f*, überwiegender Teil; **2.** sich (an)sammeln *od.* anhäufen

massacre ['mæsəkə] **1.** Massaker *n*; **2.** niedermetzeln

massage ['mæsɑːʒ] **1.** Massage *f*; **2.** massieren

massive ['mæsɪv] massiv; enorm, riesig

mass / **media** *sg*, *pl* Massenmedien *pl*; **'~-produce** serienmäßig herstellen; **~ production** Massen-, Serienproduktion *f*

mast [mɑːst] Mast *m*

master ['mɑːstə] **1.** *s* Meister *m*; Herr *m*; Lehrer *m*; Original(kopie *f*) *n*; *paint. etc.* Meister *m*; *mar.* Kapitän *m*; *univ.* Magister *m*; **~ of ceremonies** Conférencier *m*; Showmaster *m*; **2.** *adj* meisterhaft; Meister...; Haupt...; **3.** *v/t* meistern, beherrschen; **~ key** Hauptschlüssel *m*; **'~ly** meisterhaft; **'~mind** Genie *n*; (führender) Kopf; **~ piece** Meisterstück *n*, -werk

n; **~y** ['~ərɪ] Herrschaft *f*, Gewalt *f*; Beherrschung *f* (*e-r Sprache etc.*)

masturbate ['mæstəbeɪt] masturbieren, onanieren

mat¹ [mæt] Matte *f*; Untersetzer *m*

mat² [~] → **matt**

match¹ [mætʃ] Streichholz *n*

match² [~] **1.** der, die, das gleiche *od.* Ebenbürtige; (passendes) Gegenstück; (*Fußball- etc.*)Spiel *n*, (*Box- etc.*)Kampf *m*; Heirat *f*; Person: gute *etc.* Partie; **be a (no) ~ for s.o.** j-m (nicht) gewachsen sein; **find** *od.* **meet one's ~** s-n Meister finden; **2.** j-m, e-r Sache ebenbürtig *od.* gewachsen sein, gleichkommen; entsprechen, passen zu; zs.-passen; **'~box** Streichholzschachtel *f*

mate [meɪt] **1.** Kamerad *m*, Kollege *m*; *zo.* Männchen *n od.* Weibchen *n*; *mar.* Maat *m*; **2.** *zo.* (sich) paaren

material [mə'tɪərɪəl] **1.** materiell; leiblich; wesentlich; **~ damage** Sachschaden *m*; **2.** Material *n*; Stoff *m*; **~ize** (sich) verwirklichen

maternal [mə'tɜːnl] mütterlich, Mutter...

maternity [mə'tɜːnətɪ] Mutterschaft *f*; **~ dress** Umstandskleid *n*; **~ leave** Mutterschaftsurlaub *m*; **~ ward** Entbindungsstation *f*

math [mæθ] *Am.* F Mathe *f*

mathematic|al [mæθə'mætɪkl] mathematisch; **~ian** [~mə'tɪʃn] Mathematiker(-in); **~s** [~'mætɪks] *mst sg* Mathematik *f*

maths [mæθs] *mst sg Brt.* F Mathe *f*

matinée ['mætɪneɪ] Nachmittagsvorstellung *f*

matrimony ['mætrɪmənɪ] Ehe(-stand *m*) *f*

matron ['meɪtrən] *Brt.* Oberschwester *f*, Oberin *f*

matt [mæt] matt, mattiert

matter ['mætə] Materie *f*, Material *n*, Stoff *m*; *med.* Eiter *m*; Sache *f*, Angelegenheit *f*; **as a ~ of course** selbstverständlich; **as a ~ of fact** tatsächlich, eigentlich; **a ~ of time** e-e Frage der Zeit; **what's the ~ (with you)?** was ist los (mit dir)?; **no ~ what she says** ganz gleich, was sie sagt; **no ~ who** gleichgültig, wer; **2.** von Bedeutung sein; **it doesn't ~** es macht nichts; **~-of-'fact** sachlich, nüchtern

mattress ['mætrɪs] Matratze *f*

matur|e [mə'tjʊə] **1.** reif; **2.** reifen, reif werden

maul [mɔːl] übel zurichten

Maundy Thursday ['mɔːndɪ] Gründonnerstag *m*

mauve [məʊv] malvenfarbig, mauve

May [meɪ] Mai *m*

may [~] *v/aux* (*pret might*) ich kann / mag / darf, du kannst /

maybe 188

magst / darfst *etc.*; **~be** vielleicht

May|beetle, ~bug Maikäfer *m*; **~ Day** der 1. Mai

mayor [meə] Bürgermeister *m*

'maypole Maibaum *m*

maze [meɪz] Irrgarten *m*, Labyrinth *n*

me [miː] mich; mir

meadow ['medəʊ] Wiese *f*

meagre, *Am*. **-er** ['miːgə] mager, dürr; dürftig

meal [miːl] Essen *n*; **~time** Essenszeit *f*

mean¹ [miːn] geizig; gemein

mean² [~] **1.** Mitte *f*, Mittel *n*, Durchschnitt *m*; pl (*a. sg konstr.*) Mittel *n od.* pl; pl Mittel *pl*, Vermögen *n*; **by all ~s!** selbstverständlich!; **by no ~s** keineswegs; **by ~s of** mittels, durch; **2.** durchschnittlich, Durchschnitts...

mean³ [~] bedeuten; meinen; beabsichtigen, vorhaben; **be ~t for** bestimmt sein für; **~ well** es gut meinen

'meaning 1. Sinn *m*, Bedeutung *f*; **2.** bedeutungsvoll; **~ful** bedeutungsvoll; sinnvoll; **~less** sinnlos

meant [ment] *pret u. pp von* **mean³**

mean|time 1. inzwischen; **2. in the ~ → 1**; **~while** inzwischen

measles ['miːzlz] *sg* Masern *pl*

measure ['meʒə] **1.** Maß *n* (*a. fig.*); *mus.* Takt *m*; Maßnahme *f*; **2.** (ab-, aus-, ver)messen; **~ment** Messung *f*; Maß *n*; *pl a.* Abmessungen *f pl*; **~ of capacity** Hohlmaß *n*

meat [miːt] Fleisch *n*; **~ball** Fleischklößchen *n*

mechanic [mɪ'kænɪk] Mechaniker *m*; **~al** mechanisch; Maschinen...

mechan|ism ['mekənɪzəm] Mechanismus *m*; **~ize** mechanisieren

medal ['medl] Medaille *f*; Orden *m*

meddle ['medl] sich einmischen (**with**, **in** in)

media ['miːdjə] **1.** *pl von* **medium** [ ]; **2.** *sg, pl* Medien *pl*

mediaeval → medieval

median ['miːdjən] *a.* **~ strip** *Am.* Mittelstreifen *m*

mediat|e ['miːdɪeɪt] vermitteln; **~ion** [~'eɪʃn] Vermittlung *f*; **~or** Vermittler *m*

medical ['medɪkl] **1.** medizinisch, ärztlich; **2.** ärztliche Untersuchung; **~ certificate** ärztliches Attest

medicated ['medɪkeɪtɪd] medizinisch

medicin|al [me'dɪsɪnl] medizinisch, Heil...; **~e** ['medsɪn] Medizin *f*, Arznei *f*; Heilkunde *f*

medieval [medɪ'iːvl] mittelalterlich

mediocre [miːdɪ'əʊkə] mittelmäßig

meditat|e ['medɪteɪt] nachdenken, grübeln;

ren; **~ion** [~'teɪʃn] Nachdenken *n*; Meditation *f*
medium ['miːdjəm] **1.** (*pl* **-dia** ['~djə], **-diums**) Mitte *f*; Mittel *n*; Medium *n*, Träger *m*; **2.** mittlere(r, -s), Mittel..., *gastr.* Steak: englisch; **~ wave** *electr.* Mittelwelle *f*
medley ['medlɪ] Gemisch *n*; *mus.* Medley *n*, Potpourri *n*
meek [miːk] sanft; demütig
meet [miːt] (**met**) *v/t* treffen, sich treffen mit; begegnen; treffen auf; stoßen auf; j-n abholen; j-n kennenlernen; *Wunsch* entgegenkommen, entsprechen; *Verpflichtung etc.* nachkommen; *v/i* zs.-kommen, zs.-treten; sich treffen *od.* begegnen; sich kennenlernen; **~ with** zs.-treffen mit; sich treffen mit; stoßen auf (*Schwierigkeiten etc.*); erleben, -leiden; **'~ing** Begegnung *f*, (Zs.-)Treffen *n*; Versammlung *f*, Sitzung *f*, Tagung *f*; *Sport:* Veranstaltung *f*
melancholy ['melənkəlɪ] **1.** Melancholie *f*, Schwermut *f*; **2.** schwermütig; traurig
mellow ['meləʊ] **1.** reif; weich; sanft, mild; *fig.* gereift; **2.** reifen (lassen)
melodious [mɪ'ləʊdjəs] melodisch; **~y** ['melədɪ] Melodie *f*
melon ['melən] Melone *f*
melt [melt] (zer)schmelzen; **~ down** einschmelzen

member ['membə] Mitglied *n*, Angehörige *m, f*; *anat.*: Glied(maße *f*) *n*; (männliches) Glied; **'~ship** Mitgliedschaft *f*; Mitglieds...
membrane ['membreɪn] Membran(e) *f*
memo ['meməʊ] F Memo *n*
memoirs ['memwɑːz] *pl* Memoiren *pl*
memorial [mə'mɔːrɪəl] Denkmal *n*, Gedenkstätte *f*; Gedenk...
memor|ize ['meməraɪz] auswendig lernen, sich einprägen; **'~y** Gedächtnis *n*; Erinnerung *f*; Andenken *n*; *Computer:* Speicher *m*; **in ~ of** zum Andenken an
men [men] *pl von* **man** l
menace ['menəs] **1.** (be)drohen; **2.** (Be)Drohung *f*
mend [mend] ausbessern, flicken, reparieren
meningitis [menɪn'dʒaɪtɪs] Hirnhautentzündung *f*
menopause ['menəʊpɔːz] Wechseljahre *pl*
men's room *Am.* Herrentoilette *f*
menstruation [menstrʊ'eɪʃn] Menstruation *f*
mental ['mentl] geistig, Geistes...; **~ arithmetic** Kopfrechnen *n*; **~ cruelty** seelische Grausamkeit; **~ hospital** psychiatrische Klinik, Nervenheilanstalt *f*; **~ity** [~'tælətɪ] Mentalität *f*; **~ly** ['~təlɪ] geistig, geistes...;

handicapped geistig behindert; ~ **ill** geisteskrank
mention ['menʃn] **1.** erwähnen; *don't ~ it* bitte (sehr)!, gern geschehen!; **2.** Erwähnung *f*
menu ['menju:] Speise(n)karte *f; Computer:* Menü *n*
merchan|dise ['mɜ:tʃəndaɪz] Ware(n *pl*) *f;* **~t** ['~ənt] (Groß)Händler *m,* (Groß)Kaufmann *m;* Handels...
merci|ful ['mɜ:sɪfʊl] barmherzig, gnädig; **'~less** unbarmherzig
mercury ['mɜ:kjʊrɪ] Quecksilber *n*
mercy ['mɜ:sɪ] Barmherzigkeit *f,* Erbarmen *n,* Gnade *f*
mere [mɪə], **'~ly** bloß, nur
merge [mɜ:dʒ] verschmelzen (*into* mit); *econ.* fusionieren; **'~r** *econ.* Fusion *f*
meridian [məˈrɪdɪən] Meridian *m*
merit ['merɪt] **1.** Verdienst *n,* Wert *m;* Vorzug *m;* **2.** *Lohn, Strafe etc.* verdienen
mermaid ['mɜ:meɪd] Meerjungfrau *f,* Nixe *f*
merriment ['merɪmənt] Fröhlichkeit *f;* Heiterkeit *f*
merry ['merɪ] lustig, fröhlich; ♀ *Christmas!* fröhliche *od.* frohe Weihnachten; **'~-go-round** Karussell *n*
mesh [meʃ] Masche *f; pl fig.* Netz *n,* Schlingen *pl*
mess [mes] **1.** Unordnung *f,* Durcheinander *n;* Schmutz *m; fig.* Patsche *f,* Klemme *f; mil.* Messe *f;* **2.** ~ *about,* ~ *around* herumspielen, -basteln (*with* an); herumgammeln; ~ *up* in Unordnung bringen; *fig.* verpfuschen
message ['mesɪdʒ] Mitteilung *f,* Nachricht *f;* Anliegen *n,* Aussage *f; get the ~* F kapieren
messenger ['mesɪndʒə] Bote *m*
messy ['mesɪ] schmutzig (*a. fig.*); unordentlich
met [met] *pret u. pp von* **meet**
metal ['metl] Metall *n;* **~lic** [mɪ'tælɪk] metallisch; Metall...
meter¹ ['mi:tə] Meßgerät *n,* Zähler *m;* ~ *maid* Politesse *f*
meter² [' ~] *Am.* → **metre**
method ['meθəd] Methode *f;* **~ical** [mɪ'θɒdɪkl] methodisch, systematisch
meticulous [mɪ'tɪkjʊləs] peinlich genau
metre, *Am.* **-ter** ['mi:tə] Meter *m, n;* Versmaß *n*
metric ['metrɪk] metrisch
metropolitan [metrə'pɒlɪtən] ... der Hauptstadt
Mexican ['meksɪkən] **1.** mexikanisch; **2.** Mexikaner(in)
miaow [mi:'aʊ] miauen
mice [maɪs] *pl von* **mouse**
micro... [maɪkrəʊ] Mikro..., (sehr) klein; **'~chip** Mikrochip *m;* **'~computer** Mikrocomputer *m;* **'~electronics** *sg* Mikroelektronik *f;* **'~film** Mikrofilm *m*

microphone ['maɪkrə] Mikrophon n

microprocessor ['maɪkrəʊ] Mikroprozessor m

micro|scope ['maɪkrə] Mikroskop n; **~wave** Mikrowelle f; **~oven** Mikrowellenherd m

mid [mɪd] mittlere(r, -s), Mittel...; **'~air: in ~** in der Luft; **'~day** Mittag m

middle ['mɪdl] **1.** mittlere(r, -s), Mittel...; **2.** Mitte f; **in the ~ of** in der Mitte, mitten in; **~'aged** mittleren Alters; ♀ **Ages** pl das Mittelalter; **~ class(es)** pl Mittelstand m; ♀ **East** der Nahe Osten; **'~man** (pl **-men**) Zwischenhändler m; **'~name** zweiter Vorname; **'~sized** mittelgroß; **'~weight** Boxen: Mittelgewicht(ler m) n

middling ['mɪdlɪŋ] leidlich

midge [mɪdʒ] Mücke f

midget ['mɪdʒɪt] Zwerg m, Knirps m

'mid|night Mitternacht f; **~summer** Hochsommer m; Sommersonnenwende f; **'~way** auf halbem Wege; **'~wife** (pl **-wives**) Hebamme f; **'~winter** Mitte f des Winters; Wintersonnenwende f

might [maɪt] pret von **may**; **'~y** mächtig, gewaltig

migrat|e [maɪ'ɡreɪt] (ab-, aus)wandern, (fort)ziehen; **~ory** ['~ɡrətərɪ] Zug..., Wander...; **~ bird** Zugvogel m

mike [maɪk] F Mikro n

mild [maɪld] mild, sanft, leicht

mildew ['mɪldju:] Mehltau m; Schimmel m

mildness ['maɪldnɪs] Milde f

mile [maɪl] Meile f (1,609 km); **~age** [~ɪdʒ] zurückgelegte Meilenzahl

military ['mɪlɪtərɪ] militärisch

milk [mɪlk] **1.** Milch f; **it's no use crying over spilt ~** geschehen ist geschehen; **2.** melken; **~ chocolate** Vollmilchschokolade f; **'~man** (pl **-men**) Milchmann m; **'~tooth** (pl **-teeth**) Milchzahn m

mill [mɪl] **1.** Mühle f; Fabrik f; **2.** mahlen; **~er** Müller m

milli|gram(me) ['mɪlɪɡræm] Milligramm n; **'~metre**, Am. **-er** Millimeter m, n

million ['mɪljən] Million f; **~aire** [~'neə] Millionär m

milt [mɪlt] Fisch: Milch f

mime [maɪm] **1.** Pantomime f; Pantomime m; **2.** mimen, nachahmen; **~ic** ['mɪmɪk] nachahmen

mince [mɪns] **1.** zerhacken, (zer)schneiden; **2.** bsd. Brt. Hackfleisch n; **~ meat** süße Pastetenfüllung; Hackfleisch n; **~ pie** mit mincemeat gefüllte süße Pastete

'minc|er, ~ing machine Fleischwolf m

mind [maɪnd] **1.** Sinn m, Gemüt n, Herz n; Verstand m, Geist m; Gedächtnis n; An-

minded

sicht *f*, Meinung *f*; Absicht *f*, Neigung *f*, Lust *f*; **be out of one's ~** nicht (recht) bei Sinnen sein; **bear** *od*. **keep s.th. in ~** an et. denken; **change one's ~** es sich anders überlegen, s-e Meinung ändern; **enter s.o.'s ~** j-m in den Sinn kommen; **give s.o. a piece of one's ~** j-m gründlich die Meinung sagen; **make up one's ~** sich entschließen; **2.** achtgeben auf; aufpassen auf, sehen nach; et. haben gegen; **do you ~ if I smoke?, do you ~ my smoking?** stört es Sie, wenn ich rauche?; **would you ~ opening the window?** würden Sie bitte das Fenster öffnen?; **~ the step!** Vorsicht, Stufe!; **~ your own business!** kümmern Sie sich um Ihre eigenen Angelegenheiten!; **(you)** wohlgemerkt, allerdings; **~!** gib acht; **never ~!** macht nichts!; **I don't ~** meinetwegen, von mir aus; **~ed** ...gesinnt

mine¹ [main] meins, meine(r, -s)

mine² [~] **1.** Bergwerk *n*; *mil.* Mine *f*; *fig.* Fundgrube *f*; **2.** schürfen, graben; *Erz, Kohle* abbauen; *mil.* verminen; **'~r** Bergmann *m*

mineral ['mɪnərəl] Mineral *n*; Mineral...; *mst pl Brt.* → **~ water** Mineralwasser *n*

mingle ['mɪŋgl] (ver)mi-

192

schen; sich mischen *od.* mengen (**with** unter)

mini... [mɪnɪ] Mini..., Klein(st)...; **~bus** Kleinbus *m*; **~skirt** Minirock *m*

miniature ['mɪnɪtʃə] Miniatur(gemälde *n*) *f*

minimal ['mɪnɪml] minimal; **'~mize** auf ein Minimum herabsetzen; bagatellisieren

mining ['maɪnɪŋ] Bergbau *m*

minister ['mɪnɪstə] Geistliche *m*, Pfarrer *m*; Minister(in)

ministry ['mɪnɪstrɪ] geistliches Amt; Ministerium *n*

mink [mɪŋk] Nerz *m*

minor ['maɪnə] **1.** kleinere(r, -s), leicht; unbedeutend; *jur.* minderjährig; *mus.* Moll...; **D ~** D-Moll *n*; **2.** *jur.* Minderjährige *m, f*; *univ.* Nebenfach *n*; *mus.* Moll *n*; **~ity** [~'nɒrətɪ] Minderheit *f*; *jur.* Minderjährigkeit *f*

minster ['mɪnstə] Münster *n*

mint¹ [mɪnt] Minze *f*; Pfefferminz(bonbon) *n*

mint² [~] **2.** Münze *f*, Münzanstalt *f*; prägen

minus ['maɪnəs] minus

minute¹ ['mɪnɪt] Minute *f*; Augenblick *m*; *pl* Protokoll *n*; **in a ~** gleich, sofort; **just a ~** e-n Augenblick; Moment mal!

minute² [maɪ'njuːt] winzig; peinlich genau

miracle ['mɪrəkl] Wunder *n*; **~ulous** [mɪ'rækjʊləs] wun-

mirage ['mɪrɑːʒ] Luftspiegelung f, Fata Morgana f
mirror ['mɪrə] 1. Spiegel m; 2. (wider)spiegeln
mirth [mɜːθ] Fröhlichkeit f
mis... [mɪs] miß..., falsch; **~apply** falsch verwenden; **~appropriate** [~ə'prəʊprɪeɪt] unterschlagen; **~behave** sich schlecht benehmen; **~'calculate** falsch berechnen; sich verrechnen
miscarr|iage Fehlgeburt f; **~y** e-e Fehlgeburt haben
miscellaneous [mɪsə'leɪnjəs] ge-, vermischt; vermischt
mischie|f ['mɪstʃɪf] Unheil n, Schaden m; Unfug m; Übermut m; **~vous** ['~vəs] boshaft; spitzbübisch
mis|conception Mißverständnis n; **~construe** [~kən'struː] mißdeuten, falsch auslegen; **~demeano(u)r** [~dɪ'miːnə] jur. Vergehen n
miser ['maɪzə] Geizhals m
miser|able ['mɪzərəbl] elend, erbärmlich; unglücklich; **~y** Elend n, Not f
mis|'fire Schußwaffe: versagen; mot. fehlzünden, aussetzen; Plan etc. fehlschlagen; **~'fit** Außenseiter(in); **~'fortune** Unglück(sfall m) n; Mißgeschick n; **~giving** Befürchtung f, Zweifel m; **~'guided** irrig, unangebracht; **~'handle** falsch behandeln od. handhaben; **~hap** ['~hæp] Mißgeschick n
misinterpret falsch auffassen od. auslegen; **~ation** falsche Auslegung
mis|'judge falsch beurteilen; falsch einschätzen; **~'lay** (-laid) et. verlegen; **~'lead** (-led) irreführen, täuschen; verleiten
mismanage schlecht verwalten od. führen; **~ment** Mißwirtschaft f
mis|'place et. verlegen; an e-e falsche Stelle legen od. setzen; **~d** unangebracht, deplaziert; **~print 1.** [~'print] verdrucken; **2.** [~print] Druckfehler m; **~pronounce** falsch aussprechen; **~'read** (red) falsch lesen; falsch deuten; **~represent** falsch darstellen
miss[1] [mɪs] (mit nachfolgendem Namen 2) Fräulein n
miss[2] [~] 1. verpassen, -säumen, -fehlen; auslassen, übergehen; überhören; übersehen; vermissen; nicht treffen; mißlingen; 2. Fehlschuß m, -wurf m etc.
misshapen mißgebildet
missile ['mɪsaɪl] Rakete f; (Wurf)Geschoß n
missing ['mɪsɪŋ] fehlend; vermißt; **be ~** fehlen; verschwunden od. weg sein
mission ['mɪʃn] pol. Auftrag m; eccl., pol. Mission f; mil. Einsatz m

mis|'spell (**-spelt** *od.* **~ed**) falsch buchstabieren *od.* schreiben; **~'spent** vergeudet, -schwendet

mist [mɪst] **1.** (feiner) Nebel, Dunst *m*; **2. ~ over** sich trüben; **~ up** (sich) beschlagen

mistake [mɪ'steɪk] **1.** (**-took, -taken**) verwechseln (**for** mit); falsch verstehen, mißverstehen; sich irren in; **2.** Irrtum *m*, Versehen *n*; Fehler *m*; **by ~** aus Versehen; **~** irrig, falsch; **be ~** sich irren

mister ['mɪstə] → *Abkürzung* **Mr**

mistletoe ['mɪsltəʊ] Mistel *f*

mistress ['mɪstrɪs] Herrin *f*; Lehrerin *f*; Geliebte *f*

mistrust 1. mißtrauen; **2.** Mißtrauen *n*

misty ['mɪstɪ] (leicht) neb(e)lig, dunstig; unklar

misunderstand (**-stood**) mißverstehen, falsch verstehen; **~ing** Mißverständnis *n*; Meinungsverschiedenheit *f*

misuse 1. [mɪs'ju:z] mißbrauchen; falsch gebrauchen; **2.** [~'ju:s] Mißbrauch *m*

mite [maɪt] Milbe *f*

mitigate ['mɪtɪgeɪt] mildern

mitten ['mɪtn] Fausthandschuh *m*, Fäustling *m*; *ohne Finger*: Halbhandschuh *m*

mix [mɪks] **1.** (ver)mischen, vermengen, *Getränke* mixen; sich (ver)mischen; sich mischen lassen; verkehren (**with** mit); **~ up** zs.-, durch-

einandermischen; verwechseln (**with** mit); **be ~ed up** verwickelt sein *od.* werden (**in** in); **2.** Mischung *f*; **~ed** gemischt (*a.* Gefühl *etc.*); vermischt; **~er** Mixer *m*; **~ture** ['~tʃə] Mischung *f*; Gemisch *n*; **'~-up** F Durcheinander *n*

moan [məʊn] **1.** Stöhnen *n*; **2.** stöhnen

moat [məʊt] (Burg)Graben *m*

mob [mɒb] Mob *m*, Pöbel *m*

mobile ['məʊbaɪl] beweglich; fahrbar; **~ home** Wohnwagen *m*; **~ library** Lesemobil *n*; **~ity** ['~bɪlətɪ] Beweglichkeit *f*

mock [mɒk] **1.** verspotten; sich lustig machen (**at** über); **2.** Schein...; **~ery** Spott *m*

mod con ['mɒd 'kɒn]: **with all ~s** mit allem Komfort

mode [məʊd] (Art *f u.*) Weise *f*; *Computer*: Modus *m*, Betriebsart *f*

model ['mɒdl] **1.** Modell *n*; Muster *n*; Vorbild *n*; Mannequin *n*; Model *n*, Fotomodell *n*; *tech.* Modell *n*, Typ *m*; Muster..., Modell...; **male ~** Dressman *m*; **2.** modellieren, *a. fig.* formen; *Kleider etc.* vorführen

moderat|e 1. ['mɒdərət] (mittel)mäßig; gemäßigt; **2.** ['~eɪt] (sich) mäßigen; **~ion** [~'reɪʃn] Mäßigung *f*

modern ['mɒdən] modern, neu; **~ize** modernisieren

modest ['mɒdɪst] bescheiden; '~y Bescheidenheit f
modi|fication [mɒdɪfɪ'keɪʃn] (Ab-, Ver)Änderung f; **~fy** ['~faɪ] (ab-, ver)ändern
module ['mɒdjuːl] Modul n; *Raumfahrt:* Kapsel f
moist [mɔɪst] feucht; **~en** ['~sn] an-, befeuchten; feucht werden; **~ure** ['~tʃə] Feuchtigkeit f; **~urizer** ['~raɪzə] Feuchtigkeitscreme f
molar (tooth) ['məʊlə] (*pl* **-teeth**) Backenzahn m
mold, **mould**² *etc. Am.* → **mould**¹, **mould**² *etc.*
mole¹ [məʊl] Maulwurf m
mole² [~] Muttermal n, Leberfleck m
mole³ [~] Mole f
molest [məʊ'lest] belästigen
mollify ['mɒlɪfaɪ] besänftigen
molten ['məʊltən] geschmolzen
moment ['məʊmənt] Augenblick m, Moment m; Bedeutung f; **at the ~** im Augenblick; **~ary** momentan
monarch ['mɒnək] Monarch(in), Herrscher(in); '~y Monarchie f
monastery ['mɒnəstəri] (Mönchs)Kloster n
Monday ['mʌndɪ] Montag m
monetary ['mʌnɪtəri] Währungs...; Geld...
money ['mʌnɪ] Geld n; **~ order** Post- *od.* Zahlungsanweisung f
monitor ['mɒnɪtə] 1. Monitor m, Kontrollgerät n, -schirm m; 2. abhören; überwachen
monk [mʌŋk] Mönch m
monkey ['mʌŋkɪ] Affe m; **~ wrench** *tech.* Engländer m
mono... [mɒnəʊ] ein..., mono...; **~logue**, *Am. a.* **-log** ['~lɒg] Monolog m
monopol|ize [mə'nɒpəlaɪz] monopolisieren; *fig.* an sich reißen; **~y** Monopol n
monoton|ous [mə'nɒtnəs] monoton, eintönig; **~y** [~tnɪ] Monotonie f
monster ['mɒnstə] Monster n, Ungeheuer n
monstr|osity [mɒn'strɒsətɪ] Monstrum n; Ungeheuerlichkeit f; **~ous** ['~strəs] ungeheuer(lich); gräßlich
month [mʌnθ] Monat m; '~ly 1. monatlich, Monats...; 2. Monatsschrift f
monument ['mɒnjʊmənt] Monument n, Denkmal n
moo [muː] muhen
mood [muːd] Stimmung f, Laune f; **be in the ~ for** aufgelegt sein zu; '~y launisch, launenhaft; schlechtgelaunt
moon [muːn] Mond m; **once in a blue ~** Falle Jubeljahre (einmal); '~light 1. Mondlicht n, -schein m; 2. F schwarzarbeiten; '~lit mondhell
moor¹ [mɔː] (Hoch)Moor n
moor² [~] *mar.* vertäuen, festmachen; **~ings** ['~rɪŋz] *pl mar.* Liegeplatz m

moose [muːs] (*pl* ~) Elch *m*
mop [mɒp] **1.** Mop *m*; (Haar)Wust *m*; **2.** (auf-, ab-)wischen; ~ **up** aufwischen
mope [məʊp] den Kopf hängen lassen
moral ['mɒrəl] **1.** moralisch, sittlich; tugendhaft; Moral..., Sitten...; **2.** Moral *f* (*e-r Geschichte etc.*); *pl* Moral *f*, Sitten *pl*; **~e** [mɒ'rɑːl] Moral *f*, Stimmung *f* (*e-r Truppe etc.*); **~ity** [məˈrælətɪ] Ethik *f*, Moral *f*; **~ize** ['mɒrəlaɪz] moralisieren
morass [məˈræs] Sumpf *m*
morbid ['mɔːbɪd] krankhaft
more [mɔː] **1.** *adj* mehr; noch (mehr); **some ~ tea** noch etwas Tee; **2.** *adv* mehr; noch mehr; **~ important** wichtiger; **~ often** öfter; **~ and ~** immer mehr; **~ or less** mehr oder weniger; **once ~** noch einmal; **3.** *s* Mehr *n* (**of** an); **a little ~** etwas mehr; **~over** [~ˈrəʊvə] außerdem
morgue [mɔːg] Leichenschauhaus *n*
morning [ˈmɔːnɪŋ] Morgen *m*; Vormittag *m*; Morgen...; Vormittags...; Früh...; **in the ~** morgens, am Morgen; vormittags, am Vormittag; **this ~** heute morgen *od.* vormittag; **tomorrow ~** morgen früh *od.* vormittag; **good ~** guten Morgen
morose [məˈrəʊs] mürrisch
morph|ia ['mɔːfjə], **~ine**
['~fiːn] Morphium *n*
morsel ['mɔːsl] Bissen *m*; **a ~ of** ein bißchen
mortal ['mɔːtl] **1.** sterblich; tödlich; Tod(es)...; **2.** Sterbliche *m, f*; **~ity** [~ˈtælətɪ] Sterblichkeit *f*
mortar¹ [ˈmɔːtə] Mörtel *m*
mortar² [~] Mörser *m*
mortgage [ˈmɔːɡɪdʒ] **1.** Hypothek *f*; **2.** e-e Hypothek aufnehmen auf
mortician [mɔːˈtɪʃən] *Am.* Leichenbestatter *m*
mortuary [ˈmɔːtjʊərɪ] Leichenhalle *f*
mosaic [məʊˈzeɪɪk] Mosaik *n*
Moslem [ˈmɒzləm] **1.** moslemisch; **2.** Moslem *m*
mosque [mɒsk] Moschee *f*
mosquito [məˈskiːtəʊ] (*pl* **-to[e]s**) Moskito *m*; Stechmücke *f*
moss [mɒs] Moos *n*; **'~y** moosig, bemoost
most [məʊst] **1.** *adj* meiste(r, -s), meisten(r, -s); die meisten; **~ people** die meisten Leute; **2.** *adv* am meisten; **~ of all** am allermeisten; *vor adj:* höchst, äußerst; **the ~ important point** der wichtigste Punkt; **3.** *s* das meiste; der größte Teil; die meisten *pl*; **at (the) ~** höchstens; **make the ~ of** *et.* nach Kräften *od.* möglichst ausnützen; **'~ly** hauptsächlich
MOT [eməʊˈtiː] *a.* **~ test** *Brt.* TÜV(-Prüfung *f*) *m*

moth [mɒθ] Nachtfalter *m*; Motte *f*

mother ['mʌðə] **1.** Mutter *f*; **2.** bemuttern; **~ country** Vater-, Heimatland *n*; **~hood** ['~hʊd] Mutterschaft *f*; **~-in-law** ['~ərɪnlɔː] Schwiegermutter *f*; **~ly** mütterlich; **~-of-pearl** ['~ərəv-'pɜːl] Perlmutt *n*, Perlmutter *f*, *n*; **2's Day** Muttertag *m*; **~ tongue** Muttersprache *f*

motif [məʊˈtiːf] *Kunst:* Motiv *n*

motion ['məʊʃn] **1.** Bewegung *f*; *parl.* Antrag *m*; **put out. set in ~** in Gang bringen (*a. fig.*); **2.** winken; j-m ein Zeichen geben; **~less** regungslos; **~ picture** *Am.* Film *m*

motiv|ate ['məʊtɪveɪt] motivieren; **~e** ['~ɪv] Motiv *n*

motor ['məʊtə] Motor *m*; Motor-...; **~bike** *Brt.* F Motorrad *n*; **~boat** Motorboot *n*; **~car** Kraftfahrzeug *n*; **~cycle** Motorrad *n*; **~cyclist** Motorradfahrer(in); **~ist** ['~ərɪst] Autofahrer(in); **~ scooter** Motorroller *m*; **~way** *Brt.* Autobahn *f*

mould¹, *Am.* **mold** [məʊld] **1.** (Gieß-, Guß-, Preß)Form *f*; **2.** *tech.* gießen; formen

mould², *Am.* **mold** [məʊld] **1.** Schimmel *m*; Moder *m*; **~er**, *a.* **~ away** vermodern; zerfallen; **~y** verschimmelt, schimmlig; mod(e)rig

mound [maʊnd] Erdhügel *m*

mount [maʊnt] **1.** *v/t Berg, Pferd etc.* besteigen, steigen auf; montieren; anbringen, befestigen; *Bild etc.* aufkleben; *Edelstein* fassen; *v/i Reiter:* aufsitzen, steigen, *fig. a.* (an)wachsen; **~ up to** sich belaufen auf; **2.** Gestell *n*; Fassung *f*; Reittier *n*

mountain ['maʊntɪn] Berg *m*; *pl a.* Gebirge *n*; Berg-..., Gebirgs-...; **~eer** [~'nɪə] Bergsteiger(in); **~eering** [~'nɪərɪŋ] Bergsteigen *n*; **~ous** bergig, gebirgig

mounted beritten

mourn [mɔːn] trauern (**for, over** um); betrauern, trauern um; **~er** Trauernde *m*, *f*; **~ful** traurig; **~ing** Trauer *f*

mouse [maʊs] (*pl* **mice** [maɪs]) Maus *f*

moustache [məˈstɑːʃ] Schnurrbart *m*

mouth [maʊθ] (*pl* **~s** [~ðz]) Mund *m*; Maul *n*, Schnauze *f*, Rachen *m*; Mündung *f*; *Flasche etc.:* Öffnung *f*; **~ful** ein Mundvoll, Bissen *m*; **~organ** Mundharmonika *f*; **~piece** Mundstück *n*; *fig.* Sprachrohr *n*; **~wash** Mundwasser *n*

move [muːv] **1.** *v/t* bewegen; (weg)rücken; transportieren; *parl. etc.* beantragen; *Schach:* e-n Zug machen mit; *fig.* bewegen, rühren; **~ house** umziehen; *v/i* sich bewegen *od.* rühren; umziehen

movement

(*to* nach); *Schach:* e-n Zug machen; ~ *in* (*out*, *away*) ein-(aus-, weg)ziehen; ~ *on* weitergehen; **2.** Bewegung *f*; Umzug *m*; *Schach:* Zug *m*; *fig.* Schritt *m*; mach(t) schon!; '~ment Bewegung *f*.

movie ['muːvɪ] *bsd. Am.* Film *m*; Kino *n*; Film..., Kino...

moving ['muːvɪŋ] beweglich; *fig.* rührend; ~ **staircase** Rolltreppe *f*

mow [moʊ] (*mowed, mowed* od. *mown*) mähen; '~**er** Mähmaschine *f*, *bsd.* Rasenmäher *m*; **~n** *pp von* **mow**

much [mʌtʃ] **1.** *adj* viel; **2.** *adv* sehr; viel; *I thought as* ~ das habe ich mir gedacht; *very* ~ sehr; **3.** *s nothing* ~ nichts Besonderes

muck [mʌk] Mist *m*, Dung *m*; Dreck *m*, Schmutz *m*

mucus ['mjuːkəs] Schleim *m*

mud [mʌd] Schlamm *m*

muddle ['mʌdl] **1.** Durcheinander *n*; **2.** *a.* ~ **up** durcheinanderbringen

mud|dy ['mʌdɪ] schlammig, trüb(e); '~**guard** Kotflügel *m*; Schutzblech *n*

muffle ['mʌfl] *Ton etc.* dämpfen; *oft* ~ **up** einhüllen, -wickeln; '~**r** dicker Schal; *Am. mot.* Auspufftopf *m*

mug[1] [mʌg] Krug *m*; Becher *m*; große Tasse

mug[2] [~] (*bsd. auf der Straße*) überfallen u. ausrauben; '~**ger** F (Straßen)Räuber *m*; '~**ging** Raubüberfall *m*

mule [mjuːl] Maultier *n*

mulled wine [mʌld] Glühwein *m*

multi... ['mʌltɪ] viel..., mehr..., Mehrfach..., Multi...; ~**lingual** [~'lɪŋwəl] mehrsprachig

multiple ['mʌltɪpl] viel-, mehrfach; mehrere

multiplication [mʌltɪplɪ'keɪʃn] Vermehrung *f*; Multiplikation *f*; ~ *table* Einmaleins *n* (*pl*); '~**ply** [~plaɪ] (sich) vermehren *od.* vervielfachen; multiplizieren, malnehmen (*by* mit); ~-**storey car park** Park(hoch)haus *n*

multitude ['mʌltɪtjuːd] Vielzahl *f*; *the* ~(*s pl*) die Masse

mum[1] [mʌm] *Brt.* F Mami *f*, Mutti *f*

mumble ['mʌmbl] murmeln

mummy[1] ['mʌmɪ] Mumie *f*

mummy[2] [~] *Brt.* Mami *f*, Mutti *f*

mumps [mʌmps] *sg* Ziegenpeter *m*, Mumps *m*, *f*

munch [mʌntʃ] mampfen

municipal [mjuː'nɪsɪpl] städtisch, Stadt..., kommunal, Gemeinde...

mural ['mjʊərəl] **1.** Mauer..., Wand...; **2.** Wandgemälde *n*

murder ['mɜːdə] **1.** Mord *m* (*of* an), Ermordung *f* (*of* gen); **2.** ermorden; ~**er** ['~rə] Mörder *m*; ~**ess** ['~rɪs] Mör-

derin f; ~ous ['~rəs] mörderisch; Mord...
murmur ['mɜːmə] **1.** Murmeln n; Murren n; **2.** murmeln; murren
muscle ['mʌsl] Muskel m; **~ular** ['~kjʊlə] Muskel...; muskulös
muse [mjuːz] (nach)sinnen
museum [mjuːˈzɪəm] Museum n
mush [mʌʃ] Brei m, Mus n
mushroom ['mʌʃrʊm] Pilz m, bsd. Champignon m
music ['mjuːzɪk] Musik f; Noten pl; **~al 1.** Musik...; musikalisch; wohlklingend; **2.** Musical n; **~hall** bsd. Brt. Varieté(theater) n; **~ian** [~ˈzɪʃn] Musiker(in)
mussel ['mʌsl] (Mies)Muschel f
must [mʌst] **1.** v/aux ich muß, du mußt, er, sie, es muß etc.; I ~ not ich darf nicht; **2.** Muß n
mustache [məˈstɑːʃ] Am. Schnurrbart m
mustard ['mʌstəd] Senf m
muster ['mʌstə] a. ~ up s-e Kraft aufbieten; s-n Mut zs.-nehmen

musty ['mʌstɪ] mod(e)rig, muffig
mute [mjuːt] **1.** stumm; **2.** Stumme m, f
mutilate ['mjuːtɪleɪt] verstümmeln
mutiny ['mjuːtɪnɪ] **1.** Meuterei f; **2.** meutern
mutter ['mʌtə] **1.** murmeln; murren; **2.** Murmeln n; Murren n
mutton ['mʌtn] Hammelfleisch n
mutual ['mjuːtʃʊəl] gegen-, wechselseitig; gemeinsam
muzzle ['mʌzl] **1.** Maul n, Schnauze f; Maulkorb m; (Gewehr- etc.)Mündung f; **2.** e-n Maulkorb anlegen; fig. mundtot machen
my [maɪ] mein(e)
myself [maɪˈself] pron mich (selbst) (reflexiv); verstärkend: ich od. mich od. mir selbst
mysterious [mɪˈstɪərɪəs] mysteriös, geheimnisvoll; **~y** ['~stərɪ] Geheimnis n; Rätsel n
mystify ['mɪstɪfaɪ] verwirren
myth [mɪθ] Mythos m; **~ology** [~ˈθɒlədʒɪ] Mythologie f

N

nab [næb] F schnappen
nag [næɡ] nörgeln; ~ (at) herumnörgeln an; **~ging** Nörgelei f
nail [neɪl] **1.** Nagel m; Nagel...; **2.** (an)nageln; ~ **polish**, ~ **varnish** Nagellack m
naked ['neɪkɪd] nackt; kahl
name [neɪm] **1.** Name m; Bezeichnung f; Ruf m; what's

namely

your ~? wie heißen Sie?; **call s.o. ~s** j-n beschimpfen; **2.** (be)nennen; erwähnen; ernennen zu; **'~ly** nämlich; **'~sake** Namensvetter(in)

nanny ['nænɪ] Kindermädchen n; Oma f, Omi f

nap [næp] **1.** Schläfchen n, Nickerchen n; **have** od. **take a ~** ein Schläfchen od. Nickerchen machen

nape [neɪp] a. **~ of the neck** Genick n, Nacken m

nap|kin ['næpkɪn] Serviette f; Brt. → **'~py** Brt. Windel f

narcotic [nɑː'kɒtɪk] **1.** Betäubungsmittel n; oft pl Rauschgift n; **2.** betäubend

narrat|e [nə'reɪt] erzählen; berichten, schildern; **~ion** Erzählung f; **~ive** [nə'rətɪv] Erzählung f; Bericht m, Schilderung f; **~or** [nə'reɪtə] Erzähler(in)

narrow ['nærəʊ] **1.** eng, schmal; beschränkt; fig. knapp; **2.** enger od. schmäler werden/machen, (sich) verengen; **'~ly** mit knapper Not; **'~-minded** engstirnig

nasty ['nɑːstɪ] widerlich; bös, schlimm; gemein, fies

nation ['neɪʃn] Nation f; Volk n

national ['næʃnl] **1.** national, National..., Landes..., Volks...; Staats...; 2 **Health Service** Brt. Staatlicher Gesundheitsdienst; 2 **Insurance** Brt. Sozialversicherung f; **~ park** Nationalpark m; **2.** Staatsangehörige m, f; **~ity** [~'nælətɪ] Nationalität f, Staatsangehörigkeit f; **~ize** ['~ʃnəlaɪz] verstaatlichen

native ['neɪtɪv] **1.** einheimisch..., Landes...; heimatlich, Heimat...; Eingeborenen...; angeboren; **~ country** Heimat f, Vaterland n; **~ language** Muttersprache f; **~ speaker** Muttersprachler(in); **2.** Einheimische m, f; Eingeborene m, f

natural ['nætʃrəl] natürlich; Natur..., Roh...; angeboren; **~ gas** Erdgas n; **'~ize** einbürgern; bot., zo. heimisch machen; **~ science** Naturwissenschaft f; **~ scientist** Naturwissenschaftler(in)

nature ['neɪtʃə] Natur f

naughty ['nɔːtɪ] ungezogen

nausea ['nɔːsjə] Übelkeit f; **'~te** ['~sɪeɪt] fig. anwidern

nautical ['nɔːtɪkl] nautisch; **~ mile** Seemeile f

naval ['neɪvl] See..., Flotten..., Marine...; **~ base** Flottenstützpunkt m

nave [neɪv] arch. Mittel-, Hauptschiff n

navel ['neɪvl] Nabel m

naviga|ble ['nævɪɡəbl] schiffbar; **'~te** [~eɪt] navigieren; steuern, lenken; **~tion** [~'ɡeɪʃn] Navigation f

navy ['neɪvɪ] Marine f

near [nɪə] **1.** adj nahe; eng (befreundet); knapp; **2.** adv nahe, in der Nähe; fast, bei-

nahe; **3.** *prp* nahe, in der Nähe von (*od. gen*); **4.** *v/t u. v/i* sich nähern, nahekommen; **~by 1.** ['~baɪ] *adj* nahe (gelegen); **2.** [~'baɪ] *adv* in der Nähe; **~ly** fast, beinahe, annähernd; **~sighted** kurzsichtig

neat [niːt] ordentlich; sauber; *Whisky etc.*: pur

necessar|ily ['nesəsərəlɪ] notwendigerweise; **not ~** nicht unbedingt; **~y** [~sərɪ] notwendig, nötig

necessit|ate [nɪ'sesɪteɪt] erfordern; **~y** [~sətɪ] Notwendigkeit *f*; Bedürfnis *n*

neck [nek] **1.** Hals *m*; Genick *n*; **2.** F knutschen; **~lace** ['~lɪs] Halskette *f*; **~line** Kleid *etc.*: Ausschnitt *m*; **~tie** *Am.* Krawatte *f*, Schlips *m*

née [neɪ] geborene

need [niːd] **1.** benötigen, brauchen; müssen; **2.** Bedürfnis *n*, Bedarf *m*; Mangel *m*; Notwendigkeit *f*; Not *f*; **if ~ be** nötigenfalls; **in ~** in Not; **in ~ of help** hilfsbedürftig

needle ['niːdl] Nadel *f*; **~work** Handarbeit *f*

needy ['niːdɪ] bedürftig

negat|e [nɪ'geɪt] verneinen; **~ion** Verneinung *f*; **~ive** ['negətɪv] **1.** negativ; verneinend; abschlägig; **2.** Verneinung *f*; *phot.* Negativ *n*; **answer in the ~** verneinen

neglect [nɪ'glekt] vernachlässigen; versäumen

neglig|ent ['neglɪdʒənt] nachlässig, unachtsam; lässig; **~ible** unbedeutend

negotia|te [nɪ'gəʊʃɪeɪt] verhandeln (über); **~ion** [~ʃɪ'eɪʃn] Verhandlung *f*; **~or** [~'gəʊʃɪeɪtə] Unterhändler *m*

Negro ['niːgrəʊ] (*pl* **-groes**) *abwertend*: Neger *m*

neigh [neɪ] wiehern

neighbo(u)r ['neɪbə] Nachbar(in); **~hood** Nachbarschaft *f*; Umgebung *f*

neither ['naɪðə, *Am.* 'niːðə] **1.** *adj, pron* keine(r, -s) (von beiden); **2.** *cj*: **~ ... nor** weder ... noch; **3.** *adv* auch nicht

nephew ['nevjuː] Neffe *m*

nerve [nɜːv] Nerv *m*; Mut *m*; *bot.* Blatt: Rippe *f*, Ader *f*; F Frechheit *f*; **~-racking** F nervenaufreibend

nervous ['nɜːvəs] nervös

nest [nest] **1.** Nest *n*; **2.** nisten

nestle ['nesl] (sich) schmiegen *od.* kuscheln; **a. ~ down** es sich bequem machen

net¹ [net] Netz *n*; **~ curtain** Store *m*

net² [~] netto, Netto-..., Rein-...

nettle ['netl] **1.** *bot.* Nessel *f*; **2.** ärgern

network ['netwɜːk] Netz (-werk) *n*; (Straßen- *etc.*) Netz *n*; *Rundfunk, TV*: Sendernetz *n*

neuro|sis [njʊə'rəʊsɪs] (*pl* **-ses** [~siːz]) Neurose *f*; **~tic** [~'rɒtɪk] neurotisch

neuter ['nju:tə] 1. *gr.* sächlich; *biol.* geschlechtslos; 2. *gr.* Neutrum *n*

neutral ['nju:trəl] 1. neutral; 2. Neutrale *m, f; mot.* Leerlauf *m*; **~ity** [~'træləti] Neutralität *f*; **~ize** ['~trəlaɪz] neutralisieren

never ['nevə] nie(mals); durchaus nicht; **~-ending** endlos; **~theless** [~ðə'les] dennoch, trotzdem

new [nju:] neu; **~**-nichts Neues; **~born** neugeboren; **~comer** Neuankömmling *m*; Neuling *m*; **~ly** kürzlich, frisch; neu; **~ moon** Neumond *m*

news [nju:z] *sg* Neuigkeit(en *pl) f,* Nachricht(en *pl) f*; **~ agency** Nachrichtenagentur *f*; **~agent** Brt. Zeitungshändler(in) *m*; **~cast** Nachrichtensendung *f*; **~caster** Nachrichtensprecher(in); **~ dealer** *Am.* Zeitungshändler(in); **~ flash** Kurzmeldung *f*; **~paper** Zeitung *f*; **~reader** Brt. → newscaster; **~stand** Zeitungskiosk *m*, -stand *m*; **~vendor** Brt. Zeitungsverkäufer(in *f*) *m*

new year *das* neue Jahr; Happy N~ Y~! Gutes neues Jahr!, Prosit Neujahr!; **N~ Y~'s Day** Neujahr(stag *m*) *n*; **N~ Y~'s Eve** Silvester(abend *m*) *m, n*

next [nekst] 1. *adj* nächste(r, -s); **~ door** nebenan; **~ but** **one** übernächst; 2. *adv* als nächste(r, -s); das nächste Mal; dann; **~** to neben; 3. *s der, die, das* nächste; **~door** (von) nebenan

nibble ['nɪbl] knabbern

nice [naɪs] nett, freundlich; nett, hübsch; schön; fein; **~ly** gut, ausgezeichnet

niche [nɪtʃ] Nische *f*

nick [nɪk] 1. Kerbe *f*; 2. (ein)kerben; *Brt.* F klauen

nickel ['nɪkl] *min.* Nickel *n*; *Am.* Fünfcentstück *n*

nickname ['nɪkneɪm] 1. Spitzname *m*; 2. *j*-m den Spitznamen ... geben

niece [ni:s] Nichte *f*

niggard ['nɪgəd] Geizhals *m*; **~ly** geizig; kümmerlich

night [naɪt] Nacht *f*; Abend *m*; **at ~, by ~, in the ~** bei Nacht, nachts; **good ~** gute Nacht; **~cap** Schlummertrunk *m*; Nachtklub *m*, -lokal *n*; **~dress** Nachthemd *n*; **~fall: at ~** bei Einbruch der Dunkelheit; **~gown** Nachthemd *n*; **~ie** F (*bsd.* Damen- *od.* Kinder-) Nachthemd *n*; **~ingale** ['~ɪŋgeɪl] Nachtigall *f*; **~ly** 1. *adj* (all)nächtlich; 2. *adv* jede Nacht; jeden Abend; **~mare** ['~meə] Alptraum *m*; **~ school** Abendschule *f*; **~ shift** Nachtschicht *f*; **~shirt** (Herren)Nachthemd *n*; **~time: at ~, in the ~** nachts

nil [nɪl] *bsd. Sport:* null; *four to ~ (4-0)* vier zu null (4:0)
nimble ['nɪmbl] flink, gewandt; *fig.* beweglich
nine [naɪn] neun; **~pins** *sg* Kegeln *n*; **~'teen** [~'tiːn] neunzehn; **~tieth** ['~tɪɪθ] neunzigste(r, -s); **~ty** neunzig
ninth [naɪnθ] **1.** neunte(r, -s); **2.** Neuntel *n*; **~ly** neuntens
nip [nɪp] kneifen, zwicken; *Brt. F* sausen, flitzen; *~ in Brt. F mot.* einscheren
nipple ['nɪpl] Brustwarze *f*
nitrogen ['naɪtrədʒən] Stickstoff *m*
no [nəʊ] **1.** nein; nicht; **2.** *adj* kein(e); **~one** keiner, niemand
nobility [nəʊ'bɪlətɪ] Adel *m*
noble ['nəʊbl] adlig; edel, nobel
nobody ['nəʊbədɪ] niemand, keiner
nod [nɒd] **1.** nicken (mit); **~ off** einnicken; **2.** Nicken *n*
noise [nɔɪz] Krach *m*, Lärm *m*; Geräusch *n*; *Radio etc.:* Rauschen *n*; **'~less** geräuschlos
noisy ['nɔɪzɪ] laut
nominal ['nɒmɪnl] nominell; **~ate** ['~eɪt] ernennen; nominieren, vorschlagen; **~ation** [~'neɪʃn] Ernennung *f*; Nominierung *f*; **~ee** [~'niː] Kandidat(in)
non... [nɒn] nicht..., Nicht..., un...

nonviolence

non|alcoholic alkoholfrei; **~aligned** [~ə'laɪnd] *pol.* blockfrei; **~commissioned officer** Unteroffizier *m*; **~committal** zurückhaltend, *Antwort:* a. unverbindlich; **~descript** ['~dɪskrɪpt] unbestimmbar; unauffällig
none [nʌn] **1.** *pron* (*sg od. pl*) keine(r, -s); **2.** *adv* in keiner Weise; **~theless** [nʌðə'les] ➔ **nevertheless**
non|existent nicht existierend; **~'fiction** Sachbücher *pl*; **~(in)flammable** nicht brennbar; **~interference, ~intervention** *pol.* Nichteinmischung *f*; **~'iron** bügelfrei
no-'nonsense nüchtern, sachlich
non|payment *bsd. econ.* Nicht(be)zahlung *f*; **~plus** verblüffen; **~polluting** umweltfreundlich; **~resident** nicht (orts)ansässig; **~returnable** *von Verpackung:* Einweg...
nonsense ['nɒnsəns] Unsinn *m*, dummes Zeug
non|'skid rutschfest, -sicher; **~smoker** Nichtraucher(in); *Brt. rail.* Nichtraucher(abteil *n*) *m*; **~stick** *Pfanne etc.:* mit Antihaftbeschichtung; **~stop** *Zug etc.:* durchgehend, *Flug:* ohne Zwischenlandung; nonstop, ohne Unterbrechung; **~union** nicht (gewerkschaftlich) organisiert; **~violence** Gewalt-

nonviolent

losigkeit f; **~'violent** gewaltlos
noodle ['nu:dl] Nudel f
nook [nŭk] Ecke f, Winkel m
noon [nu:n] Mittag(szeit f) m; **at ~** um 12 Uhr (mittags)
noose [nu:s] Schlinge f
nor [no:] → **neither** 2; auch nicht
norm [no:m] Norm f; **~al** normal; **~alize** normalisieren; **~ally** normal(erweise)
north [no:θ] **1.** Norden m; **2.** nördlich, Nord...; **3.** nach Norden, nordwärts; **~'east 1.** Nordosten m; **2.** → **~'eastern** nordöstlich; **~'erly** ['~ðəli], **~ern** ['~ðən] nördlich, Nord...; **~ward(s)** ['~wəd(z)] nordwärts, nach Norden; **~'west 1.** Nordwesten m; **2.** nordwestlich
Norwegian [no:'wi:dʒən] **1.** norwegisch; **2.** Norweger(in)
nose [nəʊz] **1.** Nase f; **2.** Auto etc. vorsichtig fahren; a. **~ about** od. **around** herumschnüffeln; **'~bleed** Nasenbluten n
nostril ['nɒstrəl] Nasenloch n, bsd. zo. Nüster f
nosy ['nəʊzɪ] F neugierig
not [nɒt] nicht; **~ a** kein(e)
notable ['nəʊtəbl] bemerkenswert; beachtlich
notary ['nəʊtərɪ] mst **~ public** Notar(in)
notch [nɒtʃ] Kerbe f
note [nəʊt] **1.** oft pl Notiz f, Aufzeichnung f; Anmer-

kung f; Nachricht f; (diplomatische) Note; Banknote f, Geldschein m; mus. Note f; **take ~s (of)** sich Notizen machen (über); **2.** (besonders) beachten od. achten auf; bemerken; oft **~ down** (sich) et. aufschreiben od. notieren; **'~book** Notizbuch n; **'~d** bekannt; **'~pad** Notizblock m; **'~paper** Briefpapier n
nothing ['nʌθɪŋ] nichts; **but** nichts als, nur; **much** nicht viel; **for ~** umsonst; **to say ~ of** ganz zu schweigen von
notice ['nəʊtɪs] **1.** Ankündigung f, Bekanntgabe f, Mitteilung f, Anzeige f; Kündigung(sfrist) f; Beachtung f; **at short ~** kurzfristig; **until further ~** bis auf weiteres; **without ~** fristlos; **give s.o. (his/her) ~** j-m kündigen; **give s.o. one's ~** dem Arbeitgeber etc. kündigen; **four weeks' ~** vierwöchige Kündigungsfrist; **take (no) ~ of** (keine) Notiz nehmen von, (nicht) beachten; **2.** (es) bemerken; (besonders) beachten; achten auf; **'~able** erkennbar; beachtlich
notify ['nəʊtɪfaɪ] benachrichtigen
notion ['nəʊʃn] Vorstellung f, Ahnung f; Idee f
notions ['nəʊʃnz] pl Am. Kurzwaren pl
notorious [nəʊ'tɔ:rɪəs] berüchtigt (**for** für)

nought [nɔːt] *Brt. die Zahl* 0

noun [naʊn] *gr.* Substantiv *n*, Hauptwort *n*

nourish ['nʌrɪʃ] (er)nähren; *fig.* hegen; **'~ing** nahrhaft; **'~ment** Nahrung *f*

novel ['nɒvl] **1.** Roman *m*; **2.** neu(artig); **~ist** ['~ɪst] Romanschriftsteller(in); **'~ty** Neuheit *f*

November [nəʊ'vembə] November *m*

novice ['nɒvɪs] Anfänger(in); *eccl.* Noviz|e *m*, -in *f*

now [naʊ] nun, jetzt; **~ and again,** *od.* **and then** von Zeit zu Zeit, dann u. wann; **by ~** inzwischen; **from ~ on** von jetzt an; **just ~** gerade eben

nowadays ['naʊədeɪz] heutzutage

nowhere ['nəʊweə] nirgends

nozzle ['nɒzl] *tech.:* Stutzen *m*; Düse *f*

nuclear ['njuːklɪə] Kern..., Atom...; **~ energy** Atom-, Kernenergie *f*; **~ fission** Kernspaltung *f*; **'~-'free** atomwaffenfrei; **~ physics** *sg* Kernphysik *f*; **~ power** Atom-, Kernkraft *f*; **~ power station** Atom-, Kernkraftwerk *n*; **~ reactor** Atom-, Kernreaktor *m*; **~ waste** Atommüll *m*; **~ weapons** *pl* Atom-, Kernwaffen *pl*

nucleus ['njuːklɪəs] (*pl* **-clei** ['~laɪ]) Kern *m*

nude [njuːd] **1.** nackt; **2.** *Kunst:* Akt *m*; **in the ~** nackt

nudge [nʌdʒ] *j-n* anstoßen, stupsen

nuisance ['njuːsns] Plage *f*; Nervensäge *f*, Qualgeist *m*; **make a ~ of o.s.** den Leuten auf die Nerven gehen *od.* fallen; **what a ~** wie ärgerlich!

nukes [n(j)uːks] *pl bsd. Am.* F Atom-, Kernwaffen *pl*

numb [nʌm] **1.** starr (**with** vor), taub; *fig.* wie betäubt (**with** vor); **2.** starr *od.* taub machen; betäuben

number ['nʌmbə] **1.** Zahl *f*, Ziffer *f*; Nummer *f*; (An-)Zahl *f*; *Zeitung etc.:* Nummer *f*, Ausgabe *f*; **2.** numerieren; sich belaufen auf; **'~less** unzählig; **'~plate** *Brt. mot.* Nummernschild *n*

numer|al ['njuːmərəl] Ziffer *f*; Zahlwort *n*; **'~ous** zahlreich

nun [nʌn] Nonne *f*

nurse [nɜːs] **1.** (Kranken-)Schwester *f*; Kindermädchen *n*; **2.** *Kranke* pflegen; *Krankheit* auskurieren; stillen

nursery ['nɜːsərɪ] (Kinder)Tagesheim *n*, (-)Tagesstätte *f*; Kinderzimmer *n*; Baum-, Pflanzschule *f*; **~ rhyme** Kinderreim *m*; **~ school** Kindergarten *m*; **~ teacher** Kindergärtnerin *f*

nursing ['nɜːsɪŋ] Stillen *n*; Krankenpflege *f*; **~ home** Pflegeheim *n*; *Brt.* Privatklinik *f*

nut [nʌt] Nuß *f*; (Schrau-

ben)Mutter f; **'~cracker(s** pl) Nußknacker m; **~meg** ['~meg] Muskatnuß f
nutri|ent ['nju:trɪənt] Nährstoff m; **~tion** [~'trɪʃn] Ernährung f; **~tious** [~'trɪʃəs] nahrhaft

nuts [nʌts] F verrückt

'nut|shell Nußschale f; **in a ~** kurz gesagt; **~ty** nußartig; sl. verrückt

nylon ['naɪlɒn] Nylon n

O

o [əʊ] **1.** oh!; ach!; **2.** teleph. Null f

oak [əʊk] Eiche f; Eichenholz n

oar [ɔː] **1.** Ruder n; **2.** rudern

oasis [əʊ'eɪsɪs] (pl **-ses** [~si:z]) Oase f (a. fig.)

oat [əʊt] mst pl Hafer m

oath [əʊθ] (pl **~s** [əʊðz]) Eid m, Schwur m; Fluch m; **on ~** unter Eid

oatmeal ['əʊtmiːl] Hafermehl n

obedien|ce [ə'bidjəns] Gehorsam m; **~t** gehorsam

obey [ə'beɪ] gehorchen; Befehl etc. befolgen

obituary [ə'bɪtjʊəri] Todesanzeige f; Nachruf m

object 1. ['ɒbdʒɪkt] Gegenstand m; Ziel n, Zweck m, Absicht f; Objekt n (a. gr.); **2.** [əb'dʒekt] v/t einwenden; v/i et. dagegen haben; **~ion** [əb'dʒekʃn] Einwand m, -spruch m; **~ionable** nicht einwandfrei; anstößig; unangenehm; **~ive 1.** objektiv, sachlich; **2.** Ziel n; opt. Objektiv n

obligation [ɒblɪ'geɪʃn] Verpflichtung f; econ. Schuldverschreibung f; pl Verbindlichkeiten pl; **be under an ~ to s.o.** j-m verpflichtet sein

oblig|e [ə'blaɪdʒ] zwingen; (zu Dank) verpflichten; j-m e-n Gefallen tun; **much ~d!** herzlichen Dank!; **~ing** zuvorkommend, gefällig

oblique [ə'bliːk] schief, schräg

obliterate [ə'blɪtəreɪt] auslöschen, tilgen (a. fig.); Schrift ausstreichen

oblivi|on [ə'blɪvɪən] Vergessen(heit) f n; **~ous: be ~ of s.th.** sich e-r Sache nicht bewußt sein

oblong ['ɒblɒŋ] **1.** Rechteck n; **2.** rechteckig

obnoxious [əb'nɒkʃəs] widerlich

obscene [əb'siːn] unanständig

obscure [əb'skjʊə] **1.** dunkel, fig. dunkel, unklar; unbekannt; **2.** verdunkeln

observa|nce [əb'zɜːvns] Befolgung f; Einhaltung f; **~nt** [~nt] aufmerksam; **~tion**

[ɒbzəˈveɪʃn] Beobachtung *f*; Bemerkung *f*; **~tory** [əbˈzɜːvətrɪ] Observatorium *n*, Stern-, Wetterwarte *f*

observe [əbˈzɜːv] beobachten; *Brauch* einhalten: *Gesetz* befolgen; bemerken; **~r** Beobachter(in)

obsess [əbˈses] **~ed by** *od.* **with** besessen von; **~ion** Besessenheit *f*

obsolete [ˈɒbsəliːt] veraltet

obstacle [ˈɒbstəkl] Hindernis *n*

obstin|acy [ˈɒbstɪnəsɪ] Eigensinn *m*; Hartnäckigkeit *f*; **~ate** [ˈ~ənət] eigensinnig; hartnäckig

obstruct [əbˈstrʌkt] verstopfen, -sperren; blockieren; (be)hindern; **~ion** [~kʃn] Verstopfung *f*; Blockierung *f*; Behinderung *f*; Hindernis *n*

obtain [əbˈteɪn] erlangen, erhalten, erreichen, bekommen; **~able** erhältlich

obtrusive [əbˈtruːsɪv] aufdringlich

obvious [ˈɒbvɪəs] offensichtlich, augenfällig, klar

occasion [əˈkeɪʒn] **1.** Gelegenheit *f*; Anlaß *m*; Veranlassung *f*; (festliches) Ereignis; **2.** veranlassen; **~al** *adj*, **~ally** *adv* gelegentlich

occup|ant [ˈɒkjʊpənt] Besitzer(in); Inhaber(in), Insass|e *m*, -in *f*; **~ation** [~ˈpeɪʃn] Beruf *m*; Beschäftigung *f*; *mil.* Besetzung *f*, Besatzung *f*; **~y** [~paɪ] einnehmen; *mil.* besetzen; innehaben; bewohnen; in Anspruch nehmen; beschäftigen

occur [əˈkɜː] vorkommen; sich ereignen; *it ~red to me* mir fiel ein; **~rence** [əˈkʌrəns] Vorkommen *n*; Vorfall *m*, Ereignis *n*

ocean [ˈəʊʃn] Ozean *m*, Meer *n*

o'clock [əˈklɒk]: *(at) five ~* (um) fünf Uhr

October [ɒkˈtəʊbə] Oktober *m*

octopus [ˈɒktəpəs] Krake *m*; Tintenfisch *m*

odd [ɒd] sonderbar; *Zahl:* ungerade; einzeln; **~s** *pl* (Gewinn)Chancen *pl*; **~ and ends** Krimskrams *m*

odo(u)r [ˈəʊdə] Geruch *m*

of [ɒv, əv] von; um (*cheat s.o. ~ s.th.*); *Herkunft:* von, aus; *Material:* aus; an (*die ~*); vor (*afraid ~*), auf (*proud ~*); über (*glad ~*); nach (*smell ~*); von, über (*speak ~ s.th.*); an (*think ~ s.th.*); *the city ~ London* die Stadt London; *the works ~ Dickens* D's Werke; *your letter ~ ...* Ihr Schreiben vom...; *five minutes ~ twelve* Am. fünf Minuten vor zwölf

off [ɒf] **1.** *adv* fort, weg; ab, herunter(...), los(...); entfernt; *Zeit:* bis hin; *Licht etc.:* aus(-), ab(geschaltet)

Hahn etc.: zu, *Knopf etc.*: ab(-), los(gegangen); frei (*von Arbeit*) ganz, zu Ende; *econ.* flau; *Fleisch etc.*: verdorben; *fig.* aus, vorbei; **be ~** fort *od.* weg(gegangen); **2.** *prp* fort von, weg von; von (.. ab, weg, herunter); abseits von, entfernt von; frei von (*Arbeit*); **3.** *adj* (weiter) entfernt; Seiten..., Neben...; (arbeits-, dienst-) frei; *econ.* flau, still, tot

offen|ce, *Am.* **~se** [ə'fens] Vergehen *n*; *jur.* Straftat *f*; Beleidigung *f*; **~d** [~nd] beleidigen, verletzen, verstoßen; **~der** Übeltäter(in); Straffällige *m, f*; **~sive 1.** beleidigend, anstößig, ekelhaft; Angriffs...; **2.** Offensive *f*

offer ['ɒfə] **1.** Angebot *n*; **2.** anbieten; (sich) bieten

offhand [ɒf'hænd] **1.** *adj* lässig; **2.** *adv* so ohne weiteres

office ['ɒfɪs] Büro *n*; Geschäftsstelle *f*; Amt *n*; ♀ Ministerium *n*; **~ block** Bürogebäude *n*; **~ hours** *pl* Dienstzeit *f*

officer ['ɒfɪsə] Beamt|e *m*, -in *f*; Polizist *m*, Polizeibeamte *m*; *mil.* Offizier *m*

official [ə'fɪʃl] **1.** offiziell, amtlich, Amts..., Dienst...; ♀ Beamt|e *m*, -in *f*; Funktionär(in)

officious [ə'fɪʃəs] aufdringlich

'off-licence Schankerlaubnis *f* über die Straße; Weinu. Spirituosenhandlung *f*; **'~-line** *Computer*: rechnerunabhängig, Off-line...; **~ peak** *Tarif*: verbilligt; **~ electricity** Nachtstrom *m*; **'~-season 1.** Nebensaison *f*; **2.** außerhalb der Saison; **'~set (-set)** ausgleichen; **~'side** *Sport*: abseits; **'~spring** Nachkomme(nschaft *f*) *m*

often ['ɒfn] oft, häufig

oil [ɔɪl] **1.** Öl *n*; **2.** ölen; **'~cloth** Wachstuch *n*; **~ painting** Ölgemälde *n*; **'~skins** Ölzeug *n*; **~ well** Ölquelle *f*; **'~y** ölig; fettig; schmierig

ointment ['ɔɪntmənt] Salbe *f*

old [əʊld] alt, **~ age** (das) Alter; **'~-age** Alters...; **~-'fashioned** altmodisch

olive ['ɒlɪv] Olive *f*; Olivgrün *n*

Olympic Games [əʊ'lɪmpɪk] *pl* Olympische Spiele *pl*

omelet(te) ['ɒmlɪt] Omelett(e *f*) *n*

ominous ['ɒmɪnəs] unheilvoll

omi|ssion [ə'mɪʃn] Unterlassung *f*; Auslassung *f*; **~t** unterlassen; auslassen

on [ɒn] **1.** *prp* auf (~ *the table*), an (~ *the wall*); in (~ *TV*), Richtung, Ziel: auf ... (hin), an; *fig.* auf ... (hin) (~ *demand*); gehörig zu, beauftragt zu; *Zustand*: in, auf, zu (~ *duty*, ~ *fire*); *Thema*: über; *Zeitpunkt*: an (~ *Sunday*, ~ *the 1st of*

opponent

April); bei (~ *his arrival*); **2.** *adv, adj* Licht *etc.*: an(geschaltet), eingeschaltet; auf (-legen, -schrauben *etc.*); Kleidung: an(haben, -ziehen), auf(behalten); weiter(gehen, -sprechen *etc.*); *and so* ~ und so weiter; ~ *and* ~ immer weiter; ~ *to ...* auf ... (hinaus); *be* ~ im Gange sein, los sein; *thea.* gespielt werden; *Film*: laufen

once [wʌns] **1.** einmal; je (-mals); einst; ~ *again*, ~ *more* noch einmal; ~ sofort; zugleich; *all at* ~ plötzlich; *for* ~ diesmal, ausnahmsweise; **2.** sobald

one [wʌn] *adj, pron,* s ein(e); einzig; man, eins; Eins *f*; ~ *day* eines Tages; *of these days* demnächst; ~ *by* ~ einer nach dem andern; ~ *another* einander; *which* ~? welche(r, -s)?; *the little* ~s die Kleinen; ~'**self** *pron* sich (selbst); ~'**sided** einseitig; ~'**way:** ~ *street* Einbahnstraße *f*; ~ *ticket Am.* einfache Fahrkarte

onion ['ʌnjən] Zwiebel *f*

on|**line** ['ɒnlaɪn] *Computer:* rechnerabhängig, On-line...; '~**looker** Zuschauer(in)

only ['əʊnlɪ] **1.** *adj* einzig; **2.** *adv* nur, bloß; erst; ~ *just* gerade erst

onset ['ɒnset] Beginn *m*

onto ['ɒntʊ, -ə] auf

onward ['ɒnwəd] vorwärts gerichtet; '~(**s**) vorwärts, weiter; *from ...* ~ von ... an

opaque [uː] sickern

opaque [əʊ'peɪk] undurchsichtig

open ['əʊpən] **1.** offen; geöffnet, auf; Feld *etc.*: frei; öffentlich; aufgeschlossen (**to** für); freimütig; freigebig; *in the* ~ an der Freien; **2.** (er)öffnen; sich öffnen, aufgehen; Fenster: hinausgehen (*onto* auf); Tür: sich öffnen (*onto, into* zum, zur); beginnen; ~'**air** Freiluft..., Freiluft...; ~'**handed** freigebig; '~**ing** (Er)Öffnung *f*; freie Stelle; Möglichkeit *f*; Eröffnungs...; '~**ly** offen; ~ **minded** aufgeschlossen

opera ['ɒprə] Oper *f*; ~ **glasses** *pl* Opernglas *n*; ~ **house** Opern(haus *n*) *f*

operat|**e** ['ɒpəreɪt] funktionieren, arbeiten; *med.* operieren (*on s.o.* j-n); Maschine bedienen; betätigen; '~**ing system** *Computer:* Betriebssystem *n*; '~**ing theatre** Operationssaal *m*; ~**ion** [~'reɪʃn] Operation *f*; Unternehmen *n*; tech. Betrieb *m*; Bedienungsperson *f*; *Computer:* Operator *m*; *teleph.* Vermittlung *f*

operetta [ɒpə'retə] Operette *f*

opinion [ə'pɪnjən] Meinung *f*; *in my* ~ meines Erachtens

opponent [ə'pəʊnənt] Gegner *m*, Gegenspieler *m*

opportun|e [ˈɒpətjuːn] günstig; **~ity** [~ˈtjuːnətɪ] (günstige) Gelegenheit

oppos|e [əˈpəʊz] ablehnen; bekämpfen; **be ~d to ...** gegen ... sein; **as ~d to** im Gegensatz zu; **~ite** [ˈɒpəzɪt] **1.** *adj* gegenüberliegend; entgegengesetzt; **2.** *adv* gegenüber; **3.** *s* Gegenteil *n*; **~ition** [ɒpəˈzɪʃn] Widerstand *m*; Gegensatz *m*; Opposition *f*

oppress [əˈpres] unterdrücken; bedrücken; **~ive** drückend

optician [ɒpˈtɪʃn] Optiker(in *f*) *m*

optimism [ˈɒptɪmɪzəm] Optimismus *m*

option [ˈɒpʃn] Wahl *f*, *econ.* Option *f*; **~al** [ˈɒpʃənl] freiwillig; wahlfrei

or [ɔː] oder; **~ else** sonst

oral [ˈɔːrəl] mündlich; Mund...

orange [ˈɒrɪndʒ] **1.** Orange *f*, Apfelsine *f*; **2.** orange(farben); **~ squash** *Brt.* Getränk *aus gesüßtem Orangenkonzentrat u. Wasser*

orbit [ˈɔːbɪt] **1.** (die Erde) umkreisen; **2.** Umlaufbahn *f*

orchard [ˈɔːtʃəd] Obstgarten *m*

orchestra [ˈɔːkɪstrə] Orchester *n*

ordeal [ɔːˈdiːl] Qual *f*

order [ˈɔːdə] **1.** Ordnung *f*; Reihenfolge *f*; Befehl *m*; *econ.*: Bestellung *f*; Auftrag *m*; Klasse *f*, Rang *m*; Zustand *m*; Orden *m* (*a. eccl.*); **in ~ to** um zu; **in ~ that** damit; **out of ~** außer Betrieb; **2.** (an-, *med.* ver)ordnen; befehlen; bestellen; *j-n* schicken; **'~ly 1.** ordentlich; *fig.* ruhig; **2.** *mil.* Sanitäter *m*

ordinal number [ˈɔːdɪnl] Ordnungszahl *f*.

ordinary [ˈɔːdnrɪ] gewöhnlich; üblich; normal

ore [ɔː] Erz *n*

organ [ˈɔːgən] Orgel *f*; Organ *n*; **~ic** [ɔːˈgænɪk] organisch

organiz|ation [ɔːgənaɪˈzeɪʃn] Organisation *f*; **~e** [ˈ~naɪz] organisieren

orientate [ˈɔːrɪenteɪt] orientieren

origin [ˈɒrɪdʒɪn] Ursprung *m*; Anfang *m*; Herkunft *f*; **~al** [əˈrɪdʒənl] **1.** ursprünglich; originell; Original...; **2.** Original *n*; **~ality** [ərɪdʒəˈnælətɪ] Originalität *f*; **~ate** [əˈrɪdʒənɪt] hervorbringen, schaffen; entstehen

ornament [ˈɔːnəmənt] Verzierung *f*; **~al** [~ˈmentl] Zier...

ornate [ɔːˈneɪt] reichverziert

orphan [ˈɔːfn] Waise *f*; **'~age** Waisenhaus *n*

ostensible [ɒˈstensəbl] angeblich

ostentatious [ɒstenˈteɪʃəs] protzig

ostrich [ˈɒstrɪtʃ] *zo.* Strauß *m*

other [ˈʌðə] andere(r, -s); **the ~ day** neulich; **every ~ day**

jeden zweiten Tag; **~wise** ['~waɪz] anders; sonst

otter ['ɒtə] Otter m

ought [ɔːt] v/aux ich, du etc.: sollte(st) etc.; *you ~ to have done it* Sie hätten es tun sollen

ounce [aʊns] Unze f (28,35 g)

our [aʊə] unser(e); **~s** unsere(r, -s); **~selves** [~'selvz] uns (selbst); wir selbst

oust [aʊst] vertreiben, entfernen, hinauswerfen

out [aʊt] **1.** *adv* aus; hinaus; heraus; aus(...); außen, draußen; nicht zu Hause; *Sport*: aus; aus der Mode; vorbei; erloschen; aus(gegangen), verbraucht; bis zu Ende; **2.** *prp*: *~ of* aus (... heraus); hinaus; außer(halb) (hergestellt) aus; aus *Furcht etc.*; **be ~ of s.th.** et. nicht mehr haben

out|**bid** (**-bid**) überbieten; **'~board** Außenbord...; **'~break** Ausbruch m; **'~cast** Ausgestoßene m, f; **'~come** Ergebnis n; **'~cry** Aufschrei m; wiederholt, veraltet; **'~dated** (**-did**, **-done**) übertreffen; **'~do** (**-did**, **-done**) übertreffen; **'~doors** [aʊt'dɔːz] *adj* im Freien; **~doors** [~'dɔːz] *adv* draußen; im Freien

outer [aʊtə] äußere(r, -s); **~ space** Weltraum m

out|**fit** Ausrüstung f; Kleidung f; **'~fitters** *pl* Herrenausstatter m; **'~grow** (**-grew**, **-grown**) herauswachsen aus; *Gewohnheit* ablegen; **'~ing** Ausflug m; **'~let** Abzug m, Abfluß m; *fig.* Ventil n; **'~line 1.** Umriß m; **2.** umreißen, skizzieren; **'~live** überleben; **'~look** Ausblick m (a. *fig.*); Einstellung f; **~number** an Zahl übertreffen; **~-of-date** veraltet; **~-of-the-way** abgelegen; **~patient** ambulanter Patient; **'~put** Produktion f; *Computer*: (Daten)Ausgabe f

outrage ['aʊtreɪdʒ] **1.** Verbrechen n; **2.** gröblich verletzen; **~ous** [~'reɪdʒəs] abscheulich; unerhört

out|**right 1.** [aʊt'raɪt] *adv* sofort; gerade heraus; **2.** ['~] *adj* völlig; glatt; **'~set** Anfang m; **~side 1.** *s* Außenseite f; **2.** *adj* äußere(r, -s), Außen...; **3.** *adv* draußen; heraus; **4.** *prp* außerhalb; **~sider** Außenseiter(in); **~size** Übergröße f; **'~skirts** *pl* Stadtrand m; **~spoken** offen, unverblümt; *Schulden*: ausstehend; **~standing** hervorragend; *Schulden*: ausstehend; **~ward** ['~wəd] **1.** äußere(r, -s); äußerlich; *journey* Hinreise f; **2.** *adv mst* **~s** (nach) auswärts; **'~wardly** nach außen hin; **'~weigh** überwiegen; **'~wit** überlisten

oval ['əʊvl] **1.** oval; **2.** Oval n

ovary ['əʊvərɪ] Eierstock m

oven ['ʌvn] Backofen *m*
over ['əʊvə] **1.** *prp* über; über ... hin(weg); **2.** *adv* hinüber; darüber; herüber; drüben; über(*kochen etc.*); um(*fallen, -werfen etc.*); herum(*drehen etc.*); durch(*denken etc.*); (gründlich) über(*legen etc.*); übermäßig über...; darüber, mehr; übrig; zu Ende, vorüber, vorbei, aus; *all* ~ überall; völlig; typisch; (*all*) ~ *again* noch einmal, (ganz) von vorn; ~ *and* ~ *again* immer wieder

over|all ['əʊvərɔːl] **1.** Gesamt...; allgemein; insgesamt; **2.** Kittel *m*; *pl* Arbeitsanzug *m*; ~**awe** [~rˈɔː] einschüchtern; '~**board** über Bord; ~**cast** bewölkt, bedeckt; ~**charge** zuviel verlangen; überbelasten; '~**coat** Mantel *m*; ~**come** (*-came, -come*) überwinden, ‑wältigen; übermannen; ~**crowded** überfüllt; ~**do** (*-did, -done*) übertreiben; ~**done** zu lange gekocht *od.* gebraten; ~**dose** Überdosis *f*; ~**draft** (Konto)Überziehung *f*; ~**draw** (*-drew, -drawn*) *Konto* überziehen; ~**due** überfällig; ~**estimate** [~ərˈestɪmeɪt] überschätzen; überbewerten; ~**expose** [~ərkˈspəʊz] überbelichten; ~**flow** überfluten; überlaufen; ~**grown** überwuchert; übergroß; ~**haul** *tech.* über-

holen; '~**head 1.** [~'hed] *adv* oben; **2.** ['~hed] *adj* Hoch..., Ober...; ~**hear** (-*heard*) mitanhören; ~'**joyed** überglücklich; ~'**land** auf dem Landweg; ~'**lap** sich überschneiden; überlappen; ~'**load** überladen; ~'**look** Fehler übersehen; überblicken; ~**ing** ... mit Blick auf ...; ~'**night 1.** *adj* Nacht..., Übernachtungs...; ~ *bag* Reisetasche *f*; **2.** *adv* über Nacht; *stay* ~ übernachten; '~**pass** *Am.* (Straßen-, Eisenbahn)Überführung *f*; ~'**power** überwältigen; ~'**rate** überschätzen; ~'**rule** ablehnen; ~'**run** (*-ran, -run*) Zeit überziehen; *be* ~ *with* wimmeln von *od.* ~'**seas** in *od.* nach Übersee; Übersee...; ~'**see** (*-saw, -seen*) beaufsichtigen; '~**seer** Aufseher *m*; ~'**sight** Versehen *n*; ~'**sleep** (*-slept*) verschlafen; ~'**take** (*-took, -taken*) überholen; ~'**throw 1.** [~'θrəʊ] (*-threw, -thrown*) stürzen; **2.** ['~θrəʊ] Sturz *m*; ~**time** Überstunden *pl*

overture ['əʊvətjʊə] Ouvertüre *f*

over|turn umwerfen, umkippen; '~**weight** Übergewicht *n*; ~**whelm** [əʊvəˈwelm] überwältigen; ~**work 1.** [~ˈwɜːk] Überarbeitung *f*; **2.** [~ˈwɜːk] sich überarbeiten; ~**wrought** [~ˈrɔːt] überreizt

owe [əʊ] schulden; verdanken

owing ['əʊɪŋ]: **~ to** wegen

owl [aʊl] Eule f

own [əʊn] **1.** eigen; *on one's ~* allein; selbst; **2.** besitzen; zugeben

owner ['əʊnə] Eigentümer(in) f; **~ship** Eigentum(srecht) n

ox [ɒks] (pl **~en** ['-ən]) Ochse m

oxid|ation [ɒksɪ'deɪʃn] Oxydation f; **~e** ['-saɪd] Oxyd n; **~ize** ['-saɪdaɪz] oxydieren

oxygen ['ɒksɪdʒən] Sauerstoff m

oyster ['ɔɪstə] Auster f

ozone ['əʊnə] Ozon n; **~ hole** Ozonloch n; **~ layer** Ozonschicht f

P

pace [peɪs] **1.** Schritt m; Tempo n; **2.** (ab-, durch)schreiten; **~maker** (med. Herz-)Schrittmacher m

pacify ['pæsɪfaɪ] beruhigen; befrieden

pack [pæk] **1.** Pack(en) m, Päckchen n, Paket n; *Karten:* Spiel n; *bsd. Am. Zigaretten etc.:* Packung f, Schachtel f; **2.** (ver-, ein)packen; **~age** Paket n; *Computer:* Programmpaket n; **~ tour** Pauschalreise f; **~et** ['-ɪt] Päckchen n; Packung f

pact [pækt] Vertrag m, Pakt m

pad [pæd] **1.** Polster n; Schreib-, Zeichenblock m; **2.** (aus)polstern; **~ding** Polsterung f

paddl|e ['pædl] **1.** Paddel n; **2.** paddeln; planschen; **~ing pool** Planschbecken n

paddock ['pædək] (Pferde-)Koppel f

padlock ['pædlɒk] Vorhängeschloß n

pagan ['peɪgən] **1.** heidnisch; **2.** Heid|e m, -in f

page [peɪdʒ] (Buch)Seite f; (Hotel)Page m

paid [peɪd] *pret u. pp von* **pay** 2

pail [peɪl] Eimer m

pain [peɪn] Schmerz(en pl) m, pl große Mühe; *take ~s* sich Mühe geben; **~ful** schmerzhaft; schmerzlich; peinlich; **~less** schmerzlos; **~staking** ['-zteɪkɪŋ] gewissenhaft

paint [peɪnt] **1.** Farbe f; Anstrich m; **2.** (an-, be)malen; (an)streichen; **~box** Mal-, Tuschkasten m; **~brush** (Maler)Pinsel m; **~er** Maler(in); **~ing** Malen n, Malerei f; Gemälde n, Bild n

pair [peə] Paar n; *a ~ of* ein Paar ...; ein(e) ...

pajamas [pə'dʒɑːməz] pl Am. Schlafanzug m

pal [pæl] F Kumpel m, Kamerad m, Freund m

palace ['pælɪs] Palast m, Schloß n, Palais n
palate ['pælət] Gaumen m
palaver [pə'lɑːvə] F Geschwätz n; Theater n
pale [peɪl] blaß, bleich; hell
pallor ['pælə] Blässe f
palm [pɑːm] Handfläche f; Palme f
paltry ['pɔːltrɪ] armselig
pamper ['pæmpə] verwöhnen; verhätscheln
pamphlet ['pæmflɪt] Broschüre f
pan [pæn] Pfanne f; **~cake** Pfannkuchen m
pandemonium [pændɪ'məʊnjəm] Hölle(nlärm m) f
pane [peɪn] (Fenster)Scheibe f
panel ['pænl] (Tür)Füllung f, (Wand)Täfelung f; Diskussionsteilnehmer pl; **~(l)ing** Täfelung f
panic ['pænɪk] 1. Panik f; 2. in Panik geraten
pansy ['pænzɪ] Stiefmütterchen n
pant [pænt] keuchen
panties ['pæntɪz] pl (Damen)Schlüpfer m
panti|hose ['pænthəʊz], **~-liner** Slipeinlage f
pantry ['pæntrɪ] Speise-, Vorratskammer f
pants [pænts] pl bsd. Am. Hose f; Brt.: Unterhose f; Schlüpfer m
paper ['peɪpə] 1. Papier n; Zeitung f; Aufsatz m, Referat n; pl (Ausweis)Papiere pl; 2. tapezieren; **'~back** Taschenbuch n; **~ bag** Tüte f; **~ clip** Büroklammer f; **~ cup** Pappbecher m; **~weight** Briefbeschwerer m; **'~work** Schreibarbeit(en pl) f
parachute ['pærəʃuːt] Fallschirm m; **~ist** Fallschirmspringer(in)
parade [pə'reɪd] 1. Parade f; Zurschaustellung f; 2. vorbeimarschieren; zur Schau stellen
paradise ['pærədaɪs] Paradies n
paragraph ['pærəgrɑːf] print. Absatz m; Zeitungsnotiz f
parallel ['pærəlel] 1. parallel; 2. Parallele f
paraly|se, Am. **-lyze** ['pærəlaɪz] lähmen; **~sis** [pə'rælɪsɪs] (pl **-ses** [-siːz]) Lähmung f
paraphernalia [pærəfə'neɪljə] Zubehör n; Drum u. Dran n
parasite ['pærəsaɪt] Schmarotzer m
parboil ['pɑːbɔɪl] ankochen
parcel ['pɑːsl] Paket n, Päckchen n
parch [pɑːtʃ] (aus)dörren; **be ~ed** am Verdursten sein; **'~ment** Pergament n
pardon ['pɑːdn] 1. verzeihen; begnadigen; 2. Verzeihung f; Begnadigung f; **I beg your ~** entschuldigen Sie bitte!; wie bitte?; erlauben Sie mal!
pare [peə] schälen; (be-)schneiden

parent ['peərənt] Elternteil *m*; *pl* Eltern *pl*; ~**al** [pə'rentl] elterlich
parish ['pærɪʃ] Gemeinde *f*
park [pɑːk] **1.** Park *m*, Anlagen *pl*; **2.** parken
parking ['pɑːkɪŋ] Parken *n*; **no ~** Parken verboten; ~ **disc** Parkscheibe *f*; ~ **garage** *Am.* Parkhaus *n*; ~ **lot** *Am.* Parkplatz *m*; ~ **meter** Parkuhr *f*; ~ **place** Parkplatz *m*; ~ **ticket** Strafzettel *m*
parliament ['pɑːləmənt] Parlament *n*; ~**ary** [~'mentəri] parlamentarisch; Parlaments...
parquet ['pɑːkeɪ] Parkett *n*
parrot ['pærət] Papagei *m*
parsley ['pɑːslɪ] Petersilie *f*
parson [pɑːsn] Pfarrer *m*, Pastor *m*; ~**age** [~] Pfarrhaus *n*
part [pɑːt] **1.** trennen; *Haar* scheiteln; **sich trennen (with** von); **2.** (An-, Bestand)Teil *m*; Seite *f*, Partei *f*; *theat., fig.* Rolle *f*; *tech.* Teil *n*; **take ~ in** teilnehmen an
partial ['pɑːʃl] teilweise, Teil...; parteiisch; **be ~ to** eine Schwäche haben für; ~**ity** [~ʃɪ'ælətɪ] Parteilichkeit *f*; Vorliebe *f*, Schwäche *f*
participant [pɑː'tɪsɪpənt] Teilnehmer(in); ~**ate** [~peɪt] teilnehmen; ~**ation** [~'peɪʃn] Teilnahme *f*
particle ['pɑːtɪkl] Teilchen *n*
particular [pə'tɪkjʊlə] **1.** besondere(r, -s); genau, eigen; wählerisch; **in ~** besonders; **2.** Einzelheit *f*; *pl*: Einzelheiten *pl*; Personalien *pl*; ~**ly** besonders
'**parting** *Haar*: Scheitel *m*; Trennung *f*; Abschieds...
partition [pɑː'tɪʃn] Teilung *f*; Trennwand *f*
'**partly** zum Teil
partner ['pɑːtnə] Partner(in); '~**ship** Partnerschaft *f*
partridge ['pɑːtrɪdʒ] Rebhuhn *n*
'**part-time** Teilzeit..., Halbtags...
party ['pɑːtɪ] Partei *f*, Party *f*, Gesellschaft *f*, Gruppe *f*
pass [pɑːs] **1.** *v/t et.* passieren, vorbeigehen an, -fahren an, -kommen an, -ziehen an; überholen (*a. mot.*); überschreiten; durchqueren; reichen, geben; *Zeit* verbringen; *Ball* abspielen; *Prüfung* bestehen; *Gesetz* verabschieden; *Urteil* fällen; *v/i* vorbeigehen, -fahren, -kommen, -ziehen (**by** an); (die Prüfung) bestehen; übergehen (**to** auf); *Zeit*: vergehen; ~ **away** sterben; ~ **for** gelten als; ~ **out** ohnmächtig werden; ~ **round** herumreichen; **2.** (Gebirgs)Paß *m*; Passierschein *m*; *Fußball*: Paß *m*; Bestehen *n* (*des Examens*); '~**able** passierbar; leidlich
passage ['pæsɪdʒ] Durchgang *m*; Durchfahrt *f*;

(Über)Fahrt f; Korridor m, Gang m; (Text)Stelle f

passenger ['pæsɪndʒə] Passagier m, Reisende m, f

passer-by [pɑːsə'baɪ] (pl **passers-by**) Passant(in)

passion ['pæʃn] Leidenschaft f; **~ate** ['~ət] leidenschaftlich

passive ['pæsɪv] passiv; teilnahmslos; untätig

pass|port [pɑːspɔːt] (Reise)Paß m; **~word** Parole f, Losung(swort n) f, Computer: Kennwort

past [pɑːst] **1.** s Vergangenheit f; **2.** adj vergangen, vorüber; **3.** adv vorbei, vorüber; **4.** prp zeitlich: nach; an ... vorbei; über ... hinaus; **half ~ two** halb drei

paste [peɪst] **1.** Teig m; Paste f; Kleister m; **2.** (auf-, an-) kleben; **~board** Pappe f

pastime ['pɑːstaɪm] Zeitvertreib m

pastry ['peɪstrɪ] (Fein)Gebäck n; Blätterteig m; (Kuchen)Teig m

pasture ['pɑːstʃə] Weide(land n) f

pat [pæt] **1.** Klaps m; **2.** tätscheln; leicht schlagen

patch [pætʃ] **1.** Fleck m; Flicken m; **2.** flicken; **~work** Patchwork n; Flickwerk n

patent ['peɪtənt] **1.** Patent n; **2.** patentieren lassen; **3.** patentiert; F Patent..., Spezial...; **~ leather** Lackleder n

path [pɑːθ] (pl **~s** [~ðz]) Pfad m; Weg m

pathetic [pə'θetɪk] mitleidsregend; kläglich; erbärmlich

patien|ce ['peɪʃns] Geduld f; **~t 1.** geduldig; **2.** Patient(in)

patriot ['pætrɪət] Patriot(in); **~ic** [~'ɒtɪk] patriotisch

patrol [pə'trəʊl] **1.** Patrouille f; (Polizei)Streife f; **2.** (ab-) patrouillieren; **~ car** Streifenwagen m; **~man** (pl **-men**) Am. Polizist m auf Streife; Brt. Pannenhelfer m

patron ['peɪtrən] (Stamm-) Kunde m; (Stamm)Gast m; **~ize** ['pætrənaɪz] (Stamm-) Kunde od. (Stamm)Gast sein bei; herablassend behandeln; **'~izing** herablassend

patter ['pætə] Füße: trappeln; Regen: prasseln

pattern ['pætən] Muster n

paunch [pɔːntʃ] Wanst m

pause [pɔːz] **1.** Pause f; **2.** e-e Pause machen

pave [peɪv] pflastern; fig. Weg ebnen; **'~ment** Brt. Bürgersteig m; Pflaster n; **~ment café** Straßencafé n

paw [pɔː] Pfote f, Tatze f

pawn [pɔːn] Pfand n; **2.** verpfänden; **'~broker** Pfandleiher m; **'~shop** Leihhaus n

pay [peɪ] **1.** (Be)Zahlung f; Lohn m; Sold m; **2.** (**paid**) (be)zahlen; entrichten; sich lohnen; Besuch abstatten; Aufmerksamkeit schenken; **~ for** (für j-n, et.) zahlen; fig.

büßen müssen für; **∼able** zahlbar; fällig; **∼day** Zahltag m; **∼ envelope** Am. Lohntüte f; **∼ment** (Be)Zahlung f; **∼ packet** Brt. Lohntüte f; **∼roll** Lohnliste f

pea [piː] Erbse f

peace [piːs] Friede(n) m; Ruhe f; **∼ful** friedlich

peach [piːtʃ] Pfirsich m

peacock [ˈpiːkɒk] Pfau m

peak [piːk] Spitze f; Gipfel m; Höhepunkt m; Mützenschirm m; Spitzen..., Höchst...; **∼ hours** pl Hauptverkehrs-, Stoßzeit f

peal [piːl] (Glocken)Läuten n

peanut [ˈpiːnʌt] Erdnuß f

pear [peə] Birne f

pearl [pɜːl] Perle f

peasant [ˈpeznt] Bauer m

peat [piːt] Torf m

pebble [ˈpebl] Kiesel(stein) m

peck [pek] picken, hacken

peculiar [pɪˈkjuːljə] eigen (-tümlich); besondere(r, -s); seltsam; **∼ity** [∼lɪˈærətɪ] Eigenheit f, Eigentümlichkeit f

pedal [ˈpedl] **1.** Pedal n; **2.** (rad)fahren

peddle [ˈpedl] hausieren gehen (mit); **∼r** Drogenhändler(in); Am. → **pedlar**

pedestal [ˈpedɪstl] Sockel m

pedestrian [pɪˈdestrɪən] Fußgänger(in); **∼ crossing** f Fußgängerübergang m; **∼ precinct** Fußgängerzone f

pedigree [ˈpedɪɡriː] Stammbaum m

pedlar [ˈpedlə] Hausierer(in)

pee [piː] F pinkeln

peel [piːl] **1.** Schale f; **2.** (sich) (ab)schälen

peep [piːp] **1.** neugieriger od. verstohlener Blick; Piep(s)en n; **2.** neugierig od. verstohlen blicken; piep(s)en; **∼hole** Guckloch n

peer [pɪə] gucken; starren

peevish [ˈpiːvɪʃ] mürrisch, gereizt

peg [peɡ] Pflock m; Zapfen m; Kleiderhaken m; a. **clothes ∼** Wäscheklammer f

pelt [pelt] bewerfen; (nieder)prasseln

pelvis [ˈpelvɪs] (pl **∼es, pelves** [ˈ∼viːz]) anat. Becken n

pen [pen] (Schreib)Feder f; Federhalter m; Füller m; Kugelschreiber m

penal [ˈpiːnl] Straf...; **∼ize** [ˈ∼əlaɪz] bestrafen; **∼ty** [ˈpenltɪ] Strafe f; Sport: Strafpunkt m; **∼ (kick)** Strafstoß m

pence [pens] pl von **penny**; Geldbetrag: Pence pl

pencil [ˈpensl] Bleistift m; Farbstift m

pendant [ˈpendənt] (Schmuck)Anhänger m; **∼ing 1.** adj jur. schwebend; **2.** prp während; bis zu

penetrat|e [ˈpenɪtreɪt] durchdringen; eindringen (in); **∼ion** [∼ˈtreɪʃn] Durch-, Eindringen n

pen friend Brieffreund(in)

penguin [ˈpeŋɡwɪn] Pinguin m

penholder

'penholder Federhalter *m*
peninsula [pə'nınsjʊlə] Halbinsel *f*
penis ['pi:nıs] Penis *m*
penitent ['penıtənt] reuig; **~iary** [~'tenʃərı] *bsd. Am.* Gefängnis *n*, Strafanstalt *f*
'penknife (*pl* **-knives**) Taschenmesser *n*; **~ name** Pseudonym *n*
penniless ['penılıs] mittellos
penny ['penı] (*pl* **pennies**) einzelne Münze: Penny *m*, *fig.* Pfennig *m*; (*pl* **pence** [pens]) Währung, Geldbetrag: Penny *m*
pension ['penʃn] Rente *f*; Pension *f*; **~ off** pensionieren; **~er** [~'ʃənə] Rentner(in)
pensive ['pensıv] nachdenklich
penthouse ['penthaʊs] Dachterrassenwohnung *f*, Penthouse *n*
people ['pi:pl] *mst konstr.*: Volk *n*, Nation *f*; *pl konstr.*: (die) Leute *pl*;
pepper ['pepə] **1.** Pfeffer *m*; **2.** pfeffern; **~mint** Pfefferminze *f*; Pfefferminzbonbon *m*, *n*
per [pɜː] per; pro, für, je
perceive [pə'siːv] (be)merken, wahrnehmen; erkennen
per|cent [pə'sent] Prozent *n*; **~centage** Prozentsatz *m*
perceptible [pə'septəbl] wahrnehmbar
perch [pɜːtʃ] *Vogel*: sitzen
percolator ['pɜːkəleıtə] Kaffeemaschine *f*

percussion [pə'kʌʃn] *mus.* Schlagzeug *n*; **~ instrument** Schlaginstrument *n*
perfect 1. ['pɜːfıkt] vollkommen, vollendet, perfekt; völlig; **2.** [pə'fekt] vervollkommnen; **~ion** [~'fekʃn] Vollendung *f*; Vollkommenheit *f*
perforate ['pɜːfəreıt] durchlöchern; perforieren
perform [pə'fɔːm] ausführen, tun; *thea., mus.* aufführen, spielen, vortragen; **~ance** *thea., mus.* Aufführung *f*, Vorstellung *f*, Vortrag *m*; Leistung *f*; **~er** Künstler(in)
perfume ['pɜːfjuːm] Duft *m*; Parfüm *n*
perhaps [pə'hæps, præps] vielleicht
peril ['perıl] Gefahr *f*; **~ous** gefährlich
perimeter [pə'rımıtə] *math.* Umkreis *m*
period ['pıərıəd] Periode *f* (*a. physiol.*); Zeitraum *m*; *bsd. Am.* Punkt *m*; (Unterrichts-) Stunde *f*; **~ic** [~'ɒdık] periodisch; **~ical 1.** periodisch; **2.** Zeitschrift *f*
peripheral [pə'rıfərəl] **1.** peripher, Rand...; **2.** *Computer:* Peripheriegerät *n*
perish ['perıʃ] umkommen, verderben, schlecht werden; **~able** leicht verderblich
perjury ['pɜːdʒərı] Meineid *m*
perk [pɜːk] *mst pl* (zusätzliche) Vergünstigung

perm [pɜːm] Dauerwelle *f*; **~anent** ['~ənənt] dauernd, ständig; dauerhaft

permi|ssion [pəˈmɪʃn] Erlaubnis *f*; **~t 1.** [~t] erlauben; **2.** ['pɜːmɪt] Genehmigung *f*

perpendicular [pɜːpənˈdɪkjʊlə] senkrecht

perpetual [pəˈpetʃʊəl] fortwährend, ewig

perplex [pəˈpleks] verwirren

persecut|e ['pɜːsɪkjuːt] verfolgen; **~ion** [~ˈkjuːʃn] Verfolgung *f*

persever|ance [pɜːsɪˈvɪərəns] Ausdauer *f*; **~e** [~ˈvɪə] ausharren (*in* bei)

persist [pəˈsɪst] beharren (*in* auf); fortdauern, anhalten; **~ent** beharrlich

person ['pɜːsn] Person *f*; Mensch *m*; **~al** persönlich, privat; **~ computer** Personalcomputer *m*, PC *m*; **~ stereo** Walkman *m* (TM); **~ality** [~səˈnælətɪ] Persönlichkeit *f*; **~ify** [pəˈsɒnɪfaɪ] verkörpern; personifizieren

personnel [pɜːsəˈnel] Personal *n*, Belegschaft *f*; **~ manager** Personalchef *m*

persua|de [pəˈsweɪd] überreden; überzeugen; **~sion** [~ʒn] Überredung(skunst) *f*; **~sive** überzeugend

pert [pɜːt] keck, frech

perver|se [~s] eigensinnig; pervers; **~t 1.** [~ˈvɜːt] verdrehen, entstellen; verderben; **2.** ['pɜːvɜːt] perverser Mensch

pessimism ['pesɪmɪzəm] Pessimismus *m*

pest [pest] Plage *f*; Nervensäge *f*; Schädling *m*; **~ control** Schädlingsbekämpfung *f*; **~er** belästigen, plagen

pesticide ['pestɪsaɪd] Schädlingsbekämpfungsmittel *n*

pet [pet] **1.** Haustier *n*; Liebling *m*; Lieblings...; **2.** streicheln, liebkosen

petal ['petl] Blütenblatt *n*

petition [pəˈtɪʃn] **1.** Bittschrift *f*; Gesuch *n*; **2.** ersuchen; ein Gesuch einreichen

pet name Kosename *m*

petrify ['petrɪfaɪ] versteinern, erstarren lassen

petrol ['petrəl] *Brt.* Benzin *n*; **~ ga(u)ge** Benzinuhr *f*; **~ pump** Zapfsäule *f*; **~ station** Tankstelle *f*

pet shop Zoohandlung *f*

petticoat ['petɪkəʊt] Unterrock *m*

petty ['petɪ] geringfügig, unbedeutend; kleinlich; **~ cash** Portokasse *f*

petulant ['petjʊlənt] gereizt

pew [pjuː] Kirchenbank *f*

pewter ['pjuːtə] Zinn *n*

pharmacy ['fɑːməsɪ] Apotheke *f*

phase [feɪz] Phase *f*

pheasant ['feznt] Fasan *m*

phenomenon [fəˈnɒmɪnən] (*pl* **-na** [~nə]) Phänomen *n*, Erscheinung *f*

philosoph|er [fɪˈlɔsəfə] Philosoph *m*; **~y** Philosophie *f*

phone [fəʊn] **1.** Telefon *n*; **2.** telefonieren, anrufen; **~ card** Telefonkarte *f*

phon(e)y [ˈfəʊnɪ] F **1.** falsch, gefälscht, unecht; **2.** Schwindler(in); Fälschung *f*

photo [ˈfəʊtəʊ] Foto *n*

photocopi|er Fotokopiergerät *n*; **~y 1.** Fotokopie *f*; **2.** fotokopieren

photograph [ˈfəʊtəɡrɑːf] **1.** Fotografie *f*, Aufnahme *f*; **2.** fotografieren; **~er** [fəˈtɔɡrəfə] Fotograf(in); **~y** [~ˈtɔɡrəfɪ] Fotografie *f*

phrase [freɪz] **1.** Redewendung *f*, idiomatischer Ausdruck; **2.** formulieren; **~ book** Sprachführer *m*

physic|al [ˈfɪzɪkl] **1.** physisch, körperlich; physikalisch; **~ handicap** Körperbehinderung *f*; **2.** ärztliche Untersuchung; **~ian** [~ˈzɪʃn] Arzt *m*, Ärztin *f*; **~ist** [~ˈsɪst] Physiker(in); **~s** *sg* Physik *f*

physiotherapy [fɪziəʊˈθerəpɪ] Physiotherapie *f*, Heilgymnastik *f*

physique [fɪˈziːk] Körperbau *m*

piano [pɪˈænəʊ] Klavier *n*

pick [pɪk] **1.** (Aus)Wahl *f*; **2.** (auf)picken; auflesen, -nehmen; pflücken; Knochen abnagen; bohren in, stochern in; aussuchen; **~ out** (sich) *et.* auswählen; heraussuchen; **~ up** aufheben, -lesen, -nehmen; aufpicken; F *et.* aufschnappen; *j-n* (*im Auto*) mitnehmen; *j-n* abholen; F *Mädchen* aufreißen; **~ax(e)** Spitzhacke *f*, Pickel *m*

picket [ˈpɪkɪt] **1.** Pfahl *m*; Streikposten *m*; **2.** Streikposten stehen; Streikposten aufstellen vor

pickle [ˈpɪkl] **1.** *mst pl* Pickles *pl*; **2.** einlegen, (-)pökeln

pick|pocket Taschendieb(in); **~-up** Tonabnehmer *m*; kleiner Lieferwagen

picnic [ˈpɪknɪk] Picknick *n*

pictorial [pɪkˈtɔːrɪəl] illustriert, in Bildern

picture [ˈpɪktʃə] **1.** Bild *n*; Gemälde *n*; *pl* Kino *n*; Bilder...; **2.** darstellen; sich *et.* vorstellen; **~ book** Bilderbuch *n*; **~ postcard** Ansichtskarte *f*

picturesque [pɪktʃəˈresk] malerisch

pie [paɪ] Pastete *f*; gedeckter Obstkuchen

piece [piːs] Stück *n*; (Einzel)Teil *n*; by the **~** im Akkord; take to **~** auseinandernehmen; **~meal** stückweise; **~work** Akkordarbeit *f*

pier [pɪə] Pfeiler *m*; Pier *m*, Landungsbrücke *f*

pierce [pɪəs] durchbohren, -stechen; durchdringen

pig [pɪɡ] Schwein *n*

pigeon [ˈpɪdʒɪn] Taube *f*; **~hole 1.** (Ablage)Fach *n*; **2.** ablegen; zurückstellen

piggybank ['pɪgɪbæŋk] Sparschwein *n*
'**pig**|**headed** dickköpfig; '**~skin** Schweinsleder *n*; '**~sty** Schweinestall *m*; '**~tail** Zopf *m*
pike [paɪk] (*pl* ~, ~**s**) Hecht *m*
pile [paɪl] **1.** Haufen *m*, Stapel *m*, Stoß *m*; **2.** *oft* ~ **up** (an-, auf)häufen, auf)stapeln, aufschichten; sich anhäufen
piles [paɪlz] *pl med.* Hämorrhoiden *pl*
pile-up ['paɪlʌp] F Massenkarambolage *f*
pilfer ['pɪlfə] stehlen
pilgrim ['pɪlgrɪm] Pilger(in)
pill [pɪl] Pille *f*, Tablette *f*; **the ~** die (Antibaby)Pille
pillar ['pɪlə] Pfeiler *m*; Säule *f*; **~ box** Briefkasten *m*
pillion ['pɪljən] Soziussitz *m*
pillow ['pɪləʊ] (Kopf)Kissen *n*; '**~case**, '**~slip** (Kopf)Kissenbezug *m*
pilot ['paɪlət] **1.** Pilot *m*; Lotse *m*; Versuchs...., Pilot...; **~ scheme** Pilotprojekt *n*; **2.** lotsen; steuern
pimp [pɪmp] Zuhälter *m*
pimple ['pɪmpl] Pickel *m*
pin [pɪn] **1.** (Steck)Nadel *f*; *tech.* Stift *m*, Bolzen *m*; Kegel *m*; **2.** (an)heften, (an)stecken, befestigen
pinafore ['pɪnəfɔː] Schürze *f*; **~ dress** Kleiderrock *m*
pincers ['pɪnsəz] *pl* (*a.* **a pair of ~** *e-e*) (Kneif)Zange *f*
pinch [pɪntʃ] **1.** Kneifen *n*; *Salz etc.*: Prise *f*; **2.** kneifen, zwicken; *Schuh*: drücken; F klauen
pine [paɪn] **1.** Kiefer *f*; **2.** ~ **for** sich sehnen nach; '**~apple** Ananas *f*
pink [pɪŋk] rosa(farben)
pinnacle ['pɪnəkl] Gipfel *m*
'**pin**|**point** genau festlegen; '**~stripe** Nadelstreifen *m*
pint [paɪnt] Pint *n* (0,57 od. Am. 0,47 Liter); Milch, Bier: *etwa* halber Liter; Brt. F Halbe *f* (Bier)
pioneer [,paɪə'nɪə] Pionier *m*
pip [pɪp] (Obst)Kern *m*; *kurzer, hoher* Piepton
pipe [paɪp] **1.** Rohr *n*; Pfeife *f*; (Rohr)Leitung *f*; **2.** *Wasser etc.* leiten; '**~d music** Musikberieselung *f*; '**~line** Rohr-, Ölleitung *f*, Pipeline *f*
pirate ['paɪərət] **1.** Pirat *m*, Seeräuber *m*; **2.** unerlaubt nachdrucken *od.* vervielfältigen
pistol ['pɪstl] Pistole *f*
piston ['pɪstən] Kolben *m*
pit [pɪt] **1.** Grube *f*, *thea.* (Orchester)Graben *m*; Brt. *thea.* Parkett *n*; *Am.* (Obst)Stein *m*; **2.** messen (**against** an)
pitch [pɪtʃ] **1.** *min.* Pech *n*; Brt. Spielfeld *n*, Platz *m*; Wurf *m*; *mar.* Stampfen *n*; *fig.* Neigung *f*; *mus.* Tonhöhe *f*; Grad *m*, Stufe *f*; **2.** Zelt, *Lager* aufschlagen; werfen, schleudern; *mus.* stimmen;

pitchblack

mar. stampfen; **~'black** pechschwarz; stockdunkel
pitcher ['pɪtʃə] Krug *m*
piteous ['pɪtɪəs] mitleiderregend
'pitfall *fig.* Falle *f*
pith [pɪθ] Mark *n*; *fig.* Kern *m*; **'~y** markig, kernig
piti|ful ['pɪtɪfʊl] mitleiderregend; erbärmlich (*a. contp.*); **'~less** unbarmherzig
pity ['pɪtɪ] **1.** Mitleid *n*; **~** es ist schade; *what a ~!* wie schade!; **2.** Mitleid haben mit
pivot ['pɪvət] *tech.:* Drehpunkt *m*; (Dreh)Zapfen *m*; *fig.* Angelpunkt *m*.
placard ['plækɑːd] **1.** Plakat *n*; **2.** anschlagen
place [pleɪs] **1.** Platz *m*; Ort *m*; Stelle *f*; *in ~ of* an Stelle von; *out of ~* fehl am Platz; *take ~* stattfinden; *in the first / second ~* erstens / zweitens; **2.** stellen, legen, setzen; *Auftrag* erteilen; **~ mat** Platzdeckchen *n*, Set *n, m*
placid ['plæsɪd] sanft; mild
plague [pleɪg] **1.** Pest *f*; Plage *f*; **2.** plagen, quälen
plaice [pleɪs] (*pl ~*) Scholle *f*
plain [pleɪn] **1.** einfach; unscheinbar; offen, ehrlich; klar, deutlich; **2.** Ebene *f*; **~ chocolate** zartbittere Schokolade; **'~-clothes: in ~** in Zivil
plaintiff ['pleɪntɪf] *jur.* Kläger(in)

plait [plæt] **1.** Zopf *m*; **2.** flechten
plan [plæn] **1.** Plan *m*; **2.** planen; entwerfen; beabsichtigen
plane¹ [pleɪn] **1.** flach, eben; **2.** *math.* Ebene *f*, (ebene) Fläche; Flugzeug *n*; Hobel *m*; *fig.* Stufe *f*, Niveau *n*
plane² [~] *a.* **~ tree** Platane *f*
planet ['plænɪt] Planet *m*
plank [plæŋk] Planke *f*, Bohle *f*, Diele *f*, Brett *n*
plant [plɑːnt] **1.** Pflanze *f*; *tech.:* Anlage *f*; Fabrik *f*; **2.** (an-, ein-, be)pflanzen; F (auf)stellen, postieren; **~ation** [plæn'teɪʃn] Plantage *f*
plaque [plɑːk] Gedenktafel *f*; *med.* Zahnbelag *m*
plaster ['plɑːstə] **1.** Gips *m*; *med.* Pflaster *n*; (Ver)Putz *m*; **2.** verputzen; *fig.* vollkleistern, bepflastern; **~ cast** Gipsabdruck *m*; *med.* Gipsverband *m*; **~ of Paris** Gips *m*
plastic ['plæstɪk] **1.** Plastik *n*, Kunststoff *m*; Plastik...; **2.** plastisch; **~ bag** Plastiktüte *f*; **~ money** Kreditkarten *pl*; **~ surgery** plastische Chirurgie
plate [pleɪt] **1.** Teller *m*, Platte *f*; (Bild)Tafel *f*; Schild *n*; **2.** plattieren; panzern
plateau ['plætəʊ] (*pl* **-teaus**, **-teaux** [~əʊ]) Plateau *n*, Hochebene *f*
platform ['plætfɔːm] Platt-

form *f*; Bahnsteig *m*; Podium *n*; Parteiprogramm *n*
platinum ['plætɪnəm] Platin *n*
plausible ['plɔːzəbl] glaubhaft; *Lügner:* geschickt
play [pleɪ] **1.** Schauspiel *n*, (Theater)Stück *n*, *tech.* Spiel *n*; *fig.* Spielraum *m*; **2.** spielen; *Sport:* spielen gegen; **~ down** *et.* herunterspielen; **~ off** *j-n* ausspielen; **~ up** *et.* hochspielen; (*j-m*) Schwierigkeiten machen; **'~act** *contp.* schauspielern; **'~back** Playback *n*; Wiedergabe *f*; **'~er** Spieler(in); (Platten)Spieler *m*; **'~ful** verspielt; **'~ground** Spielplatz *m*; Schulhof *m*; **'~ing field** Sportplatz *m*; **'~mate** Spielkamerad(in); **'~pen** Laufstall *m*; **'~thing** Spielzeug *n*; **'~wright** ['~raɪt] Dramatiker *m*
plea [pliː] dringende Bitte; Appell *m*; Plädoyer *n*
plead [pliːd] bitten, ersuchen; *jur.:* vertreten; plädieren
pleasant ['pleznt] angenehm, erfreulich; freundlich
please [pliːz] (*j-m*) gefallen; zufriedenstellen; **~!** bitte!; **~ yourself** (ganz) wie Sie wünschen; **'~d** erfreut; zufrieden
pleasure ['pleʒə] Vergnügen *n*, Freude *f*; *it's a ~* gern (geschehen); **~ boat** Ausflugsdampfer *m*; **~ ground** Vergnügungspark *m*
pleat [pliːt] (Plissee)Falte *f*
pledge [pledʒ] **1.** Pfand *n*; *fig.* Unterpfand *n*; Versprechen *n*; **2.** verpfänden; versprechen, zusichern
plentiful ['plentɪfʊl] reichlich; **'~y** Fülle *f*, Überfluß *m*; **~ of** reichlich, e-e Menge; *that's ~* das ist reichlich
pliable ['plaɪəbl] biegsam; *fig.* nachgiebig
pliers ['plaɪəz] *pl* (*a. a pair of ~*) (e-e) Zange
plight [plaɪt] bedauernswerter Zustand, mißliche Lage
plimsolls ['plɪmsəlz] *pl* Turnschuhe *pl*
plod [plɒd] sich abmühen; **~ (along, on)** sich dahinschleppen
plot [plɒt] **1.** Stück *n* (Land), Plan *m*; Komplott *n*, Anschlag *m*; *Roman etc.:* Handlung *f*; **2.** planen; **'~ter** *Computer:* Plotter *m*, Kurvenschreiber *m*, -zeichner *m*
plough [plaʊ], *Am.* **plow** [plaʊ] **1.** Pflug *m*; **2.** (um)pflügen
pluck [plʌk] **1.** Mut *m*; **2.** pflücken; rupfen; (aus)reißen; **~ up courage** Mut fassen
plug [plʌg] **1.** Dübel *m*, Stöpsel *m*, Zapfen *m*; *electr.* Stecker *m*; *mot.* (Zünd)Kerze *f*; F Schleichwerbung *f*; **2.** plombieren; F Schleichwerbung machen für; **~ in** *electr.* einstöpseln, -stecken; **~ up** zu-, verstopfen
plum [plʌm] Pflaume *f*; Zwetsch(g)e *f*

plumage ['plu:mɪdʒ] Gefieder *n*

plumb [plʌm] **1.** Lot *n*, Senkblei *n*; **2.** loten; **~er** Klempner *m*, Installateur *m*; **~ing** Installationen *pl*

plum cake Rosinenkuchen *m*

plume [plu:m] Feder *f*

plummet ['plʌmɪt] (ab)stürzen

plump [plʌmp] mollig

plunder ['plʌndə] plündern

plunge [plʌndʒ] (ein-, unter)tauchen; (sich) stürzen

plural ['pluərəl] *gr.* Plural *m*, Mehrzahl *f*

plus [plʌs] **1.** plus, und; **2.** Plus *n*

plush [plʌʃ] **1.** Plüsch *m*; **2.** F vornehm, Nobel...

plywood ['plaɪ] Sperrholz *n*

pneumatic [nju:'mætɪk] pneumatisch, (Preß)Luft...; ~ **drill** Preßlufthammer *m*

pneumonia [nju:'məʊnjə] Lungenentzündung *f*

poach [pəʊtʃ] wildern; ~ed **egg** pochiertes *od.* verlorenes Ei

P.O. Box [pi əʊ 'bɒks] Postfach *n*

pocket ['pɒkɪt] **1.** (Hosen-*etc.*)Tasche *f*; **2.** einstecken (*a. fig.*); **~book** Notizbuch *n*; Brieftasche *f*; ~ **calculator** Taschenrechner *m*; **~knife** (*pl* -**knives**) Taschenmesser *n*; ~ **money** Taschengeld *n*

pod [pɒd] Hülse *f*, Schote *f*

poem ['pəʊɪm] Gedicht *n*

poet ['pəʊɪt] Dichter *m*; **~ic(al)** [~'etɪk(l)] dichterisch; **~ry** ['~ɪtrɪ] Dichtkunst *f*; Dichtung *f*; Gedichte *pl*

point [pɔɪnt] **1.** Spitze *f*; Punkt *m*; *math.* (Dezimal)Punkt *m*, Komma *n*; Kompaßstrich *m*; Punkt *m*, Stelle *f*, Ort *m*; Zeitpunkt *m*, Augenblick *m*; springender Punkt; Pointe *f*; Zweck *m*, Ziel *n*; *pl rail.* Weichen *pl*; **beside the** ~ nicht zur Sache gehörig; **on the** ~ **of** (*leaving etc.*) im Begriff zu (*gehen etc.*); **to the** ~ zur Sache (gehörig), sachlich; **win on** ~**s** nach Punkten siegen; **2.** (zu)spitzen; ~ **at** *Waffe* richten auf; zeigen auf; ~ **out** zeigen, hinweisen auf; ~ **to** nach e-r Richtung weisen *od.* liegen; zeigen auf; hinweisen auf; **~ed** spitz; *fig.*: scharf; spitzig; **~er** Zeiger *m*; Zeigestock *m*; Vorstehhund *m*; **~less** sinnlos; ~ **of view** Stand-, Gesichtspunkt *m*

poise [pɔɪz] **1.** Haltung *f*; (innere) Ausgeglichenheit *f*; **2.** balancieren

poison ['pɔɪzn] **1.** Gift *n*, vergiften; **~ing** Vergiftung *f*; **~ous** giftig

poke [pəʊk] stoßen; schüren; stecken; stechen, stochern; **~r** Schürhaken *m*

poky ['pəʊkɪ] winzig, eng

polar ['pəʊlə] polar, Polar...; ~ **bear** Eisbär *m*

Pole [pəʊl] **Polle** m, -in f
pole¹ [pəʊl] Pol m
pole² [~] Stange f; Mast m; (Sprung)Stab m
police [pə'liːs] Polizei f; **~man** (pl **-men**) Polizist m; **~ officer** Polizeibeamt|e m, -in f; **~ station** Polizeiwache f, -revier n; **~woman** (pl **-women**) Polizistin f
policy ['pɒlɪsɪ] Politik f; Taktik f; (Versicherungs)Police f
polio ['pəʊlɪəʊ] Polio f, Kinderlähmung f
Polish ['pəʊlɪʃ] polnisch
polish ['pɒlɪʃ] **1.** Politur f; Schuhcreme f; fig. Schliff m; **2.** polieren; Schuhe putzen
polite [pə'laɪt] höflich; **~ness** Höflichkeit f
politic|al [pə'lɪtɪkl] politisch; **~ian** [pɒlɪ'tɪʃn] Politiker(in); **~s** ['pɒlɪtɪks] sg, pl Politik f
poll [pəʊl] **1.** Umfrage f; Abstimmung f, pol. Wahl f; Wahlbeteiligung f; **2.** befragen; Stimmen erhalten
pollen ['pɒlən] Blütenstaub m, Pollen m; **~ count** Pollenkonzentration f
'polling booth Brt. Wahlkabine f; **'~ station** Brt. Wahllokal n
pollut|e [pə'luːt] verschmutzen, verunreinigen; **~ion** (Umwelt)Verschmutzung f
polo ['pəʊləʊ] Polo n; **~ neck** bsd. Brt. Rollkragen m
polytechnic [pɒlɪ'teknɪk] Polytechnikum n; **~thene**
['~θiːn] Polyäthylen n; **~ bag** Plastiktüte f; **~unsaturated** [~ʌn'sætʃəreɪtɪd] Fettsäuren: mehrfach ungesättigt
pomp [pɒmp] Pomp m; **'~ous** wichtigtuerisch; aufgeblasen
pond [pɒnd] Teich m
ponder ['pɒndə] nachdenken (über)
pony ['pəʊnɪ] Pony n; **'~tail** Frisur: Pferdeschwanz m
poodle ['puːdl] Pudel m
pool [puːl] **1.** Schwimmbad n; Swimmingpool m; Blut- etc. Lache f; (Gesamt)Einsatz m; **2.** zusammenlegen; **~s** pl Toto n
poor [pɔː] **1.** arm(selig); dürftig; schlecht; **2. the ~** pl die Armen pl; **'~ly** ärmlich; schlecht
pop [pɒp] **1.** Knall m; Popmusik f; Pop...; **2.** knallen; schnell wohin stecken; flitzen; **~ in F** Besuch: vorbeikommen; **~ out** F schnell rausgehen; Feder etc.: herausspringen
pope [pəʊp] Papst m
poplar ['pɒplə] Pappel f
poppy ['pɒpɪ] Mohn m
popular ['pɒpjʊlə] volkstümlich; populär, beliebt; allgemein; **~arity** [~'lærətɪ] Popularität f; **~ate** [~'eɪt] bevölkern; bewohnen; **~ation** [~'eɪʃn] Bevölkerung f; Einwohner pl
porcelain ['pɔːslɪn] Porzellan n

porch [pɔːtʃ] Vorbau *m*, Windfang *m*; *Am.* Veranda *f*
porcupine [ˈpɔːkjupaɪn] Stachelschwein *n*
pore [pɔː] 1. Pore *f*; 2. ~ *over et.* eifrig studieren
pork [pɔːk] Schweinefleisch *n*
porous [ˈpɔːrəs] porös
porridge [ˈpɔrɪdʒ] Haferbrei *m*
port [pɔːt] Hafen(stadt *f*) *m*; *mar.* Backbord *n*; *Computer*: Anschluß(kanal) *m*; Portwein *m*
portable [ˈpɔːtəbl] tragbar; ~ **radio** Kofferradio *n*
porter [ˈpɔːtə] Pförtner *m*; Portier *m*; (Gepäck)Träger *m*; *Am.* Schlafwagenschaffner *m*
'porthole Bullauge *n*
portion [ˈpɔːʃn] (An)Teil *m*; *Essen:* Portion *f*
portly [ˈpɔːtlɪ] beleibt
portrait [ˈpɔːtreɪt] Porträt *n*, Bild(nis *n*)
portray [pɔːˈtreɪ] darstellen
pose [pəʊz] 1. Pose *f*; 2. posieren; *Frage* aufwerfen; *Problem* darstellen; ~ **as** sich ausgeben als
posh [pɒʃ] F piekfein
position [pəˈzɪʃn] 1. Position *f*; Lage *f*; Stelle *f*, Stellung *f*; Standpunkt *m*; 2. aufstellen
positive [ˈpɒzətɪv] 1. positiv; bestimmt; sicher; eindeutig; 2. *phot.* Positiv *n*
possess [pəˈzes] besitzen; **~ion** Besitz *m*; **~ive** besitzergreifend

possib|ility [pɒsəˈbɪlətɪ] Möglichkeit *f*; **~le** [ˈpɒsəbl] möglich; **'~ly** vielleicht
post [pəʊst] 1. Pfosten *m*; Posten *m*; (An)Stellung *f*, Amt *n*; *bsd. Brt.* Post *f*; 2. *Brief etc.* aufgeben; *Plakat etc.* anschlagen; postieren; **'~age** Porto *n*; **~al** Post...; **~al order** Postanweisung *f*; **'~box** *bsd. Brt.* Briefkasten *m*; **'~card** Postkarte *f*; **'~code** *Brt.* Postleitzahl *f*; **~'date** vordatieren
poster [ˈpəʊstə] Plakat *n*
poste restante [pəʊstˈrestɑːnt] postlagernd
posterior [pɒˈstɪərɪə] F Hintern *m*
'post|man (*pl -men*) *bsd. Brt.* Briefträger *m*, Postbote *m*; **'~mark** 1. Poststempel *m*; 2. (ab)stempeln; ~ **mortem** [ˈmɔːtəm] Autopsie *f*; ~ **office** Post(amt *n*) *f*
postpone [pəʊstˈpəʊn] ver-, aufschieben
posture [ˈpɒstʃə] (Körper-) Haltung *f*; Stellung *f*
'postwar Nachkriegs...
pot [pɒt] 1. Topf *m*; Kanne *f*; *sl.* Hasch *n*
potato [pəˈteɪtəʊ] (*pl -toes*) Kartoffel *f*
potent [ˈpəʊtənt] stark
potential [pəʊˈtenʃl] 1. potentiell; 2. Potential *n*
pothole Höhle *f*; Schlagloch *n*
potter[1] [ˈpɒtə] ~ **(about)** herumwerkeln, -hantieren

potter² ['~] Töpfer *m*; **~y** ['~ərɪ] Töpferei *f*; Töpferwaren *pl*
potty¹ ['pɒtɪ] *Brt.* F verrückt
potty² ['~] Töpfchen *n*
pouch [paʊtʃ] Beutel *m*
poultry ['pəʊltrɪ] Geflügel *n*
pounce [paʊns] sich stürzen
pound [paʊnd] **1.** *Gewicht:* Pfund *n* (454 g); *Währung:* Pfund *n* **2.** hämmern; schlagen; (zer)stampfen
pour [pɔː] gießen; schütten; *it's ~ing (with rain)* es gießt in Strömen
poverty ['pɒvətɪ] Armut *f*
powder ['paʊdə] **1.** Pulver *n*; Puder *m* **2.** pudern; **~ room** Damentoilette *f*
power ['paʊə] Kraft *f*, Stärke *f*; Macht *f*; Fähigkeit *f*; *electr.* Strom *m*; **2.** antreiben; Servo...; **~-assisted** *tech.* **~ cut** Stromausfall *m*; Stromsperre *f*; **~ful** mächtig; stark; **~less** machtlos, kraftlos; **~ station** Kraftwerk *n*
practi|cable ['præktɪkəbl] durchführbar; **~cal** praktisch; **~ce** [~tɪs] **1.** Praxis *f*; Übung *f*; Brauch *m*; **2.** → **~se** ausüben, praktizieren; üben; **~tioner** [~'tɪʃnə]: *general ~* praktischer Arzt
praise [preɪz] **1.** Lob *n*; **2.** loben; **~worthy** lobenswert
pram [præm] Kinderwagen *m*
prank [præŋk] Streich *m*
prattle ['prætl] plappern

prawn [prɔːn] Garnele *f*
pray [preɪ] beten; **~er** [preə] Gebet *n*; Andacht *f*
pre... [priː] vor..., Vor...
preach [priːtʃ] predigen
precarious [prɪ'keərɪəs] unsicher, bedenklich
precaution [prɪ'kɔːʃn] Vorsichtsmaßnahme *f*; **~ary** vorbeugend
precede [priː'siːd] vorausgehen; **~nce** ['presɪdəns] Vorrang *m*; **~nt** Präzedenzfall *m*
precept ['priːsept] Regel *f*, Richtschnur *f*
precinct ['priːsɪŋkt] Gelände *n*; *Am.* (Wahl)Bezirk *m*; *Am.* (Polizei)Revier *n*; **pedestrian ~** Fußgängerzone *f*
precious ['preʃəs] kostbar; Edel...
precipice ['presɪpɪs] Abgrund *m*
precipit|ate [prɪ'sɪpɪteɪt] (hinab)stürzen; beschleunigen; **~ation** [~'teɪʃn] *meteor.* Niederschlag *m*; **~ous** [~'sɪpɪtəs] steil; überstürzt
précis ['preɪsiː] (*pl ~* [~siːz]) (kurze) Zs.-fassung
precis|e [prɪ'saɪs] genau; **~ion** [~'sɪʒn] Genauigkeit *f*
precocious [prɪ'kəʊʃəs] frühreif; altklug
preconceived [priːkən'siːvd] vorgefaßt
precondition [priːkən'dɪʃn] Voraussetzung *f*
predecessor ['priːdɪsesə] Vorgänger(in)

predicament [prɪˈdɪkəmənt] mißliche Lage

predict [prɪˈdɪkt] vorhersagen; ~**ion** Vorhersage *f*

predomina|nt [prɪˈdɒmɪnənt] vorherrschend; ~**te** [~eɪt] vorherrschen

prefab [ˈpriːfæb] F Fertighaus *n*; ~**ricated** [~ˈfæbrɪkeɪtɪd] vorgefertigt, Fertig...

preface [ˈprefɪs] Vorwort *n*

prefer [prɪˈfɜː] vorziehen, lieber mögen; ~ **to do** lieber tun; ~**able** [ˈprefərəbl] vorzuziehen (*to dat*); '~**ably** lieber; wenn möglich; ~**ence** [ˈprefərəns] Vorliebe *f*; Vorzug *m*; ~**ential** [prefəˈrenʃl] bevorzugt, Vorzugs...

prefix [ˈpriːfɪks] *ling.* Vorsilbe *f*; *bsd. Am. teleph.* Vorwahl *f*

pregnan|cy [ˈpregnənsɪ] Schwangerschaft *f*; '~**t** schwanger

prejudice [ˈpredʒʊdɪs] **1.** Vorurteil *n*; **2.** für *od.* gegen *j-n* einnehmen; beeinträchtigen; '~**d** voreingenommen

preliminary [prɪˈlɪmɪnərɪ] einleitend; Vor...

prelude [ˈpreljuːd] Vorspiel *n*

premarital [priːˈmærɪtl] vorehelich

premature [ˈpremətjʊə] vorzeitig, Früh...; vorschnell

premeditated [priːˈmedɪteɪtɪd] *Mord etc.*: vorsätzlich

premises [ˈpremɪsɪz] *pl* Anwesen *n*; Gebäude *n*; Räumlichkeiten *pl*

premium [ˈpriːmjəm] Prämie *f*

preoccupied [priːˈɒkjʊpaɪd] (anderweitig) beschäftigt; geistesabwesend

prepaid [priːˈpeɪd] frankiert

prepar|ation [prepəˈreɪʃn] Vorbereitung *f*; ~**e** [prɪˈpeə] (sich) vorbereiten; zubereiten; **be** ~**d to do** *s.th.* bereit sein, et. zu tun

preposterous [prɪˈpɒstərəs] absurd; lächerlich

prerogative [prɪˈrɒgətɪv] Vorrecht *n*

prescri|be [prɪˈskraɪb] vorschreiben; *med.* verschreiben; ~**ption** [~ˈskrɪpʃn] *med.* Rezept *n*

presence [ˈprezns] Gegenwart *f*; Anwesenheit *f*; ~ **of mind** Geistesgegenwart *f*

present¹ [ˈpreznt] **1.** anwesend; vorhanden; gegenwärtig; jetzig; **2.** Gegenwart *f*; Geschenk *n*; **at** ~ jetzt

present² [prɪˈzent] überreichen, schenken; vorlegen; präsentieren; vorstellen

presentation [prezənˈteɪʃn] Überreichung *f*; Präsentation *f*; Vorlage *f*

present|-day [ˈpreznt] heutig; '~**ly** bald; *bsd. Am.* zur Zeit

preserv|ation [prezəˈveɪʃn] Bewahrung *f*; Erhaltung *f*; ~**e** [prɪˈzɜːv] **1.** erhalten; (be)wahren; konservieren, einkochen, -machen; **2.** Eingemachte *n*

preside [prɪ'zaɪd] den Vorsitz haben *od.* führen

president ['prezɪdənt] Präsident(in)

press [pres] **1.** (*Wein- etc.*) Presse *f*; (Drucker)Presse *f*; Druckerei *f*; **the ~** die Presse; **2.** drücken (auf); plätten, bügeln; (be)pressen; sich drängen; **~ for** dringen auf, fordern; **'~ing** dringend; **'~stud** *bsd. Brt.* Druckknopf *m*; **'~up** *bsd. Brt.* Liegestütz *m*

pressure ['preʃə] Druck *m*; **~ cooker** Schnellkochtopf *m*

presum|able [prɪ'zjuːməbl] vermutlich; **~e** [~m] annehmen, vermuten; **~ing** anmaßend

presumpt|ion [prɪ'zʌmpʃn] Vermutung *f*; Anmaßung *f*; **~uous** [ˈ[ʊəs] anmaßend

preten|ce, *Am.* **-se** [prɪ'tens] Vorwand *m*; Vortäuschung *f*; Anspruch *m*; **~d** vorgeben, vortäuschen; so tun als ob; Anspruch erheben (**to** auf); **~sion** Anspruch *m* (**to** auf); Anmaßung *f*

pretext ['priːtekst] Vorwand *m*

pretty ['prɪtɪ] **1.** *adj* hübsch, niedlich, nett; **2.** *adv* ziemlich

prevail [prɪ'veɪl] (vor)herrschen; siegen; **~ing** vorherrschend

prevaricate [prɪ'værɪkeɪt] Ausflüchte machen

prevent [prɪ'vent] verhindern; j-n hindern; **~ion** Verhütung *f*; **~ive** vorbeugend

preview ['priːvjuː] private Voraufführung; Vorbesichtigung *f*

previous ['priːvjəs] vorhergehend, Vor...; **~ to** bevor, vor; **'~ly** vorher; früher

'prewar Vorkriegs...

prey [preɪ] Beute *f*; **beast of ~** Raubtier *n*; **bird of ~** Raubvogel *m*

price [praɪs] Preis *m*; **'~less** unbezahlbar

prick [prɪk] **1.** Stich *m*; **2.** (durch)stechen; **~ up one's ears** die Ohren spitzen; **~le** [ˈ~kl] Stachel *m*, Dorn *m*; **'~ly** stach(e)lig

pride [praɪd] Stolz *m*, Hochmut *m*

priest [priːst] Priester *m*

primar|ily ['praɪmərəlɪ] in erster Linie; ursprünglich; hauptsächlich; Grund...; **~y school** Grundschule *f*

prime [praɪm] **1.** erste(r, -s), wichtigste(r, -s), Haupt...; erstklassig; **2.** *fig.* Blüte(-zeit) *f*; **~ minister** Premierminister *m*, Ministerpräsident *m*; **~ time** *TV* Haupteinschaltzeit *f*

primeval [praɪ'miːvl] urzeitlich, Ur...

primitive ['prɪmɪtɪv] primitiv

primrose ['prɪmrəʊz] Primel *f*, Schlüsselblume *f*

prince [prɪns] Fürst *m*; Prinz

princess *m;* **~ss** [~'ses, *attr* '~ses] Fürstin *f;* Prinzessin *f*

principal ['prɪnsəpl] **1.** wichtigste(r, -s), Haupt...; **2.** (Schul)Direktor *m,* Rektor *m*

principality [prɪnsɪ'pælətɪ] Fürstentum *n*

'principally hauptsächlich

principle ['prɪnsəpl] Prinzip *n,* Grundsatz *m;* **on ~** aus Prinzip

print [prɪnt] **1.** Druck *m;* Abdruck *m;* Druck *m,* Stich *m; phot.* Abzug *m; out of ~* vergriffen; **2.** (ab-, auf-, bedrucken; in Druckbuchstaben schreiben; *phot.* abziehen; **~ out** *Computer:* ausdrucken; **'~ed matter** Drucksache *f;* **'~er** Drucker *m (a. Computer);* **'~ing press** Druckerpresse *f;* **'~out** *Computer:* Ausdruck *m*

prior ['praɪə] **1.** *adj* früher; **2.** *adv:* **~ to** (*the war etc.*) vor (*dem Krieg etc.*); **~ity** [~'ɒrətɪ] Priorität *f,* Vorrang *m*

prison ['prɪzn] Gefängnis *n;* **'~er** Gefangene *m, f,* Häftling *m;* **~ of war** Kriegsgefangene *m, f;* **take s.o. ~** j-n gefangennehmen

privacy ['prɪvəsɪ] Zurückgezogenheit *f;* Privatleben *n*

private ['praɪvɪt] **1.** privat, Privat...; persönlich; vertraulich; **2.** (einfacher) Soldat

privilege ['prɪvɪlɪdʒ] Vorrecht *n;* Privileg *n;* **'~d** bevorzugt, privilegiert

prize [praɪz] **1.** (Sieges)Preis *m,* Prämie *f;* (Lotterie)Gewinn *m;* **2.** preisgekrönt; Preis...; **3.** (hoch)schätzen; **'~winner** Preisträger(in)

pro [prəʊ] **1.** für; **2. the ~s and cons** *pl* das Für und Wider

pro... [~] für, pro...

probability [prɒbə'bɪlətɪ] Wahrscheinlichkeit *f;* **'~le, ~ly** wahrscheinlich

probation [prə'beɪʃn] Probe (-zeit) *f; jur.* Bewährung *f;* **~ officer** Bewährungshelfer *m*

probe [prəʊb] **1.** Sonde *f;* Untersuchung *f;* **2.** sondieren; untersuchen

problem ['prɒbləm] Problem *n; math.* Aufgabe *f*

procedure [prə'siːdʒə] Verfahren *n;* Handlungsweise *f*

proceed [prə'siːd] weitergehen; fortfahren; vorgehen; sich begeben (**to** nach); **~ings** *pl jur.* Verfahren *n;* **~s** ['prəʊsiːdz] *pl* Erlös *m*

process ['prəʊses] **1.** Vorgang *m;* Prozeß *m;* Verfahren *n;* **2.** bearbeiten; *Computer:* verarbeiten; *phot.* entwickeln; **~ed cheese** Schmelzkäse *m;* **~ion** [prə'seʃn] Prozession *f;* Umzug *m;* **~or** [prə'sesə] *Computer:* Prozessor *m;* (*Wort-, Text-*)Verarbeitungsgerät *n*

proclaim [prə'kleɪm] proklamieren, ausrufen; **~mation**

[prɔklə'meiʃn] Proklamation *f*, Bekanntmachung *f*

prodigious [prə'dɪdʒəs] ungeheuer; erstaunlich; **~y** ['prɔdɪdʒɪ] Wunder *n* (*a. Person*); *mst* **child** *od* **infant** **~** Wunderkind *n*

produce 1. [prə'dju:s] produzieren; erzeugen; herstellen; hervorbringen; (vor)zeigen; *fig.* hervorrufen; *Film* produzieren; *thea.* inszenieren; **2.** ['prɔdju:s] *agr.* Produkt(e *pl*) *n*, Erzeugnis *n*; Ertrag *m*; **~r** [prə'dju:sə] Hersteller *m*; *Film, thea.:* Produzent *m*

product ['prɔdʌkt] Produkt *n*, Erzeugnis *n*; **~ion** [prə'dʌkʃn] Produktion *f*, Erzeugung *f*, Herstellung *f*; *thea.* Inszenierung *f*; **~ive** [~'dʌktɪv] produktiv; ertragreich

profess [prə'fes] (sich) bekennen (zu); erklären; behaupten; bekunden; **~ion** Beruf *m*; **~ional 1.** Berufs-...; beruflich; fachmännisch, professionell; **2.** Fachmann *m*; Berufssportler(in); Profi *m*; **~or** Professor(in)

proficien|cy [prə'fɪʃnsɪ] Können *n*, Tüchtigkeit *f*; **~t** tüchtig, erfahren

profile ['prəufaɪl] Profil *n*

profit ['prɔfɪt] **1.** Gewinn *m*, Profit *m*; Nutzen *m*; **2.** *by*, *~ from* profitieren von, Nutzen ziehen aus; **'~able** gewinnbringend

profound [prə'faund] tief; tiefgründig; *Wissen*: profund

profuse [prə'fju:s] (über-)reich; verschwenderisch

program ['prəugræm] **1.** *Computer:* Programm *n*; *Am.* → programme 1; **2.** *Computer:* programmieren; *Am.* → programme 2; '**~me** *Brt.* **1.** Programm *n*; **2.** programmieren; '**~(m)er** Programmierer(in)

progress 1. ['prəugres] Fortschritt(e *pl*) *m*; **2.** [~'gres] fortschreiten; Fortschritte machen; **~ive** [~'gresɪv] progressiv; fortschreitend; fortschrittlich

prohibit [prə'hɪbɪt] verbieten; **~ion** [prəuɪ'bɪʃn] Verbot *n*

project 1. ['prɔdʒekt] Projekt *n*, Vorhaben *n*; **2.** [prə'dʒekt] planen, entwerfen; projizieren; vorstehen, vorspringen; **~ion** [~'dʒekʃn] *arch.* Vorsprung *m*; Projektion *f*; **~or** [~'dʒektə] Projektor *m*

prolif|erate [prə'lɪfəreɪt] sich stark vermehren; **~ic** fruchtbar

prolong [prəu'lɔŋ] verlängern

promenade [prɔmə'nɑ:d] (Strand)Promenade *f*

prominent ['prɔmɪnənt] vorstehend; prominent

promis|e ['prɔmɪs] **1.** Versprechen *n*; **2.** versprechen; '**~ing** vielversprechend

promo|te [prə'məut] beför-

dern; fördern; *econ.* **werben für; ~ter** Förderer *m;* Veranstalter *m;* **~tion** Beförderung *f;* Förderung *f;* Werbung *f*

prompt [prompt] **1.** prompt, schnell; pünktlich; **2.** *j-n* veranlassen; *thea.* soufflieren

prone [prəʊn]: **be ~ to** neigen zu

prong [prɒŋ] Zinke *f*

pronounce [prəˈnaʊns] aussprechen; **~unciation** [~nʌnsɪˈeɪʃn] Aussprache *f*

proof [pru:f] **1.** Beweis *m*, Probe *f;* Korrekturfahne *f; print.*, *phot.* Probeabzug *m; Alkohol:* Normalstärke *f;* **2.** fest; (*wasser*)dicht; (*kugel*)sicher; *Alkohol:* normalstark

prop [prɒp] **1.** Stütze *f* (*a. fig.*); **2. ~ (up)** (ab)stützen

propaga|te [ˈprɒpəgeɪt] (sich) fortpflanzen; verbreiten; **~tion** [~ˈgeɪʃn] Fortpflanzung *f;* Verbreitung *f*

propel [prəˈpel] (an-, vorwärts)treiben; **~lant** Treibstoff *m;* Treibgas *n;* **~ler** Propeller *m;* **~ling pencil** Drehbleistift *m*

proper [ˈprɒpə] richtig; anständig, schicklich; eigentlich; *bsd. Brt.* F ordentlich, gehörig; **'~ty** Eigentum *n,* (Grund)Besitz *m;* Eigenschaft *f*

prophe|cy [ˈprɒfɪsɪ] Prophezeiung *f;* **~sy** [~aɪ] prophezeien; **~t** [~ɪt] Prophet *m*

proportion [prəˈpɔ:ʃn] Verhältnis *n;* (An)Teil *m; pl* (Aus)Maße *pl;* **~al** proportional

propos|al [prəˈpəʊzl] Vorschlag *m;* (Heirats)Antrag *m;* **~e** [~z] vorschlagen; e-n Heiratsantrag machen (**to** *dat*); **~ition** [prɒpəˈzɪʃn] Vorschlag *m;* Behauptung *f*

proprie|tor [prəˈpraɪətə] Eigentümer *m;* (Geschäfts)Inhaber *m;* **~tress** [~trɪs] Eigentümerin *f,* (Geschäfts)Inhaberin *f*

propulsion [prəˈpʌlʃn] Antrieb *m*

prose [prəʊz] Prosa *f*

prosecut|e [ˈprɒsɪkju:t] strafrechtlich verfolgen; **~ion** [~ˈkju:ʃn] strafrechtliche Verfolgung *f;* Anklage *f;* **~or** (An)Kläger *m;* **public ~** Staatsanwalt *m,* -anwältin *f*

prospect [ˈprɒspekt] Aussicht *f (a. fig.);* **~ive** [~ˈspektɪv] (zu)künftig; voraussichtlich; **~us** [~təs] (Werbe)Prospekt *m*

prosper [ˈprɒspə] Erfolg haben; blühen, gedeihen; **~ity** [~ˈsperətɪ] Wohlstand *m;* **~ous** [ˈ~ərəs] erfolgreich; wohlhabend

prostitute [ˈprɒstɪtju:t] Prostituierte *f;* **male ~** Strichjunge *m*

prostrate [ˈprɒstreɪt] hingestreckt; *fig.:* erschöpft; daniederliegend; gebrochen

protect [prəˈtekt] (be)schüt-

zen; ~**ion** Schutz m; a. ~ **money** Schutzgeld n; ~**ive** (be)schützend, Schutz...; ~**or** Beschützer(in); Schutz m
protein ['prəʊti:n] Protein n, Eiweiß n
protest 1. ['prəʊtest] Protest m; **2.** [prə'test] protestieren; beteuern; ~**ant** ['prɒtɪstənt] **1.** protestantisch; **2.** Protestant(in)
protrude [prə'tru:d] (her)vorstehen
proud [praʊd] stolz (**of** auf)
prove [pru:v] (**proved**, **proved** od. Am. **proven**) beweisen; sich herausstellen od. erweisen als; ~**n** bsd. Am. pp von **prove**
proverb ['prɒvɜ:b] Sprichwort n
provide [prə'vaɪd] (zur Verfügung) stellen, liefern; versehen, ausstatten; beschaffen, besorgen; ~ **for** sorgen für; ~**d** (**that**) vorausgesetzt (, daß)
province ['prɒvɪns]: **the** ~**s** pl die Provinz
provision [prə'vɪʒn] Beschaffung f; Vorsorge f; Vorkehrung f; jur. Bestimmung f; pl Vorrat m, Lebensmittel pl, Proviant m; ~**al** provisorisch
provo|cation [prɒvə'keɪʃn] Herausforderung f; ~**cative** [prə'vɒkətɪv] herausfordernd; ~**ke** [prə'vəʊk] provozieren, reizen, herausfordern; hervorrufen
prowl [praʊl] herumschleichen; durchstreifen
proxy ['prɒksɪ] Stellvertreter(in); Vollmacht f
prud|ence ['pru:dns] Klugheit f; Umsicht f; ~**ent** klug; umsichtig; ~**ish** prüde
prune [pru:n] **1.** Backpflaume f; **2.** Bäume etc. beschneiden
pseudonym ['sju:dənɪm] Pseudonym n, Deckname m
psychiatr|ist [saɪ'kaɪətrɪst] Psychiater m; ~**y** Psychiatrie f
psychic(al) ['saɪkɪk(l)] psychisch, seelisch; übersinnlich
psycho|analysis [saɪkəʊə'næləsɪs] Psychoanalyse f; ~**logical** [~kə'lɒdʒɪkl] psychologisch; ~**logist** [~'kɒlədʒɪst] Psychologe m, -in f; ~**logy** [~'kɒlədʒɪ] Psychologie f; ~**path** ['~kəʊpæθ] Psychopath(in); ~'**therapy** Psychotherapie f
pub [pʌb] Kneipe f
puberty ['pju:bətɪ] Pubertät f
public ['pʌblɪk] **1.** öffentlich; staatlich, Staats...; **2.** Öffentlichkeit f; Publikum n; **in** ~ öffentlich; ~**ation** [~'keɪʃn] Veröffentlichung f; Bekanntgabe f; ~ **convenience** öffentliche Bedürfnisanstalt
publicity [pʌb'lɪsətɪ] Publicity f, Werbung f, Reklame f
public school Brt. Privatschule f; Am. staatliche Schule; ~ **transport** öffentliche Verkehrsmittel pl

publish ['pʌblɪʃ] veröffentlichen; *Buch etc.* herausgeben, verlegen; **~er** Herausgeber *m*, Verleger *m*; **~ing** Verlagswesen *n*; **~ company, ~ house** Verlag *m*

pucker ['pʌkə] a. **~ up** Lippen: (sich) verziehen; spitzen

pudding ['pudɪŋ] Pudding *m*; Nachtisch *m*

puddle ['pʌdl] Pfütze *f*

puff [pʌf] **1.** *an e-r Zigarette*: Zug *m*; (Dampf-, Rauch-)Wölkchen *n*; Puderquaste *f*; **2.** schnaufen, keuchen; pusten; paffen; **~ paste** *Am.*, **~ pastry** *Brt.* Blätterteig *m*; **~y** (an)geschwollen

pull [pul] **1.** Ziehen *n*; Zug *m*; Ruck *m*; F Beziehungen *pl*, Einfluß *m*; **2.** ziehen; zerren; reißen; zupfen; **~ down** ab-, niederreißen; **~ in** *Zug*: einfahren; **~ out** *Zug*: hinausfahren; *Auto*: ausscheren; **~ o.s. together** sich zs.-nehmen; **~ up** *Auto*: anhalten

pulley ['pulɪ] *tech.*: Rolle *f*; Flaschenzug *m*

pullover ['pulouvə] Pullover *m*

pulp [pʌlp] Brei *m*; Fruchtfleisch *n*

pulpit ['pulpɪt] Kanzel *f*

pulsate [pʌl'seɪt] pulsieren, pochen; **~e** [pʌls] Puls *m*

pulverize ['pʌlvəraɪz] pulverisieren, zermahlen

pump [pʌmp] **1.** Pumpe *f*; *Schuh*: Pumps *m*; **2.** pumpen; F *j-n* aushorchen

pumpkin ['pʌmpkɪn] Kürbis *m*

pun [pʌn] Wortspiel *n*

punch [pʌntʃ] **1.** (Faust-)Schlag *m*; Lochzange *f*; Locher *m*; Punsch *m*; **2.** *mit der Faust* schlagen; boxen; (aus)stanzen; lochen; **~ card** Lochkarte *f*; **~ line** Pointe *f*; **~ tape** Lochstreifen *m*

punctual ['pʌŋktʃuəl] pünktlich

punctuat|e ['pʌŋktʃueɪt] Satzzeichen setzen in; *fig.* unterbrechen; **~ion** [~'eɪʃn] Interpunktion *f*, Zeichensetzung *f*

puncture ['pʌŋktʃə] Reifenpanne *f*

pungent ['pʌndʒənt] scharf, stechend, beißend

punish ['pʌnɪʃ] (be)strafen; **~ment** Strafe *f*; Bestrafung *f*

pupil[1] ['pju:pɪl] Schüler(in)

pupil[2] [~] Pupille *f*

puppet ['pʌpɪt] Marionette *f* (a. *fig.*); (Hand)Puppe *f*

puppy ['pʌpɪ] Welpe *m*, junger Hund

purchase ['pɜ:tʃəs] **1.** Kauf *m*; Einkauf *m*; Anschaffung *f*; **2.** kaufen; *fig.* erkaufen

pure [pjuə] rein

purgative ['pɜ:gətɪv] **1.** abführend; **2.** Abführmittel *n*

puri|fy ['pjuərɪfaɪ] reinigen (a. *fig.*); **~ty** [~rətɪ] Reinheit *f*

purl [pɜ:l] **1.** linke Masche; **2.** links stricken

purple ['pɜ:pl] violett

purpose ['pɜ:pəs] Absicht *f*; Zweck *m*; **on ~** absichtlich;

'~ful entschlossen; **'~ly** absichtlich

purr [pɜː] schnurren (*a. fig.*)

purse [pɜːs] Geldbörse *f*, Portemonnaie *n*; *Am.* Handtasche *f*

pursu|e [pəˈsjuː] verfolgen (*a. fig.*); streben nach; *Beruf:* nachgehen; fortsetzen; **~er** Verfolger(in); **~it** [~uːt] Verfolgung *f*; Streben *n*

pus [pʌs] Eiter *m*

push [puʃ] **1.** Stoß *m*, Schubs *m*; Anstoß *m*, Anstrengung *f*; Schwung *m*; Tatkraft *f*; **2.** stoßen, schieben, schubsen; *Knopf* drücken; drängen; (an)treiben; **~ along** *F* sich auf die Socken machen; **~ off!** hau ab!; **~ on** weitergehen, -fahren; weitermachen; **'~-button** *tech.* (Druck-)Tasten...; **~ telephone** Tastentelefon *n*; **'~chair** Sportwagen *m* (*für Kinder*); **'~-up** *bsd. Am.* Liegestütz *m*; **'~y**, *a.* **pushing** streberisch; aufdringlich

puss [pʊs], **'~y(cat)** Kätzchen *n*, Mieze *f*, Muschi *f*

put [pʊt] (*put*) legen, setzen, stellen, stecken, tun; *Frage* stellen; ausdrücken, sagen; **~ back** zurückstellen (*a. Uhr*); *fig.* zurückwerfen; **~ by** *Geld* zurücklegen; **~ down** hin-, niederlegen, -setzen, -stellen; aussteigen lassen; *in Liste* eintragen; aufschreiben; zuschreiben; *Tier* einschläfern; **~ forward** *Uhr* vorstellen; *Meinung etc.* vorbringen; **~ in** hineinlegen, -setzen, -stellen, -stecken; *Gesuch* einreichen; *Bemerkung* einwerfen; **~ off** auf-, verschieben; vertrösten; *j-n* abbringen; **~ on** *Kleider* anziehen, *Hut etc.* aufsetzen; *Uhr* vorstellen; an-, einschalten; vortäuschen; aufführen; **~ on weight** zunehmen; **~ out** hinauslegen, -setzen, -stellen; (her)ausstrecken; *Feuer, Licht* ausmachen, löschen; *j-n* aus der Fassung bringen; **~ through** *teleph. j-n* verbinden (*to* mit); **~ together** zs.-setzen; **~ up** *v/t Zelt* aufstellen; *Gebäude* errichten; *Gast* unterbringen; *Widerstand* leisten; *Preis* erhöhen; **~ up** (**for sale**) (zum Verkauf) anbieten; *v/i:* **~ up at** übernachten bei; **~ up with** sich abfinden mit

putr|efy [ˈpjuːtrɪfaɪ] (ver)faulen; verwesen; **~id** [~ɪd] verfault; verwest

putty [ˈpʌtɪ] **1.** Kitt *m*; **2.** (*up*) (ver)kitten

puzzl|e [ˈpʌzl] **1.** Rätsel *n* (*a. fig.*); Geduld(s)spiel *n*, Puzzle(spiel) *n*; **2.** verwirren; sich den Kopf zerbrechen; **'~ing** rätselhaft; verwirrend

pyjamas [pəˈdʒɑːməz] *pl Brt.* Schlafanzug *m*

pylon [ˈpaɪlən] Mast *m*

pyramid [ˈpɪrəmɪd] Pyramide *f*

Q

quack¹ [kwæk] quaken
quack² [~] a. ~ doctor Quacksalber m
quadrangle ['kwɒdræŋgl] Viereck n; Innenhof m
quadruped ['kwɒdruped] Vierfüß(l)er m; **~ple** [~pl] **1.** vierfach; **2.** (sich) vervierfachen; **~plets** ['~plɪts] pl Vierlinge pl
quaint [kweɪnt] malerisch; drollig; putzig
quake [kweɪk] **1.** beben, zittern; **2.** F Erdbeben n
qualification [kwɒlɪfɪ'keɪʃn] Qualifikation f, Befähigung f; Voraussetzung f; Einschränkung f; **~fied** ['~faɪd] qualifiziert, befähigt; eingeschränkt, bedingt; **~fy** ['~faɪ] (sich) qualifizieren; befähigen; einschränken; mildern; **~ty** Qualität f; Eigenschaft f
qualm [kwɑːm] mst pl Bedenken pl, Skrupel pl
quantity ['kwɒntətɪ] Quantität f, Menge f
quarantine ['kwɒrəntiːn] Quarantäne f
quarrel ['kwɒrəl] **1.** Streit m; **2.** (sich) streiten; **~some** zänkisch
quarry¹ ['kwɒrɪ] Steinbruch m
quarry² [~] Beute f; Opfer n
quarter ['kwɔːtə] **1.** Viertel n; Viertelpfund n; Am. Vierteldollar m; Vierteljahr n,

Quartal n; (Stadt)Viertel n; (Himmels)Richtung f; pl Quartier n (a. mil.); pl fig. Kreise pl; **a ~ of an hour** e-e Viertelstunde; **a ~ to / past** Uhrzeit: (ein) Viertel vor / nach; **2.** vierteln, verteilen; mil. einquartieren; **~'final** Sport: Viertelfinalspiel n; **'~ly 1.** vierteljährlich; **2.** Vierteljahresschrift f
quaver ['kweɪvə] zittern
quay [kiː] Kai m
queen [kwiːn] Königin f; Kartenspiel, Schach: Dame f; F Schwule m
queer [kwɪə] sonderbar, seltsam; komisch; wunderlich; F schwul
quench [kwentʃ] löschen
querulous ['kwerʊləs] quengelig, nörglerisch
query ['kwɪərɪ] **1.** Frage f; **2.** bezweifeln, in Frage stellen
question ['kwestʃən] **1.** (be-) fragen; jur. vernehmen, -hören; et. bezweifeln; **2.** Frage f; Problem n; **in** ~ fraglich; **that is out of the** ~ das kommt nicht in Frage; '**~able** fraglich; fragwürdig; '**~ing** fragend; '**~mark** Fragezeichen n; **~naire** [~'neə] Fragebogen m
queue [kjuː] **1.** Schlange f; **2.** a. ~ **up** anstehen, Schlange stehen, sich anstellen

quick [kwɪk] schnell, rasch; prompt; *Verstand*: wach, aufgeweckt; lebhaft; *Temperament*: aufbrausend; *Auge, Gehör*: scharf; **be ~!** beeil dich!; **'~en** (sich) beschleunigen; **'~sand** Treibsand *m*; **'~silver** Quecksilber *n*; **~'witted** schlagfertig; aufgeweckt; geistesgegenwärtig

quid [kwɪd] (*pl* **~**) Brt. F Pfund *n* (Sterling)

quiet [kwaɪət] **1.** ruhig, still; leise; **2.** Ruhe *f*; **'~en** beruhigen; *mst* **~ down** ruhiger werden; sich beruhigen

quilt [kwɪlt] Steppdecke *f*

quinine [kwɪ'niːn] Chinin *n*

quip [kwɪp] geistreiche Bemerkung

quit [kwɪt] (**quit**, Brt. *a*. **quit-** ted) verlassen; F aufhören (mit); kündigen

quite [kwaɪt] ganz, völlig; ziemlich, recht; **~ (so)!** ganz recht

quits [kwɪts]: **be ~ with s.o.** mit j-m quitt sein

quiver ['kwɪvə] zittern

quiz [kwɪz] **1.** Quiz *n*; Prüfung *f*; Test *m*; **2.** ausfragen

quota ['kwəʊtə] Quote *f*; Anteil *m*; Kontingent *n*

quotation [kwəʊ'teɪʃn] Zitat *n*; Kostenvoranschlag *m*; *econ.* (Börsen-, Kurs)Notierung *f*; **~ marks** *pl* Anführungszeichen *pl*

quote [kwəʊt] zitieren; *Preis* nennen; *Börse*: notieren

quotient ['kwəʊʃnt] Quotient *m*

R

rabbit ['ræbɪt] Kaninchen *n*

rabble ['ræbl] Pöbel *m*

rabies ['reɪbiːz] Tollwut *f*

raccoon [rə'kuːn] Waschbär *m*

race[1] [reɪs] **1.** Rennen *n*; (Wett)Lauf *m*; Wettlauf *m*; **the ~s** *pl* Pferderennen *pl*; **2.** rennen, rasen; um die Wette laufen *od.* fahren (mit)

race[2] [~] Rasse *f*

'race|course Rennbahn *f*; **'~horse** Rennpferd *n*; **'~track** Rennstrecke *f*

racial ['reɪʃl] Rassen...; **~** **equality** Rassengleichheit *f*

racing ['reɪsɪŋ] (Pferde-) Rennsport *m*; Renn...; **~ car** Rennwagen *m*

racis|m ['reɪsɪzəm] Rassismus *m*; **~t 1.** Rassist(in); **2.** rassistisch

rack [ræk] **1.** Gestell *n*; (*Kleider- etc.*)Ständer *m*; (*Gepäck*)Netz *n*; **2.** quälen; **~ one's brains** sich den Kopf zerbrechen

racket[1] ['rækɪt] (Tennis-) Schläger *m*

racket[2] [~] Krach *m*; F

racoon 238

Schwindel(geschäft *n*) *m*; Gaunerei *f*
racoon [rəˈkuːn] → **raccoon**
racy [ˈreɪsɪ] *Stil:* lebendig; gewagt; rassig
radar [ˈreɪdɑː] Radar *m, n*
radi|ant [ˈreɪdjənt] strahlend; **~ate** [~ieɪt] ausstrahlen; **~ from** strahlenförmig ausgehen von; **~ation** [~ˈeɪʃn] (Aus)Strahlung *f*; radioaktive Strahlung; **~ator** [~ieɪtə] Heizkörper *m*; *mot*. Kühler *m*
radical [ˈrædɪkl] radikal
radio [ˈreɪdɪəʊ] **1.** Radio *n*, Rundfunk *m*; Radiogerät *n*; Funk *m*; **by ~** über Funk; **2.** funken; **~active** radioaktiv; **~activity** Radioaktivität *f*; **~ alarm** Radiowecker *m*; **~ set** Radiogerät *n*; **~ station** Rundfunkstation *f*; **~ taxi** Funktaxi *n*; **~ telephone** Sprechfunkgerät *n*; **~ therapy** Strahlentherapie *f*
radish [ˈrædɪʃ] Rettich *m*; Radieschen *n*
radius [ˈreɪdɪəs] Radius *m*
raffle [ˈræfl] Tombola *f*
raft [rɑːft] Floß *n*; **~er** (Dach)Sparren *m*
rag [ræg] Lumpen *m*; Lappen *m*
rage [reɪdʒ] **1.** toben, wüten; **2.** Wut(anfall *m*) *f*, Zorn *m*; **(all) the ~** F der letzte Schrei
ragged [ˈrægɪd] zerlumpt; zottig, gezackt; stümperhaft
raid [reɪd] **1.** (feindlicher) Überfall *m*; (Luft)Angriff *m*; Razzia *f*; **2.** überfallen; eine Razzia durchführen in; einbrechen in; plündern
rail [reɪl] Schiene *f*, Stange *f*; Geländer *n*; *mar.* Reling *f*; *rail.:* Schiene *f*; *pl* Gleis *n*; (Eisen)Bahn *f*; **by ~** mit der Bahn; **~ing(s** *pl*) Geländer *n*; Zaun *m*; **~road** *Am.* → **~way** *Brt.* Eisenbahn *f*; **~ guide** Kursbuch *n*; **~ station** Bahnhof *m*
rain [reɪn] **1.** regnen; **2.** Regen *m*; *the* **~s** *pl* die Regenzeit; **~bow** Regenbogen *m*; **~coat** Regenmantel *m*; **~drop** Regentropfen *m*; **~fall** Niederschlag(smenge *f*) *m*, **~y** regnerisch, Regen...
raise [reɪz] **1.** (auf-, hoch)heben; erheben; aufrichten; *Miete etc.* erhöhen; *Geld* beschaffen; *Kinder* aufziehen; *Familie* gründen; *Tiere* züchten; *Getreide etc.* anbauen; **2.** *Am.* Lohn- od. Gehaltserhöhung *f*
raisin [ˈreɪzn] Rosine *f*
rake [reɪk] **1.** Rechen *m*, Harke *f*; **2.** rechen, harken
rally [ˈrælɪ] **1.** Kundgebung *f*, Massenversammlung *f*; *mot.* Rallye *f*; *Tennis:* Ballwechsel *m*; **2.** (sich) sammeln; sich erholen; **~ round** sich scharen um; zu Hilfe kommen
ram [ræm] **1.** *zo.* Widder *m*; *tech.* Ramme *f*; **2.** (fest)rammen
ramble [ˈræmbl] **1.** Wande-

rung f; **2.** wandern; weitschweifig erzählen; '~er Wanderer m, Wand(r)erin f; Kletterrose f; '~ing weitschweifig; Haus etc.: weitläufig; bot. Kletter...

ramp [ræmp] Rampe f

rampage [ræm'peɪdʒ]: **go on the ~** randalieren

ramshackle ['ræmʃækl] baufällig

ran [ræn] pret von **run** 1

ranch [rɑːntʃ, Am. ræntʃ] Ranch f, Viehfarm f; Farm f

rancid ['rænsɪd] ranzig

ranco(u)r ['ræŋkə] Groll m, Haß m

random ['rændəm] **1. at ~** aufs Geratewohl; **2.** ziel-, wahllos; willkürlich

rang [ræŋ] pret von **ring** 2

range [reɪndʒ] **1.** Reihe f; (Berg)Kette f; Entfernung f; Reichweite f; Bereich m; econ.: Sortiment n; Auswahl f; (altmodischer) Küchenherd; Schießstand m; **2.** v/i sich erstrecken, reichen; Preise: sich bewegen; v/t aufstellen, anordnen

rank [ræŋk] **1.** Rang m (a. mil.), Stand m; Reihe f; (Taxi)Stand m; **2.** einordnen, -stufen; e-n Rang od./e-e Stelle einnehmen; **~ among** gehören zu; **~ as** gelten als

ransack ['rænsæk] durchwühlen; plündern

ransom ['rænsəm] Lösegeld n

rap [ræp] **1.** Klopfen n; **2.** klopfen (an, auf)

rape [reɪp] **1.** Vergewaltigung f; **2.** vergewaltigen

rapid ['ræpɪd] schnell, rasch; rapide; **~ity** [rə'pɪdətɪ] Schnelligkeit f; **~s** pl Stromschnelle(n pl) f

rapt [ræpt] versunken, entzückt; **~ure** ['~tʃə] Entzücken n

rar|e [reə] selten; Luft: dünn; Steak: englisch; F einmalig; **~ity** ['~rətɪ] Seltenheit f

rascal ['rɑːskəl] Schuft m; Schlingel m

rash¹ [ræʃ] hastig, überstürzt; unbesonnen

rash² [~] (Haut)Ausschlag m

rasher ['ræʃə] Speckscheibe f

raspberry ['rɑːzbərɪ] Himbeere f

rat [ræt] Ratte f

rate [reɪt] **1.** Rate f; Gebühr f; econ. Satz m, Kurs m; pl Brt. Kommunalsteuern pl; Tempo n; **~ of interest** Zinssatz m; **2.** (ein)schätzen; besteuern; Brt. veranlagen, besteuern; **~ among** zählen zu

rather ['rɑːðə] eher, lieber; vielmehr, besser gesagt; ziemlich; **~!** F und ob!

ration ['ræʃn] **1.** Ration f, Zuteilung f; **2.** rationieren

rational ['ræʃənl] vernünftig, rational; **~ize** ['~ʃnəlaɪz] rationalisieren

rattle ['rætl] **1.** Gerassel n; Geklapper n; (Baby)Rassel f; **2.** rasseln (mit); klappern;

rattern; ~ **off** herunterrasseln; '~**snake** Klapperschlange f

ravage ['rævɪdʒ] verwüsten

rave [reɪv] phantasieren; rasen, toben; schwärmen

raven ['reɪvn] Rabe m

ravenous ['rævənəs] ausgehungert; heißhungrig

ravine [rə'viːn] Schlucht f, Klamm f

raving ['reɪvɪŋ] **1.** wahnsinnig; F toll; F hinreißend; **2.** pl irres Gerede; Delirien pl

ravish ['rævɪʃ] entzücken; '~**ing** hinreißend

raw [rɔː] roh; Roh...; wund; Wetter: rauh; unerfahren; ~ **material** Rohmaterial n, -stoff m

ray [reɪ] Strahl m

rayon ['reɪɒn] Kunstseide f

razor ['reɪzə] Rasierapparat m, -messer n; ~ **blade** Rasierklinge f

re [riː] econ. betreffs

re... [riː] wieder

reach [riːtʃ] **1.** v/t (hin,her)reichen, (hin-, her)langen; erreichen, erzielen; ankommen in; v/i langen, greifen (**for** nach); sich erstrecken; ~ **out** ausstrecken; **2.** Reichweite f; **out of** ~ unerreichbar; **within easy** ~ leicht zu erreichen

react [rɪ'ækt] reagieren; ~**ion** Reaktion f; ~**ionary** [~ʃnərɪ] reaktionär; ~**or** (Kern-)Reaktor m

read 1. [riːd] (**read** [red]) lesen; Instrument: (an)zeigen; lauten; studieren; deuten; ~ **to s.o.** j-m vorlesen; **2.** [red] pret u. pp von **read 1**

readily ['redɪlɪ] bereitwillig; '~**ness** Bereitschaft f; Bereitwilligkeit f

reading ['riːdɪŋ] Lesen n; Lektüre f; Interpretation f

readjust [riːə'dʒʌst] tech. neu einstellen; nachstellen; (sich) wieder anpassen

ready ['redɪ] fertig; bereit; schnell bei der Hand; schlagfertig; Geld: bar; **get** ~ (sich) fertig machen; ~'**made** Fertig...; Konfektions...

real [rɪəl] wirklich, richtig, tatsächlich; eigentlich; wahr; echt; 'rein; bsd. phls. real; ~ **estate** Grundbesitz m, Immobilien pl; ~ **estate agent** Am. = **estate agent**; '~**ism** Realismus m; '~**ist** Realist(in); ~**istic** [~'lɪstɪk] realistisch; ~**ity** [~'ælətɪ] Realität f, Wirklichkeit f; ~**ization** [rɪəlaɪ'zeɪʃn] Realisierung f (a. econ.); Verwirklichung f; Erkenntnis f; ~**ize** sich klar sein über; erkennen, begreifen, realisieren; verwirklichen; '~**ly** wirklich, tatsächlich

realm [relm] (König)Reich n

real time Computer: Echtzeit f

reap [riːp] Getreide schneiden, mähen, einbringen; fig. ernten; '~**er** Mähmaschine

reappear [riː·əˈpɪə] wiederauftauchen

rear [rɪə] **1.** auf-, großziehen; (er)heben; *Pferd:* sich aufbäumen; **2.** Rückseite *f;* hinterer Teil; *mot.* Heck *n;* **3.** hintere(r, -s) Rück...

rearm [riːˈɑːm] (wieder)aufrüsten; **~ament** (Wieder-)Aufrüstung *f*

'rearmost hinterste(r, -s)

rearrange [riːəˈreɪndʒ] umordnen; umstellen

'rear-view mirror *mot.* Rückspiegel *m*

reason [ˈriːzn] **1.** Grund *m;* Verstand *m;* Vernunft *f;* **2.** logisch denken; argumentieren; **~ with** vernünftig reden mit; **'~able** vernünftig; angemessen; billig; passabel

reassure [riːəˈʃɔː] beruhigen; versichern

rebate [ˈriːbeɪt] Rückzahlung *f*

rebel 1. [ˈrebl] Rebell(in *f*), Aufständische *m, f;* **2.** [rɪˈbel] rebellieren, sich auflehnen; **~lion** [rɪˈbeljən] Rebellion *f;* **~lious** [rɪˈbeljəs] aufständisch; aufsässig

rebound [rɪˈbaʊnd] zurückprallen

rebuff [rɪˈbʌf] Abfuhr *f*

rebuild [riːˈbɪld] (**-built**) wieder aufbauen

rebuke [rɪˈbjuːk] **1.** Tadel *m;* **2.** tadeln

recall [rɪˈkɔːl] zurückrufen; (sich) erinnern

receipt [rɪˈsiːt] Empfang *m;* Quittung *f; pl* Einnahmen *pl*

receive [rɪˈsiːv] erhalten, bekommen; *Gäste* empfangen; *Vorschlag etc.* aufnehmen; **~r** Empfänger *m; teleph.* Hörer *m*

recent [ˈriːsnt] neueste(r, -s), jüngste(r, -s); **'~ly** kürzlich, vor kurzem, neulich

reception [rɪˈsepʃn] Empfang *m* (*a. Funk*); Aufnahme *f; Hotel:* Rezeption *f;* **~ desk** *Hotel:* Rezeption *f;* **~ist** Empfangsdame *f,* -chef *m;* Sprechstundenhilfe *f*

recess [rɪˈses] Nische *f; Am.* (*Schul*)Pause *f; bsd. parl.* Ferien *pl;* **~ion** Rezession *f,* Konjunkturrückgang *m*

recipe [ˈresɪpɪ] Rezept *n*

recipient [rɪˈsɪpɪənt] Empfänger(in *f*)

reciprocal [rɪˈsɪprəkl] wechsel-, gegenseitig

recit|al [rɪˈsaɪtl] *mus.* (Solo-)Vortrag *m,* Konzert *n;* Bericht *m;* Aufzählung *f;* **~e** [~ˈsaɪt] vortragen; aufsagen; erzählen; aufzählen

reckless [ˈreklɪs] leichtsinnig; rücksichtslos; fahrlässig

reckon [ˈrekən] (be-, er)rechnen; annehmen; schätzen; halten für; **~ing** [ˈ~knɪŋ] (Be-)Rechnung *f,* Schätzung *f*

reclaim [rɪˈkleɪm] zurückfordern; *Land* (ab)gewinnen; *tech. aus Abfall:* zurückgewinnen

recline [rɪ'klaɪn] sich zurücklehnen

recluse [rɪ'kluːs] Einsiedler(in)

recogni|tion [rekəg'nɪʃn] Anerkennung *f*; (Wieder)Anerkennen *n*; **~ze** ['-naɪz] anerkennen; (wieder)erkennen; zugeben, eingestehen

recoil [rɪ'kɔɪl] zurückschrecken

recollect [rekə'lekt] sich erinnern an; **~ion** Erinnerung *f*

recommend [rekə'mend] empfehlen; **~ation** [ˌ-'deɪʃn] Empfehlung *f*

recompense ['rekəmpens] entschädigen; belohnen

reconcil|e ['rekənsaɪl] aus-, versöhnen; in Einklang bringen; **~iation** [ˌ-sɪlɪ'eɪʃn] Ver-, Aussöhnung *f*

recondition [riːkən'dɪʃn] *tech.* (general)überholen; **~ed engine** Austauschmotor *m*

reconsider [riːkən'sɪdə] noch einmal überlegen *od.* überdenken

reconstruct [riːkən'strʌkt] wieder aufbauen; rekonstruieren; *fig.* wiederaufbauen; **~ion** Wiederaufbau *m*

record 1. ['rekɔːd] Aufzeichnung *f*; Protokoll *n*; Urkunde *f*; Unterlage *f*, Akte *f*; Register *n*, Verzeichnis *n*; Strafregister *n*, Vorstrafen *pl*; Leistung(en *pl*) *f*; (Schall-)Platte *f*, Sport: Rekord *m*; **2.** [rɪ'kɔːd] aufzeichnen; schriftlich niederlegen; *auf Schallplatte etc.* aufnehmen; **~er** [ˌ-'k-] (*Tonband*)Gerät *n*; (*Kassetten*)Rekorder *m*; *mus.* Blockflöte *f*; **~ing** [ˌ-'k-] *TV etc.* Aufzeichnung *f*, Aufnahme *f*; **~ player** ['rekɔːd] Plattenspieler *m*

recover [rɪ'kʌvə] wiedererlangen, -bekommen; *Schiff etc.* bergen; wieder gesund werden; sich erholen; **~y** [ˌ-əri] Wiedererlangung *f*; Bergung *f*; Genesung *f*, Erholung *f*

recreation [rekrɪ'eɪʃn] Erholung *f*; Freizeitbeschäftigung *f*

recruit [rɪ'kruːt] **1.** Rekrut *m*; *fig.* Neue *m*, *f*; **2.** rekrutieren; einstellen

rectangle ['rektæŋgl] Rechteck *n*

recuperate [rɪ'kjuːpəreɪt] sich erholen

recur [rɪ'kɜː] wiederkehren; sich wiederholen; **~rent** [rɪ'kʌrənt] wiederkehrend

recycl|e [riː'saɪkl] wiederverwerten; **~ing** Recycling *n*, Wiederverwertung *f*

red [red] rot; **2 Cross** *das* Rote Kreuz; **~den** ['redn] (sich) röten; erröten; **~dish** rötlich

redeem [rɪ'diːm] einlösen; *eccl.* erlösen; **~ing** ausgleichend; aussöhnend

redemption [rɪ'dempʃn] Einlösung *f*; *eccl.* Erlösung *f*

redevelop [riːdɪˈveləp] *Stadtteil etc.* sanieren

red|-ˈhanded: **catch ~ auf frischer Tat ertappen;** **ˈ~head** Rothaarige *m, f*; **ˈ~letter day** denkwürdiger Tag

redouble [rɪˈdʌbl] (sich) verdoppeln

red tape Papierkrieg *m*; Bürokratismus *m*

reduc|e [rɪˈdjuːs] reduzieren; herabsetzen; verringern; ermäßigen; **~tion** [~ˈdʌkʃn] Herabsetzung *f*; Verringerung *f*; Ermäßigung *f*

redundan|cy [rɪˈdʌndənsɪ] Arbeitslosigkeit *f*; **redundancies** *pl* Entlassungen *pl*; **~ payment** Abfindung *f*; **~t** arbeitslos; überflüssig

reed [riːd] Schilf(rohr) *n*

reef [riːf] (Felsen)Riff *n*

reek [riːk] stinken, (unangenehm) riechen (**of** nach)

reel [riːl] **1.** (*Garn-, Film- etc.*)Rolle *f*, Spule *f*; **2.** sich drehen; schwanken, taumeln; **~ (up)** (auf)wickeln, (-)spulen

refectory [rɪˈfektərɪ] Mensa *f*

refer [rɪˈfɜː]: **~ to** verweisen an/auf; sich beziehen auf; erwähnen; Nachschlagewerk *n*

referee [refəˈriː] Schiedsrichter *m*; *Boxen:* Ringrichter *m*

reference [ˈrefrəns] Referenz *f*, Zeugnis *n*; Verweis *m*; Erwähnung *f*, Anspielung *f*; Bezugnahme *f*; Aktenzeichen *n*; Nachschlagen *n*; **with ~ to** bezüglich; **~ book** Nachschlagewerk *n*

refill 1. [ˈriːfɪl] Nachfüllpackung *f*, Ersatz...; **2.** [~ˈfɪl] auf-, nachfüllen

refine [rɪˈfaɪn] raffinieren, veredeln; verfeinern; verbessern; kultivieren; **~d** raffiniert; fein...; fein, vornehm; **~ry** [~ərɪ] Raffinerie *f*

reflect [rɪˈflekt] reflektieren, zurückwerfen, spiegeln; *fig.* widerspiegeln; nachdenken (**on** über); **~ion** Reflexion *f*; Spiegelbild *n*; Überlegung *f*

reflex [ˈriːfleks] Reflex *m*; **~ camera** Spiegelreflexkamera *f*

reform [rɪˈfɔːm] **1.** Reform *f*; **2.** reformieren, verbessern; (sich) bessern

refrain [rɪˈfreɪn] **1.** unterlassen (**from** *acc*); **2.** Refrain *m*

refresh [rɪˈfreʃ]: **~ (o.s.)** sich erfrischen; auffrischen; **~er course** Auffrischungskurs *m*; **~ment** Erfrischung *f*

refrigerator [rɪˈfrɪdʒəreɪtə] Kühlschrank *m*

refuel [riːˈfjʊəl] (auf)tanken

refug|e [ˈrefjuːdʒ] Zuflucht(sort) *f*; **~ee** [~ˈdʒiː] Flüchtling *m*

refund 1. [rɪˈfʌnd] zurückzahlen, (-)erstatten; **2.** [ˈriːfʌnd] Rückzahlung *f*, (Rück)Erstattung *f*

refus|al [rɪˈfjuːzl] Ablehnung *f*; (Ver)Weigerung *f*; **~e 1.**

refute

[rɪ'fju:z] verweigern; abweisen; ablehnen; sich weigern; **2.** [ˈrefjuːs] Abfall *m*, Müll *m*; **~ dump** Müllabladeplatz *m*
refute [rɪ'fju:t] widerlegen
regain [rɪ'geɪn] wiedergewinnen, -erlangen
regal [ˈriːgəl] königlich
regard [rɪ'gɑːd] **1.** Achtung *f*, Rücksicht *f*; **with ~ to** hinsichtlich; (*kind*) **~s** (herzliche) Grüße; **2.** ansehen; betreffen; **~ as** halten für; **~ as what ... betrifft; ~ing** hinsichtlich; **~less: ~ of** ohne Rücksicht auf
regiment [ˈredʒɪmənt] Regiment *n*
region [ˈriːdʒən] Gegend *f*, Gebiet *n*; Bereich *m*
register [ˈredʒɪstə] **1.** Register *n* (*a. mus.*), Verzeichnis *n*; **2.** (sich) eintragen (lassen), einschreiben (lassen) (*a. Postsache*); (an)zeigen; *Gepäck* aufgeben; sich (an)melden (**with** bei der Polizei *etc.*); **~ed letter** Einschreibebrief *m*
registrar [redʒɪ'strɑː] Standesbeamter *m*, -in *f*; **~tration** [~'streɪʃn] Erfassung *f*; Eintragung *f*, Anmeldung *f*; **~ document** *Brt. mot.* Kraftfahrzeugbrief *m*; **~ number** *mot.* polizeiliches Kennzeichen; **'~try office** Standesamt *n*
regret [rɪ'gret] **1.** Bedauern *n*; **2.** bedauern; **~table** bedauerlich

regular [ˈregjʊlə] **1.** regelmäßig; normal; geregelt, geordnet; richtig; **2.** F Stammkunde *m*, -in *f*; *Am.* Normal(benzin) *n*
regulat|e [ˈregjʊleɪt] regeln, regulieren; **~ion** [~'leɪʃn] Regulierung *f*; Vorschrift *f*
rehabilitation [riːəbɪlɪ'teɪʃn] Rehabilitation *f*, Resozialisierung *f*; Sanierung *f*
rehears|al [rɪ'hɜːsl] Probe *f*; **~e** [~s] proben
reign [reɪn] **1.** Herrschaft *f* (*a. fig.*); **2.** herrschen
reimburse [riːɪm'bɜːs] *j-n* entschädigen; *Kosten* erstatten
rein [reɪn] *oft pl* Zügel *m*
reindeer [ˈreɪndɪə] (*pl* **-deer**) Ren(tier) *n*
reinforce [riːɪn'fɔːs] verstärken; **~d concrete** Stahlbeton *m*
reject [rɪ'dʒekt] zurückweisen; ablehnen; **~ion** Zurückweisung *f*, Ablehnung *f*
rejoice [rɪ'dʒɔɪs] sich freuen (**at** über)
relapse [rɪ'læps] Rückfall *m*
relate [rɪ'leɪt] erzählen; in Beziehung bringen; sich beziehen (**to** auf); **~d** verwandt
relation [rɪ'leɪʃn] Verwandte *m*, *f*; Beziehung *f*; Verhältnis *n*; **~ship** Beziehung *f*; Verwandtschaft *f*
relative [ˈrelətɪv] **1.** Verwandte *m*, *f*; **2.** relativ; verhältnismäßig

relax [rɪ'læks] lockern; (sich) entspannen
relay ['riːleɪ] **1.** *electr.* Relais *n*; *Rundfunk*: Übertragung *f*; *Sport*: Staffel *f*; **2.** *Rundfunk*: übertragen; weiterleiten; **~race** Staffellauf *m*
release [rɪ'liːs] **1.** Entlassung *f*; Freilassung *f*; Befreiung *f*; Freigabe *f*; (*Presse- etc.*)Verlautbarung *f*; *tech., phot.* Auslöser *m*; **2.** entlassen; freilassen; befreien; freigeben; bekanntgeben, verlautbaren; *tech., phot.* auslösen
relent [rɪ'lent] sich erweichen lassen; **~less** unbarmherzig
relevan|ce ['relǝvǝns] Bedeutung *f*, Relevanz *f*; **~t** relevant, wichtig; sachdienlich
reliab|ility [rɪlaɪǝ'bɪlǝtɪ] Zuverlässigkeit *f*; **~le** [rɪ'laɪǝbl] zuverlässig
reliance [rɪ'laɪǝns] Vertrauen *n*; Abhängigkeit *f*
relic ['relɪk] Überbleibsel *n*, Relikt *n*; Reliquie *f*
relie|f [rɪ'liːf] Erleichterung *f*; Unterstützung *f*, Hilfe *f*; Ablösung *f*; Relief *n*; **~ve** [~v] erleichtern, lindern; ablösen; befreien, entlasten
religi|on [rɪ'lɪdʒǝn] Religion *f*; **~ous** religiös, Religions...
relish ['relɪʃ] **1.** Genuß *m*; Gefallen *m*; Würze *f*; **2.** genießen; Gefallen finden an
reluctan|ce [rɪ'lʌktǝns] Widerstreben *n*; **~t** widerstrebend, widerwillig

rely [rɪ'laɪ]: **~ on** *od.* **upon** sich verlassen auf
remain [rɪ'meɪn] **1.** bleiben; übrigbleiben; **2.** *pl* (Über-)Reste *pl*; **~der** Rest *m*
remand [rɪ'mɑːnd] **1.** **~ s.o. (in custody)** j-n in Untersuchungshaft behalten; **2. be on ~** in Untersuchungshaft sein
remark [rɪ'mɑːk] **1.** Bemerkung *f*; **2.** bemerken; **~able** bemerkenswert
remedy ['remǝdɪ] **1.** (Heil-, Gegen)Mittel *n*; Abhilfe *f*; **2.** beheben; bereinigen
remember [rɪ'membǝ] sich erinnern an; denken an, nicht vergessen; **~ me to her** grüße sie von mir; **~rance** [~brǝns] Erinnerung *f*; Gedenken *n*, Andenken *n*
remind [rɪ'maɪnd] erinnern; **~er** Mahnung *f*
reminisce [remɪ'nɪs] in Erinnerungen schwelgen; **~nt** [~ǝnt]: **be ~ of** erinnern an
remit [rɪ'mɪt] Schuld *etc.* erlassen; *Geld* überweisen; **~tance** (Geld)Überweisung *f*
remnant ['remnǝnt] Rest *m*
remorse [rɪ'mɔːs] Gewissensbisse *pl*, Reue *f*; **~less** unbarmherzig
remote [rɪ'mǝʊt] fern; entlegen, abgelegen; *Chance etc.*: gering; **~ control** Fernsteuerung *f*, -bedienung *f*
remov|al [rɪ'muːvl] Entfernen *n*, Beseitigung *f*; Umzug

remove *m;* ~ **van** Möbelwagen *m;* ~**e** [~v] *v/t* entfernen; wegräumen; beseitigen; *v/i* (aus-, um-, ver)ziehen; *once / twice* ~**d** Cousinen ersten / zweiten Grades; ~**er** (*Flecken etc.*)Entferner *m;* (Möbel-)Spediteur *m;* (-)Packer *m*

remuneration [rɪmjuːnəˈreɪʃn] Vergütung *f*

rename [riːˈneɪm] umbenennen

render [ˈrendə] machen; leisten; erweisen; übersetzen

renew [rɪˈnjuː] erneuern; verlängern; ~**al** Erneuerung *f,* Verlängerung *f*

renounce [rɪˈnaʊns] verzichten auf; aufgeben; abschwören; verleugnen

renovate [ˈrenəʊveɪt] renovieren; restaurieren

renown [rɪˈnaʊn] Ruhm *m,* Ansehen *n;* ~**ed** berühmt

rent[1] [rent] **1.** Miete *f;* Pacht *f;* **2.** mieten; pachten; *bsd. Am.:* Auto *etc.* mieten; *a.* ~ **out** vermieten; verpachten

rent[2] [~] Riß *m;* Spalte *f*

rental [ˈrentl] Miete *f;* Pacht *f;* Leihgebühr *f*

rep [rep] F Vertreter(in)

repair [rɪˈpeə] **1.** reparieren; wiederherstellen; Reparatur *f; in good* ~ in gutem Zustand

reparation [repəˈreɪʃn] Wiedergutmachung *f;* Entschädigung *f*

repartee [repɑːˈtiː] schlagfertige Antwort

repay [riːˈpeɪ] (**-paid**) zurückzahlen; *et.* vergelten

repeat [rɪˈpiːt] **1.** wiederholen; **2.** *TV* Wiederholung *f*

repel [rɪˈpel] *Feind etc.* zurückschlagen; *fig.:* abweisen; *j-n* abstoßen; ~**lent 1.** abstoßend; **2. insect** ~ Mittel *n* gegen Insektenstiche

repent [rɪˈpent] bereuen

repercussion [riːpəˈkʌʃn] *mst pl* Auswirkungen *pl*

repetition [repɪˈtɪʃn] Wiederholung *f*

replace [rɪˈpleɪs] ersetzen; ablösen; zurückstellen; *j-n* ~**ment** Ersatz *m*

replenish [rɪˈplenɪʃ] (wieder) auffüllen, ergänzen

replica [ˈreplɪkə] Kopie *f*

reply [rɪˈplaɪ] **1.** antworten, erwidern; **2.** Antwort *f*

report [rɪˈpɔːt] **1.** Bericht *m;* Gerücht *n;* (Schul)Zeugnis *n;* Knall *m;* **2.** berichten (über); (sich) melden; anzeigen; ~**er** Reporter(in), Berichterstatter(in)

represent [reprɪˈzent] darstellen (*a. thea.*); vertreten; ~**ation** [~ˈteɪʃn] Darstellung *f* (*a. thea.*); Vertretung *f;* ~**ative** [~ˈzentətɪv] **1.** repräsentativ; typisch; **2.** Vertreter(in); *Am. parl.* Abgeordnete *m, f*

repress [rɪˈpres] unterdrücken; *psych.* verdrängen;

~ion Unterdrückung *f*; *psych.* Verdrängung *f*

repriev|e [rɪˈpriːv] Begnadigung *f*; (Straf)Aufschub *m*; *fig.* Gnadenfrist *f*

reprimand [ˈreprɪmɑːnd] **1.** Verweis *m*; **2.** j-m e-n Verweis erteilen

reproach [rɪˈprəʊtʃ] **1.** Vorwurf *m*; **2.** vorwerfen; Vorwürfe machen; **~ful** vorwurfsvoll

reproduc|e [riːprəˈdjuːs] (sich) fortpflanzen; wiedergeben, reproduzieren; **~tion** [~ˈdʌkʃn] Fortpflanzung *f*; Reproduktion *f*

reptile [ˈreptaɪl] Reptil *n*

republic [rɪˈpʌblɪk] Republik *f*; **~an 1.** republikanisch; **2.** Republikaner(in)

repugnan|ce [rɪˈpʌɡnəns] Widerwille *m*; **~t** widerlich

repuls|e [rɪˈpʌls] **1.** Abfuhr *f*, Zurückweisung *f*; **2.** zurück-, abweisen; **~ive** abstoßend, widerwärtig

reput|able [ˈrepjʊtəbl] angesehen; **~ation** [~ˈteɪʃn] Ruf *m*

request [rɪˈkwest] **1.** Gesuch *n*; Bitte *f*; **on/by ~** auf Wunsch; bitten (um); ersuchen um; **~ stop** *Brt.* Bedarfshaltestelle *f*

require [rɪˈkwaɪə] erfordern; brauchen; verlangen; **~d** erforderlich; **~ment** Anforderung *f*; Bedürfnis *n*; Erfordernis *n*; *pl* Bedarf *m*

rescue [ˈreskjuː] **1.** Rettung *f*; Befreiung *f*; Rettungs...; **2.** retten; befreien

research [rɪˈsɜːtʃ] **1.** Forschung *f*, Untersuchung *f*; **2.** Forschung betreiben; erforschen; **~er** Forscher *m*

resembl|ance [rɪˈzembləns] Ähnlichkeit *f* (**to** mit); **~e** [~bl] gleichen, ähnlich sein

resent [rɪˈzent] übelnehmen; **~ment** Ärger *m*

reservation [rezəˈveɪʃn] Reservierung *f*, Vorbestellung *f*; Vorbehalt *m*; Reservat(ion *f*) *n*; (**central**) **~** Autobahn: Mittelstreifen *m*

reserve [rɪˈzɜːv] **1.** Reserve *f*; Vorrat *m*; Reservat *n*; Zurückhaltung *f*; **2.** aufsparen, aufheben; sich zurückhalten mit; vorbehalten; reservieren (lassen), vorbestellen; **~d** zurückhaltend, reserviert

reservoir [ˈrezəvwɑː] Reservoir *n* (*a. fig.*); Speicher *m*; Staubecken *n*

resid|e [rɪˈzaɪd] s-n Wohnsitz haben; **~ence** [ˈrezɪdəns] Wohnsitz *m*; Aufenthalt *m*; Residenz *f*; **~ permit** Aufenthaltsgenehmigung *f*; **~ent 1.** wohnhaft; ansässig; **2.** Bewohner(in); Einwohner(in); (Hotel)Gast *m*; *mot.* Anlieger *m*

residue [ˈrezɪdjuː] Rest *m*

resign [rɪˈzaɪn] zurücktreten; aufgeben; verzichten auf; *Amt* niederlegen; **~ o.s. to** sich abfinden mit; **~ation**

resigned [rɪzɪɡˈneɪʃn] Verzicht *m*; Rücktritt(sgesuch *n*) *m*; Resignation *f*; **~ed** resigniert

resilient [rɪˈzɪlɪənt] elastisch; *fig.* unverwüstlich

resin [ˈrezɪn] Harz *n*

resist [rɪˈzɪst] widerstehen; Widerstand leisten; (sich) widersetzen; **~ance** Widerstand *m*; **~ant** widerstandsfähig

resolut|e [ˈrezəluːt] entschlossen; **~ion** [~ˈluːʃn] Entschluß *m*, Vorsatz *m*; Entschlossenheit *f*; Beschluß *m*, Resolution *f*

resolve [rɪˈzɒlv] Problem lösen; Zweifel zerstreuen; beschließen; (sich) auflösen

resonan|ce [ˈrezənəns] Resonanz *f*; **~t** widerhallend

resort [rɪˈzɔːt] (Urlaubs-, Erholungs)Ort *m*

resound [rɪˈzaʊnd] (wider-)hallen

resource [rɪˈsɔːs] *pl*: natürliche Reichtümer *pl*, Mittel *pl*, Reserven *pl*; Bodenschätze *pl*; *sg*: Mittel *n*, Ausweg *m*; Findigkeit *f*; **~ful** findig

respect [rɪˈspekt] **1.** Beziehung *f*, Hinsicht *f*; Achtung *f*, Respekt *m*; Rücksicht *f*; Grüße *pl*, Empfehlungen *pl*; **with ~ to** was ... betrifft; **2.** achten, schätzen, respektieren; **~able** ehrbar; anständig; angesehen; *Summe*: ansehnlich; **~ful** respektvoll, ehrerbietig; **~ing** hinsichtlich; **~ive** jeweilig; **~ively** beziehungsweise

respirat|ion [respəˈreɪʃn] Atmung *f*; **~or** [ˈ~reɪtə] Atemschutzgerät *n*; *med.* Atemgerät *n*

respite [ˈrespaɪt] Frist *f*, Aufschub *m*; Ruhepause *f*

respond [rɪˈspɒnd] antworten, erwidern; reagieren

response [rɪˈspɒns] Antwort *f*, Erwiderung *f*; Reaktion *f*

responsib|ility [rɪspɒnsəˈbɪlətɪ] Verantwortung *f*; **~le** [~ˈspɒnsəbl] verantwortlich; verantwortungsvoll

rest [rest] **1.** Rest *m*; Ruhe(pause) *f*; Rast *f*; *tech.* Stütze *f*; **2.** ruhen; (sich) ausruhen, rasten; (sich) stützen *od.* lehnen

restaurant [ˈrestərɒnt] Restaurant *n*, Gaststätte *f*; **~ car** Speisewagen *m*

'rest|ful ruhig; erholsam; **~less** ruhe-, rastlos; unruhig

restore [rɪˈstɔː] wiederherstellen; wiedereinsetzen (**to** in); zurückgeben; restaurieren

restrain [rɪˈstreɪn] zurückhalten; bändigen; **~ o.s.** sich beherrschen; **~t** Beschränkung *f*, Zwang *m*; Beherrschung *f*, Zurückhaltung *f*

restrict [rɪˈstrɪkt] be-, einschränken; **~ed** beschränkt; begrenzt; **~ion** Be-, Einschränkung *f*

rest room *Am.* Toilette *f*

result [rɪˈzʌlt] **1.** Ergebnis *n*,

Resultat *n*; Folge *f*; **2.** sich ergeben (*from* aus); ~ *in* zur Folge haben
resume [rɪˈzju:m] wiederaufnehmen; fortsetzen
résumé [ˈrezjuːmeɪ] Zusammenfassung *f*; *Am.* Lebenslauf *m*
resurrection [rezəˈrekʃn] Wiederaufleben *n*; 2 *eccl.* Auferstehung *f*
resuscitate [rɪˈsʌsɪteɪt] wiederbeleben
retail [ˈriːteɪl] Einzelhandel *m*; **~er** [~tə] Einzelhändler(in)
retain [rɪˈteɪn] behalten; zurück(be)halten; beibehalten
retaliate [rɪˈtælɪeɪt] sich rächen; sich revanchieren; **~ion** [~ˈeɪʃn] Vergeltung *f*
retard [rɪˈtɑːd] verzögern; **~ed** *Kind:* zurückgeblieben
retinue [ˈretɪnjuː] Gefolge *n*
retire [rɪˈtaɪə] sich zur Ruhe setzen, in den Ruhestand treten; sich zurückziehen; **~d** pensioniert, im Ruhestand; **~ment** Ruhestand *m*
retort [rɪˈtɔːt] erwidern
retrace [rɪˈtreɪs] zurückverfolgen; rekonstruieren
retract [rɪˈtrækt] *Angebot* zurückziehen; *Worte* zurücknehmen; *Krallen etc.* einziehen
retrain [rɪˈtreɪn] *be ~ing* sich umschulen lassen
retreat [rɪˈtriːt] **1.** sich zurückziehen; **2.** Rückzug *m*

retrieve [rɪˈtriːv] wiederbekommen; *hunt.* apportieren
retro... [retrəʊ] (zu)rück...; **~ˈactive** rückwirkend; **ˈ~grade** rückschrittlich; **~ˈspect** [ˈ~spekt]: *in ~* im Rückblick; **~ˈspective** (zu)rückblickend; rückwirkend
return [rɪˈtɜːn] **1.** *v/i* zurückkommen, -kehren; *v/t* zurückgeben; zurückbringen; zurückstellen, -legen; zurückschicken, -senden; erwidern; vergelten; *Gewinn* abwerfen; **2.** Rück-, Wiederkehr *f*; Rückgabe *f*; *Brt.* Rückfahrkarte *f*, Rückflugticket *n*; Erwiderung *f*; *econ.* Ertrag *m*; *Tennis:* Rückschlag *m*; Rück...; *pl* (*of post*) postwendend; *many happy ~s* (*of the day*) herzlichen Glückwunsch zum Geburtstag; **~ key** *Computer:* Eingabetaste *f*
reunification [riːjuːnɪfɪˈkeɪʃn] Wiedervereinigung *f*
reunion [riːˈjuːnjən] Wiedervereinigung *f*; Treffen *n*
rev [rev] *a.* **~ up** *Motor* auf Touren bringen
revaluation [riːvæljuˈeɪʃn] *econ.* Aufwertung *f*
reveal [rɪˈviːl] zum Vorschein bringen; enthüllen; **~ing** aufschlußreich
revenge [rɪˈvendʒ] **1.** Rache *f*; Revanche *f*; **2.** rächen
revenue [ˈrevənjuː] Einnahmen *pl*, Einkünfte *pl*

reverberate [rɪ'vɜːbəreɪt] widerhallen

revere [rɪ'vɪə] (ver)ehren

reveren|ce ['revərəns] Verehrung f; Ehrfurcht f; **~d 1.** ehrwürdig; **2.** Pfarrer m

reverie ['revərɪ] (Tag)Träumerei f

revers|al [rɪ'vɜːsl] Umkehrung f; **~e** [~s] **1.** (Über)Prüfung f, Revision f; Rückblick m; Rezension f; (Buch)Besprechung f; Zeitschrift f; mil. Inspektion f; **2.** (über-, nach)prüfen; rezensieren, besprechen; mil. inspizieren; fig. zurückblicken auf

revise [rɪ'vaɪz] revidieren, überarbeiten; **~ion** [~'vɪʒn] Revision f; Überarbeitung f

reviv|al [rɪ'vaɪvl] Wiederbelebung f; Wiederaufleben n; **~e** [~v] wiederbeleben; wiederaufleben (lassen)

revoke [rɪ'vəʊk] widerrufen, aufheben

revolt [rɪ'vəʊlt] **1.** Revolte f, Aufstand m; **2.** revoltieren, sich auflehnen; fig. abstoßen; **~ing** widerlich

revolution [revə'luːʃn] Revolution f; Umwälzung f; tech. Umdrehung f; **~ary 1.** revolutionär; **2.** Revolutionär(in)

revolve [rɪ'vɒlv] sich drehen; kreisen

revulsion [rɪ'vʌlʃn] Abscheu m

reward [rɪ'wɔːd] **1.** Belohnung f; **2.** belohnen; **~ing** lohnend

rewind [riː'waɪnd] (-wound) Film etc. zurückspulen

rheumatism ['ruːmətɪzəm] Rheumatismus m

rhinoceros [raɪ'nɒsərəs] Nashorn n

rhubarb ['ruːbɑːb] Rhabarber m

rhyme [raɪm] **1.** Reim m; Vers m; **2.** (sich) reimen

rhythm ['rɪðəm] Rhythmus m

rib [rɪb] Rippe f

ribbon ['rɪbən] Band n

rice [raɪs] Reis m

rich [rɪtʃ] reich (in an); Boden: fruchtbar; Speise: schwer

rickets ['rɪkɪts] sg Rachitis f

rid [rɪd] (rid od. ridded) befreien (of von); **get ~ of** loswerden

ridden ['rɪdn] pp von ride 2

riddle ['rɪdl] Rätsel n

ride [raɪd] **1.** Fahrt f; Ritt m; **2.** (rode, ridden) fahren; reiten

ridge [rɪdʒ] (Gebirgs)Kamm m, Grat m; (Dach)First m

ridicul|e ['rɪdɪkjuːl] **1.** Spott

m; **2.** verspotten; **~ous** [~dɪkjʊləs] lächerlich

riding ['raɪdɪŋ] Reiten n; Reit...

rifle ['raɪfl] Gewehr n

rift [rɪft] Riß m, Sprung m; Spalte f; fig. Bruch m

right [raɪt] **1.** adj recht; richtig; rechte(r, -s); **all ~** in Ordnung!, gut!; **that's all ~** das macht nichts!, schon gut!, bitte!; **that's ~** richtig!, ganz recht!, stimmt!; **be ~** recht haben; **put ~, set ~** in Ordnung bringen; **2.** adv (nach) rechts; recht, richtig; gerade(wegs), direkt; völlig, ganz; genau; **~ ahead, ~ on** geradeaus; **~ away** sofort; **turn ~** nach rechts abbiegen; **3.** s Recht n; rechte Hand, Rechte f; the 2 pol. die Rechte; **on the ~** rechts; **to the ~** (nach) rechts; '**~ful** rechtmäßig; '**~handed** rechtshändig; **~ of 'way** Vorfahrt(srecht n) f

rigid ['rɪdʒɪd] starr, steif; fig. streng

rigorous ['rɪgərəs] rigoros, streng, hart; **~o(u)r** ['rɪgə] Strenge f, Härte f

rim [rɪm] Rand m; Felge f

rind [raɪnd] Rinde f, Schale f; (Speck)Schwarte f

ring [rɪŋ] **1.** Ring m; Kreis m; Manege f; Arena f; Geläut(e) n; Klang m; Klingeln n; **give s.o. a ~** j-n anrufen; **2. (rang, rung)** läuten; klin- geln; klingen; anrufen; **~ the bell** klingeln; **~ off** (den Hörer) auflegen od. einhängen; **~ s.o. up** j-n od. bei j-m anrufen; '**~leader** Rädelsführer m; **~ road** Brt. Ring(straße f) m, Umgehungsstraße f

rink [rɪŋk] Eisbahn f; Rollschuhbahn f

rinse [rɪns] spülen

riot ['raɪət] **1.** Aufruhr m; Krawall m; **2.** randalieren

rip [rɪp] **1.** Riß m; **2.** (zer)reißen

ripe [raɪp] reif; **~n** reifen (lassen); '**~ness** Reife f

ripple ['rɪpl] **1.** kleine Welle; Kräuselung f; **2.** (sich) kräuseln

rise [raɪz] **1.** Anstieg m, Steigen n; Zunahme f; (Lohn-, Gehalts)Erhöhung f; fig. Aufstieg m; Steigung f; Anhöhe f; **2.** (rose, risen) sich erheben; aufstehen; (an-, auf)steigen; Sonne etc.: aufgehen; Fluß: entspringen; Volk: sich erheben; **~n** ['rɪzn] pp von **rise 2**

risk [rɪsk] riskieren, wagen; **~** Gefahr f, Risiko n; '**~y** riskant, gewagt

rite [raɪt] Ritus m

rival ['raɪvl] Rival|e m, -in f, Konkurrent(in); **2.** wetteifern mit; '**~ry** Rivalität f; Konkurrenz f

river ['rɪvə] Fluß m, Strom m; '**~bed** Flußbett n; '**~side** Flußufer n

rivet ['rɪvɪt] *tech.* **1.** Niet *m*; **2.** (ver)nieten
road [rəʊd] Straße *f*; **'~block** Straßensperre *f*; **~ hog** F Verkehrsrowdy *m*; **~ map** Straßenkarte *f*; **'~side** Straßenrand *m*; **~ sign** Verkehrsschild *n*, -zeichen *n*; **'~way** Fahrbahn *f*; **~ works** *pl* Straßenbauarbeiten *pl*; **'~worthy** verkehrstüchtig
roam [rəʊm] umherstreifen, (-)wandern; durchstreifen
roar [rɔː] **1.** brüllen; brausen, toben; **2.** Gebrüll *n*; Brausen *n*, Toben *n*; **~s** *pl* **of laughter** schallendes Gelächter
roast [rəʊst] **1.** rösten, braten; **2.** Braten *m*; **3.** gebraten, Brat...; **~ pork** Schweinebraten *m*
rob [rɒb] (be)rauben; ausrauben; **'~ber** Räuber *m*; **'~bery** Raub(überfall) *m*
robe [rəʊb] (Amts)Robe *f*, Talar *m*
robin ['rɒbɪn] Rotkehlchen *n*
robot ['rəʊbɒt] Roboter *m*
robust [rəʊ'bʌst] kräftig
rock [rɒk] **1.** Fels(en) *m*; Gestein *n*; Felsbrocken *m*; Zuckerstange *f*; **on the ~s** *Drink*: mit Eis(würfeln); *Ehe*: kaputt; **2.** schaukeln, wiegen; **~ bottom** *fig.* Tiefpunkt *m*
rocket ['rɒkɪt] Rakete *f*
'rocking chair Schaukelstuhl *m*
rocky ['rɒkɪ] felsig
rod [rɒd] Rute *f*; Stab *m*; Stange *f*
rode [rəʊd] *pret von* **ride** 2
rodent ['rəʊdənt] Nagetier *n*
roe¹ [rəʊ] Reh *n*
roe² [~]: **(hard) ~** Rogen *m*; **soft ~** Milch *f*
rogue [rəʊg] Gauner *m*, Schurke *m*; Schlingel *m*
role [rəʊl] *thea.* Rolle *f*
roll [rəʊl] **1.** Rolle *f*; Brötchen *n*, Semmel *f*; (Namens)Liste *f*; (*Donner*)Rollen *n*; (*Trommel*)Wirbel *m*; Schlingern *n*; **2.** rollen; schlingern; (g)rollen, dröhnen; sich wälzen; walzen; drehen; **~ over** (sich) umdrehen; **~ up** zs.-, aufrollen; hochkrempeln; F antanzen; **~ call** Namensaufruf *m*; **'~er** Rolle *f*; Walze *f*; Lokkenwickler *m*; **~ coaster** Achterbahn *f*; **~ skate** Rollschuh *m*; **~er towel** Rollhandtuch *n*
Roman ['rəʊmən] **1.** römisch; **2.** Römer(in); **~ Catholic 1.** römisch-katholisch; **2.** Katholik(in)
roman|ce [rəʊ'mæns] Abenteuer-, Liebesroman *m*; Romanze *f*; Romantik *f*; **~tic** romantisch
romp [rɒmp] **1.** Toben *n*; **2.** *a.* **~ about** herumtoben, -tollen; **'~ers** *pl* Spielanzug *m*
roof [ruːf] Dach *n*; **~ over** überdachen; **~ rack** *mot.* Dachgepäckträger *m*
rook [rʊk] Saatkrähe *f*
room [ruːm, *in Zssgn:* rʊm]

rubble

Raum *m*; Zimmer *n*; Platz *m*; '**~y** geräumig
roost [ruːst] Hühnerstange *f*; '**~er** Hahn *m*
root [ruːt] 1. Wurzel *f*; 2. Wurzeln schlagen; **~ about, ~ around** herumwühlen; **~ out** ausrotten; '**~ed** verwurzelt
rope [rəʊp] 1. Seil *n*, Strick *m*; 2. Tau *n*; 2. verschnüren; festbinden; anseilen; **~ off** (durch ein Seil) absperren
rosary ['rəʊzərɪ] *eccl*. Rosenkranz *m*
rose[1] [rəʊz] Rose *f*
rose[2] [~] *pret von* rise 2
rosy ['rəʊzɪ] rosig
rot [rɒt] 1. Fäulnis *f*; F Quatsch *m*, Blödsinn *m*; 2. (ver)faulen (lassen)
rota|ry ['rəʊtərɪ] rotierend, sich drehend; Rotations-...; **~te** [~'teɪt] (sich) drehen; rotieren (lassen); **~tion** Umdrehung *f*
rotten ['rɒtn] verfault, faul; morsch; F: mies; saumäßig
rotund [rəʊ'tʌnd] rundlich
rough [rʌf] 1. rauh; roh; grob; *Schätzung*: ungefähr; stürmisch; *Weg*: holp(e)rig; *Leben*: hart, unbequem; **~ it** F primitiv leben; **~age** ['~ɪdʒ] Ballaststoffe *pl*
round [raʊnd] 1. *adj* rund; 2. *adv* rund-, ringsherum; **~ about** ungefähr; **the other way ~** anders herum; 3. *prp* (rund)um; um ... (herum); in ... herum; 4. *s* Runde *f*; *bsd*.

Brt. Scheibe *f* (*Brot etc*.); *mus*. Kanon *m*; 5. *v/t* rund machen; (herum)fahren *od*. (-)gehen um; **~ off** abrunden; **~ up** Preis aufrunden; *Leute* zs.-trommeln; *Vieh* zs.-treiben; '**~about 1.** *Brt.* Kreisverkehr *m*; *Brt*. Karussell *n*; **2. in a ~ way** auf Umwegen; **~ trip** *Am*. Hin- u. Rückfahrt *f*
rouse [raʊz] (auf)wecken; *fig*.: aufrütteln; reizen; erregen
route [ruːt] Route *f*, Weg *m*; Strecke *f*
routine [ruː'tiːn] Routine *f*
row[1] [rəʊ] Reihe *f*
row[2] [raʊ] F: Krach *m*; Streit *m*; Lärm *m*
row[3] [rəʊ] rudern; '**~boat** *Am*., '**~ing boat** Ruderboot *n*
royal ['rɔɪəl] königlich; F Angehörige *m, f* der königlichen Familie; '**~ty** die königliche Familie; (Autoren)Tantieme *f*; Patentgebühr *f*
rub [rʌb] reiben; frottieren; **~ down** abreiben, abfrottieren; **~ in** einreiben; **~ off** wegreiben; **~ out** ausradieren
rubber ['rʌbə] Gummi *n, m*; *bsd. Brt.* Radiergummi *m*; F Kondom: Gummi *m*; *pl Am*. Gummischuhe *pl*; **~ band** Gummiband *n*; **~ plant** Gummibaum *m*
rubbish ['rʌbɪʃ] Abfall *m*; Müll *m*; Schund *m*; Blödsinn *m*; **~ bin** *Brt*. Mülleimer *m*
rubble ['rʌbl] Schutt *m*

ruby ['ruːbɪ] Rubin(rot *n*) *m*
rucksack ['rʌksæk] Rucksack *m*
rudder ['rʌdə] *mar.* (Steuer-)Ruder *n*; *aer.* Seitenruder *n*
ruddy ['rʌdɪ] rot(backig)
rude [ruːd] unhöflich; grob; unanständig; *Schock etc.*: bös
rudiment|ary [ruːdɪ'mentərɪ] elementar; '**~s** [-mənts] *pl* Anfangsgründe *pl*
ruffian ['rʌfjən] Rüpel *m*
ruffle ['rʌfl] **1.** Rüsche *f*; **2.** kräuseln; *Federn* sträuben; *Haar* zerzausen; (ver)ärgern
rug [rʌg] (Reise-, Woll)Decke *f*; Vorleger *m*, Brücke *f*
rugged ['rʌgɪd] rauh; zerklüftet; *Gesicht*: markig
ruin ['ruɪn] **1.** Ruin *m*; *pl* Ruine(n *pl*) *f*, Trümmer *pl*; **2.** zerstören; verderben; ruinieren
rule [ruːl] **1.** Regel *f*; Vorschrift *f*; Herrschaft *f*; Zollstock *m*, Maßstab *m*; **as a ~** in der Regel; **2.** (be)herrschen; herrschen über; entscheiden; verfügen; liniieren; **~ out** ausschließen; '**~r** Herrscher(in) *m*; Lineal *n*
rum [rʌm] Rum *m*
rumble ['rʌmbl] rumpeln; *Donner etc.*: grollen
rumina|nt ['ruːmɪnənt] Wiederkäuer *m*; '**~te** [-eɪt] wiederkäuen; *fig.* grübeln
rummage ['rʌmɪdʒ] herumwühlen; **~ sale** *Am.* Wohltätigkeitsbasar *m*
rumo(u)r ['ruːmə] **1.** Gerücht *n*; **2.** *it is ~ed that* es geht das Gerücht, daß
rump [rʌmp] Hinterteil *n*
rumple ['rʌmpl] zerknittern, -knüllen; zerzausen
run [rʌn] **1.** (*ran, run*) *v/i* laufen; rennen; eilen; *Zug, Bus*: fahren, verkehren; fließen; *Grenze etc.*: verlaufen; *tech.* laufen, in Gang sein; *Uhr*: gehen; *Text*: lauten; *Film etc.*: laufen; *Butter*: schmelzen; *Farbe*: auslaufen; *bsd. Am.* kandidieren; *v/t* laufen lassen; *Geschäft* betreiben, leiten; *Hand etc.* gleiten lassen; **~ across** zufällig treffen, stoßen auf; **~ down** *Uhr*: ablaufen; an-, überfahren; heruntermachen; j-n schlechtmachen; **~ in** *Auto* einfahren; **~ into** prallen gegen; j-n zufällig treffen; geraten in (*Schulden etc.*); **~ off** weglaufen; **~ out** knapp werden, ausgehen; **~ out of ...** kein ... mehr haben; **~ over** *Flüssigkeit*: überlaufen; überfahren; **→ ~ through** *Liste etc.* (flüchtig) durchgehen; **~ up** *Schulden* anwachsen (lassen); **2.** Lauf(en *n*) *m*; Rennen *n*; (Spazier)Fahrt *f*; *Am.* Laufmasche *f*; Serie *f*; *econ.* Ansturm *m*; *thea., Film*: Laufzeit *f*; (Ski)Hang *m*; **in the long ~** auf die Dauer

rung¹ [rʌŋ] *pp von* **ring** 2
rung² [~] (Leiter)Sprosse *f*
runner ['rʌnə] Läufer(in); *Teppich*: Läufer *m*; Kufe *f*; **~-up** [~ər'ʌp] Zweite *m*, *f*
'running (fort)laufend; *Wasser*: fließend; *for two days ~* zwei Tage hintereinander
'runway *aer.* Start-, Landebahn *f*, Rollbahn *f*
rupture ['rʌptʃə] Bruch *m*, Riß *m* (*beide a. med.*)
rural ['ruərəl] ländlich
rush [rʌʃ] **1.** Eile *f*; Hetze *f*; Andrang *m*; stürmische Nachfrage; **2.** v/i eilen; stürzen, stürmen; v/t hetzen; drängen; schnell(stens) (hin)bringen; **~ hour** Hauptverkehrszeit *f*
Russian ['rʌʃən] **1.** russisch; **2.** Russe *m*, -in *f*
rust [rʌst] **1.** Rost *m*; **2.** rosten
rustic ['rʌstɪk] ländlich, rustikal
rustle ['rʌsl] rascheln
rusty ['rʌstɪ] rostig, verrostet; *fig.* eingerostet
rut [rʌt] (Wagen)Spur *f*; *fig.* Trott *m*; *zo.* Brunft *f*
ruthless ['ru:θlɪs] unbarmherzig; rücksichts-, skrupellos
rye [raɪ] Roggen *m*

S

sable ['seɪbl] Zobel(pelz) *m*
sabotage ['sæbətɑːʒ] **1.** Sabotage *f*; **2.** sabotieren
sabre ['seɪbə] Säbel *m*
saccharin ['sækərɪn] Saccharin *n*
sack [sæk] **1.** Sack *m*; *give* (*get*) *the ~* F entlassen (werden); **2.** F entlassen, rausschmeißen
sacred ['seɪkrɪd] heilig
sacrifice ['sækrɪfaɪs] **1.** Opfer *n*; **2.** opfern
sad [sæd] traurig; schlimm
saddle ['sædl] **1.** Sattel *m*; **2.** satteln
'sadness Traurigkeit *f*
safe [seɪf] **1.** sicher; unversehrt; zuverlässig; **2.** Safe *m*, *n*, Geldschrank *m*; **'~guard 1.** Schutz *m*; Vorsichtsmaßnahme *f*; **2.** sichern, schützen; **~keeping** sichere Verwahrung; Gewahrsam *m*
safety ['seɪftɪ] Sicherheit *f*; **~ belt** Sicherheitsgurt *m*; **~ pin** Sicherheitsnadel *f*
sag [sæg] sich senken; durchsacken; herunterhängen
said [sed] *pret u. pp von* **say 1**
sail [seɪl] **1.** Segel *n*; **2.** segeln, fahren; *Schiff*: auslaufen; **'~boat** *Am.*, **'~ing boat** Segelboot *n*; **'~ing ship**, **'~ing vessel** Segelschiff *n*; **'~or** Seemann *m*, Matrose *m*
saint [seɪnt] Heilige *m*, *f*
sake [seɪk]: *for the ~* um ...

salad

willen, wegen; **for my ~** meinetwegen; mir zuliebe
salad ['sæləd] Salat *m*
salary ['sælərɪ] Gehalt *n*
sale [seɪl] Verkauf *m*; Schlußverkauf *m*; **for ~** zu verkaufen; **'~sman** (*pl* **-men**) Verkäufer *m*; Vertreter *m*; **~s manager** Verkaufsleiter *m*; **'~swoman** (*pl* **-women**) Verkäuferin *f*; Vertreterin *f*
saliva [sə'laɪvə] Speichel *m*
sallow ['sæləʊ] fahl, bleich
salmon ['sæmən] Lachs *m*
saloon [sə'luːn] Salon *m*; *Am.* Kneipe *f*; **~ car** *Brt.* Limousine *f*
salt [sɔːlt] **1.** Salz *n*; *fig.* Würze *f*; **2.** salzig; (ein)gesalzen; **3.** salzen; pökeln; **'~cellar** Salzfäßchen *n*; **'~y** salzig
salut|ary ['sæljʊtərɪ] heilsam; **~e** [sə'luːt] **1.** Gruß *m*; Salut *m*; **2.** grüßen, salutieren
salvation [sæl'veɪʃn] Rettung *f*; Heil *n*; **S~ Army** Heilsarmee *f*
same [seɪm]: **the ~** der-, die-, dasselbe; der / die / das gleiche; **all the ~** trotzdem; **it is all the ~ to me** es ist mir ganz gleich
sample ['sɑːmpl] **1.** Probe *f*, Muster *n*; **2.** probieren
sanatorium [sænə'tɔːrɪəm] (*pl* **~s**, **-ria**) Sanatorium *n*
sanct|ify ['sæŋktɪfaɪ] heiligen; weihen; **~ion 1.** Sanktion *f*; Billigung *f*; **2.** sanktionieren; billigen; **'~ity** Heiligkeit *f*;

~uary ['~tʃʊərɪ] Heiligtum *n*; Zuflucht(sort *m*) *f*; *für Tiere:* Schutzgebiet *n*
sand [sænd] Sand *m*
sandal ['sændl] Sandale *f*
'sand|blast *tech.* sandstrahlen; **'~glass** Sanduhr *f*; **'~pit** Sandkasten *m*; **'~stone** Sandstein *m*
sandwich ['sænwɪdʒ] **1.** Sandwich *n*; **2.** einklemmen
sandy ['sændɪ] sandig; *Haar:* rotblond
sane [seɪn] geistig gesund, normal; vernünftig
sang [sæŋ] *pret von* **sing**
sanitarium [sænɪ'teərɪəm] *Am.* → **sanatorium**
sanit|ary ['sænɪtərɪ] hygienisch, Gesundheits...; **~ napkin** *Am.*, **~ towel** Damenbinde *f*; **~ation** [sænɪ'teɪʃn] sanitäre Einrichtungen *pl*; **~y** ['~ətɪ] gesunder Verstand
sank [sæŋk] *pret von* **sink** 1
Santa Claus ['sæntəklɔːz] Nikolaus *m*; Weihnachtsmann *m*
sap [sæp] *bot.* Saft *m*
sapphire ['sæfaɪə] Saphir *m*
sarcastic [sɑː'kæstɪk] sarkastisch
sardine [sɑː'diːn] Sardine *f*
sash [sæʃ] Schärpe *f*; **~ window** Schiebefenster *n*
sat [sæt] *pret u. pp von* **sit**
satchel ['sætʃəl] Schulranzen *m*
satellite ['sætəlaɪt] Satellit *m*; Satelliten...

scathing

satin ['sætɪn] Satin m
satir|e ['sætaɪə] Satire f; **~ical** [sə'tɪrɪkl] satirisch
satis|faction [sætɪs'fækʃn] Befriedigung f; Genugtuung f; Zufriedenheit f; **~factory** befriedigend, zufriedenstellend; **~fy** ['~faɪ] befriedigen, zufriedenstellen; überzeugen
Saturday ['sætədɪ] Sonnabend m, Samstag m
sauce [sɔːs] Soße f; **'~pan** Kochtopf m; **'~r** Untertasse f
saucy ['sɔːsɪ] frech
saunter ['sɔːntə] schlendern
sausage ['sɒsɪdʒ] Wurst f; Würstchen n
savage ['sævɪdʒ] **1.** wild; grausam; **2.** Wilde m, f
save [seɪv] **1.** retten, bewahren; (er)sparen; aufsparen; *Computer:* abspeichern, sichern; **2.** außer
saving ['seɪvɪŋ] Sparen n; pl Ersparnisse pl; **~s bank** Sparkasse f
savo(u)r ['seɪvə] **1.** schmecken; genießen; **2.** Geschmack m; **~y** ['~ərɪ] schmackhaft; pikant
saw[1] [sɔː] pret von **see**
saw[2] [~] **1.** (**sawed**, **sawn** od. **sawed**) sägen; **2.** Säge f; **'~dust** Sägespäne pl; **~n** pp von **saw**[1]
say [seɪ] **1.** (**said**) sagen; aufsagen; *Gebet* sprechen; *that is to ~* das heißt; **2.** Mitspracherecht n; **~ing** Sprichwort n, Redensart f

scab [skæb] Schorf m
scaffold(ing) ['skæfəld(ɪŋ)] (Bau)Gerüst n
scald [skɔːld] **1.** verbrühen; *Milch* abkochen; **2.** Verbrühung f, Brandwunde f
scale [skeɪl] Schuppe f; Tonleiter f; Skala f; Maßstab m; Waagschale f; pl Waage f
scalp [skælp] **1.** Kopfhaut f; Skalp m; **2.** skalpieren
scan [skæn] **1.** absuchen; *Computer, Radar, TV:* abtasten; *fig.* überfliegen; **2.** *med.* Ultraschalluntersuchung f
scandal ['skændl] Skandal m; **~ous** ['~dələs] skandalös
Scandinavian [skændɪ'neɪvjən] **1.** skandinavisch; **2.** Skandinavier(in)
scant [skænt] knapp, wenig; → **'~y** spärlich, dürftig
scapegoat ['skeɪpgəʊt] Sündenbock m
scar [skaː] Narbe f
scarc|e [skeəs] knapp; selten; **'~ely** kaum; **'~ity** Mangel m
scare [skeə] **1.** Schreck(en) m; Panik f; **2.** erschrecken; **~ away** verjagen, -scheuchen; **be ~d of** Angst haben vor; **'~crow** Vogelscheuche f
scarf [skaːf] (pl **~s**, **scarves** [~vz]) Schal m; Hals-, Kopf-, Schultertuch n
scarlet ['skaːlɪt] scharlachrot; **~ fever** Scharlach m
scarves [skaːvz] pl von **scarf**
scathing ['skeɪðɪŋ] vernichtend

scatter ['skætə] (sich) zerstreuen; aus-, verstreuen; '~brained F schusselig

scene [si:n] Szene *f*; Schauplatz *m*; **~ry** ['~əri] Szenerie *f*; Bühnenbild *n*; Landschaft *f*

scent [sent] Geruch *m*, Duft *m*; *Brt.* Parfüm *n*; Fährte *f*

sceptic ['skeptɪk] Skeptiker(in); **~al** skeptisch

schedule ['ʃedju:l, *Am.* 'skedʒu:l] **1.** Zeitplan *m*; Liste *f*; *bsd. Am.* Fahr-, Flugplan *m*; Programm *n*; **on ~** (fahr)planmäßig, pünktlich; *behind ~* mit Verspätung; **2.** festsetzen; planen; **~d flight** Linienflug *m*

scheme [ski:m] **1.** Schema *n*; Plan *m*; Projekt *n*; Programm *n*; Intrige *f*; **2.** Pläne schmieden; intrigieren

scholar ['skɒlə] Gelehrte *m*, *f*; Stipendiat(in); **'~ship** Stipendium *n*

school [sku:l] **1.** Schule *f*; *Fische*: Schwarm *m*; **2.** schulen; **'~boy** Schüler *m*; **'~fellow** Mitschüler(in); **'~girl** Schülerin *f*; **'~ing** (Schul)Ausbildung *f*; **'~master** Lehrer *m*; **'~mate** Mitschüler(in); **'~mistress** Lehrerin *f*; **'~teacher** Lehrer(in)

sciatica [saɪ'ætɪkə] Ischias *m, n*

scien|ce ['saɪəns]; Wissenschaft *f*; Naturwissenschaft(en *pl*) *f*; **~tific** [~'tɪfɪk] (natur)wissenschaftlich; **'~tist** (Natur)Wissenschaftler(in)

scissors ['sɪzəz] *pl* (*a.* **a pair of ~** e-e) Schere

scoff [skɒf] spotten (**at** über)

scold [skəʊld] (aus)schelten; schimpfen

scone [skɒn] weiches Teegebäck

scoop [sku:p] **1.** Schöpfkelle *f*; Schaufel *f*; Knüller *m*; **2.** schöpfen; schaufeln

scooter ['sku:tə] (Kinder-) Roller *m*; (Motor)Roller *m*

scope [skəʊp] Bereich *m*; Spielraum *m*

scorch [skɔ:tʃ] versengen, -brennen

score [skɔ:] **1.** *Sport:* Spielstand *m*, Punktzahl *f*, (Spiel)Ergebnis *n*; Rechnung *f* (*a. fig.*); *mus.* Partitur *f*; Kerbe *f*; 20 Stück; **2.** *Sport:* Punkte erzielen, Tore schießen; die Punkte zählen

scorn [skɔ:n] **1.** Verachtung *f*; Hohn *m*; **2.** verhöhnen; verachten; **'~ful** verächtlich

Scot [skɒt] Schotte *m*, -in *f*

Scotch [skɒtʃ] schottischer Whisky, Scotch *m*

scot-free [skɒt'fri:] ungestraft; ungeschoren

Scots|man ['skɒtsmən] (*pl* **-men**) Schotte *m*; **'~woman** (*pl* **-women**) Schottin *f*

scoundrel ['skaʊndrəl] Schurke *m*, Schuft *m*

scour[1] ['skaʊə] absuchen

scour[2] [~] scheuern

scout [skaʊt] **1.** Späher *m*, Kundschafter *m*; Pfadfinder (-in); Pannenhelfer *m*; **2.** auskundschaften; erkunden
scowl [skaʊl] **1.** finster blicken; **2.** finsterer Blick
scram [skræm] F abhauen
scramble ['skræmbl] klettern; sich raufen (**for** um); **~d eggs** *pl* Rührei *n*
scrap [skræp] **1.** Stückchen *n*, Fetzen *m*; Abfall *m*, Schrott *m*; **2.** *Plan etc.* fallenlassen
scrape [skreɪp] **1.** Kratzen *n*, Schramme *f*; F Schwulitäten *pl*; **2.** kratzen; schaben; scharren; (entlang)streifen
scrap|heap Schrotthaufen *m*; **~ iron** Alteisen *n*, Schrott *m*
scratch [skrætʃ] **1.** (zer)kratzen; sich kratzen; **2.** Kratzer *m*, Schramme *f*; **from ~** ganz von vorn
scrawl [skrɔːl] **1.** Gekritzel *n*; **2.** kritzeln
scream [skriːm] **1.** Schrei *m*; **2.** schreien
screech [skriːtʃ] → **scream**
screen [skriːn] **1.** Wand-, Schutzschirm *m*; (Film-) Leinwand *f*; Bildschirm *m*; Fliegengitter *n*; **2.** abschirmen, (be)schützen; *Film* zeigen; *j-n* überprüfen
screw [skruː] **1.** Schraube *f*; **2.** schrauben; V vögeln; **~driver** Schraubenzieher *m*
scribble ['skrɪbl] **1.** Gekritzel *n*; **2.** kritzeln
script [skrɪpt] Manuskript *n*; Drehbuch *n*; **~ure** ['~tʃə]: **the (Holy) ~s** *pl* die Heilige Schrift
scroll [skrəʊl] **1.** Schriftrolle *f*; **2.** *Computer:* rollen
scrub [skrʌb] **1.** Gestrüpp *n*; Schrubben *n*, Scheuern *n*; **2.** schrubben, scheuern
scruffy ['skrʌfɪ] schmuddelig
scrup|le ['skruːpl] Skrupel *m*, Bedenken *pl*; **~ulous** ['~pjʊləs] gewissenhaft
scrutin|ize ['skruːtɪnaɪz] (genau) prüfen; **'~y** (genaue) Prüfung
scuba ['skuːbə] Tauchgerät *n*; **~ diving** (Sport)Tauchen *n*
scuffle ['skʌfl] raufen
sculpt|or ['skʌlptə] Bildhauer *m*; **~ure** ['~tʃə] Bildhauerei *f*; Skulptur *f*, Plastik *f*
scum [skʌm] Schaum *m*; *fig.* Abschaum *m*
scurf [skɜːf] Schuppen *pl*
scurvy ['skɜːvɪ] Skorbut *m*
scythe [saɪð] Sense *f*
sea [siː] *die* See, *das* Meer; **'~food** Meeresfrüchte *pl*; **'~front** Strandpromenade *f*; **'~going** Hochsee...; **'~gull** (See)Möwe *f*
seal¹ [siːl] Seehund *m*, Robbe *f*
seal² [~] **1.** Siegel *n*; *tech.* Dichtung *f*; **2.** versiegeln; *fig.* besiegeln
sea level Meeresspiegel *m*
seam [siːm] Saum *m*, Naht *f*
seaman (*pl* **-men**) Seemann *m*, Matrose *m*

seamstress ['semstrɪs] Näherin f

sea|plane Wasserflugzeug n; **~port** Hafenstadt f; **~ power** Seemacht f

search [sɜːtʃ] 1. durchsuchen; *Gewissen* erforschen; suchen (**for** nach); 2. Suche f, Durchsuchung f; Suchaktion f; **in ~ of** auf der Suche nach; **~ing** prüfend; **~light** Suchscheinwerfer m; **~ party** Suchmannschaft f; **~ warrant** Durchsuchungsbefehl m

sea|shore Meeresküste f; **~sick** seekrank; **~side** Küste f; **at the ~** am Meer; **~ resort** Seebad n

season ['siːzn] 1. Jahreszeit f, Saison f; 2. würzen; **~ing** Gewürz n, Würze f; **~ticket** rail. etc. Zeitkarte f; thea. Abonnement n

seat [siːt] 1. (Sitz)Platz m; Sitz m; Sitzfläche f; Hosenboden m; 2. (hin)setzen; Sitzplätze haben für; **~ belt** Sicherheitsgurt m

sea urchin Seeigel m; **~weed** (See)Tang m

seclu|ded [sɪˈkluːdɪd] abgelegen; *Leben:* zurückgezogen; **~sion** [~ʒn] Abgeschiedenheit f

second ['sekənd] 1. *adj* zweite(r, -s); 2. *adv* als zweite(r, -s); an zweiter Stelle; *rail.* zweiter Klasse; 3. *s der, die, das* Zweite; Sekunde f; Augenblick m; zweiter Gang; 4. *v/t* unterstützen; **~ary** sekundär; untergeordnet; zweitrangig; **~ education** höhere Schulbildung; **~hand** aus zweiter Hand; gebraucht; antiquarisch; **~ly** zweitens; **~rate** zweitklassig

secre|cy ['siːkrəsɪ] Heimlichkeit f; Verschwiegenheit f; **~t** [~ɪt] 1. geheim, heimlich; Geheim...; 2. Geheimnis n

secretary ['sekrətrɪ] Sekretär(in); **♀ of State** *Am.* Außenminister(in)

secret|e [sɪˈkriːt] *med.* absondern; **~ion** [~ʃn] *med.* Absonderung f; **~ive** ['siːkrətɪv] verschlossen; heimlichtuerisch

sect [sekt] Sekte f

section ['sekʃn] Teil m; Abschnitt m; *Text:* Absatz m; *math.* Schnitt m; Abteilung f

secular ['sekjʊlə] weltlich

secur|e [sɪˈkjʊə] 1. sicher; fest; gesichert; 2. sichern; fest zumachen; schützen; sich et. sichern; befestigen; **~ity** [~ərətɪ] Sicherheit f; *pl* Wertpapiere *pl*

sedan [sɪˈdæn] *Am.* Limousine f

sedative ['sedətɪv] Beruhigungsmittel n

sediment ['sedɪmənt] (Boden)Satz m

seduc|e [sɪˈdjuːs] verführen; **~tion** [~ˈdʌkʃn] Verführung f; **~tive** verführerisch

see [si:] *(saw, seen)* v/i sehen; nachsehen; einsehen; sich überlegen; *I* ~ ich verstehe; ach so; ~ *about* sich kümmern um; ~ *through* j-n, *et.* durchschauen; ~ *to it* dafür sorgen; v/t sehen; (sich) ansehen; besuchen; aufsuchen, konsultieren; begleiten, einsehen; ~ *a doctor* zum Arzt gehen; ~ *s.o. home* j-n nach Hause bringen; ~ *s.o. out* j-n hinausbegleiten; *live to* ~ erleben

seed [si:d] Samen *m*; Saat(gut *n*) *f*; *fig*. Keim *m*; '~y schäbig; heruntergekommen

seek [si:k] *(sought)* suchen

seem [si:m] (er)scheinen

seen [si:n] *pp von* **see**

seep [si:p] (durch)sickern

seesaw ['si:sɔ:] Wippe *f*

segment ['segmənt] Teil *m*, Abschnitt *m*; Segment *n*

segregat|e ['segrɪgeɪt] absondern, trennen; **~ion** [~'geɪʃn] (Rassen)Trennung *f*

seiz|e [si:z] ergreifen, fassen; *jur*. beschlagnahmen; **~ure** ['~ʒə] Ergreifung *f*; *jur*. Beschlagnahme *f*; *med*. Anfall *m*

seldom ['seldəm] selten

select [sɪ'lekt] **1.** auswählen; **2.** erlesen; **~ion** Auswahl *f*; Wahl *f*; *biol*. Selektion *f*, Auslese *f*

self [self] (*pl* **selves** [~vz]) Selbst *n*, Ich *n*; **~-addressed envelope** adressierter Rückumschlag; **~-adhesive** selbstklebend; **~-assured** selbstbewußt, -sicher; **~-confidence** Selbstbewußtsein *n*; **~-'conscious** befangen, gehemmt; **~-contained** *Wohnung*: (in sich) abgeschlossen; *Person*: distanziert; **~-control** Selbstbeherrschung *f*; **~-defence** Selbstverteidigung *f*; Notwehr *f*; **~-employed** selbständig; **~-'evident** offensichtlich; **~-'interest** Eigennutz *m*; **'~-ish** selbstsüchtig; **'~-less** selbstlos; **~-made** selbstgemacht; **~-possession** Selbstbeherrschung *f*; **~-reliant** selbständig; **~-respect** Selbstachtung *f*; **~-'righteous** selbstgerecht; **~-'satisfied** selbstzufrieden; **~-'service** Selbstbedienungs-

sell [sel] *(sold)* verkaufen; (sich) verkaufen (lassen), gehen; '**~er** Verkäufer(in)

selves [selvz] *pl von* **self**

semi... [semɪ] halb-, Halb...

semi ['semɪ] *Brt*. F Doppelhaus(hälfte *f*) *n*; **'~circle** Halbkreis *m*; **~conductor** *electr*. Halbleiter *m*; **~-detached house** Doppelhaus(hälfte *f*) *n*; **~-'final** *Sport*: Halbfinale *n*; **~-'skilled** angelernt

semolina [semə'li:nə] Grieß *m*

senat|e ['senɪt] Senat *m*; **~or** ['~ətə] Senator *m*

send

send [send] (**sent**) senden, schicken; **~ for** kommen od. holen lassen; **~ in** einsenden; **'~er** Absender(in)
senile ['si:naɪl] senil; Alters...
senior ['si:njə] **1.** älter; dienstälter; ranghöher; **~ citizen** Senior(in); **2.** Ältere m, f; Ranghöhere m, f
sensation [sen'seɪʃn] Empfindung f; Gefühl n; Aufsehen n; Sensation f; **~al** sensationell, Sensations...
sense [sens] **1.** Sinn m; Gefühl n; Verstand m; Vernunft f; Bedeutung f; **in a ~** in gewissem Sinne; **in (out of) one's ~s** bei (von) Sinnen; **talk ~** vernünftig reden; **2.** spuren, fühlen; **'~less** bewußtlos; sinnlos
sensib|ility [sensɪ'bɪlətɪ] Empfindlichkeit f; **~le** ['sensəbl] vernünftig
sensitive ['sensɪtɪv] empfindlich; sensibel, feinfühlig
sensu|al ['sensjʊəl], **'~ous** sinnlich
sent [sent] pret u. pp von **send**
sentence ['sentəns] **1.** Satz m; jur. Urteil n; **2.** verurteilen
sentiment ['sentɪmənt] (seelische) Empfindung, Gefühl n; pl Meinung f; Gedanke m; **~al** [~'mentl] sentimental, gefühlvoll; **~ality** [~men'tælətɪ] Sentimentalität f
sentry ['sentrɪ] mil. Posten m
separat|e 1. ['sepəreɪt] (sich) trennen; **2.** ['seprət] getrennt; separat; verschieden; **~ion** [~'reɪʃn] Trennung f
September [sep'tembə] September m
septic ['septɪk] septisch, vereitert
sequel ['si:kwəl] Folge f; Nachspiel n; Buch: Fortsetzung f; Film: Folge f
sequence ['si:kwəns] (Aufeinander-, Reihen)Folge f; Film etc.: Sequenz f
serene [sɪ'ri:n] heiter; klar; ruhig; gelassen
sergeant ['sɑ:dʒənt] mil. Feldwebel m; (Polizei-) Wachtmeister m
serial ['sɪərɪəl] **1.** serienmäßig; Serien..., Fortsetzungs...; Computer: seriell; **~ number** laufende Nummer; **2.** Fortsetzungsroman m; TV Serie f; Rundfunk: Sendereihe f
series ['sɪəri:z] (pl **~**) Reihe f; Serie f; Folge f
serious ['sɪərɪəs] ernst; ernsthaft; schwer, schlimm
sermon ['sɜ:mən] Predigt f; F Straf-, Moralpredigt f
serum ['sɪərəm] (pl **~s**, **sera** ['~rə]) Serum n
servant ['sɜ:vənt] Diener(-in); Dienstbote m, -mädchen n, Hausangestellte m, f
serve [sɜ:v] dienen; bedienen; Speisen servieren; Tennis: aufschlagen; Zweck erfüllen
service ['sɜ:vɪs] **1.** Dienst m; Bedienung f; Betrieb m; tech.

Wartung f, Kundendienst m; mot. Inspektion f; Verkehrsverbindung f; Gottesdienst m; Service n; Tennis: Aufschlag m; Nutzen m; (Militär)Dienst m; **the ~s** die Streitkräfte, das Militär; **2.** tech. warten, pflegen; **'~able** brauchbar; strapazierfähig; **~ area** (Autobahn)Raststätte f; **~ charge** Bedienungszuschlag m; **~ station** Tankstelle f (mit Reparaturwerkstatt)

session ['seʃn] Sitzung f

set [set] **1.** Satz m, Garnitur f; Service n; Sammlung f, Reihe f, Serie f (Radio- etc.); Gerät n, Apparat m; Clique f; thea. Bühnenbild n; Tennis: Satz m; **2.** fest(gelegt, -gesetzt); bereit; entschlossen; **~ lunch** od. **meal** Tagesgericht n, Menü n; **3.** (set) v/t setzen, stellen, legen; Wecker, Aufgabe stellen; tech. einstellen; Knochenbruch einrichten; Tisch decken; Haar legen; Edelstein fassen; Zeitpunkt festsetzen; Beispiel geben; v/i Sonne: untergehen; fest werden, erstarren; **~ eyes on** erblicken; **~ free** freilassen; **~ at ease** beruhigen; **~ aside** beiseite legen; v/t aufbrechen; hervorbringen; **~ out** aufbrechen; **~ to** sich daranmachen; **~ up** aufstellen; errichten; sich niederlassen;

'~back Rückschlag m

settee [se'tiː] Sofa n

setting ['setɪŋ] (Gold- etc.) Fassung f; Hintergrund m, Umgebung f; Schauplatz m

settle ['setl] v/t vereinbaren, festlegen; klären, entscheiden, regeln; erledigen; Streit beilegen; Rechnung begleichen; besiedeln; v/i sich setzen; sich niederlassen; sich einleben; sich beruhigen; **'~ment** Vereinbarung f; Entscheidung f; Regelung f; Klärung f; Begleichung f; Übereinkunft f; (Be-, An-)Siedlung f; **'~r** Siedler(in)

'set-up Zustände pl; F abgekartete Sache

seven ['sevn] sieben; **~teen** [~'tiːn] siebzehn; **~th** ['~θ] **1.** sieb(en)te(r, -s); **2.** Sieb(en)tel n; **'~tieth** [~tɪəθ] siebzigste(r, -s); **'~ty** siebzig

sever ['sevə] abtrennen; fig. abbrechen; (zer)reißen

several ['sevrəl] mehrere; verschiedene; einige

severe [sɪ'vɪə] streng; hart; scharf; Wetter: rauh; Schmerz etc.: heftig; Krankheit etc.: schwer; **~ity** [~'verətɪ] Strenge f, Härte f

sew [səʊ] (**sewed**, **sewn** od. **sewed**) nähen

sew|age ['sjuːɪdʒ] Abwasser n; **~er** ['sʊə] Abwasserkanal m; **~erage** ['~rɪdʒ] Kanalisation f

sew|ing ['səʊɪŋ] Nähen *n*; Näharbeit *f*; Näh...; **~n** *pp von* sew

sex [seks] Geschlecht *n*; Sexualität *f*; Sex *m*; Geschlechtsverkehr *m*

sexton ['sekstən] Küster *m*

sex|ual ['seksjʊəl] geschlechtlich, Geschlechts..., sexuell, Sexual...; **~y** ['~sɪ] sexy, aufreizend

shabby ['ʃæbɪ] schäbig

shack [ʃæk] Hütte *f*, Bude *f*

shackle ['ʃækl] Fessel *f*

shade [ʃeɪd] **1.** Schatten *m*; (Lampen- *etc.*)Schirm *m*; Schattierung *f*; *Am.* Rouleau *n*; **2.** abschirmen, schützen

shadow ['ʃædəʊ] **1.** Schatten *m*; **2.** beschatten

shady ['ʃeɪdɪ] schattig; *fig.* fragwürdig

shaft [ʃɑːft] Schaft *m*; Schacht *m*; *tech.* Welle *f*

shaggy ['ʃægɪ] zott(el)ig

shak|e [ʃeɪk] (**shook, shaken**) *v/t* schütteln; rütteln an; erschüttern; **~ hands** sich die Hand geben; *v/i* zittern; beben; schwanken; **'~en** *pp von* shake; **2.** erschüttert; **'~y** wack(e)lig; *fig.* unsicher

shall [ʃæl] *v/aux* (*pret* **should**) ich, du *etc.* soll(st) *etc.*; ich werde, wir werden

shallow ['ʃæləʊ] **1.** seicht; flach; *fig.* oberflächlich; **2.** *pl* Untiefe *f*

sham [ʃæm] **1.** (Vor)Täuschung *f*; **2.** unecht; **3.** vortäuschen; simulieren

shame [ʃeɪm] **1.** beschämen; *j-m* Schande machen; **2.** Scham *f*; Schande *f*; **what a ~** wie schade; **~ on you!** schäm dich!; **'~ful** schändlich; **'~less** schamlos

shampoo [ʃæm'puː] **1.** Shampoo *n*, Schampon *n*; Haarwäsche *f*; **a ~ and set** waschen und legen; **2.** Haare waschen; *Teppich etc.* schamponieren

shandy ['ʃændɪ] Bier *n* mit Limonade, Radler(maß *f*) *m*

shank [ʃæŋk] Unterschenkel *m*

shape [ʃeɪp] **1.** Gestalt *f*; Form *f*; Verfassung *f*; **2.** formen; gestalten; **'~less** formlos; **'~ly** wohlgeformt

share [ʃeə] **1.** teilen; teilhaben (**in** an); **2.** (An)Teil *m*; Aktie *f*; **go ~s** teilen; **'~holder** Aktionär(in)

shark [ʃɑːk] (*pl* **~, ~s**) Hai(-fisch) *m*

sharp [ʃɑːp] **1.** *adj* scharf; spitz; schlau; heftig; **2.** *adv* pünktlich; genau; **'~en** schärfen; spitzen; **'~ener** ['~pnə] (Bleistift)Spitzer *m*

shat [ʃæt] *pret u. pp von* shit

shatter ['ʃætə] zerschmettern; *fig.* zerstören

shave [ʃeɪv] **1.** (**shaved**, **shaved** *od.* **shaven**) (sich) rasieren; haarscharf vorbeikommen an; **2.** Rasur *f*; **have a ~** sich rasieren; **'~n** *pp*

shipwreck

von *shave* 1; **~r** (elektrischer) Rasierapparat
shaving ['ʃeiviŋ] Rasieren *n*; Rasier...; *pl* (Hobel)Späne *pl*
shawl [ʃɔ:l] Umhängetuch *n*; Kopftuch *n*
she [ʃi:] **1.** *pers pron* sie; **2.** *s* Sie *f*; Mädchen *n*, Frau *f*; zo. Weibchen *n*; **3.** *adj* zo. in Zssgn: ...weibchen *n*
sheaf [ʃi:f] (*pl* **sheaves** [~vz]) Garbe *f*; Bündel *n*
shear [ʃiə] (**sheared, shorn** *od.* **sheared**) scheren
sheath [ʃi:θ] Schwert: Scheide *f*; Kondom *n, m*
sheaves [ʃi:vz] *pl* von *sheaf*
shed¹ [ʃed] (**shed**) Blätter etc. abwerfen; Kleider etc. ablegen; Blut, Tränen vergießen
shed² [~] Schuppen *m*; Stall *m*
sheep [ʃi:p] (*pl* **sheep**) Schaf(e *pl*) *n*; **~dog** Schäferhund *m*; **~ish** einfältig
sheer [ʃiə] rein; bloß; glatt; steil; senkrecht; hauchdünn
sheet [ʃi:t] Bettuch *n*, (Bett)Laken *n*; (Glas- etc.)Platte *f*; Papier: Blatt *n*, Bogen *m*; **~ lightning** Wetterleuchten *n*
shelf [ʃelf] (*pl* **shelves** [~vz]) Brett *n*, Bord *n*, Regal *n*; Fach *n*
shell [ʃel] **1.** Schale *f*; Hülse *f*; Muschel *f*; Granate *f*; **2.** schälen; enthülsen; beschießen; **~fish** (*pl* ~) Schalentier(e *pl*) *n*; *gastr.* Meeresfrüchte *pl*

shelter ['ʃeltə] **1.** Schutz *m*; Unterkunft *f*; Schutzhütte *f*; Luftschutzkeller *m*, Bunker *m*; *bus* ~ Wartehäuschen *n*; **2.** (be)schützen; sich unterstellen
shelves [ʃelvz] *pl* von *shelf*
shepherd ['ʃepəd] Schäfer *m*, Schafhirt *m*
shield [ʃi:ld] **1.** (Schutz-) Schild *m*; **2.** (be)schützen
shift [ʃift] **1.** Veränderung *f*; Verschiebung *f*; Wechsel *m*; (Arbeits)Schicht *f*; List *f*, Kniff *m*; Notbehelf *m*; **2.** (um-, aus)wechseln; (um)schalten; verändern; (sich) verlagern *od.* -schieben; **~ key** Umschalttaste *f*; **~y** unzuverlässig; verschlagen
shimmer ['ʃimə] schimmern
shin(bone) ['ʃin] Schienbein *n*
shine [ʃain] **1.** Schein *m*; Glanz *m*; **2.** (**shone**) scheinen; leuchten; glänzen; strahlen; (**shined**) polieren, putzen
shingle ['ʃiŋgl] Schindel *f*
shingles ['ʃiŋglz] *med.* Gürtelrose *f*
shiny ['ʃaini] glänzend
ship [ʃip] **1.** Schiff *n*; **2.** verschiffen; *econ.* versenden; **~ment** Verschiffung *f*; Schiffsladung *f*; Versand *m*; **~owner** Reeder *m*; **~ping** Verschiffung *f*; Schiffahrt *f*; Versand *m*; **~ping company** Reederei *f*; **~wreck** Schiff-

shipwrecked

bruch *m*; **'~wrecked** schiffbrüchig; **'~yard** Werft *f*

shirk [ʃɜːk] sich drücken (vor)

shirt [ʃɜːt] (Herren)Hemd *n*

shit [ʃɪt] V **1.** Scheiße *f*; *fig.* Scheiß *m*; **2. (shit[ted]** *od.* **shat)** scheißen

shiver ['ʃɪvə] **1.** Schauer *m*; **2.** zittern; frösteln

shock [ʃɒk] **1.** Stoß *m*, Erschütterung *f*, Schock *m*; *electr.* Schlag *m*; **2.** schockieren, empören; *j-n* erschüttern; **~ absorber** Stoßdämpfer *m*; **'~ing** schockierend, empörend; anstößig

shoe [ʃuː] Schuh *m*; **'~horn** Schuhanzieher *m*; **'~lace**, **'~string** Schnürsenkel *m*; **'~tree** Schuhspanner *m*

shone [ʃɒn] *pret u. pp* von **shine 2**

shook [ʃʊk] *pret von* **shake**

shoot [ʃuːt] **1.** *bot.* Schößling *m*; **2. (shot)** (ab)schießen; erschießen; *Film* drehen; schießen; **'~ing gallery** Schießstand *m*, *-bude f*; **'~ing star** Sternschnuppe *f*

shop [ʃɒp] **1.** Laden *m*, Geschäft *n*; Werkstatt *f*; **talk** ~ fachsimpeln; **2.** *mst* **go ~ping** einkaufen gehen; **~ assistant** Verkäufer(in); **'~keeper** Ladeninhaber(in); **'~lifter** Ladendieb(in); **'~ping** Einkauf *m*, Einkaufen *n*; **do one's ~** (s-e) Einkäufe machen; **~ping centre** (*Am.* **center**) Einkaufszentrum *n*;

~ **steward** gewerkschaftlicher Vertrauensmann; **~ window** Schaufenster *n*

shore [ʃɔː] Küste *f*, Ufer *n*, Strand *m*; **on** ~ an Land

shorn [ʃɔːn] *pp von* **shear**

short [ʃɔːt] **1.** *adj* kurz; klein knapp; kurz angebunden; ~ **of** knapp an; **2.** *adv* plötzlich abrupt; **3.** ~ *f* Kurzschluß *m* **in** ~ kurz(um); **'~age** Knappheit *f*; **~ circuit** *electr* Kurzschluß *m*; **'~coming** Unzulänglichkeit *f*; ~ **cu** Abkürzung *f*; **'~en** (ab)kürzen; kürzer machen **'~hand** Stenographie *f*; **~ typist** Stenotypistin *f*; **'~ly** bald; **~s** *pl* Shorts *pl*, kurze Hose; **'~sighted** kurzsichtig; **~ story** Kurzgeschichte *f*; **'~term** kurzfristig; **~ time** Kurzarbeit *f*; **~ wave** Kurzwelle *f*

shot [ʃɒt] **1.** *pret u. pp von* **shoot 2**; Schuß *m*; Schrot (-kugeln *pl*) *m*, *n*; *guter etc.* Schütze *m*; *phot.* Aufnahme *f*; *med.* F Spritze *f*; *Drogen:* Schuß *m*; *fig.* Versuch *m*; **'~gun** Schrotflinte *f*

should [ʃʊd] *pret von* **shall**

shoulder ['ʃəʊldə] Schulter *f*

shout [ʃaʊt] **1.** Ruf *m*; Schrei *m*; **2.** rufen, schreien

shove [ʃʌv] **1.** schieben, stoßen, schubsen; **2.** Stoß *m*, Schubs *m*

shovel ['ʃʌvl] **1.** Schaufel *f*; **2.** schaufeln

show [ʃəʊ] **1.** (**showed**, **shown** od. **showed**) zeigen; ausstellen; erweisen; beweisen; zu sehen sein; **~ off** angeben, prahlen; **~ up** F auftauchen, erscheinen; **2.** Schau f; Ausstellung f; Vorstellung f; Aufführung f; Show f; leerer Schein; **~ business** Showbusineß n, Showgeschäft n; **'~down** F Kraftprobe f

shower ['ʃaʊə] **1.** (Regen etc.)Schauer m; Dusche f; **have** od. **take a ~** duschen; **2.** j-n mit et. überschütten od. -häufen; **~ bath** Dusche f

show| jumping Springreiten n; **~n** pp von **show**; **'~room** Ausstellungsraum m

shrank [ʃræŋk] pret von **shrink¹**

shred [ʃred] **1.** Fetzen m; **2.** zerfetzen; Gemüse raspeln, hobeln; **'~der** Gemüseschneider m; Reißwolf m

shrewd [ʃruːd] klug, clever

shriek [ʃriːk] **1.** schriller Schrei m; **2.** kreischen; schreien

shrimp [ʃrɪmp] Garnele f

shrink¹ [ʃrɪŋk] (**shrank** od. **shrunk**, **shrunk**) (ein-, zs.-)schrumpfen (lassen), einlaufen; zurückschrecken; **'~wrap** einschweißen

shrink² [~] sl. Psychiater m

shrivel ['ʃrɪvl] schrumpfen

Shrove Tuesday [ʃrəʊv] Fastnachts-, Faschingsdienstag m

shrub [ʃrʌb] Strauch m, Busch m; **'~bery** Gebüsch n

shrug [ʃrʌg] **1.** die Achseln zucken; **2.** Achselzucken n

shrunk [ʃrʌŋk] pret u. pp von **shrink¹**

shudder ['ʃʌdə] **1.** schaudern; **2.** Schauder m

shuffle ['ʃʌfl] Karten: mischen; schlurfen

shun [ʃʌn] (ver)meiden

shut [ʃʌt] (**shut**) schließen, zumachen; sich schließen (lassen); **~ down** Betrieb schließen; **~ up** F den Mund halten; **'~ter** Fensterladen m; phot. Verschluß m

shuttle ['ʃʌtl] **1.** Pendelverkehr m; tech. Schiffchen n; **2.** pendeln; **'~cock** Federball m; **~ service** Pendelverkehr m

shy [ʃaɪ] scheu; schüchtern

sick [sɪk] krank; übel; **be ~** sich übergeben; **be ~ of** et. satt haben; **I feel ~** mir ist schlecht; **~en** krank werden; anekeln; **'~ening** ekelhaft

sickle ['sɪkl] Sichel f

sick| leave: be on ~ krank geschrieben sein; **'~ly** kränklich; ekelhaft; **'~ness** Krankheit f; Übelkeit f; **~ benefit** Krankengeld n; **'~room** Krankenzimmer n

side [saɪd] Seite f; Seiten...; Neben...; **take ~s (with)** Partei ergreifen (für); **2.** Partei ergreifen; **'~board** Anrichte f, Sideboard n;

sidecar 268

'~car *mot.* Beiwagen *m*; ~**dish** Beilage *f*; ~**effect** Nebenwirkung *f*; '~**light** *Brt. mot.* Parkleuchte *f*; ~**street** Nebenstraße *f*; '~**track** ablenken; '~**walk** *Am.* Bürgersteig *m*; ~**café** Straßencafé *n*; '~**ways** 1. *adj* seitlich; 2. *adv* seitwärts

siege [si:dʒ] Belagerung *f*

sieve [sɪv] 1. Sieb *n*; 2. sieben

sift [sɪft] sieben; *fig.* sichten

sigh [saɪ] 1. Seufzer *m*; 2. seufzen

sight [saɪt] 1. Sehvermögen *n*, -kraft *f*; Anblick *m*; Sicht *f*; *pl* Sehenswürdigkeiten *pl*; **catch** ∨ **of** erblicken; **know by** ~ vom Sehen kennen; **(with)in** ~ in Sicht(weite); 2. sichten; '~**seeing: go** ~ die Sehenswürdigkeiten besichtigen; ~ **tour** (Stadt)Rundfahrt *f*; '~**seer** Tourist(in)

sign [saɪn] 1. Zeichen *n*; Schild *n*; 2. unterschreiben; ~ **in** / **out** sich ein- / austragen

signal ['sɪgnl] 1. Signal *n*; 2. signalisieren; (ein) Zeichen geben

signature ['sɪgnətʃə] Unterschrift *f*; ~ **tune** Rundfunk, *TV*: Kennmelodie *f*

'**signboard** (Aushänge-) Schild *n*; Anschlagtafel *f*

signifi|cance [sɪg'nɪfɪkəns] Bedeutung *f*; ~**cant** bedeutend; bedeutsam; bezeichnend (**of** für); vielsagend

signify ['sɪgnɪfaɪ] bedeuten; andeuten, erkennen lassen

'**signpost** Wegweiser *m*

silence ['saɪləns] 1. (Still-) Schweigen *n*; Stille *f*, Ruhe *f*; 2. zum Schweigen bringen; '~**r** Schalldämpfer *m*; *mot.* Auspufftopf *m*

silent ['saɪlənt] still; schweigend; schweigsam; stumm

silk [sɪlk] Seide *f*; '~**y** seidig

sill [sɪl] Fensterbrett *n*

silly ['sɪlɪ] dumm; albern

silver ['sɪlvə] 1. Silber *n*; 2. silbern, Silber...; 3. versilbern; ~**y** ['~ərɪ] silbern

similar ['sɪmɪlə] ähnlich; ~**ity** [~'lærətɪ] Ähnlichkeit *f*

simmer ['sɪmə] leicht kochen *od* sieden (lassen)

simple ['sɪmpl] einfach; schlicht; einfältig

simpli|city [sɪm'plɪsətɪ] Einfachheit *f*; Schlichtheit *f*; Einfalt *f*; ~**fy** [~faɪ] vereinfachen

simply ['sɪmplɪ] einfach; bloß

simulate ['sɪmjʊleɪt] vortäuschen; simulieren

simultaneous [sɪməl'teɪnjəs] gleichzeitig

sin [sɪn] 1. Sünde *f*; 2. sündigen

since [sɪns] 1. *prp* seit; 2. *adv* seitdem; 3. *cj* seit; da

sincer|e [sɪn'sɪə] aufrichtig; **Yours** ~**ly** Mit freundlichen Grüßen; ~**ity** [~'serətɪ] Aufrichtigkeit *f*

sinew ['sɪnju:] Sehne *f*; '~**y** sehnig

sing [sɪŋ] (**sang, sung**) singen
singe [sɪndʒ] ver-, ansengen
singer ['sɪŋə] Sänger(in)
single ['sɪŋgl] **1.** einzig; einzeln; Einzel...; einfach; allein; ledig; *in ~ file* hintereinander; **~ parent** alleinerziehende Mutter, alleinerziehender Vater; **2.** einfache Fahrkarte; *Schallplatte:* Single f; Single m, Unverheiratete m, f; **3. ~ out** auswählen; **~-'handed** allein; **'~-minded** zielstrebig; **'~s** (*pl* **~**) *Tennis:* Einzel n
singular ['sɪŋgjulə] **1.** einzigartig; eigentümlich, seltsam; **2.** Singular m, Einzahl f
sinister ['sɪnɪstə] unheimlich
sink [sɪŋk] **1.** (**sank** od. **sunk, sunk**) v/i sinken; ein-, versinken; sich senken; v/t versenken; **2.** Spüle f
sinner ['sɪnə] Sünder(in)
sip [sɪp] **1.** Schlückchen n; *a.* **~ at** nippen an
sir [sɜː] *Anrede:* mein Herr
sirloin ['sɜːlɔɪn] *gastr.* Lendenstück n
sister ['sɪstə] Schwester f; *Brt.* Oberschwester f; **~-in-law** ['~rɪnlɔː] Schwägerin f
sit [sɪt] (**sat**) sitzen; tagen; setzen; *Prüfung* machen; **~ down** sich (hin)setzen; **~ up** aufrecht sitzen; sich aufsetzen; aufbleiben
site [saɪt] Platz m; Stelle f; Bauplatz m

sitting ['sɪtɪŋ] Sitzung f; **~ room** Wohnzimmer n
situat|ed ['sɪtjʊeɪtɪd] gelegen; *be ~* liegen; **~ion** [~'eɪʃn] Lage f; Situation f
six [sɪks] sechs; **~teen** [~'tiːn] sechzehn; **~th** [~sθ] **1.** sechste(r, -s); **2.** Sechstel n; **~thly** ['~sθlɪ] sechstens; **~tieth** ['~tɪɪθ] sechzigste(r, -s); **~ty** ['~tɪ] sechzig
size [saɪz] Größe f; Format n
sizzle ['sɪzl] brutzeln
skat|e [skeɪt] **1.** Schlittschuh m; **2.** Schlittschuh laufen, eislaufen; Rollschuh laufen; **~ing** Schlittschuhlaufen n, Eislauf(en) n m; Rollschuhlaufen n
skeleton ['skelɪtn] Skelett n
skeptic ['skeptɪk] *bsd. Am.* für **sceptic**
sketch [sketʃ] **1.** Skizze f; Entwurf m; *thea.* Sketch m; **2.** skizzieren; entwerfen
ski [skiː] **1.** Ski m; **2.** Ski laufen *od.* fahren
skid [skɪd] *mot.* rutschen, schleudern
ski|er ['skiːə] Skiläufer(in), -fahrer(in); **~ing** Skilauf(en) n m, -fahren n
skilful ['skɪlfʊl] geschickt
ski lift Skilift m
skill [skɪl] Geschicklichkeit f, Fertigkeit f; **~ed** geschickt; gelernt, Fach...; **~ worker** Facharbeiter m; **~ful** *Am.* für **skilful**
skim [skɪm] abschöpfen; entrahmen; **~ (through)** *fig.*

skim milk

überfliegen; ~(med) **milk** Magermilch *f*

skin [skɪn] **1.** Haut *f*; Fell *n*; Schale *f*; **2.** (ent)häuten; schälen; ~ **diving** Sporttauchen *n*; ~**ny** mager; ~'**tight** hauteng

skip [skɪp] **1.** Sprung *m*, Hüpfer *m*; **2.** *v/i* hüpfen, springen; seilspringen; *v/t* überspringen, auslassen

ski pole Skistock *m*

skipper ['skɪpə] Kapitän *m*

skirt [skɜːt] **1.** Rock *m*; **2.** herumgehen um; sich entlangziehen an

ski| run Skiabfahrt *f*; ~ **tow** Schlepplift *m*

skittle ['skɪtl] Kegel *m*; ~ **alley** Kegelbahn *f*; '~**s** *sg* Kegeln *n*; **play (at)** ~ kegeln

skull [skʌl] Schädel *m*

sky [skaɪ], *oft* **skies** *pl* Himmel *m*; ~**jacker** ['~dʒækə] Luftpirat *m*; '~**light** Oberlicht *n*; Dachfenster *n*; '~**line** Horizont *m*; (*Stadt- etc.*)Silhouette *f*; '~**scraper** Wolkenkratzer *m*

slab [slæb] Platte *f*, Fliese *f*

slack [slæk] schlaff; locker; (nach)lässig; *econ.* flau; ~ **en** (sich) verringern; (sich) lockern; (sich) verlangsamen; ~**s** *pl* Hose *f*

slam [slæm] Tür *etc.* zuschlagen, zuknallen; *et. auf den Tisch etc.* knallen

slander ['slɑːndə] **1.** Verleumdung *f*; **2.** verleumden

slang [slæŋ] Slang *m*; Jargon *m*

slant [slɑːnt] **1.** Schräge *f*, Neigung *f*; Tendenz *f*; **2.** sich neigen; schräg liegen *od.* legen; ~**ing**, ~**wise** schräg

slap [slæp] **1.** Klaps *m*, Schlag *m*; **2.** schlagen

slash [slæʃ] **1.** Hieb *m*; Schnitt(wunde *f*) *m*; Schlitz *m*; **2.** aufschlitzen; schlagen

slate [sleɪt] **1.** Schiefer *m*; Dachziegel *m*; Schiefertafel *f*; **2.** *Brt.* F verreißen

slattern ['slætən] Schlampe *f*

slaughter ['slɔːtə] **1.** Schlachten *n*; Gemetzel *n*; **2.** schlachten; niedermetzeln

slave [sleɪv] **1.** Sklav|e *m*, -in *f*; **2.** schuften; ~**ry** ['~əri] Sklaverei *f*

sled(ge) [sled(ʒ)] **1.** Schlitten *m*; **2.** Schlitten fahren

'**sledge(hammer)** Vorschlaghammer *m*

sleek [sliːk] glatt, glänzend; geschmeidig; schnittig

sleep [sliːp] **1.** (*slept*) schlafen; ~ **in** ausschlafen; ~ **on** *s.th.* *et.* überschlafen; ~**er** Schläfer(in); Schwelle *f*; Schlafwagen *m*; '~**ing bag** Schlafsack *m*; '~**ing car** Schlafwagen *m*; '~**ing partner** stiller Teilhaber; '~**ing pill** Schlaftablette *f*; '~**less** schlaflos; ~ **walker** Schlafwandler(in); ~**y** schläfrig; verschlafen

sleet [sliːt] Schneeregen *m*

sleeve [sliːv] Ärmel *m*; Plattenhülle *f*; *tech.* Muffe *f*

sleigh [sleɪ] Pferdeschlitten *m*

slender ['slendə] schlank; gering, dürftig

slept [slept] *pret u. pp von* **sleep** 1

slice [slaɪs] **1.** Schnitte *f*, Scheibe *f*; **2.** in Scheiben schneiden

slick [slɪk] Ölteppich *m*

slid [slɪd] *pret u. pp von* **slide** 1

slide [slaɪd] **1.** (**slid**) gleiten (lassen); rutschen; schlittern; schieben; Rutschbahn *f*, Rutsche *f*; *phot.* Dia(positiv) *n*; *Brt.* (Haar)Spange *f*; **~ rule** Rechenschieber *m*

slight [slaɪt] **1.** gering(fügig); *Person*: schmächtig; **2.** Beleidigung *f*, Kränkung *f*; **3.** beleidigen, kränken

slim [slɪm] **1.** schlank; *Buch*: dünn; gering; **2.** e-e Schlankheitskur machen; abnehmen

slim|e [slaɪm] Schleim *m*; '**~y** schleimig

sling [slɪŋ] **1.** *med.* Schlinge *f*; Tragegurt *m*; Tragriemen *m*; (Stein)Schleuder *f*; **2.** (**slung**) schleudern, werfen, schmeißen; auf-, umhängen

slip [slɪp] **1.** *v/i* (aus)rutschen; *v/t* gleiten lassen; **~ away** sich fortstehlen; *von Zeit*: verstreichen; **2.** (Flüchtigkeits)Fehler *m*; Unterrock *m*; (Kissen)Bezug *m*; Zettel *m*; **~ped disc** *med.* Bandscheibenvorfall *m*; '**~per** Hausschuh *m*; '**~pery** schlüpfrig, glatt; **~ road** *Brt.* Autobahnauffahrt *f*, -ausfahrt *f*; **~shod** ['~ʃɒd] schlampig

slit [slɪt] **1.** Schlitz *m*; **2.** (**slit**) (auf-, zer)schlitzen

slither ['slɪðə] schlittern

slobber ['slɒbə] sabbern

slogan ['sləʊɡən] Schlagwort *n*, (Werbe)Slogan *m*

slop [slɒp] *a.* **~s** *pl* Spül-, Schmutzwasser *n*

slope [sləʊp] **1.** (Ab)Hang *m*; Neigung *f*, Gefälle *n*; **2.** abfallen, sich neigen; **~ down / up** abfallen / ansteigen

sloppy ['slɒpɪ] schlampig; F rührselig

slot [slɒt] Schlitz *m*; **~ machine** (Waren-, Spiel)Automat *m*

slovenly ['slʌvnlɪ] schlampig

slow [sləʊ] langsam; schwerfällig; *geistig* stutzig; **be ~** *Uhr*: nachgehen; **~ down** verlangsamen; langsamer werden; '**~down** *Am.* Bummelstreik *m*; **~ motion** Zeitlupe *f*

slug [slʌɡ] Wegschnecke *f*; '**~gish** träge; schleppend

sluice [sluːs] Schleuse *f*

slums [slʌmz] *pl* Elendsviertel *n*, Slums *pl*

slung [slʌŋ] *pret u. pp von* **sling** 2

slur [slɜː] undeutliche Aus-

slurred

sprache; Verunglimpfung *f*; **~red** undeutlich
slush [slʌʃ] (Schnee)Matsch *m*
slut [slʌt] Schlampe *f*; Nutte *f*
sly [slaɪ] **1.** schlau; verschlagen; verschmitzt; **2. on the ~** F (klamm)heimlich
smack [smæk] **1.** Klaps *m*; **2.** e-n Klaps geben; **~ of** schmecken nach (*a. fig.*)
small [smɔːl] klein; gering; wenig; **~ change** Kleingeld *n*; **~ hours** *pl* die frühen Morgenstunden *pl*; **~pox** ['~pɒks] Pocken *pl*; **~ print** das Kleingedruckte; **~ talk** oberflächliche Konversation
smart [smɑːt] **1.** schick; clever, gewitzt; geschickt; **2.** schmerzen; brennen; *fig.* leiden
smash [smæʃ] *v/t* zerschlagen, -trümmern; (zer)schmettern; *fig.* vernichten; *v/i* zerbrechen; krachen, prallen; **'~ing** *bsd.* Brt. F toll
smattering ['smætərɪŋ] oberflächliche Kenntnis
smear [smɪə] **1.** (be-, ver)schmieren; **2.** Fleck *m*
smell [smel] **1.** Geruch *m*; Gestank *m*; Duft *m*; **2.** (*smelt od. smelled*) riechen; stinken; duften; **'~y** stinkend
smelt [smelt] *pret u. pp von* **smell** 2
smile [smaɪl] **1.** Lächeln *n*; **2.** lächeln
smirk [smɜːk] (blöde) grinsen

smith [smɪθ] Schmied *m*
smock [smɒk] Kittel *m*
smog [smɒg] Smog *m*
smoke [smǝʊk] **1.** Rauch *m*; **2.** rauchen; räuchern; **'~r** Raucher(in); *rail.* Raucherabteil *n*
smoking ['smǝʊkɪŋ] Rauchen *n*; **no ~** Rauchen verboten; **~ compartment** Raucherabteil *n*
smoky ['smǝʊkɪ] rauchig; verräuchert
smooth [smuːð] **1.** glatt; ruhig (*a. tech.*); sanft, weich; **2.** *a.* **~ out** glätten; glattstreichen
smother ['smʌðǝ] ersticken
smo(u)lder ['smǝʊldǝ] schwelen
smudge [smʌdʒ] **1.** (be-, ver)schmieren; **2.** Schmutzfleck *m*
smug [smʌg] selbstgefällig
smuggle ['smʌgl] schmuggeln; **'~r** Schmuggler(in)
smut [smʌt] Ruß(fleck) *m*; **'~ty** schmutzig
snack [snæk] Imbiß *m*; **~ bar** Imbißstube *f*
snail [sneɪl] Schnecke *f*
snake [sneɪk] Schlange *f*
snap [snæp] **1.** (zer)brechen; schnappen (**at** nach); *Schloß:* zuschnappen (lassen); *Finger:* schnippen mit; (an)schnauzen; *phot.* F knipsen; **2.** (vor)schnell, Blitz...; **'~ fastener** Druckknopf *m*; **'~pish** bissig; **'~shot** Schnappschuß *m*

snare [sneə] Schlinge f; Falle f (a. fig.)
snarl [snɑːl] wütend knurren
snatch [snætʃ] schnappen; an sich reißen; ergattern
sneak [sniːk] schleichen; stibitzen; **~ers** ['~əz] pl Am. Turnschuhe pl
sneer [snɪə] **1.** höhnisches Grinsen; höhnische Bemerkung; **2.** höhnisch grinsen; spotten
sneeze [sniːz] niesen
sniff [snɪf] schnüffeln, schnuppern; schnieben; fig. die Nase rümpfen (**at** über)
snob [snɒb] Snob m; **~bish** versnobt, snobistisch
snoop [snuːp] **~ around** od. **about** F herumschnüffeln
snooty ['snuːtɪ] F hochnäsig
snooze [snuːz] ein Nickerchen machen, dösen
snore [snɔː] schnarchen
snorkel ['snɔːkl] **1.** Schnorchel m; **2.** schnorcheln
snort [snɔːt] schnauben
snout [snaʊt] Schnauze f; Schwein: Rüssel m
snow [snəʊ] **1.** Schnee m; **2.** schneien; **~ball** Schneeball m; **~bound** eingeschneit; **~chains** pl Schneeketten pl; **~drift** Schneewehe f; **~drop** Schneeglöckchen n; **~flake** Schneeflocke f; **~y** schneereich; verschneit
snub [snʌb] brüskieren, vor den Kopf stoßen; **~-nosed** stupsnasig

snug [snʌg] behaglich; **~gle** sich anschmiegen od. kuscheln
so [səʊ] so; deshalb; also; **I hope ~** hoffentlich; **~ am I** ich auch; **~ far** bisher
soak [səʊk] einweichen; durchnässen; **~ up** aufsaugen
soap [səʊp] Seife f; **~ opera** Seifenoper f; **~ suds** pl Seifenschaum m; **~y** seifig
soar [sɔː] (hoch) aufsteigen
sob [sɒb] schluchzen
sober ['səʊbə] **1.** nüchtern; **2. ~ up** nüchtern werden
so-called sogenannt
soccer ['sɒkə] Fußball m
sociable ['səʊʃəbl] gesellig
social ['səʊʃl] sozial; Sozial...; gesellschaftlich; gesellig; **~ insurance** Sozialversicherung f; **~ism** Sozialismus m; **~ist 1.** Sozialist(in); **2.** sozialistisch; **~ worker** Sozialarbeiter(in)
society [sə'saɪətɪ] Gesellschaft f; Verein m
sock [sɒk] Socke f
socket ['sɒkɪt] Augenhöhle f; electr. Steckdose f
soda ['səʊdə] Soda(wasser) n
sofa ['səʊfə] Sofa n
soft [sɒft] weich; mild; sanft; leise; gedämpft; gutmütig; nachgiebig; Arbeit etc.: bequem; F doof; **~ drink** alkoholfreies Getränk; **~en** ['sɒfn] weich werden od. machen; dämpfen; mildern; **~ware** Computer: Software f

soggy ['sɒgɪ] durchnäßt; matschig
soil [sɔɪl] **1.** Boden *m*, Erde *f*; **2.** (be)schmutzen
solar ['səʊlə] Sonnen...; **~panel** Sonnenkollektor *m*
sold [səʊld] *pret u. pp von* **sell**
solder ['sɒldə] *tech.* **1.** löten; **2.** Lötmetall *n*
soldier ['səʊldʒə] Soldat *m*
sole¹ [səʊl] einzig, Allein-
sole² [~] **1.** Sohle *f*; **2.** besohlen
sole³ [~] (*pl* ~, ~s) Seezunge *f*
solemn ['sɒləm] feierlich; ernst
solicitor [sə'lɪsɪtə] Rechtsanwalt *m*, -anwältin *f*
solid ['sɒlɪd] fest; massiv; stabil; kräftig; voll, ganz; *fig.* gründlich, solid(e)
solid|arity [sɒlɪ'dærətɪ] Solidarität *f*; **~ify** [sə'lɪdɪfaɪ] fest werden; **~ity** Festigkeit *f*, Solidität *f*
solit|ary ['sɒlɪtərɪ] einsam; einzeln; **~ude** ['~tjuːd] Einsamkeit *f*
solu|ble ['sɒljʊbl] löslich; **~tion** [sə'luːʃn] Lösung *f*
solve [sɒlv] lösen; **~nt** zahlungsfähig
sombre, *Am.* **-er** ['sɒmbə] düster
some [sʌm, səm] (irgend)ein(e); etwas; *vor pl:* einige, ein paar; manche; etwa; **'~body** (irgend) jemand; **'~day** eines Tages; **'~how** irgendwie; **'~one** (irgend) jemand; **'~place** *Am.* **~somewhere**
somersault ['sʌməsɔːlt] Purzelbaum *m*; Salto *m*
some|thing (irgend) etwas '**~time** irgendwann; '**~times** manchmal; '**~what** etwas, ziemlich; '**~where** irgendwo(hin)
son [sʌn] Sohn *m*
song [sɒŋ] Lied *n*; '**~write** Liedermacher(in) *f*
sonic ['sɒnɪk] Schall...
son-in-law Schwiegersohn *n*
soon [suːn] bald; früh; *as ~ as possible* so bald wie *od.* als möglich; **~er** eher, früher lieber
soot [sʊt] Ruß *m*
soothe [suːð] beruhigen, besänftigen; lindern
sooty ['sʊtɪ] rußig
sophisticated [sə'fɪstɪkeɪtɪd] kultiviert; intellektuell; anspruchsvoll; gepflegt, elegant; *tech.* hochentwickelt differenziert; hochgeflügelt
sophomore ['sɒfəmɔː] *Am.* Student(in) im 2. Jahr
sopping ['sɒpɪŋ] F. *a.* **~ wet** klitsch-, pitschnaß
sorcer|er ['sɔːsərə] Zauberer *m*; **~ess** Zauberin *f*, Hexe *f*; **~y** Zauberei *f*
sordid ['sɔːdɪd] schmutzig; schäbig, gemein
sore [sɔː] entzündet; wund; **~ throat** Halsschmerzen *pl*
sorrow ['sɒrəʊ] Kummer *m*, Leid *n*

sorry ['sɒrɪ] traurig; *I'm (so) ~!* es tut mir (sehr) leid!; *~!* Verzeihung!, Entschuldigung!; *I feel ~ for her* sie tut mir leid

sort [sɔ:t] **1.** Art *f*; Sorte *f*; *~ of ...* F irgendwie ...; *out of ~s* F nicht ganz auf der Höhe; **2.** sortieren; *~ out* aussortieren; *fig.* in Ordnung bringen; **'~er** *tech.* Sortierer *m*

sought [sɔ:t] *pret u. pp von* **seek**

soul [səʊl] Seele *f*

sound [saʊnd] **1.** gesund; sicher, solide; vernünftig; gründlich; *Schlaf*: fest, tief, tüchtig, gehörig; *econ.* solide; **2.** Geräusch *n*; Klang *m*; Ton *m*; Laut *m*; *phys.* Schall *m*; **3.** *v/i* erklingen, ertönen; klingen, sich anhören; *v/t med.* abklopfen, abhorchen; *~ one's horn mot.* hupen; *~ barrier* Schallmauer *f*; **'~less** lautlos; **'~proof** schalldicht; **'~track** Tonspur *f*; Filmmusik *f*; *~ wave* Schallwelle *f*

soup [su:p] Suppe *f*

sour [saʊə] sauer; *fig.* mürrisch

source [sɔ:s] Quelle *f*; Ursprung *m*

south [saʊθ] **1.** Süden *m*; **2.** südlich, Süd...; **3.** nach Süden, südwärts; **'~'east 1.** Südosten *m*; **2.** → **'~'eastern** südöstlich

souther|ly ['sʌðəlɪ], **~n** ['~ən] südlich, Süd...

southward(s) ['saʊθwəd(z)] südwärts, nach Süden

southwest [saʊθ'west] **1.** Südwesten *m*; **2.** südwestlich

souvenir [su:və'nɪə] (Reise)Andenken *n*, Souvenir *n*

sovereign ['sɒvrɪn] souverän; **'~ty** ['~rəntɪ] Souveränität *f*

Soviet ['səʊvɪət] sowjetisch, Sowjet...

sow¹ [saʊ] Sau *f*

sow² [səʊ] (*sowed, sewn od. sowed*) (aus)säen; **~n** *pp von* **sow**²

soya bean ['sɔɪə] Sojabohne *f*; **~ sauce** Sojasauce *f*

spa [spɑ:] Heilbad *n*; Kurort *m*

space [speɪs] **1.** Platz *m*, Raum *m*; Weltraum *m*, All *n*; Zwischenraum *m*, Lücke *f*; Zeitraum *m*; **2.** *mst ~ out* Zwischenraum *od.* Abstand lassen zwischen; **'~bar** Leertaste *f*; **'~craft** (*pl -craft*) Raumfahrzeug *n*; **'~lab** Raumlabor *n*; **'~ship** Raumschiff *n*; **'~shuttle** Raumfähre *f*; **~ station** Raumstation *f*; **'~suit** Raumanzug *m*

spacious ['speɪʃəs] geräumig; weitläufig

spade [speɪd] Spaten *m*; **~(s** *pl*) Kartenspiel: Pik *n*

span [spæn] **1.** Spannweite *f*; Spanne *f*; **2.** überspannen

Spani|ard ['spænjəd] Spanier(in); **'~sh** spanisch

spank [spæŋk] versohlen

spanner ['spænə] Schraubenschlüssel *m*

spare [speə] **1.** (ver)schonen; ersparen; entbehren; (übrig) haben; sparen mit; scheuen; **2.** übrig; Ersatz..., Reserve...; **~ (part)** Ersatzteil n; **~ room** Gästezimmer n; **~ time** Freizeit f; **~ wheel** Reserverad n

sparing ['speərɪŋ] sparsam

spark [spɑːk] **1.** Funke(n) m; **2.** Funken sprühen; **~ing plug** Brt. mot. Zündkerze f; **~le 1.** Funke(n) m; Funkeln n; **2.** funkeln, glitzern; **~ling** funkelnd, sprühend; fig. geistreich; **~ wine** Schaumwein m; **~ plug** mot. Zündkerze f

sparrow ['spærəʊ] Spatz m

sparse [spɑːs] spärlich

spasm [spæzəm] Krampf m

spat [spæt] pret u. pp von **spit¹** 2

spatter ['spætə] (be)spritzen

spawn [spɔːn] **1.** Laich m; **2.** laichen

speak [spiːk] (**spoke, spoken**) v/i sprechen, reden (**to** mit); v/t Sprache sprechen; Wahrheit etc. sagen; Gedanken etc. aussprechen; **~ up** lauter sprechen; **'~er** Sprecher(in), Redner(in)

spear [spɪə] Speer m; **'~mint** Grüne Minze

special ['speʃl] **1.** besondere(r, -s); speziell; Sonder...; Sonder...; **2.** Sonderausgabe f; Sondersendung f; Sonderzug m; gastr. Tagesgericht n; **~ist** ['~əlɪst] Spezialist(in); Fachmann m; med. Facharzt m, -ärztin f; **~ity** [~ɪ'ælətɪ] Spezialität f; Spezialgebiet n; **~ize** ['~əlaɪz] sich spezialisieren; **'~ly** besonders; extra

species ['spiːʃiːz] (pl **~**) Art f, Spezies f

speci|fic [spɪ'sɪfɪk] bestimmt, speziell; genau; spezifisch; **~fy** ['spesɪfaɪ] spezifizieren, einzeln angeben; **~men** ['~mən] Exemplar n; Probe f; Muster n

speck [spek] Fleck(chen n) m; **'~led** gesprenkelt

specs [speks] pl F Brille f

spectacle ['spektəkl] Schauspiel n; Anblick m; **(a pair of) '~s** pl (e-e) Brille f

spectacular [spek'tækjʊlə] spektakulär, sensationell

spectator [spek'teɪtə] Zuschauer(in)

speculate ['spekjʊleɪt] Vermutungen anstellen; econ. spekulieren

sped [sped] pret u. pp von **speed**

speech [spiːtʃ] Sprache f; Rede f; Rede-, Ausdrucksweise f; **'~less** sprachlos

speed [spiːd] **1.** Geschwindigkeit f, Schnelligkeit f; mot. Gang m; phot. Lichtempfindlichkeit f; **2.** (**sped**) rasen; **~ by** Zeit: wie im Fluge vergehen; **~** (**speeded**) mot. zu schnell fahren; **~ up** beschleunigen; schneller machen; '~boat Renn-, Schnellboot n; '~ing Geschwindigkeitsüberschreitung f; ~ limit Geschwindigkeitsbeschränkung f; Tempolimit n; ~ometer [spɪˈdɒmɪtə] Tachometer m; ~ trap Radarfalle f; '~y schnell

spell [spel] **1.** Weile f, Weilchen n; *Wetter*: Periode f; Anfall m; Zauber m; **2.** (*bsd. Brt.* **spelt**, *bsd. Am.* **spelled**) buchstabieren; (*richtig*) schreiben; '~bound (wie) gebannt; '~ing Rechtschreibung f

spelt [spelt] *pret u. pp von* **spell** 2

spend [spend] (**spent**) Geld ausgeben, Zeit verbringen

spent [spent] **1.** *pret u. pp von* **spend**; **2.** verbraucht

sperm [spɜːm] Sperma n

sphere [sfɪə] Kugel f; *fig.* Sphäre f, Gebiet n

spic|e [spaɪs] **1.** Gewürz n; *fig.* Würze f; **2.** würzen; '~y würzig; *fig.* pikant

spider ['spaɪdə] Spinne f; '~web *Am.* Spinnennetz n

spike [spaɪk] Spitze f; Stachel m; *pl* Spikes *pl*; *bot.* Ähre f

spill [spɪl] (**spilt** *od.* **spilled**) verschütten; sich ergießen

spilt [spɪlt] *pret u. pp von* **spill**

spin [spɪn] **1.** (**spun**) spinnen; (herum)wirbeln; (sich) drehen; **2.** Drehung f; F Spritztour f

spinach ['spɪnɪdʒ] Spinat m

spinal ['spaɪnl] Rückgrat...; ~ *column* Wirbelsäule f; ~ *cord* Rückenmark n

spin|-drier ['spɪndraɪə] → **spin-dryer**; '~-dry Wäsche schleudern; '~-dryer (Wäsche)Schleuder f

spine [spaɪn] *anat.* Rückgrat n; Stachel m

spinster ['spɪnstə] unverheiratete Frau; alte Jungfer

spiral ['spaɪərəl] **1.** Spirale f; **2.** gewunden; ~ *staircase* Wendeltreppe f

spire [spaɪə] (Kirch)Turmspitze f, Turm m

spirit ['spɪrɪt] Geist m; Schwung m, Elan m; Mut m; Stimmung f; *pl* Spirituosen *pl*; '~ed temperamentvoll, lebhaft; mutig; '~ual [-tʃʊəl] **1.** geistig; geistlich; **2.** *mus.* Spiritual n, m

spit¹ [spɪt] **1.** Speichel m, Spucke f; **2.** (**spat** *od. Am. a.* **spit**) (aus)spucken; fauchen

spit² [spɪt] (Brat)Spieß m

spite [spaɪt] Bosheit f; *in* ~ *of* trotz; **2.** *j-n* ärgern; '~ful gehässig, boshaft

splash [splæʃ] **1.** Spritzer m, Platschen n; **2.** (be)spritzen; klatschen; planschen

spleen [spliːn] *anat.* Milz f

splend|id ['splendɪd] glänzend, großartig, prächtig; '~o(u)r Glanz m, Pracht f

splint [splɪnt] *med.* Schiene f; **2.** schienen; '~er **1.** Splitter m; **2.** (zer)splittern

split [splɪt] **1.** Spalt *m*, Riß *m*; *fig.* Spaltung *f*; **2.** (**split**) *v/t* (zer)teilen; zerreißen; (auf-)spalten; (auf)teilen; *v/i* sich teilen; ~ sich spalten; (auf-)platzen; ~ (**up**) sich trennen; '~**ting** *Kopfschmerz*: rasend

splutter [splʌtə] stottern (*a. Motor*); *Worte* hervorstoßen

spoil [spɔɪl] (**spoiled** *od.* **spoilt**) verderben; verwöhnen; *Kind a.* verziehen; '~**sport** Spielverderber(in); ~**t** *pret u. pp von* **spoil**

spoke[1] [spəʊk] Speiche *f*

spoke[2] [~] *pret*, '~**n** *pp von* **speak**

'**spokes|man** (*pl* **-men**) Sprecher *m*; '~**person** Spreche]r(in); '~**woman** (*pl* **-women**) Sprecherin *f*

sponge [spʌndʒ] **1.** Schwamm *m*; **2.** (mit e-m Schwamm) (ab)wischen; schmarotzen; ~ **bag** *Brt.* Toiletten-, Kulturbeutel *m*; ~ **cake** Biskuitkuchen *m*

sponsor ['spɒnsə] **1.** Geldgeber(in), Sponsor(in); Förder|er *m*, -in *f*; Bürg|e *m*, -in *f*; **2.** bürgen für; fördern, sponsern

spontaneous [spɒn'teɪnjəs] spontan

spoon [spuːn] Löffel *m*; '~**ful** (*ein*) Löffel(voll) *m*

spore [spɔː] Spore *f*

sport [spɔːt] **1.** Sport(art *f*) *m*; F feiner Kerl; **2.** protzen mit; ~**s...** Sport...; '~**sman** (*pl* **-men**) Sportler *m*; '~**swoman** (*pl* **-women**) Sportlerin *f*; '~**y** sportlich

spot [spɒt] **1.** Fleck(en) *m*; Tupfen *m*; Stelle *f*; Pickel *m*; Makel *m*; **2.** entdecken, erkennen; erspähen; ~ **check** Stichprobe *f*; '~**less** makellos (sauber); '~**light** *thea.* Scheinwerfer(licht *n*) *m*; '~**ted** gefleckt; gepunktet; '~**ty** fleckig, pickelig

spout [spaʊt] **1.** Tülle *f*, Schnabel *m*; (Wasser)Strahl *m*; **2.** (heraus)spritzen

sprain [spreɪn] **1.** Verstauchung *f*; **2.** sich *et.* verstauchen

sprang [spræŋ] *pret von* **spring** 2

sprawl [sprɔːl] ausgestreckt daliegen

spray [spreɪ] **1.** Gischt *m*, *f*; Spray *m*, *n*; **2.** (be)sprühen; spritzen; sprayen

spread [spred] **1.** (**spread**) (sich) aus- *od.* verbreiten; (sich) ausdehnen; *Butter etc.* streichen; **2.** Aus-, Verbreitung *f*; Spannweite *f*; (Brot)Aufstrich *m*; '~**sheet** *Computer*: Tabellenkalkulation *f*

spree [spriː]: **go** (**out**) **on a** ~ eine Zechtour machen; groß einkaufen gehen

sprig [sprɪg] kleiner Zweig

sprightly ['spraɪtlɪ] lebhaft, munter

spring [sprɪŋ] **1.** Frühling *m*;

stability

(Sprung)Feder *f*; Quelle *f*; 2. (**sprang** *od. Am.* **sprung**, **sprung**) springen; '~**board** Sprungbrett *n*; '~**cleaning** Frühjahrsputz *m*; '~**time** Frühling *m*; '~**y** federnd, elastisch

sprinkle ['sprɪŋkl] (be)streuen; sprenkeln; (be)sprengen; '~**r** Berieselungsanlage *f*, Sprinkler *m*; Rasensprenger *m*

sprout [spraʊt] 1. sprießen; keimen; sich *e-n* Bart wachsen lassen; 2. Sproß *m*; (**Brussels**) ~**s** *pl* Rosenkohl *m*

spruce [spru:s] gepflegt, adrett

sprung [sprʌŋ] *pret u. pp von* **spring** 2

spun [spʌn] *pret u. pp von* **spin** 1

spur [spɜ:] 1. Sporn *m* (*a. zo., bot.*); *fig.* Ansporn *m*; *pl* Sporen *pl*; 2. ~ **on** anspornen

spy [spaɪ] 1. Spion(in); 2. spionieren; ~ **on** *j-n* bespitzeln; *j-m* nachspionieren

squabble ['skwɒbl] 1. sich zanken; 2. Zank *m*

squad [skwɒd] (*Überfall etc.*)Kommando *n*

squalid ['skwɒlɪd] verwahrlost; verkommen

squall [skwɔ:l] Bö *f*

squalor ['skwɒlə] Schmutz *m*; Verwahrlosung *f*

squander ['skwɒndə] verschwenden

square [skweə] 1. quadratisch, Quadrat...; viereckig; rechtwink(e)lig; gerecht, fair; 2. Quadrat *n*; Viereck *n*; öffentlicher Platz; Brettspiel: Feld *n*; 3. quadratisch machen; *Zahl* ins Quadrat erheben; *Schulden* begleichen; *Schultern* straffen; in Einklang bringen *od.* stehen; '~**root** *math.* Quadratwurzel *f*

squash [skwɒʃ] 1. Gedränge *n*; *Sport:* Squash *n*; → *lemon* / *orange squash*; 2. zerquetschen

squat [skwɒt] 1. untersetzt; 2. hocken, kauern; *Haus* besetzen; '~**ter** Hausbesetzer(in)

squawk [skwɔ:k] kreischen

squeak [skwi:k] quieken; quietschen

squeal [skwi:l] kreischen

squeamish ['skwi:mɪʃ] empfindlich; zimperlich

squeeze [skwi:z] 1. (aus-) drücken, (-)pressen, (-)quetschen; sich zwängen *od.* quetschen; 2. Druck *m*; Gedränge *n*; *econ.* Engpaß *m*; '~**r** (*Frucht*)Presse *f*

squid [skwɪd] Tintenfisch *m*

squint [skwɪnt] schielen; blinzeln

squirm [skwɜ:m] sich winden

squirrel ['skwɪrəl] Eichhörnchen *n*

squirt [skwɜ:t] spritzen

stab [stæb] 1. Stich *m*; 2. (er)stechen

stabili|ty [stə'bɪlətɪ] Stabili-

tät *f*; Beständigkeit *f*; **~ze** ['steɪbəlaɪz] stabilisieren
stable¹ ['steɪbl] stabil, fest; *Charakter:* gefestigt
stable² [~] Stall *m*
stack [stæk] 1. Stapel *m*; 2. (auf)stapeln
stadium ['steɪdjəm] (*pl* **~s**, **-dia** [~djə]) *Sport:* Stadion *n*
staff [stɑːf] Mitarbeiterstab *m*; Personal *n*, Belegschaft *f*; Lehrkörper *m*; Stab *m*
stag [stæg] Hirsch *m*
stage [steɪdʒ] 1. Bühne *f*, Stadium *n*; Phase *f*, Etappe *f*; *Bus etc.:* Teilstrecke *f*, Fahrzone *f*; (Raketen)Stufe *f*; 2. aufführen; inszenieren; '**~coach** Postkutsche *f*
stagger ['stægə] (sch)wanken, taumeln; sprachlos machen, umwerfen; **~ing** ['~ərɪŋ] unglaublich
stagna|nt ['stægnənt] *Wasser:* stehend; stagnierend; **~te** [~neɪt] stagnieren
stain [steɪn] 1. Fleck *m*; *fig.* Makel *m*; 2. beschmutzen, beflecken; **~ed 'glass window** farbiges Glasfenster; '**~less** rostfrei; **~ remover** Fleckenentferner *m*
stair [steə] Stufe *f*; *pl* Treppe *f*; '**~case**, '**~way** Treppe(nhaus *n*) *f*
stake [steɪk] 1. Geld setzen; *fig.* aufs Spiel setzen; 2. Pfahl *m*; (Spiel)Einsatz *m*; **be at ~** auf dem Spiel stehen
stale [steɪl] alt; schal, abge-

standen; verbraucht
stalk [stɔːk] Stengel *m*, Stiel *m*, Halm *m*
stall [stɔːl] 1. *im* Stall: Box *f*; (Verkaufs)Stand *m*, (Markt-)Bude *f*; *pl Brt. thea.* Parkett *n*; 2. *Motor:* abwürgen; absterben
stallion ['stæljən] Hengst *m*
stalwart ['stɔːlwət] stramm, stark; treu
stamina ['stæmɪnə] Ausdauer *f*, Durchhaltevermögen *n*
stammer ['stæmə] 1. stottern, stammeln; 2. Stottern *n*
stamp [stæmp] 1. Stempel *m*; (Brief)Marke *f*; 2. stampfen, aufstampfen (mit); trampeln; stempeln; frankieren
stand [stænd] 1. (*stood*) stehen; stellen; aushalten, (v)ertragen; sich *et.* gefallen lassen; *Probe* bestehen; **~** (*still*) stehenbleiben, stillstehen; **~ back** zurücktreten; **~ by** dabeistehen; bereitstehen; zu *j-m* halten *od.* stehen; **~ for** bedeuten; **~ in for** einspringen für; **~ out** hervortreten; *fig.* sich abheben; **~ up** aufstehen; **~ up for** eintreten für; 2. (Stand)Platz *m*; (Taxi)Stand(platz) *m*; Ständer *m*; Gestell *n*; Tribüne *f*; (Verkaufs)Stand *m*
standard ['stændəd] Standarte *f*; Standard *m*, Norm *f*; Maßstab *m*; Niveau *n*; Normal...; **~ize** normen
standing ['stændɪŋ] 1. ste-

hend; (be)ständig; **2.** Stellung *f*, Rang *m*, Ruf *m*; Dauer *f*; **~ order** Dauerauftrag *m*; **~ room** Stehplätze *pl*
stand|offish [stænd'ɒfiʃ] F hochnäsig; **'~point** Standpunkt *m*; **'~still** Stillstand *m*
stank [stæŋk] *pret von* **stink** 2
staple ['steɪpl] Heftklammer *f*; Haupterzeugnis *n*; Haupt...; **'~r** Heftmaschine *f*
star [stɑː] **1.** Stern *m*; *Person:* Star *m*; **die Hauptrolle spielen;** **~ring** ... mit ... in der Hauptrolle
starboard ['stɑːbəd] Steuerbord *n*
starch [stɑːtʃ] **1.** (Wäsche-) Stärke *f*; **2.** stärken
stare [steə] **1.** starrer Blick; **2.** (**~ at** an)starren
'starfish (*pl* **~**, **~es**) Seestern *m*
stark [stɑːk]: **~ naked** splitternackt
starling ['stɑːlɪŋ] *zo.* Star *m*
start [stɑːt] **1.** Beginn *m*, Anfang *m*; Aufbruch *m*; Abfahrt *f*; *aer.* Abflug *m*; *Sport:* Start *m*; Vorsprung *m*; Auffahren *n*, Zs.-fahren *n*; **2.** beginnen, anfangen; aufbrechen; *Zug:* abfahren; *Schiff:* auslaufen; *aer.* abfliegen, starten; *Sport:* starten; *mot.* anspringen; auffahren, zs.-fahren; *et.* in Gang setzen, *tech.* anlassen; **'~er** *Sport:* Starter *m*; Läufer(in); *mot.* Anlasser *m*; F Vorspeise *f*

startl|e ['stɑːtl] erschrecken; aufschrecken; **'~ing** überraschend; erschreckend; aufsehenerregend
starv|ation [stɑː'veɪʃn] (Ver-) Hungern *n*; Hungertod *m*; **~e** [~v] (ver)hungern (lassen); **I'm starving** ich sterbe vor Hunger
state [steɪt] **1.** Zustand *m*; Stand *m*; Staat *m*; F Aufregung *f*; **2.** staatlich, Staats...; **3.** erklären, darlegen; angeben; feststellen, festsetzen; **2 Department** *Am.* Außenministerium *n*; **'~ly** stattlich, würdevoll; **'~ment** Erklärung *f*; Behauptung *f*; Aussage *f*; (Konto)Auszug *m*
static ['stætɪk] statisch
station ['steɪʃn] **1.** Bahnhof *m*; Station *f*; (Polizei*etc.*)Wache *f*; (*TV-, Rundfunk*)Sender *m*; *mil.* Stützpunkt *m*; **2.** aufstellen; stationieren; **'~ary** (still)stehend; **'~er** Schreibwarenhändler *m*; **'~er's** Schreibwarengeschäft *n*; **'~ery** Schreibwaren *pl*; Briefpapier *n*; **'~master** Stationsvorsteher *m*; **~ wagon** *Am. mot.* Kombiwagen *m*
statistics [stə'tɪstɪks] *pl* (*sg konstr.*) Statistik *f*; (*pl konstr.*) Statistik(en *pl*) *f*
statue ['stætjuː] Statue *f*
status ['steɪtəs] Stellung *f*; Status *m*; (**marital**) **~** Familienstand *m*

statute ['stætjuːt] Statut *n*, Satzung *f*; Gesetz *n*

staunch [stɔːntʃ] treu, zuverlässig

stay [steɪ] 1. Aufenthalt *m*; 2. bleiben; sich aufhalten, wohnen; ~ **put** F sich nicht vom Fleck rühren; ~ **away** wegbleiben; sich fernhalten; ~ **up** aufbleiben

stead [sted]: *in his* ~ an s-r Stelle; '~**fast** treu; unerschütterlich; unverwandt

steady [stedɪ] 1. fest; gleichmäßig, beständig; zuverlässig; ruhig, sicher; 2. (sich) festigen; (sich) beruhigen; 3. F feste Freundin, fester Freund

steak [steɪk] Steak *n*

steal [stiːl] (*stole, stolen*) stehlen; sich stehlen, schleichen

stealthy ['stelθɪ] heimlich, verstohlen

steam [stiːm] 1. Dampf *m*; Dampf...; 2. dampfen; *Speisen* dünsten, dämpfen; ~ **up** *Glas etc.*: (sich) beschlagen; ~ **engine** Dampfmaschine *f*; '~**er** Dampfer *m*; ~ **iron** Dampfbügeleisen *n*; '~**roller** Dampfwalze *f*; '~**ship** Dampfer *m*

steel [stiːl] 1. Stahl *m*; 2. stählern; Stahl...; '~**works** (*pl* ~) *sg*, *of* Stahlwerk *n*

steep [stiːp] 1. steil; *fig.* F unverschämt, *Preis a.* gepfeffert; 2. einweichen

steeple ['stiːpl] Kirchturm *m*

steer [stɪə] steuern, lenken; ~**ing** ['~rɪŋ] Steuerung *f*; ~**ing wheel** Steuer-, Lenkrad *n*

stem [stem] 1. Stamm *m*; Stiel *m*; Stengel *m*; 2. aufhalten; eindämmen; ~ **from** stammen *od.* herrühren von

stench [stentʃ] Gestank *m*

stencil ['stensl] Schablone *f*; *print.* Matrize *f*

step¹ [step] 1. Schritt *m*; (Treppen)Stufe *f*; 2. treten, gehen; ~ **up** steigern

step² [~] *in Zssgn*: Stief...

'**stepping stone** *fig.* Sprungbrett *n*

stereo ['sterɪəʊ] Stereo *n*

sterile ['steraɪl] unfruchtbar, steril; ~**ize** ['~ɪlaɪz] sterilisieren

sterling ['stɜːlɪŋ] *Währung*: Sterling *m*

stern [stɜːn] 1. streng; 2. *mar.* Heck *n*

stew [stjuː] 1. schmoren; dünsten; 2. Eintopf(gericht *n*) *m*

steward ['stjʊəd] Steward *m*; '~**ess** Stewardeß *f*

stick [stɪk] 1. Stock *m*; (*Besen etc.*)Stiel *m*; (dünner) Zweig, Stange *f*; Stück *n*; 2. (*stuck*) stechen; stecken; kleben; hängenbleiben, steckenbleiben; klemmen; haften; F stellen; F ausstehen; ~ **out** ab-, hervorstehen; heraus(r)ecken; ~ **to** bei j-m *od.* et. bleiben; '~**er** Aufkleber *m*;

~ing plaster Heftpflaster n; **~y** klebrig; schwül; stickig

stiff [stɪf] steif; schwierig; *alkoholisches Getränk:* stark; **~en** steif werden

stifl|e ['staɪfl] ersticken; *fig.* unterdrücken; **~ing** drückend; beengend

still [stɪl] **1.** *adj* still; **2.** *adv* (immer) noch

stilted ['stɪltɪd] *Stil:* gestelzt

stimul|ant ['stɪmjʊlənt] Anregungsmittel n; Anreiz m; **~ate** anregen; **~ating** anregend; **~ation** [‿'leɪʃn] Anreiz m; *med.* Reiz(ung f) m; **~us** [‿əs] (*pl* **-li** [‿laɪ]) Anregung f; (An)Reiz m

sting [stɪŋ] **1.** Stich m; Stachel m; **2.** (**stung**) stechen; brennen

stingy ['stɪndʒɪ] geizig

stink [stɪŋk] **1.** Gestank m; **2.** (**stank** *od.* **stunk, stunk**) stinken

stipulat|e ['stɪpjʊleɪt] festsetzen, ausbedingen; **~ion** [‿'leɪʃn] Bedingung f

stir [stɜː] **1.** (um)rühren; (sich) rühren od. bewegen; *fig.* erregen; **~ up** Streit entfachen; **2.** Aufsehen n; **~ring** ['‿rɪŋ] aufwühlend; mitreißend

stirrup ['stɪrəp] Steigbügel m

stitch [stɪtʃ] **1.** Stich m; Masche f; Seitenstechen n; **2.** nähen; heften

stock [stɒk] **1.** Vorrat m; (Waren)Lager n; Ware(n pl) f; Vieh(bestand m) n; Brühe f; Herkunft f; *econ. a. pl:* Aktien pl; Staatspapiere pl; **in** (**out of**) **~** (nicht) vorrätig; **take ~** Inventur machen; *fig.* Bilanz ziehen; **2.** gängig, Standard...; **3.** ausstatten, versorgen; *Waren* führen, vorrätig haben; **'~breeder** Viehzüchter m; **'~broker** Börsenmakler m; **~ company** *Am.* Aktiengesellschaft f; **~ exchange** Börse f; **'~holder** *Am.* Aktionär(in)

stocking ['stɒkɪŋ] Strumpf m

stock| market Börse f; **'~y** stämmig

stole [stəʊl] *pret,* **~n** *pp von* **steal**

stolid ['stɒlɪd] stur

stomach ['stʌmək] **1.** Magen m; Bauch m; **2.** (v)ertragen; **~ache** Magenschmerzen pl, Bauchweh n

ston|e [stəʊn] **1.** Stein m; (Obst)Stein m, (-)Kern m; (*pl* **~, ~s**) *Brt.* Gewichtseinheit (6,35 kg); **2.** steinern, Stein...; **3.** entsteinen, -kernen; **'~y** steinig; *fig.* steinern

stood [stʊd] *pret. u. pp von* **stand** 1

stool [stuːl] Schemel m, Hocker m; *med.* Stuhlgang m

stoop [stuːp] sich bücken; gebeugt gehen

stop [stɒp] *v/t* aufhören (mit); an-, aufhalten, stoppen; hindern; *Zahlungen etc.* einstellen; *Zahn* plombieren; *Blutung* stillen; *v/i* (an)hal-

stopgap

ten, stehenbleiben, stoppen; F bleiben; ~ **off** F kurz haltmachen; ~ **over** die Fahrt unterbrechen; *aer.* zwischenlanden; **2.** Halt *m;* Pause *f;* Aufenthalt *m;* Station *f;* Haltestelle *f; tech.* Anschlag *m; ling.* Punkt *m;* '~**gap** Notbehelf *m;* '~**lights** *pl mot.* Bremslichter *pl;* '~**over** Aufenthalt *m; aer.* Zwischenstation *f;* ~**per** Stöpsel *m;* '~**ping** *med.* Plombe *f*

storage ['stɔ:rɪdʒ] Lagerung *f;* Speicherung *f* (*a. Computer*); Lagergeld *n*

store [stɔ:] **1.** Vorrat *m;* Lagerhaus *n; Am.* Laden *m,* Geschäft *n;* Kauf-, Warenhaus *n; Computer.* Speicher *m;* **2.** (ein)lagern; einen Vorrat von ... anlegen; *Computer:* speichern; '~**house** Lagerhaus *n;* '~**keeper** *Am.* Ladenbesitzer(in); '~**room** Lagerraum *m*

storey ['stɔ:rɪ] *Brt.* Stock (-werk *n*) *m*

stork [stɔ:k] Storch *m*

storm [stɔ:m] **1.** Sturm *m;* Gewitter *n;* **2.** stürmen; toben; '~**y** stürmisch

story ['stɔ:rɪ] Geschichte *f;* Erzählung *f; Am.* → **storey**

stout [staʊt] **1.** korpulent, dick; **2.** Starkbier *n*

stove [stəʊv] Ofen *m,* Herd *m*

stow [stəʊ] verstauen; '~**away** blinder Passagier

straight [streɪt] **1.** *adj* gerade; Haar: glatt; offen; ehrlich; in Ordnung; *Whisky etc.:* pur; **2.** *adv* gerade(aus); direkt, geradewegs; ~ **ahead,** ~ **on** geradeaus; ~ **off,** ~ **away** sofort; '~**en** gerademachen, gerade werden; (gerade)richten; ~ **o.s.** sich aufrichten; ~ **out** in Ordnung bringen; klären; ~'**forward** ehrlich; einfach

strain [streɪn] **1.** überanstrengen; anspannen; *Muskel etc.* zerren; *Gelenk* verstauchen; *fig.* strapazieren; überfordern; durchseihen, filtern; abgießen; sich anstrengen *od.* abmühen; **2.** Spannung *f;* Belastung *f; med.* Zerrung *f;* Überanstrengung *f;* '~**er** Sieb *n*

strait [streɪt] (*in Eigennamen oft:* **2s** *pl*) Meerenge *f,* Straße *f; pl* Notlage *f*

strand [strænd] Strang *m;* Strähne *f;* Faden *m*

strange [streɪndʒ] fremd; seltsam, merkwürdig; '~**r** Fremde *m, f*

strangle ['stræŋgl] erwürgen

strap [stræp] **1.** Riemen *m,* Gurt *m,* Band *n; Kleid:* Träger *m;* **2.** fest-, umschnallen

strategic [strə'ti:dʒɪk] strategisch; ~**y** ['strætɪdʒɪ] Strategie *f*

straw [strɔ:] Stroh *n;* Strohhalm *m;* '~**berry** Erdbeere *f*

stray [streɪ] **1.** sich verirren;

(herum)streunen; **2.** verirrt, streunend; vereinzelt
streak [stri:k] **1.** Streifen *m*; Strähne *f*; **2.** streifen; flitzen; '**~y** streifig; *Speck:* durchwachsen
stream [stri:m] **1.** Bach *m*; Strom *m*, Strömung *f*; *fig.* Strom *m*; **2.** strömen; flattern; '**~er** Wimpel *m*; Luftschlange *f*; (flatterndes) Band
street [stri:t] Straße *f*; '**~car** *Am.* Straßenbahn *f*
strength [streŋθ] Kraft *f*; Stärke *f* (*a. fig.*); '**~en** *v/t* (ver)stärken; *fig.* bestärken; *v/i* stärker werden
strenuous ['strenjʊəs] anstrengend; unermüdlich
stress [stres] **1.** Belastung *f*, Streß *m*; Betonung *f*; Nachdruck *m*; **2.** betonen; **be ~ed** gestreßt sein
stretch [stretʃ] **1.** (sich) strecken; (sich) dehnen; sich erstrecken; spannen; **2.** Strecke *f*; Zeit(raum *m*) *f*; '**~er** Tragbahre *f*; (Schuh- *etc.*)Spanner *m*
strict [strikt] streng; genau
stridden ['stridn] *pp von stride 1*
stride [straid] **1.** (*strode, stridden*) schreiten; **2.** großer Schritt
strike [straik] **1.** Streik *m*; (Öl- *etc.*)Fund *m*; Angriff *m*; Schlag *m*; **2.** (*struck*) schlagen; stoßen gegen; treffen; *Streichholz* anzünden; stoßen auf; *Blitz:* einschlagen (in); *Zelt* abbrechen; *Uhrzeit* schlagen; *j-m* einfallen od. in den Sinn kommen; *j-m* auffallen; streiken; zuschlagen; '**~r** Streikende *m, f*
striking ['straikiŋ] auffallend, eindrucksvoll; verblüffend
string [striŋ] **1.** Schnur *f*, Bindfaden *m*; Band *n*; Faden *m*, Draht *m*; Reihe *f*, Kette *f*; Saite *f*; *pl* Streichinstrumente *pl*; **2.** (*strung*) bespannen; *Perlen* aufreihen; **~ed instrument** Saiten-, Streichinstrument *n*
strip [strip] **1.** (sich) ausziehen; abziehen, abstreifen; berauben (*a. fig.*); *tech.* zerlegen; **2.** Streifen *m*
stripe [straip] Streifen *m*; **~d** gestreift
strive [straiv] (*strove, striven*) **~ (for)** streben (nach), ringen (um); **~n** ['strivn] *pp von strive*
strode [strəʊd] *pret von stride 1*
stroke [strəʊk] **1.** streichen über; streicheln; **2.** Schlag *m*; Stoß *m*; (*Schwimm*)Zug *m*; *med.* Schlag(anfall) *m*; **~ of luck** Glücksfall *m*
stroll [strəʊl] **1.** schlendern; **2.** Bummel *m*, Spaziergang *m*; '**~er** Spaziergänger(in); *Am.* (Falt)Sportwagen *m*
strong [strɒŋ] stark; kräftig; fest; '**~box** (Stahl)Kassette *f*; '**~room** Tresor(raum) *m*

strove [strəʊv] pret von **strive**
struck [strʌk] pret u. pp von **strike** 2
structure ['strʌktʃə] Struktur f; Bau(werk n) m
struggle ['strʌgl] **1.** sich abmühen; kämpfen; sich winden, zappeln; **2.** Kampf m
strum [strʌm] klimpern (auf)
strung [strʌŋ] pret u. pp von **string** 2
strut [strʌt] **1.** stolzieren; **2.** Strebe f, Stütze f
stub [stʌb] **1.** (Baum)Stumpf m; Stummel m; Kippe f; **2.** ~ out Zigarette ausdrücken
stubble ['stʌbl] Stoppeln pl
stubborn ['stʌbən] eigensinnig; stur; hartnäckig
stuck [stʌk] pret u. pp von **stick** 2
stud [stʌd] Beschlagnagel m; Kragenknopf m; an Schuhen: Stollen m; Am. Schüler(in)
student ['stju:dnt] Student(in), Schüler(in)
studio ['stju:dɪəʊ] Atelier n; Studio n; Einzimmerwohnung f; **~ couch** Schlafcouch f
studious ['stju:djəs] fleißig
study ['stʌdɪ] **1.** Studium n; Arbeitszimmer n; Studie f; Untersuchung f; **2.** studieren; untersuchen; prüfen
stuff [stʌf] **1.** F Zeug n; Sachen pl; **2.** (aus)stopfen; füllen; (sich) vollstopfen; **~ing** Füllung f (a. gastr.); **~y** stickig; prüde; spießig

stumble ['stʌmbl] stolpern
stump [stʌmp] Stumpf m; Stummel m
stun [stʌn] betäuben
stung [stʌŋ] pret u. pp von **sting** 2
stunk [stʌŋk] pret u. pp von **stink** 2
stunning ['stʌnɪŋ] F toll; phantastisch
stupefy ['stju:pɪfaɪ] benommen machen; verblüffen
stupendous [stju:'pendəs] enorm; phantastisch
stupid ['stju:pɪd] dumm; **~ity** [~'pɪdətɪ] Dummheit f
stupor ['stju:pə] Benommenheit f
sturdy ['stɜ:dɪ] robust, kräftig
stutter ['stʌtə] **1.** stottern; **2.** Stottern n
sty[1] [staɪ] Schweinestall m
sty[2] [~] med. Gerstenkorn n
style [staɪl] **1.** Stil m; Mode f; **2.** entwerfen; **'~ish** stilvoll, elegant
stylus ['staɪləs] Plattenspieler Nadel f
suave [swɑ:v] verbindlich
sub|conscious [sʌb'kɒnʃəs] **the ~** das Unterbewußtsein f; **'~division** Unterteilung f; Unterabteilung f
subdue [səb'dju:] unterwerfen; **~d** Licht: gedämpft Person: still
subject 1. ['sʌbdʒɪkt] Thema n, Gegenstand m; (Lehr-) Schul-, Studien)Fach n; Staatsbürger(in), -angehöri-

succumb

ge m, f; Untertan(in); gr. Subjekt n, Satzgegenstand n; **2.** [səb'dʒekt] unterwerfen; aussetzen; **3.** ['sʌbdʒɪkt] **be ~ to** unterliegen (dat); abhängen von; **~ive** [səb'dʒektɪv] subjektiv

sublet [sʌb'let] untervermieten

sublime [sə'blaɪm] erhaben

submachine gun [sʌbmə-'ʃiːn] Maschinenpistole f

submarine [sʌbmə'riːn] Unterseeboot n, U-Boot n

submerge [səb'mɜːdʒ] (ein-, unter)tauchen

submiss|ion [səb'mɪʃn] Unterwerfung f; **~ive** unterwürfig

submit [səb'mɪt]: **~ (to)** (sich) unterwerfen (dat); unterbreiten (dat); sich fügen (dat, in)

subordinate [sə'bɔːdnət] **1.** Untergebene m, f; **2.** untergeordnet

subscribe [səb'skraɪb] spenden; **~ to** Zeitung abonnieren; **~r** Abonnent(in); teleph. Teilnehmer(in); Subskribent(in)

subscription [səb'skrɪpʃn] Abonnement n; (Mitglieds)Beitrag m; Spende f

subsequent ['sʌbsɪkwənt] (nach)folgend, später; **~ly** hinterher; später

subside [səb'saɪd] sich senken; sinken; Wind: sich legen

subsidiary [səb'sɪdɪərɪ] **1.** untergeordnet, Neben...; **2.** Tochtergesellschaft f

subsid|ize ['sʌbsɪdaɪz] subventionieren; **~y** Subvention f

subsist [səb'sɪst] leben (on von); **~ence** (Lebens)Unterhalt m, Existenz f; **~ level** Existenzminimum n

substance ['sʌbstəns] Substanz f, Stoff m; das Wesentliche

substantial [səb'stænʃl] beträchtlich; kräftig, solide; Mahlzeit: reichlich; wesentlich

substitut|e ['sʌbstɪtjuːt] **1.** ersetzen; **2.** Stellvertreter(in), Vertretung f; Ersatz m; **~ion** [~'tjuːʃn] Ersatz m

subtitle ['sʌbtaɪtl] Untertitel m

subtle ['sʌtl] fein; subtil; raffiniert

subtract [səb'trækt] abziehen, subtrahieren

suburb ['sʌbɜːb] Vorort m; **~an** [sə'bɜːbən] vorstädtisch, Vorort(s)...; **~ia** [~bɪə] Stadtrand m

subway ['sʌbweɪ] Unterführung f; Am. U-Bahn f

succeed [sək'siːd] Erfolg haben; gelingen; (nach)folgen

success [sək'ses] Erfolg m; **~ful** erfolgreich; **~ion** (Aufeinander)Folge f; **in ~** nacheinander; **~ive** aufeinanderfolgend; **~or** Nachfolger(in)

succulent ['sʌkjʊlənt] saftig

succumb [sə'kʌm] erliegen

such [sʌtʃ] solche(r, -s); so, derartig; ~ **a** so ein, ein solcher; ~ **as** wie (zum Beispiel)

suck [sʌk] saugen (an); lutschen (an); '~**er** F Trottel m; '~**ing pig** Spanferkel n

sudden ['sʌdn] plötzlich; **all of a** ~ ganz plötzlich; '~**ly** plötzlich

suds [sʌdz] pl Seifenschaum m

sue [sju:] (ver)klagen

suède [sweɪd] Wildleder n

suet ['sʊɪt] Talg m

suffer ['sʌfə] (er)leiden

sufficient [sə'fɪʃnt] genügend, genug, ausreichend

suffocate ['sʌfəkeɪt] ersticken

sugar ['ʃʊgə] **1.** Zucker m; **2.** zuckern; ~ **cane** Zuckerrohr n

suggest [sə'dʒest] vorschlagen, anregen; hindeuten auf; andeuten; unterstellen; ~**ion** Vorschlag m, Anregung f; Hinweis m; Andeutung f; Unterstellung f; ~**ive** zweideutig; anzüglich; **be** ~ **of** hindeuten auf

suicide ['sʊɪsaɪd] Selbstmord m

suit [su:t] **1.** Anzug m; Kostüm n; *Kartenspiel:* Farbe f; *jur.* Prozeß m; **2.** passen; *j-m* zusagen; bekommen; j-m stehen, passen zu; sich eignen für *od.* zu; anpassen; ~ **yourself** mach, was du willst; '~**able** passend, geeignet; '~**case** Koffer m

suite [swi:t] Zimmerflucht f, Suite f; (Möbel)Garnitur f

sulfur ['sʌlfə] *Am.* → **sulphur**

sulk [sʌlk] schmollen; '~**y** schmollend

sullen ['sʌlən] mürrisch

sulphur ['sʌlfə] Schwefel m

sultry ['sʌltrɪ] schwül

sum [sʌm] **1.** Summe f; Betrag m; Rechenaufgabe f; **do** ~ rechnen; **2.** ~ **up** zs.-fassen; j-n abschätzen

summar|ize ['sʌmərɑɪz] zs.-fassen; '~**y** (kurze) Inhaltsangabe f, Zs.-fassung f

summer ['sʌmə] Sommer m

summit ['sʌmɪt] Gipfel m

summon ['sʌmən] zitieren; einberufen; *jur.* vorladen; ~ **up** *Mut etc.* zs.-nehmen; ~**s** ['~z] *jur.* Vorladung f

sun [sʌn] Sonne f; '~**bathe** sich sonnen; '~**beam** Sonnenstrahl m; '~**bed** Sonnenbank f; '~**burn** Sonnenbrand m

sundae ['sʌndeɪ] Eisbecher m mit Früchten

Sunday ['sʌndɪ] Sonntag m

'**sundial** Sonnenuhr f

sundries ['sʌndrɪz] pl Verschiedenes

sung [sʌŋ] pp von **sing**

'**sunglasses** pl Sonnenbrille f

sunk [sʌŋk] pret u. pp von **sink** 1; '~**en** versunken; eingefallen

'**sun|ny** sonnig; '~**rise** Sonnenaufgang m; '~**set** Sonnenuntergang m; '~**shade**

Sonnenschirm *m*; '~shine Sonnenschein *m*; '~stroke Sonnenstich *m*; '~tan Bräune *f*; *get a* ~ braun werden
super ['su:pə] F super, toll
super... [su:pə] Über..., über...; Ober..., ober...; Super...
superb [suː'pɜːb] hervorragend, ausgezeichnet
super|cilious [suːpəˈsɪlɪəs] hochmütig; **~ficial** [~'fɪʃl] oberflächlich; **~fluous** [suː-'pɜːflʊəs] überflüssig; **~'human** übermenschlich; **~intendent** [~rɪn'tendənt] Leiter *m*, Direktor *m*; *Brt.* Kommissar(in) *f*
superior [suː'pɪərɪə] **1.** höhere(r, -s) vorgesetzt; besser; hervorragend; überlegen; **2.** Vorgesetzte *m*, *f*
super|market ['suːpəmɑːkɪt] Supermarkt *m*; **~natural** übernatürlich; **~power** Weltmacht *f*; **~sonic** Überschall...; **~stition** [~'stɪʃn] Aberglaube *m*; **~stitious** [~'stɪʃəs] abergläubisch; **~vise** [~vaɪz] beaufsichtigen, überwachen; **~visor** [~vaɪzə] Aufseher(in)
supper ['sʌpə] Abendessen *n*; *the Lord's* **2** das Heilige Abendmahl
supple ['sʌpl] geschmeidig
supplement 1. ['sʌplɪmənt] Ergänzung *f*; Nachtrag *m*; (*Zeitungs- etc.*)Beilage *f*; **2.** [~ment] ergänzen; **~ary** [~'mentərɪ] zusätzlich
suppl|ier [sə'plaɪə] Lieferant(in); **~y** [~aɪ] **1.** liefern; versorgen; **2.** Lieferung *f*; Versorgung *f*; *econ.* Angebot *n*; *mst pl* Vorrat *m*
support [sə'pɔːt] **1.** Stütze *f*; *tech.* Träger *m*; (Lebens)Unterhalt *m*; **2.** tragen; (ab)stützen; unterstützen; *Familie* unterhalten
suppos|e [sə'pəʊz] annehmen; vermuten; glauben, denken; *be ~d to ...* sollen; **~ed** [~zd] vermeintlich; **~edly** [~zɪdlɪ] angeblich; **~ition** [sʌpə'zɪʃn] Voraussetzung *f*; Annahme *f*, Vermutung *f*
suppress [sə'pres] unterdrücken; **~ion** Unterdrückung *f*
suppurate ['sʌpjʊəreɪt] eitern
suprem|acy [so'preməsɪ] Oberhoheit *f*; Vorherrschaft *f*; Überlegenheit *f*; Vorrang *m*; **~e** [~'priːm] höchste(r, -s); oberste(r, -s); äußerste(r, -s)
surcharge ['sɜːtʃɑːdʒ] Zuschlag *m*; Nachgebühr *f*
sure [ʃɔː] sicher; gewiß; überzeugt; *make ~ that* sich (davon) überzeugen, daß; ~ *enough* tatsächlich; *~!* klar!, bestimmt!; '**~ly** sicher(lich); **~ty** [~rətɪ] Bürge *m*, -in *f*; Bürgschaft *f*, Kaution *f*
surf [sɜːf] **1.** surfen; **2.** Brandung *f*

surface ['sɜːfis] 1. Oberfläche f; 2. auftauchen (a. fig.); ~mail gewöhnliche Post

surf|board ['sɜːfbɔːd] Surfbrett n; '~er Surfer(in), Wellenreiter(in); '~ing, '~riding Surfen n, Wellenreiten n

surge [sɜːdʒ] 1. Woge f; 2. wogen; drängen; aufwallen

surg|eon ['sɜːdʒən] Chirurg m; '~ery Sprechzimmer n; Praxis f; Chirurgie f; Operation f; ~ hours pl Sprechstunde(n pl) f; '~ical chirurgisch

surly ['sɜːli] mürrisch

surmount [sɜːˈmaʊnt] überwinden

surname ['sɜːneɪm] Familien-, Nachname m

surpass [səˈpɑːs] übertreffen

surplus ['sɜːpləs] 1. Überschuß m; 2. überschüssig

surprise [səˈpraɪz] 1. Überraschung f; 2. überraschen

surrender [səˈrendə] 1. Kapitulation f; 2. sich ergeben, kapitulieren

surrogate ['sʌrəgeɪt] Ersatz m; ~ **mother** Leihmutter f

surround [səˈraʊnd] umgeben; umringen; '~ing umliegend; '~ings pl Umgebung f

survey 1. [sɜːˈveɪ] überblicken; sorgfältig prüfen; begutachten; Land vermessen; 2. ['sɜːveɪ] Überblick m; sorgfältige Prüfung; Gutachten n; Untersuchung f; Umfrage f; Vermessung f

surviv|al [səˈvaɪvl] Überleben n; ~e [~aɪv] überleben; erhalten bleiben; ~or Überlebende m, f

susceptible [səˈseptəbl]: ~ to empfänglich für; anfällig für

suspect 1. [səˈspekt] verdächtigen; vermuten; befürchten; 2. ['sʌspekt] Verdächtige m, f; 3. [~] verdächtig, suspekt

suspend [səˈspend] (auf)hängen; aufschieben; Zahlung einstellen; j-n suspendieren; Sport: sperren; ~ed hängend, schwebend; ~er Strumpfhalter m, Straps m; Sockenhalter m; pl Am. Hosenträger m

suspense [səˈspens] Spannung f; ~ion Aufschub m; Einstellung f; Suspendierung f; Sport: Sperre f; mot. Aufhängung f; ~ion **bridge** Hängebrücke f

suspici|on [səˈspɪʃn] Verdacht m; Mißtrauen n; ~ous verdächtig; mißtrauisch

sustain [səˈsteɪn] stützen, tragen; aushalten; bei Kräften halten; aufrechterhalten; Familie ernähren; erleiden

swab [swɒb] med.: Tupfer m; Abstrich m

swagger ['swægə] stolzieren

swallow[1] ['swɒləʊ] Schwalbe f

swallow[2] [~] schlucken

swam [swæm] pret von **swim** 1

swamp [swɒmp] 1. Sumpf m; 2. überschwemmen (a. fig.)

swan [swɒn] Schwan *m*
swap [swɒp] tauschen
swarm [swɔːm] **1.** Schwarm *m*; **2.** wimmeln
swarthy ['swɔːðɪ] dunkel(-häutig)
sway [sweɪ] schwanken; (sich) wiegen; schaukeln; beeinflussen
swear [sweə] (**swore, sworn**) schwören; fluchen; ~ **s.o. in** j-n vereidigen; '~**word** Fluch *m*
sweat [swet] **1.** Schweiß *m*; **2.** (**sweated** *od. Am. a.* **sweat**) schwitzen; '~**er** Sweater *m*, Pullover *m*; '~**y** verschwitzt
Swed|e [swiːd] Schwed|e *m*, -in *f*; '~**ish** schwedisch
sweep [swiːp] **1.** (**swept**) fegen (*a. fig.*), kehren; Blick: gleiten über; (dahin)rauschen; **2.** Schwung *m*; Schornsteinfeger *m*; '~**ing** durchgreifend; pauschal
sweet [swiːt] **1.** süß; niedlich, lieb, reizend; **2.** *Brt.* Bonbon *m, n*; *Brt.* süßer Nachtisch; *pl* Süßigkeiten *pl*; '~**en** (ver)süßen; '~**ener** Süßstoff *m*; '~**heart** Schatz *m*, Liebste *m, f*; ~ **pea** Gartenwicke *f*
swell [swel] **1.** (**swelled, swollen** *od.* **swelled**) (an-)schwellen (lassen); sich (auf)blähen; sich bauschen; aufblähen; vermehren; **2.** *F* prima, klasse; '~**ing** Schwellung *f*

sweltering ['sweltərɪŋ] drükkend, schwül
swept [swept] *pret u. pp von* **sweep** 1
swerve [swɜːv] ausscheren
swift [swɪft] schnell; rasch
swim [swɪm] **1.** (**swam, swum**) (durch)schwimmen; **go** ~**ming** schwimmen gehen; **my head is** ~**ming** mir dreht sich alles; **2.** Schwimmen *n*; **go for a** ~ schwimmen gehen; '~**mer** Schwimmer(in); '~**ming** Schwimmen *n*; Schwimm...; ~**ming bath(s** *pl* *Brt.* (*bsd.* Hallen)Schwimmbad *n*; ~**ming costume** Badeanzug *m*; ~**ming pool** Schwimmbecken *n*; Schwimmbad *n*; Swimmingpool *m*; ~**suit** Badeanzug *m*
swindle ['swɪndl] betrügen
swine [swaɪn] (*pl* ~) Schwein *n*; *fig.* (*pl* ~, ~**s**) Schwein *n*
swing [swɪŋ] **1.** (**swung**) schwingen; schwenken; schlenkern; baumeln (lassen); schaukeln; Tür: sich (*in den Angeln*) drehen; **2.** Schwung *m*; Schaukel *f*; *pol. etc.* Wende *f*; *mus.* Swing *m*
swirl [swɜːl] **1.** (herum)wirbeln; **2.** Wirbel *m*
Swiss [swɪs] **1.** schweizerisch; Schweizer(in); **the** ~ *pl* die Schweizer *pl*
switch [swɪtʃ] **1.** *electr.* Schalter *m*; *Am. rail.* Weiche *f*;

Wechsel m; Änderung f; **2.** electr. (um)schalten; Am. rail. rangieren; wechseln; **~ off** ab-, ausschalten; **~ on** an-, einschalten; **'~board** electr. Schaltbrett n, -tafel f; teleph. Zentrale f

swivel ['swɪvl] (sich) drehen

swollen ['swəʊlən] pp von **swell 1**

swoop [swu:p]: **~ down on** herabstoßen auf

sword [sɔ:d] Schwert n

sworle [swɔ:] pret, **~n** pp von **swear**

swum [swʌm] pp von **swim 1**

swung [swʌŋ] pret u. pp von **swing 1**

sycamore ['sɪkəmɔ:] Bergahorn m; Am. Platane f

syllable ['sɪləbl] Silbe f

syllabus ['sɪləbəs] (pl **-buses**, **-bi** ['~baɪ]) Lehrplan m

symbol ['sɪmbl] Symbol n, Sinnbild n; **~ic(al)** [~'bɒlɪk(l)] symbolisch, sinnbildlich; **~ize** ['~bəlaɪz] symbolisieren

symmetr|ic(al) [sɪ'metrɪk(l)] symmetrisch, ebenmäßig; **~y** ['sɪmɪtrɪ] Symmetrie f; fig. a. Ebenmaß n

sympath|etic [sɪmpə'θetɪk] mitfühlend; **~ize** ['~θaɪz] mitfühlen; sympathisieren; **'~y** Mitgefühl n; Verständnis n; bei Tod: Beileid n

symphony ['sɪmfənɪ] Symphonie f

symptom ['sɪmptəm] Symptom n; **~atic** [~'mætɪk] bezeichnend

synchronize ['sɪŋkrənaɪz] synchronisieren; synchron gehen; gleichzeitig ablaufen

synonym ['sɪnənɪm] Synonym n; **~ous** [sɪ'nɒnɪməs] synonym, gleichbedeutend

synthetic [sɪn'θetɪk] synthetisch

syringe ['sɪrɪndʒ] Spritze f

syrup ['sɪrəp] Sirup m

system ['sɪstəm] System n; Organismus m, Körper m; **~atic** [~'mætɪk] systematisch

T

tab [tæb] Aufhänger m; Schlaufe f; Lasche f

table ['teɪbl] Tisch m; Tabelle f; **'~cloth** Tischtuch n; **'~spoon** Eßlöffel m

tablet ['tæblɪt] Tablette f

table tennis Tischtennis n

taboo [tə'bu:] **1.** tabu; **2.** Tabu n

tacit ['tæsɪt] stillschweigend

tack [tæk] **1.** Stift m; Reiß-, Heftzwecke f; Heftstich m; **2.** heften

tackle ['tækl] **1.** Gerät n, Ausrüstung f; Flaschenzug m; **2.** (an)packen, in Angriff nehmen; Sport: angreifen

tact [tækt] Takt *m*, Feingefühl *n*; '~**ful** taktvoll
tactics ['tæktɪks] *mil. sg, fig. pl* Taktik *f*
'**tactless** taktlos
tadpole ['tædpəʊl] Kaulquappe *f*
tag [tæg] Anhänger *m*, Schildchen *n*, Etikett *n*
tail [teɪl] **1.** Schwanz *m*; (hinteres) Ende, Schluß *m*; **2.** beschatten; '~**back** Rückstau *m*; ~ **coat** Frack *m*; '~**light** Rück-, Schlußlicht *n*
tailor ['teɪlə] Schneider *m*; '~-**made** maßgeschneidert (*a. fig.*)
tail pipe *Am.* Auspuffrohr *n*
tainted [teɪntɪd] *Fleisch:* verdorben
take [teɪk] (**took, taken**) nehmen; an-, ein-, ent-, entgegen-, heraus-, mit-, wegnehmen; fassen, ergreifen; fangen; (hin-, weg)bringen; halten (**for** für); auffassen; annehmen, ertragen, aushalten; fassen, Platz haben für; *Speisen* zu sich nehmen; *Platz* einnehmen, *Fahrt, Spaziergang, Ferien* machen; *Zug, Bus etc.* nehmen, benutzen; *Temperatur* messen; *phot.* Aufnahme machen; *Prüfung* machen, ablegen; *Notiz* machen; *Gelegenheit, Maßnahmen* ergreifen; *Eid* ablegen; *Zeit, Geduld* erfordern, brauchen; *Zeit* dauern; *Zeitung* beziehen; *Kleidergröße* haben, tragen; ~ **after** nachschlagen, ähneln; ~ **down** abreißen; notieren, aufschreiben; **in Gast** (bei sich) aufnehmen; *et.* kürzer *od.* enger machen; *fig.* verstehen, erfassen; *j-n* reinlegen; ~ **off** ab-, wegnehmen; *Hut etc.* ablegen; *Kleidungsstück* ablegen, ausziehen; *e-n Tag etc.* Urlaub machen; *aer.* starten; ~ **on** einstellen; übernehmen; ~ **out** heraus-, entnehmen; *j-n* ausführen; *Versicherung* abschließen; ~ **over** *Amt, Aufgabe etc.* übernehmen; ~ **to** Gefallen finden an; ~ **up** auf-, hochheben; aufnehmen; sich befassen mit; *Idee* aufgreifen; *Zeit etc.* in Anspruch nehmen; '~**n 1.** *pp von* take; **2.** *Platz:* besetzt; '~**off** *aer.* Start *m*
takings ['teɪkɪŋz] *pl econ.* Einnahmen *pl*
talc [tælk], **talcum powder** ['tælkəm] Talkum-, Körperpuder *m*
tale [teɪl] Erzählung *f*; Geschichte *f*
talent ['tælənt] Talent *n*, Begabung *f*; '~**ed** begabt
talk [tɔːk] **1.** Gespräch *n*, Unterhaltung *f*; Unterredung *f*; Gerede *n*; Vortrag *m*; **2.** sprechen, reden, sich unterhalten; ~ **s.o. into s.th.** j-n zu *et.* überreden; ~ **s.th. over** *et.*

talkative

besprechen; **~ative** ['~ətɪv] gesprächig; geschwätzig
tall [tɔːl] groß; hoch
tallow ['tæləʊ] Talg *m*
talon ['tælən] *Vogel*: Klaue *f*
tame [teɪm] **1.** zahm; *fig.* lahm, fad(e); **2.** zähmen
tamper ['tæmpə]: **~ with** sich zu schaffen machen an
tan [tæn] **1.** (Sonnen)Bräune *f*; **2.** bräunen; braun werden
tangerine [tændʒə'riːn] Mandarine *f*
tangle ['tæŋgl] **1.** Gewirr *n*; Durcheinander *n*; **2.** verwirren, durcheinanderbringen; sich verheddern
tank [tæŋk] Tank *m*; Wasserbehälter *m*; *mil.* Panzer *m*
tankard ['tæŋkəd] Humpen *m*
tanker ['tæŋkə] Tanker *m*; Tankwagen *m*
tanned [tænd] braun(gebrannt)
tantalizing ['tæntəlaɪzɪŋ] verlockend
tantamount ['tæntəmaʊnt]: **~ to** gleichbedeutend mit
tantrum ['tæntrəm] Wutanfall *m*
tap [tæp] **1.** leichtes Klopfen; (Wasser-, Gas-, Zapf)Hahn *m*; **2.** klopfen; *teleph.* abhören
tape [teɪp] schmales Band, Streifen *m*; Kleb(e)streifen *m*; Lochstreifen *m*; *Sport:* Zielband *n*; (Magnet-, Video-, Ton)Band *n*; **~ measure** Maßband *n*

taper ['teɪpə]: **~ off** spitz zulaufen
tape| recorder Tonbandgerät *n*; **~ recording** Tonbandaufnahme *f*
tapestry ['tæpɪstrɪ] Gobelin *m*, Wandteppich *m*
'tapeworm Bandwurm *m*
tar [tɑː] **1.** Teer *m*; **2.** teeren
target ['tɑːgɪt] Ziel *n*; Zielscheibe *f* (*a. fig.*)
tariff ['tærɪf] Zoll(tarif) *m*; *im Hotel*: Preisliste *f*
tarnish ['tɑːnɪʃ] matt *od.* stumpf werden (lassen); *Metall*: anlaufen
tarpaulin [tɑː'pɔːlɪn] Plane *f*
tart [tɑːt] (Obst)Torte *f*; F Nutte *f*
tartan ['tɑːtən] Schottentuch *n*, -muster *n*
tartar ['tɑːtə] Zahnstein *m*
task [tɑːsk] Aufgabe *f*; **~ force** Sondereinheit *f*
tassel ['tæsl] Quaste *f*
tast|e [teɪst] **1.** Geschmack *m*; Kostprobe *f*; **2.** schmecken; kosten, probieren; **~eful** geschmackvoll; **'~eless** geschmacklos; **'~y** schmackhaft
tattered ['tætəd] zerlumpt; zerfetzt
tatters ['tætəz]: **in ~** in Fetzen
tattoo [tə'tuː] **1.** Tätowierung *f*; *mil.* Zapfenstreich *m*; **2.** tätowieren
taught [tɔːt] *pret u. pp von* ***teach***

taunt [tɔ:nt] **1.** Spott *m*; **2.** verhöhnen, -spotten

taut [tɔ:t] straff

tax [tæks] **1.** Steuer *f*; Abgabe *f*; **2.** besteuern; strapazieren; **~ation** [~'seɪʃn] Besteuerung *f*; Steuern *pl*

taxi|**cab** ['tæksɪ] **1.** Taxe *f*, Taxi *n*; **2.** *aer.* rollen; **~driver** Taxifahrer *m*; **~meter** Taxameter *n*, *m*; **~rank**, *bsd. Am.* **~stand** Taxistand *m*

'**tax**|**payer** Steuerzahler *m*; **~return** Steuererklärung *f*

tea [ti:] Tee *m*; → **high tea**; '**~bag** Teebeutel *m*; '**~break** Teepause *f*; '**~cake** Rosinenbrötchen *n*

teach [ti:tʃ] (**taught**) lehren, unterrichten; *j-m et.* beibringen; '**~er** Lehrer *m*

tea| **cloth** Geschirrtuch *n*; '**~cosy** Teewärmer *m*; '**~cup** Teetasse *f*

teak [ti:k] Teakholzbaum *m*; Teakholz *n*

team [ti:m] *m*, (Arbeits)Gruppe *f*, Gespann *n*; *Sport:* Team *n*, Mannschaft *f*; **~ster** ['~stə] *Am.* Lkw-Fahrer *m*; '**~work** Zs.-arbeit *f*, Teamwork *n*

'**teapot** Teekanne *f*

tear¹ [teə] **1.** (**tore**, **torn**) zerren; (zer)reißen; rasen; **2.** Riß *m*

tear² [tɪə] Träne *f*; '**~ful** tränenreich; weinend

'**tearoom** Teestube *f*, Café *n*

tease [ti:z] necken, hänseln; ärgern, reizen

tea| **service**, **~ set** Teeservice *n*; '**~spoon** Teelöffel *m*

teat [ti:t] Brustwarze *f*; *zo.* Zitze *f*; (Gummi)Sauger *m*

tea towel Geschirrtuch *n*

techni|**cal** ['teknɪkl] technisch; Fach...; **~cality** [~'kælətɪ] technische Einzelheit; *jur.* Formsache *f*; **~cian** [~'nɪʃn] Techniker(in); **~que** [~'ni:k] Technik *f*, Verfahren *n*

technology [tek'nɒlədʒɪ] Technologie *f*

tedious ['ti:dʒəs] langweilig

teem [ti:m] wimmeln; **~ (with rain)** in Strömen regnen

teenage ['ti:neɪdʒ] Teenager...; **~r** Teenager *m*

teens [ti:nz] *pl* Teenageralter *n*

teeth [ti:θ] *pl von* **tooth**; **~e** [ti:ð] zahnen

teetotal(l)er [ti:'təʊtlə] Abstinenzler(in)

tele|**cast** ['telɪkɑ:st] Fernsehsendung *f*; **~communications** [~kəmju:nɪ'keɪʃnz] Fernmeldewesen *n*; '**~fax** Telefax *n*; '**~gram** [~ɡræm] Telegramm *n*

telegraph ['telɪɡrɑ:f] **1.** Telegraf *m*; **2.** telegrafieren; **~ic** [~'ɡræfɪk] telegrafisch

telephone ['telɪfəʊn] **1.** Telefon *n*, Fernsprecher *m*; **2.** telefonieren; anrufen; **~ booth**, **~ box** Telefonzelle *f*;

telephone call

~ **call** Telefongespräch *n*, Anruf *m*; ~ **directory** Telefonbuch *n*; ~ **exchange** Fernsprechamt *n*; ~ **kiosk** Telefonzelle *f*

tele|printer ['telɪprɪntə] Fernschreiber *m*; '~**scope** Fernrohr *n*; '~**typewriter** *Am.* Fernschreiber *m*

televise ['telɪvaɪz] im Fernsehen übertragen

television ['telɪvɪʒn] Fernsehen *n*; im Fernsehen; *watch* ~ fernsehen; ~ (**set**) Fernsehapparat *m*

telex ['teleks] **1.** Telex *n*, Fernschreiben *n*; **2.** telexen

tell [tel] (**told**) sagen, erzählen; erkennen; sagen, befehlen; sich auswirken; ~ **s.o. off** j-n schelten; ~ **on s.o.** j-n verpetzen; ~**er** *bsd. Am.* (Bank)Kassierer(in); '~**tale** verräterisch

temp [temp] **1.** Aushilfskraft *f*; **2.** als Aushilfskraft arbeiten

temper ['tempə] Wesen *n*, Naturell *n*; Laune *f*; Wut *f*; *keep one's* ~ sich beherrschen; *lose one's* ~ in Wut geraten; ~**ament** ['~rəmənt] Temperament *n*; Veranlagung *f*; ~**ance** ['~rəns] Mäßigung *f*; Enthaltsamkeit *f*; ~**ature** ['~prətʃə] Temperatur *f*; Fieber *n*

temple ['templ] Tempel *m*; *anat.* Schläfe *f*

temporary ['tempərəri] **1.** vorübergehend; provisorisch; **2.** Aushilfskraft *f*

tempt [tempt] in Versuchung führen; verführen; verleiten; ~**ation** [~'teɪʃn] Versuchung *f*; '~**ing** verführerisch; verlockend

ten [ten] zehn

tenacious [tɪ'neɪʃəs] zäh, hartnäckig

tenant ['tenənt] Mieter(in); Pächter(in)

tend [tend] *v/i* tendieren, neigen (*to* zu); *v/t* sich kümmern um; pflegen; ~**ency** ['~ənsɪ] Tendenz *f*; Neigung *f*

tender[1] ['tendə] zart; weich; empfindlich; *Thema:* heikel; liebevoll, zärtlich

tender[2] [~] *econ.* **1.** Angebot *n*; Kostenvoranschlag *m*; **2.** anbieten

'tender|loin Filet *n*; '~**ness** Zartheit *f*; Zärtlichkeit *f*

tendon ['tendən] Sehne *f*

tendril ['tendrəl] Ranke *f*

tenement (house) ['tenəmənt] Mietshaus *n*, -kaserne *f*

tennis ['tenɪs] Tennis *n*; ~ **court** Tennisplatz *m*; ~ **elbow** *med.* Tennisarm *m*

tens|e [tens] gespannt, straff; (an)gespannt; verkrampft; nervös; ~**ion** ['~nʃn] Spannung *f*; (An)Gespanntheit *f*

tent [tent] Zelt *n*

tentacle ['tentəkl] *zo.* Fühler *m*; Fangarm *m*

tentative ['tentətɪv] vorläufig; vorsichtig, zögernd

tenterhooks ['tentəhʊks]: *be on ~* wie auf glühenden Kohlen sitzen

tenth [tenθ] **1.** zehnte(r, -s); **2.** Zehntel *n*; **˷ly** zehntens

tepid ['tepɪd] lau(warm)

term [tɜːm] **1.** Zeit(raum *m*) *f*, Dauer *f*; Amtszeit *f*; Frist *f*; Semester *n*; Quartal *n*; Trimester *n*; (Fach)Ausdruck *m*, Bezeichnung *f*; (Vertrags- *etc.*)Bedingungen *pl*; Beziehungen *pl*: *be on good / bad ~s with s.o.* gut / nicht gut mit j-m auskommen; **2.** nennen, bezeichnen

termin|al ['tɜːmɪnl] **1.** Endstation *f*; *aer.* Terminal *m, n*, (Flughafen)Abfertigungsgebäude *n*; *Computer:* Terminal *n*; **2.** *med.* unheilbar; **˷ate** ['˷eɪt] beenden; **˷ation** [˷'neɪʃn] Beendigung *f*; Ende *n*; **˷us** ['˷əs] (*pl* **-ni** ['˷naɪ], **-nuses**) Endstation *f*

terrace ['terəs] Terrasse *f*; Häuserreihe *f*; **˷d house** Reihenhaus *n*

terri|ble ['terəbl] schrecklich; **˷fic** [tə'rɪfɪk] phantastisch; sagenhaft; irre; **˷fy** ['terɪfaɪ] j-m Angst einjagen

territor|ial [terə'tɔːrɪəl] territorial, Gebiets...; **˷y** ['˷tərɪ] Territorium *n*, (Hoheits-, Staats)Gebiet *n*

terror ['terə] panische Angst; Schrecken *m*; Terror *m*; **˷ist** ['˷rɪst] Terrorist(in); **˷ize** ['˷raɪz] terrorisieren

test [test] **1.** Probe *f*; Versuch *m*; Test *m*; Untersuchung *f*; (Eignungs)Prüfung *f*; Klassenarbeit *f*; **2.** prüfen, testen

testament ['testəmənt] Testament *n*

testicle ['testɪkl] Hoden *m*

testify ['testɪfaɪ] bezeugen; (als Zeuge) aussagen

testimon|ial [testɪ'məʊnjəl] Referenz *f*; Zeugnis *n*; **˷y** ['˷mənɪ] Zeugenaussage *f*

test| **tube** Reagenzglas *n*; '**˷-tube baby** Retortenbaby *n*

testy ['testɪ] gereizt

tether ['teðə]: *be at the end of one's ~* mit den Nerven am Ende sein

text [tekst] Text *m*; Wortlaut *m*; '**˷book** Lehrbuch *n*

textile ['tekstaɪl] Stoff *m*, Gewebe *n*; *pl* Textilien *pl*

texture ['tekstʃə] Beschaffenheit *f*; Struktur *f*

than [ðæn, ðən] als

thank [θæŋk] **1.** danken; *(no,) ~ you* (nein,) danke; **2.** *pl* Dank *m*; **˷s!** vielen Dank!, danke!; **˷s to** dank; **˷ful** dankbar; **˷fully** zum Glück; **˷less** undankbar; **'2sgiving (Day)** *Am.* Erntedankfest *n*

that [ðæt, ðət] **1.** *pron u. adj* (*pl* **those** [ðəʊz]) jene(r, -s), der, die, das, der-, die-, dasjenige; solche(r, -s); *ohne art:* das; **2.** *adv* F so, dermaßen; *~ much* so viel; **3.** *rel pron* (*pl* **that**)

thatched

der, die, das, welche(r, -s); **4.** *cj* daß

thatched [θætʃt] Stroh..., strohgedeckt

thaw [θɔː] **1.** Tauwetter *n*; **2.** tauen; auftauen (lassen)

the [ðə; *vor Vokalen:* ðɪ, *betont* ðiː] **1.** der, die, das; *pl* die; **2.** *adv* desto, um so; **~ ... ~** je ... desto

theatre, *Am.* **-ter** ['θɪətə] Theater *n*; (Hör)Saal *m*

theft [θeft] Diebstahl *m*

their [ðeə] *pl* ihr(e); **~s** [~z] ihre(r, -s), der, die, das ihr(ig)e

them [ðem, ðəm] *pron pl* sie (*acc*); ihnen

theme [θiːm] Thema *n*; **~ song** Titelmelodie *f*

themselves [ðəm'selvz] *pron pl* sich (selbst) (*reflexiv*); verstärkend: sie *od.* sich selbst

then [ðen] **1.** *adv* dann; da; damals; **by ~** bis dahin; **2.** *adj* damalig

theology [θɪ'ɒlədʒɪ] Theologie *f*

theor|etic(al) [θɪə'retɪk(l)] theoretisch; **~y** ['~rɪ] Theorie *f*

therap|eutic [θerə'pjuːtɪk] therapeutisch; **~ist** ['~pɪst] Therapeut(in); **~y** ['~pɪ] Therapie *f*

there [ðeə] da, dort; da-, dorthin; *fig.* da(rin); **~ is**, *pl* **~ are** es gibt, es ist, es sind; **~ you are** hier (,bitte); **~ and back** hin und zurück; **~!** na also!; **~, ~!** ist ja schon gut!;

~about(s) ['ðeərəbaʊt(s)] da irgendwo; so ungefähr; **~fore** ['ðeəfɔː] darum, deshalb

thermometer [θə'mɒmɪtə] Thermometer *n*

thermos ['θɜːmɒs] *TM*, **~ flask** Thermosflasche *f*

these [ðiːz] *pl von* **this**

thesis ['θiːsɪs] (*pl* **-ses** ['~siːz]) These *f*; Dissertation *f*

they [ðeɪ] *pl* sie; man

thick [θɪk] dick; dicht; dick(flüssig); F dumm, doof; **~en** [θɪkn] dicker werden; dichter werden; sich verdicken; *Sauce* andicken; **~et** ['~ɪt] Dickicht *n*; '**~set** untersetzt; '**~skinned** dickfellig

thief [θiːf] (*pl* **thieves** [θiːvz]) Dieb(in)

thigh [θaɪ] (Ober)Schenkel *m*

thimble ['θɪmbl] Fingerhut *m*

thin [θɪn] **1.** dünn; mager; schwach; spärlich; **2.** verdünnen; dünner werden

thing [θɪŋ] Ding *n*; Sache *f*

think [θɪŋk] (**thought**) *v/i* denken; überlegen; nachdenken; *v/t* denken; meinen, glauben; halten für; **~ of** denken an; sich erinnern an; sich *et.* ausdenken; sich vorstellen; halten von; **~ s.th. over** sich *et.* überlegen, *et.* überdenken; **~ up** sich ausdenken

third [θɜːd] **1.** dritte(r, -s); **2.** Drittel *n*; '**~ly** zu dritten; '**~-party insurance** Haftpflichtversicherung *f*; '**~-rate** drittklassig; minderwertig

thirst [θə:st] Durst m; **'~y** durstig; *be ~* Durst haben
thirt|een [θə:'ti:n] dreizehn; **~ieth** ['~tɪəθ] dreißigste(r, -s); **'~y** dreißig
this [ðɪs] (pl **these** [ði:z]) diese(r, -s); dies, das
thistle ['θɪsl] Distel f
thorn [θɔ:n] Dorn m; **'~y** dornig; fig. heikel
thorough ['θʌrə] gründlich; vollkommen; **'~bred** Vollblut(pferd) n; Vollblut...; **'~fare** Durchgangsstraße f; *no ~!* Durchfahrt verboten!
those [ðəʊz] pl von *that* 1
though [ðəʊ] 1. cj obgleich, obwohl, wenn auch; *as ~* als ob; 2. adv trotzdem
thought [θɔ:t] 1. pret u. pp von *think*; 2. Gedanke m; Denken n; Überlegung f; **'~ful** nachdenklich; rücksichtsvoll; **'~less** gedankenlos, unüberlegt; rücksichtslos
thousand ['θaʊznd] tausend; **~th** [~ntθ] 1. tausendste(r, -s); 2. Tausendstel n
thrash [θræʃ] verdreschen, -prügeln; *Sport*: F *j-m e-e Abfuhr erteilen*; *~ (about)* um sich schlagen; *sich im Bett herumwerfen*; *Fische*: zappeln; **'~ing** (Tracht f) Prügel pl
thread [θred] 1. Faden m (a. fig.); Zwirn m, Garn n; tech. Gewinde n; 2. einfädeln; **'~bare** fadenscheinig
threat [θret] Drohung f; Be-

through

drohung f; **'~en** (be-, an-)drohen; **'~ening** drohend; bedrohlich
three [θri:] drei; **'~'quarter** dreiviertel
thresh [θreʃ] dreschen
threshold ['θreʃhəʊld] Schwelle f
threw [θru:] pret von *throw* 2
thrifty ['θrɪftɪ] sparsam
thrill [θrɪl] 1. erregen; begeistern; *be ~ed* sich wahnsinnig freuen; 2. Erregung f; Nervenkitzel m; **'~er** Reißer m, Thriller m; **'~ing** spannend; aufregend
thrive [θraɪv] (**thrived** od. **throve**, **thrived** od. **thriven**) gedeihen, fig. blühen, florieren; erfolgreich sein; **~n** ['θrɪvn] pp von *thrive*
throat [θrəʊt] Kehle f, Gurgel f; Hals m
throb [θrɒb] pochen, klopfen
thrombosis [θrɒm'bəʊsɪs] (pl **-ses** [~si:z]) Thrombose f
throne [θrəʊn] Thron m
throng [θrɒŋ] 1. (Menschen)Massen pl; 2. sich drängen (in)
throttle ['θrɒtl] 1. erwürgen, erdrosseln; fig. abwürgen; *~ back, ~ down* tech. drosseln; *Gas* wegnehmen; 2. tech. Drosselklappe f; mot. Gashebel m
through [θru:] 1. prp u. adv durch; zeitlich: hindurch; Am. bis (einschließlich); 2. adj durchgehend; Durch-

through coach

gangs...; fertig (*a. fig.* **with** mit); *teleph.* verbunden; **~ coach** Kurswagen *m*; **~ flight** Direktflug *m*; **~'out 1.** *prp* überall in; *zeitlich:* während; **2.** *adv* ganz; die ganze Zeit über; **~ train** durchgehender Zug

throve [θrəʊv] *pret von* **thrive**

throw [θrəʊ] **1.** Wurf *m*; **2.** (**threw, thrown**) werfen; würfeln; **~ off** abwerfen; abschütteln; loswerden; **~ out** hinauswerfen; wegwerfen; **~ up** hochwerfen; (sich) erbrechen; **'~away** Wegwerf...; Einweg...; **'~-in** *Sport:* Einwurf *m*; **~n** *pp von* **throw** 2

thru [θruː] *Am. für* **through**

thrush [θrʌʃ] Drossel *f*

thrust [θrʌst] **1.** (**thrust**) stoßen; **2.** Stoß *m*; *tech.:* Druck *m*; Schub(kraft *f*) *m*

thud [θʌd] **1.** dumpf (auf-) schlagen; **2.** dumpfer (Auf-) Schlag

thug [θʌɡ] Schläger(typ) *m*

thumb [θʌm] **1.** Daumen *m*; **2.** Buch *etc.* durch-blättern; **~ a lift** per Anhalter fahren; **'~tack** *Am.* Reißzwecke *f*

thump [θʌmp] **1.** (dumpfer) Schlag; Bums *m*; **2.** schlagen, hämmern, pochen

thunder [θʌndə] **1.** Donner *m*; **2.** donnern; **'~storm** Gewitter *n*; **'~struck** wie vom Donner gerührt

Thursday [θɜːzdɪ] Donnerstag *m*

thus [ðʌs] so; also, somit

thwart [θwɔːt] vereiteln

thyroid (**gland**) [θaɪrɔɪd] Schilddrüse *f*

tick [tɪk] **1.** Ticken *n*; (*Vermerk*)Häkchen *n*; **2.** ticken; an-, abhaken; **~ off** abhaken

ticket [tɪkɪt] (Eintritts-, Theater- *etc.*)Karte *f*, Fahrkarte *f*, -schein *f*; *aer.* Flugschein *m*, Ticket *n*; (Preis*etc.*)Schildchen *n*, Etikett *n*; (Gepäck-, Park- *etc.*)Schein *m*; (Lotterie)Los *n*; Strafzettel *m*; **'~-cancel(l)ing machine** (Fahrschein)Entwerter *m*; **~ collector** (Bahnsteig)Schaffner(in); **~ inspector** (Fahrkarten)Kontrolleur(in); **~ machine** Fahrkartenautomat *m*; **~ office** Fahrkartenschalter *m*; Theaterkasse *f*

tickle [tɪkl] kitzeln; **'~ish** kitz(e)lig (*a. fig.*)

tide [taɪd] Gezeiten *pl*, Ebbe *f* u. Flut *f*; **high ~** Flut *f*; **low ~** Ebbe *f*

tidy [taɪdɪ] ordentlich, sauber; **~ up** aufräumen

tie [taɪ] **1.** Krawatte *f*, Schlips *m*; *fig.* Band *n*, Bindung *f*, Beziehung *f*; *fig.* Fessel *f*, Last *f*; *Sport:* Unentschieden *n*; *Am. rail.* Schwelle *f*; **2.** (an-, fest-, zu-, ver)binden; **~down** festbinden; *fig.:* j-n binden; j-n festlegen

tier [tɪə] Stufe *f*, Etage *f*; Reihe *f*; *thea.* Rang *m*

tiger ['taɪgə] Tiger *m*

tight [taɪt] **1.** *adj* eng; knapp (sitzend); fest(sitzend); fest; straff; streng; knapp; F geizig, knick(e)rig; F blau; **2.** *adv* fest; **~en** fest-, an-, nachziehen; enger schnallen; (sich) zs.-ziehen; **~ up** verschärfen; **~'fisted** F geizig, knick(e)rig; **'~rope** (Draht)Seil *n* (*der Artisten*); **~s** *pl* Trikot *n*; *bsd. Brt.* Strumpfhose *f*

tile [taɪl] **1.** (Dach)Ziegel *m*; Kachel *f*, Fliese *f*; **2.** (mit Ziegeln) decken; kacheln, fliesen

till¹ [tɪl] **1.** *prp* bis (zu); *not* **~** nicht vor; erst; **2.** *cj* bis

till² [~] (Laden)Kasse *f*

till³ [~] Boden bestellen

tilt [tɪlt] kippen; (sich) neigen

timber ['tɪmbə] (Bau-, Nutz-) Holz *n*

time [taɪm] **1.** Zeit *f*; Uhrzeit *f*; Mal *n*; *pl* mal ...mal; *mus.* Takt *m*; **~ is up** die Zeit ist um *od.* abgelaufen; *for the ~ being* vorläufig; *have a good* **~** sich gut unterhalten *od.* amüsieren; *what's the* **~?**, *what ~ is it?* wieviel Uhr ist es?, wie spät ist es?; *the first* **~** das erste Mal; *four* **~** viermal; **~ and again** immer wieder; *all the* **~** ständig, immer; *at a* **~** auf einmal, zusammen; *at any* **~**, *at all* **~s** jederzeit; *at the same* **~** gleichzeitig; *in* **~** rechtzeitig; *in no* **~** im Nu; *on* **~** pünktlich; **2.** zeitlich abstimmen; timen (*a. Sport*); (ab)stoppen, messen; **'~card** Stechkarte *f*; **'~clock** Stechuhr *f*; **'~lag** Zeitunterschied *m*; Verzögerung *f*; **'~less** zeitlos; immerwährend; **~ limit** Frist *f*; **'~ly** rechtzeitig; **'~er** Schaltuhr *f*; **'~-saving** zeitsparend; **~ signal** Rundfunk, *TV*: Zeitzeichen *n*; **~ switch** Zeitschalter *m*; **'~table** Fahr-, Flugplan *m*; Stundenplan *m*; Programm *n*; **~ zone** Zeitzone *f*

timid ['tɪmɪd] ängstlich; schüchtern

tin [tɪn] Blech *n*; Zinn *n*; *bsd. Brt.* Dose *f*, Büchse *f*; **2.** eindosen; **'~foil** Alu(minium)folie *f*; Stanniol(papier) *n*

tinge [tɪndʒ] **1.** leichte Tönung; *fig.* Anflug *m*, Spur *f*; **2.** (leicht) tönen

tingle ['tɪŋgl] prickeln

tinker ['tɪŋkə] Kesselflicker *m*; **2.** herumwerkeln (*with* an)

tinkle ['tɪŋkl] klingen; klirren; klingeln

tin|ned Büchsen..., Dosen...; **~ opener** Dosenöffner *m*

tinsel ['tɪnsl] Flittergirlanden *pl*; fig. Tand *m*

tint [tɪnt] **1.** (Farb)Ton *m*, Schattierung *f*; **2.** tönen

tiny ['taɪnɪ] winzig

tip [tɪp] **1.** Spitze *f*; Filter *m*, Mundstück *n*; Trinkgeld *n*; Tip *m*, Wink *m*; **2.** (um)kip-

tipped

pen; *j-m* ein Trinkgeld geben; ~ (**off**) *j-m* e-n Wink geben; **~ped** Zigarette: mit Filter *od.* Mundstück

tipsy ['tɪpsɪ] beschwipst

tiptoe ['tɪptəʊ] 1. auf Zehenspitzen gehen; 2. **on** ~ auf Zehenspitzen

tire[1] ['taɪə] *Am.* → **tyre**

tire[2] [~] ermüden; müde werden *od.* machen; **~d** müde; erschöpft; **be** ~ **of** *et.* satt haben; **~less** unermüdlich; **~some** lästig

tiring ['taɪərɪŋ] ermüdend; anstrengend

tissue ['tɪʃuː] Gewebe *n*; Papiertaschentuch *n*; → **paper** Seidenpapier *n*

tit[1] [tɪt] Meise *f*

tit[2] [~]: ~ **for tat** wie du mir, so ich dir

titbit ['tɪtbɪt] Leckerbissen *m*

title ['taɪtl] Titel *m*; Überschrift *f*

titter ['tɪtə] kichern

to [tə, tʊ, tuː] **1.** *prp* zu; nach; bis; *Uhrzeit:* vor; pro; *befestigt etc.:* an; ~ **me** *etc.* mir *etc.*; **2.** *im compd* zu; um zu; **3.** *adv* zu, geschlossen; **pull** ~ Tür zuziehen; **come** ~ (wieder) zu sich kommen; ~ **and fro** hin u. her, auf u. ab

toad [təʊd] Kröte *f*; **~stool** Giftpilz *m*

toast [təʊst] **1.** Toast *m*; Trinkspruch *m*; **2.** toasten, rösten; *fig.* trinken *auf*

tobacco [tə'bækəʊ] Tabak *m*;

~nist [~ənɪst] Tabak(waren)händler(in); **~'s** (**shop**) Tabakladen *m*

toboggan [tə'bɒgən] **1.** Rodelschlitten *m*; **2.** rodeln

today [tə'deɪ] heute

toddle ['tɒdl] unsicher gehen, watscheln; **~r** Kleinkind *n*

toe [təʊ] Zehe *f*; (*Schuh etc.*)Spitze *f*

toff|ee, **~y** ['tɒfɪ] Sahnebonbon *m, n*, Toffee *n*

together [tə'geðə] zusammen; gleichzeitig

toil [tɔɪl] **1.** Mühe *f*, Plackerei *f*; **2.** sich plagen

toilet ['tɔɪlɪt] Toilette *f*; ~ **paper** Toilettenpapier *n*; **~ries** ['~rɪz] *pl* Toilettenartikel *pl*; ~ **roll** Rolle *f* Toilettenpapier

token ['təʊkən] Zeichen *n*; Andenken *n*; Gutschein *m*

told [təʊld] *pret. u. pp* von **tell**

tolera|ble ['tɒlərəbl] erträglich; leidlich; **'~nce** Toleranz *f*; **'~nt** tolerant (**of** gegen); **~te** [~eɪt] dulden; ertragen

toll[1] [təʊl] läuten, schlagen

toll[2] [~] Straßenbenutzungsgebühr *f*, Maut *f*; *fig.* Tribut *m*, (Zahl *f* der) Todesopfer *pl*; **~bar**, **~gate** Schlagbaum *m*; ~ **road** gebührenpflichtige Straße, Mautstraße *f*

tomato [tə'mɑːtəʊ] (*pl* -**toes**) Tomate *f*

tomb [tuːm] Grab(mal) *n*

tomboy ['tɒmbɔɪ] Wildfang *m*

'tombstone Grabstein *m*

tomcat ['tɒmkæt] Kater *m*

tomorrow [tə'mɒrəʊ] morgen; *the day after ~* übermorgen

ton [tʌn] *Gewicht:* Tonne *f*

tone [təʊn] Ton *m*, Klang *m*

tongs [tɒŋz] *pl* (*a. a pair of ~* e-e) Zange

tongue [tʌŋ] Zunge *f*; Sprache *f*; (Schuh)Lasche *f*

tonic ['tɒnɪk] Stärkungsmittel *n*; ~ **(water)** Tonic *n*

tonight [tə'naɪt] heute abend; heute nacht

tonsil ['tɒnsl] *anat.* Mandel *f*; **~litis** [~sɪ'laɪtɪs] Mandelentzündung *f*

too [tu:] zu, allzu; *nachgestellt:* auch

took [tʊk] *pret von* take

tool [tu:l] Werkzeug *n*

tooth [tu:θ] (*pl* teeth [ti:θ]) Zahn *m*; **'~ache** Zahnschmerzen *pl*; **'~brush** Zahnbürste *f*; **'~less** zahnlos; **'~paste** Zahnpasta *f*, -creme *f*; **'~pick** Zahnstocher *m*

top [tɒp] **1.** ober(st)es Ende; Oberteil *n*, -seite *f*; Spitze *f* (*a. fig.*); Gipfel *m* (*a. fig.*); Wipfel *m*, (Baum)Krone *f*; Kopf(ende *n*) *m*; Deckel *m*, Verschluß *m*, Hülle *f*; *mot.* Verdeck *n*; höchster Gang; *Spielzeug:* Kreisel *m*; *on ~ of* (oben) auf; **2.** oberste(r, -s); höchste(r, -s); Höchst..., Spitzen...; *~ secret* streng geheim; **3.** bedecken; übertreffen; *~ up* (auf-, nach)füllen; *~ hat* Zylinder *m*; *'~heavy* kopflastig

topic ['tɒpɪk] Thema *n*; **'~al** aktuell

'top|less oben ohne; **'~most** höchste(r, -s); oberste(r, -s)

topple ['tɒpl] *~ (down, over)* um)kippen

topsy-turvy [tɒpsɪ'tɜ:vɪ] auf den Kopf gestellt; drunter und drüber

torch [tɔ:tʃ] Taschenlampe *f*; Fackel *f*

tore [tɔ:] *pret von* tear¹

torment 1. ['tɔ:ment] Qual *f*; **2.** [~'ment] quälen

torn [tɔ:n] *pp von* tear¹

tornado [tɔ:'neɪdəʊ] (*pl -does, -dos*) Wirbelsturm *m*

torrent ['tɒrənt] Sturzbach *m*; reißender Strom; *fig.* Schwall *m*; **~ial** [tə'renʃl] sintflutartig

tortoise ['tɔ:təs] (Land-) Schildkröte *f*

torture ['tɔ:tʃə] **1.** Folter *f*; *fig.* Qual *f*; **2.** foltern; *fig.* quälen, peinigen

toss [tɒs] werfen; *~ about* (sich) hin- u. herwerfen; *~ up* hochwerfen; *~ (up), ~ a coin* (durch Münzwurf) losen

total ['təʊtl] **1.** völlig, absolut, total; ganz, gesamt, Gesamt...; **2.** Gesamtbetrag *m*, -menge *f*; **3.** sich belaufen auf; **~itarian** [~ælɪ'teərɪən] totalitär

totter ['tɒtə] (sch)wanken

touch [tʌtʃ] **1.** Berührung *f*; Tastsinn *m*, -gefühl *n*; leichter Anfall, Anflug *m*, Spur *f*; *mus.* Anschlag *m*; **keep in ~** in Verbindung bleiben; **2.** (sich) berühren; anrühren, anfassen; *fig.* rühren; **~ down** *aer.* aufsetzen; **~ up** auffrischen; **~ (up)on** *Thema* berühren, streifen; **~-and-go** riskant, prekär; **it's ~** es steht auf des Messers Schneide; '**~down** *aer.* Aufsetzen *n*; '**~ing** rührend; '**~y** empfindlich; heikel

tough [tʌf] zäh (*a. fig.*); robust; hart, schwierig; grob, brutal

tour [tʊə] **1.** Tour *f*, Reise *f*, (Rund)Fahrt *f*; Rundgang *m*; Tournee *f*; **2.** (be)reisen; eine Tournee machen

tourist ['tʊərɪst] Tourist(in); Touristen...; **~ agency**, **~ bureau**, **~ office** Reisebüro *n*; Verkehrsverein *m*

tournament ['tɔːnəmənt] Turnier *n*

tousled ['taʊzld] zerzaust

tow [təʊ] **1.** Schleppen *n*; **give s.o. a ~** j-n abschleppen; **take in ~** → **2.** abschleppen

toward(s) [tə'wɔːd(z)] auf ... zu, in Richtung; gegen; *j-m* / *et.* gegenüber; *als Beitrag*: zu

towel ['taʊəl] Handtuch *n*

tower ['taʊə] **1.** Turm *m*; **2.** (hoch)ragen, sich erheben

town [taʊn] Stadt *f*; Stadt...; **~ council** *Versammlung*: Stadtrat *m*; **~ council(l)or** Stadtrat *m*, -rätin *f*; **~ hall** Rathaus *n*

'**towrope** Abschleppseil *n*

toy [tɔɪ] **1.** Spielzeug *n*; *pl* Spielsachen *pl*, -waren *pl*; Spielzeug...; Zwerg...; **2. ~ with** spielen mit

trace [treɪs] Spur *f*; verfolgen; ausfindig machen; (nach)zeichnen, durchpausen

track [træk] **1.** Spur *f*, Fährte *f*; *rail.* Gleis *n*; Pfad *m*; *Tonband etc.*: Spur *f*; (Renn-, Aschen)Bahn *f*; **2.** verfolgen; **~ down** aufspüren; **~ suit** Trainingsanzug *m*

tractor ['træktə] Traktor *m*, Trecker *m*

trade [treɪd] **1.** Handel *m*; Gewerbe *n*, Handwerk *n*; Branche *f*; die Geschäfte *pl*; **2.** Handel treiben, handeln (*in* mit); '**~mark** Warenzeichen *n*; '**~r** (Einzel)Händler *m*; '**~sman** (*pl* **-men**) Lieferant *m*; (Einzel)Händler *m*; **~(s) union** Gewerkschaft *f*

tradition [trə'dɪʃn] Tradition *f*; **~al** traditionell

traffic ['træfɪk] **1.** Verkehr *m*; Handel *m*; **2.** handeln (*in* mit); **~ circle** *Am.* Kreisverkehr *m*; **~ island** Verkehrsinsel *f*; **~ jam** Verkehrsstauung *f*; **~ light(s** *pl***)** Verkehrsampel *f*; **~ sign** Ver-

transmit

kehrszeichen n; **~ warden** mot. Politesse f

tragedy ['trædʒədɪ] Tragödie f; **'~ic(al)** tragisch

trail [treɪl] **1.** Fährte f, Spur f, Pfad m; **2.** hinter sich herziehen; verfolgen; schleifen; sich schleppen; Sport: zurückliegen (hinter); bot. sich ranken; **'~er** mot.: Anhänger m; Am. Wohnwagen m; Film, TV: Vorschau f

train [treɪn] **1.** Zug m, (Eisen)Bahn f; Kolonne f; Reihe f, Kette f; am Kleid: Schleppe f; **2.** schulen; abrichten; ausbilden; trainieren; ausgebildet werden; **~ee** [~'niː] Auszubildende(r); Praktikant(in); **'~er** Ausbilder m; Trainer m; **'~ing** Ausbildung f; Training n

trait [treɪ] (Charakter)Zug m

traitor ['treɪtə] Verräter m

tram(car) ['træm] Straßenbahn(wagen m) f

tramp [træmp] **1.** Landstreicher(in); Tramp m; **2.** trampeln; (durch)wandern; **'~le** (herum-, zer)trampeln

tranquil ['træŋkwɪl] ruhig, friedlich; **~(l)ity** [træŋ'kwɪlətɪ] Ruhe f, Frieden m; **'~(l)ize** beruhigen; **'~(l)izer** Beruhigungsmittel n

transact [træn'zækt] abwickeln; **~ion** Geschäft n, Transaktion f; Abwicklung f

transalpine [trænz'ælpaɪn] transalpin; **~atlantic** transatlantisch

transcript ['trænskrɪpt] Abschrift f

transfer [træns'fɜː] versetzen; verlegen; übertragen; abtreten; Geld überweisen; transferieren; umsteigen; **2.** ['~] Übertragung f; Versetzung f; Verlegung f; Abtretung f; Überweisung f; Transfer m; Umsteigen n; bsd. Am. Umsteigefahrschein m; **~able** [~'fɜːrəbl] übertragbar

transform [træns'fɔːm] umwandeln; verändern; **~ation** [~fə'meɪʃn] Umwandlung f; Veränderung f

transfusion [træns'fjuːzn] (Blut)Transfusion f

transistor [træn'sɪstə] Transistor m; Transistorradio n

transit ['trænsɪt] Durchgangs-, Transitverkehr m; econ. Transport m; **in ~** unterwegs; auf dem Transport; **~ion** [~'sɪʒn] Übergang m

translate [træns'leɪt] übersetzen; **~ion** Übersetzung f; **~or** Übersetzer(in)

translucent [trænz'luːsnt] lichtdurchlässig; **~ glass** Milchglas n

transmission [trænz'mɪʃn] Übermittlung f; Übertragung f; Rundfunk, TV: Sendung f; mot. Getriebe n; **~mit** [~'mɪt] übermitteln; über-

transmitter

tragen; senden; **~'mitter** Sender *m*

transparent [træns'pærənt] durchsichtig; offensichtlich

transpire [træn'spaɪə] schwitzen; *fig.* durchsickern; bekannt werden; F passieren

transplant 1. [træns'plɑːnt] umpflanzen; *med.* verpflanzen; **2.** ['~] Transplantat *n*; **~ation** [~'teɪʃn] Verpflanzung *f*, Transplantation *f*

transport 1. [træn'spɔːt] befördern, transportieren; **2.** ['~] Beförderung *f*, Transport *m*; Beförderungsmittel *n*; **public ~** öffentliche Verkehrsmittel *pl*; **~ation** [~'teɪʃn] → **transport** 2; *bsd.* Am. Transportkosten *pl*

trap [træp] **1.** (in e-r Falle) fangen; **2.** Falle *f (a. fig.)*; *sl.* Klappe *f*, Schnauze *f*; **'~door** Falltür *f*

trappings ['træpɪŋz] *fig.* Drum u. Dran *n*

trash [træʃ] Schund *m*, Mist *m*; Quatsch *m*, F Blech *n*; *Am.* Abfall *m*; **'~can** Mülleimer *m*; **'~y** wertlos, kitschig

travel ['trævl] **1.** reisen; fahren; sich bewegen; bereisen; zurücklegen; **2.** *das* Reisen; *pl* Reise *pl*; **~ agency** Reisebüro *n*; **~(l)er** Reisende *m, f*; **~(l)er's cheque** *(Am.* **check)** Reisescheck *m*; **'~(l)ing bag** Reisetasche *f*; **'~sick** reisekrank

trawler ['trɔːlə] Fischdampfer *m*, Trawler *m*

tray [treɪ] Tablett *n*; Ablage(korb *m*) *f*

treacher|ous ['tretʃərəs] verräterisch; trügerisch; tückisch; **'~y** Verrat *m*

treacle ['triːkl] Sirup *m*

tread [tred] **1.** (*trod, trodden*) treten; **2.** Tritt *m*, Schritt *m*; *Reifen*: Profil *n*

treason ['triːzn] Verrat *m*

treasure ['treʒə] **1.** Schatz *m (a. fig.)*; Kostbarkeit *f*; F Perle *f*; **2.** (hoch)schätzen; **'~r** Schatzmeister *m*

Treasury ['treʒərɪ], *Am.* **~ Department** Finanzministerium *n*

treat [triːt] **1.** behandeln; betrachten; **~ s.o. to s.th.** j-m et. spendieren; **2.** Vergnügen *n*, (Hoch)Genuß *m*; **it's my ~** ich lade Sie dazu ein; **'~ment** Behandlung *f*; **'~y** Vertrag *m*

treble ['trebl] **1.** dreifach; **2.** (sich) verdreifachen

tree [triː] Baum *m*

trefoil ['trefɔɪl] Klee *m*

trellis ['trelɪs] Gitter *n*; Spalier *n*

tremble ['trembl] zittern

tremendous [trɪ'mendəs] gewaltig; enorm; F prima, toll

tremor ['tremə] Zittern *n*; Beben *n*

trench [trentʃ] Graben *m*; *mil.* Schützengraben *m*

trend [trend] Tendenz *f*, Trend *m*; **'~y** modern; **be ~** in sein

trespass ['trespəs]: ~ (**up**)**on** *jur.* widerrechtlich betreten; **no** ~**ing** Betreten verboten; '~**er** Unbefugte *m, f*

trestle ['tresl] Gestell *n*, Bock *m*

trial ['traɪəl] Versuch *m*, Probe *f; jur.* Verhandlung *f*, Prozeß *m;* **on** ~ auf Probe

triang||le ['traɪæŋgl] Dreieck *n;* ~**ular** [~'æŋgjʊlə] dreieckig

tribe [traɪb] (Volks)Stamm *m*

tribunal [traɪ'bju:nl] Gericht(shof *m*) *n;* Untersuchungsausschuß *m*

tributary ['trɪbjʊtərɪ] Nebenfluß *m*

trice [traɪs]: **in a** ~ im Nu

trick [trɪk] 1. List *f*, Trick *m;* Kunststück *n;* Streich *m;* **play a** ~ **on s.o.** j-m einen Streich spielen; 2. überlisten, hereinlegen; '~**ery** Tricks *pl*

trickle ['trɪkl] tröpfeln, rieseln

trick||ster ['trɪkstə] Schwindler(in); '~**y** schwierig; heikel

tricycle ['traɪsɪkl] Dreirad *n*

trifle ['traɪfl] Kleinigkeit *f*, · Lappalie *f;* **a** ~ ein wenig; '~**ing** unbedeutend

trigger ['trɪgə] 1. Gewehr: Abzug *m; phot.* Auslöser *m;* 2. **a.** ~ **off** auslösen

trim [trɪm] 1. sauber, adrett, gepflegt; 2. (guter) Zustand; Form *f;* 3. schneiden, stutzen; trimmen; beschneiden; *Kleid etc.* besetzen; schmücken; *Etat etc.* kürzen;

'~**ming** Besatz *m; pl:* Verzierung(en *pl) f;* Zubehör *n; gastr.* Beilagen *f/pl;* Abfälle *pl;* Schnipsel *pl*

trinket ['trɪŋkɪt] kleines Schmuckstück

trip [trɪp] 1. (kurze) Reise, Fahrt *f;* Ausflug *m*, Tour *f;* Stolpern *n; fig.* Fehler *m*, Ausrutscher *m; sl. unter Drogen:* Trip *m;* 2. stolpern, trippeln; **a.** ~ **up** j-m ein Bein stellen (*a. fig.*)

tripe [traɪp] *gastr.* Kutteln *pl*

triple ['trɪpl] dreifach; ~**ts** ['~lts] *pl* Drillinge *pl*

tripod ['traɪpɒd] Dreifuß *m; phot.* Stativ *n*

trite [traɪt] banal

triumph ['traɪəmf] 1. Triumph *m;* 2. triumphieren; ~**ant** [~'ʌmfənt] triumphierend

trivial ['trɪvɪəl] unbedeutend, trivial, alltäglich

trod [trɒd] *pret,* '~**den** *pp von* **tread** 1

trolley ['trɒlɪ] Tee-, Servierwagen *m;* Einkaufswagen *m;* Kofferkuli *m;* Handwagen *m;* '~**bus** Obus *m*

trombone [trɒm'bəʊn] Posaune *f*

troop [tru:p] 1. Schar *f*, Haufe(n) *m; pl mil.* Truppe(n *pl) f;* 2. (*herein- etc.*)strömen

trophy ['trəʊfɪ] Trophäe *f*

tropic ['trɒpɪk] *geogr.* Wendekreis *m; pl* Tropen *pl;* '~**al** tropisch

trot [trɒt] **1.** Trab *m*; **2.** traben

trouble ['trʌbl] **1.** Schwierigkeiten *pl*, Ärger *m*; Mühe *f*; Sorge *f*; *pol.* Unruhe *f*; *tech.* Störung *f*; *med.* Beschwerden *pl*; **2.** beunruhigen; belästigen, stören; (sich) bemühen; **'~-free** problemlos; *tech.* störungsfrei; **'~maker** Unruhestifter(in); **'~some** lästig

trough [trɒf] Trog *m*

trousers ['traʊzəz] *pl* (*a.* **a pair of ~** e-e) (lange) Hose, Hosen *pl*

trousseau ['truːsəʊ] (*pl* **-seaux** ['~səʊz], **-seaus**) Aussteuer *f*

trout [traʊt] (*pl* **~**, **~s**) Forelle *f*

truant ['truːənt] Schulschwänzer(in); **play ~** (die Schule) schwänzen

truce [truːs] Waffenstillstand *m*

truck [trʌk] Last(kraft)wagen *m*; (offener) Güterwagen; **~ farm** *Am.* Handelsgärtnerei *f*

trudge [trʌdʒ] stapfen

true [truː] wahr; echt, wirklich; genau; treu

truly ['truːlɪ] wirklich; aufrichtig; **Yours ~** *bsd. Am.* Hochachtungsvoll

trumpet ['trʌmpɪt] Trompete *f*

truncheon ['trʌntʃən] Gummiknüppel *m*

trunk [trʌŋk] (Baum)Stamm *m*; Rumpf *m*; Rüssel *m*; (Schrank)Koffer *m*, Truhe *f*; *Am. mot.* Kofferraum *m*; *pl*: Bade-, Turnhose(n *pl*) *f*; *Sport*: Shorts *pl*; **~-call** Ferngespräch *n*; **~ line** *rail.* Hauptstrecke *f*; *teleph.* Fernleitung *f*; **~ road** *Brt.* Fernstraße *f*

trust [trʌst] **1.** Vertrauen *n*; Glaube *m*; *jur.* Treuhand (-schaft) *f*; Treuhandvermögen *n*; *econ.* Trust *m*, Konzern *m*; **2.** (ver)trauen; sich verlassen auf; hoffen; **~ee** [~'tiː] Sach-, Verwalter(in), Treuhänder(in); **'~ful**, **'~ing** vertrauensvoll; **'~worthy** vertrauenswürdig

truth [truːθ] (*pl* **~s** [~ðz]) Wahrheit *f*; **'~ful** ehrlich; wahrheitsliebend

try [traɪ] **1.** versuchen, probieren; vor Gericht stellen; verhandeln (über); *Augen* (über)anstrengen; *Geduld* auf die Probe stellen; **~ on** anprobieren; **~ out** ausprobieren; **2.** Versuch *m*; **have a ~** e-n Versuch machen; **'~ing** anstrengend

tub [tʌb] Faß *n*; Zuber *m*, Kübel *m*; *für Eis etc.*: Becher *m*; *F* Badewanne *f*

tube [tjuːb] Rohr *n*; *tech.* Röhre *f*; Tube *f*; (Gummi)Schlauch *m*; *die* (Londoner) U-Bahn; **the ~** *Am. F* die Glotze; **'~less** schlauchlos

tuberculosis [tjuːbɜːkjʊ'ləʊsɪs] Tuberkulose *f*

tuck [tʌk] stecken; **~ away**

turn

weg-, verstecken; ~ *in*, ~ *up* (warm) zudecken; ~ *s.o. up in bed* j-n ins Bett packen
Tuesday ['tju:zdɪ] Dienstag *m*
tuft [tʌft] Büschel *n*
tug [tʌɡ] **1.** Zug *m*, Ruck *m*; *mar.* Schlepper *m*; **2.** ziehen, zerren; *mar.* schleppen
tuition [tju:'ɪʃn] Unterricht *m*; *bsd. Am.* Schulgeld *n*
tulip ['tju:lɪp] Tulpe *f*
tumble ['tʌmbl] **1.** fallen, stürzen, purzeln; **2.** Sturz *m*; '~**down** baufällig; '~-**dryer** (Wäsche)Trockner *m*; '~**r** (*Wasser-, Whisky- etc.*)Glas *n*
tummy ['tʌmɪ] F Bäuchlein *n*
tumo(u)r ['tju:mə] Tumor *m*
tumult ['tju:mʌlt] Tumult *m*, **~uous** [~'mʌltjʊəs] lärmend, stürmisch
tuna ['tu:nə] (*pl* ~, ~**s**) Thunfisch *m*
tune [tju:n] **1.** Melodie *f*; *out of* ~ verstimmt; **2.** *mus.* stimmen; ~ *in Radio etc.* einstellen; ~ *up* (die Instrumente) stimmen; *mot.* tunen; '~**ful** melodisch
tunnel ['tʌnl] Tunnel *m*
turbine ['tɜ:baɪn] Turbine *f*
turbot ['tɜ:bət] (*pl* ~, ~**s**) Steinbutt *m*
turbulent ['tɜ:bjʊlənt] stürmisch, turbulent
tureen [tʊ'ri:n] Terrine *f*
turf [tɜ:f] (*pl* ~**s**, **turves** [~vz]) Rasen *m*; Sode *f*; *the* ~ (Pferde-)Rennbahn *f*; (Pferde-)Rennsport *m*

Turk [tɜ:k] Türk|e *m*, -in *f*
turkey ['tɜ:kɪ] Truthahn *m*, -henne *f*, Pute(r *m*) *f*
Turkish ['tɜ:kɪʃ] türkisch
turmoil ['tɜ:mɔɪl] Aufruhr *m*; Durcheinander *n*
turn [tɜ:n] **1.** (Um)Drehung *f*; Biegung *f*, Kurve *f*; Wende *f*, Reihe(nfolge) *f*; Hang *m*, Neigung *f*; Dienst *m*, Gefallen *m*; Zweck *m*, F Schrecken *m*, Schock *m*; Anfall *m*; *it's my* ~ ich bin an der Reihe; *by* ~**s** abwechselnd; *take* ~**s** sich abwechseln; **2.** (sich) (um, herum)drehen; wenden; umblättern; zukehren, zuwenden; lenken, richten; *Holz* drechseln; *Metall* drehen; (sich) verwandeln; sich (ab-, hin-, zu)wenden; ab-, einbiegen; *Straße:* e-e Biegung machen; *grau etc.* werden; *Laub:* sich verfärben; *Milch:* sauer werden; *Wetter:* umschlagen; ~ *away* (sich) abwenden; abweisen; ~ *back* umkehren; j-n zurückschicken; *Uhr* zurückstellen; ~ *down* Kragen umschlagen; *Decke* zurückschlagen; *Gas* kleiner stellen; *Radio* leiser stellen; ablehnen; ~ *in* zurückgeben; F ins Bett gehen; ~ *off* *Wasser, Gas* abdrehen; *Licht, Radio etc.* ausschalten, -machen; abbiegen; ~ *on Gas, Wasser etc.* aufdrehen; *Gerät* anstellen; *Licht, Radio* anmachen, einschalten; ~

turncoat 310

out hinauswerfen; abdrehen, ausschalten, -machen; *Waren* produzieren; *gut etc.* ausfallen *od.* ausgehen; sich herausstellen; ~ **to** sich zuwenden; sich *a j-n* wenden; ~ **up** nach oben drehen *od.* biegen, *Kragen* hochschlagen; *Gas etc.* aufdrehen; *Radio etc.* lauter stellen; auftauchen; **~coat** Überläufer(in), Abtrünnige *m, f*

'**turning** Abzweigung *f*; **~ point** *fig.* Wendepunkt *m*

turnip ['tɜːnɪp] Rübe *f*

'**turn|out** Besucher(zahl *f*) *pl*; F Aufmachung *f*; *econ.* Gesamtproduktion *f*; **~over** *econ.* Umsatz *m*; **~pike** ['~paɪk] *Am.* gebührenpflichtige Schnellstraße; **~stile** ['~staɪl] Drehkreuz *n*; **~table** Plattenteller *m*; '**~up** *Brt.* Hosenaufschlag *m*

turpentine ['tɜːpəntaɪn] Terpentin *n*

turquoise ['tɜːkwɔɪz] Türkis *m*

turret ['tʌrɪt] Türmchen *n*

turtle ['tɜːtl] (See)Schildkröte *f*; '**~dove** Turteltaube *f*; '**~neck (sweater)** *bsd. Am.* Rollkragenpullover *m*

tusk [tʌsk] Stoßzahn *m*

tutor ['tjuːtə] Privat-, Hauslehrer *m*; Tutor *m*; **~ial** [~'tɔːrɪəl] *univ.* Tutorenkurs *m*

tuxedo [tʌk'siːdəʊ] *Am.* Smoking *m*

TV [tiː'viː] Fernsehen *n*; Fernsehapparat *m*

twang [twæŋ] Näseln *n*

tweezers ['twiːzəz] *pl* (*a.* **a pair of ~**) Pinzette *f*

twelfth [twelfθ] zwölfte(r, -s)

twelve [twelv] zwölf

twent|ieth ['twentɪɪθ] zwanzigste(r, -s); '**~y** zwanzig

twice [twaɪs] zweimal

twiddle ['twɪdl] herumdrehen an; (herum)spielen mit

twig [twɪg] (dünner) Zweig

twilight ['twaɪlaɪt] Zwielicht *n*; Dämmerung *f*

twin [twɪn] Zwilling *m*; *pl* Zwillinge *pl*, Zwillings..., Doppel...; **~ beds** *pl* zwei (gleiche) Einzelbetten *pl*

twinge [twɪndʒ] stechender Schmerz

twinkle ['twɪŋkl] funkeln, blitzen

'**twintown** Partnerstadt *f*

twirl [twɜːl] 1. Wirbel *m*; 2. (herum)wirbeln

twist [twɪst] 1. Drehung *f*; Kurve *f*; 2. (sich) drehen *od.* wickeln; verdrehen; (sich) verzerren *od.* -ziehen

twitch [twɪtʃ] 1. zucken (mit); 2. Zucken *n*, Zuckung *f*

twitter ['twɪtə] zwitschern

two [tuː] *adj u. s* zwei; **cut in ~** in zwei Teile schneiden; **the ~ of them** die beiden; **~pence** ['tʌpəns] zwei Pence *pl*; **~-piece** zweiteilig; **'~-stroke** *mot.* Zweitakt...; '**~-way**: **~ adapter** Doppelstecker *m*; **~ traffic** Gegenverkehr *m*

tycoon [taɪˈkuːn] Industriemagnat *m*
type [taɪp] **1.** Typ *m*; Art *f*; Sorte *f*; *print.* Type *f*, Buchstabe *m*; **2.** mit der Maschine schreiben, tippen; maschineschreiben; '**~writer** Schreibmaschine *f*; '**~written** maschinegeschrieben
typhoid (fever) [ˈtaɪfɔɪd] Typhus *m*

typhoon [taɪˈfuːn] Taifun *m*
typhus [ˈtaɪfəs] Fleckfieber *n*, -typhus *m*
typical [ˈtɪpɪkl] typisch
typist [ˈtaɪpɪst] Stenotypist(in)
tyrann|ical [tɪˈrænɪkl] tyrannisch; **~ize** [ˈtɪrənaɪz] tyrannisieren; **~y** Tyrannei *f*
tyrant [ˈtaɪərənt] Tyrann(in)
tyre [ˈtaɪə] *bsd. Brt.* Reifen *m*

U

udder [ˈʌdə] Euter *n*
ugly [ˈʌglɪ] häßlich; schlimm
ulcer [ˈʌlsə] Geschwür *n*
ultimate [ˈʌltɪmət] äußerste(r, -s), letzte(r, -s) End...; '**~ly** letzten Endes
ultimatum [ʌltɪˈmeɪtəm] (*pl -tums*, *-ta* [~tə]) Ultimatum *n*
ultra... [ˈʌltrə] ultra...; '**~sound** Ultraschall *m*; **~'violet** ultraviolett
umbilical cord [ʌmbɪˈlaɪkl] Nabelschnur *f*
umbrella [ʌmˈbrelə] Regenschirm *m*
umpire [ˈʌmpaɪə] Schiedsrichter(in)
umpteen [ʌmpˈtiːn] zig
un... [ʌn] un..., Un...
un|abashed [ʌnəˈbæʃt] unverfroren; **~abated** [ʌnəˈbeɪtɪd] unvermindert; **~'able** unfähig, außerstande; **~acceptable** unannehmbar; **~accountable** uner-

klärlich; **~accustomed** ungewohnt; nicht gewöhnt (*to* an); **~adulterated** unverfälscht, rein
unanimous [juːˈnænɪməs] einmütig; einstimmig
un|approachable unnahbar; **~'armed** unbewaffnet; **~attached** ungebunden; **~attended** unbewacht; **~'authorized** unberechtigt; unbefugt; **~'avoidable** unvermeidlich
unaware [ʌnəˈweə]: *be ~ of et.* nicht bemerken, sich *e-r Sache* nicht bewußt sein; **~s** [~z] unerwartet; versehentlich; *catch od. take s.o. ~* j-n überraschen
un|'balanced unausgeglichen; *Geist*: gestört; **~'bearable** unerträglich; **~'believable** unglaublich; **~'bending** unbeugsam; **~'bias(s)ed** unvoreingenommen; unpar-

unborn 312

teiisch; **~'born** (noch) ungeboren; **~'button** aufknöpfen; **~called-for** unerwünscht; unnötig; **~canny** unheimlich; **~'ceasing** unaufhörlich; **~'certain** unsicher, ungewiß; unbeständig; **~'checked** ungehindert

uncle ['ʌŋkl] Onkel m

un|'comfortable unbehaglich, ungemütlich; **~'common** ungewöhnlich; **~'compromising** kompromißlos; **~concerned** [ʌnkən'sɜːnd] unbekümmert; gleichgültig; **~'conditional** bedingungslos; **~'conscious** bewußtlos; unbewußt; **~controllable** unkontrollierbar; **~'cork** entkorken; **~'cover** aufdecken; **~'damaged** unbeschädigt; **~daunted** [ʌn'dɔːntɪd] unerschrocken; **~decided** unentschlossen; unentschieden, offen; **~deniable** [ʌndɪ'naɪəbl] unbestreitbar

under ['ʌndə] **1.** prp unter; **2.** adv unten; darunter; **~age** [ʌr'eɪdʒ] minderjährig; **~'bid** (-bid) unterbieten; **~carriage** aer. Fahrwerk n; mot. Fahrgestell n; **~'cover** Geheim...; geheim; **~'cut** (-cut) unterbieten; **~developed** unterentwickelt; **~'dog** Benachteiligte m, f; **~'done** nicht gar; nicht durchgebraten; **~estimate** [ʌr'estɪmeɪt] unterschätzen; **~exposed** [ʌrɪk'spəʊzd] phot. unterbelichtet; **~fed** unterernährt; **~'go** (-went, -gone) durchmachen; sich unterziehen; **~'ground 1.** unterirdisch; Untergrund...; **2.** U-Bahn f; **~'growth** Unterholz n; **~'lie** (-lay, -lain) zugrunde liegen; **~'line** unterstreichen; **~'mine** unterminieren; fig. untergraben; **~neath** [ʌ'niːθ] **1.** prp unter(halb); **2.** adv darunter; **~pants** pl Unterhose f; **~'pass** Unterführung f; **~'privileged** benachteiligt; **~'rate** unterschätzen; **~'shirt** Am. Unterhemd n; **~sized** zu klein; **~'skirt** Unterrock m; **~'staffed** unterbesetzt; **~'stand** (-stood) verstehen; (als sicher) annehmen; erfahren, hören; **~'standable** verständlich; **~'standing 1.** verständnisvoll; **2.** Verständnis n; Abmachung f; **~'statement** Understatement n, Untertreibung f; **~'take** (-took, -taken) übernehmen; unternehmen; sich verpflichten; **~'taker** Leichenbestatter m; Bestattungsinstitut n; **~'taking** Unternehmung f; **~'value** unterschätzen; **~wear** Unterwäsche f; **~'world** Unterwelt f

un|deserved unverdient; **~desirable** unerwünscht; **~developed** unentwickelt; unerschlossen; **~diminished**

unvermindert; ~disputed unbestritten; ~do (-did, -done) aufmachen; ungeschehen machen; vernichten; ~doubted unbestritten; ~ly zweifellos, ohne Zweifel; ~dress (sich) ausziehen; ~due übermäßig; unangebracht; ~'earth ausgraben; fig. aufstöbern; zutage bringen; ~'easy unbehaglich; unruhig; unsicher; ~educated ungebildet

unemploy|ed 1. arbeitslos; **2.** the ~ die Arbeitslosen pl; ~ment Arbeitslosigkeit f; ~ benefit Brt. Arbeitslosenunterstützung f

un|ending [ʌnˈendɪŋ] endlos; nie endend; ~'equal ungleich; be ~ to nicht gewachsen sein; ~erring [ʌnˈɜːrɪŋ] unfehlbar; ~'even uneben, ungleich(mäßig); Zahl: ungerade; ~eventful ereignislos; ~expected unerwartet; ~failing unerschöpflich; ~fair ungerecht; unfair; ~faithful untreu, treulos; ~familiar unbekannt; nicht vertraut; ~fasten aufmachen; lösen; ~favo(u)rable ungünstig; ~feeling gefühllos; ~finished unfertig; unvollendet; tech. unbearbeitet; ~fit ungeeignet, untauglich; nicht fit; ~fold (sich) entfalten od. öffnen; ausbreiten; fig. enthüllen; ~foreseen unvorhergesehen; ~forgettable unvergeßlich; ~forgotten unvergessen

unfortunate unglücklich; bedauerlich; ~ly unglücklicherweise, leider

un|founded unbegründet; ~friendly unfreundlich; ungünstig; ~furnished unmöbliert; ~'grateful undankbar; ~'guarded unvorsichtig; ~'happy unglücklich; ~harmed unversehrt; ~healthy ungesund; ~heard-of noch nie dagewesen; ~hoped-for unverhofft; ~hurt unverletzt

unification [juːnɪfɪˈkeɪʃn] Vereinigung f

uniform [ˈjuːnɪfɔːm] **1.** gleich; einheitlich; **2.** Uniform f

unify [ˈjuːnɪfaɪ] vereinigen

unilateral [juːnɪˈlætərəl] einseitig

unimagina|ble unvorstellbar; ~tive einfallslos

unimportant unwichtig

uninhabit|able unbewohnbar; ~ed unbewohnt

un|'injured unbeschädigt; unverletzt; ~intelligible unverständlich; ~intentional unabsichtlich; ~interesting uninteressant; ~interrupted ununterbrochen

union [ˈjuːnjən] Vereinigung f; pol. Union f; Gewerkschaft f; ~ist Gewerkschaftler(in)

unique [juːˈniːk] einzigartig, einmalig

unit ['juːnɪt] Einheit *f*; ~**e** [~'naɪt] (sich) vereinigen; verbinden; ~**ed** vereint, -einigt; ~**y** ['~ətɪ] Einheit *f*; Einigkeit *f*

universal [juːnɪ'vɜːsl] allgemein; Universal...; ~**e** ['~vɜːs] (Welt)All *n*, Universum *n*; ~**ity** [~'vɜːsətɪ] Universität *f*

un'just ungerecht; ~**kempt** [ʌn'kempt] ungepflegt; ungekämmt; ~**kind** unfreundlich; lieblos; ~**known** unbekannt; ~**leaded** [ʌn'ledɪd] bleifrei

unless [ən'les] wenn ... nicht, es sei denn

unlike [ʌn'laɪk] anders als; im Gegensatz zu; unähnlich; ~**ly** unwahrscheinlich

un'limited unbegrenzt, unbeschränkt; ~**listed**: *be* ~ *Am.* nicht im Telefonbuch stehen; ~**load** ab-, aus-, entladen; ~**lock** aufschließen; ~**lucky** unglücklich; *be* ~ Pech haben; ~**manned** [ʌn'mænd] unbemannt; ~**married** unverheiratet, ledig; ~**mistakable** unverkennbar; ~**moved** unbewegt, ungerührt; ~**natural** unnatürlich; ~**necessary** unnötig; ~**noticed** unbemerkt; ~**obtrusive** unaufdringlich, bescheiden; ~**occupied** *Platz:* frei; *Haus:* unbewohnt; *Person:* unbeschäftigt; ~**official** nichtamtlich, inoffiziell; ~**pack** auspacken; ~**pleasant** unangenehm, unerfreulich; ~**plug** den Stecker (*gen*) herausziehen; ~**precedented** [~'presɪdentɪd] beispiellos, noch nie dagewesen; ~**predictable** unvorhersehbar; *Person:* unberechenbar; ~**pretentious** [ʌnprɪ'tenʃəs] bescheiden, schlicht; ~**qualified** unqualifiziert, ungeeignet; uneingeschränkt; ~**questionable** unzweifelhaft, fraglos; ~**ravel** [ʌn'rævl] auftrennen; *fig.* enträtseln; ~**real** unwirklich; ~**realistic** unrealistisch; ~**reasonable** unvernünftig; unmäßig; übertrieben; ~**relenting** unerbittlich; unvermindert; ~**reliable** unzuverlässig; ~**rest** *pol.* Unruhen *pl*; ~**restrained** ungehemmt; unkontrolliert; ~**roll** ent-, aufrollen; ~**ruly** [ʌn'ruːlɪ] ungebärdig; widerspenstig; ~**safe** nicht sicher; gefährlich; ~**said** unausgesprochen; ~**satisfactory** unbefriedigend; unzulänglich; ~**savo(u)ry** widerlich, -wärtig; ~**screw** ab-, los-, aufschrauben; ~**scrupulous** skrupellos; ~**settled** ungeklärt, offen; ~**shaven** unrasiert; ~**sightly** häßlich; ~'**skilled** [*attr.* ~] ungelernt; ~'**sociable** ungesellig;

upset

'social unsozial; ~sophisticated einfach, schlicht; unkompliziert; ~'sound krank; unsicher, schwach; nicht stichhaltig; ~'speakable unsagbar, unbeschreiblich; abscheulich; ~'stable nicht stabil; unsicher; unbeständig; labil; ~'steady unsicher; wackelig; schwankend; ~'stuck: come ~ sich lösen; ~'suitable unpassend; ungeeignet; ~'suspecting nichtsahnend, ahnungslos; ~'swerving unbeirrbar; ~'tangle entwirren; ~'tapped ungenutzt; ~'thinkable unvorstellbar; ~'tie aufknoten; lösen; auf-, losbinden

until [ən'tɪl] bis; *not* ~ erst, nicht vor; erst wenn

un|'timely vorzeitig, ungelegen, unpassend; ~'tiring unermüdlich; ~'told unermeßlich; ~'touched unberührt; *fig.* ungerührt; ~'troubled ungestört; ruhig; ~'true unwahr; untreu; ~used 1. [ʌn'juːzd] 2. [ʌn'juːst]: ~ to nicht gewöhnt an; ~'usual ungewöhnlich; ~'varnished *fig.* ungeschminkt; ~'varying unveränderlich; ~'veil enthüllen; ~'well: *be od. feel* ~ sich nicht wohl fühlen; ~'willing widerwillig; *be* ~ *to do s.th.* nicht bereit sein, et. zu tun; ~'wind (-*wound*) abwickeln;

fig. abschalten; ~'wrap auspacken, -wickeln

up [ʌp] **1.** *adv* (her-, hin)auf, aufwärts, nach oben, hoch, in die Höhe; oben; auf ... zu; ~ *to* bis (zu); *be* ~ *to* et. vorhaben; abhängen von; *e-r Sache* gewachsen sein; **2.** *prp* auf ... (hinauf) hinauf; oben an *od.* auf; **3.** *adj* oben; hoch; auf(gestanden); *Preise:* gestiegen; *Zeit:* abgelaufen, um; ~ *and about* wieder auf den Beinen; *what's* ~? F was ist los?; **4.** ~s *and downs pl* Höhen und Tiefen *pl*

'up|bringing Erziehung *f*; ~'date auf den neuesten Stand bringen; ~'grade befördern; höher einstufen; ~'heaval [ʌp'hiːvl] Umwälzung *f*; ~'hill bergauf; *fig.* mühsam; ~'hold (-*held*) unterstützen; ~'holster [ʌp'həʊlstə] polstern; ~'holstery [ʌp'həʊlstərɪ] Polsterung *f*; '~keep Unterhalt(skosten *pl*) *m*; Instandhaltung(skosten *pl*) *f*

upon [ə'pɒn] *auf*

upper ['ʌpə] obere(r, -s); höhere(r, -s); Ober...; ~ *class* Oberschicht *f*; ~'most oberste(r, -s); höchste(r, -s); *an oberster Stelle*

'up|right aufrecht; *fig.* rechtschaffen; ~'rising Aufstand *m*; '~roar Aufruhr *m*; ~'set **1.** (-*set*) umwerfen, -stoßen; *Plan etc.* durcheinander

upshot

bringen; *Magen* verderben; *j-n* aus der Fassung bringen; aufregen; verärgern; beleidigen; **2.** aufgeregt; verärgert; beleidigt; *Magen:* verdorben. **3.** Störung *f;* Aufregung *f;* (*a. Magen*) Verstimmung *f;* '~**shot** Ergebnis *n;* '~**side:** ~ **down** verkehrt herum; *fig.* drunter u. drüber; ~'**stairs** (nach) oben; '~**start** Emporkömmling *m;* ~'**stream** stromaufwärts; ~**to-'date** modern; auf dem neuesten Stand; auf dem laufenden; ~**ward(s)** ['~wəd(z)] aufwärts; nach oben
uranium [juˈreɪnɪəm] Uran *n*
urban [ˈɜːbən] städtisch, Stadt...
urchin [ˈɜːtʃɪn] Rotzbengel *m*
urge [ɜːdʒ] **1.** drängen; ~ **on** (an)treiben; **2.** Drang *m;* Bedürfnis *n,* Trieb *m;* '~**nt** dringend; dringlich; eilig
urin|ate [ˈjʊərɪneɪt] Wasser lassen, urinieren; ~**e** [ˈ~rɪn] Urin *m*
urn [ɜːn] Urne *f*
us [ʌs, əs] uns
usage [ˈjuːzɪdʒ] Gebrauch *m;* Brauch *m; ling.* Sprachgebrauch *m;* Behandlung *f*
use 1. [juːs] Gebrauch *m;* Benutzung *f,* Verwendung *f;* **of** ~ nützlich; **it's no** ~ es hat keinen Zweck; **2.** [~z] gebrauchen, benutzen, an-, verwenden; ~ **up** auf-, verbrauchen
used[1] [juːzd] gebraucht
used[2] [juːst]: **be** ~ **to s.th.** an et. gewöhnt sein; **be** ~ **to doing s.th.** gewohnt sein, et. zu tun; **get** ~ **to s.th.** sich an et. gewöhnen
used[3] [juːst]: *I etc.* ~ **to ...** ich *etc.* pflegte zu ...
use|ful [ˈjuːsfʊl] brauchbar, nützlich; ~**less** nutz-, zwecklos, unnütz
user [ˈjuːzə] Benutzer(in); ~'**friendly** benutzerfreundlich
usher [ˈʌʃə] Platzanweiser *m;* Gerichtsdiener *m;* **2.** ~ **in** (hinein)führen; ~**ette** [~ˈret] Platzanweiserin *f*
usual [ˈjuːʒl] gewöhnlich, üblich; **as** ~ wie gewöhnlich; ~**ly** [ˈ~ʒəlɪ] gewöhnlich, meist(ens)
utensil [juːˈtensl] Gerät *n*
uterus [ˈjuːtərəs] Gebärmutter *f*
utili|ty [juːˈtɪlətɪ] Nützlichkeit *f,* Nutzen *m;* ~**ze** [ˈjuːstəlaɪz] nutzen; verwerten
utmost [ˈʌtməʊst] äußerst(e, -s)
utter [ˈʌtə] **1.** total, vollkommen; **2.** von sich geben; äußern; *Seufzer etc.* ausstoßen; ~**ance** [ˈ~rəns] Äußerung *f;* ~**ly** äußerst; total, völlig
U-turn [ˈjuːtɜːn] *mot.* Wende *f; fig.* Kehrtwendung *f*

V

vacan|cy ['veɪkənsɪ] Leere *f*; *Hotel:* freies Zimmer; freie *od.* offene Stelle; **~t** leer; *Zimmer, Sitzplatz etc.:* frei; *Stelle:* offen, frei; *Haus:* leerstehend, unbewohnt

vacate [və'keɪt] räumen; *Amt* niederlegen

vacation [və'keɪʃn] *bsd. Brt.* (Semester-, Gerichts)Ferien *pl*; *bsd. Am.* Urlaub *m*, Ferien *pl*; **~er**, **~ist** *Am.* Urlauber(in)

vaccin|ate ['væksɪneɪt] impfen; **~ation** [~'neɪʃn] (Schutz)Impfung *f*; **~e** ['~i:n] Impfstoff *m*

vacuum ['vækjʊəm] Vakuum *n*; **~ bottle** *Am.* Thermosflasche *f (TM)*; **~ cleaner** Staubsauger *m*; **~ flask** Thermosflasche *f (TM)*; **'~ packed** vakuumverpackt

vagabond ['vægəbɒnd] Landstreicher(in)

vagary ['veɪgərɪ] Laune *f*

vagina [və'dʒaɪnə] Vagina *f*, Scheide *f*

vague [veɪg] vage, verschwommen; unklar

vain [veɪn] eitel; *in* **~** vergeblich; umsonst

valerian [və'lɪərɪən] Baldrian *m*

valet ['vælɪt] (Kammer)Diener *m*

valiant ['væljənt] tapfer

valid ['vælɪd] gültig; stichhaltig

valley ['vælɪ] Tal *n*

valu|able ['væljʊəbl] **1.** wertvoll; kostbar; nützlich; **2.** *pl* Wertsachen *pl*; **~ation** [~'eɪʃn] Schätzung *f*

value ['vælju:] **1.** Wert *m*; Nutzen *m*; *be good* **~** preisgünstig sein; **2.** schätzen, veranschlagen; *fig.* schätzen, achten; '**~-added tax** *(abbr. VAT)* Mehrwertsteuer *f*; '**~less** wertlos

valve [vælv] Ventil *n*; Klappe *f*; (Radio)Röhre *f*

van [væn] Lieferwagen *m*; *rail.* Güterwagen *m*

vandal ['vændl] Rowdy *m*; **~ism** ['~dəlɪzəm] Vandalismus *m*

vanilla [və'nɪlə] Vanille *f*

vanish ['vænɪʃ] verschwinden

vanity ['vænɪtɪ] Eitelkeit *f*; **~ bag**, **~ case** Kosmetikkoffer *m*

vantage point ['vɑ:ntɪdʒ] günstiger Aussichtspunkt

vapo(u)r ['veɪpə] Dampf *m*; Dunst *m*; **~ trail** *aer.* Kondensstreifen *m*

vari|able ['veərɪəbl] veränderlich; wechselhaft; regulierbar; '**~ance**: *be at* **~** *with* im Widerspruch stehen zu;

variation

~ation [~'eɪʃn] Schwankung f, Abweichung f, Variation f
varicose vein ['værɪkəʊs] Krampfader f
varied ['veərɪd] unterschiedlich; bunt, mannigfaltig; abwechslungsreich
variety [və'raɪətɪ] Abwechslung f; Vielfalt f; econ. Auswahl f; Sorte f, Varieté f; **a ~ of ...** die verschiedensten ...
various ['veərɪəs] verschieden; mehrere
varnish ['vɑːnɪʃ] 1. Firnis m; Lack m; Glasur f; 2. firnissen, lackieren, glasieren
vary ['veərɪ] (sich) (ver)ändern; *Preise*: schwanken; abweichen, sich unterscheiden
vase [vɑːz] Vase f
vast [vɑːst] gewaltig, riesig; weit, ausgedehnt
vat [væt] Faß n, Bottich m
vault¹ [vɔːlt] (Keller)Gewölbe n; Gruft f; Tresorraum m
vault² [~] 1. Sprung m; 2. (über)springen
veal [viːl] Kalbfleisch n
vegeta|ble ['vedʒtəbl] Gemüse(sorte f) n; *pl* Gemüse n; **~rian** [~ɪ'teərɪən] 1. Vegetarier(in); 2. vegetarisch
vehicle ['vɪəkl] Fahrzeug n
veil [veɪl] 1. Schleier m; 2. verschleiern
vein [veɪn] Ader f; Stimmung f
velocity [vɪ'lɒsətɪ] Geschwindigkeit f
velvet ['velvɪt] Samt m

venal ['viːnl] käuflich
vend|ing machine ['vendɪŋ] (Verkaufs)Automat m; **~or** ['~dɔː] Verkäufer(in)
veneer [və'nɪə] Furnier n; *fig.* äußerer Anstrich, Fassade f
venereal [və'nɪərɪəl] *med.* Geschlechts...; **~ disease** Geschlechtskrankheit f
venetian blind [və'niːʃn] Jalousie f
vengeance ['vendʒəns] Rache f; **with a ~** F gewaltig
venison ['venɪzn] *gastr.* Wild n
venom ['venəm] Gift n; Gehässigkeit f; **~ous** giftig; gehässig
vent [vent] 1. (Abzugs)Öffnung f, (Luft)Loch n; Schlitz m; **give ~ to** s-m Zorn etc. Luft machen; 2. abreagieren
ventilat|e ['ventɪleɪt] (be-, ent-, durch)lüften; **~ion** [~'leɪʃn] Ventilation f, Lüftung f; **~or** ['~leɪtə] Ventilator m
ventriloquist [ven'trɪləkwɪst] Bauchredner m
venture ['ventʃə] 1. Unternehmen n, Projekt n; 2. riskieren; aufs Spiel setzen; (sich) wagen
venue ['venjuː] Treffpunkt m; Tagungs-, Austragungsort m
veranda(h) [və'rændə] Veranda f
verb [vɜːb] Verb n, Zeitwort n; **~al** wörtlich; mündlich; verbal

verdict ['vɜːdɪkt] *jur.* Urteilsspruch *m* (*der Geschworenen*); *fig.* Urteil *n*

verge [vɜːdʒ] **1.** Rand *m*; *Straße:* Seitenstreifen *m*; **on the ~ of** am Rande *des Ruins etc.*; kurz vor e-r *Entdeckung;* **den Tränen** nahe; **2. ~ on** grenzen an

verify ['verɪfaɪ] (nach)prüfen; bestätigen; beweisen

vermicelli [vɜːmɪ'selɪ] Fadennudeln *pl*

vermin ['vɜːmɪn] Ungeziefer *n*

vermouth ['vɜːməθ] Wermut *m*

vernacular [və'nækjʊlə] Landessprache *f*; Mundart *f*

versatile ['vɜːsətaɪl] vielseitig; flexibel

verse [vɜːs] Vers(e *pl*) *m*; Strophe *f*; Dichtung *f*; **~d** bewandert; **~ion** [~ʃn] Version *f*; Fassung *f*; Lesart *f*; Ausführung *f*

versus ['vɜːsəs] *jur., Sport:* gegen

verte|bra ['vɜːtɪbrə] (*pl* **-brae** [~briː]) *anat.* Wirbel *m*; **~brate** [~breɪt] Wirbeltier *n*

vertical ['vɜːtɪkl] vertikal, senkrecht

vertigo ['vɜːtɪgəʊ] Schwindel(gefühl *n*) *m*

very ['verɪ] **1.** *adv* sehr; *vor sup:* aller...; **the ~ best** das allerbeste; **2.** *adj* genau; bloß; äußerste(r, -s); **in the ~ act** auf frischer Tat; gerade dabei; **the ~ thing** genau das richtige; **the ~ thought** der bloße Gedanke

vessel ['vesl] Gefäß *n* (*a. anat., bot.*); Schiff *n*

vest [vest] Unterhemd *n*; *Am.* Weste *f*

vestige ['vestɪdʒ] Spur *f*

vestry ['vestrɪ] *eccl.* Sakristei *f*

vet [vet] F **1.** Tierarzt *m*, -ärztin *f*; **2.** gründlich prüfen

veteran ['vetərən] **1.** Veteran *m*; **2.** erfahren; altgedient

veterinar|ian [vetərə'neərɪən] *Am.*, **~y surgeon** ['~ɪnərɪ] *Brt.* Tierarzt *m*, -ärztin *f*

veto ['viːtəʊ] **1.** (*pl* **-toes**) Veto *n*; **2.** sein Veto einlegen gegen

vex [veks] ärgern; **~ation** [~'seɪʃn] Ärger *m*; **~atious** ärgerlich; **~ed** verärgert

via ['vaɪə] über, via

viable ['vaɪəbl] durchführbar; lebensfähig; *econ.* rentabel

vibrat|e [vaɪ'breɪt] vibrieren, zittern; schwingen; **~ion** [~ʃn] Zittern *n*, Vibrieren *n*; Schwingung *f*

vicar ['vɪkə] Vikar *m*, Pfarrer *m*; **~age** [~rɪdʒ] Pfarrhaus *n*

vice [vaɪs] Laster *n*; Schraubstock *m*; Vize...

vice versa [vaɪsɪ'vɜːsə] umgekehrt

vicinity [vɪ'sɪnətɪ] Nachbarschaft *f*, Nähe *f*

vicious ['vɪʃəs] lasterhaft; bösartig; boshaft; gemein

victim ['vɪktɪm] Opfer *n*

victor ['vɪktə] Sieger(in); **~ious** [~'tɔːrɪəs] siegreich; Sieges...; **~y** ['~ərɪ] Sieg *m*

video ['vɪdɪəʊ] **1.** Video(kassette *f*, -film *m*); Video...; **2.** auf Video aufnehmen, aufzeichnen; **~ camera** Videokamera *f*; **~ cassette** Videokassette *f*; **~ disc** Bildplatte *f*; **~ game** Videospiel *n*; **~phone** Bildtelefon *n*; **~ recorder** Videorecorder *m*; **~ recording** Videoaufnahme *f*; '**~tape 1.** Videoband *n*; **2.** → *video* 2; '**~tape library** Videothek *f*

view [vjuː] **1.** ansehen, besichtigen; betrachten; **2.** Sicht *f*; Aussicht *f*, (Aus)Blick *m*; Ansicht *f*, Meinung *f*; Absicht *f*; *in ~ of* angesichts; **~** zu besichtigen; **~data** Bildschirmtext *m*; '**~er** Fernsehzuschauer(in); Diabetrachter *m*, Gucki *m*; '**~finder** *phot.* (Bild)Sucher *m*; '**~point** Gesichts-, Standpunkt *m*

vigil ['vɪdʒɪl] Nachtwache *f*

vigo|rous ['vɪgərəs] kräftig, energisch; '**~(u)r** Kraft *f*, Vitalität *f*; Energie *f*

vile [vaɪl] abscheulich

village ['vɪlɪdʒ] Dorf *n*; '**~r** Dorfbewohner(in)

villain ['vɪlən] Schurke *m*, Verbrecher *m*; Bösewicht *m*

vindicate ['vɪndɪkeɪt] rechtfertigen; rehabilitieren

vindictive [vɪn'dɪktɪv] rachsüchtig; nachtragend

vine [vaɪn] Wein(stock) *m*, (Wein)Rebe *f*

vinegar ['vɪnɪgə] Essig *m*

vineyard ['vɪnjəd] Weinberg *m*

vintage ['vɪntɪdʒ] **1.** *Wein*: Jahrgang *m*; Weinlese *f*; **2.** edel, erlesen; hervorragend; **~ car** *Brt.* Oldtimer *m*

violat|e ['vaɪəleɪt] verletzen; übertreten, verstoßen gegen; *Eid etc.* brechen; **~ion** [~'leɪʃn] Verletzung *f*; Übertretung *f*, Verstoß *m*; Bruch *m*

violen|ce ['vaɪələns] Gewalt(tätigkeit) *f*, Brutalität *f*; Heftigkeit *f*; '**~t** gewalttätig, brutal; heftig; gewaltsam

violet ['vaɪəlɪt] **1.** Veilchen *n*; **2.** violett

violin [vaɪə'lɪn] Violine *f*, Geige *f*

viper ['vaɪpə] Viper *f*

viral ['vaɪərəl] Virus...

virgin ['vɜːdʒɪn] **1.** Jungfrau *f*; **2.** jungfräulich; unberührt

viril|e ['vɪraɪl] männlich, kraftvoll; **~ity** [~'rɪlətɪ] Männlichkeit *f*

virtual ['vɜːtʃʊəl] eigentlich; '**~ly** praktisch, fast

virtue ['vɜːtjuː] Tugend *f*; Vorzug *m*; **~ous** [~tʃʊəs] tugendhaft

virulent ['vɪrʊlənt] *med.* bösartig; *Gift*: stark

virus ['vaɪərəs] Virus *n*, *m*

visa ['vi:zə] Visum n
vise [vais] Am. Schraubstock m
visib|ility [vizə'biləti] Sicht(-verhältnisse pl, -weite) f; **~le** sichtbar
vision ['viʒn] Sehvermögen n, Sehkraft f; Weitblick m; Vision f
visit ['vizit] **1.** besuchen; besichtigen; Besuche machen; **2.** Besuch m; Besichtigung f; **pay a ~ to** j-n besuchen; **~ing card** Brt. Visitenkarte f; **~ing hours** pl Besuchszeiten pl; **~or** Besucher(in), Gast m
visor ['vaizə] Visier n; (Mützen)Schirm m; mot. Sonnenblende f
visual ['viʒʊəl] Seh...; visuell; **~ aid** Anschauungsmaterial n; **~ display unit** Bildschirm-, Bildsicht-, Datensichtgerät n; **~ize** sich vorstellen
vital ['vaitl] Lebens..., lebenswichtig; unerläßlich; vital; **~ity** [~'tæləti] Lebenskraft f, Vitalität f; **~ly: ~ important** äußerst wichtig
vitamin ['vitəmin] Vitamin n
vivaci|ous [vi'veiʃəs] lebhaft; **~ty** [~'væsəti] Lebhaftigkeit f
vivid ['vivid] lebhaft, lebendig; Farben: leuchtend
vocabulary [vəʊ'kæbjʊləri] Wortschatz m; Wörterverzeichnis n
vocal ['vəʊkl] Stimm...; mus.

Vokal..., Gesang(s)...; **~ cords** pl Stimmbänder pl
vocation [vəʊ'keiʃn] Berufung f; Beruf m
vogue [vəʊg] Mode f
voice [vɔis] **1.** Stimme f; **2.** äußern
void [vɔid] **1.** leer; jur. ungültig; **~ of** ohne; **2.** Leere f
volatile ['vɒlətail] chem. flüchtig; Person: leicht aufbrausend; Situation: brisant
volcano [vɒl'keinəʊ] (pl -noes, -nos) Vulkan m
volley ['vɒli] Salve f; (Stein etc.)Hagel m; fig. Schwall m; Tennis: Flugball m; **~ball** Volleyball m
volt [vəʊlt] electr. Volt n; **~age** Spannung f
volume ['vɒlju:m] Buch: Band m; Volumen n, Rauminhalt m; Umfang m; Ausmaß n; Lautstärke f
voluntary ['vɒləntəri] freiwillig; **~eer** [~'tiə] **1.** Freiwillige m, f; **2.** sich freiwillig melden; anbieten
voluptuous [və'lʌptʃʊəs] sinnlich; üppig
vomit ['vɒmit] brechen; (sich) erbrechen
voracious [və'reiʃəs] gefräßig, gierig
vote [vəʊt] **1.** (Wahl)Stimme f; Abstimmung f, Wahl f; Wahlrecht n; Wahlergebnis n; **2.** wählen; **~ for** stimmen für; **~ on** abstimmen über; **~r** Wähler(in)

11 Uni Englisch

vouch [vaʊtʃ]: ~ **for** (sich ver)bürgen für; **'~er** Gutschein *m*
vow [vaʊ] **1.** Gelöbnis *n*; *eccl.* Gelübde *n*; **2.** geloben; schwören
vowel ['vaʊəl] Vokal *m*, Selbstlaut *m*

voyage ['vɔɪɪdʒ] *längere* (See-, Flug)Reise
vulgar ['vʌlgə] gewöhnlich, vulgär
vulnerable ['vʌlnərəbl] verwundbar; anfällig; wehrlos; *fig.* verletzlich
vulture ['vʌltʃə] Geier *m*

W

wad [wɒd] (*Watte*)Bausch *m*; *Banknoten*: Bündel *n*; *Papier*: Stoß *m*
waddle ['wɒdl] watscheln
wade [weɪd] (durch)waten
wafer ['weɪfə] Waffel *f*; Oblate *f*; *eccl.* Hostie *f*
waffle ['wɒfl] Waffel *f*; *Brt. F* Geschwafel *n*
wag [wæg] wedeln (mit)
wage¹ [weɪdʒ] *mst pl* Lohn *m*
wage² [~] *Krieg* führen
wage|earner ['weɪdʒɜːnə] Lohnempfänger(in); **~ freeze** Lohnstopp *m*; **~ packet** Lohntüte *f*
wager ['weɪdʒə] **1.** Wette *f*; **2.** wetten
waggle ['wægl] wackeln (mit)
wag(g)on ['wægən] Fuhrwerk *n*; *Am.* Wagen *m*; *Brt. rail.* offener Güterwagen
wail [weɪl] klagen, jammern
waist [weɪst] Taille *f*; **'~coat** ['weɪskəʊt] *bsd. Brt.* Weste *f*; **'~line** Taille *f*
wait [weɪt] **1.** warten (**for** auf); abwarten; erwarten; **~ at** (*Am.* **on**) **table** bedienen; **~ on** *j-n* bedienen; **2.** Wartezeit *f*; **'~er** Kellner *m*, Ober *m*; **~! Herr Ober!**; **'~ing** Warten *n*; **no ~** *mot.* Halteverbot *n*; **~ing room** Wartezimmer *n*; *rail.* Wartesaal *m*; **'~ress** ['weɪtrɪs] Kellnerin *f*
wake¹ [weɪk] (**woke** *od.* **waked, woken** *od.* **waked**) **v/i.** mst **~ up** aufwachen; **v/t.** (auf)wecken
wake² [~] Kielwasser *n*; *fig.* **follow in the ~ of** *fig.* folgen auf
walk [wɔːk] **1.** gehen; zu Fuß gehen, laufen; spazierengehen; wandern; begleiten; *Hund* ausführen; **~ out** streiken; **~ out on** *F j-n* im Stich lassen; **2.** (Spazier)Gang *m*; (Spazier)Weg *m*; Wanderung *f*; Gang *m*; **'~about** *F* Bad *n* in der Menge; **'~er** Spaziergänger(in)
walkie-talkie [wɔːkɪ'tɔːkɪ] tragbares Funksprechgerät
'walking|distance: be within ~ leicht zu Fuß zu errei-

chen sein; ~ stick Spazierstock m; ~ tour Wanderung f
'walkout Streik m
wall [wɔ:l] Wand f; Mauer f
wallet ['wɒlɪt] Brieftasche f
'wallflower fig. F Mauerblümchen n; '~paper 1. Tapete f; 2. tapezieren
walnut ['wɔ:lnʌt] Walnuß(baum m) f; '~rus ['~rəs] (pl -ruses, -rus) Walroß n
waltz [wɔ:ls] 1. Walzer m; 2. Walzer tanzen
wand [wɒnd] Zauberstab m
wander ['wɒndə] umherwandern; fig. abschweifen
wane [weɪn] Mond: abnehmen; fig. schwinden
want [wɒnt] 1. Mangel m (of an); pl Bedürfnisse pl; for ~ of in Ermangelung (gen), mangels; 2. brauchen, wollen, mögen; nicht haben, wünschen; '~ed gesucht; '~ing: be ~ fehlen; es fehlen lassen (in an); unzulänglich sein
wanton ['wɒntən] mutwillig
war [wɔ:] Krieg m; Kriegs-
warble ['wɔ:bl] trillern
ward [wɔ:d] 1. Mündel n; (Krankenhaus)Station f; (Stadt)Bezirk m; 2. ~ off abwehren; '~en Aufseher(in); Herbergsvater m, -mutter f; '~er (Gefängnis)Wärter(in)
wardrobe ['wɔ:drəʊb] Kleiderschrank m; Garderobe f
ware [weə] in Zssgn (Glas- etc.)Waren pl; '~house Lagerhaus n
war|fare ['wɔ:feə] Krieg(führung f) m; '~head mil. Spreng-, Gefechtskopf m
warm [wɔ:m] 1. warm (a. fig.); fig. herzlich; fig. hitzig; 2. ~ (up) (auf-, an-, er)wärmen; sich erwärmen, warm werden; '~hearted warmherzig; '~th [~θ] Wärme f; Herzlichkeit f
warn [wɔ:n] warnen (of, against vor); '~ing Warnung f; without ~ unerwartet
warp [wɔ:p] Holz: sich verziehen; fig. verzerren
warrant ['wɒrənt] 1. (Haft-, Durchsuchungs- etc.)Befehl m; 2. rechtfertigen; '~y Garantie f
wart [wɔ:t] Warze f
wary ['weərɪ] vorsichtig
was [wɒz, wəz] 1. u. 3. sg pret von be: war; pret pass von be: wurde
wash [wɒʃ] 1. (sich) waschen; ~ up Brt. Geschirr spülen, abwaschen; 2. Wäsche f; have a ~ sich waschen; '~able waschbar; '~and-wear bügelfrei; pflegeleicht; '~basin, Am. '~bowl Waschbecken n; '~cloth Am. Waschlappen m; '~ing machine Waschmaschine f; tech. Unterlegscheibe f; '~ing Waschen n; Wäsche f; Wasch...; ~ing machine Waschmaschine f; ~ing powder

washing-up

Waschpulver *n*; **~ing-'up** Abwasch(en *n*) *m*
wasp [wɒsp] Wespe *f*
waste [weɪst] **1.** überflüssig; Abfall...; *Land*: verödet; **2.** Verschwendung *f*, Vergeudung *f*; Abfall *m*; Ödland *n*, Wüste *f*; **3.** verschwenden, vergeuden; **'~away** dahinsiechen, verfallen; **'~ful** verschwenderisch; **'~land** Ödland *n*; **~'paper** Papierabfall *m*; Altpapier *n*; **~'paper basket** Papierkorb *m*; **~ pipe** Abflußrohr *n*
watch [wɒtʃ] **1.** (Armband)Uhr *f*; Wache *f*; **2.** beobachten; sich *et.* ansehen; achtgeben auf; zusehen, zuschauen; Wache halten; **~ for** warten auf; **~ out** F aufpassen; **~ out!** Achtung!, Vorsicht!; **~ out for** Ausschau halten nach; **~ TV** fernsehen; **'~dog** Schäferhund *m* (*a. fig.*); **'~ful** wachsam; **'~maker** Uhrmacher(in); **'~man** (*pl* **-men**) (Nacht)Wächter *m*
water ['wɔːtə] **1.** Wasser *n*; *pl* Gewässer *pl*; **2.** *v/t* (be)gießen; bewässern; sprengen; *Tier* tränken; *v/i Mund*: wässern; *Augen*: tränen; **~ (down)** verwässern (*a. fig.*); **~ closet** (Wasser)Klosett *n*; **'~colo(u)r** Aquarell(malerei *f*) *n*, Wasserfarbe *f*; **~ course** Wasserlauf *m*; **'~cress** Brunnenkresse *f*; **'~fall** Wasserfall *m*; **'~hole** Wasserloch

watering **can** ['wɔːtərɪŋ] Gießkanne *f*; **~ place** Wasserstelle *f*, Tränke *f*
water **level** Wasserspiegel *m*; Wasserstand(slinie *f*) *m*; **~ lily** Seerose *f*; **'~line** Wasserlinie *f*; **'~mark** Wasserzeichen *n*; **~ polo** Wasserball *m*; **'~proof 1.** wasserdicht; **2.** Regenmantel *m*; **'~shed** Wasserscheide *f*; **'~side** Fluß-, Seeufer *n*; **'~tight** wasserdicht; *fig.* hieb- u. stichfest; **'~way** Wasserstraße *f*; **'~wings** *pl* Wasserflügel *pl*; **'~works** *sg*, *pl* Wasserwerk *n*; **'~y** [-əri] wäßrig
watt [wɒt] *electr.* Watt *n*
wave [weɪv] **1.** Welle *f*, Winken *n*; **2.** schwingen, schwenken; winken mit; *Haare*: (sich) wellen; wogen; wehen; **~ to** *od.* **at** *j-m* (zu)winken; **'~length** *phys.* Wellenlänge *f*
waver ['weɪvə] flackern; schwanken
wavy ['weɪvɪ] wellig, gewellt
wax¹ [wæks] **1.** Wachs *n*; Ohrenschmalz *n*; Siegellack *m*; **2.** wachsen, bohnern
wax² [~] *Mond*: zunehmen
way [weɪ] Weg *m*; Straße *f*; Strecke *f*; Richtung *f*; Art u. Weise *f*, Methode *f*; (Eigen)Art *f*; Hinsicht *f*; **this ~** hierher, hier entlang; **the other ~ round** umgekehrt; **by the ~** übrigens; **by ~ of** örtlich: über; als; **in a ~** in gewisser Weise; **be under**

weighty

im Gange sein; unterwegs sein; *give* ~ nachgeben; *mot.* die Vorfahrt lassen (*to* dat); abgelöst werden; *Tränen etc.* freien Lauf lassen; *have one's (own)* ~ s-n Willen durchsetzen; *lead the* ~ vorangehen; *lose one's* ~ sich verirren; *make* ~ Platz machen; ~ *back* Rückweg *m*, -fahrt *f*; ~ *in* Eingang *m*; ~ *of life* Lebensart *f*, -weise *f*; ~ *out* Ausgang *m*; *fig.* Ausweg *m*; **~ward** ['~wəd] eigensinnig

we [wi:, wi] wir

weak [wi:k] schwach; *Getränk*: dünn; **'~en** schwächen; schwächer werden; *fig.* schwach *od.* weich werden; **'~ling** Schwächling *m*; **'~ness** Schwäche *f*

wealth [welθ] Reichtum *m*; *fig.* Fülle *f*; **'~y** reich

wean [wi:n] entwöhnen

weapon ['wepən] Waffe *f*

wear [weə] **1.** (*wore, worn*) *am Körper tragen*; anhaben; *Hut etc.* aufhaben; halten, haltbar sein; sich *gut etc.* tragen; ~ *(away, down, out)* (sich) abnutzen *od.* abtragen; *Reifen* abfahren; ~ *down j-n* zermürben; **2.** (Be)Kleidung *f*; Abnutzung *f*; ~ *and tear* Verschleiß *m*

weary ['wɪərɪ] müde; lustlos

weasel ['wi:zl] Wiesel *n*

weather ['weðə] Wetter *n*; Witterung *f*; **'~-beaten** verwittert; *Gesicht*: vom Wetter gegerbt; **~ chart** Wetterkarte *f*; ~ *forecast* Wetterbericht *m*, -vorhersage *f*

weave [wi:v] (*wove, woven*) weben; flechten

web [web] Netz *n*; Gewebe *n*; *zo.* Schwimmhaut *f*; **~bed** *zo.* Schwimm-

wedding ['wedɪŋ] Hochzeit *f*; Hochzeits...; ~ *ring* Ehe-, Trauring *m*

wedge [wedʒ] **1.** Keil *m*; **2.** verkeilen, festklemmen; *fig.* einkeilen, -zwängen

Wednesday ['wenzdɪ] Mittwoch *m*

wee [wi:] F winzig; *a* ~ *bit* ein klein wenig

weed [wi:d] **1.** Unkraut *n*; **2.** jäten; **'~-killer** Unkrautvertilgungsmittel *n*

week [wi:k] Woche *f*; *a* ~ *tomorrow, tomorrow* ~ morgen in einer Woche; **'~day** Wochentag *m*; **'~end** Wochenende *n*; **'~ly** wöchentlich; Wochen...

weep [wi:p] (*wept*) weinen; **'~ing willow** Trauerweide *f*

weigh [weɪ] wiegen; *fig.* aberwägen; ~ *anchor* den Anker lichten; ~ *down* niederdrücken; ~ *on* lasten auf

weight [weɪt] Gewicht *n*; *fig.*: Last *f*; Bedeutung *f*; **'~less** schwerelos; **'~lessness** Schwerelosigkeit *f*; **'~lifting** *Sport*: Gewichtheben *n*; **'~y** schwer; *fig.* gewichtig

weir [wɪə] Wehr *n*
weird [wɪəd] unheimlich; F sonderbar
welcome ['welkəm] **1.** Willkommen *n*; Empfang *m*; **2.** willkommen; **(you are)** ~ nichts zu danken, bitte sehr; **3.** willkommen heißen; begrüßen *(a. fig.)*
weld [weld] schweißen
welfare ['welfeə] Wohl(ergehen) *n*; Sozialhilfe *f*; Fürsorge(unterstützung) *f*; ~ **state** Wohlfahrtsstaat *m*; ~ **work** Sozialarbeit *f*; ~ **worker** Sozialarbeiter(in)
well¹ [wel] Brunnen *m*; *tech.* Quelle *f (a. fig.)*; Bohrloch *n*
well² [~] **1.** *adv* gut; **as** ~ auch; **as** ~ **as** sowohl als auch; **2.** *adj* gut, gesund; **be** *od.* **feel** ~ sich wohlfühlen; **get** ~ **soon!** gute Besserung!; **3.** *int* na, nun, also; **very** ~ **then** also gut; ~'**balanced** ausgeglichen; ausgewogen; ~'**being** Wohl(ergehen, -befinden) *n*; ~'**earned** wohlverdient
wellingtons ['welɪŋtənz] *pl* Gummistiefel *pl*
well-'known bekannt; ~'**mannered** mit guten Manieren; ~'**off** wohlhabend; ~'**read** belesen; ~'**timed** (zeitlich) günstig, im richtigen Augenblick; ~**-to-'do** wohlhabend; ~'**worn** abgetragen; *fig.* abgedroschen
went [went] *pret von* **go** 2
wept [wept] *pret u. pp von* **weep**

were [wɜː] *pl u. 2. sg pret von* **be**
west [west] **1.** Westen *m*; **2.** westlich, West...; **3.** nach Westen, westwärts; '~**erly** westlich, West...; '~**ern 1.** westlich, West...; **2.** Western *m*; ~**ward(s)** ['~wəd(z)] westwärts, nach Westen
wet [wet] **1.** naß; feucht; '~ **paint** frisch gestrichen; **2.** Nässe *f*; Feuchtigkeit *f*; **3.** (**wet** *od.* **wetted**) naß machen, anfeuchten
whack [wæk] **1.** schlagen; **2.** (knallender) Schlag
whale [weɪl] Wal *m*
wharf [wɔːf] (*pl* ~**s**, **wharves** [~vz]) Kai *m*
what [wɒt] **1.** was; wie; **2.** was für (ein, eine), welche(r, -s); ~ **about...?** wie war's mit ...?; ~ **for?** wofür?, wozu?; **so** ~? na und?; ~'**ever 1.** was (auch immer); egal was; **2.** welche(r, -s) auch (immer)
wheat [wiːt] Weizen *m*
wheel [wiːl] **1.** Rad *n*; Steuer(rad) *n*, Lenkrad *n*; **2.** schieben; '~**barrow** Schubkarren *m*; '~**chair** Rollstuhl *m*; ~ **clamp** *mot.* (Park)Kralle *f*
whelp [welp] Welpe *m*
when [wen] **1.** wann; **2.** wenn; als; **3.** wo ... doch; ~'**ever** immer, wenn; wann immer
where [weə] wo; wohin; ~ **...from?** woher?; ~ **...to?** wo-

wholesome

hin?; **~abouts** [weərˈbaʊts] **1.** wo ungefähr; **2.** Aufenthaltsort *m*; **~as** [weərˈæz] während; **~upon** [ˌ~rəˈpɒn] worauf(hin)
wherever [weərˈevə] wo(hin) (auch) immer
whet [wet] wetzen, schärfen; *Appetit* anregen
whether [ˈweðə] ob
which [wɪtʃ] **1.** welche(r, -s); **2.** der, die, das; was; **~ever** welche(r, -s) (auch) immer
whiff [wɪf] Hauch *m*; Geruch *m*; Zug *m* (*beim Rauchen*)
while [waɪl] **1.** während; **2.** Weile *f*, Zeit *f*; **for a ~** e-e Zeitlang; **3. ~ away** sich *die Zeit* vertreiben
whim [wɪm] Laune *f*
whimper [ˈwɪmpə] wimmern
whims|ical [ˈwɪmzɪkl] wunderlich; spleenig; neckisch; launig; **~y** Spleen *m*
whine [waɪn] **1.** Winseln *n*; Gejammer *n*; **2.** winseln; jammern
whinny [ˈwɪnɪ] wiehern
whip [wɪp] **1.** Peitsche *f*; **2.** peitschen; verprügeln; schlagen; **~ped cream** Schlagsahne *f*; **~ping** Prügel *pl*
whirl [wɜːl] **1.** wirbeln, sich drehen; **2.** Wirbel *m*; Strudel *m*; **~pool** Strudel *m*; Whirlpool *m*; **~wind** Wirbelwind *m*
whir(r) [wɜː] schwirren; surren
whisk [wɪsk] **1.** Schneebesen *m*; **2.** schlagen; huschen, flitzen; **~ away, ~ off** *et.* schnell wegziehen; *mit j-m* davonbrausen
whiskers [ˈwɪskəz] *zo.* Bart-, Schnurrhaar *n*; *pl* Backenbart *m*
whisper [ˈwɪspə] **1.** flüstern; **2.** Geflüster *n*, Flüstern *n*
whistle [ˈwɪsl] **1.** pfeifen; **2.** Pfeife *f*; Pfiff *m*
white [waɪt] **1.** weiß; **2.** Weiß(e) *n*; Weiße *m*, *f*; **~ coffee** Milchkaffee *m*; **~-collar worker** Angestellte *m*, *f*; **~ heat** Weißglut *f*; **~ lie** Notlüge *f*; **'~n** weißen, weiß machen; weiß werden; **~wash 1.** Tünche *f*; **2.** weißen, tünchen; *fig.* reinwaschen
Whitsun [ˈwɪtsn] Pfingsten *n od. pl*; Pfingst...
whiz(z) [wɪz] zischen, sausen, schwirren; **~ kid** F Senkrechtstarter *m*
who [huː, hʊ] **1.** wer; *dat* wem; *acc* wen; **2.** der, die, das
whodun(n)it [huːˈdʌnɪt] F Krimi *m*
whoever [huːˈevə] wer (auch) immer; jeder, der
whole [həʊl] **1.** ganz; **2.** Ganze *n*; **on the ~** im großen und ganzen; **~ food** Vollwertkost *f*; **~-hearted** uneingeschränkt; **'~meal bread** Vollkornbrot *n*; **'~sale** Großhandel *m*; **~ dealer** → **'~saler** Großhändler *m*; **'~some** gesund

wholly ['həʊlɪ] völlig
whom [huːm] *dat* wem; *acc* wen; den, die, das
whooping cough ['huːpɪŋ] Keuchhusten *m*
whore [hɔː] Hure *f*
whose [huːz] wessen; dessen, deren
why [waɪ] warum, weshalb; *that's ~* deshalb
wick [wɪk] Docht *m*
wicked ['wɪkɪd] böse; schlecht; gemein
wicker ['wɪkə] Korb...; *~*basket Weidenkorb *m*; *~* chair Korbstuhl *m*
wicket ['wɪkɪt] *Kricket:* Dreistab *m*, Tor *n*
wide [waɪd] breit; weit; *fig.* groß; (umfang)reich; vielfältig; *vom Ziel:* daneben; *~* **awake** hellwach; *fig.* aufgeweckt, gewitzt; **~'angle** *phot.* Weitwinkel...; **'~ly** weit; allgemein; *~n* (sich) verbreitern; (sich) erweitern; **~'open** weit geöffnet; **'~spread** weitverbreitet
widow ['wɪdəʊ] Witwe *f*; **~ed** verwitwet; **~er** Witwer *m*
width [wɪdθ] Breite *f*, Weite *f*
wield [wiːld] *Einfluß etc.* ausüben
wife [waɪf] (*pl* **wives** [*~*vz]) (Ehe)Frau *f*, Gattin *f*
wig [wɪg] Perücke *f*
wild [waɪld] **1.** wild; verwildert; wütend, rasend; unbändig; verrückt; maßlos,

kühn; *~* **about** scharf *od.* versessen auf; *run ~* wild aufwachsen, verwildern; **2.** the **~(s** *pl*) die Wildnis; **'~cat** Wildkatze *f*; *~* **strike** wilder Streik; **~erness** ['wɪldənɪs] Wildnis *f*; *fig.* Wüste *f*; **'~fire: like ~** wie ein Lauffeuer; **'~life** Tier- u. Pflanzenwelt *f*
wil(l)ful ['wɪlfʊl] eigensinnig; vorsätzlich
will [wɪl] **1.** Wille *m*; Wunsch *m*; Testament *n*; **2.** *v/aux* (*pret* **would**) ich, du *etc.* will(st) *etc.*; ich, du *etc.* werde, wirst *etc.*; *v/t* wollen; **'~ing** gewillt, willens, bereit; **'~ingly** gern, bereitwillig
willow ['wɪləʊ] *bot.* Weide *f*
'willpower Willenskraft *f*
willy-nilly [wɪlɪ'nɪlɪ] wohl oder übel
wilt [wɪlt] (ver)welken
wily ['waɪlɪ] listig, gerissen
win [wɪn] **1.** (**won**) gewinnen; erlangen; siegen; **2.** Sieg *m*
wince [wɪns] (zs.-)zucken
winch [wɪntʃ] *tech.* Winde *f*
wind¹ [wɪnd] Wind *m*; Blähung(en *pl*) *f*
wind² [waɪnd] (**wound**) sich winden *od.* schlängeln; wickeln; winden; kurbeln; *~* **up** *Uhr* aufziehen
winding ['waɪndɪŋ] **1.** gewunden; *~* **staircase** Wendeltreppe *f*; **2.** Windung *f*
wind instrument ['wɪnd] Blasinstrument *n*

windlass ['wɪndləs] *tech.* Winde *f*

windmill ['wɪnmɪl] Windmühle *f*

window ['wɪndəʊ] Fenster *n*; Schaufenster *n*; Schalter *m*; **~ box** Blumenkasten *m*; **'~pane** Fensterscheibe *f*; **~ shade** *bsd. Am.* Rouleau *n*, Rollo *n*, Jalousie *f*; **'~-shop**: **go ~ping** e-n Schaufensterbummel machen; **'~sill** Fensterbank *f*; -brett *n*

wind|pipe ['wɪnd] Luftröhre *f*; **'~screen**, *Am.* **'~shield** Windschutzscheibe *f*; **~ wiper** Scheibenwischer *m*; **'~y** windig

wine [waɪn] Wein *m*

wing [wɪŋ] Flügel *m*; *mot.* Kotflügel *m*; *aer.* Tragfläche *f*

wink [wɪŋk] **1.** Zwinkern *n*; **2.** zwinkern

winn|er ['wɪnə] Gewinner(in); Sieger(in); **'~ing** siegreich; *fig.* einnehmend; **'~ings** *pl* Gewinn *m*

winter ['wɪntə] **1.** Winter *m*; **2.** überwintern; **~ sports** *pl* Wintersport *m*

wintry ['wɪntrɪ] winterlich; *fig.* frostig

wipe [waɪp] (ab-, auf)wischen; (ab)trocknen; **~ off** ab-, wegwischen; tilgen; **~ out** auswischen; ausrotten

wire [waɪə] **1.** Draht *m*; *electr.* Leitung *f*; *Am.* Telegramm *n*; **2.** *Am.* telegrafieren; **'~less 1.** drahtlos; **2.** *Brt.* Radio(apparat *m*) *n*; **~ netting** ['netɪŋ] Drahtgeflecht *n*

wiry ['waɪərɪ] drahtig

wisdom ['wɪzdəm] Weisheit *f*; Klugheit *f*; **~ tooth** Weisheitszahn *m*

wise [waɪz] weise, klug, erfahren; **'~crack** witzige Bemerkung; **~ guy** F Klugscheißer *m*

wish [wɪʃ] **1.** Wunsch *m*; **best ~es** alles Gute; **2.** wünschen; wollen; **~ s.o. well** j-m alles Gute / Böses wünschen; **~ for** (sich) *et.* wünschen; **'~ful:** **~ thinking** Wunschdenken *n*

wishy-washy ['wɪʃɪwɒʃɪ] labb(e)rig, wäßrig; *fig.* saft- und kraftlos; lasch

wistful ['wɪstfʊl] wehmütig

wit [wɪt] *a. pl* Verstand *m*; Geist *m*, Witz *m*; **be at one's ~'s end** mit s-r Weisheit am Ende sein

witch [wɪtʃ] Hexe *f*; **'~craft** Hexerei *f*

with [wɪð] mit; bei; **are you ~ me?** verstehst du?

withdraw [wɪð'drɔː] (**-drew, -drawn**) (sich) zurückziehen; Truppen *etc.* abziehen; *Geld* abheben

wither ['wɪðə] (ver)welken; verdorren (lassen)

withhold [wɪð'həʊld] (**-held**) vorenthalten; verweigern

with|in [wɪ'ðɪn] in(nerhalb);

call / reach in Ruf- / Reichweite; **~out** [~ˈðaʊt] ohne

withstand [wɪðˈstænd] widerstehen

witness [ˈwɪtnɪs] **1.** Zeuge *m*, -in *f*; Zeugnis *n*; **2.** Zeuge sein von; (mit)erleben; mit ansehen; bezeugen, bestätigen; **~ box**, *Am.* **~ stand** Zeugenstand *m*

wit|ticism [ˈwɪtɪsɪzəm] geistreiche Bemerkung *f*; '**~ty** witzig, geistreich

wives [waɪvz] *pl von* **wife**

wizard [ˈwɪzəd] Zauberer *m*; Genie *n*

wobble [ˈwɒbl] schwanken; wackeln

woe [wəʊ] Leid *n*, Kummer *m*

woke [wəʊk] *pret*, **~n** *pp von* **wake**[1]

wolf [wʊlf] **1.** (*pl* **wolves** [~vz]) Wolf *m*; **2. ~ (down)** (gierig) verschlingen

wolves [wʊlvz] *pl von* **wolf** 1

woman [ˈwʊmən] (*pl* **women** [ˈwɪmɪn]) Frau *f*; **~ doctor** Ärztin *f*; '**~kind** [~kaɪnd] die Frauen *pl*, das weibliche Geschlecht; '**~ly** fraulich, weiblich

womb [wuːm] Gebärmutter *f*, Mutterleib *m*; *fig.* Schoß *m*

women [ˈwɪmɪn] *pl von* **woman**; **~'s lib** [lɪb], **~'s movement** Frauen(emanzipations)bewegung *f*

won [wʌn] *pret u. pp von* **win** 1

wonder [ˈwʌndə] **1.** Wunder *n*; Verwunderung *f*; Staunen *n*; **2.** gern wissen mögen, sich fragen; sich wundern; '**~ful** wunderbar, -voll

won't [wəʊnt] *für* **will not**

wood [wʊd] Holz *n*; *oft pl* Wald *m*, Gehölz *n*; '**~cut** Holzschnitt *m*; '**~cutter** Holzfäller *m*; '**~ed** [~ɪd] bewaldet; '**~en** hölzern (*a. fig.*); '**~pecker** [ˈ~pekə] Specht *m*; '**~wind** Holzblasinstrument(e *pl*) *n*; *die* Holzbläser *pl*; '**~work** Tischlern *n*; Tischlerarbeit(en *pl*) *f*; *arch.* Gebälk *n*; '**~y** bewaldet, waldig; holzig

wool [wʊl] Wolle *f*; **~ len 1.** wollen, Woll...; **2.** *pl* Wollsachen *pl*; '**~(l)y** wollig; Woll...; *fig.* verschwommen

word [wɜːd] **1.** Wort *n*; Nachricht *f*; *pl*: (Lied)Text *m*; *fig.* Auseinandersetzung *f*; **have a ~ with s.o.** kurz mit j-m sprechen; **2.** ausdrücken, formulieren; abfassen; '**~ing** Wortlaut *m*; Formulierung *f*; **~ processing** Textverarbeitung *f*; **~ processor** Textverarbeitungssystem *n*

wore [wɔː] *pret von* **wear** 1

work [wɜːk] **1.** Arbeit *f*; Werk *n*; **~s** *pl* Getriebe *n*; Uhrwerk *n*; **~s** *sg* Werk *n*, Fabrik *f*; **~ of art** Kunstwerk *n*; **at ~** bei der Arbeit; **out of ~** arbeitslos; **2.** *v/i* arbeiten; *tech.* funktionieren, gehen; wirken; *fig.* gelingen, klappen; *v/t* ver-, bearbeiten; *Maschi-*

wrapper

ne etc. bedienen; (an-, be)treiben; *fig.* bewirken; ~ **off** abarbeiten; *Gefühle* abreagieren; ~ **out** *v/t* ausrechnen; *Aufgabe* lösen; *Plan* ausarbeiten; *v/i* klappen; ~ **(o.s.) up** (sich) aufregen; ~**aholic** [ˌə'hɒlɪk] Arbeitssüchtige *m, f*; '**~er** Arbeiter(in)

'**working class** Arbeiterklasse *f*; '**~-class** *adj* Arbeiter...; ~ **day** Werk-, Arbeitstag *m*; ~ **hours** *pl* Arbeitszeit *f*

'**workman** (*pl* **-men**) Handwerker *m*; '**~like** fachmännisch; '**~ship** Kunstfertigkeit *f*; gute *etc.* Ausführung

works council Betriebsrat *m*

'**work|shop** Werkstatt *f*; ~ **station** (Computer-, Bildschirm)Arbeitsplatz *m*; ~ **study** Arbeitsstudie *f*; **~-to-rule** Dienst *m* nach Vorschrift

world [wɜːld] Welt *f*; '**~ly** weltlich; ~ **power** *pol.* Weltmacht *f*; ~ **war** Weltkrieg *m*; '**~wide** weltweit

worm [wɜːm] Wurm *m*; '**~-eaten** wurmstichig

worn [wɔːn] *pp von* **wear** 1; ~'**out** abgenutzt, abgetragen; erschöpft

worr|ied ['wʌrɪd] besorgt, beunruhigt; '**~y 1.** (sich) beunruhigen; (sich) Sorgen *od.* Gedanken machen; stören, plagen; belästigen; **don't** ~*!* keine Angst *od.* Sorge!; **2.** Sorge *f*; '**~ying** beunruhigend

worse [wɜːs] *comp von* **bad**: schlechter; schlimmer; ~ **luck!** (so ein) Pech!; **~n** ['wɜːsn] verschlimmern; sich verschlechtern

worship ['wɜːʃɪp] **1.** Verehrung *f*; Gottesdienst *m*; **2.** verehren, anbeten; zum Gottesdienst gehen

worst [wɜːst] **1.** *adj* (*sup von* **bad**) schlechteste(r, -s); schlimmste(r, -s); **2.** *adv* (*sup von* **badly**) am schlechtesten; am schlimmsten; **3.** *the* ~ das Schlimmste; **at (the)** ~ schlimmstenfalls

worsted ['wʊstɪd] Kammgarn *n*; Woll...

worth [wɜːθ] **1.** wert; ~ **reading** lesenswert; ~ **seeing** sehenswert; **2.** Wert *m*; '**~less** wertlos; ~'**while** der Mühe wert; **be** ~ sich lohnen; '**~y** ['~ðɪ] würdig; wert

would [wʊd] *pret von* **will** 2; ~ **you like ...?** möchten Sie ...?

wound[1] [wuːnd] **1.** Wunde *f*, Verletzung *f*; **2.** verwunden, -letzen (*a. fig.*)

wound[2] [waʊnd] *pret u. pp von* **wind**[2]

wove [wəʊv] *pret*, '**~n** *pp von* **weave**

wow [waʊ] *int* F hui!, Mann!, Mensch!

wrap [ræp] **1.** wickeln; *a.* ~ **up** einwickeln, -packen; **2.** Umhang *m*; Schal *m*; '**~per** Ver-

wrapping

packung f; Buch: (Schutz-)Umschlag m; **'~ping** Verpackung f; **'~ paper** Pack-, Geschenkpapier n
wrath [rɒθ] Zorn m
wreath [riːθ] Kranz m
wreck [rek] **1.** Wrack n (a. fig.); Schiffbruch m; fig. Ruine f; Trümmer pl; **nervous ~** Nervenbündel n; **2.** vernichten, zerstören; **be ~ed** Schiffbruch erleiden; **~age** Trümmer pl; Wrack(-teile pl) n
'wrecking| company Am. Abbruchfirma f; **~ service** Am. mot. Abschleppdienst m
wren [ren] Zaunkönig m
wrench [rentʃ] **1.** reißen, zerren, ziehen; entwinden; med. verrenken; **2.** Ruck m; med. Verrenkung f; Schraubenschlüssel m
wrest|le ['resl] ringen (mit); **'~ling** Ringen n
wretch [retʃ] Schuft m; a. **poor ~** armer Teufel; **~ed** ['~ɪd] elend; erbärmlich
wriggle ['rɪgl] sich schlängeln; sich winden, zappeln
wring [rɪŋ] (**wrung**) (**~ out** auswringen; **~ one's hands** Hände ringen
wrinkle ['rɪŋkl] **1.** Runzel f; Falte f; **2.** sich runzeln, runz(e)lig werden; knittern

wrist [rɪst] Handgelenk n; **~ watch** Armbanduhr f
writ [rɪt] jur. Verfügung f
write [raɪt] (**wrote, written**) schreiben; **~ down** auf-, niederschreiben; **~ off** abschreiben; **~ out** Scheck etc. ausstellen; **'~r** Schreiber(in); Verfasser(in); Schriftsteller(in)
writhe [raɪð] sich krümmen
writing ['raɪtɪŋ] Schreiben n; (Hand)Schrift f; **in ~** schriftlich; **~ desk** Schreibtisch m; **~ paper** Schreibpapier n
written ['rɪtn] **1.** pp von **write**; **2.** adj geschrieben
wrong [rɒŋ] **1.** falsch, verkehrt; unrecht; **be ~** falsch sein; unrecht haben; nicht stimmen; Uhr: falsch gehen; **what's ~ with you?** was ist los mit dir?; **go ~** e-n Fehler machen; Plan etc.: schiefgehen; **2.** Unrecht n; **3.** j-m Unrecht tun; **'~ful** ungerecht; unrechtmäßig; **'~ly** zu Unrecht
wrote [rəʊt] pret von **write**
wrought| iron [rɔːt] Schmiedeeisen n; **~'iron** schmiedeeisern
wrung [rʌŋ] pret u. pp von **wring**
wry [raɪ] schief, verzerrt

X

Xmas ['krısməs, 'eksməs] F Weihnachten *n od. pl*
X-ray ['eksreɪ] **1.** Röntgenaufnahme *f*; Röntgenstrahl *m*; **2.** röntgen
xylophone ['zaıləfəʊn] *mus.* Xylophon *n*

Y

yacht [jɒt] (Segel-, Motor)Jacht *f*; Segelboot *n*; '~ing Segeln *n*; Segelsport *m*
yap [jæp] kläffen
yard[1] [jɑːd] Hof *m*
yard[2] [~] Yard *n* (0,914 m); '~stick Maßstab *m*
yarn [jɑːn] Garn *n*; F Seemannsgarn *n*
yawn [jɔːn] **1.** gähnen; **2.** Gähnen *n*
year [jɪə] Jahr *n*; '~ly jährlich
yearn [jɜːn] sich sehnen
yeast [jiːst] Hefe *f*
yell [jel] **1.** (gellend) schreien; **2.** (gellender) Schrei
yellow ['jeləʊ] gelb; ~ **pages** *pl teleph.* die gelben Seiten *pl*, Branchenverzeichnis *n*
yelp [jelp] (auf)jaulen
yes [jes] **1.** ja; doch; **2.** Ja *n*
yesterday ['jestədɪ] gestern; **the day before ~** vorgestern
yet [jet] **1.** *adv* noch; bis jetzt; schon; **as ~** bis jetzt; **not ~** noch nicht; **2.** *cj* (aber) dennoch, doch
yield [jiːld] **1.** (ein-, hervor-)bringen; *Gewinn* abwerfen; *agr.* tragen; nachgeben; *Vorfahrt* gewähren; **2.** Ertrag *m*
yogh(o)urt, yogurt ['jɒgət] Joghurt *m*
yolk [jəʊk] (Ei)Dotter *m, n*, Eigelb *n*
you [juː, jʊ] du, ihr, Sie; *dat* dir, euch, Ihnen; *acc* dich, euch, Sie; man; *dat* einem, *acc* einen
young [jʌŋ] **1.** jung; **2.** *pl* (Tier)Junge *pl*; '~**ster** [~stə] Junge *m*
your [jɔː] dein(e), euer(e), Ihr(e); ~**s** [~z] deine(r, -s), eure, eure(s), Ihre(r, -s); ~**self** (*pl* ~**selves** [~vz]) verstärkend: (du, ihr, Sie) selbst; *reflexiv*: dir, dich, euch, sich; **by** ~ allein
youth [juːθ] (*pl* ~**s** [~ðz]) Jugend(zeit) *f*; junger Mann, Jugendliche *m*; *sg od. pl*

konstr. die Jugend; '~ful jugendlich; ~ **hostel** Jugendherberge *f*

Yugoslav [ju:gəʊ'slɑ:v] **1.** jugoslawisch; **2.** Jugoslaw|e *m*, -in *f*

Z

zeal [zi:l] Eifer *m*; **~ous** ['zeləs] eifrig
zebra ['zebrə] Zebra *n*; ~ **crossing** Zebrastreifen *m*
zenith ['zenɪθ] Zenit *m*; *fig.* Höhepunkt *m*
zero ['zɪərəʊ] (*pl* -**ros**, -**roes**) Null *f*; Nullpunkt *m*; ~ **growth** / **option** Nullwachstum *n* / Nullösung *f*
zest [zest] Begeisterung *f*
zigzag ['zɪgzæg] Zickzack *m*
zinc [zɪŋk] Zink *n*
zip [zɪp] **1.** Reißverschluß *m*; **2.** *a.* ~ **up** den Reißverschluß zumachen; ~ **code** *Am.* Postleitzahl *f*; ~ **fastener,** '**~per** Reißverschluß *m*
zodiac ['zəʊdɪæk] Tierkreis *m*
zone [zəʊn] Zone *f*
zoo [zu:] Zoo *m*
zoolog|ical [zəʊə'lɒdʒɪkl] zoologisch; **~y** [zəʊ'ɒlədʒɪ] Zoologie *f*
zoom [zu:m] **1.** surren; F sausen; *aer.* steil hochziehen; *phot.* zoomen; **2.** → ~ **lens** *phot.* Zoom(objektiv) *n*

Deutsch-Englisches Wörterverzeichnis

A

Aal m eel
Aas n carrion; F beast
ab prp u. adv örtlich: from; zeitlich: from ... (on); fort, weg: off; ~ und zu now and then; **von jetzt (da, dort) ~** from now (that time, there) on; **... ist ab** ... has come off
Abart f variety
Abbau m mining; Verringerung: reduction; Vorurteile etc.: overcoming; biol. etc. decomposition; **2en** mine; fig. reduce; overcome*; **sich ~** biol. break* down
ab|beißen bite* off; **~bekommen** get* off; **s-n Teil od. et. ~** get* one's share; et. ~ fig. get* hurt od. damaged; **~bestellen** Zeitung (Waren): cancel one's subscription (order) for; **~biegen** turn (off); **nach rechts (links) ~** turn right (left)
abbilden show*, depict; **2ung** f picture, illustration
ab|blenden mot. dip (Am. dim) the headlights; **~blendlicht** n dipped (Am. dimmed) headlights pl; **~brechen** break* off (a. fig.); Gebäude: pull down, demolish; Zelt, Lager: strike*; **~bremsen** slow down; **~brennen** burn* down; **~bringen: j-n ~ von** talk s.o. out of (doing) s.th.; **~bröckeln** crumble away; **2bruch** m breaking off; Haus etc.: demolition; **~buchen** debit (von to); **~bürsten** brush (off)
Abc n ABC, alphabet
ab|danken resign; Herrscher: abdicate; **~decken** uncover; zudecken: cover (up); **~dichten** make* tight, insulate; **~drehen** v/t turn off; v/i change (one's) course
Abdruck m print, mark; **2en** print
abdrücken fire
Abend m evening; **am ~** → **abends**; **heute 2** tonight; **morgen (gestern) 2** tomorrow (last) night; **~brot** n, **~essen** n supper, dinner; **~kleid** n evening dress od. gown; **~kurs** m evening classes pl; **~land** n West, Occident; **~mahl** n eccl. the (Holy) Communion, the Lord's Supper; **2s** in the evening, at night; **~montags** (on) Monday evenings
Abenteuer n adventure;

abenteuerlich 336

2lich adventurous; *fig.* fantastic; *riskant:* risky
aber but; *oder* ~ or else
Aber|**glaube** m superstition; 2**gläubisch** superstitious
abfahr|**en** leave*, depart, start *(alle: nach* for); *Schutt etc.:* remove; 2t f departure; *Ski:* descent; 2**tslauf** m downhill skiing *(Rennen:* race); 2**tszeit** f departure (time)
Abfall m waste, rubbish, refuse, *Am. a.* garbage, trash; **~beseitigung** f waste disposal; **~eimer** m → **Mülleimer**; 2**en** fall* off; *fig. a.* fall* off *od.* break* away *(von* from); *geogr.* slope (down)
abfällig derogatory; ~ **reden von** run* s.o. down
Abfallprodukt n waste product
ab|**fangen** catch*, intercept; *mot., aer.* right; *Farbe etc.:* run*; *Stoff: a.* bleed*; ~ **auf** *fig.* rub off on; **~färben** *od.* ~ **fassen** write*, compose; **~fertigen** dispatch; *Zoll:* clear; *Kunden:* serve; *Flug-, Hotelgast:* check in; **~feuern** fire (off); *Rakete:* launch
abfind|**en** pay* off; *Partner:* buy* out; *entschädigen:* compensate; **sich ~ mit** put* up with; 2**ung** f compensation
ab|**fliegen** leave*, depart; **~starten**; **~fließen** flow off
Abflug m departure; → **Start**
Abfluß m *tech.* drain; **~rohr** n waste pipe, drainpipe
abführ|**en** lead* away; **~end**, 2**mittel** n laxative
abfüllen *in Flaschen:* bottle; *in Dosen:* can
Abgabe f *Sport:* pass; *Gebühr:* rate; *Zoll:* duty; *e-r Arbeit:* handing in
Abgang m school-leaving, *Am.* graduation; *ohne Abschluß:* dropping out; *thea.* exit
Abgas n waste gas; **~e** pl emission(s pl); *mot.* exhaust fumes pl; **~frei** emission-free; **~untersuchung** f exhaust emission test, *Am.* emissions test
abgearbeitet worn out
abgeben leave* *(bei* with); *Gepäck: a.* deposit, *Am.* check; *Arbeit:* hand in; *Ball:* pass; *Wärme etc.:* give* off, emit; *j-m et.* **~ von** share s.th. with s.o.; **sich ~ mit** concern o.s. *(j-m:* associate) with
abge|**griffen** worn; **~härtet** hardened *(gegen* to)
abgehen leave*; *Post, Ware:* get* off; *Weg:* branch off; *Knopf etc.:* come* off; *econ.* be* deducted; ~ **von** *Schule:* leave*; *Plan:* drop; *Meinung:* change; **gut ~** *fig.* pass off well
abge|**hetzt**, **~kämpft** exhausted; **~legen** remote, distant; **~macht:** ~ **!** it's a deal!; **~magert** emaciated; **~neigt:** *e-r Sache* **(nicht) ~ sein** (not)

be* averse to (doing) s.th.; **~nutzt** worn out

Abgeordnete *m, f* representative, member of parliament, *Am. mst* congress(wo)man

abge|packt prepack(ag)ed; **~schlossen** completed; **~e Wohnung** self-contained flat, *Am.* apartment; **~sehen:** ~ **von** apart from; **~spannt** worn out; **~standen** stale; **~storben** dead; *Glied:* a. numb; **~stumpft** insensitive; **~tragen, ~wetzt** worn; *stärker:* shabby

abgewöhnen: *j-m* **et.** ~ break* *od.* cure s.o. of s.th.; **sich et.** ~ give* up s.th.

Abgrund *m* abyss, chasm

ab|hacken chop *od.* cut* off; **~haken** tick (*Am.* check) off; **~halten** *Versammlung etc.:* hold*; *j-n* ~ **von** keep* s.o. from (doing) s.th.; **~handen:** ~ **kommen** get* lost

Abhandlung *f* treatise

Abhang *m* slope, incline

abhängen *Bild etc.:* take* down; *rail. etc.* uncouple; *gastr.* hang*; F *j-n:* shake* off; ~ **von** depend on

abhängig: ~ **von** dependent on; **2keit** *f* dependence (**von** on)

ab|härten harden (**sich** o.s.) (**gegen** to); **~hauen** cut* off, chop off; F make* off (**mit** with), run* (away) (with); **hau ab!** *sl.* beat it!, scram!;

~heben lift *od.* take* off; *Geld:* (with)draw*; *teleph.* answer the phone; *Hörer:* pick up; *Karten:* cut*; *aer.* take* (*Rakete:* lift) off; **sich** ~ **von** stand* out among od. from; *fig. a.* contrast with; **~heften** file (away); **~hetzen: sich** ~ wear* o.s. out

Abhilfe *f* remedy

ab|holen pick up; *j-n* **von der Bahn** ~ meet* s.o. at the station; **~holzen** *Gebiet:* deforest; **~horchen** *med.* auscultate, sound; **~hören** *teleph.* listen in on, tap; *Schule:* quiz s.o., test s.o. orally

Abitur *n* school-leaving examination

ab|kaufen buy* s.th. from s.o. (*a. fig.*); **~klingen** *Schmerz etc.:* ease off; **~klopfen** *Staub etc.:* knock off; *med.* sound; **~knicken** snap *od.* break* off; *verbiegen:* bend*; **~kochen** boil

Abkommen *n* agreement

ab|kommen: ~ **von** get* off; *Plan etc.:* drop; **vom Thema** ~ stray from the point; **vom Wege** ~ lose* one's way

ab|koppeln uncouple; **~kratzen** scrape off; F *sterben:* kick the bucket; **~kühlen** cool down (*a. fig. u.* **sich** ~)

abkürz|en shorten; *Wort etc.:* abbreviate; **den Weg** ~ take* a short cut; **2ung** *f* abbreviation; short cut

abladen unload; → **Schutt**

Ablage

Ablage f place to put s.th.; *Bord*: shelf; *econ*. filing; *Akten*: files *pl*

ab|lagern *Holz*: season; *Wein etc.*: (let*) age; *geol. etc.* deposit; **sich ~** settle, be deposited; **~lassen** drain (off); *Dampf*: let* off (*a. fig.*); *vom Preis*: take* s.th. off; **von et. ~** stop doing s.th.

Ablauf m *Verlauf*: course; *Vorgang*: process; *Programm*&: order of events; *Frist etc.*: expiration; → **Abfluß**; **&en** *Wasser etc.*: run* off; *Frist, Paß*: expire; *Uhr*: run* down; *verlaufen*: go*; *enden*: (come* to an) end; *Schuhe*: wear* down

ab|lecken lick (off); **~legen** *v/t Kleidung*: take* off, *Akten*: file; *Gewohnheit etc.*: give* up; *Eid, Prüfung*: take*; *v/i* take* off one's coat; *Schiff*: put* out, sail

Ableger m shoot

ablehn|en refuse; *höflich*: decline; *ab-, zurückweisen*: turn down, reject (*a. parl.*); *dagegen sein*: object to, be* opposed to; **~end** negative; **&ung** f refusal; rejection; opposition

ableiten derive (**von** from)

ablenk|en divert (**von** from); **&ung** f diversion

ablesen *Gerät*: read*

abliefern deliver (**bei** to); hand in *od.* over (**to**)

ablös|en *entfernen*: remove, take* off; *j-n*: take* over from; *bsd. mil. etc.* relieve; *ersetzen*: replace; **sich ~en** take* turns; **&ung** f relief

abmach|en take* off, remove; *vereinbaren*: settle, arrange; **&ung** f arrangement, agreement, deal

abmelden *Auto etc.*: cancel the registration of; *von der Schule*: withdraw*; **sich ~ bei** *Behörde*: give* notice of change of address; *vom Dienst*: report off duty; *Hotel*: check out

abmessen measure

ab|montieren take* off (*Gerüst etc.*: down); **~mühen: sich ~** work very hard; try hard (*to do s.th.*); **~nagen** gnaw (at)

Abnahme f decrease; *an Gewicht*: loss; *econ.* purchase

abnehme|n *v/i* decrease, diminish; *lose** weight; *Mond*: wane; *v/t* take* off (*a. med.*), remove; *Hörer*: pick up; *econ.* buy*; *j-m et.* **~wegnehmen**: take* s.th. (away) from s.o.; **&r** m buyer

Abneigung f dislike (**gegen** of, for); *starke*: aversion (to)

abnorm abnormal

abnutz|en wear* out (**a. sich ~**); **&ung** f wear

Abonn|ement n subscription; **~ent(in)** subscriber; **&ieren** subscribe to.

Abordnung f delegation

ab|pfeifen stop the game; *be-*

enden: blow* the final whistle; **~plagen:** *sich* ~ toil, struggle (*mit* with); **~prallen** rebound, bounce (off); *Geschoß:* ricochet; **~putzen** clean; wipe off; **~rasieren** shave off; **~raten:** *j-m von et.* ~ advise *od.* warn s.o. against (doing) s.th.; **~räumen** clear away; *Tisch:* clear; **~reagieren** *s-n Ärger etc.:* work off (*an* on); *sich* ~ F let* off steam

abrechn|en abziehen: deduct; *Spesen:* claim; *mit j-m* ~ settle accounts (*fig.* get* even) with s.o.; **2ung** *f* settlement; F *fig.* showdown

abreiben rub off (*Körper:* down); polieren: polish

Abreise *f* departure (*nach* for); **2n** leave* (*nach* for)

ab|reißen *v/t* tear* off *od.* pull off (*Gebäude:* down); *v/i Knopf etc.:* come* off; **~richten** train; *Pferd: a.* break* (in); **~riegeln** block (*durch Polizei: a.* cordon) off

ab|rollen unroll (*a. fig.*); **~rücken** move away; *mil.* march off

Abruf *m auf* ~ on call; **2en** call away; *Daten:* recall, read* back

abrunden round (off)

abrüst|en disarm; **2ung** *f* disarmament

Absage *f* cancellation; *Ablehnung:* refusal; **2n** call off; *v/t a.* cancel

absägen saw* off; F oust

Absatz *m Schuh:* heel; *print.* paragraph; *econ.* sales *pl*

ab|schaffen abolish, do* away with; **~schalten** *v/t* switch *od.* turn off; *v/i* F relax, switch off; **~schätzen** estimate; *ermessen:* assess; **~schätzig** contemptuous

Abschaum *m* scum

Abscheu *m* disgust (*vor* at, from); ~ **haben vor** abhor, detest; **2lich** abominable, despicable (*a.* Person); *Verbrechen: a.* atrocious

ab|schicken → *absenden;* **~schieben** push away; *fig.* get* rid of; *Ausländer:* deport; ~ *auf* shove s.th. on(to) s.o.

Abschied *m* parting; ~ **nehmen** (*von*) say* goodbye (to); **~sfeier** *f* farewell party

ab|schießen shoot* off (*aer.* down); *hunt.* shoot*, kill; *Rakete:* launch; F *fig.* oust; **~schirmen** shield (*gegen* from)

Abschlag *m Sport:* goal-kick; *econ.* down payment; **2en** knock (*Kopf:* cut*) off; *Baum:* cut* down; *Angriff:* beat* off; → *ablehnen*

abschleifen grind* off

Abschlepp|dienst *m* breakdown (*Am.* emergency road) service; **2en** (*give** s.o. a) tow; *durch Polizei:* tow away; **~seil** *n* towrope

abschließen (*lock up*) been-

abschließend

den: finish, complete; *Versicherung*: take* out; *Vertrag etc.*: conclude; **e-n Handel ~** strike* a bargain; **~d** concluding; *letzte*: last

Abschluß *m* conclusion; **~prüfung** *f* final examination, finals *pl*; **~zeugnis** *n* school-leaving certificate, *Am.* diploma

ab|schmieren lubricate, grease; **~schnallen** unfasten; *Skier*: take* off; **sich ~** unfasten one's seatbelt; **~schneiden** cut* (off); *fig.* do*, come* off

Abschnitt *m* section; *Absatz*: paragraph; *Kontroll~*: coupon, slip, stub; *Zeit~*: period, stage, phase; *math.* segment

abschrauben unscrew

ab|schrecken deter; **2ung** *f* deterrence; *Mittel*: deterrent

ab|schreiben copy; *mogeln*: crib; *econ.*, *F fig.* write* off; **2schrift** *f* copy, duplicate; **~schürfen** graze

Abschuß *m* *Rakete*: launching; *aer.* shooting down; *mil.*, *hunt.* kill; **~rampe** *f* launching pad

ab|schüssig sloping; *steil*: steep; **~schütteln** shake* off; **~schwächen** lessen; **~schweifen** digress

abseh|bar foreseeable; **in ~er (auf ~e) Zeit** in (for) the foreseeable future; **~en können** foresee*; **es abgesehen haben auf**

be* after; **~ von** refrain from; *beiseite lassen*: leave* aside

abseits away of, remote from; **~ stehen** *Sport*: be* offside; *fig.* be* left out

absende|n send* off, dispatch; post, *bsd. Am.* mail; **2r** *m* sender

absetzen set* *od.* put* down; *Brille etc., thea., Film*: take* off; *Fahrgast*: drop; *entlassen*: dismiss; *Herrscher*: depose; *steuerlich*: deduct; *econ.* sell*; **sich ~** → **ablagern**; **ohne abzusetzen** without stopping

Absicht *f* intention; **2lich** intentional; on purpose

absolut absolute(ly)

ab|sondern separate; *med.* secrete; **sich ~** cut* o.s. off; **~sorbieren** absorb; **~sperren** lock; → **abriegeln**; **2sperrung** *f* barrier; barricade; *polizeiliche*: cordon; **~spielen** play; *Sport*: pass; **sich ~** happen, take* place; **2sprache** *f* agreement; **~springen** jump* off; *aer.* jump; *fig.* back out; **2sprung** *m* jump; **~spülen** rinse; → **abwaschen**

abstamm|en be* descended; **2ung** *f* descent

Ab|stand *m* distance; *zeitlich*: interval; **2stauben** dust; *F* sponge; swipe; **~stecher** *m* side-trip; **2stehen** stick* out; **2steigen** get* off (*vom Rad etc.* one's bike *etc.*); *Ho-*

abzeichnen

tel: stay (*in* at); *Sport*: be* relegated; **2stellen** put* down; *bei j-m*: leave*; *Gas etc.*: turn off; *Auto*: park; *Mißstände*: put* an end to; **2stempel** stamp
Abstieg *m* descent, *fig.* decline; *Sport*: relegation
abstimm|en vote (*über* on); *aufeinander*: harmonize; **2ung** *f* vote; *Radio*: tuning
abstoßen repel; *med.* reject; *Boot*: push off; F get* rid of; **~d** repulsive
ab|streiten deny; **2sturz** *m*, **~stürzen** fall*; *aer.* crash; **~suchen** search (*nach* for)
absurd absurd
Abszeß *m* abscess
abtauen defrost
Abteil *n* compartment; **2en** divide; *arch.* partition off; **~ung** *f* department; **~ungsleiter(in)** head of (a) department
abtreib|en *med.* have* an abortion; *Kind*: abort; **2ung** *f* abortion
abtrennen detach; *Fläche etc.*: separate; *med.* sever
abtrete|n *Absätze*: wear* down; *give* *s.th.* up (*an* to); *pol. a.* cede; *vom Amt*: resign; **2r** *m* doormat
ab|trocknen dry (*sich* o.s. off); dry the dishes; **~wägen** weigh (*gegen* against); **~wälzen**: ~ *auf* → abschieben; **~wandeln** modify; **~warten** *v/i* wait; *v/t* wait for

abwärts down(wards)
abwasch|bar wipe-clean; **~en** *v/t* wash off; *v/i* do* the dishes
Abwasser *n* sewage, waste water
abwechs|eln alternate; *sich* ~ take* turns; **~elnd** *adv* by turns; **2(e)lung** *f* change; *zur* ~ for a change
Abwehr *f* defen|ce, *Am.* -se; **2en** ward (*Angriff etc.*: beat*) off
abweichen deviate
abweisen turn away; *Bitte etc.*: turn down; **~d** unfriendly
ab|wenden turn away (*a. sich* ~); *Unheil etc.*: avert; **~werfen** throw* off; *Bomben*: drop; *Gewinn*: yield
abwer|ten devalue; **2tung** *f* devaluation
abwesen|d absent; *fig.* absentminded; **2heit** *f* absence
ab|wickeln unwind*; *erledigen*: handle; **~wiegen** weigh (out); **~wischen** wipe (off); **2wurf** *m* dropping; *Sport*: throw-out; **~würgen** stifle; *mot.* stall; **~zahlen** make* payments for; *ganz*: pay* off; **~zählen** count; **2zahlung** *f*: *auf* ~ on hire purchase, *Am.* on the instalment plan
Abzeichen *n* badge
ab|zeichnen copy, draw*; *unterschreiben*: sign, initial; *sich* ~ stand* out; *fig.* (be-

abziehen

gin* to) show*; **~ziehen** v/t take* off; *math.* subtract; *Bett:* strip; *Schlüssel:* take* out; v/i go* away; *mil.* withdraw*; *Rauch etc.:* escape

Abzug m *mil.* withdrawal; *Waffe:* trigger; *econ.* deduction; *phot.* print; *Kopie:* copy; *tech.* vent, outlet

abzüglich less, minus

abzweig|en branch off; *Geld:* divert (**für** to); **2ung** f junction

ach *int.* oh!; **~ so!** I see

Achse f axle; *math. etc.* axis

Achsel f shoulder; **die ~n zucken** shrug one's shoulders; **~höhle** f armpit

acht eight; **heute in (vor) ~ Tagen** a week from (ago) today

Acht f: **außer 2 lassen** disregard; **sich in 2 nehmen** be* careful, watch out (**vor** for)

achte, **2** I eighth

achten respect; **~ auf** pay* attention to; **darauf ~, daß** see* to it that

Achter m *Rudern:* eight; **~bahn** f roller coaster

acht|geben be* careful; pay* attention (**auf** to); **gib acht!** look out!; watch out!; → **aufpassen**; **~los** careless

Achtung f respect; **~!** look out!; *mil.* attention!; **~, ~!** attention please!; → **Vorsicht**

acht|zehn(te) eighteen(th); **~zig** eighty; **die 2er** the eighties *pl*; **~zigste** eightieth

ächzen groan (**vor** with)

Acker m field; **~bau** m agriculture; farming

Adapter m adapter

addieren add (up)

Adel m aristocracy

Ader f vein (*a. fig., min.*)

adieu *int.* good-bye!, farewell!; F see you (later)!

Adjektiv n adjective

Adler m eagle

adlig noble; **2e(r)** noble|woman (-man)

Admiral m admiral

adoptieren adopt

Adreßbuch n directory

Adress|e f address; **2ieren** address (**an** to)

Advent m Advent; **~szeit** f Christmas season

Adverb n adverb

Affäre f affair

Affe m monkey; *großer:* ape

affektiert affected

Afrika|ner(in), **2nisch** African

After m anus

Agent(in) (*pol.* secret) agent; **~ur** f agency

Aggress|ion f aggression; **2iv** aggressive

ah *int.* ah!

aha *int.* I see!; oh!

ähneln resemble, look like

Ahnen *pl* ancestors *pl*

ahnen suspect; *vorhersehen:* foresee*, know*

ähnlich similar (*dat* to); **j-m ~ sehen** look like s.o.; **2keit** f resemblance, similarity

Ahnung f presentiment, foreboding; notion, idea; *keine ~ haben** no idea; **2̃los** unsuspecting

Ahorn m maple (tree)

Ähre f ear

Aids-Kranke(r) f AIDS victim

Akademi|e f academy, college; **~ker(in)** professional man (woman), university graduate; **2̃sch** academic

akklimatisieren: sich ~ acclimatize (**an** to)

Akkord m mus. chord; *im ~* econ. by the piece; **~arbeit** f piecework

Akkordeon n accordion

Akku m storage battery

Akkusativ m accusative

Akne f acne

Akrobat(in) acrobat

Akt m act(ion); *thea.* act; *paint., phot.* nude

Akte f file; **~n** *pl* files *pl*, records *pl*; **~ntasche** f briefcase

Aktie f share, *bsd. Am.* stock; **~ngesellschaft** f joint-stock company, *Am.* corporation

Aktion f campaign, drive, effort; *mil. etc.* operation

aktiv active; **2̃** n *gr.* active (voice); **~ität** f activity

aktuell topical; *heutig:* current; *up-to-date*

Akusti|k f acoustics *pl* (*Lehre:* sg); **2̃sch** acoustic

akut urgent; *med.* acute

Akzent m accent; *Betonung:* a. stress (*a. fig.*)

akzeptieren accept

Alarm m alarm; **2̃ieren** *Polizei etc.:* call; *warnen:* alert; **~ierend** alarming

albern silly, foolish

Album n album

Algen *pl* algae *pl*

Algebra f algebra

Alibi n alibi

Alimente *pl* alimony *sg*

Alkohol m alcohol; **2̃frei** non-alcoholic, soft; **~iker(in)**, **2̃isch** alcoholic

all all; **~es** everything; **~e (Leute)** everybody; **~e drei Tage** every three days; *vor ~em* above all; *~es in ~em* all in all

All n the universe

Allee f avenue

allein alone; *selbst:* by o.s.; **2̃erziehende(r)** single parent; **~stehend** single

allerbeste very best; **~dings** however, though; **~/** certainly!; **~erste** very first

Allerg|ie f allergy (**gegen** to); **2̃isch** allergic (**gegen** to)

allerhand a good deal (of); *das ist ja ~!* that's a bit much!; **2̃heiligen** n All Saints' Day; **~letzte** very last; **~meiste** (by far the) most; **~nächste** very next; **~neu(e)ste** very latest; **~seits:** *Tag ~!* hi, everybody!; **~wenigsten: am ~** least of all

allgemein general; *üblich:* common; *im ~en* in general; **2̃bildung** f general education; **2̃heit** f general public

Alliierte *m* ally
alljährlich annual(ly *adv*); **~mählich** gradual(ly); **2radantrieb** *m* all-wheel drive; **2tag** *m* everyday life; **~täglich** everyday; **~zu** all too; **~zuviel** too much
Alm *f* alpine pasture, alp
Almosen *n* alms *pl*
Alpen *pl* the Alps *pl*
Alphabet *n* alphabet; **2isch** alphabetical
Alptraum *m* nightmare
als *zeitlich:* when; *nach comp:* than; **~ Kind (Geschenk)** as a child (gift); **~ ob** as if; **nichts** nothing but
also so, therefore; F well; **~ gut!** all right (then)!
alt old; *hist.* ancient
Altar *m* altar
Alte *m, f* old man (woman) (*a. fig.*); **die ~n** *pl* the old *pl*
Alter *n* age; **hohes:** old age; **im ~ von** at the age of
älter older; **e-e ~e Dame** an elderly lady
altern grow* old, age
alternativ alternative; *pol.* ecological, green
Altersheim *n* old people's home
Altertum *n* antiquity
Alt|glascontainer *m* bottle bank, *Am.* glass recycling bin; **~lasten** *pl* residual pollution *sg*; **2modisch** old-fashioned; **~öl** *n* waste oil; **~papier** *n* waste paper; **~stadt** *f* old town

Aluminium *n* alumin(i)um (*a. in Zssgn* Folie *etc.*)
am at the; *Montag etc.:* on; **~ 1. Mai** on May 1st; → **Abend, beste** *etc.*
Amateur(in) amateur
Amboß *m* anvil
ambulan|t: ~ behandeln treat *s.o.* as an outpatient; **2z** *f* outpatient department
Ameise *f* ant
Amerikan|er(in), **2isch** American
Amnestie *f* amnesty
Ampel *f* traffic light(*s pl*)
Ampulle *f* ampoule
amputieren amputate
Amsel *f* blackbird
Amt *n* office; *Aufgabe:* duty; *teleph.* exchange; **2lich** official; **~zeichen** dial(l)ing (*Brt.*) tone
Amulett *n* amulet, charm
amüs|ant amusing, entertaining; **~ieren** amuse; **sich ~** enjoy o.s., have* a good time
an on (*a.* Licht *etc.*); Tisch *etc.:* at; *gegen:* against; **von ... ~** from ... on
Analog... analog(ue) ...
Analphabet(in) illiterate
Analyse *f* analysis
Ananas *f* pineapple
Anarchie *f* anarchy
Anatomie *f* anatomy
Anbau *m* *agr.* cultivation; *arch.* annex(e), extension; **2en** grow*; *arch.* add
anbehalten keep* on

anbei enclosed
an|beißen bite* into; *Fisch:* bite*; *fig.* take* the bait; **~beten** adore, worship
Anbetracht m: **in ~** (*dessen, daß*) considering (that)
an|bieten offer; **~binden** *Hund:* tie up; **~ an** tie to
Anblick m sight
an|brechen v/t *Vorräte:* break* into; *Flasche:* open; v/i begin*; *Tag:* break*; *Nacht:* fall*; **~brennen** burn* (*a.* **~ lassen**); **~bringen** fix (**an** to); **~brüllen** roar at
An|dacht f devotion; *Morgen*2 *etc.:* prayers pl; **2dächtig** devout; *fig.* rapt
andauern continue, go* on; **~d** → **dauernd**
Andenken n keepsake; *Reise*2: souvenir (*beide:* **an** of); **zum ~ an** in memory of
andere other; *verschieden:* different; **et.** (*nichts*) **~s** s.th. (nothing) else; **nichts ~s als** nothing but; → **anders**; **~rseits** on the other hand
ändern change (*a. sich ~*); *Kleid etc.:* alter
andernfalls otherwise
anders different(ly); *jemand ~* somebody else; **~ werden** change; **~herum** the other way round; F *fig.* queer; **~wo** elsewhere
anderthalb one and a half
Änderung f change; *bsd. kleine, a. Kleid etc.:* alteration

andeut|en hint (at), suggest; **2ung** f hint, suggestion
Andrang m crush; rush
an|drehen turn on; **~drohen:** *j-m et.* ~ threaten s.o. with s.th.; **~eignen:** *sich ~* acquire; *bsd. jur.* appropriate
aneinander together; **~denken:** of each other
anekeln disgust, sicken
anerkenn|en acknowledge, recognize; *lobend:* appreciate; **2ung** f acknowledg(e)ment, recognition; appreciation
anfahr|en v/i start; v/t hit*; *et.: a.* run* into; *fig. j-n:* jump on
Anfall m fit, attack; **2en** attack, assault; *Hund:* go* for
anfällig delicate; **~ für** susceptible to
Anfang m beginning, start; **2en** begin*; start; *fig.* do*
Anfänger(in) beginner
anfangs at the beginning; **2buchstabe** m initial (letter); *großer ~* capital (letter)
an|fassen touch; *ergreifen:* take* (hold of); **mit ~** lend* (s.o.) a hand (*bei* with); **~fechten** contest; **~fertigen** make*, manufacture; **~feuchten** moisten; **~feuern** cheer; **~flehen** implore; **~fliegen** fly* to
Anflug m *aer.* approach; *fig.* touch, trace, hint
anforder|n, 2ung f demand;

Anfrage

request; ~**en** *pl* requirements *pl*, qualifications *pl*
Anfrage *f* inquiry
an|freunden: *sich* ~ make* friends (*mit* with); **~fühlen**: *sich* ~ feel* (*wie* like)
anführ|en lead*; *täuschen*: fool; **2er(in)** leader; **2ungszeichen** *pl* quotation marks *pl*, inverted commas *pl*
Angabe *f* statement; *Hinweis*: indication; F big talk; *Sport*: service; *pl* information *sg*, data *pl*; *tech.* specifications *pl*
angeb|en give*, state; *zeigen*: indicate; *Preis*: quote; F brag, show* off; **2er(in)** F show-off; **~lich** alleged(ly)
angeboren innate, inborn; *med.* congenital
Angebot *n* offer; ~ *und Nachfrage* supply and demand
ange|bracht appropriate; **~bunden**: *kurz* ~ curt; short; **~heitert** (slightly) drunk
angehen go* on; *et.* concern; *das geht dich nichts an* that's none of your business; **~d** future, would-be
angehör|en belong to; **2ige(r)** relative; member
Angeklagte(r) defendant
Angel *f* fishing tackle; *Tür2*: hinge
Angelegenheit *f* matter, affair; *m-e* ~ my business
angelehnt: ~ *sein* be* ajar
Angel|haken *m* fishhook; **2n** fish; **~n** *n* fishing, angling;

~**rute** *f* fishing rod; **~schein** *m* fishing permit; **~schnur** *f* fishing line
ange|messen proper, suitable; *Strafe*: just; *Preis*: reasonable; **~nehm** pleasant; **~!** pleased to meet you; **~nommen** *cj* suppose; **~regt** lively; **~sehen** respected; **~sichts** in view of; **~spannt** tense
Angestellte *m*, *f* employee; *die* ~**n** *pl* the staff *pl*
ange|wandt applied; **~wiesen**: ~ *auf* dependent on
ange|wöhnen: *sich et.* ~ get* used to doing s.th.; *sich das Rauchen* ~ start smoking; **2wohnheit** *f* habit
Angina *f* tonsillitis
Angler(in) angler
angreif|en attack; *Gesundheit*: affect; **2er** *m* attacker; *bsd. pol.* aggressor
Angriff *m* attack
Angst *f* fear (*vor* of); ~ *haben* (*vor*) be* afraid (of)
ängst|igen frighten, scare; **~lich** fearful, timid
anhaben have* on (*a. Licht*); *Kleid etc.*: *a.* wear*
anhalt|en stop; *dauern*: continue; *den Atem* ~ hold* one's breath; **~end** continual; **2er(in)** hitchhiker; *per* ~**er** *fahren* hitchhike; **2spunkt** *m* clue
anhand by means of
Anhang *m* appendix
anhäng|en add; *rail. etc.*

couple (on) (*an* to); **2er(in)** supporter; *Schmuck:* pendant; *Schild:* label, tag; *mot. trailer;* **~lich** affectionate

an|häufen heap up, accumulate (*a. sich ~*); **~heben** lift, raise; **2hieb** *m: auf ~* on the first try

anhören listen to; *mit ~* overhear*; *sich ~* sound

Animateur(in) host(ess); **2ieren** encourage; stimulate

Ankauf *m* purchase

Anker *m*, **2n** anchor

Anklage *f* accusation, charge; **2n** accuse (*wegen* of), charge (*with*)

Anklang *m: ~ finden* meet* with approval

an|kleben stick* on (*an* to); **~klopfen** knock (*an* at); **~knipsen** switch on; **~kommen** arrive; *es kommt (ganz) darauf an* it (all) depends; *es kommt darauf an, daß* what matters is; *es darauf ~ lassen* take* a chance; *gut ~ (bei) fig.* go* down well (with); **~kreuzen** tick, *Am.* check

ankündigen announce

Ankunft *f* arrival

an|lächeln, ~lachen smile at

Anlage *f* layout, arrangement; *e-s Gartens:* laying out; → *Bau; Einrichtung:* facility; *Werk:* plant; *tech.* system; (stereo *etc.*) set; *Geld2:* investment; *zu Brief:* enclosure; *Talent:* gift; **~n** *pl*

park, garden(s *pl*); → *sanitär*

Anlaß *m* occasion; cause

anlasse|n leave* *od.* keep* on; *tech., mot.* start; **2r** *m* starter

anläßlich on the occasion of

Anlauf *m* run-up, *Am.* approach; *fig.* start, try; **2en** *v/i* run* up; *fig.* start; *Metall:* tarnish; *Brille etc.:* steam up; *mar.* call at

anlege|n *v/t Schmuck etc.:* put* on; *Gurt:* fasten; *Garten:* lay* out; *Straße:* build*; *Verband:* apply; *Vorräte:* lay* in; *Geld:* invest; *v/i Hand.: ~ auf* aim at; **2r** *m econ.* investor; *mar.* landing stage

anlehnen *Tür:* leave* ajar; (*sich*) *~ an* lean* against (*fig.* on)

Anleitung *f* instruction(s *pl*)

Anliege|n *n* request; *Aussage:* message; **2r** *m* resident

an|machen turn on (*a.* F *erregen*); *anzünden:* light*; *Salat:* dress; F *Frau:* make* a pass at; **~malen** paint; **~maßend** arrogant

Anmelde|formular *n* registration form; → *Antrag;* **2en** announce; *amtlich:* register; *Zollgut:* declare; *a.* ~ register; *für Schule etc.: a.* enrol(l); *sich ~ bei* make* an appointment with; **~ung** *f* registration; appointment

anmerken: *j-m et. ~* notice s.th. in s.o.; *sich et. (nichts)*

Anmerkung

~ lassen (not) let* it show; **ung** f note; *erklärend:* annotation; → *Fußnote*
anmutig graceful
an|nähen sew* on; **~nähernd** approximate(ly)
Annahme f acceptance; *Vermutung:* assumption
annehm|bar acceptable; *Preis:* reasonable; **~en** accept; *vermuten:* suppose; *Kind, Namen:* adopt; *Ball:* take*; *Form etc.:* take* on; *sich gen ~* take* care of; **lichkeit** f convenience
Annonce f advertisement
anonym anonymous
Anorak m anorak
anordn|en arrange; *befehlen:* order; **ung** f arrangement; order
an|packen *Problem etc.:* tackle; **~passen** adapt, adjust (*beide a. sich ~*) (*dat, an* to); **~pflanzen** cultivate, plant; **~preisen** push; **~probieren** try on; **rainer** m *östr.* resident; **~rechnen** charge; *gutschreiben:* allow; *bewerten:* count
Anrede f address; **n** address (*mit Namen* by name)
anregen stimulate; *vorschlagen:* suggest
Anreiz m incentive
anrichten *Speisen:* prepare, dress; *Schaden:* cause; F do*
Anruf m call; **~beantworter** m answering machine; **en** call, ring* up, phone

anrühren touch; mix
Ansage f announcement; **n** announce; **~r(in)** announcer
ansammeln accumulate (*a. sich ~*)
Ansatz m start (*zu* of); *erstes Zeichen:* first sign; *math.* set-up
anschaff|en get* (*a. sich ~*); **ung** f purchase, buy
anschau|en → *ansehen*; **~lich** graphic, plastic
Anschein m: *allem ~ nach* to all appearances; **end** apparently
Anschlag m attack, bombing; *Bekanntmachung:* poster, bill, notice; *mus., Sport:* touch; *e-n ~ verüben auf* make* an attempt on s.o.'s life; **~brett** n notice (*Am.* bulletin) board; **en** v/t *Plakat:* post; *mus.* strike*; *Tasse:* chip; v/i *Hund:* bark; *wirken:* take* (effect)
anschließen connect; *sich ~* follow; *zustimmen:* agree with; *j-m:* join s.o.; **~d** *adj* following; *adv* afterwards
Anschluß m connection; *im ~ an* following; **~ finden** (*bei*) make* friends (with); **~ bekommen** *teleph.* get* through; **~flug** m connecting flight
an|schnallen *Ski etc.:* put* on; *Sich ~* fasten one's seat belt, *mot. a.* buckle up; **~schnauzen** F tell* s.o. off; **~schneiden** cut*; *Thema:*

bring* up; **~schrauben** screw on; **~schreiben** write* on the (black)board; *j-n*: write* to *s.o.*; **~schreien** shout at

Anschrift *f* address

an|schwellen swell* (*a. fig.*); **~schwemmen** wash ashore

ansehen (have* *od.* take* a) look at; see*; *Spiel etc.*: watch (*alle a. sich* ~); *mit* ~ watch, witness; ~ *als* look upon as; *man sieht ihm an, daß* ... one can see that...; **2n** *f* reputation

ansehnlich considerable

ansetzen *v/t* put* (**an** to); *anfügen*: put* on, add; *Termin*: fix, set*; **Fett** (**Rost**) ~ put* on weight (rust); *v/i*: ~ *zu* prepare for

Ansicht *f* sight, view; *Meinung*: opinion, view; *meiner* ~ *nach* in my opinion; **~skarte** *f* (picture) postcard; **~ssache** *f* matter of opinion

anspann|en, 2ung *f* strain

anspiel|en, 2ung *f* hint at; **2ung** *f* hint, allusion

Ansporn *m* incentive; **2en** encourage; spur *s.o.* on

Ansprache *f* address, speech

ansprech|en speak* to, address; *fig.* appeal to; **~end** appealing; **2partner** *m* s.o. to talk to; contact

anspringen *v/t* jump at; *v/i Motor*: start

Anspruch *m* claim (**auf** to); → **beanspruchen**; **2slos** modest; *Buch etc.*: light; *contp.* trivial; **2svoll** hard to please; *Buch etc.*: demanding

Anstalt *f* institution; *med.* mental hospital

An|stand *m* decency; **2ständig** decent (*a. fig.*); **2standshalber** for the sake of appearances; **2standslos** unhesitatingly; without difficulty

anstarren stare at

anstatt instead of

anstick|en pin on; *Ring*: put* on; *med.* infect; *sich* ~ *bei* catch* s.th. from *s.o.*; → **anzünden**; **~end** infectious (*a. fig.*), durch Berührung: contagious; **2ung** *f* infection, contagion

an|stehen queue (up), *Am.* stand* in line; **~steigen** rise*; **~stellen** employ; *TV etc.*: turn on; F *tun*: do*; *Verbotenes*: be* up to; *sich* ~ queue (up), *Am.* line up; F (make* a) fuss

Anstieg *m* rise, increase

an|stiften incite; **~stimmen** strike* up

Anstoß *m Fußball*: kickoff; *fig.* initiative; ~ **erregen** give* offence; ~ **nehmen an** take* offence at; *fig.* nudge; *v/i* clink glasses; ~ *auf* drink* to

anstößig offensive

anstrahlen illuminate; *fig. j-n*: beam at

anstreichen paint; *Fehler, Textstelle:* mark

anstreng|en: *sich* ~ try (hard), make* an effort, work hard; **~end** strenuous, hard; **♀ung** *f* exertion, strain; *Bemühung:* effort

Anteil *m* share (*a. econ.*), part, proportion; ~ **nehmen an** take* an interest in; *mitfühlen:* sympathize with; **~nahme** *f* sympathy; interest

Antenne *f* aerial, *Am.* antenna

Anti|alkoholiker(in) teetotal(l)er; **~babypille** *f* birth-control pill; **~biotikum** *n* antibiotic; **~blockiersystem** *n mot.* anti-lock braking system

antik antique, *hist. a.* ancient; **♀e** *f* ancient world

Antikörper *m* antibody

Antiquar|iat *n* antiquarian (*modernes* ~: second-hand) bookshop; **~isch** second-hand

Antiquitäten *pl* antiques *pl*

antisemit|isch anti-Semitic; **♀ismus** *m* anti-Semitism

Antrag *m* application (*Formular:* form); *parl.* motion; **~steller(in)** applicant

an|treffen meet*, find*; **~treiben** *tech.* drive*, power; *zu et.:* urge (on); *Strandgut:* float ashore; **~treten** *v/i* line up; *v/t Amt, Erbe:* enter upon; *Reise:* set* out on

Antrieb *m* drive (*a. fig.* Schwung), propulsion; *fig.* motive, impulse

antun: *j-m et.* ~ do* s.th. to s.o.; *sich et.* ~ lay* hands on o.s.

Antwort *f,* **♀en** answer, reply

an|vertrauen: *j-m et.* ~ (en)trust s.o. with s.th.; *Geheimnis:* confide s.th. to s.o.

Anwalt *m* → **Rechtsanwalt**

Anwärter(in) candidate

anweis|en *zuweisen:* assign; *anleiten:* instruct; *befehlen: a.* direct, order; **♀ung** *f* instruction; order

anwend|en use; *Regel, Arznei:* apply; **♀ung** *f* application; use

anwesend present; **♀heit** *f* presence; **♀heitsliste** *f* attendance list (*Am.* record)

anwidern → **anekeln**

Anzahl *f* number

anzahl|en pay* on account; **♀ung** *f* down payment

anzapfen tap

Anzeichen *n* symptom, sign

Anzeige *f* advertisement; *jur.* information; *Bekanntgabe:* announcement; *tech.* display, scale; ~ **erstatten** = **♀n** report to the police; *Instrument:* indicate, show*; *Thermometer:* read*

an|ziehen *Kleidung:* put* on; *Kind etc.:* dress; *Schraube:* tighten; *Bremse, Hebel:* pull; *fig.* attract, draw*; *sich* ~ get* dressed; *sich kleiden:* dress; **~d** attractive

Anzug *m* suit
anzüglich suggestive
anzünden light*; *Gebäude:* set* on fire
apart striking
apathisch apathetic
Apfel *m* apple; **~mus** *n* apple sauce; **~saft** *m* apple juice; **~sine** *f* orange; **~wein** *m* (*Am.* hard) cider
Apostel *m* apostle
Apostroph *m* apostrophe
Apotheke *f* pharmacy, *Brt. mst* chemist's, *Am. a.* drugstore; **~r(in)** pharmacist, *Brt. mst* chemist, *Am. a.* druggist
Apparat *m* apparatus; *Vorrichtung:* device; (tele-)phone; radio; TV set; camera; **am ~!** speaking!; **am ~ bleiben** hold* the line
Appartement *n* studio
appellieren appeal (**an** to)
Appetit *m* appetite (**auf** for); **guten ~!** enjoy your meal!; **2lich** appetizing
Applaus *m* applause
Aprikose *f* apricot
April *m* April
Aquarell *n* water-colo(u)r
Aquarium *n* aquarium
Äquator *m* equator
Arab|er(in) *m* Arab; **2isch** Arabian; *Zahl., ling.:* Arabic
Arbeit *f* work, *econ., pol. u. in Zssgn a.* labo(u)r; *Stelle, einzelne ~:* job; *Produkt:* piece of work; *Schule etc.:* test; paper; **2en** work; **~er(in)** work-

er; **~geber** *m* employer; **~nehmer(in)** employee
Arbeits|amt *n* job centre, *Am.* employment office; **2los** out of work, unemployed; **~lose** *m, f: die ~n pl* the unemployed *pl;* **~losenunterstützung** *f* unemployment benefit; **~losigkeit** *f* unemployment; **~platz** *m* place of work; *Stelle:* job; **~tag** *m* workday; **2unfähig** unfit for work; *angestellt:* disabled; **~zeit** *f* (**gleitende** flexible) working hours *pl;* **~zimmer** *n* study
Archäolog|e, ~in arch(a)eologist; **~ie** *f* arch(a)eology
Architekt|(in) architect; **~ur** *f* architecture
Archiv *n* archives *pl*
Arena *f* ring, *fig.* arena
Ärger *m* trouble; *Zorn:* anger; **2lich** angry; *störend:* annoying; **~n** annoy, irritate; **sich ~** be* angry
Argument *n* argument
Arie *f* aria
arm poor
Arm *m* arm; *Fluß:* branch
Armaturen *pl* instruments *pl;* *Bad etc.:* fixtures *pl;* **~brett** *n* dashboard
Armband *n* bracelet; **~uhr** *f* wristwatch
Armee *f* army (*a. fig.*)
Ärmel *m* sleeve; **~kanal** *m the* (English) Channel
ärmlich poor (*a. fig.*)
armselig miserable

Armut f poverty
Aroma n flavo(u)r
Arrest m arrest; ~ **bekommen** be* kept in
arrogant arrogant
Arsch m arse, Am. ass; ~**loch** n arsehole, Am. asshole
Art f kind, sort; biol. species; Weise: way; ~**enschutz** m protection of endangered species
Arterie f artery
artig good, well-behaved
Artikel m article (a. gr.)
Artillerie f artillery
Artist(in) mst acrobat
Arznei(mittel n) f medicine
Arzt, Ärztin f doctor
ärztlich medical
As n ace; mus. A flat
Asbest m asbestos
Asche f ash(es pl); ~**nbahn** f cinder track, mot. dirt track; ~**nbecher** m ashtray; ~**rmittwoch** m Ash Wednesday
Asiat(in), 2isch Asian
asozial antisocial
Asphalt m, 2**ieren** asphalt
Assistent(in) assistant
Ast m branch
Astro|logie f astrology; ~**naut(in)** f astronaut; ~**nomie** f astronomy
Asyl n asylum; ~**ant(in)** refugee (seeking political asylum)
Atelier n studio
Atem m breath; **außer** ~ out of breath; **(tief)** ~ **holen** take* a (deep) breath; 2**be**-**raubend** breathtaking; 2**los** breathless; ~**pause** f F breather; ~**zug** m breath
Äther m ether
Athlet|(in) athlete; 2**isch** athletic
Atlas m atlas
atmen breathe
Atmosphäre f atmosphere
Atmung f breathing
Atom n atom; in Zssgn Energie, Forschung, Kraft, Rakete, Reaktor, Waffen etc.: mst nuclear; 2**ar** atomic, nuclear; ~**bombe** f atom(ic) bomb; ~**gegner** m anti-nuclear activist; ~**kern** m (atomic) nucleus; ~**müll** m nuclear waste; ~**sperrvertrag** m nonproliferation treaty; 2**waffenfrei** nuclear-free
Attent|at n attempt(ed assassination); Opfer e-s ~**s werden** be* assassinated; ~**äter(in)** assassin
At|test n certificate; ~**traktion** f attraction; 2**traktiv** attractive; ~**trappe** f dummy; ~**tribut** n attribute
ätzend corrosive, caustic (a. fig.); sl. crappy, Am. gross
au int. oh!; ouch!
auch also, too, as well; sogar: even; **ich** ~ so am (do) I, me too; ~ **nicht** not ... either; **was** etc. ~ **(immer)** whatever etc.; **wenn** ~ even if
Audienz f audience
auf prp u. adv räumlich: on;

aufgelegt

in; at; *offen:* open; *wach, hoch:* up; **gehen** ~ *acc* mst go* to; ~ **der Welt** in the world; ~ **deutsch** in German; ~ **und ab** up and down; ~ **geht's!** let's go!

aufatmen breathe a sigh of relief

Aufbau *m* building (up); *Gefüge:* structure; **2en** build* (up); construct; ~ **auf** *fig.* be* based on

auf|bekommen *Tür etc.:* get* open; *Aufgabe:* be* given; **~bereiten** process, treat; **~bewahren** keep*; *Vorrat:* store; **~blasen** blow* up; **~bleiben** stay up (*Tür, Laden:* open); **~blenden** *mot.* turn the headlights up; *phot.* open the aperture; **~blicken** look up; **~blühen** blossom (out); **~brausen** fly* into a temper; **~brechen** *v/t* break* *od.* force open; *v/i* burst* open; *fig.* leave*; **2bruch** *m* departure, start; **~bürden:** *j-m* et. ~ burden s.o. with s.th.; **~decken** uncover; **~drängen** force s.th. on s.o. (*sich* ~ impose (*j-m* on s.o.); *Idee:* suggest itself; **~drehen** *v/t* turn on; *v/i fig.* open up; **~dringlich** obtrusive; **2druck** *m* imprint

aufeinander on top of each other; one after another; **~folgend** successive

Aufenthalt *m* stay; *aer., rail.* stop(over); **~sgenehmi-**

~gung *f* residence permit; **~sort** *m* whereabouts; **~sraum** *m* lounge

Auferstehung *f* resurrection

auf|fahren eat* up; **~fahren** *mot.* crash (**auf** into); *fig.* start up; **2fahrt** *f* drive(way); **2fahrunfall** *m* rear-end collision; *Massen~:* pileup; **~fallen** attract attention; *j-m* ~ strike* s.o.; **~fallend, ~fällig** striking, conspicuous; *ungewöhnlich:* strange; *Kleider:* flashy; **~fangen** catch*

auffassen understand* (**als** as); **2ung** *f* view; **2ungsgabe** *f* grasp

auffordern ask; *stärker:* tell*; **2ung** *f* request; *stärker:* demand

auffrischen freshen up; *Wissen:* brush up

aufführ|en perform, present; *nennen:* list; *sich* ~ behave; **2ung** *f* performance

Aufgabe *f* task, job; *Pflicht:* duty; *math.* problem; *Schule:* exercise; homework; *Verzicht, Aufgeben:* giving up

Aufgang *m* way up; staircase; *ast.* rising

auf|geben give* up (*a. v/i*); *Anzeige:* insert; *Brief:* post, *Am.* mail; *Telegramm:* send*; *Gepäck:* check; *Hausaufgabe:* set*; *Bestellung:* place; **~gehen** open; *Sonne, Teig etc.:* rise*; *math.* come* out (even)

aufge|legt: zu et. ~ sein feel*

aufgeregt

like (doing) s.th.; → **gelaunt**; **~regt** excited; nervous; **~schlossen** fig. open-minded; **~ für** open to; **~weckt** bright

aufgreifen pick up; **~haben** v/t have* on, wear*; Aufgabe: have* to do; v/i Geschäft: be* open; **~halten** stop, hold* up; Augen, Tür: keep* open; sich **~** stay

aufhänge|n hang* (up); j-n: hang*; **2r** m tab

aufheben pick up; aufbewahren: keep*; abschaffen: abolish; **~heitern** cheer up, sich **~** clear up; **~hellen** brighten (a. sich **~**); **~hetzen**: **~ gegen** set* s.o. against; **~holen** v/t Zeit: make* up for; v/i catch* up (gegen with); **~hören** stop; **mit et. ~** stop (doing) s.th.; **~kaufen** buy* up; **~klären** clear up (a. sich **~**); j-n: inform s.o. (über about); sexuell: F tell* s.o. the facts of life; **~kleben** stick* on; **2kleber** m sticker; **~knöpfen** unbutton; **~kommen** come* up; Mode etc.: come* into fashion; Zweifel etc.: arise*; **~ für** pay* (for); **~laden** load; electr. charge

Auflage f Buch: edition; Zeitung: circulation

auflassen leave* open; Hut etc.: keep* on

Auflauf m soufflé, pudding;

2en Schiff: run* aground

auf|leben feel* up (again); (wieder) **~ lassen** revive; **~legen** v/t put* on; v/i teleph. hang* up; **~lehnen**: sich **~** lean* (auf on); sich **~** (gegen) revolt (against); **~lesen** pick up; **~leuchten** flash (up)

auflös|en dissolve (a. sich **~**); (sich in s-e Bestandteile) **~** disintegrate; Rätsel: solve (a. math.); **2ung** f (dis)solution; disintegration

aufmach|en open; sich **~** set* out; **2ung** f getup

aufmerksam attentive; freundlich: thoughtful; j-n **~ machen auf** call s.o.'s attention to; **2keit** f attention; Geschenk: token

aufmuntern cheer up

Aufnahme f taking up; Empfang: reception; Zulassung: admission; phot. photo(-graph); Ton**2**: recording; Film: shooting; **~gebühr** f admission fee; **~prüfung** f entrance examination

auf|nehmen take* up (a. Arbeit, Geld); aufheben: pick up; beherbergen: put* s.o. up; **~ in** take* in (a. geistig); fassen: hold*, contain; empfangen: receive; zulassen: admit; phot. take* a picture of; Band, Platte: record; Film: shoot*; **~passen** pay* attention; **~ auf** take* care of, look after; **paß auf!** look out!

Aufprall *m* impact; **2en:** ~ *auf* hit*; *mot. a.* crash into
auf|pumpen pump up; **~putschen** pep up; **~räumen** tidy up, clean up (*a. fig.*)
aufrecht upright (*a. fig.*); **~erhalten** maintain
aufreg|en excite; *sich* ~ get* upset (*über* about), get* exciting; **2ung** *f* excitement
auf|reißen tear* open; *Tür:* fling* open; *Augen:* open wide; F *j-n:* pick up; **~reizend** provocative; **~richten** put* up, raise; *sich* ~ stand* up; *im Bett:* sit* up; **~richtig** sincere; *offen:* frank; **~rollen** roll up; unroll; **~rücken** move up
Aufruf *m* call; appeal (*zu* for); **2en** call on *s.o.*
Auf|ruhr *m* revolt; *Krawall:* riot; **~rührerisch** rebellious
aufrunden round off
Aufrüstung *f* (re)armament
aufsagen say*, recite
Aufsatz *m* essay; *Schul2:* composition; *tech.* top
auf|saugen absorb; **~schieben** *fig.* put* off, postpone
Aufschlag *m* impact; *econ.* extra charge; *Mantel:* lapel; *Hose:* turnup; *Ärmel:* cuff; *Tennis:* service; **2en** *v/t* Zelt: pitch; *v/i Tennis:* serve; *auf dem Boden:* hit* the ground
auf|schließen unlock, open; **~schneiden** *v/t* cut* open (*Fleisch:* up); *v/i* F brag, boast

Aufschnitt *m* (slices *pl* of) cold meat, *Am.* cold cuts *pl*
auf|schnüren untie; *Schuh:* unlace; **~schrauben** unscrew; **~schrecken** *v/t* startle; *v/i* start (up)
Aufschrei *m* (*fig.* out)cry
aufschrei|ben write* down; **~en** cry out, scream
Auf|schrift *f* inscription; **~schub** *m* delay; *e-r Frist:* respite; **~schwung** *m* econ. boom; *Turnen:* swing-up
Aufsehen *n:* ~ **erregen** attract attention; *stärker:* cause a sensation; **2erregend** sensational
Aufseher(in) guard
auf|sein be* open (*wach:* up); **~setzen** put* on; *abfassen:* draw* up; *aer.* touch down; *sich* ~ sit* up
Aufsicht *f* supervision, control; **~srat** *m* supervisory board
auf|spannen *Schirm:* put* up; **~sparen** save; **~sperren** unlock; **~spielen**: *sich* ~ show* off; **~spießen** impale; *mit Hörnern:* gore; **~springen** jump up; *Tür:* fly* open; *Haut:* chap; **~stampfen** stamp (one's foot)
Aufstand *m* revolt; **~ständische** *pl* rebels *pl*
auf|stapeln pile up; **~stekken** *Haar:* put* up; **~stehen** get* up; *Tür:* be* open; **~steigen** rise*; *Beruf, Sport:* be* promoted; ~ *auf* get* on(to)

aufstellen

aufstell|en set* od. put* up; pol., Sport: nominate; Rechnung: draw* up; Rekord: set*; Liste: make* up; **2ung** f nomination; list

Aufstieg m ascent; fig. a. rise; Sport: promotion

auf|stoßen v/t push open; v/i belch; **~stützen: sich ~** lean* (auf on); **~suchen** visit; Arzt etc.: see*

Auftakt m fig. prelude

auf|tanken fill up; (re)fuel; **~tauchen** appear; mar. surface; **~tauen** thaw; Speisen: defrost; **~teilen** divide (up)

Auftrag m instructions pl, order (a. econ.); mil. mission; im **~ von** on behalf of; **2en** Speisen: serve; Farbe etc.: apply; j-m et. **~** tell* s.o. to do s.th.

auf|trennen undo*; **~treten** behave, act; vorkommen: occur; **~ als** appear as; **2treten** n appearance; behavio(u)r

Auftrieb m phys. buoyancy

Auftritt m appearance

auf|wachen wake* up; **~wachsen** grow* up

Aufwand m expenditure (an of); Prunk: pomp

aufwärmen warm up

aufwärts upward(s)

auf|wecken wake (up); **~weichen** soften; **~weisen** show*; **~wenden** spend* (für on); **~wendig** costly

aufwert|en revalue; fig. increase the value of; **2ung** f revaluation

auf|wickeln wind* od. roll up (a. sich **~**); Haar: put* in curlers; **~wiegeln** stir up, incite; **~wiegen** fig. make* up for; **~wirbeln** whirl up; **(viel) Staub ~** make* (quite) a stir; **~wischen** wipe up; **~zählen** list, name

aufzeichn|en record, tape; zeichnen: draw*; **2ung** f recording; **~en** pl notes pl

aufziehen draw*, pull up; öffnen: (pull) open; Uhr etc.: wind* (up); Kind: bring* up; j-n tease s.o.

Aufzug m lift, Am. elevator; thea. act; F getup

aufzwingen: j-m et. **~** force s.th. upon s.o.

Augapfel m eyeball

Auge n eye; aus den **~n** verlieren lose* sight of; unter vier **~n** in private

Augen|arzt, ~ärztin ophthalmologist, F eye doctor; **~blick** m moment; **2blicklich** adj present; sofortig: immediate; adv at present; sofort: immediately; **~braue** f eyebrow; **~licht** n eyesight; **~zeuge** m eyewitness

August m August

Auktion f auction; **~ator(in)** auctioneer

Aula f (assembly) hall, Am. auditorium

aus prp u. adv räumlich: mst out of, from; Material: of; Grund: out of; **~geschaltet**

ausführlich

etc.: out, off; *zu Ende*: over, finished; *Sport*: out; *ein – aus tech.* on – off

aus|arbeiten work out; **~entwerfen** prepare; **~atmen** breathe out; **~bauen** erweitern: extend; fertigstellen: complete; *Motor etc.*: remove; verbessern: improve; **~bessern** mend, repair

Ausbeute f profit; *Ertrag*: yield; 2n exploit *(a. fig.)*

ausbild|en train, instruct; 2er(in) instructor; 2ung f training, instruction

ausbleiben fail to come

Ausblick m outlook

aus|brechen break* out; **~in** burst* into; **~breiten** spread* (out); *sich* ~ spread*; **~bruch** m outbreak; *Vulkan*: eruption; *Flucht*: escape, breakout; *Gefühl*: (out)burst

ausbrüten hatch *(a. fig.)*

Ausdauer f perseverance, endurance; 2nd persevering

ausdehnen stretch; *fig.* expand, extend *(alle a. sich ~)*; 2ung f expansion; extension

aus|denken: *sich* ~ think* s.th. up, invent; **~vorstellen**: imagine; **~drehen** turn off

Ausdruck m expression; *EDV* print-out; 2en *EDV* print out

ausdrück|en express; *Zigarette*: put* out; **~lich** express, explicit

ausdrucks|los expressionless; **~voll** expressive; 2weise f language, style

Ausdünstung f odo(u)r

auseinander apart; separate(d); **~bringen** separate; **~gehen** separate, part; *Meinungen*: differ; **~halten** tell* apart; **~nehmen** take* apart *(a. fig.)*; **~setzen** place *od.* seat apart; *sich* ~ mit deal* with; argue with *s.o.*; 2setzung f argument; *kriegerische* ~ armed conflict

auserlesen choice

ausfahr|en *j-n*: take* out; *Waren*: deliver; 2t f drive, ride; *mot. exit*; **~Freihalten!** do not block exit *od.* drive!

Ausfall m failure; *Verlust*: loss; 2en fall* out; *nicht stattfinden*: not take* place, be* cancel(l)ed; *tech., mot.* break* down, fail; *Ergebnis*: turn out; **~lassen** cancel; *die Schule fällt aus* there is no school; 2end cancel

Ausfertigung f drawing up; *in doppelter ~* in two copies

aus|findig ~ **machen** find*; **~flippen** F freak out

Ausflüchte pl excuses pl

Ausflug m trip, excursion

ausfragen question *(über* about); *indirekt*: pump

Ausfuhr f export(ation)

ausführ|en et.: carry out; *econ.* export; *darlegen*: explain; *j-n*: take* out; **~lich** *adj* detailed; *umfassend*:

Ausführung comprehensive; adv in detail; ⁀ung f execution; Qualität: workmanship; Typ: type, model, design
ausfüllen fill in (Am. a. out)
Ausgabe f distribution; Buch etc.: edition; Geld: expense; EDV output
Ausgang m exit, way out; end; Ergebnis: result, outcome; tech. output, outlet; ⁀spunkt m starting point
ausgeben give* out; Geld: spend*; ~ als give* out to be; F e-n ~ buy* s.o. a drink
ausge|beult baggy; ⁀bucht booked up; ⁀dehnt extensive; ⁀fallen odd, unusual; ⁀glichen (well-)balanced
ausgehen go* out; Haare: fall* out; Geld, Vorräte: run* out; enden: end; ~ von come* from; davon ~, daß assume that
ausge|lassen cheerful; ⁀nommen except; ⁀geprägt marked; ⁀rechnet: ~ er he of all people; ~ heute today of all days; ⁀schlossen out of the question; ⁀sprochen adv decidedly; ⁀sucht select; ⁀wogen (well-)balanced; ⁀zeichnet excellent
ausgiebig thorough; Mahlzeit: substantial
ausgießen pour out
Ausgleich m compensation; Sport: equalization; Am. even score; ⁀en equalize; econ. balance; Am. Sport: make* the score even; Verlust: compensate
ausgrab|en dig* out od. up; ⁀ungen pl excavations pl
ausgrenzen isolate, exclude
Ausguß m (kitchen) sink
aus|halten v/t bear*, stand*; v/i hold* out; ⁀händigen hand over
Aushang m notice
aus|hängen hang* out, put* up; Tür: unhinge; ⁀harren hold* out; ⁀helfen help out
Aushilf|e f (temporary) help; ⁀s... temporary ...
aus|holen swing* (to strike); ~ mit raise; ⁀horchen sound; ⁀kennen: sich ~ (in) know* one's way (about); fig. know* all about s.th.; ⁀klopfen Pfeife: knock out; ⁀kommen get* by; ~ mit et.: manage with; j-m: get* along with; ⁀kommen n: sein ~ haben make* one's living; ⁀kundschaften explore
Auskunft f information (desk); teleph. inquiries pl
aus|lachen laugh at; ⁀laden unload
Auslage f (window) display; ⁀n pl expenses pl
Aus|land n: das ~ foreign countries pl; im ~ abroad; ⁀länder(in) foreigner; ⁀länderfeindlichkeit f xenophobia, hostility towards foreigners; ⁀ländisch foreign; ⁀landsgespräch n international call; ⁀lands-

korrespondent(in) foreign correspondent
auslass|en leave* (*Saum*: let*) out; *Fett*: melt; **s-e Wut ~ an** take* it out on; **sich ~ über** express o.s. on; **ungszeichen** *n* apostrophe
auslaufen run* out (*a. Produktion*); *mar.* leave* port
auslegen lay* out; *Waren*: display; *Boden*: carpet; *deuten*: interpret; *Geld*: advance; **~ für** *tech.* design for
ausleihen *verleihen*: lend* (out); **sich ~** borrow
Auslese *f* selection; *fig.* pick, elite; **2n** pick out, select; *Buch*: finish
ausliefer|n hand over; *pol.* extradite; *econ.* deliver; **2ung** *f* delivery; extradition
aus|löschen put* out; *fig.* wipe out; **~losen** draw* (lots) for
auslöse|n *tech.* release; *Gefangene, Pfand*: redeem; *verursachen*: cause, start; trigger; **2r** *m* (*phot.* shutter) release; trigger (*a. Waffe*)
ausmachen put* out; *Gerät etc.*: turn off; *vereinbaren*: agree on, arrange; *Teil*: make* up; *Betrag*: amount to; *Streit*: settle; *sichten*: sight; **macht es Ihnen et. aus(, wenn ...)?** do you mind (if ...)?; **es macht mir nichts aus** I don't mind (*gleichgültig*: care); **das macht nichts**

aus that doesn't matter
Ausmaß *n* extent
ausmessen measure
Ausnahm|e *f* exception; **~ezustand** *m* state of emergency; **2slos** without exception; **2sweise** by way of exception; *diesmal*: for once
aus|nehmen *gastr.* clean; *j-n*: except; *befreien*: exempt; **~nutzen** use, take* advantage of (*a. contp.*); → **ausbeuten**; **~packen** unpack; **~pressen** squeeze (out); **~probieren** try (out), test
Auspuff *m* exhaust; **~gase** *pl* exhaust fumes *pl*; **~topf** *m* silencer, *Am.* muffler
aus|radieren erase; *fig.* wipe out; **~rangieren** discard; **~rauben** rob; **~räumen** empty, clear; **~rechnen** calculate, work out
Ausrede *f* excuse; **2n** *v/i* finish speaking; **~ lassen** hear* s.o. out; *v/t*: **j-m et. ~** talk s.o. out of s.th.
ausreichen be* enough; **~d** sufficient; *Note*: D
Ausreise *f* departure; **2n** leave* (*a od.* one's country); **~visum** *n* exit visa
aus|reißen *v/t* pull *od.* tear* out; *v/i* F run* away; **~renken** dislocate; **~richten** *erreichen*: accomplish; *Nachricht*: deliver; → **bestellen**; **~rotten** exterminate
Ausruf *m* cry, shout; **2en** cry, shout, exclaim; *Namen etc.*:

call out; **~ungszeichen** *n* exclamation mark
ausruhen rest (*a.* **sich ~**)
ausrüst|en equip; **2ung** *f* equipment
ausrutschen slip
Aussage *f* statement; *jur.* evidence; *fig. Anliegen:* message; **2n** state, declare; *jur.* testify
aus|schalten switch off; *fig.* eliminate; **~schauen**; **~ nach** be* on the lookout for; **~scheiden** *v/i* be* ruled out; *Sport etc.:* drop out; **~ aus** *Firma etc.:* leave*; *v/t* eliminate; *med.* secrete; **~schimpfen** scold; **~schlafen** sleep* in (*a.* **sich ~**); *s-n Rausch* **~** sleep* it off
Ausschlag *m med.* rash; *Zeiger:* deflection; **den ~ geben** decide it; **2en** *v/i Pferd:* kick; *Zeiger:* deflect; *bot.* bud; *v/t* knock out; *fig.* refuse; **2gebend** decisive
ausschließ|en lock out; *fig.* exclude; *ausstoßen:* expel; *Sport:* disqualify; **~lich** exclusive(ly)
Ausschluß *m* exclusion; expulsion; disqualification
aus|schmücken decorate, *fig.* embellish; **~schneiden** cut* out
Ausschnitt *m Kleid:* neck; *Zeitung:* cutting, *Am.* clipping; *fig.* part; *Buch, Rede:* extract; **mit tiefem ~** low-necked

ausschreiben write* out; *Stelle etc.:* advertise
Ausschreitungen *pl* violence *sg*; riots *pl*
Ausschuß *m* committee, board; *Abfall:* waste
ausschütten pour out; *verschütten:* spill*; *econ.* pay*; **sich ~ (vor Lachen)** split* one's sides
ausschweifend dissolute
aussehen look (**wie, nach** like); **2** *n* look(s *pl*), appearance
aussein be* out *od.* over; **→ aus; ~ auf** be* out for; *j-s Geld:* be* after
außen outside; **nach ~** outward(s); *fig.* outwardly
Außen|bordmotor *m* outboard motor; **~handel** *m* foreign trade; **~minister(in)** foreign minister, *Brit.* Foreign Secretary, *Am.* Secretary of State; **~politik** *f* foreign affairs *pl*; *bestimmte:* foreign policy; **~seite** *f* outside; **~seiter(in)** outsider; **~stelle** *f* branch; **~welt** *f* outside world
außer out of; *neben:* beside(s); *ausgenommen:* except; **~ daß** except that; **alle ~ ich** all but; **~ sich sein** be* beside o.s.; **~ wenn** unless; **~dem** besides, moreover
äußere exterior, outer, outward; **2** *n* exterior, outside; (outward) appearance
außer|gewöhnlich unusual;

austragen

~**halb** outside, out of; *jenseits*: beyond; ~**irdisch** extraterrestrial

äußer|lich external, outward; ~**n** express; *sich* ~ say* s.th.; *sich* ~ *zu* express o.s. on

außer|ordentlich extraordinary; ~**planmäßig** unscheduled

äußerst outermost; *fig.* extreme(ly); *bis zum* 2*en gehen (treiben)* go* (take* s.th.) to extremes

außerstande unable

Äußerung f utterance

aussetzen v/t *Tier etc.*: abandon; *mit dat*: expose to; *Preis etc.*: offer; *et. auszusetzen haben an* find* fault with; v/i stop, break* off; *Motor etc.*: fail

Aussicht f view (*auf* on); *fig.* chance (*auf Erfolg* of success); 2**slos** hopeless; 2**sreich** promising; ~**sturm** m lookout tower

Aussiedler m resettler

aussöhn|en → *versöhnen*; 2**ung** f reconciliation

aus|sortieren sort out; ~**spannen** *fig.* (take* a) rest, relax; ~**sperren** lock out; ~**spielen** v/t *Karte*: play; v/i lead

Aussprache f pronunciation; discussion; *private*: heart-to-heart (talk); 2**sprechen** pronounce; *äußern*: express; *sich* ~ have* a heart-to-heart (talk); → *ausreden*; ~**spruch** m word(s pl), saying

aus|spucken spit* out; ~**spülen** rinse

ausstatt|en fit out, equip, furnish; 2**ung** f equipment; furnishings pl; design

ausstehen v/t: *ich kann ihn (es) nicht* ~ I can't stand him (it); v/i be* outstanding

aussteig|en get* out od. off; *fig.* drop out; 2**er(in)** dropout

ausstell|en exhibit, display; *Rechnung, Scheck*: make* out; *Paß*: issue; 2**er** m exhibitor; 2**ung** f exhibition, show

aussterben die out

Aussteuer f trousseau

Ausstieg m exit; *fig.* pullout, withdrawal (*aus* from)

aus|stopfen stuff; ~**stoßen** eject, emit; *econ*. turn out; *Schrei etc.*: give*; *j-n*: expel

ausstrahl|en radiate; *senden*: broadcast*; 2**ung** f broadcast; *fig.* charisma

aus|strecken stretch (out); ~**strömen** escape (*aus* from); ~**suchen** choose*, select, pick (out)

Austausch m, 2**en** exchange (*gegen* for)

austeilen distribute

Auster f oyster

austragen deliver; *Streit*: settle; *Wettkampf*: hold*

Australier(in)

Australi|er(in), 2sch Australian
aus|treiben drive* out; *Teufel*: exorcise; **~treten** v/t tread* od. stamp out; *Schuhe*: wear* out; v/i *entweichen*: escape; F go* to the toilet (*Am.* bathroom); *aus leave*; **~trinken** drink* up; *leeren*: empty; **2tritt** m leaving; **~trocknen** dry up; **~üben** practi|se, *Am.* -ce; *Amt*: hold*; *Macht*: exercise; *Druck*: exert
Ausverkauf m sale; 2t sold out; *thea. a.* full house
Aus|wahl f choice, selection; *Sport*: representative team; **2wählen** choose*, select
Auswander|er m emigrant; **2n** emigrate; **~ung** f emigration
auswärt|ig out-of-town; *pol.* foreign; **~s** out of town; **~essen** eat* out; **2s..**, *Sieg, Spiel*: away ...
auswechseln exchange (*gegen* for); *Rad*: change; *ersetzen*: replace; *Sport*: **A gegen B** ~ substitute B for A; **2spieler(in)** substitute
Ausweg m way out
ausweichen make* way (*dat* for); avoid (*a. fig. j-m*); *e-r Frage*: evade; **~d** evasive
Ausweis m identification (card); **2en** expel; *sich* ~ identify o.s.; **~papiere** pl documents pl; **~ung** f expulsion

ausweiten expand; **~wendig** by heart; **~werten** evaluate; *nützen*: utilize; **~wickeln** unwrap; **~wirken**: *sich* ~ auf affect; **2wirkung** f effect; **~wischen** wipe out; **~wringen** wring* out; **2wuchs** m excess; **~wuchten** balance; **~zahlen** pay* (out); pay* *s.o.* off; *sich* ~ pay*; **~zählen** count (*Boxer*: out); **2zahlung** f payment
auszeichn|en *Ware*: price; *j-n mit* award *s.th.* to *s.o.*; *sich* ~ distinguish o.s.; **2ung** f marking; *fig.* distinction, hono(u)r; *Orden*: decoration; *Preis*: award
ausziehen v/t *Kleidung*: take* off; *j-n*: undress (*a. sich ~*); v/i move out
Auszubildende(r) apprentice, trainee
Auszug m move, removal; *Buch etc.*: excerpt; *Konto2*: statement (of account)
Auto n car, *bsd. Am.* auto(mobile); (*mit dem*) ~ *fahren* drive*, go* by car
Autobahn f motorway, *Am.* expressway, superhighway; **~dreieck** n interchange; **~gebühr** f toll; **~kreuz** n interchange
Autobiographie f autobiography
Auto|bus m → *Bus*; **~fähre** f car ferry; **~fahrer(in)** motorist, driver; **~fahrt** f drive;

Bahndamm

~friedhof *m* scrapyard, *Am.* auto junkyard
Autogramm *n* autograph
Auto|**karte** *f* road map; ~**kino** *n* drive-in (cinema, *Am.* theater)
Automat *m* vending (*Brt. a.* slot) machine; *tech.* robot; → *Spielautomat*; ~**ik** *f* automatic (system *od.* control); *mot.* automatic transmission; ~**ion** *f* automation; **2isch** automatic
Auto|**mechaniker** *m* car (*Am.* auto) mechanic; ~**mobil** *n* → *Auto*; ~**nummer** *f* licen|ce (*Am.* -se) number
Autor *m* author
Autorin *f* author(ess)
autori|**sieren** authorize; ~**tär** authoritarian; **2tät** *f* authority
Auto|**vermietung** *f* car hire (*Am.* rental) service; ~**waschanlage** *f* car wash; ~**werkstatt** *f* car repair shop, garage
Axt *f* ax(e)

B

Bach *m* brook, stream, *Am. a.* creek
Backbord *n* port
Backe *f* cheek
backen bake; *in Fett:* fry
Backenzahn *m* molar
Bäcker|(**in**) baker; ~**ei** *f* bakery, baker's (shop)
Back|**form** *f* baking pan *od.* tin; ~**hähnchen** *n* fried chicken; ~**obst** *n* dried fruit; ~**ofen** *m* oven; ~**pulver** *n* baking powder; ~**stein** *m* brick
Bad *n* bath; *im Freien:* swim, *Brt. a.* bathe; bathroom; → *Badeort*
Bade|**anstalt** *f* swimming pool, public baths *pl*; ~**anzug** *m* swimsuit; ~**hose** *f* swimming trunks *pl*; ~**kappe** *f* bathing cap; ~**mantel** *m* bathrobe; ~**meister** *m* pool *od.* bath attendant
baden *v/i* take* *od.* have* a bath; *im Freien:* swim*, *bsd. Brt. a.* bathe; → **gehen** go* swimming; *v/t* bathe; *Baby:* Brt. a. bath
Bade|**ort** *m* seaside resort; → *Kurort*; ~**tuch** *n* bath towel; ~**wanne** *f* bathtub; ~**zimmer** *n* bath(room)
Bafög *n*: ~ **erhalten** get* a grant
Bagger *m* excavator; *mar.* dredge(r); **2n** excavate; dredge
Bahn *f* railway, *Am.* railroad; *Zug:* train; *Weg, Kurs:* way, path, course; *Sport:* track; course; *mit der* ~ by train *od.* rail; ~**damm** *m* railway (*Am.* railroad) embankment

bahnen

bahnen: j-m *od.* e-r Sache den Weg ~ clear the way for s.o. *od.* s.th.; **sich e-n Weg ~** force *od.* work one's way

Bahn|hof m (railway, *Am.* railroad) station; **~linie** f railway (*Am.* railroad) line; **~steig** m platform; **~übergang** m level (*Am.* grade) crossing

Bahre f stretcher

Bakterien pl germs pl, bacteria pl

bald soon; F beinahe: almost, nearly; **so ~ wie möglich** as soon as possible; **~ig** speedy; **~e Antwort** early reply

Balken m beam

Balkon m balcony

Ball m ball; Tanz♀: a. dance

Ballast m ballast; **~stoffe** pl roughage sg, bulk sg

ballen Faust: clench

Ballen m bale; *anat.* ball

Ballett n ballet

Ballon m balloon

Ballungs|raum m, **~zentrum** n congested area, conurbation

Bambus m bamboo

banal banal, trite

Banane f banana

Banause m philistine

Band¹ m volume

Band² n band; Zier♀: ribbon; Meß♀, Ton♀, Ziel♀: tape (a. **auf ~ aufnehmen**); *anat.* ligament; *fig.* tie, link, bond

bandagieren bandage

Bande f gang; Billard: cushions pl; Eishockey: boards pl; Kegeln: gutter

bändigen tame (a. *fig.*); Kinder, Zorn etc.: control

Bandit m bandit, outlaw

Band|scheibe f intervertebral disc; **~wurm** m tapeworm

bang(e) afraid; besorgt: anxious; **bange machen** frighten, scare

Bank f bench; Schul♀: desk; *econ.* bank; **~angestellte(r)** bank clerk *od.* employee; **~ier** m banker; **~konto** n bank(ing) account; **~leitzahl** f bank code (*Am.* A.B.A. *od.* routing) number; **~note** f (bank)note, *Am. a.* bill

bankrott bankrupt

Bann m ban; Zauber: spell

Banner n banner (a. *fig.*)

bar (in) cash; *bloß*: bare; *rein*: pure; *fig.* sheer

Bar f bar; nightclub

Bär m bear

Baracke f hut; *contp.* shack

barbarisch barbarous

barfuß barefoot

Bargeld n cash; **♀los** noncash

barmherzig merciful

Barmixer m barman

Barometer n barometer

Barren m *metall.* ingot; Turnen: parallel bars pl

Barriere f barrier

Barrikade f barricade

barsch gruff, rough

Bart m beard; Schlüssel♀: bit

bärtig bearded
Barzahlung f cash payment
Basar m bazaar
Basis f basis; mil., arch. base
Baskenmütze f beret
Baß m bass
Bast m bast; zo. velvet
bast|eln v/i make* and repair things o.s.; v/t build*, make*; **♀ler** m do-it-yourselfer, (home) handyman
Batterie f battery
Bau m building (a. Gebäude), construction; Tier♀: hole; e-s Raubtiers: den; **beim ~** in construction (work); **im ~** under construction
Bauarbeite|n pl construction work(s pl); **~r** m construction worker
Bauch m belly (a. fig.); anat. abdomen; F tummy; ♀ig big-bellied, bulgy; **~redner** m ventriloquist; **~schmerzen** pl bellyache sg, stomachache sg; **~tanz** m belly dancing
bauen build*, construct; Möbel etc.: a. make*
Bauer[1] m farmer; Schach: pawn
Bauer[2] n, m (bird) cage
Bäuer|in f farmer's wife, farmer; ♀lich rustic
Bauern|haus n farmhouse; **~hof** m farm
bau|fällig dilapidated; ♀gerüst n scaffold(ing); ♀herr(in) owner; ♀holz n timber, Am. a. lumber; ♀jahr n year of construction; **~ 1992** 1992 model
Baum m tree
baumeln dangle, swing* (beide a. **~ mit**)
Baum|stamm m trunk; gefällter: log; **~wolle** f cotton
Bauplatz m building site
Bausch m wad, ball; **♀en: sich ~** bulge, billow, swell*
Bau|stein m brick; Spielzeug: (building) block; **~stelle** f building site; mot. roadworks pl, Am. construction zone; **~teil** n component (part), unit, module; **~unternehmer** m building contractor; **~werk** n building
Bay|er m, ♀risch Bavarian
Bazillus m bacillus, germ
beabsichtigen intend, plan
beacht|en pay* attention to; Regel etc.: observe, follow; **Sie, daß** note that; **nicht ~** take* no notice of; disregard, ignore; **~lich** considerable; **♀ung** f attention, observance; Berücksichtigung: consideration
Beamt|e, ~in official, officer; Stand: civil servant
beängstigend alarming; **~anspruchen** claim; Zeit, Raum etc.: take* up; j-n: keep* s.o. busy; tech. stress; **~anstanden** object to; **~antragen** apply for; parl., jur. move (for); **~antworten** answer, reply to; **~arbeiten** work; agr. till; chem., tech.

beaufsichtigen

process, treat (a. *Thema*); Stein: hew*; *Buch*: revise; *Fall etc.*: be* in charge of; F *j-n*: work on; ~**aufsichtigen** supervise; *Kind*: look after; ~**auftragen** commission; ~**weisen** instruct; ~ **mit** put s.o. in charge of; ~**bauen** build*; on; *agr.* cultivate

beben shake*, tremble (*bei de*: **vor** with); *Erde*: quake

Becher *m* cup; *Henkel*2̃: a. mug

Becken *n* basin; pool; *anat.* pelvis; *mus.* cymbal(s *pl*)

bedächtig deliberate

bedanken: *sich bei j-m* (*für et.*) ~ thank s.o. (for s.th.)

Bedarf *m* need (**an** of), want (of); *econ.* demand (for); ~**haltestelle** *f* request stop

bedauerlich regrettable; ~**erweise** unfortunately

bedauern *j-n*: feel* sorry for, pity; *et.*: regret; 2̃ *n* regret (**über** at); ~**swert** pitiable, deplorable

bedeck|en cover; ~**t** *Himmel*: overcast

bedenk|en consider; 2̃**en** *pl* doubts *pl*; scruples *pl*; *Einwände*: objections *pl*; ~**lich** doubtful; *ernst*: serious; critical

bedeut|en mean*; ~**d** important; *beträchtlich*: considerable

Bedeutung *f* meaning, *Wichtigkeit*: importance; 2̃**slos** insignificant; 2̃**svoll** significant

bedien|en *v/t j-n*: serve, wait on; *tech.* operate, work; *Telephon*: answer; ~ **sich** help o.s.; *v/i* serve; *bei Tisch*: wait (at table); *Karten*: follow suit; 2̃**ung** *f* service; *Person*: waiter, waitress; shop assistant, *bsd. Am.* clerk; *tech.* operation, control

beding|t limited; ~ **durch** caused by, due to; 2̃**ung** *f* condition; *Anforderung*: requirement; ~**ungslos** unconditional

bedräng|en press (hard)

bedroh|en threaten; ~**lich** threatening; 2̃**ung** *f* threat

bedrücken depress, sadden

Bedürfnis *n* need, necessity (**für, nach** for); 2̃**tig** needy, poor

be|eilen: *sich* ~ hurry (up); ~**eindrucken** impress; ~**einflussen** influence; *nachteilig*: affect; ~**einträchtigen** affect, impair; ~**end(ig)en** (bring* to) end, finish; ~**erben:** *j-n* ~ be* s.o.'s heir

beerdig|en bury; 2̃**ung** *f* funeral; 2̃**ungsinstitut** *n* undertakers *pl*, *Am.* funeral home

Beere *f* berry; *Wein*2̃: grape

Beet *n* bed

befähigt (cap)able

befahr|bar passable; ~**en** drive* *od.* travel on; *mar.* navigate

befangen self-conscious; prejudiced (*a. jur.*)

befassen: sich ~ mit engage in; *Buch etc.*: deal* with

Befehl *m* order; command (*über* of); **2en** order; command

befestigen fasten (*an* to), fix (to), attach (to); *mil.* fortify

befeuchten moisten, damp

befinden: sich ~ be* (situated *od.* located)

befolgen follow; *Vorschrift:* a. observe; *Gebote:* keep*

beförder|n carry, transport; **zu ... befördert werden** be* promoted (to) ...; **2ung** *f* transport(ation) (*a. ~smittel*); promotion

be'fragen question, interview; **~freien** free; *retten:* rescue; **~freunden: sich ~ mit** make* friends with; *fig.* warm to; **~freundet sein** be* friends

befriedig|en satisfy; *sich selbst ~* masturbate; **~end** *adj* satisfactory; **2ung** *f* satisfaction

befristet limited (*auf* to)

befruchten fertilize

befugt authorized

Befund *m* finding(s *pl*)

befürchten, 2ung *f* fear

befürworten advocate

begab|t gifted, talented; **2ung** *f* gift, talent(s *pl*)

begegn|en meet* (*a. sich ~*); **2ung** *f* meeting; encounter

begehen feiern: celebrate; *Tat:* commit; *Fehler:* make*

begehr|en desire; **~t** popular, (much) in demand

begeister|n fill with enthusiasm; *sich ~ für* be* enthusiastic about; **~t** enthusiastic; **2ung** *f* enthusiasm

Begier|de *f* desire (*nach* for); **2ig** eager (*nach, auf* for)

begießen water; *Braten:* baste; F *fig.* celebrate

Beginn *m* beginning, start; **zu ~** at the beginning; **2en** begin*, start

beglaubig|en attest, certify; **2ung** *f* certification

begleichen pay*, settle

begleit|en accompany; *j-n nach Hause ~* see* s.o. home; **2er(in)** companion; *Schutz:* escort; *mus.* accompaniment

be|glückwünschen congratulate (*zu* on); **~gnadigen** pardon; **~gnügen: sich ~ mit** be* satisfied with; **~graben** bury; **2gräbnis** *n* funeral; **~greifen** comprehend, understand*; **~greiflich** understandable; **~grenzen** limit, restrict (*auf* to)

Begriff *m* idea, notion; *Ausdruck:* term; *im ~ sein zu* be* about to

begründen give* reasons for; → **gründen**

begrüß|en greet, welcome; **2ung** *f* greeting, welcome

begünstigen favo(u)r

behaart

be|haart hairy; **~haglich** comfortable; cosy
behalten keep* (*für sich* to o.s.); *sich merken*: remember
Behälter *m* container
behandeln treat (*a. med.*); *Thema*: deal* with; *schonend*: handle with care; **♀ung** *f* treatment
beharren insist (*auf* on); **~lich** persistent
behaupten *fälschlich*: pretend; **♀ung** *f* claim
be|heben repair; **~helfen**: *sich ~ mit* make* do with; *sich ~ ohne* do* without; **~herbergen** accommodate
beherrsch|en rule (over), govern; *Lage, Markt etc.*: control; *Sprache*: have* command of; *sich ~* control o.s.; **♀ung** *f* command, control; *die ~ verlieren* lose* one's temper
be|hilflich: *j-m ~ sein* help s.o. (*bei* with, in); **~hindern** hinder; *mot. etc.* obstruct; **~hindert** handicapped
Behörde *f* authority
behutsam careful; *sanft*: gentle
bei *räumlich*: near; at; *zeitlich*: during; *~ j-m* at s.o.'s (place); *wohnen ~* stay (*ständig*: live) with; *arbeiten ~* work for; *e-e Stelle ~* a job with; *~ Müller Adresse*: c/o Müller; *ich habe ... ~ mir* I have ... with me; *~ Licht* by light; *~ Tag* during the day; *~ Nacht* at night; *~ Regen* (*Gefahr*) in case of rain (danger); *~ der Arbeit* at work; *~ weitem* by far; → *beim*
bei|behalten keep* up, retain; **~bringen** teach*; *mitteilen*: tell*
Beichte *f* confession; **♀n** confess (*a. fig.*)
beide both; *Tennis*: all; *m-e ~n Brüder* my two brothers; *wir ~* the two of us; *betont*: both of us; *keiner von ~n* neither of them; **~rlei**: *~ Geschlechts* of either sex
beieinander together
Bei|fahrer *m* front(-seat) passenger; co-pilot; **~fall** *m* applause; *fig.* approval; **~fügen** *e-m Brief*: enclose
beige tan, beige
Bei|geschmack *m* smack (*von* of) (*a. fig.*); **~hilfe** *f* aid, allowance; *jur.* aiding and abetting
Beil *n* hatchet; *großes*: ax(e)
Beilage *f* *Zeitung*: supplement; *Essen*: side dish; vegetables *pl*
bei|läufig casual(ly); **~legen** *Streit*: settle; → *beifügen*
Beileid *n* condolence; *herzliches ~* my deepest sympathy
beiliegend enclosed
beim: *~ Arzt etc.* at the doctor's *etc.*; *~ Sprechen* while speaking; *~ Spielen* at play
beimessen attach (*dat.* to)
Bein *n* leg; *Knochen*: bone
beinah(e) almost, nearly

beisammen together; ⁂**sein** n get-together
Beischlaf m sexual intercourse
Beisein n presence
beiseite aside; ~ **schaffen** remove; ~n: liquidate
beisetz|en bury; ⁂**ung** f funeral
Beispiel n example; **zum** ~ for example; **sich an j-m ein** ~ **nehmen** follow s.o.'s example; ⁂**haft** exemplary; ⁂**los** unprecedented
beißen bite*; **sich** ~ Farben: clash; ~**d** biting, pungent
Bei|stand m assistance; ⁂**stehen** assist, help; ⁂**steuern** contribute (**zu** to)
Beitrag m contribution; Mitglieds⁂: subscription, Am. dues pl; ⁂**en** contribute (**zu** to)
beitreten join
Beiwagen m sidecar
beizen stain; Fleisch: pickle
bejahen answer in the affirmative; ~**d** affirmative
bejahrt aged, elderly
bekämpfen fight* (against)
bekannt (well-)known; vertraut: familiar; **j-n** ~ **machen mit** introduce s.o. to; ⁂**e(r)** acquaintance, mst friend; ~**geben** announce; ~**lich** as you know; ⁂**machung** f (public) announcement; ⁂**schaft** f acquaintance
bekenn|en confess; zugeben: admit; **sich schuldig** ~ jur. plead guilty; ⁂**tnis** n confession; Religion: denomination
beklagen lament; **sich** ~ complain (**über** of, about)
Bekleidung f clothing
beklommen uneasy
be|kommen get*; Brief, Geschenk: a. receive; Krankheit, Zug etc.: catch*; Kind: have*; **j-m** ~ agree with s.o.; ~**kräftigen** confirm; ~**laden** load; fig. a. burden
Belag m covering; tech. coat(ing); Brot⁂: spread; (sandwich) filling
belager|n besiege; ⁂**ung** f siege
be|langlos irrelevant; ~**lasten** load; fig. burden, worry, beschweren: weight; jur. incriminate; Umwelt: pollute; **j-s Konto** ~ **mit** charge s.th. to s.o.'s account; ~**lästigen** molest; ärgern: annoy, bother; ⁂**lastung** f load; fig. burden; strain, stress; ~**laufen: sich** ~ **auf** amount to; ~**lebt** Straße: busy, crowded
Beleg m Beweis: proof; econ. receipt; Unterlage: document; ⁂**en** cover; Platz etc.: reserve; beweisen: prove; Kurs etc.: enrol(l) for, take*; Brote etc.: put* s.th. on; **den 1. Platz** ~ take* first place; ~**schaft** f staff sg, pl; ⁂**t** taken, occupied; Hotel etc.: full; teleph. engaged, Am. busy; Stimme: husky; Zun-

belehren 370

ge: coated; ~es Brot sandwich
belehren teach*; inform
beleidig|en offend, *stärker*: insult; ~end offensive, insulting; 2ung f offen|ce, Am. -se, insult
beleucht|en light* (up), illuminate; 2ung f light(ing); illumination
Belgi|er(in), 2sch Belgian
belicht|en expose; 2ung f exposure (a. ~szeit); 2ungsmesser m exposure meter
Belieb|en n: nach ~ at will; 2ig any; *jeder* ~e anyone; 2t popular (*bei* with); ~theit f popularity
beliefern supply
bellen bark
belohn|en, 2ung f reward
be|lügen: *j-n* ~ lie to s.o.; ~malen paint; ~mängeln find* fault with
bemerk|bar noticeable; *sich* ~ *machen* draw* attention to o.s.; *Folgen etc.*: begin* to show; ~en notice; *sagen*: remark; ~enswert remarkable (*wegen* for); 2ung f remark
bemitleiden pity, feel* sorry for; ~swert pitiable
bemüh|en: *sich* ~ try (hard); *sich* ~ *um et.*: try to get; *j-m* ~ try to help; 2ung f effort; *danke für Ihre* ~en! thank you for your trouble
benachbart neighbo(u)ring
benachrichtig|en inform; 2ung f information

benachteilig|en place s.o. at a disadvantage; *sozial*: discriminate against; 2te *pl* the underprivileged; 2ung f disadvantage; discrimination
benehmen: *sich* ~ behave (o.s.); 2 n behavio(u)r, conduct; manners *pl*
beneiden envy (*j-n um et.* s.o. s.th.); ~swert enviable
benennen name
Bengel m (little) rascal
benommen dazed
benötigen need, require
benutz|en use; *nützen*: make* use of; 2er(in) user; 2ung f use
Benzin n petrol, *Am.* gas(oline)
beobacht|en watch; *genau*: observe; 2er(in) observer; 2ung f observation
bepflanzen plant (*mit* with)
bequem comfortable; *leicht*: easy; *faul*: lazy; 2lichkeit f comfort; laziness; ~en *pl* conveniences *pl*
berat|en *j-n*: advise; counsel; *etw.*: debate, discuss; *sich* ~ confer; 2er(in) adviser; counsel(l)or; 2ung f advice (a. *med.*); debate; *Besprechung*: consultation, conference; 2ungsstelle f counsel(l)ing cent|re, *Am.* -er
berauben rob; *fig.* deprive (*gen* of)
berechn|en calculate; *econ.* charge; ~end calculating; 2ung f calculation

Beruhigung

berechtig|en entitle; *ermächtigen:* authorize; **~t** entitled; *Anspruch:* legitimate
Bereich *m* area; *Umfang:* range; *(Sach)Gebiet:* field; **2ern** enrich *(sich* o.s.)
Bereifung *f* (set of) tyres *(Am.* tires)
be|**reinigen** settle; **~reisen** tour; *Vertreter:* cover
bereit ready, prepared; **~en** prepare; *verursachen:* cause; *Freude:* give*; **~halten** have* s.th. ready; *sich* **~ be*** ready, stand* by; **~s** already; **2schaft** *f* readiness; **~stellen** make* available, provide; **~willig** ready, willing
bereuen regret; repent (of)
Berg *m* mountain; **~e** von heaps od. piles of; *die Haare standen ihm zu* **~e** his hair stood on end; **2ab** downhill *(a. fig.);* **2auf** uphill; **~bahn** *f* mountain railway; **~bau** *m* mining
bergen rescue, save; *Tote:* recover; *enthalten:* hold*
Berg|**führer(in)** mountain guide; **2ig** mountainous; **~kette** *f* mountain range; **~mann** *m* miner; **~rutsch** *m* landslide; **~schuh** *m* climbing boot; **~steigen** *n* (mountain) climbing; **~steiger(in)** (mountain) climber
Bergung *f* recovery; *Rettung:* rescue
Berg|**wacht** *f* alpine rescue service; **~werk** *n* mine

Bericht *m* report *(über* on), account (of); **2en** report; *Presse: a.* cover *(über et. s.th.); j-m et.* **~** inform s.o. of s.th.; **~erstatter(in)** reporter; correspondent
berichtigen correct
Bernstein *m* amber
bersten burst* *(vor* with)
berüchtigt infamous, notorious *(wegen* for)
berücksichtigen consider
Beruf *m* job, occupation; *Gewerbe:* trade; *bsd. akademischer:* profession; **2en** appoint; *sich* **~ auf** refer to; **2lich** *adj* professional; *adv* on business
Berufs|... *Sportler etc.:* professional ...; **~ausbildung** *f* vocational od. professional training; **~beratung** *f* vocational guidance; **~kleidung** *f* work clothes *pl;* **~schule** *f* vocational school; **2tätig** working; **~tätige** *pl* working people *pl;* **~verkehr** *m* commuter od. rush-hour traffic
Berufung *f* appointment *(zu* to); *unter* **~ auf** with reference to; **~ einlegen** appeal
beruhen: ~ auf be* based on; *et. auf sich* **~ lassen** let* s.th. rest, leave* it at that
beruhig|en quiet, calm (down), soothe *(a. Nerven); Besorgte:* reassure; *sich* **~** calm down; **2ung** *f* calming (down); *Erleichterung:* re-

lief: ungsmittel *n* sedative; *Pille*: tranquil(l)izer
berühmt famous
berühr|en touch; *fig. a.* affect; ung *f* contact, touch
Besatzung *f* crew; *mil.* occupation (forces *pl*)
beschädig|en damage; ung *f* damage (*gen* to)
beschaffen provide, get*; *Geld*: raise; heit *f* state, condition
beschäftig|en employ; keep* busy; *sich* ~ occupy o.s.; ung *f* employment, occupation
beschäm|en make* *s.o.* feel ashamed; end shameful; humiliating; t ashamed
Bescheid *m*: ~ geben (*bekommen*) send* (receive) word; ~ sagen let* *s.o.* know; ~ (*gut*) wissen (*über*) know* (all about)
bescheiden modest; heit *f* modesty
bescheinig|en certify; *Empfang*: acknowledge; ung *f* certification; *Schein*: certificate; *Quittung*: receipt
bescheißen cheat
beschenken: (*reich*) ~ give* *s.o.* (shower *s.o.* with) presents
Bescherung *f* distribution of (Christmas) presents
beschicht|en, ung *f* coat
be|schießen fire *od.* shoot* at; bombard (*a. phys.*);
~schimpfen abuse, insult;
~schissen lousy, rotten
Beschlag *m* metal fitting(s *pl*); *in* ~ nehmen occupy; *j-n*: monopolize; en *v/t* cover; *tech.* fit, mount; *Pferd*: shoe; *v/i Glas*: steam up; *adj* steamed-up; *fig.* well-versed; ~nahme *f* confiscation; nahmen confiscate
beschleunig|en accelerate, speed* up; ung *f* acceleration
beschl|ießen decide (on); *Gesetz*: pass; *beenden*: conclude; uß *m* decision
be|schmieren smear, soil; *Wand*: cover with graffiti; ~schmutzen soil, dirty; ~schneiden clip, cut* (*a. fig.*); *Baum*: prune; *med.* circumcise; ~schönigen gloss over
beschränk|en limit, restrict; *sich* ~ *auf* confine o.s. to; ung *f* limitation, restriction
beschreib|en describe; *Papier*: write* on; ung *f* description; account
be|schriften inscribe; mark; ung *f* inscription
beschuldig|en: *j-n e-r Sache* ~ accuse *s.o.* of (doing) s.th., charge *s.o.* with s.th.; ung *f* accusation, charge
beschützen protect
Beschwer|de *f* complaint; en weight *s.th.*; *sich* ~ complain (*über* about; *of*; *bei* to)
be|schwichtigen appease, calm; ~schwingt buoyant; *mus.* lively; ~schwipst tipsy;

besteigen

~schwören *et.*: swear* to; *j-n*: implore; *Geister*: conjure up; ~seitigen remove

Besen *m* broom

besessen obsessed (**von** by)

besetz|en occupy (*a. mil.*); *Stelle*: fill; *thea.* cast*; *Kleid*: trim; *Haus*: squat in; ~t occupied; *Platz*: taken; *teleph.* engaged, *Am.* busy; **2tzeichen** *n* engaged tone, *Am.* busy signal; **2ung** *f thea.* cast; *mil. etc.* occupation

besichtig|en visit, see*; *prüfend*: inspect; **2ung** *f* sightseeing; visit (to); inspection

besied|eln settle; *bevölkern*: populate; ~**elt: dicht** ~ densely populated; **2ung** *f* settlement

besiegen defeat, beat*

Besinnung *f* consciousness; **zur** ~ **kommen** come* to one's senses; **2slos** unconscious

Besitz *m* possession; *Eigentum*: property; **2en** possess, own; **2er(in)** owner

besohlen (*neu*: re)sole

Besoldung *f* pay; salary

besonder|e special, particular; **2heit** *f* peculiarity; ~**s** especially; *hauptsächlich*: chiefly, mainly

besonnen prudent, calm

besorg|en get*, buy*; → **erledigen**; **2nis** *f* concern, alarm, anxiety; ~**niserregend** alarming; ~**t** worried, concerned; **2ung** *f*: ~**en ma-**

chen go* shopping

besprech|en discuss, talk *s.th.* over; *Buch etc.*: review; **2ung** *f* discussion; meeting, conference; review

besser better; ~**gehen: es geht ihm** ~ he is better; ~**n:** *sich* ~ get* better, improve; *ich werde mich* ~ I'll try harder; **2ung** *f* improvement; *gute* ~**!** get better soon!

Bestand *m* (continued) existence; *Vorrat*: stock; ~ **haben** (be*) last(ing)

beständig constant, steady; *Wetter*: settled

Bestandteil *m* part, component; *Zutat*: ingredient

bestärken *j-n*: encourage

bestätig|en confirm; *bescheinigen*: certify; *Empfang*: acknowledge; *sich* ~ prove (to be) true; **2ung** *f* confirmation; certificate; acknowledg(e)ment; *psych.* affirmation

beste best; *am* ~**n** best; *es ist das* ~, *wir* with *inf.*; *der (die, das)* **2** the best

bestech|en bribe; ~**lich** corrupt; **2ung** *f* bribery

Besteck *n* knife, fork and spoon; ~**e** (*pl*) cutlery

bestehen *v/t Prüfung*: pass; *v/i* exist, be*; *auf* insist on; ~ **aus** (**in**) consist of (in); ~**bleiben** last, survive

be|stehlen steal* *s.o.*'s money *etc.*; ~**steigen** get*

bestellen 374

on (*Fahrzeug*: *a*. into); *Berg*: climb; *Thron*: ascend

bestell|en order; *Zimmer etc.*: book; *vor~*: reserve; *j-n*: ask (*stärker*: tell) to come; *Gruß*: give*, send*; *Boden*: cultivate; **kann ich et. ~?** can I take a message?; **~ Sie ihm ...** tell him ...; **2nummer** *f* order number; **2schein** *m* order form; **2ung** *f* order; booking; reservation

Bestie *f* beast; *fig. a.* brute

bestimm|en determine, decide; *Begriff*: define; *auswählen*: choose*, pick; *über* ~ have* at one's disposal; **zu ~ haben** be* in charge, **F** be* the boss; **bestimmt für** meant for; **~t** *adj* certain; *besondere*: special; *festgelegt*: fixed; *genau*: firm; *gr.* definite; *adv* certainly; **ganz ~** definitely; **er ist ~ ...** he must be ...; **2ung** *f* regulation; *Zweck*: purpose; **2ungsort** *m* destination

bestraf|en punish; **2ung** *f* punishment

bestrahlen irradiate

Bestreb|en *n*, **~ung** *f* effort

be|streichen spread*; **~streiten** deny

bestürz|t dismayed; **2ung** *f* consternation, dismay

Besuch *m* visit; *Teilnahme*: attendance; **~ haben** have* company *od.* guests; **2en** visit; *kurz*: call on; *Schule, Veranstaltung etc.*: attend; **~er(in)** visitor, guest; **~szeit** *f* visiting hours *pl*

be|tasten touch, feel*; **~tätigen** *tech.* operate; *Bremse*: apply; **sich ~** be* active

betäub|en stun (*a. fig.*), daze; *med.* an(a)esthetize; **2ung** *f med.* an(a)esthetization; *Zustand*: an(a)esthesia; *fig.* stupefaction; **2ungsmittel** *n* an(a)esthetic; *Droge*: narcotic

Bete *f*: **Rote ~** beet(root *Brt.*)

beteilig|en give* *s.o.* a share (**an** in); **sich ~ (an)** take* part in, participate (in); **~t** concerned; **~ sein an** be* involved in; *econ.* have* a share in; **2ung** *f* participation; share

beten (say* one's) pray(ers)

beteuern protest

Beton *m* concrete

beton|en stress; *fig. a.* emphasize; **2ung** *f* stress; *fig.* emphasis

Be|tracht: in ~ ziehen take* into consideration; → *Frage*; **~trachten** look at; **~ als** look upon *od.* regard as; **2trächtlich** considerable

Betrag *m* amount, sum; **2en** amount to; **sich ~** behave (o.s.); **~en** *n* behavio(u)r, conduct

betreffen concern; **betrifft (Betr.)** re; **was ... betrifft** as for, as to; **~d** concerning; **die 2en ...** the ... concerned

be|treten *v/t* step on; *ein-treten*: enter; **2** (**des Rasens**)

verboten! keep out (off the grass)!; *adj* embarrassed; ~**treuen** look after

Betrieb *m* business, firm; *tech.* operation; **außer** ~ out of order; **es war viel ~ in ...** the ... was very busy

Betriebs|ferien *pl* company holiday *sg*; ~**leitung** *f* management; ~**rat** *m* works council; ~**unfall** *m* industrial accident; ~**wirtschaft** *f* business administration

be|trinken: sich ~ get* drunk; ~**troffen** affected; → **bestürzt**

Betrug *m* cheating; *jur.* fraud; 2**trügen** cheat (*Partner:* on s.o.); **j-n um** ~ do s.o. out of); ~**trüger(in)** swindler, trickster

betrunken, 2**e(r)** drunk

Bett *n* bed; **ins ~ gehen (bringen)** go* (put*) to bed; ~**decke** *f* blanket; quilt

betteln beg (**um** for)

Bett|gestell *n* bedstead; 2**lägerig** bedridden; ~**laken** *n* sheet

Bettler(in) beggar

Bett|ruhe *f*: ~ **verordnet** order to stay in bed; ~**vorleger** *m* bedside rug; ~**wäsche** *f* bed linen; ~**zeug** *n* bedding, bedclothes *pl*

beugen bend* (*a.* **sich ~;** *dat* to); *gr.* inflect

Beule *f* bump; *Auto:* dent

be|unruhigen disturb, alarm; ~**urlauben** give* s.o.

leave *od.* time off; *vom Amt:* suspend; ~**urlaubt** on leave; ~**urteilen** judge

Beuschel *n östr.* lung(*s pl*)

Beute *f* loot; ~**tier** *n* prey (*a. fig.*); *Opfer:* victim

Beutel *m* bag; *zo.*, *Tabaks*2: pouch

bevölker|n populate; ~**t** → **besiedelt;** 2**ung** *f* population

bevollmächtig|en authorize; 2**te(r)** authorized person

bevor before; ~**munden** patronize; ~**stehen** be* approaching, be* near (*Gefahr:* imminent); **j-m** ~ await s.o.; ~**zugen** prefer; ~**zugt** privileged

bewach|en guard; 2**er** *m*, 2**ung** *f* guard

bewaffn|en arm; 2**ung** *f* armament; *Waffen:* arms *pl*

bewahren keep*; ~ **vor** preserve *od.* save from

bewähr|en: sich ~ prove successful, *Sache:* prove to be; ~**t** (well-)tried, reliable; *Person:* experienced; 2**ung** *f* probation (*a. Frist*)

be|waldet wooded, woody; ~**wältigen** master, manage; ~**wandert** (well-)versed

bewässer|n *Land etc.:* irrigate; 2**ung** *f* irrigation

beweg|en *v/t.* ~ move, stir; **j-n** ~ **zu** get* s.o. to do s.th.; 2**grund** *m* motive; ~**lich** movable; 2**e**: moving; *Teile:* agile; *flink:* flexibel:

Beweglichkeit 376

flexible; **2lichkeit** f mobility; **t Meer:** rough; *Leben:* eventful; *fig.* moved, touched; **ung** f movement (*a. pol.*); motion (*a. phys.*); *körperliche:* exercise; *in setzen* set* in motion; **ungslos** motionless

Beweis m proof (*für* of); **2en** prove*; **mittel** n, **stück** n (piece of) evidence

bewerb|en: sich um apply for; *pol.* → **kandidieren**; **2er(in)** applicant; *Sport:* competitor; *Brief* (*Schreiben:* letter of) application

be|werten rate, judge; **willigen** grant, allow; **wirken** cause, bring* about

bewirt|en entertain; **schaften** manage, run*; *agr.* farm; **2ung** f entertaining; *Lokal:* service; *freundliche * kind hospitality

bewohn|en inhabit, live in; **t Haus:** occupied; **2er(in)** inhabitant; occupant

bewölk|en cloud over (*a. fig.*); **t** cloudy, overcast; **2ung** f clouds pl

Bewunder|er m admirer; **2n** admire (*wegen* for); **2nswert** admirable

bewußt conscious; *sich gen sein* be* aware *od.* conscious of; **los** unconscious; **machen** make* *s.o.* aware of *s.th.*; **2sein** n consciousness; *bei * conscious

bezahl|en *Summe, j-n:* pay*; *Ware etc.:* pay* for (*a. fig.*); **2ung** f payment; *Lohn:* pay

bezaubernd charming

bezeichn|en: als call, describe as; **end** characteristic; **2ung** f name

bezeugen testify to

bezieh|en cover; *Bett:* change; *Haus etc.:* move into; *erhalten:* receive; *Zeitung:* subscribe to; ** auf** relate to; *sich Himmel:* cloud over; *sich auf* refer to; **2ung** f relation (*zu* to *s.th.*; *with s.o.*); *Verwandtschaft, Zweier2:* relationship; *Hinsicht:* respect; **en haben** have* connections, know* the right people; **ungsweise** respectively; *oder (vielmehr):* or (rather)

Bezirk m district

Be|zug m cover(ing); case, slip; *econ.* purchase; *Zeitung:* subscription (to); *Bezüge* pl earnings pl; * nehmen auf* refer to; *in 2 auf = 2züglich* regarding, concerning

be|zwecken aim at, intend; **zweifeln** doubt

Bibel f Bible

Biber m beaver

Bibliothek f library; **ar(in)** librarian

biblisch biblical

bieder *contp.* square

bieg|en bend* (*a. sich *);

um (**in**) turn (a)round (into); **~sam** flexible; **2ung** f curve

Biene f bee; **~nkorb** m, **~nstock** m (bee)hive

Bier n beer; **~deckel** m coaster, Brt. a. beer mat; **~krug** m beer mug

Biest n F beast

bieten offer; Auktion: bid*; **sich ~** present itself; **sich ~ lassen** put* up with s.th.

Bilanz f balance; fig. result

Bild n picture; sprachliches: image; fig. idea

bilden form (a. **sich ~**); fig. educate (**sich** o.s.)

Bild|erbuch n picture book; **~hauer(in)** sculptor; **2lich** fig. figurative; **~platte** f videodisc, Am. -k; **~röhre** f picture tube

Bildschirm m TV screen; EDV a. display, monitor; Gerät: VDT, video display terminal; **~arbeitsplatz** m workstation; **~text** m Brt. TV viewdata; Am. EDV videotex(t)

Bildung f education; von et.: formation; **~s...** educational

Billard n billiards sg

billig cheap, inexpensive; **~en** approve of

Billion f trillion

Binde f bandage; (arm-)sling; → Damenbinde; **~glied** n (connecting) link; **~haut** f conjunctiva; **~hautentzündung** f conjunctivitis; **2n**

bind* (fig. **sich** o.s.); tie; Krawatte: knot; **2nd** binding; **~strich** m hyphen

Bindfaden m string

Bindung f fig. tie, link, bond; Ski2: binding

Binnen|... inland ...; **~markt** m der EG: single market

Bio..., **2...** Chemie, dynamisch etc.: bio...

Biographie f biography

Bio|laden m health food shop; **~logie** f biology; **2logisch** biological; agr. organic

Birke f birch(-tree)

Birne f pear; electr. bulb

bis zeitlich: till, until, (up) to; räumlich: (up) to, as far as; **von ... ~** from ... to; **~ auf** except, but; **~ jetzt** up to now, so far; **zwei ~ drei** two or three

Bischof m bishop

bisher up to now, so far

Biß m bite (a. fig.)

bißchen: ein ~ a little, a (little) bit (of)

Bissen m bite

bissig fig. cutting; **ein ~er Hund** a dog that bites; **Vorsicht, ~er Hund!** beware of the dog!

Bitte f request (**um** for)

bitte please; als Antwort: that's all right, not at all; beim Bedienen etc.: here you are; (**wie**) **~?** pardon?

bitten ask (**um** for)

bitter bitter

blähen swell* (*a. sich ~*); **2ungen** *pl* flatulence *sg*

Blamage f disgrace; **2ieren make*** *s.o.* look like a fool; *sich ~* make* a fool of o.s.

blank shining, shiny; F broke; **2o...** blank ...

Bläschen n bubble; *med.* small blister

Blase f bubble; *anat.* bladder; *med.* blister

blasen blow*; **2instrument** n wind instrument; **2kapelle** f brass band

blaß pale (*vor* with); *~ werden* turn *od.* go* pale

Blässe f paleness, pallor

Blatt n leaf; *Papier*2: sheet; *Säge*: blade; *Karten*: hand; (news)paper

blättern: *~ in* leaf through

Blätterteig m puff pastry

blau blue; F tight; **~er Fleck** bruise; **~es Auge** black eye; **Fahrt ins 2e** unplanned pleasure trip; *organisiert*: mystery tour; **2beere** f bilberry, *Am.* blueberry

bläulich bluish

Blausäure f prussic acid

Blech n sheet metal; **~dose** f (tin) can, *Brt. a.* tin; **~schaden** m *mot.* dent(s *pl*)

Blei n lead

bleiben stay, remain; *~ bei* stick* to; → *Apparat etc.*; **~d** lasting; **Hände weg!** leave* s.th. alone, not do* s.th.; *laß das bleiben!* stop it!

bleich pale (*vor* with); **~en** bleach; **2gesicht** n paleface

bleiern lead(en *fig.*); **~frei** unleaded; **2stift** m pencil; **2stiftspitzer** m pencil sharpener

Blende f blind; *phot.* aperture; (*bei*) **~ 8** (at) f-8; **2n** blind, dazzle; **2nd** F great

Blick m look; *flüchtiger*: glance; *Aussicht*: view; *auf den ersten ~* at first sight; **~en** look; *sich ~ lassen* show* one's face

blind blind; *Spiegel etc.*: dull; *Alarm*: false; **~er Passagier** stowaway

Blinddarm m appendix; **~entzündung** f appendicitis; **~operation** f appendectomy

Blinde m (f) blind (wo)man; **~nhund** m guide dog; **~nschrift** f braille; **~gänger** m dud; **~heit** f blindness; **~lings** blindly; **~schleiche** f blindworm

blinken sparkle, shine*; flash (a signal); *mot.* indicate, signal; **2r** m *mot.* indicator, *Am.* turn signal

blinzeln blink (one's eyes)

Blitz m (flash of) lightning; **~ableiter** m lightning conductor; *en* flash; **es blitzt** it is lightening; **~gerät** n flash; **~lampe** f flashbulb; **~licht**(aufnahme *f*) n flash (picture); **~schlag** m lightning stroke; **2schnell** like a flash; **~würfel** m flashcube

Block m block; *pol.* bloc; *Schreib⁓:* pad; **⁓ade** f blockade; **⁓flöte** f recorder; **⁓haus** n log cabin; **⁓ieren** block; *mot.* lock; **⁓schrift** f block letters pl

blöd(e) silly, stupid; **⁓eln** fool around; **⁓sinn** m nonsense; **⁓sinnig** idiotic

blöken bleat

blond blond, fair

bloß *adj* bare; *Auge:* naked; *nichts als:* mere; *adv* only, merely; **⁓legen** lay* bare; **⁓stellen** compromise (**sich** o.s.)

blühen bloom; *Baum:* blossom; *fig.* flourish

Blume f flower; *Wein:* bouquet; *Bier:* froth; **⁓nhändler(in)** florist; *Laden:* florist's; **⁓nkohl** m cauliflower; **⁓nstrauß** m bunch of flowers; bouquet; **⁓ntopf** m flowerpot

Bluse f blouse

Blut n blood; **⁓arm** an(a)emic; **⁓bad** n massacre; **⁓bank** f blood bank; **⁓druck** m blood pressure

Blüte f flower; bloom; *Baum:* blossom; *fig.* height, heyday

Blut|egel m leech; **⁓en** bleed*

Blütenblatt n petal

Blut|er m h(a)emophiliac; **⁓erguß** m effusion of blood; **⁓gruppe** f blood group; **⁓ig** bloody; **⁓kreislauf** m (blood) circulation; **⁓probe**

f blood test; **⁓spender(in)** blood donor; **⁓stillend** styptic; **⁓sverwandte(r)** blood relation; **⁓transfusion** f blood transfusion; **⁓ung** f bleeding, h(a)emorrhage; **⁓vergießen** n bloodshed; **⁓vergiftung** f blood poisoning; **⁓verlust** m loss of blood; **⁓wurst** f black pudding, *Am.* blood sausage

Bö f gust, squall

Bock m buck (*a. Turnen*); → **Widder, Ziegenbock**; *sl.* (**ich hab') keinen ⁓** I'm not into that; **null ⁓** not interested; **⁓ig** obstinate; sulky; **⁓wurst** f hot sausage

Boden m ground; bottom; *Gefäß, Meer:* bottom; *Fuß⁓:* floor; *Dach⁓:* attic; **⁓los** bottomless; *fig.* incredible; **⁓schätze** pl mineral resources pl

Bogen m curve, bend; *Math.* arc; *arch.* arch; *Ski:* turn; *Papier:* sheet; **Pfeil und ⁓** bow and arrow; **⁓schießen** n archery; **⁓schütze** m archer

Bohle f plank

Bohne f bean; **⁓nstange** f beanpole (*a.* F *fig.*)

bohnern polish, wax

bohr|en bore, drill; **⁓er** m drill; **⁓insel** f oil rig; **⁓maschine** f (electric) drill; **⁓turm** m derrick

Boje f buoy

Bolzen m bolt

bombardieren bomb; *fig.* bombard

Bombe *f* bomb; **~nangriff** *m* air raid; **~nanschlag** *m* bombing (**auf** of), bomb attack (on); **~r** *m* bomber

Bon *m* coupon, voucher

Bonbon *m*, *n* sweet, *Am.* candy

Boot *n* boat; **~ fahren** go* boating

Bord[1] *n* shelf

Bord[2] *m* mar., aer.: **an ~** on board; **über ~** overboard; **von ~ gehen** go* ashore; **~karte** *f* boarding pass; **~stein** *m* kerb, *Am.* curb

borgen → **leihen**

Borke *f* bark

Börse *f* stock exchange; **~nbericht** *m* market report; **~nkurs** *m* quotation; **~nmakler(in)** stockbroker

Borst|e *f* bristle; **2ig** bristly

Borte *f* border; *Besatz:* lace

bösartig vicious; *med.* malignant

Böschung *f* slope, bank

böse bad, evil; *zornig:* angry, *Am. a.* mad; **2 n** evil

bos|haft malicious; **2heit** *f* malice; malicious act *od.* remark

Botani|k *f* botany; **~ker(in)** botanist; **2sch** botanical

Bot|e, **~in** messenger

Botschaft *f* message; *Amt:* embassy; **~er(in)** ambassador

Bowle *f* cup; *heiße:* punch

box|en box; **2en** *n* boxing; **2er** *m* boxer; **2kampf** *m* boxing match, fight

boykottieren boycott

Branche *f* line (of business), trade; **~n(telefon)buch** *n* yellow pages *pl*

Brand *m* fire; **in ~ geraten** (**stecken**) catch* (set* on) fire; **2en** surge, break*; **~stifter** *m* arsonist; **~stiftung** *f* arson; **~ung** *f* surf, breakers *pl*; **~wunde** *f* burn

braten fry; *im Ofen:* roast; → **grillen** *etc.*; **2 m** roast (meat); **~stück** *n* joint; **2fett** *n* dripping; **2soße** *f* gravy

Brat|fisch *m* fried fish; **~huhn** *n* roast chicken; **~kartoffeln** *pl* fried potatoes *pl*; **~pfanne** *f* frying pan; **~röhre** *f* oven; **~wurst** *f* grilled sausage

Brauch *m* custom; **2bar** useful; **2en** need; *Zeit:* take*; *ge~*; use; *müssen:* have* to

brauel|n brew; **2rei** *f* brewery

braun (sun)tanned; **~ werden** get* a tan

Bräun|e *f* (sun)tan; **2en** brown; *Sonne:* tan

Brause *f* shower; → *Limonade*; **2n** roar; *eilen:* rush

Braut *f* bride; *Verlobte:* fiancée

Bräutigam *m* bridegroom; *Verlobter:* fiancé

Braut|jungfer *f* bridesmaid; **~kleid** *n* wedding dress; **~paar** *n* bride and (bride-) groom; *Verlobte:* engaged couple

brav good, well-behaved
brech|en break*; *er~:* throw up, *Brt. a.* be* sick; *med.* vomit; *sich ~ opt.* be* refracted; **2reiz** *m* nausea
Brei *m* pulp, mash; *Kinder2:* pap; **2ig** pulpy, mushy
breit wide; broad (*a. fig.*); **2e** *f* width, breadth; **2engrad** *m* degree of latitude; **2wand** *f* wide screen
Brems|belag *m* brake lining; **~e** *f* brake; *zo.* gadfly; **2en** (put* on the) brake(s); slow down; **~kraftverstärker** *m* brake booster; **~leuchte** *f* stop light; **~pedal** *n* brake pedal; **~spur** *f* skid marks *pl*; **~weg** *m* stopping distance
brenn|bar combustible; (in)flammable; **~en** burn*; *wehtun: a.* smart; be* on fire; **2er** *m* burner; **2essel** *f* (stinging) nettle; **2holz** *n* firewood; **2punkt** *m* focus; **2stoff** *m* fuel
Brett *n* board; → *Anschlagbrett*
Brezel *f* pretzel
Brief *m* letter; **~bogen** *m* sheet of (note)paper; **~kasten** *m* letter-box, *Am.* mailbox; **2lich** by letter; **~marke** *f* stamp; **~öffner** *m* paper knife, *Am.* letter opener; **~papier** *n* stationery; **~tasche** *f* wallet; **~träger(in)** post(wo)man, *Am.* mailman, mail carrier; **~um-**
schlag *m* envelope; **~wechsel** *m* correspondence
Brillant *m* (cut) diamond; **2** *adj* brilliant
Brille *f* (pair of) glasses *pl*, spectacles *pl*; *Schutz2:* goggles *pl*; toilet seat
bringen bring*; *fort~, hin~:* take*; *verursachen:* cause; **~ zu** get* *s.o.* to do *s.th.*, make* *s.o.* do *s.th.*; **es zu et. (nichts) ~** succeed (fail) in life
Brise *f* breeze
Brit|e, ~in Briton; *die Briten pl* the British *pl*; **2isch** British
bröckeln crumble
Brocken *m* piece; *Klumpen:* lump; **~** *pl Worte:* scraps *pl*
Brombeere *f* blackberry
Bronchitis *f* bronchitis
Bronze *f* bronze
Brosche *f* brooch, *Am. a.* pin
Broschüre *f* booklet
Brot *n* bread; *belegtes:* sandwich; *ein ~* a loaf of bread; **~aufstrich** *m* spread
Brötchen *n* roll
Bruch *m* break (*a. fig.*), breakage; *med.* hernia; *Knochen2:* fracture; *math.* fraction; *geol.* fault; *Nichteinhalten:* breach; *jur.* violation
brüchig brittle; cracked
Bruch|landung *f* crash landing; **~rechnung** *f* fractions *pl*; **~stück** *n* fragment; **~teil** *m* fraction

Brücke f bridge; *Teppich*: rug; ~npfeiler m pier
Bruder m brother (a. eccl.)
brüderlich brotherly; 2keit f brotherhood
Brühe f broth; clear soup; F slop(s pl)
brüllen roar; *Stier*: bellow
brumm|en growl; *Insekt*: hum, buzz (a. Motor etc.); ~ig grumpy
brünett dark(-haired)
Brunnen m well; *Quelle*: spring; *Spring*2: fountain
Brunst f rutting season
Brust f chest; *weibliche* ~: breast(s pl); bosom
brüsten: *sich* ~ (*mit*) boast od. brag (about, of)
Brust|korb m chest; *anat.* thorax; ~schwimmen n breaststroke
Brüstung f parapet
Brustwarze f nipple
Brut f brood (a. fig.), hatch
brutal brutal; 2ität f brutality
brüten brood, sit* (on eggs); ~ *über* brood over
brutto gross (a. in Zssgn)
Bube m *Karten*: knave, jack
Buch n book; *Dreh*2: script
Buche f beech
buchen book; *econ.* enter
Bücher|ei f library; ~regal n bookshelf; ~schrank m bookcase
Buch|fink m chaffinch; ~halter(in) bookkeeper; ~haltung f bookkeeping; ~händler(in) bookseller; ~hand-

lung f bookshop, *Am.* bookstore
Büchse f box, case; *Blech*2: can, *Brt. a.* tin; *Gewehr*: rifle; ~nfleisch n canned (*Brt. a.* tinned) meat; ~nöffner m tin (*Am.* can) opener
Buchst|abe m letter; 2abieren spell*; 2äblich literally
Bucht f bay; *kleine*: creek
Buchung f booking; *econ.* entry
Buckel m hump; *contp.* hunchback
bücken: *sich* ~ bend* (down)
bucklig hunchbacked; 2e(r) hunchback
Bude f stall, booth; F pad; *contp.* dump, hole
Büfett n sideboard; bar, counter; *kaltes* (*warmes*) ~ cold (hot) buffet (meal)
Büffel m buffalo; 2n cram
Bug m *mar.* bow; *aer.* nose
Bügel m hanger; *Brillen*2 *etc.*: bow; ~brett n ironing board; ~eisen n iron; ~falte f crease; 2frei no(n)-iron; 2n iron, press
Bühne f stage; *fig. a.* scene; ~nbild n (stage) set(ting)
Bullauge n porthole
Bulle m bull; F *fig.* cop(per)
Bummel m stroll; 2n stroll, saunter; *trödeln*: dawdle; ~streik m go-slow, *Am.* slowdown; ~zug m slow train
bumsen F bang (a. V)
Bund[1] m union, federation; *Hosen*2 *etc.*: (waist)band

Bund² *n*, **Bündel** *n*, ⁂n bundle
Bundes|... Federal ...; ~**genosse** *m* ally; ~**kanzler(in)** Federal Chancellor; ~**land** *n* state, Land; ~**liga** *f* First Division; ~**republik** *f* Federal Republic; ~**staat** *m* confederation; ~**tag** *m* (Lower House of German Parliament; ~**wehr** *f* German Federal Armed Forces *pl*
Bündnis *n* alliance
Bunker *m* air-raid shelter
bunt (multi)colo(u)red; colo(u)rful (*a. fig.*); *fig.* varied; ⁂**stift** *m* colo(u)red pencil, crayon
Burg *f* castle
Bürge *m* guarantor; *für Einwanderer*: sponsor; ⁂n: ~ **für** stand* surety for; sponsor *s.o.*; guarantee *s.th.*
Bürger(in) citizen; ~**krieg** *m* civil war; ⁂**lich** civil; middle-class; *contp.* bourgeois; ~**meister(in)** mayor; ~**rech-**

te *pl* civil rights *pl*; ~**steig** *m* pavement, *Am.* sidewalk
Büro *n* office; ~**angestellte(r)** clerk; ~**klammer** *f* (paper) clip; ~**kratie** *f* bureaucracy
Bursche *m* fellow, guy
Bürste *f*, ⁂n brush
Bus *m* bus; *Reise*⁂: *a.* coach
Busch *m* bush, shrub
Büschel *n* tuft, bunch
buschig bushy
Busen *m* bosom, breasts *pl*
Bushaltestelle *f* bus stop
Bussard *m* buzzard
Buße *f* penance (**tun** do*); *Geld*⁂: fine
büßen pay* *od.* suffer for *s.th.*; *eccl.* repent
Bußgeld *n* fine, penalty
Büste *f* bust; ~**nhalter** *m* bra
Butter *f* butter; ~**blume** *f* buttercup; ~**brot** *n* (slice of) bread and butter; ~**milch** *f* buttermilk

C

Café *n* café, coffee-house
Camping *n* camping; ~**bus** *m* camper; ~**platz** *m* campsite, *Am.* campground
Catcher(in) (all-in) wrestler
CD-Spieler *m* compact disc|c (*Am.*-k) player
Cello *n* (violon)cello
Celsius: **5 Grad ~** (*abbr.* 5° C) five degrees centigrade *od.*

Celsius
Champagner *m* champagne
Champignon *m* (field) mushroom
Chance *f* chance
Chao|s *n* chaos; ⁂**tisch** chaotic
Charakter *m* character; ⁂**isieren** characterize; ⁂**istisch** characteristic; ~**zug** *m* trait

charmant

charm|ant charming; **2e** *m* charm
Charter... charter ...
Chauffeur *m* chauffeur
Chauvi *m* male chauvinist (pig)
Chef *m* boss; head; **~arzt, ~ärztin** senior consultant, *Am.* medical director; **~in** *f* → Chef
Chem|ie *f* chemistry; **~ikalien** *pl* chemicals *pl*; **~iker(in)** chemist; **2isch** chemical; **~otherapie** *f* chemotherapy
Chiffre *f* cipher, cipher; *Anzeige:* box (number)
Chines|e *m*, **~in, 2isch** Chinese
Chinin *n* quinine
Chip *m* chip; **~s** *pl* crisps *pl*, *Am.* chips *pl*
Chirurg *m* surgeon, **~ie** *f* surgery; **~in** *f* surgeon; **2isch** surgical
Chlor *n* chlorine
Choler|a *f* cholera; **~sterin** *n* cholesterol
Chor *m* choir (*a. arch.*); **im ~** in chorus
Christ *m* Christian; **~entum** *n* Christianity; **~in** *f* Christian; **~kind** *n* Infant Jesus; **2lich** Christian
Chrom *n* chrome
Chron|ik *f* chronicle; **2isch** chronic; **2ologisch** chronological
Computer *m* computer
Conférencier *m* compère, *Am.* master of ceremonies
Corner *m* *östr.* corner (kick)
Couch *f* couch
Coup|é *n* coupé; **~on** *m* voucher, coupon
Cousin, ~e *m* cousin
Creme *f* cream

D

da *adv* there; here; *zeitlich:* then; *cj* as, since, because
dabei *mit enthalten:* included, with it; *gleichzeitig:* at the same time; **es ~ lassen** leave* it at that; **es ist nichts ~** there's no harm in it; **es bleibt ~** that's final; **~bleiben** stick* to it; **~sein** be* present *od.* there; **~, et. zu tun** be* doing s.th.
dableiben stay
Dach *n* roof; **~boden** *m* attic; **~decker(in)** roofer; **~gepäckträger** *m* roof(-top) luggage *Am.*) rack; **~kammer** *f* garret; **~rinne** *f* gutter
Dachs *m* badger
Dachziegel *m* tile
Dackel *m* dachshund
dadurch this *od.* that way; *deshalb:* for this reason, so; **~, daß** by *doing s.th.*; because
dafür for it *od.* that; *anstatt:* instead; in return, in exchange; **~ sein** be* in favo(u)r of

Darm

it; **er kann nichts ~** it's not his fault

dagegen against it; *jedoch*: however, on the other hand; **haben Sie et. ~ (, daß)?** do you mind (if)?; **ich habe nichts ~** I don't mind

daheim at home

daher from there; *bei Verben der Bewegung*: ... along; *deshalb*: that is why

dahin there, to that place; *bei Verben der Bewegung*: ... along; *bis* ~ till then; up to there; **~ten** back there

dahinter behind it; **~kommen** find* out (about it); **~ stecken** be* behind it

dalassen leave* behind

damals *adv* ~s then, at that time

Dame *f* lady; *Tanz*: partner; *Karte, Schach*: queen; *Spiel*: draughts, *Am.* checkers

Damen|binde *f* sanitary towel (*Am.* napkin); **2haft** ladylike; **~wahl** *f* ladies' choice

damit *adv* with it; **was meinst du ~?** what do you mean by that?; *cj* so that

Damm *m* → *Staudamm etc.*

dämmer|ig dim; **~n** dawn (*a.* F *j-m* on s.o.); **get* dark; 2ung** *f* dusk; *Morgen2*: dawn

Dampf *m* steam, vapo(u)r; **2en** steam

dämpfen soften; *Schall*: deaden, muffle; *Stoff, Speisen*: steam; *fig.* dampen; subdue

Dampf|er *m* steamer; **~kochtopf** *m* pressure cooker; **~maschine** *f* steam engine

danach after it; *später*: afterwards; *entsprechend*: according to it; *suchen etc.*: for it; *fragen*: about it

Däne *m* Dane

daneben next to it, beside it; *außerdem*: besides, at the same time; *am Ziel vorbei*: beside the mark; **~!** I missed (it)!

Dän|in *f* Dane; **2isch** Danish

Dank *m* (**schönen**) thanks *pl*; **Gott sei ~!** thank God!; **2** *prp* thanks to; **2bar** grateful; *lohnend*: rewarding; **~barkeit** *f* gratitude; **2e: ~ (schön)** thank you (very much); **2en** thank; **nichts zu ~** not at all

dann then; **~ und wann** (every) now and then

daran on it; *sterben, denken*: of it; *glauben*: in it; *leiden*: from it

darauf (on top of) it; *zeitlich*: after (that); **am Tag ~** the day after; → **ankommen**; **~hin** as a result, then

daraus from it; **was ist ~ geworden?** what has become of it?

darin in it *od.* that; **gut ~ sein** be* good at it

Darlehen *n* loan

Darm *m* bowel(s *pl*), intestine(s *pl*), gut(s *pl*); *Wurst*: skin

darstell|en show*; *theat.* play; *schildern:* describe; **2er(in)** ac|tor (-tress); **2ung** *f* representation

darüber over *od.* above it; *quer:* across it; *davon:* about it; **~ hinaus** in addition

darum (a)round it; *deshalb:* therefore, that's why; *bitten:* for it

darunter under *od.* below it; *dazwischen:* among them; *weniger:* less; **was verstehst du ~?** what do you understand by it?

das → **der**

dasein be* there; exist; **noch ~ sein** be* left

Dasein *n* life, existence

daß that; *damit:* so (that); **ohne ~** without ger

dastehen stand* (there)

Datei *f* EDV file; **~verwaltung** *f* file management

Daten *pl* (*EDV a. sg*), facts *pl*; *persönliche: a.* particulars *pl*; **~bank** *f* database; **~fluß** *m* data flow; **~schutz** *m* data protection; **~träger** *m* data storage medium; **~verarbeitung** *f* data processing

datieren date

Dativ *m* dative (case)

Dattel *f* date

Datum *n* date

Dauer *f* duration; **für die ~ von** for a period of; **auf die ~** in the long run; **von ~ sein** last; **2haft** lasting; *Stoff etc.:* durable; **~karte** *f* season ticket; **~lauf** *m* jog(ging); **2n** last, take*; **2nd** continual(ly); **~ et. tun** keep* (on) doing s.th.; **~welle** *f* perm(anent *Am.*)

Daumen *m* thumb

Daune *f* down; **~ndecke** *f* eiderdown (quilt)

davon (away) from it; *dadurch:* by it; *darüber:* about it; *fort:* away; *in Zssgn mst* off; *von et.:* of it *od.* them; **das kommt ~!** there you are!; **~kommen** get* away

davor before it; in front of it; *sich fürchten etc.:* of it

dazu *Zweck:* for it; *trinken etc.:* with it; *außerdem:* in addition; **~ kommen (, es zu tun)** get* around to (doing) it; **~gehören** belong to it, be* part of it; **~kommen** join s.o.; *et.:* be* added

dazwischen between (them); *zeitlich:* (in) between; *darunter:* among them; **~kommen: wenn et. dazwischenkommt** if s.th. unexpected happens *or* holds s.o. up

Debatte *f* debate

Deck *n* deck

Decke *f* blanket; *Zimmer:* ceiling; tablecloth; **~l** *m* lid, top; **2n** cover; **sich ~** coincide; → **Tisch**

Deckung *f* cover

defekt defective, faulty; out of order; **2** *m* defect, fault

defi|nieren define; **2nition**

definition; ♀zit n deficit; *Mangel*: deficiency

Degen m sword; *Fechten*: épée

dehn|bar elastic (a. fig.); **~en** stretch (a. fig.)

Deich m dike

Deichsel f pole, shaft(s pl)

dein your; **~er, ~e, ~(e)s** yours; **~etwegen** for your sake; *wegen dir*: because of you

Dekan m dean

Deklin|ation f gr. declension; **♀ieren** gr. decline

Dekor|ateur(in) decorator; window dresser; **~ation** f (window) display; *thea. scenery*; *Fenster etc.*: dress

delikat delicious; *fig.* ticklish; **♀esse** f delicacy; **♀essengeschäft** n delicatessen sg

Delle f dent

Delphin m dolphin

dementieren deny

dem|entsprechend accordingly; **~nach** therefore; **~nächst** shortly

Demokrat|(in) democrat; **~ie** f democracy; **♀isch** democratic

demolieren demolish

Demonstr|ant(in) demonstrator; **~ation** f demonstration; **♀ieren** demonstrate

demontieren dismantle

De|mut f humility, ♀**mütig** humble; **♀mütigen** humiliate; **~mütigung** f humiliation

denk|bar conceivable; **~en** think* (**an, über** of, about); **daran ~ (zu)** remember (to); **das kann ich mir ~** I can imagine; **~mal** n monument; *Ehrenmal*: memorial; **♀zettel** m fig. lesson

denn for, because; **es sei ~, daß** unless, except; **~noch** yet, nevertheless

Denunz|iant(in) informer; **♀ieren** inform against

Deodorant n deodorant

Deponie f dump; **♀ren** deposit

Depr|ession f depression; **♀imieren** depress

der, die, das the; *dem pron* that, this; he, she, it; *die pl* these, those, they; *rel pron* who, which, that

derart so (much), like that; **~ig** such (as this)

derb coarse; tough, sturdy

dergleichen: und ~ and the like; *nichts ~* nothing of the kind

der-, die-, dasjenige he, she, that; *diejenigen pl* those

dermaßen → **derart**

der-, die-, dasselbe the same; he, she, it

desertieren desert

deshalb therefore, that is why, so

Desin|fektionsmittel n disinfectant; **♀fizieren** disinfect

Dessert n dessert

destillieren distil(l)

desto → **je**

deswegen → *deshalb*
Detail *n* detail
Detektiv(in) detective
deuten interpret; *Sterne, Traum*: read*; ~ **auf** point at
deutlich clear, distinct
deutsch German (*auf in*); 2e(r) German
Devise *f* motto; ~n *pl* foreign currency *sg*
Dezember *m* December
dezent discreet
Dezimal... decimal ...
Dia *n* slide
Diagnose *f* diagnosis
diagonal diagonal
Dialekt *m* dialect
Dialog *m* dialog(ue)
Diamant *m* diamond
Diät *f* (*auf on* a) diet
dich you; ~ (*selbst*) yourself
dicht dense, thick; ~ **an** *od.* **bei** close to
dichte|n compose, write* (poetry); 2r(in) poet(ess); writer
Dichtung *f* poetry; (poetic) work; *tech.* seal(ing)
dick thick; *Person*: fat; ~ **machen** be* fattening; 2icht *n* thicket; ~**köpfig** stubborn; 2milch *f* curd(s *pl*)
Dieb|(in) *f* thief; ~**stahl** *m* theft, *jur. mst* larceny
Diele *f* board, plank; *Vorraum*: hall, *Am. a.* hallway
dien|en serve (*j-m* s.o.); 2er *m* servant; 2erin *f* maid; 2st *m* service; *Arbeit*: work; ~ **haben** be* on duty; **im**

(*außer*) ~ on (off) duty
Dienstag *m* Tuesday
Dienst|grad *m* grade, rank; ~**leistung** *f* service; 2lich official; ~**mädchen** *n* maid, help; ~**stunden** *pl* office hours *pl*; 2tuend on duty
dies, ~er, ~e, ~es this (one); ~e *pl* these
diesig hazy, misty
dies|jährig this year's; ~**mal** this time; ~**seits** on this side of
Dietrich *m* picklock
Differenz *f* difference
Digital... digital ...
Dikt|at *n* dictation; ~**ator** *m* dictator; ~**atur** *f* dictatorship; 2ieren dictate; ~**iergerät** *n* Dictaphone
Ding *n* thing; **vor allen ~en** above all; ~**s(bums)**, ~**sda** *n* thingamajig
Diphtherie *f* diphtheria
Diplom *n* diploma
Diplomat|(in) diplomat; ~**ie** *f* diplomacy; 2isch diplomatic (*a. fig.*)
dir (to) you; ~ (*selbst*) yourself
direkt direct; *TV* live; ~ **neben** *etc.* right next to *etc.*; 2ion *f* management; 2or(in) director, manager; *Schule*: head|master (-mistress), principal; 2**übertragung** *f* live broadcast
Dirig|ent(in) conductor; 2ieren *mus.* conduct; direct
Diskette *f* diskette; ~**nlaufwerk** *n* disk drive

Diskont *m* discount
Disko(thek) *f* disco(theque)
dis|kret discreet; **2kretion** *f* discretion; **~kriminieren** discriminate against; **2kriminierung** *f* discrimination; **2kussion** *f* discussion; **2kuswerfen** *n* discus throwing; **~kutieren** discuss; **~qualifizieren** disqualify
Distanz *f* distance (*a. fig.*); **2ieren: sich ~ von** distance o.s. from
Distel *f* thistle
Disziplin *f* discipline; *Sport:* event; **2iert** disciplined
divi|dieren divide (*durch* by); **2sion** *f* division
DNS *f chem.* DNA
doch but, however; yet; → **trotzdem**; **also ~ (noch)** after all; **setz dich ~!** do sit down!; **das stimmt nicht! - ~!** that's not true! - yes, it is!
Docht *m* wick
Dock *n* dock
Dogge *f* Great Dane
dogmatisch dogmatic
Dohle *f* (jack)daw
Doktor *m* doctor ('s degree)
Dokument *n* document; **~arfilm** *m* documentary
Dolch *m* dagger
dolmetschen interpret; **2er(in)** interpreter
Dom *m* cathedral
Dompteu|r, ~se *f* (animal) tamer *od.* trainer
Donner *m*, **2n** thunder; **~stag** *m* Thursday

doof dumb, stupid
Doppel *n* duplicate, *Sport:* doubles *pl*; **~...** Bett, Zimmer *etc.:* double ...; **~decker** *m aer.* biplane; *Bus:* double-decker; **2gänger(in)** double; **~punkt** *m* colon; **~stecker** *m* two-way adapter; **2t** *adj* double; **~ so viel** twice as much
Dorf *n* village
Dorn *m* thorn (*a. fig.*); *Schnalle:* tongue; **2ig** thorny
Dorsch *m* cod(fish)
dort (over) there; **~her** from there; **~hin** there
Dose *f* can, *Brt. a.* tin; **~nöffner** *m* tin (*Am.* can) opener
Dosis *f* dose (*a. fig.*)
Dotter *m, n* yolk
Dozent(in) lecturer
Drache *m* dragon; **~n** *m* kite; *Sport:* hang glider; **e-n ~ steigen lassen** fly*a kite; **~nfliegen** *n* hang gliding
Draht *m* wire; **2los** wireless; **~seilbahn** *f* cableway
Drama *n* drama; **~tiker(in)** dramatist, playwright; **2tisch** dramatic
dran F → **daran**; **ich bin ~** it's my turn
Drang *m* urge, drive
dräng|eln push, shove; **~ zu** pester s.o. to do s.th.; **~en** push, shove; *zu et.:* press, urge; *Zeit:* be pressing; **sich ~** press; *durch et.:* force one's way
drankommen have* one's

drauf turn; **als erster ~ be*** first

drauf F → **darauf**; **~ und dran sein zu** be* just about to *do s.th.*

draußen outside; outdoors

Dreck *m* F dirt; filth; *fig. a.* trash; **2ig** dirty; filthy

dreh|bar revolving, rotating; **2buch** *n* script; **~en** turn; *Film:* shoot*; **sich ~** *schnell:* spin*; *Zigarette:* roll; **sich ~ um** *fig.* be* about; **2er** *m* turner; **2stuhl** *m* swivel chair; **2tür** *f* revolving door; **2ung** *f* turn; rotation; **2zahlmesser** *m* rev(olution) counter

drei three; **2** *f* Note: fair, C; **2eck** *n* triangle; **2eckig** triangular; **2fach** threefold, triple; **2rad** *n* tricycle; **2Big** thirty; **2Bigste** thirtieth; **~zehn(te)** thirteen(th)

dreschen thresh; F thrash

dressieren train

Drillinge *pl* triplets *pl*

drin F → **darin**; **das ist nicht ~!** no way!

dringen: **~ auf** insist on; **~ aus** escape (*Töne:* come*) from; **~ durch** penetrate (into); **~d** urgent, pressing; *Verdacht:* strong

drinnen inside; indoors

dritte third; **! ~ Welt** Third World; **2l** *n* third; **~ns** thirdly

Drog|e *f* drug; **2enabhängig** drug-addicted; **~erie** *f* chemist's, *Am.* drugstore; **~ist(in)** chemist, *Am.* druggist

drohen threaten, menace

dröhnen roar; resound

Drohung *f* threat, menace

drollig funny, droll

Dromedar *n* dromedary

Droschke *f* carriage

Drossel *f* thrush; **2n** *tech.* throttle (*a. fig.*)

drüben over there

Druck *m* pressure; *print.* print(ing); **~buchstabe** *m* block letter; **2en** print

drücken *v/t* press; *Knopf: a.* push; *fig. Preis etc.:* bring* down; **sich ~ vor** shirk (*doing*) *s.th.*; *v/i Schuh:* pinch; **2d** oppressive

Druck|er *m* printer (*a. EDV*); **~erei** *f* printing office, *Am.* print shop; **~knopf** *m* press-stud, *Am.* snap fastener; *electr.* push button; **~sache** *f* printed matter; **~schrift** *f* block letters *pl*

Drüse *f* gland

Dschungel *m* jungle

du you

Dübel *m*, **2n** dowel

ducken: **sich ~** crouch

Dudelsack *m* bagpipes *pl*

Du|ell *n* duel; **2ell** *n* duel

Duft *m* scent, fragrance, smell; **2en** smell* (*nach* of); **2end** fragrant; **2ig** filmy, gauzy

duld|en tolerate, put* up with; **~sam** tolerant

dumm stupid, silly; **2heit** *f* stupidity; stupid *od.* foolish thing; **2kopf** *m* fool

dumpf dull; *Ahnung*: vague
Düne f (sand) dune
Dung m dung, manure
dünge|n fertilize; **~r** m fertilizer
dunkel dark (*a. fig.*); **2heit** f dark(ness); **2kammer** f darkroom
dünn thin; *Kaffee*: weak
Dunst m haze; *chem.* vapo(u)r
dünsten stew, braise
dunstig hazy, misty
Dur n major (key)
durch through; by *s.o.*; *math.* divided by; *gastr.* (well) done; **~aus** absolutely, quite; **~ nicht** by no means; **~blättern** leaf through
Durchblick m *fig.* grasp of *s.th.*; **2en** look through; F **~ get*** it; **~ lassen** give* to understand
durch|bohren pierce; *durchlöchern*: perforate; **~brechen** break* through; **~brennen** *Sicherung*: blow*; *Reaktor*: melt*down; F run* away; **~bringen** get* (*Kranke*: pull) through; **~dacht** (well) thought-out; **~drehen** v/t mince; v/i *Rad*: spin; F crack up; **~dringen** v/t penetrate; v/i get* through
durcheinander confused; *et.*: (in) a mess; **2** n mess, confusion; **~bringen** confuse, mix up
durchfahr|en go* through; **2t** f passage; **~ verboten!** no thoroughfare
Durchfall m diarrh(o)ea; **2en** fall* through; *Prüfung*: fail; *thea.* be* a flop
durchführ|bar practicable; **~en** carry out, do*
Durchgang m passage, *fig. Sport*: round; **~ verboten!** private; **~s...** *Verkehr etc.*: through ...; *Lager etc.*: transit ...
durchgebraten well done
durch|gehen go* through; *Pferd*: bolt; F run* away (*mit* with); **~d** continuous; *Zug*: through; **~ geöffnet** open all day
durchgreifen take* drastic measures; **~d** drastic; radical
durch|halten v/t keep* up; v/i hold* out; **~kommen** come* (*durch Prüfung etc.*: get*) through; **~kreuzen** *Plan etc.*: cross, thwart; **~lassen** let* pass out through; **~lässig** permeable (to); *undicht*: leaky; **~laufen** run* (*Schuhe*: wear*) through; *Schule, Stufen*: pass through; **~lauferhitzer** m (instant) water heater; **~lesen** read* (through); **~leuchten** *med.* X-ray; *pol. etc.*: screen; **~löchern** perforate; **~machen** go* through; **die Nacht ~** make* a night of it; **~messer** m diameter; **~näßt** soaked; **~queren** cross
Durchreise f transit (*a.* in

Zssgn); **auf der ~ sein** be* passing through; **2n** v/i travel through; v/t tour

durch|reißen tear* (in two); **2sage** f announcement; **~schauen** look (fig. j-n, et.: see*) through

durchscheinen shine* through; **~d** transparent

Durchschlag m (carbon) copy; **2en** cut* in two; Kugel etc.: go* through; fig. struggle along; **~end** Erfolg: sweeping; **~papier** n carbon paper; **~skraft** f impact

durchschneiden cut*

Durchschnitt m (im on an average) **2lich** adj average; ordinary; adv on an average

Durchschrift f copy

durch|sehen v/i see* od. look through; v/t look od. go* through; **~setzen** et.: put* (stärker: push) through; sich ~ get* one's way; be* successful; **~sichtig** transparent; klar: clear; **~sickern** seep through; fig. leak out; **~sieben** sift; mit Kugeln: riddle; **~sprechen** discuss, talk s.th. over; **~stehen** go* through; **~streichen** cross

out; **~suchen, 2suchung** f search; **2wahl** f direct number; **~wählen** dial direct; **~weg** without exception; **~wühlen** ransack, rummage through; **2zug** m draught, Am. draft

dürfen be* allowed to; **darf ich (...)?** may I (...)?; **du darfst nicht** you must not

dürftig poor; scanty

dürr dry; Boden etc.: barren, arid; mager: skinny; **2e** f drought

Durst m thirst; **~ haben** be* thirsty (**auf** for); **2ig** thirsty

Dusche f shower; **2n** have* od. take* a shower

Düse f nozzle, jet; **~nflugzeug** n jet (plane); **~njäger** m jet fighter

düster dark, gloomy

Dutzend n dozen

duzen use the familiar 'du' with s.o.; **sich ~** be* on 'du' terms

Dynamik f phys. dynamics sg; fig. dynamism; **2misch** dynamic; **~mit** n dynamite; **~mo** m dynamo

D-Zug m express train

E

Ebbe f ebb tide, Niedrigwasser: low tide

eben adj even; flach: flat; math. plane; adv just; genau: exactly; **so ist es** – that's the way it is; **2e** f plain; math. plane; fig. level

eben|falls as well, too; **~so**

just as; ~sogut just as well; ~soviel just as much; ~sowenig just as little *od.* few

Eber *m* boar

ebnen level; *fig.* smooth

Echo *n* echo; *fig.* response

echt genuine, real; *wahr:* true; *Dokument:* authentic; F ~! real good

Eck|e *f* corner (*a. Sport*); *Kante:* edge; 2ig square, angular; ~zahn *m* canine tooth

edel noble; 2metall *n* precious metal; 2stein *m* precious stone; *geschnitten:* gem

EDV *f* data processing

Efeu *m* ivy

egal F ~ gleich; *das ist mir* ~ I don't care

Egge *f*, 2n harrow

Egois|mus *m* ego(t)ism; ~t(in) ego(t)ist; 2tisch selfish, ego(t)istic(al)

ehe before

Ehe *f* marriage; ~bruch *m* adultery; ~frau *f* wife; 2lich conjugal; *Kind:* legitimate

ehemal|ig former, ex-...; ~s formerly

Ehe|mann *m* husband; ~paar *n* married couple

eher sooner; *lieber:* rather; *nicht* ~ *als* not until

Ehering *m* wedding ring

ehrbar respectable

Ehre *f*, 2n hono(u)r

Ehren|... *Bürger, Doktor, Mitglied etc.:* honorary ...; 2amtlich honorary; ~gast *m* guest of hono(u)r; ~wort *n* word of hono(u)r

Ehr|furcht *f* respect (*vor* for); 2fürchtig respectful; ~geiz *m* ambition; 2geizig ambitious

ehrlich honest; F ~!(?) honestly!(?); 2keit *f* honesty

Ehrung *f* hono(u)r(ing)

Ei *n* egg; V ~*er pl* balls *pl*

Eiche *f* oak (tree); ~l *f* acorn; *anat.* glans (penis)

eichen *tech.* ga(u)ge

Eichhörnchen *n* squirrel

Eid *m* oath (*ablegen* take*)

Eidechse *f* lizard

eidesstattlich: ~e *Erklärung* statutory declaration

Eidotter *m, n* (egg) yolk

Eier|becher *m* eggcup; ~kuchen *m* pancake; ~stock *m* ovary; ~schale *f* eggshell; ~uhr *f* egg timer

Eifer *m* zeal, eagerness; ~sucht *f* jealousy; 2süchtig jealous (*auf* of)

eifrig eager, zealous

Eigelb *n* (egg) yolk

eigen (of one's own); (*über*)*genau:* particular, F fussy; 2art *f* peculiarity; ~artig peculiar; *seltsam:* strange; ~händig with one's own hands; ~heim *n* home (of one's own); ~mächtig arbitrary; ~name *m* proper noun

Eigenschaft *f* quality; *chem. etc.* property; ~swort *n* adjective

eigensinnig stubborn

eigentlich actual(ly), real(ly)
Eigen|tum *n* property; **~tümer(in)** *m* owner, proprietor (-ress); **2tümlich** peculiar; **~tumswohnung** *f* owner-occupied flat, *Am.* condominium; **2willig** wil(l)ful; *fig.* individual
eign|en: sich ~ für be* suited *od.* fit for; **2ung** *f* suitability
Eil|bote *m:* **durch ~** express, *Am.* (by) special delivery; **~brief** *m* express (*Am.* special delivery) letter
Eile *f* (*in* in a) hurry; **2en** hurry; *et.:* be* urgent; **2ig** hurried, hasty; *dringend:* urgent; **es ~ haben** be* in a hurry; **~zug** *m* semifast train, *Am.* limited
Eimer *m* bucket, pail
ein a, an; **~ aus** - on - off; **~ander** each other
ein|arbeiten break* *s.o.* in; **sich ~** work *od.* fit in; **~äschern** *Leiche:* cremate; **~atmen** breathe, inhale
Ein|bahnstraße *f* one-way street; **~band** *m* binding, cover; **~bau** *m* installation, fitting; **~bau-...** *Möbel etc.:* built-in ...; **2bauen** build* in, instal(l), fit; **2berufen** call; *mil.* call up, *Am.* draft; **2biegen** turn (*in* into)
einbild|en: sich ~ imagine; **sich et. ~ auf** be* conceited about; **2ung** *f* imagination; *Dünkel:* conceit
ein|binden bind*; *fig.* integrate; **~blenden** fade in
einbreche|n *Dach etc.:* collapse; *Winter:* set* in; **~** in break* into, burgle; *Eis etc.:* fall* through; **2r** *m* burglar
einbringen bring* in; **sich ~** put* a lot (of o.s.) into; **nichts ~** not pay*; be* no use
Einbruch *m* burglary; **bei ~ der Nacht** at nightfall
ein|bürgern naturalize; **sich ~** come* into use; **~büßen** lose*; **~deutig** clear
eindring|en: ~ in enter; force one's way into, *mil.* invade; **~lich** urgent; **2ling** *m* intruder
Ein|druck *m* impression; **2drücken** break* *od.* push in; **2drucksvoll** impressive
eineiig *Zwillinge:* identical; **~einhalb** one and a half
einer, ~e, ~(e)s one
einerlei of the same kind; **~ gleich; 2** *n:* **das ewige (tägliche) ~** the same old (daily) routine
einerseits on the one hand
einfach *adj* simple; *leicht:* easy; *Fahrkarte:* single, *Am.* one-way; *adv* simply, just; **2heit** *f* simplicity
einfädeln thread; *fig.* arrange; **sich ~ get*** in lane
einfahr|en *v/i* come* (*Zug: a.* pull) in; *v/t mot.* break* in; *Ernte:* bring* in; **2t** *f* entrance, way in; *mot.* drive (-way)
Einfall *m* idea, *mil.* invasion;

2en fall* in, collapse; **~ in** invade; **j-m ~** occur to s.o., come* to s.o.'s mind

Einfamilienhaus *n* single family home

einfarbig self-coloured, *Am.* solid-color(ed); **~fassen** border; **~fetten** grease

Einfluß *m* influence; **2reich** influential

ein|förmig uniform; **~frieren** freeze*

Ein|fuhr *f* import(ation); **2führen** introduce; *ins Amt:* instal(l); *econ.* import; **~führung** *f* introduction

Ein|gabe *f* petition; *EDV* input; **~gang** *m* entrance; **2go*** into; *Brief:* receipt

eingeben *med.* administer (to s.o.); *Daten:* feed*

eingebildet imaginary; **dünkelhaft:** conceited; **2borene(r)** native; **~fallen** sunken, hollow

eingehen *v/i* come* in, arrive; *Stoff:* shrink*; *bot., zo.* die; **~ auf** agree to; *Details:* go* into; *j-n:* insist *od.* talk to; *v/t Risiko:* take*; *Wette:* make*; **~d** thorough(ly)

einge|macht preserved, pickled; **~meinden** incorporate; **~nommen:** **~ sein von** be* taken with; **~schrieben** registered

Eingeweide *pl* intestines *pl*, bowels *pl*

eingewöhnen: sich ~ in settle into

ein|gießen pour; **~gleisig** single-track; **~gliedern** integrate (**in** into); **~greifen** step in, interfere; *in Gespräch:* join in

Eingriff *m* intervention, interference; *med.* operation

ein|halten *v/t* keep*; *v/i* stop; **~hängen** *teleph.* hang* up

einheimisch native; *econ.* domestic; **2e(r)** local, native

Elnheit *f* unit; *pol. etc.* unity; **2lich** uniform; homogeneous; **~s... *Preis etc.:*** standard ...

einholen catch* up with; *Zeitverlust:* make* up for; *Segel, Fahne:* strike*

einig united; **~ sein** agree; **(sich) nicht ~ sein** differ; **~e** some, several; **~en** unite; **sich ~** come* to an agreement; **~ermaßen** somewhat; F all right, could be worse; **~es** some(thing); quite a lot; **2keit** *f* unity; agreement; **2ung** *f* agreement; *pol.* unification

einkalkulieren take* into account, allow for

Einkauf *m* purchase; **2en** buy*, purchase; **~gehen** go* shopping; **~s... *Tasche, Zentrum etc.:*** shopping ...; **~sbummel** *m* shopping tour *od.* visit; **~spreis** *m* purchase price; **~swagen** *m* trolley, *Am.* grocery cart

ein|kehren stop (**in** at); **~**

einkleiden 396

kleiden clothe; **~klemmen** jam

Einkommen f income; **~steuer** f income tax

Einkünfte pl income sg

einlad|en j-n: invite; Güter etc.: load; **~end** inviting; **2ung** f invitation

Einlage f econ. deposit; investment; Schuh2: insole; thea. etc. interlude

einlassen let* in, admit; sich **~ mit (auf)** get* involved with (in)

ein|laufen v/i Sport: come* on (ins Ziel: in); Zug: pull in; Schiff: enter port; Stoff: shrink; Wasser: run* in; sich **~** warm up; **~leben**: sich **~** settle in; **~legen** put* in (a. Gang, gutes Wort); Haare: set*; gastr. pickle

einleiten start; introduce; med. induce; **2ung** f introduction

ein|leuchten make* sense; **~liefern: ~ in(s)** take* to; **~lösen** Scheck: cash; **~machen** preserve; pickle; Marmelade: make*

einmal once; one day; **auf ~** all at once; **nicht ~** not even; **→ noch**; **2eins** n multiplication table; **~ig** fig. unique; F fabulous

einmischen: sich ~ meddle, interfere

Einmündung f junction

Ein|nahme f taking; **~n** pl receipts pl; **2nehmen** take* (a. mil.); Geld: earn, make*; **2nehmend** engaging

ein|ordnen put* in its place; Akten: file; sich **~** mot. get* in lane; **~packen** pack (up); einwickeln: wrap up; **~parken** park; **~pflanzen** (med., fig. ein)pflanzen; **~planen** (Zeit etc.: allow) for; **~prägen** impress; sich **~** et. memorize s.th.; **~rahmen** frame; **~reiben** rub (s.th. in); **~reichen** hand od. send* in

Einreise f entry; **~visum** n entry visa

einrenken med. set*; fig. straighten out

einricht|en furnish; gründen: establish; ermöglichen: arrange; sich **~** furnish one's home; sich **~ auf** prepare for; **2ung** f furnishings pl; tech. installation (s pl), facilities pl; öffentliche: institution, facility

eins one; one thing; **2 f** Note: excellent, A

einsam lonely; solitary; **2keit** f loneliness; solitude

einsammeln collect

Einsatz m tech. insert(ion); Spiel: stake(s pl); Eifer: effort(s pl); Verwendung: use; Risiko: risk

ein|schalten switch od. turn on; j-n: call in; sich **~** step in; **~schätzen** judge; rate; **~schenken** pour (out); **~schicken** send* in; **schla-**

einträglich

~fen fall* asleep, go* to sleep (a. Glied); **~schläfern** lull (Tier: put*) to sleep; **~schlagen** v/t knock in (Zähne: out); zerbrechen: break*, smash; Weg: take*; v/i Blitz, Geschoß: strike*; fig. be* a success; **~schließen** lock in od. up; umgeben: enclose; mil. surround; fig. include; **~schließlich** including; **~schneidend** fig. drastic; **²schnitt** m cut; fig. break

einschränk|en restrict, reduce, cut* down on (a. Rauchen etc.); **sich ~** economize; **²ung** f restriction; **ohne ~** without reservation

Einschreiben n registered letter; **² →** eintragen; **sich ~** enrol(l)

ein|schreiten intervene, step in; take* (legal) measures; **~schüchtern** intimidate; **~sehen** see*, realize; **~seitig** one-sided; pol. unilateral; **~senden** send* in; **~setzen** v/t put* in, insert; ernennen: appoint; Mittel: use; Geld: stake; Leben: risk; **sich ~** try hard; **sich ~ für** support; v/i set* in, start

Einsicht f insight; realization; **²ig** reasonable

einsilbig monosyllabic; fig. taciturn

ein|sparen save, economize on; **~sperren** lock (Tier: shut*) up; **~springen** fill in (für for)

Einspritz... fuel-injection ...

Einspruch m objection (a. jur.), protest

einspurig single-lane

einst once; künftig: one day

ein|stecken pocket (a. fig.); electr. plug in; Brief: post, Am. a. mail; hinnehmen: take*; **~steigen** get* in; Bus, Zug, aer.: get* on, board

einstell|en j-n: engage, employ, hire; aufgeben: give* up; beenden: stop; tech. adjust (auf to); Radio: tune in (to); opt. focus (on); **sich ~** appear; **sich ~ auf** adjust to; vorsorglich: be* prepared for; **²ung** f employment; Haltung: attitude; tech. adjustment; opt., phot. focus(sing); Film: take

ein|stimmig unanimous; **~stöckig** one-storey(ed), Am. -storied

ein|studieren thea. rehearse; **~stufen** grade, rate; **²sturz** m, **~stürzen** f collapse

einstweilen for the present

eintauschen exchange (gegen for)

einteil|en divide (in into); Zeit: organize; **~ig** one-piece; **²ung** f division; organization

eintönig monotonous

Eintopf m stew

Eintracht f harmony

eintragen enter; amtlich: register (a. **sich ~**)

einträglich profitable

ein|treffen arrive; happen; *sich erfüllen:* come* true; ~**treten** enter; happen; ~ *in* join; ~ *für* support

Eintritt *m* entry; *Zutritt, Gebühr:* admission; ~ **frei!** admission free; ~ **verboten!** keep out!; ~**sgeld** *n* admission (fee); ~**skarte** *f* ticket

einver|standen: ~ **sein** agree (*mit* to); ~! agreed!; **2ständnis** *n* agreement

Einwand *m* objection

Einwander|er *m* immigrant; **2n** immigrate; ~**ung** *f* immigration

einwandfrei faultless

Einweg~ nonreturnable ..., disposable ...

ein|weichen soak; ~**weihen** inaugurate, *Am.* dedicate; ~ *in* let* *s.o.* in on *s.th.*; ~**weisen:** ~ *in* send* to; *Arbeit:* instruct in; ~**wenden** object (*gegen* to); ~**werfen** throw* in (*a. Wort; Sport:* break*; *Brief:* post, *Am. a.* mail; *Münze:* insert

einwickeln wrap (up)

einwilli|gen, 2gung *f* consent (*in* to)

einwirken: ~ *auf* act (up)on; *j-n:* work on

Einwohner|(in) inhabitant; ~**meldeamt** *m* registration office

Einwurf *m* Sport: throw-in; *Schlitz:* slot; *fig.* objection

Einzahl *f* singular; **2en** pay* in; **2ung** *f* payment, deposit

einzäunen fence in

Einzel *n Tennis:* singles *sg*; ~**gänger(in)** loner; ~**handel** *m* retail; ~**heit** *f* detail, particular; **2n** single; *getrennt:* separate(ly); *Schuh etc.:* odd; *der* ~**e** the individual; ~**e** *pl* several, some; *im* ~**en** in detail; ~**zimmer** *n* single room

einziehen *v/i* move in; *v/t* draw* in; *bsd. tech.* retract; *Kopf:* duck; *Segel, Fahne:* strike*; *mil.* call up, *Am. a.* draft; *Besitz:* confiscate

einzig only; *das* ~**e** the only thing; *kein* ~**es** ... not a single ...; ~**artig** unique

Einzug *m* moving in; entry

Eis *n* ice; ice cream; ~**bahn** *f* skating rink; ~**bär** *m* polar bear; ~**becher** *m* sundae; ~**berg** *m* iceberg; ~**diele** *f* ice-cream parlo(u)r

Eisen *n* iron

Eisenbahn *f* railway, *Am.* railroad; ~**er** *m* railwayman, *Am.* railroad man; ~**wagen** *m* coach

Eisen|erz *n* iron ore; ~**waren** *pl* hardware *sg*

eisern iron (*a. fig.*), of iron

eis|gekühlt iced; ~**hockey** *n* (*Brit.* ice) hockey; ~**ig** icy (*a. fig.*); ~**kalt** icecold; ~**kunstlauf** *m* figure skating; **2kunstläufer(in)** figure skater; **2würfel** *m* ice cube; **2zapfen** *m* icicle

eitel vain; **2keit** f vanity

Eit|er m pus; **2ern** fester; **2rig** purulent, festering

Eiweiß n white of egg; biol. protein

Ekel m disgust (**vor** at), nausea (at); n F beast; **2erregend, 2haft** sickening, disgusting, nauseating; **2n: ich ekle mich vor ..., ... ekelt mich ...** makes me sick

Ekzem n eczema

elastisch elastic, flexible

Elch m elk, Am. moose

Elefant m elephant

elegant elegant, smart

Elektri|ker(in) electrician; **2sch** electric(al)

Elektrizität f electricity; **~swerk** n power station

Elektrogerät n electric appliance

Elektron|en... electron(ic)...; **~ik** f electronics sg; **2isch** electronic

Elektro|rasierer m electric razor; **~technik** f electrical engineering; **~techniker(in)** electrical engineer

Element n element

Elend n misery; **2** miserable; **~sviertel** n slum(s pl)

elf eleven

Elfenbein n ivory

Elfmeter m penalty (kick)

elfte eleventh

Ellbogen m elbow

Elster f magpie

elter|lich parental; **2n** pl parents pl; **2nteil** m parent

Email n, **~e** f enamel

Emanzip|ation f emancipation; **2iert** emancipated

Emigrant(in) emigrant, bsd. pol. refugee

Empfang m reception (a. Radio); Erhalt: receipt; **2en** receive; welcome

Empfänger m receiver (a. Radio); post. addressee; **2lich** susceptible (**für** to); **~nisverhütung** f contraception, birth control

Empfangs|bestätigung f receipt; **2chef** m, **~dame** f receptionist

empfehl|en recommend; **~enswert** recommendable; ratsam: advisable; **2ung** f recommendation

empfind|en feel*; **~lich** sensitive (**gegen** to); leicht gekränkt: touchy; **~e Stelle** sore spot; **~sam** sensitive; **2ung** f sensation; seelisch: feeling

empor up, upward(s)

empör|end shocking; **~t** indignant, shocked; **2ung** f indignation

emsig busy

Ende n end(ing Film etc.); **am ~** at the end; schließlich: in the end, eventually; **zu ~** over, out; Zeit: up; **zu ~ gehen** come* to an end; **2n** (come* to an end); finish

End|ergebnis n final result; **2gültig** final; **~lagerung** f final disposal (of nuclear

endlich

waste); 2lich finally, at last; 2los endless; ⁓runde f, ⁓spiel n final(s pl); ⁓station f terminus; ⁓summe f (sum) total; ⁓ung f gr. ending

Energ|ie f energy; ⁓ieversorgung f power supply; 2isch energetic; streng: strict, firm

eng narrow; Kleidung: tight; nah, vertraut: close; beengt: cramped

Engel m angel

Engländer m Englishman; die ⁓ pl the English pl; ⁓in f Englishwoman

englisch (auf a) in English

Engpaß m bottleneck

engstirnig narrow-minded

Enkel m grandchild; grandson; ⁓in f granddaughter

enorm enormous

Ensemble n thea. company; Besetzung: cast

entbehr|en do* without; erübrigen: spare; vermissen: miss; ⁓lich dispensable; überflüssig: superfluous; 2ungen pl privations pl

entbind|en give* birth; fig. relieve s.o. (von of); entbunden werden von med. give* birth to; 2ung f med. delivery

entdeck|en discover, find*; 2er m discoverer; 2ung f discovery

Ente f duck; F fig. hoax

ent|ehren dishono(u)r; ⁓eignen** expropriate; ⁓erben** disinherit; ⁓fallen** be* dropped; j-m: slip s.o.'s memory; ⁓falten** unfold (a. sich ⁓); fig. Fähigkeiten, sich: develop

entfern|en remove; sich ⁓ leave*; ⁓t distant (a. fig.); 2ung f distance; removal; 2ungsmesser m phot. range finder

ent|fliehen flee*, escape; ⁓fremden** estrange (dat from); ⁓frosten** mot. demist, Am. defrost

entführ|en kidnap; Flugzeug etc.: hijack; 2er m kidnap(p)er; hijacker; 2ung f kidnap(p)ing; hijacking

entgegen contrary to; Richtung: toward(s); ⁓gehen** go* to meet; ⁓gesetzt opposite; ⁓kommen** come* to meet; fig. meet* s.o. halfway; ⁓kommend obliging, kind, helpful; ⁓nehmen** accept, receive; ⁓sehen** await; freudig: look forward to; ⁓strecken** hold* out (dat to)

ent|gegnen reply; ⁓gehen** escape; sich ⁓ lassen** miss; ⁓giften decontaminate; ⁓gleisen** be* derailed; ⁓gleiten** fig. ... entgleitet j-m s.o. loses hold of ...

enthalt|en contain, hold*; sich ⁓ abstain (gen from); ⁓sam abstinent; 2ung f abstention

enthüllen uncover; Denkmal: unveil; fig. reveal

enthusiastisch enthusiastic

ent|kleiden: (sich) ~ undress, strip; **~kommen** escape; get* away; **~laden** unload; **sich ~** *electr.* discharge; *fig.* explode

entlang along; **~... fahren, gehen** *etc.*: ... along

entlass|en dismiss; *Patient:* discharge (*a. mil.*); *Häftling:* release; **2ung** *f* dismissal; discharge; release

ent|lasten relieve *s.o.* of some of his work; *jur.* exonerate; **den Verkehr ~** relieve traffic congestion; **~laufen** run* away (*dat* from); **~legen** remote; **~lüften** ventilate; **~mutigen** discourage; **~nehmen** take* (*dat* from); **aus** *fig.* gather from; **~reißen** snatch (away) (*dat* from); **~rinnen** escape (*dat* from)

entrüst|en: sich ~ get* indignant (**über** at *s.th.*, with *s.o.*); **~et** indignant, shocked; **2ung** *f* indignation

entschädig|en compensate; **2ung** *f* compensation

entscheid|en: (sich) ~ decide; **~end** decisive; *kritisch:* crucial; **2ung** *f* decision

ent|schließen: sich ~ decide, make* up one's mind; **~schlossen** determined; **2schluß** *m* decision, resolution

entschlüsseln decipher, decode

entschuldig|en excuse; **sich ~** apologize (**bei** to); *absagen:* excuse o.s.; **~ Sie (bitte)!** excuse me!; **2ung** *f* excuse (*a. Schreiben*); apology; **um ~ bitten** apologize (*j-n* to *s.o.*); **~!** excuse me!; *tut mir leid:* (I'm) sorry!

Entsetz|en *n* horror; **2lich** horrible, terrible

Entsorgung *f* (safe) disposal (of waste *etc.*)

entspann|en: sich ~ relax; *pol.* ease (up); **2ung** *f* relaxation; *pol.* détente

entsprech|en correspond to; *e-r Beschreibung:* answer to; *Anforderungen etc.:* meet*; **~end** corresponding (to); *passend:* appropriate; **2ung** *f* equivalent

entspringen *Fluß:* rise*

entsteh|en arise*, come* about; *allmählich:* develop; **~ aus** originate from; **~ durch** be* caused by; **2ung** *f* origin

entstellen disfigure; *fig.* distort

enttäusch|en disappoint; **2ung** *f* disappointment

entweder: ~ ... oder either ... or

ent|weichen escape; **~werfen** design; *Schriftstück:* draw* up

entwert|en lower the value of; *Fahrschein etc.:* cancel; **2ung** *f* devaluation; cancellation

entwick|eln: (sich) ~ develop

Entwicklung

(*zu* into); 2lung *f* development; 2lungshelfer(in) development aid volunteer; *Brt.* person in the voluntary Service Overseas; *Am.* Peace Corps Volunteer; 2lungsland *n* developing country
ent|wirren disentangle; ~wischen get* away
entzieh|en take* away (*dat* from); *Führerschein*, *Lizenz:* revoke; 2ungskur *f* detoxification (treatment)
entziffern decipher
entzück|end delightful; ~t delighted (*von* at, with)
entzünd|en: *sich* ~ catch* fire; *med.* become* inflamed; ~et inflamed; 2ung *f* inflammation
entzwei → kaputt; ~en: *sich* ~ fall* out, break* (*mit* with)
Epidemie *f* epidemic
Epoche *f* epoch
er he; *Sache:* it
Erbanlage *f* gene(s *pl*), genetic code
Er|barmen *n* pity, mercy, 2bärmlich pitiful; *elend:* miserable; 2barmungslos merciless, relentless
erbauen build*, construct; 2r *m* builder, constructor
Erbe[1] *m* heir
Erbe[2] *n* inheritance, heritage, 2n inherit
erbeuten capture
Erbin *f* heiress
erbittert fierce, furious
erblich hereditary

erblinden go* blind
Erbschaft *f* inheritance
Erbse *f* pea
Erd|apfel *m östr.* potato; ~beben *n* earthquake; ~beere *f* strawberry; ~boden *m* earth, ground; ~e *f* earth; *Bodenart:* ground, soil; 2en *electr.* earth, *Am.* ground; ~gas *n* natural gas; ~geschoß *n* ground (*Am. a.* first) floor; ~kugel *f* globe; ~kunde *f* geography; ~nuß *f* peanut; ~öl *n* (mineral) oil, petroleum
erdrosseln strangle
erdrücken crush (to death); ~d *fig.* overwhelming
Erd|rutsch *m* landslide (*a. pol.*); ~teil *m* continent
erdulden suffer, endure
ereign|en: *sich* ~ happen; 2is *n* event; ~isreich eventful
Erektion *f* erection
erfahr|en learn*, hear*; *erleben:* experience; ~en *adj* experienced; 2ung *f* experience
erfassen seize; *begreifen:* grasp; *amtlich:* register
erfind|en invent; 2er(in) inventor; ~erisch inventive; 2ung *f* invention
Erfolg *m* success; *Folge:* result; ~ haben be* successful; succeed; 2los unsuccessful; 2reich successful; 2versprechend promising
erforder|lich necessary; ~n require, demand
erforschen explore

erfreu|en please; **~lich** pleasing; **~licherweise** fortunately; **~t** pleased

erfrier|en freeze* (to death); *Pflanze:* be* killed by frost; **erfrorene Zehen** frostbitten toes; **2ung** *f* frostbite

erfrisch|en refresh; **2ung** *f* refreshment

er|füllen fulfil(l); *halten:* keep*; *Zweck:* serve; *Erwartung:* meet*; **~ mit** fill with; **sich ~** come* true; *ergänzen* complement (**sich** each other); *hinzutun:* supplement, add; **~geben** amount to; **sich ~** surrender; → **entstehen**; **sich ~ aus** result from

Ergebnis *n* result (*a. Sport*), outcome; **2los** fruitless

ergehen: so erging es mir auch the same thing happened to me; **et. über sich ~ lassen** (grin and) bear it

ergiebig productive, rich

ergreif|en seize, grasp, take* hold of; *Gelegenheit, Maßnahme:* take*; *Beruf:* take* up; *fig.* move, touch; **2ung** *f* capture, seizure

ergriffen moved

er|halten get*, receive; *bewahren:* preserve, keep*; *unterstützen:* support; *schützen:* protect; **gut ~ in** good condition; **~hältlich** obtainable, available

erhängen: (sich) ~ hang* (o.s.)

erheb|en raise; **sich ~** rise*;

~lich considerable; **2ung** *f* survey; *geogr.* elevation

Erheiterung *f* amusement

er|hitzen heat; **~hoffen** hope for

erhöh|en raise; *fig. a.* increase; **2ung** *f fig.* increase

erhol|en: sich ~ recover; *entspannen:* relax; **~sam** restful; **2ung** *f* recovery, rest, relaxation

erinner|n: j-n ~ (an) remind s.o. (of); **sich ~ (an)** remember; **2ung** *f* memory (**an** of); → **Andenken**

erkält|en: sich ~ catch* (a) cold; **(stark) erkältet sein** have* a (bad) cold; **2ung** *f* cold

erkenn|en recognize; *verstehen:* see*, realize; **~tlich: sich ~ zeigen** show* (*s.o.*) one's gratitude; **2tnis** *f* realization; **~se** *pl* findings *pl*

Erker *m* bay

erklär|en explain (*j-m* to s.o.); *verkünden:* declare; **2ung** *f* explanation; declaration; **e-e ~ abgeben** make* a statement

erkrank|en fall* ill; **~ an** catch*, contract; **2ung** *f* falling ill; illness, sickness

erkundig|en: sich ~ inquire (*nach* about s.th., after s.o.); **2ungen** *pl* inquiries *pl* (**einholen** make*)

Er|laß *m* regulation; **2lassen** *Verordnung:* issue; *j-m et.:* release s.o. from

erlaub|en allow, permit; *sich ~* permit o.s.; dare; → **gönnen**; **♀nis** f permission

erläutern explain

erleb|en experience; see*; *Schlimmes:* go* through; *das ~ wir nicht mehr* we won't live to see that; **♀nis** n experience; adventure

erledigen take* care of; *Problem:* settle; F *j-n:* finish

erleichter|n make* s.th. easier; **~t** relieved; **♀ung** f relief

er|leiden suffer; **~lernen** learn*; **~lesen** choice

Erlös m proceeds pl

erlosch|en extinct

erlös|en deliver (*von* from); **♀er** m Saviour; **♀ung** f *eccl.* salvation; *fig.* relief

er|mächtigen authorize; **~mahnen** admonish; warn; **♀mahnung** f warning; caution (*Brt. a.* Sport)

ermäßig|en reduce; **♀ung** f reduction

ermessen assess, judge; **♀** n discretion

ermitt|eln find* out; *bestimmen:* determine; *jur.* investigate; **♀lung** f finding; **~en** pl investigations pl

ermöglichen make* possible, allow s.o. to do s.th.

ermord|en murder; *bsd. pol.* assassinate; **♀ung** f murder (*gen* of); assassination (of)

ermüd|en tire; **~end** tiring; **♀ung** f fatigue

er|muntern, **~mutigen** encourage; **♀mutigung** f encouragement

ernähr|en feed*; *Familie:* support; *sich ~ von* live on; **♀ung** f nutrition, diet

ernenn|en appoint; **♀ung** f appointment

erneu|ern renew; **♀erung** f renewal; **~t** *adj* (re)new(ed); *adv* once again

ernst serious, earnest; **~ nehmen** take* seriously; **♀** m seriousness; *im ~* (?) seriously (?); **~haft**, **~lich** serious(ly)

Ernte f harvest; *Ertrag:* crop(*s pl*); **♀ndankfest** n harvest festival, *Am.* Thanksgiving; **♀n** harvest, reap (*a. fig.*)

Erober|er m conqueror; **♀n** conquer; **~ung** f conquest

eröffn|en open; **♀ung** f opening

erörter|n discuss; **♀ung** f discussion

erotisch erotic, sexy

erpress|en blackmail; *Geld:* extort; **♀er** m blackmailer; **♀ung** f blackmail

erraten guess

erreg|en excite; *verursachen:* cause; **♀er** m germ, virus; **♀ung** f excitement

erreich|bar within reach; *jemand:* available; **~en** reach; *Zug etc.:* catch*; *fig.* achieve

er|richten set* up, erect; *fig.* establish; **~röten** blush

Errungenschaft f achievement; F acquisition

Ersatz *m* replacement; substitute (*a.* Person); → *Schadenersatz*; ~... *Reifen, Teil etc.*: spare ...; **⁓spieler(in)** substitute

erschaffen create

erschein|en appear; **2en** *n* appearance; **2ung** *f* appearance; *Geist*: apparition; *Natur2 etc.*: phenomenon

er|schießen shoot* (dead); **⁓schlagen** kill; **⁓schließen** develop

erschöp|ft exhausted; **2ung** *f* exhaustion

erschrecken *v/t* frighten, scare; *v/i* be* frightened

erschütter|n shake*; *fig. a.* move; **2ung** *f fig.* shock

erschweren make* (more) difficult

erschwinglich affordable

ersetz|bar replaceable; **⁓en** replace (*durch* by); *ausgleichen*: make* up for

erspar|en save; *j-m*: spare *s.o. s.th.*; **2nisse** *pl* savings *pl*

erst first; *nicht früher als*: not till *od.* before; *nur, nicht mehr od. später als*: only

erstarr|en stiffen; *fig.* freeze*; **⁓t** stiff, numb

erstatten *Geld*: refund; → *Anzeige*

Erstaun|en *n* astonishment; **2lich** astonishing, amazing; **2t** astonished

erstbeste first, any

erste first; *als* ⁓(*r*), *als* ⁓ *s* first; *fürs* ⁓ for the time being; → *Mal*

erstechen stab (to death)

erstens first(ly)

ersticken suffocate, choke

erstklassig first-class

er|strecken: *sich* ⁓ extend, stretch; *sich* ⁓ *über a.* cover; **⁓suchen**, **2suchen** *n* request; **⁓tappen** catch*, surprise; **⁓teilen** give*

Ertrag *m* yield; *Einnahmen*: proceeds *pl*, returns *pl*; **2en** bear*, endure, stand*

erträglich tolerable

er|tränken, **⁓trinken** drown; **⁓übrigen** spare; *sich* ⁓ be* unnecessary; **⁓wachen** wake* (up)

erwachsen, **2e(r)** adult

er|wägen consider; **⁓wähnen** mention; **⁓wärmen** warm (*a. sich* ⁓; *für* to)

erwart|en expect; *Kind*: be* expecting; *warten auf*: wait for; **2ung** *f* expectation

er|weisen *Dienst, Gefallen*: do*; *sich* ⁓ *als* prove to be; **⁓weitern**: (*sich*) ⁓ enlarge, extend; *bsd. econ.* expand

erwerb|en acquire; **2ung** *f* acquisition

erwidern reply; *Besuch, Gruß, Liebe*: return

erwischen catch*, get*

erwünscht desirable

erwürgen strangle

Erz *n* ore

erzähl|en tell*; narrate; **2er(in)** narrator; **2ung** *f* story, tale

Erz|bischof m archbishop; **~engel** m archangel

erzeug|en bring* up; *geistig*: educate; **~ zu** teach* s.o. to be ed. to do s.th.; **2er** m producer; **2nis** n product

erzie|hen bring* up; *geistig*: educate; **~ zu** teach* s.o. to be ed. to do s.th.; **2her(in)** educator; teacher; nursery-school teacher; **2hung** f upbringing; education; **2-hungsanstalt** f approved school, Am. reformatory

erzielen achieve; *Sport, Punkte etc.*: score

es it; *Baby, Tier*: a. he; she

Esche f ash (tree)

Esel m donkey, ass (a. F contp.); **~sohr** n fig. dog-ear

eßbar eatable, edible

essen eat*; **zu Abend ~** have* supper (*feiner*: dinner); **~ gehen** eat* out; → *Mittag*

Essen n food; *Mahlzeit*: meal; *Gericht*: dish

Essig m vinegar; **~gurke** f pickle(d gherkin)

Eß|löffel m tablespoon; **~tisch** m dining table; **~zimmer** n dining room

Etage f floor, stor(e)y; **~nbett** n bunk bed

Etat m budget

Etikett n label; (price) tag

Etui n case

etwa *zirka*: about; *in Fragen*: perhaps, by any chance; *zum Beispiel*: for example; **nicht ~(, daß)** not that; **~ig**

any (possible)

etwas *indef pron* something; *fragend*: anything; *adj* some; *adv* a little; somewhat

euch you; **~ (selbst)** yourselves

euer, ~(e)re your

Eule f owl

Euro|... *Scheck etc.*: Euro...; **~pa...**, European...; **~pä-er(in)**, **2päisch** European

Euter n udder

evangeli|sch Protestant; *lutherisch*: Lutheran; **2um** n gospel

eventuell *adj* possible; *adv* possibly, perhaps, maybe

ewig eternal; F constant(ly); **auf ~** for ever; **2keit** f eternity

exakt exact, precise

Examen n exam(ination)

Exemplar n specimen; *Buch etc.*: copy

exerzieren drill

Exil n exile

Exist|enz f existence; **2ieren** exist; subsist (**von** on)

Expedition f expedition

Experiment n, **2ieren** experiment

explo|dieren explode (a. fig.), burst*; **2sion** f explosion; **~siv** explosive

Export m export(ation); *Bier*: lager; **2ieren** export

extra extra; *speziell*: special(ly); F *absichtlich*: on purpose

extrem, **2** n extreme

F

Fabel f fable; **2haft** fabulous
Fabrik f factory; **~at** n make; *Erzeugnis*: product
Fach n compartment, shelf; *in Wand etc.* box, pigeonhole; *ped., univ. subject*, (special) field; **~arbeiter(in)** skilled worker; **~arzt**, **~ärztin** specialist (**für** in)
Fächer m fan
Fach|geschäft n specialist shop *od.* store; **~kenntnisse** pl specialized knowledge sg; **2lich** professional; technical; **~mann** m expert; **~werkhaus** n half-timbered house
Fackel f torch
fad(e) tasteless; *fig.* dull
Faden m thread (*a. fig.*)
fähig capable, able; **2keit** f (cap)ability; talent; skill
fahnd|en, **2ung** f search (**nach** for)
Fahne f flag; F **e-e ~ haben** reek of alcohol
Fahrbahn f road(way); lane
Fähre f ferry(boat)
fahren v/i go* (**mit dem Auto, Bus** *etc.*) by car, bus *etc.*); *in od. auf e-m Fahrzeug*: ride*; *Auto ~*: drive*; v/t drive*; *Zweirad*: ride*
Fahrer|(in) driver; **~flucht** f hit-and-run offence
Fahr|gast m passenger; **~geld** n fare; **~gemeinschaft** f car pool; **~gestell** n *mot.* chassis; **~karte** f ticket; **~kartenautomat** m ticket machine; **~kartenschalter** m ticket office; **2lässig** reckless; **~lehrer(in)** driving instructor; **~plan** m timetable, *Am. a.* schedule; **2planmäßig** *adj* scheduled; *adv* on time *od.* schedule; **~preis** m fare; **~rad** n bicycle, F bike; **~schein** m ticket; **~scheinentwerter** m ticket-cancelling machine; **~schule** f driving school; **~schüler(in)** learner(-driver), *Am.* student driver; **~stuhl** m lift, *Am.* elevator; **~stunde** f driving lesson
Fahrt f ride, *a.* drive; *Reise*: trip (*a. Ausflug*), journey; *in voller ~* at full speed
Fährte f track (*a. fig.*)
Fahr|werk n *aer.* landing gear; **~zeug** n vehicle; *mar.* vessel
Fakultät f faculty
Falke m hawk (*a. pol.*), falcon
Fall m fall; *gr., jur., med.* case; **auf jeden (keinen) ~** in any (no) case; **für den ~, daß ...** in case ...
Falle f trap
fallen fall*, drop (*a. ~ lassen*); *mil.* be* killed (in action)

fällen *Baum:* fell, cut* down; *Urteil:* pass
fallenlassen *fig.* drop
fällig due; *Geld: a.* payable
falls if, in case
Fallschirm *m* parachute
falsch wrong; *unwahr, unecht:* false; *gefälscht:* forged; **~ gehen** *Uhr:* be* wrong; **~ verbunden!** *teleph.* sorry, wrong number
fälschen forge, fake; *Geld: a.* counterfeit
Falschgeld *n* counterfeit money
Fälschung *f* forgery, fake; counterfeit
Falt|e *f* fold; *Knitter2, Runzel:* wrinkle; *Rock etc.:* pleat; *Bügel2:* crease; **2en** fold; **~er** *m* butterfly; **2ig** wrinkled
familiär informal, personal; **~e Probleme** family problems
Familie *f* family; **~nname** *m* family name, surname, *Am. a.* last name; **~nstand** *m* marital status
Fanati|ker(in), **2sch** fanatic
Fang *m* catch; **2en** catch*; *sich (wieder)* **~** recover o.s.
Farb|e *f* colo(u)r; *Mal2:* paint; *Gesichts2:* complexion; *Bräune:* tan; *Karten:* suit; **~ haben**, **2echt** colo(u)rfast
färben dye; *ab~:* bleed*; *sich rot* **~** turn red
Farb|fernseher *m* colo(u)r TV set; **~film** *m* colo(u)r film; **2ig** colo(u)red; *Glas:* stained; *fig.* colo(u)rful; **2los** colo(u)rless; **~stift** *m* → **Buntstift**; **~ton** *m* shade
Farnkraut *n* fern
Fasan *m* pheasant
Fasching *m* → **Karneval**
Faschismus *m* fascism
Fas|er *f* fib|re, *Am.* -er; *Holz:* grain; **2(e)rig** fibrous; **~ern** fray (out)
Faß *n* barrel; **~bier** *n* draught (*Am.* draft) beer
Fassade *f* facade, front
fassen seize, grasp, take* hold of; *Verbrecher:* catch*; *enthalten:* hold*; *Schmuck:* set*; *fig.* grasp, understand*; *sich* **~** compose o.s.; *nicht zu* **~** incredible; → *kurz*
Fassung *f* *Schmuck:* setting; *Brille:* frame; *electr.* socket; *schriftlich:* draft(ing); *Wortlaut:* wording, version; *die* **~** *verlieren* lose* one's temper; *aus der* **~** *bringen* upset*, shake*; **2slos** stunned, aghast
fast almost, nearly
fast|en fast; **2enzeit** *f* Lent; **2nacht** *f* → **Karneval**
fatal unfortunate
fauchen hiss (*a.* F *fig.*)
faul rotten, bad; *Person:* lazy; *Ausrede:* lame; F *verdächtig:* fishy; **~en** rot, decay
faulenze|n laze, loaf; **2r(in)** loafer, lazybones
Faulheit *f* laziness

Fäulnis f rottenness, decay
Faultier n zo. sloth; → **Faulenzer(in)**
Faust f fist; **⸺handschuh** m mitt(en); **⸺regel** f rule of thumb; **⸺schlag** m punch
Favorit(in) f favo(u)rite
Fax n fax; fax machine; **⸺en** (send* a) fax (to)
Feb|**er** östr., **⸺ruar** m February
fechten fence; **2** n fencing
Feder f feather; Schreib2: nib; tech. spring; **⸺ball** m badminton; Ball: shuttlecock; **⸺bett** n eiderdown; **⸺gewicht** n featherweight; **⸺halter** m penholder; **2n** be* springy; wippen: bounce; **⸺ung** f suspension
Fee f fairy
fegen sweep* (a. fig.)
fehlen be* missing (Schule etc.: absent); dat ~ (an) be* lacking s.th.; **sie fehlt uns** we miss her; **was fehlt Ihnen?** what's wrong with you?
Fehler m mistake, error; Schuld, Mangel: fault (a. Tennis); tech. a. defect, flaw; **2frei** faultless, perfect; **2haft** full of mistakes; tech. faulty
Fehl|**geburt** f miscarriage; **⸺griff** m mistake; wrong choice; **⸺schlag** m fig. failure; **2schlagen** fail*; **⸺zündung** f backfire (a. **~ haben**)
Feier f celebration; party; **⸺abend** m end of a day's work; closing time; evening

(at home); **~ machen** quit* work; **nach ~** after work; **2lich** solemn; **2n** celebrate; **⸺tag** m holiday
feig(e) cowardly, F chicken
Feige f fig
Feig|**heit** f cowardice; **⸺ling** m coward
Feile f, **2n** file
feilschen haggle (**um** over)
fein fine; Gehör etc.: keen; zart: delicate; vornehm: distinguished; F posh
Feind(in) f enemy; **2lich** hostile; mil. enemy; **⸺schaft** f hostility; **2selig** hostile
fein|**fühlig** sensitive; **⸺heit** f fineness; delicacy; **⸺kost(geschäft** n) f delicatessen sg, pl (sg); **⸺mechaniker(in)** f precision mechanic; **⸺schmecker(in)** f gourmet
Feld n field; Schach: square; **⸺flasche** f canteen, water-bottle; **⸺webel** m sergeant; **⸺weg** m (field) path; **⸺zug** m campaign (a. fig.)
Felge f (wheel) rim
Fell n coat; abgezogenes: skin; Pelz: fur
Fels|**(en)** m rock; **⸺brocken** m a. boulder; **2ig** rocky
feminin feminine; **2ismus** m feminism; **2istin** f, **⸺istisch** feminist
Fenster n window; **⸺brett** n window-sill; **⸺laden** m shutter; **⸺platz** m window seat; **⸺putzer** m window cleaner; **⸺rahmen** m win-

Fensterscheibe

dow frame; ⁓**scheibe** f (window) pane

Ferien pl holiday(s pl), Am. vacation sg; **in ⁓ sein (fahren)** be* (go*) on holiday (Am. vacation); ⁓**haus** n cottage; ⁓**wohnung** f holiday flat(let), Am. vacation rental

Ferkel n piglet; F fig. pig

fern far(away), distant (a. Zukunft); ⁓**amt** n telephone exchange; ⁓**bedienung** f remote control; ⁓**e** f (aus der from a) distance; ⁓**er** in addition; ⁓**fahrer(in)** long-distance lorry driver, Am. trucker; ⁓**gespräch** n long-distance call; ⁓**gesteuert** remote-controlled; Rakete: guided; ⁓**glas** n binoculars pl; ⁓**halten** keep* away (von from); ⁓**heizung** f district heating; ⁓**kopierer** m fax machine; ⁓**lenkung** f remote control; ⁓**licht** n mot. main (Am. high) beam; ⁓**rohr** n telescope; ⁓**schreiben** n, ⁓**schreiber** m telex

Fernseh|en n (im on) television; ⁓**en** watch television; ⁓**er** m TV set; television viewer; ⁓**sendung** f TV broadcast od. program(me)

Fern|sprech... → **Telefon...**; ⁓**verkehr** m long-distance traffic

Ferse f heel

fertig finished; bereit: ready; ⁓**bringen** manage; 2**haus** n

prefab(ricated) house; 2**keit** f skill; ⁓**machen** finish (a. fig. j-n); für et.: get* ready (a. sich ⁓); 2**stellung** f completion

fesch smart, neat

Fessel f anat. ankle; ⁓**n** pl bonds (a. fig.); 2**n** bind*, tie (up); fig. fascinate

fest firm (a. fig.); nicht flüssig: solid; Schlaf: sound

Fest n festival (a. eccl.); Feier: celebration; party

fest|binden fasten, tie (**an** to); ⁓**halten** hold* on to (a. sich ⁓ **an**); ⁓**an** fig. stick* to; 2**land** n mainland; europäisches: Continent; ⁓**legen** fix; sich ⁓ **auf** commit o.s. to; ⁓**lich** festive; ⁓**machen** fix, fasten; mar. moor (alle: **an** to); 2**nahme** f, ⁓**nehmen** arrest; 2**platte** f EDV hard disk; ⁓**setzen** fix, set*; 2**spiele** pl festival sg; ⁓**stehen** be* certain (Termin etc.: fixed); ⁓**stellen** find* (out); see*, notice; ermitteln: determine; 2**ung** f fortress; 2**zug** m pageant, parade

fett fat (a. fig.); gastr. fatty; print. bold; 2**n** fat; grease (a tech.); 2**fleck** m grease spot; ⁓**ig** greasy

Fetzen m shred; Lumpen: rag; Papier: scrap

feucht damp, moist; Luft: a. humid; 2**igkeit** f moisture; dampness; Luft: humidity

Feuer n fire (a. fig.); **hast du**

Fischgräte

~? have you got a light?; **~fangen** catch* fire; *fig.* fall* for *s.o.*; **~alarm** *m* fire alarm; **≈bestattung** *f* cremation; **≈fest** fireproof; **≈gefährlich** (in)flammable; **~leiter** *f* fire escape; **~löscher** *m* fire extinguisher; **~melder** *m* fire alarm; **≈n** fire; **~wehr** *f* fire brigade (*Am. a.* department); *Löschzug*: fire engine (*Am.* truck); *Gebäude*: fire station); **~wehrmann** *m* fireman; **~werk** *n* fireworks *pl*; **~werkskörper** *m* firework; *kleiner*: firecracker; **~zeug** *n* lighter

feurig fiery, ardent

Fichte *f* spruce, F pine; **~nnadel** *f* pine needle

ficken V fuck

Fieber *n* temperature, fever; **≈haft** feverish; **≈n** have* a temperature; **~thermometer** *n* clinical (*Am.* fever) thermometer

fies mean, nasty

fiebrig feverish

Figur *f* figure; → *Schach*

Filet *n* fil(l)et

Filiale *f* branch

Film *m* film; *bsd. Am.* movie; **e-n ~ einlegen** load a camera; **~aufnahme** *f* filming, shooting; *Einstellung*: take, shot; **≈en** film, shoot*; **~kamera** *f* film (*Am.* motion-picture) camera; **~schauspieler(in)** film (*bsd. Am.* movie) act|or

(-ress); **~verleih** *m* film distributors *pl*

Filter *m, tech.* n filter (*a.* in *Zssgn Papier, Zigarette etc.*); **~kaffee** *m* filtered coffee; **≈n** filter

Filz *m* felt; **≈en** F frisk; **~stift** *m* felt(-tipped) pen, marker

Finale *n* finale; *Sport*: final(s *pl*)

Finanz|amt *n* Inland (*Am.* Internal) Revenue; **~en** *pl* finances *pl*; **≈iell** financial; **≈ieren** finance; **~minister** *m* Minister of Finance, *Brt.* Chancellor of the Exchequer, *Am.* Secretary of the Treasury

find|en find*; *meinen*: think*, believe; *wie ~ Sie ...?* how do you like ...?; **≈erlohn** *m* finder's reward

Finger *m* finger; **~abdruck** *m* fingerprint; **~hut** *m* thimble; *bot.* foxglove; **~spitze** *f* fingertip

Fink *m* finch

Finn|e, ~in Finn; **≈isch** Finnish

finster dark; *düster*: gloomy; *Miene*: grim; *fragwürdig*: shady; **≈nis** *f* darkness

Firma *f* firm, company

firmen *eccl.* confirm

First *m arch.* ridge

Fisch *m* fish; **~e** *pl ast.* Pisces *sg*; **~dampfer** *m* trawler; **≈en** fish; **~er** *m* fisherman; **~er-...** *Boot, Dorf etc.*: fishing ...; **~fang** *m* fishing; **~gräte**

Fischhändler 412

fishbone; **~händler** m fish dealer, bsd. Brt. fishmonger; **~zucht** f fish farming
fit (*sich halten* keep*) fit; **2neßcenter** n health club, gym, Am. mst fitness center
fix *fest*(*gelegt*): fixed; *flink*: quick; „*hell*": bright
FKK f nudism
flach flat; *seicht*: shallow
Fläche f Ober2: surface; *geom.* area; *weite* ~: expanse
Flachland n lowland, plain
Flachs m flax
flackern flicker
Flagge f flag
Flamme f flame (*a. Herd*)
Flanell m flannel
Flanke f flank; *Sport*: cross
Flasche f bottle; **~nbier** n bottled beer; **~nöffner** m bottle opener; **~npfand** n deposit; **~nzug** m pulley
flatter|**haft** flighty, fickle; **~n** flutter; *Räder*: wobble
Flaum m down, fluff, fuzz
flauschig fluffy
Flaute f *mar.* calm; *econ.* slack period
Flechte f *bot.*, *med.* lichen; **2n** plait; *Korb, Kranz*: weave*
Fleck m spot (*a. Stelle*), stain; *kleiner*: speck; *Klecks*: blot; → *blau*; **~entferner** m stain remover; **2ig** spotted; *schmutzig*: a. stained
Fledermaus f bat
Flegel m fig. lout, boor
flehen beg (**um** for)

Fleisch n meat; *lebendes*: flesh (*a. fig.*); **~brühe** f consommé; **~erei** f butcher's (shop); **~hauer** m östr. butcher's; **2ig** fleshy; *bot.* pulpy; **~konserven** canned (Brt. a. tinned) meat *sg*
Fleiß m hard work, diligence, industry; **2ig** hard-working, diligent, industrious
fletschen *Zähne*: bare
Flick|**en** patch; **2en** mend, repair; *notdürftig*: patch (up); **~werk** n patch-up job
Flieder m lilac
Fliege f fly; *Krawatte*: bow tie
fliegen fly*; F *fallen*: fall*; *fig.* be* thrown out; → *Luft*
Fliegen|**gewicht** n flyweight; **~pilz** m fly agaric
Flieger m pilot (*a. ~in*); *mil.* airman; F plane
fliehen flee*, run* away (*beide:* **vor** from)
Fliese f, **2n** tile
Fließ|**band** n assembly line; *Förderband*: conveyor belt; **2en** flow; **2end** flowing; *Wasser*: running; *Sprache*: fluent; *unbestimmt*: fluid
flimmern flicker
flink quick, nimble, brisk
Flinte f shotgun; F gun
Flirt m flirtation; **2en** flirt
Flitterwochen *pl* honeymoon *sg*
flitzen flit, whiz(z)
Flocke f flake; *Wolle*: flock; **2ig** fluffy, flaky

Floh *m* flea; **~markt** *m* flea market

Floß *n* raft, float

Flosse *f* fin; *Robbe:* flipper

Flöte *f* flute; → **Blockflöte**

flott brisk; *beschwingt:* lively; *schick:* smart; **2e** *f* fleet; **2enstützpunkt** *m* naval base; **~machen** set* afloat; F *get* s.th.* going again

Fluch *m* curse; *Wort:* swearword; **2en** swear*, curse

Flucht *f* flight (*vor* from); escape (*aus* from); **auf der ~** on the run

flücht|en flee* (*nach, zu* to); run* away; *entkommen:* escape; **~ig** fugitive; *kurz:* fleeting; *oberflächlich:* superficial; *nachlässig:* careless; **2igkeitsfehler** *m* slip; **2ling** *m* refugee; **2lingslager** *n* refugee camp

Flug *m* flight; **~begleiter(in)** flight attendant; **~blatt** *n* handbill, leaflet

Flügel *m* wing; *Mühle:* sail; *mus.* grand piano

Fluggast *m* (air) passenger

flügge (full[y]) fledged

Fluggesellschaft *f* airline; **~hafen** *m* airport; **~linie** *f* air route; **~lotse** *m* air traffic controller; **~plan** *m* flight schedule; **~platz** *m* airfield; *großer:* airport; **~schein** *m* (air) ticket; **~sicherung** *f* air traffic control; **~steig** *m* gate; **~verkehr** *m* air traffic; **~zeit** *f* flying time

Flugzeug *n* plane, aircraft; **~absturz** *m* plane crash; **~entführung** *f* hijacking, skyjacking; **~träger** *m* aircraft carrier

Flunder *f* flounder

Fluor *n* fluorine; *Wirkstoff:* fluoride; **~kohlenwasserstoffe** *pl* CFC's, chlorofluorocarbons *pl*

Flur *m* hall; *Gang:* corridor

Fluß *m* river; *Fließen:* flow; **2abwärts** downstream; **2aufwärts** upstream; **~bett** *n* river bed

flüssig liquid; *Metall:* melted; *Sprache, Stil:* fluent; **2keit** *f* liquid; fluency

flüstern whisper

Flut *f* flood (*a. fig.*); → *Hochwasser;* **~licht** *n* floodlight; **~welle** *f* tidal wave

Fohlen *n* foal; *männliches:* colt; *weibliches:* filly

Föhn *m* foehn, warm dry wind

Folge *f* result, consequence; *Wirkung:* effect; *Serie:* series; *Teil:* sequel, episode; **in (rascher) ~** in (quick) succession; **2en** follow; *gehorchen:* obey; **hieraus folgt** from this it follows; **wie folgt** as follows; **2end** following; **2ern** conclude (*aus* from), **~erung** *f* conclusion; **2lich** thus, therefore

Folie *f* foil; *Projektor:* transparency; → **Frischhaltefolie**

Folter *f*, **2n** torture

Fön *m* TM hairdryer
Fonds *m* fund(*s pl*)
fönen blow-dry
Fontäne *f* jet, spout
Förderband *n* conveyor belt
fordern demand; *jur. a.* claim (*a. Tote*); *Preis:* ask
fördern promote; *unterstützen:* support; *tech.* mine
Forderung *f* demand; *Anspruch:* claim; *econ.* charge
Förderung *f* promotion; *univ.* grant; *tech.* mining
Forelle *f* trout
Form *f* form, shape; *Sport: a.* condition; *tech.* mo(u)ld; **2al** formal; **2alität** *f* formality; **~at** *n size; Buch etc.:* format; **~el** *f* formula; **2ell** formal; **förmlich** formal; *fig.* regular
formlos shapeless; *fig.* informal
Formul|ar *n* form, blank; **2ieren** formulate; *ausdrücken:* express; **~ierung** *f* formulation; expression
forsch brisk, straightforward
forsch|en (do*) research (work); **~ nach** search for; **2er(in)** (research) scientist; *Entdecker:* explorer; **2ung** *f* research (work)
Förster(in) forester
Forstwirtschaft *f* forestry
fort away, off; *nicht da:* gone; **~bewegen:** *sich* **~** move; **2bildung** *f* further education *od.* training; **~fahren** leave*; *mot. a.* drive* off; *fig.* continue; **~führen** continue;
~gehen go* away, leave*;
~geschritten advanced; **~laufend** consecutive, successive; **~pflanzen:** *sich* **~** reproduce; **2pflanzung** *f* reproduction; **~schreiten** progress; **2schritt** *m* progress; **~schrittlich** progressive; **~setzen** continue; **2setzung** *f* continuation; *TV etc.:* sequel; **~folgt** to be continued

Foto *n* photo(graph), picture; **~album** *n* photo album; **~apparat** *m* camera; **~graf** *m* photographer; **~grafie** *f* photography; *Bild:* → *Foto;* **2grafieren** photograph, take* a picture *od.* pictures of; **~grafin** *f* photographer; **~kopie** *f* (photo)copy; **~modell** *n* model
Foyer *n* foyer, lobby
Fracht *f* freight, load; *mar., aer. a.* cargo; *Gebühr:* carriage, *Am.* freight; **~er** *m* freighter
Frack *m* tails *pl*
Frage *f* question; *in ~ kommen* be* possible (*Person:* eligible); **~bogen** *m* questionnaire; **2n** ask (*nach* for); *sich ~* wonder; **~zeichen** *n* question mark
frag|lich doubtful; *betreffend:* in question; **~würdig** dubious, F shady
frankieren stamp
Franse *f* fringe
Franz|ose, ~ösin French|-

man (-woman); **²ösisch** French

Frau f woman; Ehe²: wife; ~ **X** Mrs od. Ms X

Frauen|arzt, ~ärztin gyn(a)ecologist; **~bewegung** f feminist movement, Women's Lib; **²feindlich** sexist

Fräulein n Miss

frech impudent, F cheeky, Am. a. fresh; **²heit** f impudence, F cheek, nerve

frei free (von from, of); nicht besetzt: vacant; ~beruflich: freelance; **ein ~er Tag** a day off; **im ²en** outdoors

Frei|bad n outdoor (swimming) pool; **²bekommen** get* a day etc. off; **²geben** release; give* s.o. a day etc. off; **²gebig** generous; **~gepäck** n free luggage; **²haben** have* a day etc. off; **~hafen** m free port; **²halten** Straße etc.: keep* clear; Platz: save; j-n: treat s.o. (to s.th.); **~heit** f freedom, liberty; **~heitsstrafe** f prison sentence; **~karte** f free ticket; **²lassen** release, set* free; **~lassung** f release

freilich indeed, of course

Frei|licht- open-air ...; **²machen** Post: prepay*, stamp; sich ~ undress; **sich ~ von** free o.s. from; **~maurer** m Freemason; **²sprechen** acquit; eccl. absolve (von from); **~spruch** m acquittal; **²stehen** Sport: be* un-

marked; **es steht dir frei zu** you're free to; **²stellen** exempt (von from); j-m et. ~ leave* s.th. to s.o.; **~stoß** m free kick; **~tag** m Friday; **²willig** voluntary; **~willige(r)** m volunteer; **~zeit** f free od. leisure time

fremd strange; ausländisch: foreign; unbekannt: unknown; **²e** m, f stranger; Ausländer(in): foreigner

Fremden|führer(in) guide; **~verkehr** m tourism; **~verkehrsbüro** n tourist office; **~zimmer** n (guest) room

fremdgehen be* unfaithful (to one's wife etc.); **²sprache** f foreign language; **²wort** n foreign word; hard word

Frequenz f frequency

fressen eat*, feed* on; verschlingen: devour

Freude f joy; Vergnügen: pleasure; **~ haben an** enjoy; **... macht ~ ...** is fun; **²estrahlend** radiant (with joy); **²ig** joyful; Ereignis: happy

freuen: sich ~ be* glad od. happy (über about); **sich ~ auf** look forward to

Freund m friend; boyfriend; **~in** f friend; girlfriend; **²lich** friendly, kind, nice; Raum, Farben: cheerful; **~schaft** f friendship

Fried|en m peace; **~hof** m cemetery; **²lich** peaceful

frieren freeze*; *ich friere* I'm cold (*stärker*: freezing)
frisch fresh; *Wäsche*: clean; **~ gestrichen!** wet paint!; **2e** *f* freshness; **2haltefolie** *f* clingfilm, *Am.* plastic wrap
Friseu|r *m* hairdresser('s Salon); *Herren2*: *a.* barber('s); Salon: *Am.* beauty parlor, barbershop; **~se** *f* hairdresser
frisieren do* *s.o.*'s (*sich* one's) hair
Frist *f* (prescribed) period; *Termin*: deadline; **2los** without notice
Frisur *f* hairstyle, haircut
froh glad (*über* about)
fröhlich cheerful, happy
fromm religious, pious
Frömmigkeit *f* piety
Fronleichnam *m* Corpus Christi (Day)
Front *f* front; *in ~ liegen* be* ahead; **2al** head-on; **~antrieb** *m* frontwheel drive
Frosch *m* frog; **~schenkel** *pl* frog legs *pl*
Frost *m* frost
frösteln feel* chilly, shiver
frost|ig frosty (*a. fig.*); **2schutz(mittel** *n*) *m* antifreeze
Frott|ee *n, m* terry(cloth); **2ieren** rub down
Frucht *f* fruit; **2bar** fertile; **~barkeit** *f* fertility
früh early; *zu ~ kommen* be* early; *heute ~* this morning; **2aufsteher** *m* early riser, F

early bird; **~er** in former times; *ich war ~ ...* I used to be ...; **~ere** *ehemalige*: former; **~estens** at the earliest; **2geburt** *f* premature birth; premature baby; **2jahr** *n*, **2ling** *m* spring; **~morgens** early in the morning; **~reif** precocious
Frühstück *n* (*zum* for) breakfast; **2en** (have*) breakfast
Frust *m* frustration; **2riert** frustrated
Fuchs *m* fox; *Pferd*: sorrel
Füchsin *f* she-fox, vixen
Fuge *f* joint; *mus.* fugue
fügen: *sich ~* (*in*) submit (to)
fühl|bar noticeable; **~en**: (*sich*) *~* feel*; **2er** *m* feeler
führen *v/t* lead*; *herum-, lenken*: guide; *bringen*: take*; *Betrieb etc.*: run*, manage; *Waren*: sell*, deal* in; *Buch, Konto*: keep*; *mil.* command; *Waren*: show* *s.o.* round; *sich ~* conduct *o.s.*; *v/i* lead* (*zu* to); **~d** leading, prominent
Führer(in *f*) *m* leader (*a. pol.*); *Fremden2*: guide; *Buch*: guide (book); **~schein** *m mot.* driving licence, *Am.* driver's license
Führung *f* leadership; *econ.* management; *Besichtigung*: (conducted) tour; *gute ~* good conduct; *in ~ gehen* (*sein*) take* (be* in) the lead; **~szeugnis** *n* certificate of (good) conduct

Füll|e f wealth, abundance; *Gedränge:* crush; *Haar, Wein:* body; **2en** fill; *Kissen, gastr.:* stuff; **~er** m fountain pen; **~ung** f filling (a. *Zahn*); *gastr.* stuffing

fummeln fumble, fiddle

Fund m find, discovery

Fundament n foundation(s *pl*); *fig. a.* basis

Fund|büro n lost-property office, *Am.* lost and found (department); **~gegenstand** m found article; **~grube** f rich source, mine

fünf five; *Note:* fail, poor; **2eck** n pentagon, **2kampf** m pentathlon; **2linge** *pl* quintuplets *pl*; **~te, 2tel** n fifth; **~tens** fifthly, in the fifth place; **~zehn(te)** fifteen(th); **~zig** fifty; **~zigste** fiftieth

Funk m radio; **~e** m spark; *fig. a.* glimmer; **2ln** sparkle, glitter; *Stern: a.* twinkle; **2en** radio, transmit; **~er(in)** radio operator; **~gerät** n (two-way) radio; **~haus** n broadcasting cent|re, *Am.* -er; **~signal** n radio signal; **~spruch** m radio message; **~streife** f (radio) patrol car

Funktion f function; **~är(in)** functionary, official; **2ieren** work

Funk|turm m radio tower; **~verkehr** m radio communication(s *pl*)

für for; *zugunsten: a.* in favo(u)r of; *Tag ~ Tag* day after day; *Wort ~ Wort* word by word; *was ~ ...?* what (kind *od.* sort of) ...?

Furche f, **2n** furrow

Furcht f fear, dread; *aus ~ vor (daß)* for fear of (that); **2bar** terrible, awful

fürcht|en fear (*um* for); *sich ~ be** scared *od.* afraid (*vor* of); *ich fürchte, ...* I'm afraid ...; **~erlich** → *furchtbar*

furchtlos fearless

füreinander for each other

Fürsorge f care; *öffentliche ~* public welfare (work); *von der ~ leben* be* on social security (*Am. od.* welfare); **~r(in)** social *od.* welfare worker

Fürsprecher(in) advocate

Fürst m prince; **~entum** n principality; **~in** f princess

Furt f ford

Furunkel m boil, furuncle

Fuß m foot; *zu ~ on (Am. a.* by) foot; *zu ~ gehen* walk; **~abstreifer** m doormat

Fußball m soccer, *Brt. mst* football; *Ball:* football, soccer ball; **~platz** m football ground *od.* field; **~spiel** n football match, *Am.* soccer game; **~spieler(in)** soccer (*Brt. mst* football) player

Fuß|boden m floor; **~bremse** f *mot.* footbrake

Fußgänger|(in) pedestrian; **~übergang** m pedestrian crossing; **~zone** f pedestrian

Fußgelenk

precinct, *Am.* (pedestrian *od.* shopping) mall
Fuß|gelenk *n* ankle (joint); **~note** *f* footnote; **~sohle** *f* sole (of the foot); **~spur** *f* footprint; **~tritt** *m* kick; **~weg** *m* footpath

G

Gabe *f* gift (*a.* Talent); *med.* dose; **milde ~** alms *pl*
Gabel *f* fork; *teleph.* cradle; **2n: sich ~** fork; **~stapler** *m* fork-lift truck
gackern cackle
gaffen gape; stare
Gage *f* salary; fee
gähnen yawn
Galerie *f* gallery
Galgen *m* gallows *sg*
Galle *f* bile; Organ = **~nblase** *f* gall bladder; **~nstein** *m* gallstone
Galopp *m*, **2ieren** gallop
gammeln F bum around; **2ler(in)** loafer, bum
Gang *m* walk; **~art:** *a.* gait, way *s.o.* walks; *Pferd:* pace; *Durch2:* passage; *Kirche, aer. etc.:* aisle; → **Flur**; *mot.* gear; *gastr.,* (*Ver*)*Lauf:* course; **in ~ bringen** get* *s.th.* going, start *s.th.*; **in ~ kommen** get* started; **im ~e sein** be* (going) on, be* in progress; **in vollem ~(e)** in full swing
gängig current; *econ.* sal(e)able

Futter *n agr.* feed; *Heu etc.:* fodder; dog *etc.* food; *tech.,* *Mantel2 etc.:* lining
Futteral *n* case; *Hülle:* cover
füttern feed*; *Kleid:* line; **2ung** *f* feeding (time)
Futur *n* future (tense)

Gangschaltung *f* gears *pl*; *Hebel:* gear stick
Gans *f* goose
Gänse|blümchen *n* daisy; **~braten** *m* roast goose; **~haut** *f fig.* gooseflesh; **dabei kriege ich e-e ~** it gives me the creeps; **~rich** *m* gander
ganz *adj* whole; *heil:* a. undamaged; **den ~en Tag** all day; **sein ~es Geld** all his money; *adv* wholly, completely; *sehr:* very; *ziemlich:* quite, rather; **~ und gar nicht** not at all; → **groß**
gänzlich complete(ly)
Ganztagsbeschäftigung *f* full-time job
gar *Speisen:* done; **~ nicht(s)** not(hing) at all; **oder ~** or even; → **ganz**
Garage *f* garage
Garantie *f*, **2ren** guarantee
Garde *f* guard; *mil.* Guards *pl*
Garderobe *f* wardrobe, clothes *pl*; cloakroom, *Am.* checkroom; *thea.* dressing room; *Flur2:* coat rack
Gardine *f* curtain

gären ferment, work
Garn *n* yarn; thread
Garnele *f* shrimp, prawn
garnieren garnish
Garnison *f* garrison
Garnitur *f* set; *Möbel: a.* suite
Garten *m* garden
Gärtner|(in) *f* gardener; **~ei** *f* market (*Am.* truck) garden
Gas *n* gas; **~ geben** accelerate; **2förmig** gaseous; **~hahn** *m* gas tap (*Am.* valve); **~heizung** *f* gas heating; **~herd** *m* gas cooker *od.* stove; **~leitung** *f* gas main; **~pedal** *n* accelerator
Gasse *f* lane, alley
Gast *m* guest; visitor; *im Lokal*: customer; **~arbeiter(in)** *f* foreign worker
Gästezimmer *n* guest room, spare (bed)room
gast|freundlich hospitable; **2freundschaft** *f* hospitality; **2geber(in)** *f* host(ess); **2haus** *n*, **2hof** *m* restaurant; hotel; *Land2*: inn; **~lich** hospitable; **2spiel** *n thea.* (guest) performance; concert; **2stätte** *f* restaurant; **2stube** *f* taproom; restaurant; **2wirt(in)** *f* landlord (-lady); **2wirtschaft** *f* restaurant
Gas|werk *n* gasworks *sg, pl*; **~zähler** *m* gas meter
Gatt|e *m* husband; **~in** *f* wife
Gattung *f* type, class, sort; *biol.* genus; *Art*: species
GAU *m* MCA (maximum credible accident), *Am.* worst-case scenario; nuclear meltdown
Gaumen *m* palate (*a. fig.*)
Gauner(in) *f* swindler, crook
Gazelle *f* gazelle
Gebäck *n* pastry; → **Keks**
Gebärde *f* gesture
gebär|en give* birth to; **2mutter** *f* uterus, womb
Gebäude *n* building
geben give*; *Karten*: deal*; *sich ~* behave; *nachlassen*: pass; *get** better; *es gibt* there is, there are; *was gibt es?* what is it?; *zum Essen etc.*: what's for lunch *etc.?*; *TV etc.*: what's on?
Gebet *n* prayer
Gebiet *n* area; *bsd. pol.* territory; *fig.* field
Gebilde *n* object, structure
gebildet educated
Gebirg|e *n* mountains *pl*; **2ig** mountainous
Gebiß *n* (set of) teeth; *künstliches*: (set of) false teeth, denture(s *pl*)
geboren born; **~er Deutscher** German by birth; **~e Smith** née Smith
geborgen safe, secure
Gebot *n eccl.* commandment; *Vorschrift*: rule; *Erfordernis*: necessity; *Auktion*: bid
Gebrauch *m* use; **2en** use; *ich könnte ... ~* I could do with ...
gebräuchlich common
Gebrauch|sanweisung *f* instructions *pl*; **2t** used; *econ.*

Gebrauchtwagen

a. second-hand; **~twagen** *m* used car
gebrechlich frail, infirm
Ge|brüder *pl* brothers *pl*; **~brüll** *n* roar(ing)
Gebühr *f* charge, fee; *Abgabe:* dues *pl*, rate(s *pl*); *Post:* postage; *Maut:* toll; **2end** due, proper; **2enfrei** free of charge; **2enpflichtig** subject to charge(s)
Geburt *f* birth; **~enkontrolle** *f*, **~enregelung** *f* birth control
gebürtig: **~ aus** a native of
Geburts|datum *n* date of birth; **~jahr** *n* year of birth; **~ort** *m* birthplace; **~tag** *m* birthday; → **haben**; **~urkunde** *f* birth certificate
Gebüsch *n* bushes *pl*
Gedächtnis *n* memory
Gedanke *m* thought; idea; **sich ~n machen über** think* about; be* worried about; **2nlos** thoughtless; **~nstrich** *m* dash
Ge|därme *n* bowels *pl*, intestines *pl*; **~deck** *n* cover; → *Menü*; **2deihen** thrive*, prosper
gedenken (*gen*) remember; **~ zu** intend to; **2feier** *f* commemoration; **2stätte** *f* memorial
Gedicht *n* poem
Gedränge *n* crowd, crush
gedrungen stocky, thickset
Geduld *f* patience; **2en: sich ~** wait; be* patient; **2ig**

patient
ge|ehrt hono(u)red; *Brief:* **Sehr ~er Herr N.!** Dear Mr N.; **~eignet** suitable, fit
Gefahr *f* danger; **auf eigene ~** at one's own risk
gefähr|den endanger; risk; **~lich** dangerous
Gefährt|e, ~in companion
Gefälle *n* slope, incline; *fig.* difference(s *pl*)
Gefallen[1] *m* favo(u)r
Gefallen[2] *n*: **~ finden an** take* pleasure in *s.th.*; take* (a fancy) to *s.o.*
gefallen please; **es gefällt mir (nicht)** I (don't) like it; **(wie) gefällt dir ...?** (how) do you like ...?; **sich ~ lassen** put* up with
gefällig pleasant; obliging, kind; **2keit** *f* kindness; *Gefallen:* favo(u)r
gefangen captive; imprisoned; **2e(r)** prisoner; *Sträfling:* convict; **~nehmen** take* prisoner; *fig.* captivate; **2schaft** *f* captivity, imprisonment
Gefängnis *n* prison, jail; **~strafe** *f* prison sentence
Gefäß *n* vessel (*a. anat.*)
gefaßt composed; **~ auf** prepared for
Ge|fecht *n* mil. combat, action; **2federt** springy, resilient; **~fieder** *n* plumage, feathers *pl*; **~flügel** *n* poultry; **2fragt** in demand, popular; **2fräßig** voracious

gefrier|en freeze*; **2fach** *n* freezing compartment; **2fleisch** *n* frozen meat; **~getrocknet** freeze-dried; **2punkt** *m* freezing point; **2schrank** *m*, **2truhe** *f* freezer

Gefüg|e *n* structure; **2ig** (com)pliant

Gefühl *n* feeling; *Sinn*: a. sense; *bsd. kurzes*: sensation; **~sregung**: a. emotion; **2los** insensible; *taub*: numb; *herzlos*: unfeeling, heartless; **2voll** (full of) feeling; emotional; *sanft*: gentle; *a. contp.*: sentimental

gegen against; *Mittel*: for; *ungefähr*: about, around; *für*: (in return) for; *verglichen mit*: compared with

Gegen... *Angriff, Argument etc.*: counter...

Gegend *f* region, area

gegen|einander against each other; **2fahrbahn** *f* opposite lane; **2gewicht** *n* counterweight; **2gift** *n* antidote; **2leistung** *f* quid pro quo; *als* **~** in return; **2licht** *n* back light; *bei od. im* **~** against the light; **2maßnahme** *f* countermeasure; **2mittel** *n* antidote; **2satz** *m* contrast; *Gegenteil*: opposite; *im* **~** *zu* in contrast to *od.* with; *im Widerspruch*: in opposition to; **~sätzlich** contrary, opposite; **2seite** *f* opposite side; **~seitig** *adj* mutual; *adv* each other; **2spieler(in)** opponent; **2stand** *m* object; *Thema*: subject (matter); **2stück** *n* counterpart; **2teil** *n* opposite; *im* **~** on the contrary

gegenüber opposite; *fig.* to, toward(s); compared with; **~stehen** be* faced with; face; **~stellen** confront with; compare with *s.th.*

Gegen|verkehr *m* oncoming traffic; **~wart** *f* present (time); *Anwesenheit*: presence; *gr.* present (tense); **2wärtig** (at) present; **~wind** *m* head wind

Gegner|(in) opponent; *Feind*: enemy; **2isch** opposing; *mil.* enemy

Gehacktes → **Hackfleisch**

Gehalt¹ *m* content

Gehalt² *n* salary; **~serhöhung** *f* (pay) rise, *Am.* raise

gehässig malicious, spiteful

Gehäuse *n* case, casing; *zo.* shell; *Kern2*: core

geheim secret; **2dienst** *m* secret service; **2nis** *n* secret; mystery; **~nisvoll** mysterious

gehemmt inhibited, self-conscious

gehen go*; *zu Fuß*: walk; *weg-~* leave*; *funktionieren*: work; *Ware*: sell*; *dauern*: take*, last; *möglich sein*: be* possible; *um* **~** be* about, concern; *wie geht es Ihnen?* how are you? *mir geht es gut* I'm fine; *es geht nichts*

gehenlassen

über there is nothing like; **~lassen: sich ~** let* o.s. go
geheuer: nicht (ganz) ~ eerie, creepy; *Sache:* fishy
Gehilf|e, ~in assistant
Gehirn n brain(s pl); **~erschütterung** f concussion
Gehör n hearing; ear
gehorchen obey
gehör|en belong (*dat, zu* to); **es gehört sich (nicht)** it's proper *od.* right (not done); **~ig** *adj* due, proper; F good; *adv* F thoroughly
gehorsam obedient; ♀ m obedience
Geh|steig m, **~weg** m pavement, Am. sidewalk
Geier m vulture
Geige f violin, F fiddle; **~r(in)** violinist
geil randy, V horny; *sl.* magic, Am. awesome
Geisel f hostage; **~nehmer** m hostage-taker
Geiß(bock) → **Ziege(nbock)**
Geißel f scourge (*a. fig.*)
Geist m spirit; *Sinn, Gemüt, Verstand:* mind; *Witz:* wit; *Gespenst:* ghost
geistes|abwesend absentminded; **♀gegenwart** f presence of mind; **~gegenwärtig** alert; *schlagfertig:* quick-witted; **~gestört** mentally disturbed; **~krank** insane, mentally ill; **♀zustand** m state of mind
geistig mental; *Fähigkeiten etc.:* intellectual; **~ behin-** **dert** mentally handicapped
geist|lich religious, spiritual; **♀licher** m clergyman; priest; *protestantisch:* minister; **~los** trivial, silly; **~reich** witty, clever
Geiz m stinginess, **~hals** m skinflint, miser; **~ig** stingy
ge|konnt masterly, skil(l)ful; **♀lächter** n laughter; **~laden** loaded; *electr.* charged; F furious; **~ haben** be* drunk; **~lähmt** paraly|sed, Am. -zed
Gelände n country, ground; *Bau♀ etc.:* site; **auf dem (Betriebs- etc.) ~** on the premises; **~ Lauf** *etc.:* cross-country ...
Geländer n banister(s pl); **~stange:** handrail; *Balkon, Brücke:* parapet
gelassen calm, cool
Gelatine f gelatin(e)
ge|läufig common; *vertraut:* familiar; **~launt: gut (schlecht) ~ sein** be* in a good (bad) mood
gelb yellow; **~lich** yellowish; **♀sucht** f jaundice
Geld n money; **~anlage** f investment; **~automat** m cash dispenser, Am. automatic teller (machine); **~beutel** m purse; **~buße** f fine; **~schein** m (bank)note; Am. bill; **~schrank** m safe; **~strafe** f fine; **~stück** n coin; **~wechsel** m exchange of money
Gelee n, m jelly

Genehmigung

gelegen situated; *passend*: convenient; ~ **kommen** suit
Gelegenheit f occasion; *günstige*: opportunity; **~arbeit** f odd job; **~skauf** m bargain
gelegentlich occasional(ly)
gelehr|ig docile; **~t** learned; **2te(r)** scholar
Gelenk n joint; **2ig** flexible (a. tech.), supple
gelernt skilled, trained
Geliebte f mistress; **~r** m lover
gelinde: ~ **gesagt** to put it mildly
gelingen succeed, be* successful; *geraten*: turn out (well); **es gelang mir, et. zu tun** I succeeded in doing (managed to do) s.th.
gellend shrill, piercing
geloben vow, promise
gelt|en be* valid; *Sport*: count; *Mittel etc.*: be* allowed; **~ für** apply to; *j-m* be* meant for s.o.; **~ als** be* regarded as; **~ lassen** accept; **nicht viel ~** not count for much; **~end** *Recht etc.*: established; ~ **machen** assert; **2ung** f prestige; **zur ~ kommen** show* to advantage
Gelübde n vow
gelungen successful
gemächlich leisurely
Gemälde n painting, picture; **~galerie** f picture gallery
gemäß according to; **~igt** moderate; *meteor*. temperate

gemein mean; ~ **haben (mit)** have* in common (with)
Gemeinde f *pol*. municipality; *Gemeinschaft*: community; *eccl*. parish; *in der Kirche*: congregation; **~rat** m (*Person*: member of the) local (*Am*. city) council
Gemein|heit f mean thing (to do *od*. say); F dirty trick; **2sam** common; *econ. a*. joint; ~ **tun do* s.th.** together; **~schaft** f community
Gemetzel n massacre
Gemisch n mixture; **2t** mixed (*a. Gefühle etc.*)
Gemse f chamois
Gemurmel n murmur
Gemüse n vegetable(s *pl*); **~händler(in)** f greengrocer, *Am.* retailer of fruit and vegetables
Gemüt n mind; **~sart**: nature; **2lich** comfortable, snug, cosy; **mach es dir ~** make yourself at home; **~lichkeit** f cosiness; cosy *od*. relaxed atmosphere; **~sbewegung** f emotion; **~szustand** m state of mind
Gen n gene
genau exact(ly), precise(ly); *sorgfältig*: careful(ly); *zuhören etc.*: closely; **~genommen** strictly speaking; **2igkeit** f accuracy, precision
genehmigen permit; *amtlich*: *a*. approve; F **sich ~** treat o.s. to s.th.; **2ung** f permission; *Schein*: permit

geneigt inclined (**zu** to)
General *m* general; **~direktor(in)** general manager; **~konsul(at)** *m* (*n*) consul(ate) general; **~probe** *f* dress rehearsal; **~sekretär(in)** secretary-general; **~streik** *m* general strike; **~vertreter(in)** general agent
Generation *f* generation
Generator *m* generator
genes|en recover (**von** from); **2ung** *f* recovery
Genetik *f* genetics *sg*
genial brilliant
Genick *n* (back of the) neck
Genie *n* genius
genieren: sich ~ feel* *od.* be* embarrassed
genieß|bar edible; drinkable; **~en** enjoy (*et.* **zu tun** doing s.th.); **2er(in)** gourmet; bon vivant
Genitiv *m* genitive (case)
genormt standardized
Genoss|e *m pol.* comrade; **~enschaft** *f* co(-)operative (society); **~in** *f pol.* comrade
Gentechnik *f* genetic engineering
genug enough, sufficient
genüg|en be* enough; *das* **genügt** that will do; **~end** → **genug**; **~sam** modest
Genugtuung *f* satisfaction
Genus *n gr.* gender
Genuß *m* pleasure; *Zusichnahme:* consumption; *ein ~* a real treat
Geo|graphie *f* geography; **~logie** *f* geology; **~metrie** *f* geometry
Gepäck *n* luggage, *Am. a.* baggage; **~ablage** *f* luggage rack; **~annahme** *f* luggage counter; *aer.* check-in counter; **~aufbewahrung** *f* left-luggage office, *Am.* baggage room; **~ausgabe** *f aer.* luggage (*Am.* baggage) claim (area); *rail.* → **Gepäckaufbewahrung**; **~kontrolle** *f* luggage check; **~schein** *m* luggage ticket, *Am.* baggage check (receipt); **~stück** *n* piece of luggage; **~träger** *m* porter, *am Rad etc.:* rack; **~wagen** *m* luggage van; *Am.* baggage car
gepflegt well-groomed, neat
Ge|plapper *n* babbling; **~polter** *n* rumble; **~quassel** *n* blabber
gerade *adj* straight (*a. fig.*); *Zahl etc.:* even; *direkt:* direct; *Haltung:* upright, erect; *adv* just (*a.* **~noch**); **nicht ~** not exactly; **ich wollte ~** I was just about to; **warum ~ ich?** why me of all people?
Gerade *f* (straight) line; *Boxen:* jab; **2aus** straight ahead; **2wegs** straight, directly; **2zu** simply, downright
Gerät *n* device, F gadget; *Haushalts2 etc.:* appliance; *TV etc.:* set; *Meß2:* instrument; *Werkzeug:* tool; *Turn2:* apparatus; *Ausrü-*

Geschehen

stung: equipment, gear; tools pl; (kitchen) utensils pl
geratentut | en turn out (**gut** well); **~ an** come* across; **~ in** get* into; **2ewohl** n: **aufs ~** at random
geräumig spacious
Geräusch n sound, noise; **2los** noiseless; without a sound
gerben tan
gerecht just, fair; **~ werden** do* justice to; **2igkeit** f justice, fairness
Gerede n talk; gossip
gereizt irritable
Gericht n dish; jur. court; **2lich** judicial, legal
Gerichts|hof m law court; **Oberster ~** Supreme Court; **~medizin** f forensic medicine; **~saal** m courtroom; **~verhandlung** f (court) hearing; Straf2: trial; **~vollzieher** m bailiff, Am. marshal
gering little, small; unbedeutend **~fügig** slight, minor; Betrag, Vergehen: petty; **~schätzig** contemptuous; **~ste** least
gerinnen coagulate; Milch: a. curdle; Blut: a. clot
Gerippe n skeleton
gerissen cunning, clever
gern(e) willingly, gladly; **~ haben** like, be* fond of; et (**sehr**) **~ tun** like (love) doing s.th.; **~ geschehen!** not at all
Geröll n scree
Gerste f barley; **~nkorn** n med. sty(e)
Geruch m smell; bsd. unangenehmer: odo(u)r; Duft: scent; **2los** odo(u)rless
Gerücht n rumo(u)r
gerührt touched, moved
Gerümpel n lumber, junk
Gerundium n gerund
Gerüst n scaffold(ing)
gesamt whole, entire, total, all; **2ausgabe** f complete edition; **2heit** f whole, totality; **2schule** f comprehensive school
Gesandt|e(r) m envoy; **~schaft** f legation, mission
Gesang m singing; Lied: song; **~buch** n hymn book; **~verein** m choral society
Gesäß n bottom
Geschäft n business; Laden: shop, Am. store; gutes etc.: deal, bargain; **2ig** busy, active; **2lich** adj business ...; adv on business
Geschäfts|... business ...; **~frau** f businesswoman; **~führer(in)** manager; **~mann** m businessman; **~ordnung** f rules pl of procedure; parl. standing orders pl; **~partner(in)** partner; **~räume** pl business premises pl; **~reise** f business trip; **~schluß** m closing-time; **nach ~** a. after business hours
geschehen happen, occur, take* place; **es geschieht ihm recht** it serves him right; **2** n events pl

gescheit clever, bright

Geschenk n present, gift; ~**packung** f gift box

Geschicht|e f story; Wissenschaft: history; fig. business, thing; 2**lich** historical

Geschick n fate, destiny; Können = ~**lichkeit** f skill; 2t skil(l)ful

geschieden divorced

Geschirr n dishes pl; Porzellan: china; kitchen utensils pl, pots and pans; Pferde: harness; ~**spüler** m dishwasher; ~**tuch** n tea (Am. dish) towel

Geschlecht n sex; Gattung: kind, species; Familie: family; gr. gender; 2**lich** sexual

Geschlechts|krankheit f venereal disease; ~**teile** pl genitals pl; ~**verkehr** m (sexual) intercourse

ge|schliffen cut; fig. polished; ~**schlossen** closed; ~e Gesellschaft private party

Geschmack m (Sinn: sense of) taste (a. fig.); Aroma: flavo(u)r; 2**los** tasteless; ~**ssache** f matter of taste; 2**voll** tasteful; in good taste

geschmeidig supple, lithe

Gechöpf n creature

Geschoß n projectile, missile; Stockwerk: stor(e)y, floor

Geschrei n shouting, Angst2: screams pl; Baby: crying; fig. fuss

Geschütz n gun, cannon

Geschwader n mar. squadron; aer. wing, Am. group

Geschwätz n babble; Klatsch: gossip; Unsinn: nonsense; 2**ig** talkative

geschweige: ~ (**denn**) let alone

Geschwindigkeit f speed; ~**sbegrenzung** f speed limit; ~**süberschreitung** f speeding

Geschwister pl brother(s pl) and sister(s pl)

geschwollen swollen; fig. pompous, bombastic

Geschworene m, f member of a jury; **die** ~**n** pl the jury sg, pl

Geschwulst f growth, tumo(u)r

Geschwür n abscess, ulcer

Geselchtes n östr. smoked meat

Gesell|e m journeyman, skilled worker; F fellow; 2**ig** social; ~**in** f trained woman hairdresser etc., journeywoman

Gesellschaft f society; econ., Umgang: company; j-m ~ leisten keep* s.o. company; 2**lich** social

Gesellschafts|... Kritik etc.: social ...; 2**fähig** socially acceptable, decent; ~**reise** f package od. conducted tour; ~**spiel** n parlo(u)r game

Gesetz n law; ~**buch** n code (of law); ~**entwurf** m bill; ~**geber** m legislator; ~**gebung** f legislation; 2**lich** law-

Gewalt

ful, legal; **~ geschützt** patented, registered
gesetzt staid; *Alter:* mature; **~ den Fall ...** supposing ...
gesetzwidrig illegal
Gesicht *n* face; **~sausdruck** *m* (facial) expression, look; **~sfarbe** *f* complexion; **~spunkt** *m* point of view, aspect; **~szüge** *pl* features *pl*
Gesindel *n* riffraff *sg, pl*
Gesinnung *f* mind; *Haltung:* attitude; *pol.* convictions *pl*
gespannt tense (*a. fig.*); *neugierig:* curious; **~ sein auf** be* anxious to see*; **~ sein, ob (wie)** wonder if (how)
Gespenst *n* ghost; **2isch** ghostly, *F* spooky
Gespräch *n* talk (*a. pol.*), conversation; *teleph.* call; **2ig** talkative
Gestalt *f* shape (**annehmen** take*), form; *Figur, Person:* figure; **2en** arrange; *entwerfen:* design; **sich ... ~** turn out to be ...; **~ung** *f* arrangement; design; *Raum2:* decoration
geständ|ig: ~ sein confess; **2nis** *n* confession
Gestank *m* stench, stink
gestatten allow, permit
Geste *f* gesture
gestehen confess
Ge|stein *n* rock, stone; **~stell** *n* stand, base; *Regal:* shelves *pl*; *Rahmen:* frame
gestern yesterday; **~ abend** last night

gestreift striped
gestrig yesterday's
Gestrüpp *n* undergrowth
Gestüt *n* stud farm
Gesuch *n* application; **2t** wanted (**wegen** for)
gesund healthy; (**wieder**) **~ werden** get* well (again); **~er Menschenverstand** common sense; **2heit** *f* health; **~!** bless you!
Gesundheits|amt *n* Public Health Office (*Am.* Department); **2schädlich** injurious to health; **ungesund:** unhealthy; **~zustand** *m* state of health
Getränk *n* drink, beverage
Getreide *n* grain, cereals *pl*
Getriebe *n* (**automatisches automatic**) transmission
getrost safely
Ge|tue *n* fuss; **~tümmel** *n* turmoil
Gewächs *n* plant; *Wein, med.:* growth; **~haus** *n* greenhouse, hothouse
ge|wachsen: j-m ~ sein be* a match for s.o.; **e-r Sache ~ sein** be* equal to s.th.; **~wagt** daring; *Witz:* risqué
Gewähr *f:* **~ übernehmen (für)** guarantee; **2en** grant, allow; **2leisten** guarantee
Gewahrsam *m:* **in ~ nehmen** take* in safekeeping (*j-n:* into custody)
Gewalt *f* force, violence; *Macht:* power; *Beherrschung:* control; **mit ~** by

gewaltig

force; **2ig** powerful, mighty; *riesig:* enormous; **losigkeit** *f* non-violence; **2sam** *adj* violent; *adv* by force; **öffnen** force open; **2tätig** violent

Gewand *n* robe, gown; *eccl.* vestment

gewandt nimble; *geschickt:* skil(l)ful; *fig.* clever

Ge|wässer *n* body of water; **~** *pl* waters *pl*; **~webe** *n* fabric; *biol.* tissue; **~wehr** *n* gun; **~weih** *n* antlers *pl*, horns *pl*

Gewerbe *n* trade, business; **2lich** commercial, industrial; **2smäßig** professional

Gewerkschaft *f* (trade) union; *Am.* labor union; **~(l)er(in)** trade (*Am.* labor) unionist; **2lich** trade (*Am.* labor) union

Gewicht *n* weight (*a. fig.*); **~heben** *n* weight lifting; **2ig** weighty

gewillt willing, ready

Ge|wimmel *n* throng; **~winde** *n* thread

Gewinn *m* profit; *Ertrag:* gain(s) *pl*; *Lotterie:* prize; *Spiel***2**: winnings *pl*; **~bringend** profitable; **2en** win*; *tech.* extract, mine; *fig.* gain; **~er(in)** winner

gewiß certain(ly)

Gewissen *n* conscience; **2haft** conscientious; **2‑sbisse** *pl* pricks *pl* of conscience

gewissermaßen to a certain extent, more or less

Gewißheit *f* certainty

Gewitter *n* thunderstorm

gewöhnen: **sich** (j-n) **~ an** get* (s.o.) used to

Gewohnheit *f* habit

gewöhnlich common, ordinary, usual; *unfein:* vulgar; **wie ~** as usual

gewohnt usual; **~ sein** be* used to (doing) s.th.

Gewölbe *n* vault

gewunden winding

Gewürz *n* spice; **~gurke** *f* pickle(d gherkin)

Gezeiten *pl* tide(s *pl*)

geziert affected

Gezwitscher *n* chirp(ing), twitter(ing)

gezwungen forced, unnatural

Gicht *f* gout

Giebel *m* gable

Gier *f* greed; **2ig** greedy

gieß|en *v/t* pour; *tech.* cast*; *Blumen:* water; **es gießt** it's pouring; **2erei** *f* foundry; **2kanne** *f* watering can

Gift *n* poison; *zo. a.* venom (*a. fig.*); **2ig** poisonous; venomous (*a. fig.*); *vergiftet:* poisoned; *chem., med.* toxic; **~müll** *m* toxic waste; **~pilz** *m* poisonous mushroom, toadstool; **~schlange** *f* venomous snake; **~zahn** *m* poisonous fang

Gipfel *m* summit, top; *Spitze:* peak; F limit; **~konferenz** *f* summit (meeting)

Gips *m* plaster (of Paris); **in ~**

Gletscherspalte

med. in (a) plaster (cast); **~abdruck** *m*, **~verband** *m* plaster cast

Giraffe *f* giraffe
Girlande *f* garland
Girokonto *n* current (*Am.* checking) account
Gischt *m*, *f* (sea) spray
Gitarre *f* guitar
Gitter *n* lattice; *Fenster:* grating; *hinter ~n* behind bars
Glanz *m* shine, gloss, lust|re, *Am.* -er; *fig.* glamo(u)r
glänzen shine*, gleam; **~d** shiny, glossy, brilliant (*a. fig.*)
Glas *n* glass; **~er(in)** glazier
glas|ieren glaze; *Kuchen:* ice, frost; **~ig** glassy; **Ꙭscheibe** *f* (glass) pane; **~ur** *f* glaze; *Kuchen:* icing
glatt smooth (*a. fig.*); *rutschig:* slippery; *Sieg:* clear; *Lüge etc.:* downright
Glätte *f* slipperiness
Glatteis *n* (black, *Am.* glare) ice; icy roads *pl*
glätten smooth
glattrasiert clean-shaven
Glatze *f* bald head; *e-e ~ haben* be* bald
Glaube *m* belief, *bsd. eccl.* faith (*beide:* **an**); **Ꙭn** believe; *meinen: a.* think*; *annehmen: a.* suppose; **~nsbekenntnis** *n* creed
glaubhaft credible
Gläubiger *m* creditor
glaubwürdig credible
gleich *adj* same; *Rechte, Lohn etc.:* equal; *zur ~en Zeit* at the same time; *es ist mir ~* it doesn't make any difference to me; (*ist*) *~ math.* equals, is; *adv* alike, equally; *so~:* at once, right away; **~ groß (alt)** of the same size (age); **~ nach (neben)** right after (next to); **~ gegenüber** just opposite; *es ist ~ 5* it's almost 5 o'clock; **~altrig** (of) the same age; **~berechtigt** having equal rights; **Ꙭberechtigung** *f* equal rights *pl*; **~bleibend** constant, steady; **~en** be* *od.* look like; **~falls** also, likewise; *danke, ~!* (thanks), the same to you!; **Ꙭgewicht** *n* balance (*a. fig.*); **~gültig** indifferent (**gegen** to); *das (er) ist mir ~* I don't care (for him); **Ꙭgültigkeit** *f* indifference; **Ꙭheit** *f* equality; **~mäßig** regular; *Verteilung:* equal; **~namig** of the same name; **Ꙭstrom** *m* direct current, DC; **~ung** *f* *math.* equation; **~wertig** equally good; **~er Gegner** s.o.'s match; **~zeitig** simultaneous(ly), at the same time
Gleis *n* rails *pl*, track(s *pl*), line; *Bahnsteig:* platform, *Am. a.* gate
gleit|en glide, slide*; **~end:** **~e Arbeitszeit** flexible working hours *or*, **Ꙭflug** *m* glide; **Ꙭschirmfliegen** *n* paragliding
Gletscher *m* glacier; **~spalte** *f* crevasse

Glied

Glied n anat. limb; *Penis:* penis; *tech.*, *fig.* link; **~ern** structure; divide (**in** into)
glimmen smo(u)lder
glimpflich: ~ **davonkommen** get* off lightly
glitschig slippery
glitzern glitter, sparkle
glob|al global; **~us** m globe
Glocke f bell; **~nspiel** n chimes *pl;* **~nturm** m bell tower
glotzen gawk, gawp
Glück n (good) luck, fortune; *Gefühl:* happiness; ~ **haben** be* lucky; *viel* ~*!* good luck!; *zum* ~ fortunately
Glucke f sitting hen
glücken → **gelingen**
gluckern gurgle
glücklich happy; *vom Glück begünstigt:* lucky, fortunate; **~erweise** fortunately
glucksen gurgle; F chuckle
Glück|sspiel n game of chance; gambling; **~strahlend** radiant; **~wunsch** m congratulations *pl* (**zu** on); *herzlichen* ~*!* congratulations!; happy birthday!
Glüh|birne f light bulb; **~end** glowing; *Eisen:* red-hot; *fig.* ardent; **~endheiß** blazing hot; **~wein** m mulled wine; **~würmchen** n glow-worm
Glut f (glowing) fire; embers *pl; Hitze:* blazing heat; *fig.* ardo(u)r
GmbH f limited company, Am. close corporation
Gnade f mercy; *eccl.* grace; *Gunst:* favo(u)r; **~ngesuch** n petition for mercy
gnädig merciful; *gütig:* gracious; ~*e Frau* madam
Goal n östr. goal
Gold n gold; **~barren** m gold bar *od.* ingot; **~en** gold(en *fig.*); **~fisch** m goldfish; **~ig** *fig.* sweet, cute; **~schmied(in)** goldsmith; **~stück** n gold coin; *fig.* gem
Golf¹ m *geogr.* gulf
Golf² n golf; **~platz** m golf course; **~schläger** m golf club; **~spieler(in)** golfer
Gondel f gondola; cabin
gönne|n: ~ **(sich)** *et.* ~ allow s.o. (o.s.) s.th.; *neidlos:* not (be)grudge s.o. s.th.; **~rhaft** patronizing
Gorilla m gorilla (a. *fig.*)
Gosse f gutter (a. *fig.*)
Gott m God; **~heit:** god; ~ *sei Dank(!)* thank God(!); *um* ~*es willen!* for heaven's sake!
Gottes|dienst m (divine, *Am.* worship) service; **~lästerung** f blasphemy
Gött|in f goddess; **~lich** divine
Götze m, **~nbild** n idol
Gouverneur m governor
Grab n grave; tomb; **~en** m ditch; *mil.* trench; **~en** dig*; *Tier:* a. burrow; **~mal** n tomb; vault, tomb; *Ehrenmal:* monument; ~ **~schrift** f epitaph; **~stein** m tombstone, gravestone

Grad *m* degree; *mil. etc.* rank, grade; **15 ~ Kälte** 15 degrees below zero; **2uell** in degree; *gradweise:* gradual(ly)
Graf *m* count; *Brt.* earl
Gräfin *f* countess
Grafschaft *f* county
Gramm *n* gram
Grammati|k *f* grammar; **2sch** grammatical
Granate *f mil.* shell
Granit *m* granite
Graph|ik *f* graphic arts *pl*; *Druck:* print; *tech. etc.* graph, diagram; **~iker(in)** graphic artist; **2isch** graphic
Gras *n* grass; **2en** graze
gräßlich hideous, atrocious
Grat *m* ridge, crest
Gräte *f* (fish)bone
gratis free (of charge)
gratulieren congratulate (**zu** on); **zum Geburtstag ~** wish *s.o.* many happy returns (of the day)
grau grey, *bsd. Am.* gray
grau|en: mir graut vor 1 dread (the thought of); **2en** *n* horror; **~enhaft** horrible
Graupel *f* sleet
grau|sam cruel; **2samkeit** *f* cruelty; **2sen → grauen**; **~sig** horrible
gravieren engrave
graziös graceful
greif|bar at hand; *fig.* tangible; **~en** seize, grab, take* hold of; **~ nach** reach for; **~ zu** resort to; **um sich ~** spread*
Greis(in) (very) old (wo)man

grell glaring; *Ton:* shrill
Grenze *f* border; *Linie:* boundary; *fig.* limit; **2n: ~ an** border on; *fig. a.* verge on; **2nlos** boundless
Grenzübergang *m* border crossing(-point), checkpoint
Griech|e *m*, **~in**, **2isch** Greek
griesgrämig grumpy
Grieß *m* semolina
Griff *m* grip, grasp; *Tür2, Messer2 etc.:* handle
Grill *m* grill; *bsd. draußen:* barbecue; **~e** *f zo.* cricket; **2en** grill, barbecue; **~fest** *n* barbecue
Grimasse *f* grimace; **~n schneiden make*** faces
grimmig grim
grin|sen grin (**über** at); *höhnisch:* sneer (at); **2en** *n* grin; sneer
Grippe *f* flu, influenza
grob coarse (*a. fig.* derb); *Fehler etc.:* gross; *frech:* rude; *ungefähr:* rough(ly)
grölen bawl
grollen *Donner:* rumble
Groschen *m* ten-pfennig piece; *fig.* penny
groß big; *bsd. Umfang, Zahl:* large; *hoch(gewachsen):* tall; *erwachsen:* grown-up; *fig. bedeutend:* great (*a. Freude, Schmerz etc.*); *Buchstabe:* capital; **~es Geld** paper money; F big money; **im ~en (und) ganzen** on the whole; **~artig** great, F *a.* terrific; **2aufnahme** *f* close-up

Größe f size; *Körper*⁓: height; *bsd. math.* quantity; *Bedeutung*: greatness; *Person*: celebrity; star

Groß|eltern pl grandparents pl; **⁓handel** m wholesale (trade); **⁓händler** m wholesaler; **⁓macht** f Great Power; **⁓mutter** f grandmother; **⁓schreibung** f capitalization; **⁓spurig** arrogant; **⁓stadt** f big city

größtenteils mostly, mainly

Groß|vater m grandfather; **⁓wild** n big game; **²ziehen** raise, rear; *Kind*: a. bring* up; **²zügig** generous, liberal (*a. Erziehung*); *Planung etc.*: on a large scale

grotesk grotesque

Grotte f grotto

Grübchen n dimple

Grube f pit; *Bergwerk*: mine

grübeln ponder, muse (*über* on, over)

Gruft f tomb, vault

grün green (*a. fig. u. pol.*); → *Grüne*; **²anlage** f park

Grund m reason; *Boden*: ground; *agr. a.* soil; *Meer etc.*: bottom; *aus diesem ⁓(e)* for this reason; *im ⁓(e)* actually, basically; *⁓.... Ausbildung, Regel, Wissen etc.*: *mst* basic ...; **⁓begriffe** pl basics pl, fundamentals pl; **⁓besitz** m land(ed property); **⁓besitzer(in)** landowner

gründe|n found (*a. Familie*); establish; **⁓r(in)** founder

Grund|fläche f math. base; *arch.* (surface) area; **⁓gebühr** f basic rate; **⁓gedanke** m basic idea; **⁓gesetz** n constitution; **⁓lage** f foundation; **²legend** fundamental, basic

gründlich thorough(ly)

grund|los fig. unfounded; **²mauer** f foundation

Gründonnerstag m Maundy Thursday

Grund|riß m ground plan; **⁓satz** m principle; **²sätzlich** fundamental; **⁓ dagegen** against it on principle; **⁓schule** f primary school; **⁓stein** m foundation stone; **⁓stück** n plot (of land); (building) site; premises pl; **⁓stücksmakler(in)** (*Am.* real) estate agent

Gründung f foundation

grund|verschieden entirely different; **²wasser** n groundwater

Grüne(r) pol. Green

grunzen grunt

Grupp|e f group; **²ieren**: *sich ⁓* form groups

Grusel|... *Film etc.*: horror ...; **²ig** eerie, creepy; **²n**: *es gruselt mich* it gives me the creeps

Gruß m greeting(s pl); *mil.* salute

Grüße pl: *viele ⁓ an ...* give my regards (*herzliche*: love) to ...; *mit freundlichen ⁓*

Gynäkologin

yours sincerely; **herzliche ~ best wishes**; love; 2n greet, say* hello (to); *bsd. mil.* salute; **grüß dich!** hello!, hi!; **(j-n) ~ lassen** send* one's regards *od.* love

gucken look; F *TV* watch

Gulasch *n* goulash

gültig valid, good (*a. Sport*); 2**keit** *f* validity

Gummi *n* rubber (*a. F Kondom u. in Zssgn* Ball, Sohle *etc.*); **~band** *n* rubber band; 2**eren** gum; **~knüppel** *m* truncheon, *Am. a.* billy (club); **~stiefel** *pl* Wellington (*Am.* rubber) boots *pl*

günstig favo(u)rable; *passend:* convenient; *Preis:* reasonable; **im ~sten Fall** at best

Gurgel *f* throat; 2n gargle; *Wasser:* gurgle

Gurke *f* cucumber; *Gewürz*2: pickle(d gherkin)

Gurt *m* belt; *Halte*2, *Trage*2: strap

Gürtel *m* belt

Guß *m* downpour; *tech.* casting; *gastr.* icing; **~eisen** *n* cast iron

gut *adj* good; *Wetter: a.* fine; **ganz ~** not bad; **also ~!** all right (then)!; **schon ~!** never mind!; **(wieder) ~ werden** be* all right; **~ in et.** good at (doing) s.th.; *adv* well; *aussehen, klingen, schmecken etc.:* good; **mach's ~!** take care (of yourself)!

Gut *n* estate; *econ.* goods *pl*

Gut|achten *n* (expert) opinion; **~achter(in)** expert; 2**artig** good-natured; *med.* benign; 2**aussehend** good-looking

Gute *n* good; **~s tun** do* good; **alles ~!** good luck!

Güte *f* kindness; *econ.* quality; **meine ~** good gracious!

Güter *n pl*; **~bahnhof** *m* goods station, *Am.* freight depot; **~wagen** *m* (goods) waggon, *Am.* freight car; **~zug** *m* goods (*Am.* freight) train

gut|gehen go* (off) well, work out well; **wenn alles gutgeht** if nothing goes wrong; **mir geht es gut** I'm (*bsd. finanziell:* doing) fine; **~gelaunt** cheerful; → **gelaunt**; **~gemeint** well-meant; **~gläubig** credulous; **~haben: du hast (noch) ... gut** I (still) owe you ...; 2**haben** *n* credit (balance)

gut|machen make* up for, repay*; **~mütig** good-natured

Gut|schein *m* coupon, voucher; **~schrift** *f* credit(ing)

Guts|haus *n* manor house; **~hof** *m* estate, manor

guttun do* *s.o.* good

Gymnasium *n* (German) secondary school, *Brt. appr.* grammar school

Gymnastik *f* exercises *pl; Turnen:* gymnastics *pl*

Gynäkolog|e, ~in gyn(a)ecologist

H

Haar n hair; **sich die ~e schneiden lassen** have* one's hair cut; **um ein ~** by a hair's breadth; **~bürste** f hairbrush; **~festiger** m hair (setting) spray; **2ig** hairy; fig. a. ticklish (in Zssgn: ...-haired); **~klemme** f hair clip, Am. bobby pin; **~nadel** f hairpin; **~nadelkurve** f hairpin bend (Am. curve); **~schnitt** m haircut; **~spalterei** f hairsplitting; **2sträubend** hair-raising; **2trockner** m hair dryer; **~wäsche** f, **~waschmittel** n shampoo; **~wasser** n hair tonic

Habe f s.o.'s belongings pl

haben have* (got); **er hat Geburtstag** it's his birthday; **welche Farbe hat ...?** what colo(u)r is ...?; → **Durst, Hunger** etc.

habgierig greedy

Habicht m (gos)hawk

Hack|e f hoe; Ferse: heel; **2en** chop (a. Fleisch), hack; **~er** m EDV hacker; **~fleisch** n minced (Am. ground) meat

Hafen m harbo(u)r, port; **~arbeiter** m docker; **~stadt** f (sea)port

Hafer m oats pl; **~brei** m porridge; **~flocken** pl rolled oats pl; **~schleim** m gruel

Haft f imprisonment; **in ~** under arrest; **2bar** responsible; jur. liable; **2en stick***, adhere (an to); **~ für** answer for, be* liable for

Häftling m prisoner

Haft|pflichtversicherung f liability (mot. third-party) insurance; **~ung** f liability

Hagel m hail (a. fig.); **~korn** n hailstone; **2n** hail (a. fig.)

hager lean, gaunt

Hahn m cock; Haus2: Am. a. rooster; Wasser2: tap, Am. a. faucet; → **Gashahn**

Hähnchen n chicken

Hai(fisch) m shark

häkeln crochet

Haken m hook; Zeichen: tick, Am. check; fig. snag, catch; **~kreuz** n swastika

halb half; **e-e ~e Stunde** half an hour; **~ elf** half past ten, 10.30; **2finale** n semifinal; **~ieren** halve; **2insel** f peninsula; **2kreis** m semicircle; **2kugel** f hemisphere; **~laut** adj low; adv in an undertone; **2leiter** m semiconductor; **2mond** m half moon, crescent; **2pension** f half board, Am. room plus one main meal; **2schuh** m (low) shoe; **2tags-**... part-time ..., half-day ...; **~wegs** more or less; leidlich: tolerably; **2wüchsige(r)** adoles-

Handgranate

cent, teenager; 2zeit f half; Pause: half time
Hälfte f half; die ~ von half of
Halfter n halter; holster
Halle f hall; Hotel: a. lounge; in der ~ indoors
hallen resound, reverberate
Hallenbad n indoor swimming pool
Halm m blade; Getreide: stalk, stem; Stroh2: straw
hallo hello!; Gruß: a. hi!
Hals m neck; Kehle: throat; ~band n Hund etc.: collar; ~entzündung f sore throat; ~kette f necklace; ~Nasen-Ohren-Arzt m ear-nose-and-throat doctor; ~schlagader f carotid; ~schmerzen pl: ~ haben have* a sore throat; ~tuch n scarf
Halt m hold; Stütze: support; Stopp: stop, halt; 2! stop!; mil. halt!; 2bar durable, Lebensmittel: not perishable; fig. tenable; ~barkeitsdatum n sell-by (Am. expiration) date
halten v/t hold*; Tier, Wort etc.: keep*; Rede: make*; ~ für regard as; irrtümlich: (mis)take* for; viel (wenig) ~ von think* highly (little) of; sich ~ keep*; Wetter etc.: last; v/i hold*, last; an~: stop; ~ zu stand* by
Halt|er m owner; tech. holder, stand, rack; ~estelle f stop; ~everbot n no stopping (area); 2machen stop; ~ung f posture; fig. attitude (zu towards)
hämisch malicious
Hammel m wether; ~fleisch n mutton
Hammer m hammer
hämmern hammer
Hampelmann m jumping jack; contp. clown, sucker
Hamster m hamster; 2n hoard
Hand f hand; von (mit der) ~ by hand; sich die ~ geben shake* hands (with s.o.); Hände hoch! hands up!; ~arbeit f manual labo(u)r; needlework; es ist ~ it is handmade; ~ball m handball; ~bremse f handbrake; ~buch n manual, handbook
Händedruck m handshake
Handel m commerce; ~verkehr: trade; abgeschlossener: transaction, deal; ~ treiben trade (mit with s.o.); 2n act; feilschen: bargain (um for); ~ mit deal* od. trade in s.th.; ~ von deal* with, be* about
Handels|abkommen n trade agreement; ~bilanz f (aktive favo[u]rable) balance of trade; ~kammer f Chamber of Commerce; ~schule f commercial school; ~ware f merchandise
Hand|feger m handbrush; ~fläche f palm; ~gelenk n wrist; ~gemenge n scuffle; ~gepäck n hand luggage; ~granate f hand grenade;

Handgriff 436

~griff m tech. etc. handle; Verrichtung: operation; 2haben handle, manage
Händler(in) dealer, trader
handlich handy
Handlung f act(ion); Film, Buch: story, plot, action; econ. shop, store; ~sweise f conduct
Hand|schellen pl handcuffs pl; ~schrift f hand(writing); hist. manuscript; 2schriftlich handwritten; ~schuh m glove; ~tasche f handbag; ~tuch n towel; ~voll handful; ~werk n (handi)craft, trade; ~werker(in) crafts (-wo)man, work(wo)man; ~werkzeug n tools pl
Hanf m hemp
Hang m slope; fig. inclination (zu for), tendency (to)
Hänge|brücke f suspension bridge; ~matte f hammock
hängen hang* (an on); ~ an fig. be* fond of; stärker: be* devoted to; ~bleiben get* stuck (a. fig.); ~ an get* caught on
hänseln tease (wegen about)
Happen m morsel, bite
Hardware f hardware
Harfe f harp
Harke f, 2n rake
harmlos harmless
Harmon|ie f harmony; 2ieren harmonize; 2isch harmonious
Harn m urine; ~blase f (urinary) bladder

Harpun|e, 2ieren harpoon
hart hard, F a. tough; Sport: rough; strenge: severe
Härte f hardness; roughness; severity
hart|gekocht hard-boiled; ~näckig stubborn
Harz n resin
Haschisch n hashish, sl. pot
Hase m hare
Haselnuß f hazelnut
Hasenscharte f harelip
Haß m hatred, hate
hassen hate
häßlich ugly; fig. a. nasty
hastig hasty, hurried
Haube f bonnet; Schwestern2: cap; mot. bonnet, Am. hood
Hauch m breath; Duft: whiff; fig. touch; 2en breathe
hauen hit*; tech. hew*; sich ~ have* a fight, fight*
Haufen m heap, pile; F fig. crowd; ein ~ F loads of
häuf|en pile up, accumulate; (beide a. sich ~); sich ~ fig. increase; ~ig frequent(ly)
Haupt n head; fig. a. leader; ~... in Zssgn mst main ...; ~bahnhof m main od. central station; ~darsteller(in) lead(ing man od. lady); ~figur f main character; ~film m feature (film); ~gewinn m first prize
Häuptling m chief(tain)
Haupt|mann m captain; ~quartier n headquarters pl; ~rolle f lead(ing part);

sache f main thing; **2sächlich** main(ly), chief(ly); **~satz** m gr. main clause; **~stadt** f capital; **~straße** f main street; **~verkehrsstraße** f main road; **~verkehrszeit** f rush hour(s pl)
Haus n house; *nach ~e* home; *zu ~e* at home; **~angestellte(r)** domestic (servant); **~apotheke** f medicine cabinet; **~arbeit** f housework; *univ. etc.* paper; **~arzt, ~ärztin** family doctor; **~aufgaben** pl homework sg; **~besetzer(in)** squatter; **~besitzer(in)** home owner; *Vermieter(in)*: landlord (-lady); **~flur** m hall; **~frau** f housewife; **~halt** m household; *econ. pol.* budget; **~hälterin** f housekeeper; **~herr(in)** land|lord (-lady); *Gastgeber(in)*: host(ess)
hausiere|n peddle, hawk; **2r(in)** pedlar, hawker
häuslich domestic
Haus|meister(in) caretaker, janitor; **~ordnung** f house rules pl; **~schlüssel** m front-door key; **~schuh** m slipper; **~suchung** f house search; **~tier** n domestic animal; **~tür** f front door; **~wirt(in)** land|lord (-lady); **~wirtschaft** f housekeeping; *Lehre*: domestic science, *Am.* home economics sg
Haut f skin; **~arzt, ~ärztin** dermatologist; **~farbe** f colo(u)r (of one's skin); *Teint*: complexion
Hebamme f midwife
Hebebühne f (car) hoist
Hebel m lever
heben lift, raise (*a. fig.*); heave; *sich ~* rise*, go* up
hebräisch Hebrew
Hecht m pike; **2en** dive*
Heck n mar. stern; aer. tail; mot. rear (*a. in Zssgn*)
Hecke f hedge
Heer n army; *fig. a.* host
Hefe f yeast
Heft n notebook; *Schul2*: *Brt. a.* exercise book; **~chen**: booklet; *Ausgabe*: issue, number; **2en** fasten, fix (*an* to); *tech.* staple, tack; **~er** m stapler; *Ordner*: file
heftig violent, fierce; *stark*: hard; *Schmerz*: severe
Heft|klammer f staple, **~pflaster** n adhesive plaster, *Am.* band-aid
hegen preserve; *fig.* have
Heide[1] m heathen
Heide[2] f heath(land); **~kraut** n heather, heath
Heidelbeere f → **Blaubeere**
heidnisch heathen
heikel delicate, tricky
heil safe, unhurt; *Sache*: undamaged, whole
Heil|anstalt f sanatorium; *Nerven2*: mental hospital; **2bar** curable; **2en** v/t cure; v/i heal (up)
heilig holy; *geweiht*: sacred (*a. fig.*); **2abend** m Christ-

Heilige(r)

mas Eve; **2e(r)** saint; **2tum** *n* sanctuary, shrine

Heil|mittel *n* remedy; **~praktiker(in)** nonmedical practitioner

heim, **2** *n* home (*a*. in Zssgn Spiel *etc*.); **2arbeit** *f* outwork, *Am*. homework

Heimat *f* home, native country; *Ort*: home town; native village; **2los** homeless

Heim|computer *m* home computer; **2isch** home, domestic; *bot*., *zo*., *etc*. native; *sich ~ fühlen* feel* at home; **2kehren**, **2kommen** return home; **2lich** secret(ly); **~reise** *f* journey home; **2tückisch** insidious (*a*. *Krankheit*); *Mord etc*.: treacherous; **~weg** *m* way home; **~weh** *n* homesickness; **~ haben** be* homesick; **~werker** *m* home mechanic, do-it-yourselfer

Heirat *f* marriage; **2en** marry, get* married (to *s.o.*); **~santrag** *m* proposal

heiser hoarse; **2keit** *f* hoarseness

heiß hot (*a. fig. u.* F); *mir ist ~* I am hot *od*. feel hot

heißen be* called; *bedeuten*: mean*; *wie ~ Sie?* what's your name?; *wie heißt das?* what do you call this?; *es heißt im Text*: it says; *das heißt* that is

heiter cheerful; *Film etc*.: humorous; *meteor*. fair; **2keit** *f*

Belustigung: amusement

heiz|en heat; **2er** *m mar*., *rail*. stoker; **2kissen** *n* heating pad; **2körper** *m* radiator; **2öl** *n* fuel oil; **2platte** *f* hot plate; **2ung** *f* heating

hektisch hectic

Held *m* hero; **2enhaft** heroic; **~in** *f* heroine

helfen help (*bei* with); **~ gegen** be* good for; *er weiß sich zu ~* he can manage; *es hilft nichts* it's no use

Helfer(in) helper, assistant

hell light (*a. Farbe*): *Licht etc.*: bright; *Klang*, *Stimme*: clear; *Kleid etc.*: light-colo(u)red; *Bier*: pale; *fig*. bright, clever; **~...** *blau etc.*: light ...; **2blond** very fair; **2seher(in)** clairvoyant(e)

Helm *m* helmet

Hemd *n* shirt

hemm|en check, stop; → **gehemmt**; **2ung** *f psych*. inhibition; *moralisch*: scruple; **~ungslos** unrestrained; unscrupulous

Hengst *m* stallion

Henkel *m* handle

Henne *f* hen

Henker *m* executioner

her *hier~*: here; *zeitlich*: ago; *von ... ~* from

herab down; **~lassend** condescending; **~sehen**: *~ auf* look down upon; **~setzen** reduce; *fig*. disparage

heran: *~ an* up to; **~kommen**: *~ an* come* near to;

~wachsen grow* (up) (**zu** into); **2wachsende(r)** adolescent

herauf up (here); upstairs; **~beschwören** call up; verursachen: provoke; **~ziehen** v/t pull up; v/i come* up

heraus out; fig. **aus ... ~** out of ...; **~bekommen** get* out; Geld: get* back; fig. find* out; **~bringen** bring* out; fig. **~finden** find* out, discover; **~fordern** challenge; et.: provoke, ask for it; **2forderung** f challenge; provocation; **~geben** give* back; ausliefern: give* up, surrender; Buch: publish; Geld: give* change (**auf** for); **2geber(in)** publisher; Zeitung: editor; **~holen** get* out (aus of); **~kommen** come* out; **~ aus** get* out of (a.); **~groß ~ machen*** it (big); **~nehmen** take* out; sich et. **~** take* liberties; **~stellen: sich ~ als** turn out od. prove* to be; **~strecken** stick* out; **~ziehen** pull out

herb Geschmack: tart; Wein: dry; fig. bitter; F tough

herbei up, over, here

Herberge f hostel

Herbst m autumn, Am. a. fall

Herd m cooker, Am. stove

Herde f herd; Schaf2, Gänse2 etc.: flock

herein in (here); **~!** come in!; **~fallen** fig. be* taken in; **~legen** fig. take* in, fool

her|fallen: ~ über attack; **2gang** m: **den ~ schildern** give* an account of what happened; **~geben** give* up; **sich ~ zu** lend* o.s. to

Hering m herring

her|kommen come* (a. here); **2kunft** f origin; j-s: a. birth

Heroin n heroin

Herr m gentleman; Besitzer, Gebieter: master; eccl. the Lord; **~ Brown** Mr Brown; **m-e ~en** gentlemen

Herren|... in Zssgn men's ...; **2los** ownerless

herrichten get* s.th. ready

Herrin f mistress

herrisch imperious

herrlich marvel(l)ous

Herrschaft f rule, power, control (a. fig.) (**über** over); (m-e) **~en!** (ladies and) gentlemen! F folks!

herrsche|n rule; **es herrschte ...** there was ...; **2r(in)** ruler; sovereign, monarch

her|rühren: ~ von come* from; **~stellen** make*, produce, manufacture; fig. establish; **2stellung** f manufacture, production

herüber over (here), across

herum (a)round; **~führen** show* s.o. (a)round; **~kommen** get* around (**um et.** s.th.); **~ um** get* s.o. to do s.th.; **~lungern** loaf od. hang* around; **~reichen** pass od. hand round; **~treiben: sich ~** knock about

herunter down; downstairs; **~gekommen** run-down; *a. Person:* seedy, shabby; **~holen** get* down; **~kommen** come* down(stairs); *fig.* get* run-down

hervor out of *od.* from, forth; **~bringen** bring* out, produce (*a. fig.*); *Wort:* utter; **~gehen:** ~ **aus** follow from; **~heben** stress, emphasize; **~ragend** *fig.* outstanding; **~rufen** cause, bring* about; **~stechend** *fig.* striking

Herz *n anat.* heart (*a. fig.*); *Karten:* heart(s *pl*); **~anfall** *m* heart attack; **~enslust** *f*: **nach** ~ to one's heart's content; **~fehler** *m* heart defect; 2**haft** hearty; *nicht süß:* savo(u)ry; **~infarkt** *m* cardiac infarct(ion), F *mst* coronary; **~klopfen** *n med.* palpitation; **er hatte ~ (vor)** his heart was throbbing (with); 2**krank** suffering from a heart disease; 2**lich** cordial, hearty; **~lichkeit** *f* cordiality; 2**los** heartless

Herzog *m* duke; **~in** *f* duchess; **~tum** *n* duchy

Herz|schlag *m* heartbeat; *med.* heart failure; **~schrittmacher** *m* pacemaker; **~verpflanzung** *f* heart transplant

Hetze *f* rush; *pol.* agitation; 2**n** *v/i* rush; agitate; *v/t* chase; *fig.* rush; ~ **auf** *Hund etc.:* set* on *s.o.*

Heu *n* hay

Heuch|elei *f* hypocrisy; 2**eln** feign; **~ler(in)** hypocrite; 2**lerisch** hypocritical

heuer *östr.* this year

heulen howl; *weinen:* bawl

Heu|schnupfen *m* hay fever; **~schrecke** *f* grasshopper; *Afrika etc.:* locust

heut|e today; ~ **abend** this evening, tonight; ~ **früh**, ~ **in morgen** this morning; ~ **in acht Tagen** a week from now; ~ **vor acht Tagen** a week ago today; 2**ig** today's; *gegenwärtig:* present; **~zutage** nowadays, these days

Hexe *f* witch; **~nschuß** *m* lumbago; **~rei** *f* witchcraft

Hieb *m* blow, stroke

hier here; **~entlang!** this way! **hier|auf** on it *od.* this; *after that, then;* **~aus** from this; **~bei** here, in this case; while doing this; **~durch** by this, hereby; **~für** for this; **~her** (over) here, this way; *bis* ~ so far; **~in** in this; **~mit** with this; **~nach** after this; *demzufolge:* according to this; **~über** *fig.* about this (subject); **~von** *of od.* from this; **~zu** *to this; dazu:* to this; **~zulande** in this country, here

hiesig local

Hi-Fi-Anlage *f* hi-fi, stereo

Hilfe *f* help; *Beistand:* aid (*a. econ.*); relief (**für** to); **Erste** ~ first aid; ~**!** help!; **~ruf** *m* cry for help

hilflos helpless
Hilfs|arbeiter(in) unskilled worker; **2bedürftig** needy; **2bereit** helpful, ready to help; **~mittel** *n* aid; *tech. a.* device; **~verb** *n* auxiliary
Himbeere *f* raspberry
Himmel *m* sky; *eccl., fig.* heaven; **2blau** sky-blue; **~fahrt** *f* Ascension (Day); **~srichtung** *f* direction
himmlisch heavenly
hin there; ***bis ~ zu*** as far as; ***auf j-s ... ~*** at s.o.'s ...; ***~ und her*** to and fro, back and forth; ***~ und wieder*** now and then; ***~ und zurück*** there and back; *Fahrkarte*: return (ticket), *Am.* round trip
hinab → ***hinunter***
hinauf up (there); upstairs; ***die ... ~*** up the ...; **~gehen** go* up; *fig. a.* rise*; **~steigen** climb up
hinaus out; ***aus ... ~*** out of ...; **~gehen** go* out(side); ***~ über*** go* beyond; **~laufen: *~ auf*** come* *od.* amount to; **~schieben** *fig.* put* off, postpone; **~werfen** throw* out (***aus*** of); **~zögern** put* off
Hin|blick *m*: ***im ~ auf*** with regard to; **2bringen** take* there
hinder|lich: *j-m ~ sein* be* in s.o.'s way; **~n** hinder; ***~ an*** prevent from *ger*; **2nis** *n* obstacle
hindurch through; ***... ~*** throughout ...
hinein in; **~gehen** go* in (-side); ***~ in*** *passen*: go* into; **~steigern: *sich ~*** get* worked up (***in*** about)
hinfahr|en go* (*j-n*: take*) there; **2t: *auf der ~*** on the way there
hin|fallen fall* (down); **~führen** lead* *od.* take* there; **2gabe** *f* devotion; **~geben: *sich ~*** give* (*widmen*: devote) o.s. to; **~gehen** go* (there); *Zeit*: pass; **~halten** hold* out; *j-n*: stall, put* off
hinken limp
hin|legen lay* *od.* put* down; ***sich ~*** lie* down; **~nehmen** *ertragen*: put* up with; **2reise** *f* → ***Hinfahrt***; **~richten** execute; **2richtung** *f* execution; **~setzen** set* *od.* put* down; ***sich ~*** sit* down; **~sichtlich** with regard to; **~stellen** put* (down); ***sich ~*** stand*; ***~ als*** make* *s.o. od. s.th.* appear to be
hinten at (*Auto etc.*: in) the back; ***von ~*** from behind
hinter behind; ***~ ... hersein*** be* after ...
Hinter|... *Achse, Eingang, Rad etc.*: rear ...; **~bein** *n* hind leg; **~bliebene** *m, f* surviving dependant; ***die ~n*** *lit.* the bereaved
hinter|e rear, back; **~einander** one after the other; ***dreimal ~*** three times in a row; **2gedanke** *m* ulterior motive; **~gehen** deceive; **2-**

Hintergrund

grund *m* background; **≈halt** *m* ambush; **~her** behind, after; *zeitlich*: afterwards; **≈kopf** *m* back of the head; **~lassen** leave*; **~legen** deposit; **≈n** *m* bottom, behind; **≈teil** *n* back *od.* rear (part); F → **Hintern**; **≈treppe** *f* back stairs *pl*; **≈tür** *f* back door

hinüber over, across; F ruined

hinunter down; downstairs; **den ... ~** down the ...; **~schlucken** swallow

Hinweg *m* way there

hinweg: über ... ~ over ...; **~kommen: ~ über** get* over; **~setzen: sich ~ über** ignore

Hin|weis *m* hint; *Zeichen*: indication, clue; *Verweis*: reference; **≈weisen: j-n ~ auf** draw* *od.* call s.o.'s attention to; **~ auf** point at *od.* to; **≈werfen** throw* down; **≈ziehen: sich ~** stretch (*bis zu* to); *zeitlich*: drag on

hinzu in addition; **~fügen** add; **~kommen** be* added; **~ziehen** *Arzt etc.*: call in

Hirn *n* brain; **~gespinst** *n* (*reines* mere) fantasy; **≈verbrannt** crazy, crackpot

Hirsch *m* stag; *Gattung*: (red) deer; **~kuh** *f* hind

Hirt(e) *m* herdsman; *Schaf≈, fig.*: shepherd

hissen hoist

historisch historic(al)

Hitz|e *f* heat (*a. zo.*); **≈ebe-** **ständig** heat-resistant; **~ewelle** *f* heat wave; **≈ig** hot-tempered; *Debatte*: heated; **~kopf** *m* hothead; **~schlag** *m* heatstroke

Hobel *m*, **≈n** plane

hoch high; *Baum, Gebäude*: tall; *Strafe*: heavy, severe; *Alter*: great, old; *Schnee*: deep; **~ oben** high up; *math.* **~ zwei** squared

Hoch *n meteor.* high (*a. fig.*); **~achtung** *f* respect; **≈achtungsvoll** *Brief*: Yours sincerely; **~betrieb** *m* rush; **≈deutsch** High *od.* standard German; **~druck** *m* high pressure; **~ebene** *f* plateau, tableland; **~form** *f*: **in ~ in** top form; **~gebirge** *n* high mountains *pl*; **~geschwindigkeits...** high-speed ...; **~haus** *n* high-rise, tower block; **~konjunktur** *f* boom; **~mut** *m* arrogance; **≈mütig** arrogant; **~ofen** *m* blast furnace; **~saison** *f* peak season; **~schule** *f* university; college; academy; **~sommer** *m* midsummer; **~spannung** *f* high tension (*a. fig.*) *od.* voltage; **~sprung** *m* high jump

höchst *adj* highest; *äußerst*: extreme; *adv* highly, most, extremely

Hochstapler(in) con man

höchst|ens at (the) most, at best; **≈form** *f* top form; **≈geschwindigkeit** *f* (*mit a*) top speed; **zulässige ~** speed

limit; ⒉leistung f top performance; ~wahrscheinlich most likely
Hoch|verrat m high treason; ~wasser n high tide; Überschwemmung: flood; ⒉wertig high-grade; ~zahl f exponent
Hochzeit f wedding; Trauung: a. marriage; ~s... Geschenk, Kleid, Tag etc.: wedding ...; ~sreise f honeymoon
hocke|n squat; ⒉r m stool
Höcker m Kamel: hump
Hoden m testicle
Hof m yard; agr. farm; Fürsten⒉, Innen⒉: court
hoff|en hope (auf for); ~entlich I hope, let's hope; ⒉nung f hope; ~nungslos hopeless
höflich polite, courteous (zu to); ⒉keit f politeness
Höhe f height; aer., ast., geogr. altitude; An⒉: hill; e-r Summe, Strafe etc.: amount; Niveau: level; Ausmaß: extent; mus. pitch; in die ~ up
Hoheitsgebiet n territory
Höhen|luft f mountain air; ~messer m altimeter; ~sonne f sunlamp; ~zug m mountain range
Höhepunkt m climax
hohl hollow (a. fig.)
Höhle f cave; zo. hole
Hohl|maß n measure of capacity; ~raum m hollow, cavity

Hohn m derision, scorn
höhnisch sneering
holen (go* and) get*, fetch, go* for; rufen: call; ~ lassen send* for; sich ~ Krankheit etc.: catch*, get*
Holländer(in) Dutch|man (-woman); Dutch
Höll|e f hell; ⒉isch infernal
holper|ig bumpy; Sprache: clumsy; ~n jolt, bump
Holunder m elder
Holz n wood; Nutz⒉: timber, Am. a. lumber
hölzern wooden
Holz|fäller m logger; ~handlung f lumberyard; ⒉ig woody; ~kohle f charcoal; ~schnitt m woodcut; ~schuh m clog; ~wolle f wood shavings pl; ~wurm m woodworm
homosexuell homosexual
Honig m honey
Honorar n fee
Hopfen m hops pl; bot. hop
Hör|apparat m hearing aid; ⒉bar audible
horchen listen (auf to); heimlich: eavesdrop
Horde f horde, F a. bunch
höre|n hear*; an~, Radio, Musik etc.: listen to (a. ~ auf); gehorchen: obey, listen; ~ von hear* from s.o.; hear* about s.th. od. s.o.; er hört schwer his hearing is bad; ⒉r m listener; teleph. receiver; ⒉rin f listener

Horizont

Horizont m (**am** on the horizon); **2al** horizontal
Horn n horn; mus. (French) horn; **~haut** f horny skin; Auge: cornea
Hornisse f hornet
Horoskop n horoscope
Hör|saal m lecture hall; **~spiel** n radio play; **~weite** f: **in ~** within earshot
Hose f (pair of) trousers pl od. Am. pants pl; sportliche: slacks pl; kurze: shorts pl
Hosen|anzug m trouser (Am. pants) suit; **~schlitz** m fly; **~tasche** f trouser pocket; **~träger** pl (pair of) braces pl od. Am. suspenders pl
Hospital n hospital
Hostess f hostess
Hostie f eccl. host
Hotel n hotel; **~direktor(in)** hotel manager; **~zimmer** n hotel room
Hubraum m cubic capacity
hübsch pretty, nice(-looking), cute; Geschenk: nice
Hubschrauber m helicopter
Huf m hoof; **~eisen** n horseshoe
Hüft|e f hip; **~gelenk** n hip-joint; **~halter** m girdle
Hügel m hill; **2ig** hilly
Huhn n chicken; Henne: hen
Hühner|auge n corn; **~brühe** f chicken broth; **~stall** m henhouse
Hülle f cover(ing), wrap(ping); Schutz2, Buch2: jacket; Platten2: Brt. a. sleeve; **in ~ und Fülle** in abundance; **2n** wrap, cover
Hülse f case; bot. pod; **~nfrüchte** pl pulse sg
human humane, decent
Hummel f bumble-bee
Hummer m lobster
Humor m humo(u)r; **(keinen) ~ haben** have* a (no) sense of humo(u)r; **2voll** humorous
humpeln limp, hobble
Hund m dog; F bastard
Hunde|hütte f kennel, Am. doghouse; **~kuchen** m dog biscuit; **~leine** f lead, leash; **~marke** f dog tag; **2müde** dog-tired
hundert a. od. one hundred; **2jahrfeier** f centenary, Am. a. centennial; **~ste, 2stel** n hundredth
Hündin f bitch
Hundstage pl dogdays pl
Hüne m giant
Hunger m hunger; **~ bekommen (haben)** get* (be*) hungry; **2n** go* hungry, starve; **~snot** f famine
hungrig hungry (**auf** for)
Hupe f horn; **2n** hoot, honk
hüpfen hop, skip; bounce
Hürde f hurdle
Hure f whore, prostitute
hurra hooray!
huschen flit, dart
hüsteln cough slightly
husten, 2 m cough; **~saft** m cough syrup
Hut m hat

hüten guard; *Schafe etc.*: herd; *Kind, Haus*: look after; **sich ~ vor** beware of; **sich ~, zu be*** careful not to *do s.th.*
Hütte *f* hut; *Häuschen*: cabin; *Berg*- *etc.*: lodge; *tech.* metallurgical plant
Hydrant *m* hydrant
hydraulisch hydraulic

Hygien|e *f* hygiene; **₂isch** hygienic(ally)
Hymne *f* hymn
Hypno|se *f* hypnosis; **₂tisieren** hypnotize
Hypothek *f* mortgage
Hypothese *f* hypothesis
Hysteri|e *f* hysteria; **₂sch** hysterical

I

ich I; **~ selbst** (I) myself; **~ bin's** it's me
Ideal *n*, **₂** ideal
Idee *f* idea; *e-e ~ fig.* a bit
identi|fizieren identify (*sich o.s.*); **~sch** identical; **₂tät** *f* identity
Ideologie *f* ideology
Idiot|(in) idiot; **₂isch** idiotic
Idol *n* idol
Igel *m* hedgehog
ignorieren ignore
ihm (to) him; (to) it
ihn him; it
ihnen *pl* (to) them; **Ihnen** *sg, pl* (to) you
ihr *pers pron* you; (to) her; *poss pron* her; *pl* their; **₂** *sg, pl* your; **~etwegen** for her (*pl* their) sake; because of her (*pl* them)
illegal illegal
Illustr|ation *f* illustration; **₂ieren** illustrate; **~ierte** *f* magazine
Imbiß *m* snack; **~stube** *f* snack bar

Imker(in) beekeeper
immer always; **~ mehr** more and more; **~ noch** still; **~ wieder** again and again; **~ für ~** for ever, for good; **wer** (*was etc.*) (**auch**) **~** whoever, what(so)ever *etc.*; **~hin** after all; **~zu** all the time
Immobilien *pl* real estate *sg*; **~makler(in)** (*Am.* real) estate agent
immun immune; **₂ität** *f* immunity; **₂schwäche** *f* immunodeficiency; **Erworbene ~** AIDS
Imperativ *m* imperative
Imperfekt *n* past (tense)
Imperialismus *m* imperialism
impf|en vaccinate; **₂schein** *m* certificate of vaccination; **₂stoff** *m* vaccine; **₂ung** *f* vaccination
imponieren: j-m ~ impress *s.o.*
Import *m* import(ation); **₂ieren** import

impotent impotent
imprägnieren waterproof
improvisieren improvise
impulsiv impulsive
imstande capable of
in *räumlich:* in, at; *innerhalb:* within, inside; *wohin?* into, in, to; ~ **der (die) Schule** at (to) school; ~**ns Bett** *(Kino etc.)* to bed (the cinema *etc.*); *zeitlich:* in, at, during; within; **gut** ~ good at
Inbegriff *m* epitome; **2en** included
indem while, as; *dadurch, daß:* by doing s.th.
Ind|er(in) Indian; ~**ianer(in)** (American) Indian
Indikativ *m* indicative
indirekt indirect
indisch Indian
individu|ell, **2um** *n* individual
Indizien *pl*, ~**beweis** *m* circumstantial evidence *sg*
Industrialisierung *f* industrialization
Industrie *f* industry; ~**..**, industrial; ~**gebiet** *n* industrial area; ~**staat** *m* industrial(ized) country
ineinander in(to) one another; ~ **verliebt** in love with each other
Infektion *f* infection; ~**skrankheit** *f* infectious disease
Infinitiv *m* infinitive
infizieren infect
Inflation *f* inflation
infolge owing *od.* due to; ~ **dessen** consequently
Inform|atik *f* computer science; ~**atiker(in)** computer scientist; ~**ation** *f* information *(a.* ~**en** *pl);* **2ieren** inform
Ingenieur(in) engineer
Ingwer *m* ginger
Inhaber(in) owner, proprietor (-ress); *Wohnung:* occupant; *Laden:* keeper; *Paß, Amt etc.:* holder
Inhalt *m* contents *pl; Raum2:* volume; *Sinn:* meaning; ~**sangabe** *f* summary; ~**sverzeichnis** *n Buch:* table of contents
Initiative *f* initiative; **die** ~ **ergreifen** take* the initiative
inklusive inclusive
In|land *n* home (country); *Landesinnere:* inland *(a.* ~**s...);** ~**ländisch** domestic, home(-made)
Inlett *n* (bed) tick(ing)
innen inside; *im Haus:* a. indoors; **nach** ~ inwards
Innen|architekt(in) interior designer; ~**minister** *m* minister of the interior, *Brt.* Home Secretary, *Am.* Secretary of the Interior; ~**politik** *f* domestic politics; ~**seite** *f:* **auf der** ~ (on the) inside; ~**stadt** *f* (city) cent|re, *Am.* -er, *Am. a.* downtown
inner inner; *med., pol.* internal; **2e** *n* interior; **2eien** *pl* offal *sg; Fisch:* guts *pl;* ~**halb**

within; **~lich** internal(ly); **~ste** in(ner)most
inoffiziell unofficial
Insass|e, ~in passenger; *Heim etc.*: inmate
Inschrift *f* inscription
Insekt *n* insect
Insel *f* island
Inser|at *n* advertisement, F ad; **2ieren** advertise
insgesamt altogether
insofern: ~ als in so far as
Inspektion *f* inspection
Install|ateur(in) plumber; fitter; **2ieren** instal(l)
instand: ~ halten keep*in good repair; *tech.* maintain
Instinkt *m* instinct
Institut *n* institute; **~ion** *f* institution
Instrument *n* instrument
Inszenierung *f* production, staging (*a. fig.*)
intellektuell, 2e(r) intellectual, F highbrow
intelligen|t intelligent; **2z** *f* intelligence
Intendant(in) director
intensiv intensive; *Geruch etc.*: strong; **~kurs** *m* crash course; **2station** *f* intensive care unit
Intercity *m* intercity train
interess|ant interesting; **2e** *n* interest (**an, für** in); **~ent(in)** *econ.* prospect; **~ieren** interest (**für** in); **sich ~ für** be*interested in
Internat *n* boarding school
international international

inter|pretieren interpret; **2punktion** *f* punctuation; **2view** *n*, **~viewen** interview
intim intimate
intolerant intolerant
intransitiv intransitive
Invalide *m, f* invalid
Invasion *f* invasion
invest|ieren invest; **2ition** *f* investment
inwie|fern in what way *od.* respect; **~weit** to what extent
inzwischen meanwhile
irdisch earthly; worldly
Ire *m* Irishman; **die ~n** *pl* the Irish *pl*
irgend in *Zssgn*: some...; any...; **~ et.** something; anything; **~ jemand** someone, somebody; anyone, anybody; **~ein(e)** some(one); any(one); **~wann** sometime (or other); **~wie** somehow; F kind *od.* sort of; **~wo** somewhere; anywhere
Ir|in *f* Irishwoman; **sie ist ~** she's Irish; **2isch** Irish
Iron|ie *f* irony; **2isch** ironic(al)
irre mad, insane; F *toll:* magic, *Am.* awesome; **2** *m, f* mad|man (-woman), lunatic; **~führen** mislead*; **~machen** confuse; **~n** *umher-:* wander, stray; **sich ~ be*** wrong *od.* mistaken; **sich ~ in** get* *s.th.* wrong; **2nanstalt** *f* mental hospital
irritieren *reizen:* irritate; *verwirren:* confuse

Irrsinn *m* madness; &ig insane, mad; F → *irre*
Irr|tum *m* error, mistake; *im ~ sein* be* mistaken; &tümlich(erweise) by mistake
Ischias *m* sciatica, lumbago
Islam *m* Islam
Isol|ation *f* isolation; *tech.* insulation; &ierband *n* insulating tape; &ieren isolate; *tech.* insulate
Israeli *m, f*, &sch Israeli
Italie|ner(in), &nisch Italian

J

ja yes; *wenn ~* if so
Jacht *f* yacht
Jacke *f* jacket; *längere:* coat; &*t n* jacket, coat
Jagd *f* hunt(ing); *Brt. a.* shoot(ing); *Verfolgung:* chase; &flugzeug *n* fighter (plane); &hund *m* hound; &revier *n* hunting ground; &schein *m* hunting licen|ce, *Am.* -se
jagen hunt; *rasen:* race, dash; *verfolgen:* chase; *~ aus drive** out of
Jäger *m* hunter; *aer.* fighter
Jaguar *m* jaguar
jäh sudden; *steil:* steep
Jahr *n* year; *im ~e* ... (in the year) ...; *mit 18 ~en* at (the age of) eighteen; *ein 20 ~e altes Auto* a 20-year-old car; &**elang** *adj* (many) years of ...; *adv* for (many) years
Jahres... *Bericht etc.:* annual ...; &**tag** *m* anniversary; &**zahl** *f* date, year; &**zeit** *f* season, time of (the) year
Jahr|gang *m* age group; *Schule:* year, *Am. a.* class;

Wein: vintage; &**hundert** *n* century
...jährig *in Zssgn:* ...-year-old, of ... (years)
jährlich yearly, annual(ly); *adv a.* every year
Jahr|markt *m* fair; &**zehnt** *n* decade
jähzornig hot-tempered
Jalousie *f* (venetian) blind
Jammer *m* misery; *es ist ein ~* it's a shame
jämmerlich miserable
jammern moan (*über* about), complain (about)
Janker *m* östr. jacket
Jänner *östr.,* **Januar** *m* January
Japan|er(in), &**isch** Japanese
jäten weed (*a. Unkraut ~*)
Jauche *f* liquid manure
jauchzen shout for joy
jaulen howl, yowl
Jause *f* östr. snack
jawohl yes, sir!; (that's) right
je ever; *pro:* per; *~ zwei* two each; *~ nach* ... according to ...; *~ nachdem* (, *wie*) it de-

pends (on how); ~ ..., desto ... the ... the ...
jed|er, ~e, ~es every; ~ *beliebige*: any; ~ *einzelne*: each; *von zweien*: either; **jeden zweiten Tag** every other day; **~enfalls** in any case, anyway; **~ermann** everyone, everybody; **~erzeit** always; (at) any time; **~esmal** every time
jedoch however, yet
jemals ever
jemand someone, somebody; anyone, anybody
jene, ~r, ~s that (one); ~ *pl* those *pl*
jenseits beyond (*a. fig.*); 2 *n* next world, hereafter
jetzige present; existing
jetzt now, at present; **bis ~** so far; **erst ~** only now; **von ~ an** from now on
jeweils at a time; *je*: each
Jockei *m* jockey
Jod *n* iodine
jogg|en jog; **2en** *n* jogging; **2er(in)** jogger
Joghurt *m, n* yog(h)urt
Johannisbeere *f*: *rote* ~ redcurrant; *schwarze* ~ blackcurrant
Journalist(in) journalist
jubeln cheer, shout for joy
Jubiläum *n* anniversary
juck|en, 2reiz *m* itch
Jude *m* Jew
Jüd|in *f* Jewess; **2isch** Jewish
Jugend *f* youth; young

people *pl*; **~amt** *n* youth welfare department; **2frei** *Film*: U- (*Am.* G-)rated; *nicht* ~ X-rated; **~herberge** *f* youth hostel; **~kriminalität** *f* juvenile delinquency; **2lich** youthful, young; **~liche** *m, f* teenager, *m a.* youth; ~ *pl* young people *pl*; **~stil** *m* Art Nouveau
Jugoslaw|e, ~in, 2isch Yugoslav(ian)
Juli *m* July
jung young
Junge[1] *m* boy, F kid
Junge[2] *n Hund*: pup(py); *Katze*: kitten; *Raubtier*: cub; ~ *pl* young *pl*
jungenhaft boyish
jünger younger; *zeitlich näher*: (more) recent
Jünger(in) disciple
Jungfer *f*: *alte* ~ old maid; **~frau** *f* virgin; *ast.* Virgo; **~geselle** *m* bachelor; **~gesellin** *f* bachelor girl
jüngste youngest; *Ereignisse*: latest; *in* 2 *r Zeit* lately, recently; *das* 2 *Gericht, der* 2 *Tag* the Last Judg(e)ment, Doomsday
Juni *m* June
junior, 2 *m* junior
Jur|a *pl*: *~ studieren* study (the) law; **~ist(in)** lawyer; law student; **2istisch** legal
Jury *f* jury
Justiz *f* (administration of) justice; **~minister** *m* minis-

Justizministerium 450

ter of justice; *Brt.* Lord Chancellor, *Am.* Attorney General; ~**ministerium** *n* ministry of justice; *Am.* Department of Justice
Juwel|en *pl* jewel(le)ry *sg*; ~**ier(in)** jewel(l)er
Jux *m* joke

K

Kabel *n* cable; ~**fernsehen** *n* cable TV
Kabeljau *m* cod(fish)
Kabin|e *f* cabin; *Sport:* locker room; *Umkleide*&: cubicle; ~**ett** *n pol.* cabinet
Kabriolett *n* convertible
Kachel *f*, 2n tile; ~**ofen** *m* tiled stove
Kadaver *m* carcass
Käfer *m* beetle, *Am. a.* bug
Kaffee *m* coffee; ~**kanne** *f* coffeepot; ~**maschine** *f* coffee maker; ~**mühle** *f* coffee mill
Käfig *m* cage
kahl bare; *Mensch:* bald
Kahn *m* boat; *Last*&: barge
Kai *m* quay, wharf
Kaiser|(in) *m* emper|or (-ress); ~**reich** *n* empire; ~**schnitt** *m* c(a)esarean
Kajüte *f* cabin
Kakao *m* cocoa; *Pulver:* cacao
Kakt|ee *f*, ~**us** *m* cactus
Kalb *n* calf; ~**fleisch** *n* veal; ~**sbraten** *m* roast veal
Kalender *m* calendar
Kalk *m* lime; *med.* calcium; *geol.* = ~**stein** *m* limestone
Kalorie *f* calorie; 2**narm** low-calorie

kalt cold; *mir ist* ~ I'm cold; ~**blütig** *adj* cold-blooded; *adv* in cold blood
Kälte *f* cold(ness *fig.*); → *Grad*; ~**welle** *f* cold wave
Kamel *n* camel
Kamera *f* camera
Kamerad|(in) companion, friend; *mil. a.* fellow soldier, comrade (-in-arms); ~**schaft** *f* companionship, friendship
Kamille *f* camomile
Kamin *m* fireplace; *am* ~ by the fire(side); → *Schornstein*; ~**sims** *m* mantelpiece
Kamm *m* comb; *zo. a.* crest
kämmen comb
Kammer *f* (small) room; ~**musik** *f* chamber music
Kampagne *f* campaign
Kampf *m* fight (*a. fig.*); *mil. a.* combat; battle
kämpfen fight*, struggle; 2**r(in)** fighter
Kampfrichter(in) judge
Kanad|ier(in), 2**isch** Canadian
Kanal *m* canal; *natürlicher:* channel (*a.* TV, *tech., fig.*); *Abzug:* sewer, drain; ~**isation** *f* sewerage; *Fluß:*

Karwoche

canalization; **2isieren** provide with a sewerage (system); *Fluß:* canalize; *fig.* channel

Kanarienvogel *m* canary
Kandid|at(in) candidate; **2ieren** be* a candidate, stand*, *Am.* run* (**für** for)
Känguruh *n* kangaroo
Kaninchen *n* rabbit
Kanister *m* (fuel) can
Kanne *f* Kaffee2, Tee2: pot; Milch2 *etc.*: can
Kanon *m* canon, *mus.* round
Kanone *f* cannon, gun (*a.* F Waffe2); *fig.* ace, crack
Kante *f* edge
Kantine *f* canteen, *Am.* cafeteria
Kanu *n* canoe
Kanzel *f* pulpit, *aer.* cockpit
Kanzler(in) chancellor
Kap *n* cape, headland
Kapazität *f* capacity; *fig.* authority
Kapelle *f* chapel; *mus.* band
kapieren get* (it)
Kapital *n* capital; **~anlage** *f* investment; **~ismus** *m* capitalism; **~ist(in)**, **2istisch** capitalist; **~verbrechen** *n* capital crime
Kapitän(in) captain
Kapitel *n* chapter; F story
kapitulieren surrender
Kaplan *m* curate
Kappe *f* cap; *tech. a.* top
Kapsel *f* capsule; case
kaputt broken; *Lift etc.:* out of order; *erschöpft:* worn out; *ruiniert:* ruined; **~ gehen** break*; *mot. etc.* break* down; *Ehe etc.:* break* up; *Mensch:* crack (up); **~machen** break*, wreck; ruin
Kapuze *f* hood; *eccl.* cowl
Karaffe *f* decanter, carafe
Karawane *f* caravan
Kardinal *m* cardinal; **~zahl** *f* cardinal number
Karfiol *m* östr. cauliflower
Karfreitag *m* Good Friday
kariert checked; *Papier:* squared
Karies *f* (dental) caries
Karikatur *f* cartoon; *Porträt, fig.:* caricature
Karneval *m* carnival, Mardi Gras, *Brt. a.* Shrovetide
Karo *n* square, check; *Karten:* diamonds *pl*
Karosserie *f mot.* body
Karotte *f* carrot
Karpfen *m* carp
Karre *f*, **~n** *m* cart
Karriere *f* career
Karte *f* card; → *Fahr-, Land-, Speisekarte etc.*
Kartei *f* card index; **~karte** *f* index *od.* file card
Karten|spiel *n* card game; pack (*Am. a.* deck) of cards; **~telefon** *n* cardphone
Kartoffel *f* potato; **~brei** *m* mashed potatoes *pl*
Karton *m* cardboard box, carton; → *Pappe*
Karussel *n* merry-go-round
Karwoche *f* Holy Week

Käse *m* cheese; F ~! baloney!; ~kuchen *m* cheesecake
Kaserne *f* barracks *sg, pl*
Kasino *n* casino; cafeteria; *mil.* (officers') mess
Kasperletheater *n* Punch and Judy show
Kasse *f* Kaufhaus etc.: cash desk, *Am.* cashier('s stand); Bank: cashier's window od. counter; Supermarkt: checkout; Laden♀: till; Registrier♀: cash register; *thea. etc.* box-office
Kassen|patient(in) non-private patient, *Brt. appr.* NHS patient; **~zettel** *m* sales slip (*Am.* check)
Kassette *f* box, case; *mus., TV, phot.* cassette; *~...* Recorder etc.: cassette (-ing)
kassiere|n collect, take* (the money); **darf ich jetzt ~?** do you mind if I give you the bill now?; **♀r(in)** cashier; Bank: a. teller; Beitrag etc.: collector
Kastanie *f* chestnut
Kasten *m* box (a. F *TV*), case; Getränke♀: crate; case
Katalog *m* catalog(ue)
Katalysator *m* catalyst; *mot.* catalytic converter
Katastrophe *f* disaster
Kategorie *f* category
Kater *m* tomcat; F hangover
Kathedrale *f* cathedral
Katholi|k(in), ♀sch Catholic
Katze *f* cat; junge: kitten
Kauderwelsch *n* gibberish
kauen chew

kauern crouch, squat
Kauf *m* purchase; **guter ~** bargain; **in ~ nehmen** put* up with; **♀en** buy*, purchase
Käufer(in) buyer; customer
Kauf|frau *f* businesswoman; **♀haus** *n* department store
käuflich for sale; *fig.* venal
Kaufmann *m* Händler: dealer, merchant; shopkeeper, *Am. mst* storekeeper; grocer
Kaugummi *m* chewing gum
kaum hardly, scarcely
Kaution *f* security; *jur.* bail
Kauz *m* owl; F character
Kavalier *m* gentleman
Kaviar *m* caviar(e)
Kegel *m* cone; Figur: pin; **~bahn** *f* skittle (*Am.* bowling) alley; **♀förmig** conic(al); **♀n** play (at) skittles od. ninepins, *Am.* (go*) bowl
Kehle *f* throat; **~kopf** *m* larynx
Kehr|e *f* (sharp) bend; **♀en** sweep*; wenden: turn
keifen nag, scold
Keil *m* wedge; **~er** *m* wild boar; **~riemen** *m* V-belt
Keim *m* germ; *bot.* bud; **♀en** Samen: germinate; sprießen: sprout; **~frei** sterile
kein: ~(e) no, not any; **~e(r)** no one, nobody, none (a. **~es**); **~er von beiden** neither (of the two); **~er von uns** none of us; **~esfalls, ~eswegs** by no means; **~mal** not once

Keks *m, n* biscuit, *Am.* cookie; *ungesüßt:* cracker
Kelch *m* cup; *eccl.* chalice
Kelle *f* ladle; *tech.* trowel
Keller *m* cellar, basement (*a.* ~**geschoß**)
Kellner(in) wait|er (-ress)
keltern *Trauben:* press
kenn|en know*; ~**enlernen** get* to know (*sich auch* each other); *j-n:a.* meet* (*a. sich* ~); **2er(in)** expert; *Kunst2, Wein2:* connoisseur; **2tnis** *f* knowledge; **2zeichen** *n* mark, sign; *mot.* registration (*Am.* license) number; ~**zeichnen** mark; *fig.* characterize
kentern capsize, overturn
Keramik *f* ceramics *pl, tech. sg,* pottery
Kerbe *f* notch
Kerl *m* fellow, guy
Kern *m Obst:* pip, *Am.* seed; *Kirsch2 etc.:* stone, *Am.* pit; *Nuß:* kernel; *tech.* core (*a. Reaktor2*); *phys.* nucleus (*a. Atom2*); *fig.* core, heart; ~..., *Energie, Forschung, Waffen etc.:* nuclear ...; ~**kraft** *f* nuclear power; ~**kraftgegner(in)** anti-nuclear activist; ~**kraftwerk** *n* nuclear power station; ~**spaltung** *f* nuclear fission
Kerze *f* candle; *mot.* spark(-ing) plug
Kessel *m* kettle, *tech.* boiler
Kette *f* chain; *Hals2:* necklace; ~**n...** *Raucher, Reaktion etc.:* chain ...
keuch|en pant, gasp; **2husten** *m* whooping cough
Keule *f* club; *Fleisch:* leg
Kfz-|Brief *m* registration document (*Am.* certificate); ~**Steuer** *f* motor vehicle tax; ~**Versicherung** *f* car insurance
kichern giggle, titter
Kiefer¹ *m* jaw(-bone)
Kiefer² *f bot.* pine
Kiel *m mar.* keel
Kieme *f* gill
Kies *m* gravel; ~**el** *m* pebble
Kilo(gramm) *n* kilogram; ~**meter** *n* kilomet|re, *Am.* -er; ~**watt** *n* kilowatt
Kind *n* child, F kid; baby
Kinder|arzt, ~**ärztin** *f* p(a)ediatrician; ~**bett** *n* cot, *Am.* crib; ~**garten** *m* kindergarten, nursery school; ~**gärtner(in)** *f Erzieher(in);* ~**hort** *m* crèche, *Am.* day-care center; ~**lähmung** *f* polio (-myelitis); **2los** childless; ~**mädchen** *n* nurse(maid); ~**wagen** *m* pram, *Am.* baby carriage; ~**zimmer** *n* children's room, nursery
Kind|heit *f* childhood; **2isch** childish; **2lich** childlike
Kinn *n* chin
Kino *n* cinema, F *the* pictures *pl, Am.* motion pictures *pl,* F *the* movies *pl; Gebäude:* cinema, *bsd. Am.* movie theater
Kippe *f* butt, stub;

Müllkippe; ≈**n** *v/i* tip (over); *v/t* tilt

Kirch|e *f* church; ~**enlied** *n* hymn; ~**enschiff** *n* nave; ~**enstuhl** *m* pew; ~**gänger(in)** churchgoer; ≈**lich** church..., ecclesiastical(ly); ~**turm** *m* steeple; *Spitze*: spire; *ohne Spitze*: church tower

Kirsche *f* cherry

Kissen *n* cushion; *Kopf*≈: pillow

Kiste *f* box, case, chest; *Latten*≈: crate

Kitsch *m* trash, kitsch

Kitt *m* cement; *Glaser*≈: putty

Kittel *m* smock; overall; *Arzt*≈: (white) coat

kitten cement; putty

kitz|eln tickle; ~**lig** ticklish

kläffen yap, yelp

klaffend gaping

Klage *f* complaint; *Weh*≈: lament; *jur*. action, (law)suit; ≈**n** complain; *jur*. go* to court; sue *s.o.*

Kläger(in) *jur*. plaintiff

kläglich miserable

klamm *Finger etc.*: numb

Klammer *f* clamp, cramp; *Haar*≈: clip; *Zahn*≈: brace; *math., print.* bracket(s *pl*); → ***Büro-, Wäscheklammer***; ≈**n** clip (together); ***sich*** ~ ***an*** cling* to (*a. fig.*)

Klang *m* sound; ring(ing)

Klapp... *Bett, Rad, Sitz, Stuhl, Tisch etc.*: folding ...

Klappe *f* flap; *Deckel*: lid; *anat*. valve; *mot*. tail|board, *Am*. -gate; F *Mund*: trap; ≈**n** *v/t*: ***nach oben*** ~ lift *od*. put* up; ***nach unten*** ~ lower, put* down; *v/i* clap, clack; *fig*. work (out well)

Klapper *f* rattle; ≈**n** clatter, rattle (***mit et.*** s.th.); ~**schlange** *f* rattlesnake

Klappmesser *n* jackknife

Klaps *m* slap, smack

klar clear; *offensichtlich*: *a*. obvious; ~ ***zu(m)*** ... ready for ...; ***ist dir*** ~, ***daß ...?*** do you realize that ...?; ***alles*** ~***(?)*** everything o.k.(?)

Klär|anlage *f* sewage works; ≈**en** *Wasser*: treat; *fig*. clear up; ***sich*** ~ be* settled

klar|machen make* *s.th.* clear; ***sich*** ~ realize; ~**stellen** get* *s.th.* straight

Klasse *f* class; *Schul*≈: *a*. form, *Am*. grade; F super; ~**narbeit** *f* (classroom) test; ~**nzimmer** *n* classroom

Klass|ik *f* classical period; ≈**isch** classic(al *mus., lit.*)

Klatsch *m*, ~**base** *f* gossip; ≈**en** clap, applaud; F *schlagen, werfen*: slap, bang; *ins Wasser*: splash; F *fig*. gossip

klauben *östr*. pick; gather

Klaue *f* claw; *Schrift*: scrawl; ≈**n** F pinch, steal* (*a. fig.*)

Klavier *n* piano

kleb|en *v/t* glue, paste, stick*; *v/i* stick*, cling* (***an*** to); ~**rig** sticky; ≈**stoff** *m* glue; ≈**streifen** *m* adhesive tape

Klee|blatt n m clover(leaf)
Kleid n dress; ~er pl clothes pl; 2en dress (a. sich ~)
Kleider|bügel m (coat) hanger; ~bürste f clothes brush; ~haken m (coat) hook od. peg; ~schrank m wardrobe
Kleidung f clothes pl
Kleie f bran
klein small, bsd. F little (a. Bruder, Finger etc.); von Wuchs: short; 2... Bus etc.: mini...; 2**bildkamera** f 35 mm camera; 2**geld** n (small) change; 2**igkeit** f trifle; Geschenk: little something; zu essen: snack; **e-e ~igkeit** nothing, child's play; 2**kind** n infant; ~laut subdued; ~lich narrow-minded; geizig: stingy; ~**schneiden** chop up; 2st... mst micro...; 2**stadt** f small town; ~**städtisch** small-town, provincial; 2**wagen** m small car, mini, Am. subcompact
Kleister m, 2n paste
Klemme f tech. clamp; electr. terminal; ~ Haarklemme; **in der ~** in a jam; 2n jam, squeeze; Tür etc.: be* stuck; **sich ~** jam one's finger etc.
Klempner(in) plumber
Klette f bur(r); fig. leech
klettern climb (a. ~ auf)
Klient(in) client
Klima n climate; ~**anlage** f air-conditioning
klimpern jingle, chink; F tinkle (away) (**auf** at)

Klinge f blade
Klingel f bell; ~**knopf** m bell-push; 2n ring* (the bell)
klingen sound; ring*
Klinik f hospital, clinic
Klinke f (door) handle
Klippe f cliff, rock
klirren clink, tinkle; Fenster, Kette etc.: rattle; Schwerter, Teller: clatter
Klischee n fig. cliché
Klo n loo, Am. john
klobig bulky, clumsy
klopfen knock; Herz: beat*; heftig: throb; auf die Schulter etc.: tap; freundlich: pat; **es klopft** there's a knock at the door
Klops m meatball
Klosett n lavatory, toilet
Kloß m dumpling; fig. lump
Kloster n monastery; Nonnen2: convent
Klotz m block; Holz: a. log
Klub m club
Kluft f fig. gap, chasm
klug clever, intelligent
Klump|en m lump; Erd2 etc.: clod; ~**fuß** m clubfoot
knabbern nibble, gnaw
Knäckebrot n crispbread
knack|en crack (a. fig. u. F); 2**punkt** m sticking point
Knall m bang; Peitsche: crack; Korken: pop; **e-n ~ haben** be* nuts; ~**bonbon** m, n cracker; 2**en** bang; crack; pop
knapp scarce; kurz: brief; spärlich: scanty, meagre,

knapphalten

Am. -er; *Mehrheit, Sieg etc.*: narrow, bare; *eng*: tight; ~ **an** ... short of ...; ~ **werden** run* short; **~halten** keep* *s.o.* short

knarren creak

knattern crackle; *mot.* roar

Knäuel *m, n* ball; tangle

Knauf *m* knob

knautsch|en crumple; **2zone** *f* crumple zone

Knebel *m,* **2n** gag

kneif|en pinch; F chicken out; **2zange** *f* pincers *pl*

Kneipe *f* pub, *Am.* saloon

kneten knead; mo(u)ld

Knick *m* fold, crease; *Kurve*: bend; **2en** fold, crease; bend*; *brechen*: break*

Knie *n* knee; **2n** kneel*; ~**kehle** *f* hollow of the knee; **~scheibe** *f* kneecap; ~**strumpf** *m* knee(-length) sock

knipsen punch; *phot.* take* a picture (of)

Knirps *m* shrimp

knirschen crunch; *mit den Zähnen* ~ grind* one's teeth

knistern crackle; *Papier etc.*: rustle

knittern crumple, crease

Knoblauch *m* garlic

Knöchel *m Fuß2*: ankle; *Finger2*: knuckle

Knoch|en *m* bone; ~**enbruch** *m* fracture; **2ig** bony

Knödel *m* dumpling

Knolle *f* tuber; *Zwiebel*: bulb

Knopf *m*, **knöpfen** button

Knopfloch *n* buttonhole

Knorpel *m* gristle; *anat.* cartilage

Knospe *f*, **2n** bud

Knoten *m* knot; *med.* lump; 2 (make* a) knot (in); ~**punkt** *m* junction

Knüller *m* (smash) hit

knüpfen tie; *Teppich*: weave*

Knüppel *m* stick (*a. Steuer2 etc.*), cudgel; → **Gummiknüppel;** ~**schaltung** *f mot.* floor shift

knurren growl, snarl; *fig.* grumble; *Magen*: rumble

knusprig crisp, crunchy

Koch *m* cook; chef; ~**buch** *n* cookbook; **2en** *v/t* cook; *Eier, Wasser, Wäsche*: boil; *Kaffee, Tee etc.*: make*; *v/i* (do* the) cook(ing); *Flüssiges*: boil (*fig. vor Wut* with rage); ~**er** *m* cooker

Köchin *f* cook

Koch|nische *f* kitchenette; ~**platte** *f* hotplate; ~**topf** *m* pot, saucepan

Köder *m,* **2n** bait

Koffein *n* caffeine; **2frei** decaffeinated

Koffer *m* (suit)case; ~**radio** *n* portable radio; ~**raum** *m mot.* boot, *Am.* trunk

Kohl *m* cabbage

Kohle *f* coal; *electr.* carbon; ~**hydrat** *n* carbohydrate; ~**ndioxyd** *n* carbon dioxide; ~**nsäure** *f* carbonic acid; *im Getränk*: fizz; ~**nstoff** *m* car-

Konferenz

bon; **~nwasserstoff** *m* hydrocarbon
Koje *f* berth, bunk
Kokain *n* cocaine
Kokosnuß *f* coconut
Koks *m* coke (*a. sl.* Kokain)
Kolben *m* *Gewehr*2: butt; *tech.* piston
Kolik *f* colic
Kolleg|e, ~in *m* colleague
Kolonie *f* colony
Kolonne *f* column; *Wagen*2: convoy
Kombi *m* estate car, *bsd. Am.* station wagon; **~nation** *f* combination; *Mode*: set; *aer.* flying suit; *Fußball etc.*: combined move; **2nieren** *v/t* combine; *v/i* reason
Komfort *m* luxury; *Ausstattung*: (modern) conveniences *pl*; **2abel** luxurious
Komi|k *f* humo(u)r; comic effect; **~ker(in)** comedian; *f Beruf*: comedienne; **2sch** funny; *fig. a.* strange; *Oper etc.*: comic
Komitee *n* committee
Komma *n* comma; *sechs ~ vier* six point four
Kommand|ant *m* commander; **2ieren, ~o** *n* command
kommen come*; *an.*: arrive; *gelangen*: get*; *zur Schule ~* start school; *ins Gefängnis ~* go* to jail; *~ lassen* send* for; *j-n: a.* call; *~ auf* think* of; remember; *zu et. ~* come* by s.th.; get* around to (doing) s.th.; *zu sich*

come* round *od.* to; *du kommst* it's your turn
Komment|ar *m* comment(ary *TV etc.*); **2ieren** comment on
Kommiss|ar(in) *Polizei*: superintendent, *Am.* captain; **~ion** *f* commission; *Ausschuß: a.* committee
Kommode *f* chest of drawers, *Am. a.* bureau
Kommunis|mus *m* communism; **~t(in), 2tisch** communist
Komödie *f* comedy
Kompanie *f* company
Komparativ *m* comparative
Kompaß *m* compass
kompatibel compatible
komplett complete
komplex, 2 *m* complex
Kompliment *n* compliment
Kompliz|e *m* accomplice
komplizier|en complicate; **~t** complicated, complex
kompo|nieren compose; **2nist(in)** composer
Kompott *n* stewed fruit
Kompromiß *m* compromise
kondens|ieren condense; **2milch** *f* condensed milk
Kondition *f* condition; **2al, ~al** *m* conditional
Konditor(in) confectioner; **~ei** *f* confectionery (*a. ~waren*); café
Kondom *n* condom
Konfekt *n* sweets *pl, Am.* candy; chocolates *pl*
Konferenz *f* conference

Konfession

Konfession f denomination
Konfirmation f confirmation
Konfitüre f jam
Konflikt m conflict
konfrontieren confront
Kongreß m congress
König m king; ~**in** f queen; ~**lich** royal; ~**reich** n kingdom
Konjuga|tion f gr. conjugation; 2**ieren** gr. conjugate
Konjunkt|ion f gr. conjunction; ~**iv** m subjunctive; ~**ur** f economic situation
Konkurr|ent(in) competitor, rival; ~**enz** f competition; **die** ~ one's competitor(s pl); 2**enzfähig** competitive; 2**ieren** compete
Konkurs m bankruptcy
können can*, be* able to, know* how to; *Sprache*: know*, speak*; *kann ich ...?* can od. may I ...?; *ich kann nicht mehr* I can't go on; I can't eat any more; *es kann sein* it may be
konsequen|t consistent; 2**z** f consistency; *Folge*: consequence
konservativ conservative
Konserven f/pl canned (*Brt. a.* tinned) food(s pl); ~**büchse** f, ~**dose** f, can, *Brt. a.* tin
konservier|en preserve; 2**ungsstoff** m preservative
Konsonant m consonant
konstru|ieren construct; *entwerfen*: design; 2**ktion** f construction

Konsul|(in) consul; ~**at** n consulate
Konsum m consumption; *econ.* cooperative (store)
Kontakt m contact; ~ **aufnehmen (haben)** get* (be*) in touch; 2**arm** unsociable; 2**freudig** sociable; ~**linsen** pl contact lenses pl
Kontinent m continent
Konto n account; ~**auszug** m statement of account; ~**stand** m balance (of an account)
kontra against, versus; → *pro*
Kontrast m contrast
Kontroll|e f control; *Aufsicht*: a. supervision; *Prüfung*: a. check(up); ~**eur(in)** (ticket) inspector; 2**ieren** check (*j-n*: up on s.o.); *beherrschen, überwachen*: control
Konversation f conversation
Konzentr|ation f concentration; ~**ationslager** n concentration camp; 2**ieren** concentrate (a. *sich* ~)
Konzert n concert; *Musikstück*: concerto; ~**saal** m concert hall
Konzession f concession; *jur.* licen|ce, *Am.* -se
Kopf m head (a. *fig.*); ~**ende** n head, top; ~**hörer** m headphones pl; ~**kissen** n pillow; ~**salat** m lettuce; ~**schmerzen** pl headache sg; ~**sprung** m header; ~**tuch** n (head)scarf; 2**über** head first

Kopie f, ⁓n copy; ⁓rer m, ⁓rgerät n copier; ⁓rladen m copy shop od. cent|re, Am. -er

Kopilot(in) copilot

koppeln couple

Koralle f coral

Korb m basket; *j-m e-n* ⁓ *geben* turn s.o. down; ⁓... *Möbel etc.*: wicker ...

Kord m corduroy; ⁓el f cord

Kork|(en) m cork; ⁓enzieher m corkscrew

Korn n grain (a. phot., tech.)

körnig grainy; ⁓-grained

Körper m body; ⁓bau m physique; 2behindert physically handicapped, disabled; 2lich physical; ⁓pflege f hygiene; ⁓teil m part of the body

korrekt correct; 2ur f correction; print. proof(reading)

Korrespond|ent(in) correspondent; ⁓enz f correspondence; 2ieren correspond

korrigieren correct

Korsett n corset

Kosename m pet name

Kosmet|ik f beauty culture; *Mittel*: cosmetics pl; ⁓ikerin f beautician;2isch cosmetic

Kost f food, diet; *Verpflegung*: board; 2bar precious, valuable; ⁓barkeit f precious object

kosten¹ taste, try

kosten² cost; *Zeit*: a. take*

Kosten pl cost(s pl); *Un*2: expenses pl; ⁓los free (of charge), *get* s.th. for nothing

köstlich delicious; *fig.* priceless; *sich ⁓ amüsieren* have* a very good time

Kost|probe f sample; 2spielig expensive, costly

Kostüm n (woman's) suit; thea. etc. costume

Kot m excrement

Kotelett n chop

Köter m mutt, cur

Kotflügel m mudguard, Am. fender

Krabbe f shrimp; prawn

krabbeln crawl

Krach m crash (a. fig., pol.); *Lärm*: noise; *Streit*: quarrel; 2en crack (a. *Schuß*), crash (a. *prallen*)

krächzen croak

Kraft f strength, force (a. fig., pol.), power (a. phys.); *in ⁓ treten* come* into force; ⁓brühe f consommée; ⁓fahrer(in) motorist; ⁓fahrzeug n motor vehicle; *Zssgn* → *KFZ..., Auto...*

kräftig strong (a. fig.); *Essen*: substantial; F *tüchtig*: good

kraft|los weak; ⁓stoff m fuel; 2werk n power station

Kragen m collar

Krähe f, 2n crow[?]

Kralle f claw (a. fig.)

Kram m stuff, junk; 2en rummage (around)

Krampf m cramp; *stärker*: spasm; F *fig.* fuss; ⁓ader f varicose vein

Kran m, ⁓ich m crane

krank

krank ill (*nur pred*), sick; **2e** *m, f* sick person, patient; **die ~n** the sick

kränken hurt*, offend

Kranken|geld *n* sickpay; **~haus** *n* hospital; **~kasse** *f* health insurance; **~pfleger** *m* male nurse; **~schein** *m* health insurance certificate; **~schwester** *f* nurse; **~versicherung** *f* health insurance; **~wagen** *m* ambulance; **~zimmer** *n* sickroom

krank|haft morbid; **2heit** *f* illness; *bestimmte*: disease

kränk|lich sickly; **2ung** *f* insult, offen|ce, *Am.* -se

Kranz *m* wreath; *fig.* ring

kraß crass, gross

Krater *m* crater

kratz|en (*sich*) ~ scratch (o.s.); **2er** *m* scratch (*a.* F)

kraulen scratch (gently); *Sport*: crawl

kraus curly, frizzy

Kraut *n* herb; *Kohl*: cabbage; sauerkraut

Krawall *m* riot

Krawatte *f* (neck)tie

Krebs *m* crayfish; crab; *med.* cancer; *ast.* Cancer

Kredit *m* credit; → **Darlehen**; **~karte** *f* credit card

Kreide *f* chalk

Kreis *m* circle (*a. fig.*); *pol.* district; **~bahn** *f* orbit

kreischen screech, scream

kreis|en (move in a) circle, revolve, rotate; *Blut*: circulate; **2förmig** circular; **2lauf**

m circulation; *biol., fig.* cycle; **2laufstörungen** *pl* circulatory trouble *sg*; **~verkehr** *m* roundabout, *Am.* traffic circle

Krempe *f* brim

Kren *m* östr. horseradish

Krepp *m* crepe (*a. in Zssgn*)

Kreuz *n* cross; crucifix; *anat.* (small of the) back; *Karten*: club(*s pl*); → **quer**

kreuz|en cross (*a. sich* ~); *mar.* cruise; **2fahrt** *f* cruise; **~igen** crucify; **2otter** *f* adder; **2schmerzen** *pl* backache *sg*; **2ung** *f* crossing, junction; *biol., fig.* cross; **2verhör** *n*: **ins ~ nehmen** cross-examine; **2worträtsel** *n* crossword (puzzle); **2zug** *m* crusade

kriech|en creep*, crawl (*a. contp.*); **2spur** *f* slow lane

Krieg *m* war

kriegen get*; catch*

Kriegs|dienstverweigerer *m* conscientious objector; **~gefangene(r)** prisoner of war; **~gefangenschaft** *f* captivity; **~verbrechen** *n* war crime

Kriminal|beamte, ~beamtin (plain-clothes) detective; **~film** *m* (crime) thriller; **~ität** *f* crime; **~polizei** *f* criminal investigation department (*Am.* division); **~roman** *m* detective novel

kriminell, **2e(r)** criminal

Krippe *f* crib, manger; → **Kinderhort**

Krise f crisis
Kristall m, ~ n crystal
Kriterium n criterion
Kriti|k f criticism; thea. etc. review; **~ker(in)** critic; **2sch** critical; **2sieren** criticize
kritzeln scrawl, scribble
Krokodil n crocodile
Krone f, **krönen** crown
Kron|enkorken m crown cap; **~leuchter** m chandelier
Krönung f coronation
Kropf m goit|re, Am. -er
Kröte f toad
Krücke f crutch
Krug m jug, pitcher; mug
Krümel m crumb
krumm crooked (a. fig.), bent
krümm|en bend*; crook (a. Finger); **2ung** f bend; curve; math., geogr., med. curvature
Krüppel m cripple
Kruste f crust
Kruzifix n crucifix
Kubik... cubic ...
Küche f kitchen; gastr. cuisine, cooking
Kuchen m cake
Küchenschrank m (kitchen) cupboard
Kuckuck m cuckoo
Kufe f runner; aer. skid
Kugel f ball; Gewehr etc.: bullet; math., geogr. sphere; Sport: shot; **~lager** n ball bearing; **~schreiber** m ball (-point) pen; **2sicher** bulletproof; **~stoßen** n shot put
Kuh f cow

kühl cool (a. fig.); **2box** f cold box; **~en** cool, chill; **2er** m mot. radiator; **2erhaube** f bonnet, Am. hood; **2schrank** m refrigerator; **2truhe** f freezer
kühn bold, daring
Kuhstall m cowshed
Küken n chick (a. F fig.)
Kulissen pl scenery sg
kultivieren cultivate
Kultur f culture (a. biol.), civilization; **~beutel** m toilet bag (Am. kit); **2ell** cultural
Kümmel m caraway
Kummer m grief, sorrow
kümmer|lich miserable; dürftig: poor; **~n** concern; **sich ~ um** look after, take* care of
Kumpel m miner; F pal
Kunde f customer; **~ndienst** m service (department)
Kundgebung f pol. rally
kündig|en cancel; j-m: give* s.o. notice; **2ung** f (Frist: period of) notice
Kund|in f customer; **~schaft** f customers pl
Kunst f art; Fertigkeit: a. skill; **~dünger** m artificial fertilizer; **~faser** f synthetic fib|re, Am. -er; **~gewerbe** n arts and crafts pl
Künstler|(in) artist; **2isch** artistic
künstlich artificial
Kunst|stoff m synthetic (material), plastic; **~stück** n trick; **~werk** n work of art

Kupfer

Kupfer n copper; ⁓**stich** m copperplate
Kuppe f (hill)top; (finger)tip
Kuppel f dome; ⁓**ei** f procuring; 2**eln** couple; mot. put* the clutch in od. out; ⁓**lung** f coupling; mot. clutch
Kur f cure
Kurbel f, 2n f crank; ⁓**welle** f crankshaft
Kürbis m pumpkin
Kur|gast m visitor; 2**ieren** cure; ⁓**ort** m health resort
Kurs m course; Börse: price; Wechsel2: (exchange) rate; ⁓**buch** n railway (Am. railroad) timetable
kursieren circulate
Kurswagen m through carriage
Kurve f curve; 2**nreich** winding; F Frau: curvaceous
kurz short; zeitlich: a. brief; ⁓**e Hose** shorts pl; **sich** ⁓ **fassen** be* brief; ⁓ **(gesagt)** in short; **vor** ⁓**em** a short time ago
Kürze f shortness; **in** ⁓ shortly; 2n shorten (**um** by); Buch etc.: abridge; Ausgaben: cut*, reduce
kurz|erhand without hesitation; ⁓**fristig** adj short-term; adv at short notice; 2**geschichte** f short story
kürzlich recently
Kurz|schluß m short circuit; ⁓**schrift** f shorthand; 2**sichtig** short-sighted, near-sighted; ⁓**waren** pl haberdashery sg, Am. notions pl; ⁓**welle** f short wave
Kusine f cousin
Kuß m, **küssen** kiss (a. sich ⁓)
Küste f coast, shore
Küster(in) verger, sexton
Kutsche f coach, carriage; ⁓**r** m coachman
Kutte f cowl
Kutter m cutter

L

Labor n lab(oratory); ⁓**ant(in)** laboratory technician
Lache f pool, puddle
lächeln, 2 n smile
lachen laugh; 2 n laugh(ter)
lächerlich ridiculous
Lachs m salmon
Lack m varnish; Farb2: lacquer; mot. paint(work); 2**ieren** varnish; mot., Nägel: paint
laden load; electr. charge
Laden m shop, Am. store; Fenster: shutter; ⁓**dieb(in)** m closing time; ⁓**tisch** m counter
Ladung f load, freight; mar., aer. cargo; electr. charge
Lage f situation, position; Schicht: layer; **in der** ⁓ **sein zu** be* able to

Lager n camp; econ. stock (*auf* in); tech. bearing; geol. deposit; ~feuer n campfire; ~haus n warehouse; 2n v/i camp; econ. be* stored; *ab~*: age; v/t store, keep* *in a place*; ~ung f storage

lahm lame; **~en** be* lame (*auf* in)

lähm|en paraly|se, Am. -ze; 2ung f paralysis

Laib m loaf

Laie n layman; amateur

Laken n sheet

Lakritze f liquorice

lallen speak* drunkenly

Lamm n lamb

Lampe f lamp; **~nschirm** m lampshade

Land n Fest2: land (*a. ~besitz*); pol. country; Bundes2: state; Land; *an ~* ashore; *auf dem ~(e)* in the country; **~bahn** f runway; 2en land

Länder|spiel n international match *od.* game

Landes|... Grenze etc.: national ...; **~innere** n interior

Land|karte f map; **~kreis** m district

ländlich rural; *derb*: rustic

Land|schaft n countryside; landscape (*a. paint.*); schöne: scenery; **~smann**, **~smännin** (fellow) country|man (-woman); **~straße** f (secondary *od.* country) road; **~streicher(in)** tramp; **~tag** m Land parliament

Landung f landing; **~ssteg** m gangway

Land|weg m: *auf dem ~(e)* by land; **~wirt(in)** farmer; **~wirtschaft** f agriculture, farming; 2wirtschaftlich agricultural

lang long; *Person*: tall; **~e** (for a) long (time)

Länge f length; geogr. longitude

langen → **genügen, reichen**; *mir langt's* I've had enough

Langeweile f boredom

lang|fristig long-term; **~jährig** ... of many years, (many) years of ...; 2lauf m cross-country skiing

länglich longish, oblong

längs along(side)

lang|sam slow; 2schläfer(in) late riser; 2spielplatte f LP

längst long ago *od.* before

Langstrecken... long-distance ...; aer., mil. long-range ...

langweil|en bore; *sich ~* be* bored; *~ig* boring, dull; **~e** *Person* bore

Langwelle f long wave

Lappalie f trifle

Lappen m rag, cloth

läppisch ridiculous

Lärche f larch

Lärm m noise

Larve f mask; zo. larva

Lasche f flap; tongue

Laser m laser

lassen

lassen let*; *an e-m Ort, in e-m Zustand:* leave*; *unter~:* stop; *veran~:* make*; *et. tun od.* **machen** ~ have* s.th. done *od.* made

lässig casual; careless

Last *f* load; burden; *Gewicht:* weight; **zur ~ fallen** be* a burden *to s.o.;* **2en: ~ auf** weigh (up)on

Laster *n* vice

läst|ern: ~ über run* down; **~ig** troublesome

Lastwagen *m* truck, *Brt. a.* lorry

Latein *n,* **2isch** Latin

Laterne *f* lantern; streetlight; **~npfahl** *m* lamppost

Latte *f* lath; *Zaun:* pale

Lätzchen *n* bib, feeder

Laub *n* foliage, leaves *pl;* **~baum** *m* deciduous tree

Laube *f* arbo(u)r, bower

Laub|frosch *m* tree frog; **~säge** *f* fretsaw

Lauch *m* leek

lauern lurk, lie* in wait

Lauf *m* run; *Bahn, Ver2:* course; *Gewehr:* barrel; **~bahn** *f* career; *zum Fuß gehen:* walk; **2enlassen** let* *s.o. od.* (*straffrei:* off)

Läufer *m* runner (*a. Teppich*); *Schach:* bishop

Lauf|masche *f* ladder, *Am.* run; **~werk** *n* drive

Lauge *f* lye; *Seifen2:* suds *pl*

Laun|e *f: ... ~ haben* be* in a ... mood; **2isch** moody

Laus *f* louse

lauschen listen (*dat* to)

laut *adj* loud; noisy; *adv* aloud, loud(ly); *prp* according to; **2 m** sound; **~en** be*; *Satz:* read*

läuten ring*; **es läutet** the bell is ringing

lauter nothing but

laut|los soundless; **2schrift** *f* phonetic transcription; **2sprecher** *m* (loud)speaker; **~stärke** *f* volume

lauwarm lukewarm

Lava *f* lava

Lavendel *m* lavender

Lawine *f* avalanche

leben live (*von* on); be* alive; **2 n** life; **am ~** alive; **ums ~ kommen** lose* one's life; **~dig** living, alive; *fig.* lively

Lebens|bedingungen *pl* living conditions *pl;* **~gefahr** *f* mortal danger; *unter ~* at the risk of one's life; **2gefährlich** dangerous to life; **~haltungskosten** *pl* cost *sg* of living; **2länglich** for life; **~lauf** *m* personal record, curriculum vitae; **2lustig** fond of life; **~mittel** *pl* food *sg;* **~mittelgeschäft** *n* grocer's, *Am.* grocery store; **~standard** *m* standard of living; **~unterhalt** *m* livelihood; **s-n ~ verdienen** earn one's living; **~versicherung** *f* life insurance; **2wichtig** vital, essential; **~zeichen** *n* sign of life

Leber *f* liver; **~fleck** *m* mole

Lebewesen n living being
leb|haft lively; *Verkehr*: heavy; **2kuchen** m gingerbread; **~los** lifeless
Leck n, **2en¹** leak
lecken² lick (*a.* ~ **an**)
lecker delicious, F yummy; **2bissen** m delicacy, treat
Leder n leather
ledig single, unmarried
leer empty; *Haus etc.*: *a.* vacant; *Seite etc.*: blank; *Batterie*: dead; **2e** f emptiness; **~en** empty (*a. sich* ~); **2lauf** m neutral; **2gut** n *post.* collection, *Am.* mail pick-up
legal legal, lawful
legen lay* (*a. Ei*); place, put*; *Haare*: set*; *sich* ~ lie* down; *fig.* calm down
Legende f legend
Lehm m loam; *Ton*: clay
Lehn|e f back(rest); arm (-rest); **2en** lean* (*a. sich* ~), rest (**an, gegen** against); **~stuhl** m armchair
Lehrbuch n textbook
Lehre f science; theory; *eccl., pol.* teachings *pl*; *Ausbildung*: apprenticeship; *Warnung*: lesson; **2n** teach*, instruct; **~r(in)** teacher, instructor
Lehr|gang m course; **~ling** m apprentice; **2reich** instructive; **~stelle** f apprenticeship
Leib m body; *anat.* abdomen; **~gericht** n favo(u)rite dish; **~wache** f, **~wächter** m bodyguard

Leiche f (dead) body, corpse; **~nhalle** f mortuary; **~nschauhaus** n morgue
leicht light (*a. fig.*); *einfach*: easy; **2athlet(in)** (track-and-field) athlete; **2athletik** f track and field (events *pl*); **2sinn** m carelessness; **~sinnig** careless
Leid n grief, sorrow
leid: es (er) tut mir ~ I'm sorry (for him); **~en** suffer (**an** from); **ich kann ... nicht ~** I can't stand ...; **2en** n suffering; *med.* complaint
Leidenschaft f passion; **2lich** passionate
leider unfortunately
Leih|bücherei f public library; **2en** j-m: lend*; *sich* ~: borrow; → **mieten**; **~gebühr** f rental (fee); **~haus** n pawnshop; **~wagen** m hired (*Am.* rented) car
Leim m, **2en** glue
Leine f line; → **Hundeleine**
Lein|en n linen; **~tuch** n sheet; **~wand** f paint. canvas; *Kino*: screen
leise quiet; *Stimme*: *a.* low; **~r stellen** turn down
Leiste f ledge; *anat.* groin
leisten do*, work; *Dienst, Hilfe*: render; *vollbringen*: achieve; **ich kann mir ... (nicht) ~** I can('t) afford ...
Leistung f performance; achievement; *tech.* output; *Dienst2*: service; *Sozial2*: benefit

Leit|artikel *m* editorial; **2en lead***, guide; conduct (*a. phys., mus.*); *Betrieb etc.:* run*, manage
Leiter *f* ladder (*a. fig.*)
Leiter(in) leader; conductor (*a. mus., phys.*); *Firma, Amt:* head, manager; chairperson
Leitplanke *f* crash barrier, *Am.* guardrail
Leitung *f* management, direction; *Vorsitz:* chairmanship; *tech., teleph.* line; *Haupt*2: main(s *pl*); pipe(s *pl*); cable(s *pl*); **~srohr** *n* pipe; **~swasser** *n* tap water
Lekt|ion *f* lesson; **~üre** *f* reading (matter); *ped.* reader
Lende *f* loin
lenk|en learn, drive*; *fig.* direct; *Kind:* guide; **2er** *m* handlebar; **2rad** *n* steering wheel; **2ung** *f* steering (system)
Leopard *m* leopard
Lerche *f* lark
lernen learn*; study
lesbisch lesbian
Lese|buch *n* reader; **2n** read*; *Wein:* harvest; **~r(in)** reader; **2rlich** legible; **~zeichen** *n* bookmark
letzte last; *neueste:* latest
Leucht|e *f* light, lamp; **2en** shine*; *schimmern:* gleam; **2end** shining, bright; **~er** *m* candlestick; → *Kronleuchter;* **~reklame** *f* neon sign(s *pl*); **~turm** *m* lighthouse; **~ziffer** *f* luminous digit

leugnen deny
Leute *pl* people *pl*; F folks *pl*
Lexikon *n* dictionary; encyclop(a)edia
Libelle *f* dragonfly
liber|al liberal; **2o** *m* sweeper
Licht *n* light; **~bild** *n* photo (-graph); *Dia:* slide; **2empfindlich** *phot.* sensitive
lichten *Wald:* clear; **den Anker ~** weigh anchor; **sich ~** get* thin(ner)
Licht|hupe *f:* **die ~ benutzen** flash one's lights (at s.o.); **~jahr** *n* light year; **~maschine** *f* generator; **~schalter** *m* light switch; **~strahl** *m* ray *od.* beam of light
Lichtung *f* clearing
Lid *n* (eye)lid; **~schatten** *m* eye shadow
lieb dear; *nett:* nice, kind
Liebe *f*, **2n** love
liebenswürdig loving, affectionate
lieber rather, sooner; **~ haben** prefer, like better
Liebes|brief *m* love letter; **~paar** *n* lovers pair
liebevoll loving, affectionate
Lieb|haber *m* lover (*a. fig.*); **~haberei** *f* hobby; **2lich** sweet (*a. Wein*); **~ling** *m* darling (*a. Anrede*); *bsd. Kind, Tier:* pet; **~lings...** favo(u)rite ...; **2los** unkind; *nachlässig:* careless(ly)
Lied *n* song
liederlich slovenly, sloppy
Liedermacher(in) singer-songwriter

Lieferant(in) supplier; **₂bar** available; **₂n** deliver; supply; **~schein** *m* receipt (for delivery); **~ung** *f* delivery; supply; **~wagen** *m* (delivery) van

Liege *f* couch; (camp) bed

liegen lie*; *Haus etc.*: be* (situated); **~** *nach* face; **daran liegt es (, daß)** that's (the reason) why; *j-m* **~** appeal to s.o.; **~bleiben** stay in bed; *Sache*: be* left behind; **~lassen** leave* (behind)

Liege|stuhl *m* deck chair; **~wagen** *m* couchette

Lift *m* lift, *Am.* elevator

Liga *f* league

Likör *m* liqueur

lila purple, violet

Lilie *f* lily

Limonade *f* lemonade

Limousine *f* saloon car, *Am.* sedan

Linde *f* lime tree, linden

lindern relieve, ease

Lineal *n* ruler

Linie *f* line; *fig.* figure; **~nflug** *m* scheduled flight

link|e left (*a. pol.*); **₂e¹** *f pol.* left; **₂e²** *m*, *f* leftist; **~s** (on the *od.* to the) left; **₂shänder(in)** left-hander

Linse *f bot.* lentil; *opt.* lens

Lippe *f* lip; **~nstift** *m* lipstick

lispeln (have* *a*) lisp

List *f* cunning; trick

Liste *f* list; *Namen*: *a.* roll

listig cunning, sly

Liter *m*, *n* lit|re, *Am.* -er

litera|risch literary; **₂tur** *f* literature

Lizenz *f* licen|ce, *Am.* -se

Lob *n*, **₂en** praise; **₂enswert** praiseworthy

Loch *n* hole; **~en**, **~er** *m* punch; **~karte** *f* punch(ed) card

Locke *f* curl; *a* lock; **₂n¹** curl (*a. sich* **~**)

locken² lure, entice

Lockenwickler *m* curler

locker loose; *fig.* relaxed; **~n** loosen (*a. sich* **~**), slacken; *Griff, fig.*: relax

lockig curly, curled

Löffel *m* spoon

Loge *f thea.* box; *Bund*: lodge

logisch logical

Lohn *m* wages *pl*, pay; *fig.* reward; **₂en**: *sich* **~** be* worth it, pay*; **~erhöhung** *f* rise, *Am.* raise; **~steuer** *f appr.* income tax; **~stopp** *m* wage freeze

Loipe *f* (cross-country) course

Lokal *n* restaurant, pub *etc.*; **~...** *mst* local ...

Lokomotiv|e *f* engine; **~führer** *m* train driver, *Am.* engineer

Lorbeer *m* laurel; bay leaf

Los *n* lot (*a. fig.*); (lottery) ticket, number; **~e ziehen** draw* lots

los off; *Hund etc.*: loose; **was ist ~?** what's the matter?; **~ sein** be* rid of; **~!** hurry up!; let's go!; **~binden** untie

Löschblatt 468

Lösch|blatt n blotting paper; **~en** extinguish, put* out; *Schrift, tech.*: erase; *Durst*: quench; *mar.* unload
lose loose (*a. fig.*)
Lösegeld n ransom
losen draw* lots (**um** for)
lösen undo*; *lockern*: loosen; *Bremse etc.*: release; *Problem etc.* solve; *Karte*: buy*; → **ab-, auflösen**
löslich soluble
los|fahren leave*; drive* off; **~gehen** leave*; start, begin*; **~ auf** go* for *s.o.*; **~lassen** let* go
los|machen release; loosen; **~reißen** tear* off
Lösung f solution (*a. fig.*); **~smittel** n solvent
loswerden get* rid of
Lot n plumb (line)
löten solder
Lotse m, **~n** pilot
Lott|erie f lottery; **~o** n lotto
Löw|e m lion; *ast.* Leo; **~enzahn** m dandelion; **~in** f lioness
Luchs m lynx
Lücke f gap; **~nhaft** incomplete; **~nlos** complete
Luft f (*frische*) air; **~ schöpfen** get* a breath of fresh air; *in die ~ sprengen (fliegen)* blow* up; **~angriff** m air raid; **~ballon** m balloon; **~blase** f air bubble; **~brücke** f airlift; **~dicht** airtight;

~druck m air pressure
lüften air, ventilate
Luft|fahrt f aviation; **~kissenfahrzeug** n hovercraft; **~krank** airsick; **~kurort** m health resort; **~leer**: **~er Raum** vacuum; **~linie** f: **50 km ~** 50 km as the crow flies; **~loch** n air vent (*aer.* pocket); **~matratze** f air mattress; **~post** f air mail; **~pumpe** f bicycle pump; **~röhre** f windpipe
Lüftung f ventilation
Luft|veränderung f change of air; **~verschmutzung** f air pollution; **~waffe** f air force; **~zug** m draught, *Am.* draft
Lüg|e f, **~en** lie; **~ner(in)** liar
Luke f hatch; *Dach*: skylight
Lumpen m rag
Lunge f lungs *pl*; **~nentzündung** f pneumonia
Lupe f magnifying glass
Lust f desire; *contp.* lust; **~ haben zu** *od.* **auf** feel* like (doing) *s.th.*
lustig funny; *fröhlich*: cheerful; *sich ~ machen über* make* fun of; **~spiel** n comedy
lutsch|en suck (*a. ~ an*); **~er** m lollipop
luxuriös luxurious
Luxus m, **~artikel** m luxury; **~hotel** n luxury hotel
Lymphdrüse f lymph gland
Lyrik f poetry

M

machbar feasible
machen tun, erledigen: do*; herstellen, verursachen: make*; Prüfung: take*; bestehen: pass; Betrag etc.: be*, amount to; *wieviel macht das?* how much is it; *(das) macht nichts* it doesn't matter; *sich et. (nichts) ~ aus* (not) care about; *(nicht) mögen:* (not) care for; *mach schon!* hurry up!; → **lassen**
Macho *m* macho
Macht *f* power (a. Staat)
mächtig powerful, mighty (a. F sehr); riesig: huge
machtlos powerless
Mädchen *n* girl; Dienst2: maid; *~name m* girl's name; Frau: maiden name
Made *f* maggot; Obst2: worm; **2ig** wormeaten
Magazin *n* magazine
Magen *m* stomach; *~beschwerden pl.* stomach trouble *sg*; *~geschwür n* ulcer; *~schmerzen pl* stomachache *sg*
mager lean (a. Fleisch), thin, skinny; low-fat od. -calorie; fig. meagre, Am. -er
Mag|ie *f*, **2isch** magic
Magnet *m* magnet; *~... Band etc.:* magnetic ...; **2isch** magnetic
mähen cut*, mow*; reap

mahlen grind*
Mahlzeit *f* meal
Mähne *f* mane
Mahnung *f econ.* reminder
Mai *m* May; *~glöckchen n* lily of the valley; *~käfer m* cockchafer
Mais *m* maize, *Am.* corn
Majestät *f* majesty
Major *m* major
makellos immaculate
Makler(in) (*Am.* real) estate agent; Börsen2: broker
Mal *n* time; Zeichen: mark; *zum ersten (letzten) ~* for the first (last) time
mal times; multiplied by
male|n paint; **2r(in)** painter; **2rei** *f* painting; *~risch* picturesque
Malz *n* malt
Mama *f* → **Mutti**
man you, one; they *pl*
manch, *~er*, *~e*, *~es mst* some *pl*; many *pl*; *~mal* sometimes
Mandant(in) client
Mandarine *f* tangerine
Mandel *f bot.* almond; *anat.* tonsil; *~entzündung f* tonsillitis
Manege *f* (circus) ring
Mangel *m* lack (*an* of); *tech.* fault; *med.* deficiency; **2haft** poor, unsatisfactorily; *~ware f: ~ sein* be* scarce

Manieren *pl* manners *pl*
Mann *m* man; *Ehe*♀: husband
Männchen *n* zo. male
Mannequin *n* (fashion) model
männlich masculine (*a. gr.*); *biol.* male
Mannschaft *f* team; *mar.*, *aer.* crew
Manöv|er *n*, **♀rieren** manoeuvre, *Am.* maneuver
Mansarde *f* attic (room)
Manschette *f* cuff; **~nknopf** *m* cuff link
Mantel *m* coat; *tech.* jacket
Manuskript *n* manuscript
Mappe *f* portfolio; → *Aktentasche etc*
Märchen *n* fairy tale
Marder *m* marten
Margarine *f* margarine
Marienkäfer *m* ladybird, *Am.* lady bug
Marille *f* öster. apricot
Marine *f* navy
Marionette *f* puppet
Mark¹ *f Geld:* mark
Mark² *n anat.* marrow
Marke *f econ.* brand; *Fabrikat:* make; *post. etc.* stamp
markieren mark; *fig.* act
Markise *f* awning
Markt *m* market
Marmelade *f* jam; *Orangen*♀: marmalade
Marmor *m* marble
Marsch *m* march (*a. mus.*); **~flugkörper** *m* cruise missile; **♀ieren** march
Märtyrer(in) martyr

März *m* March
Marzipan *n* marzipan
Masche *f* mesh; *F fig.* trick
Maschine *f* machine; *Motor:* engine; *aer.* plane; **♀ll** mechanical; **~ngewehr** *n* machinegun; **~npistole** *f* submachine gun; **♀schreiben** type
Masern *pl* measles *pl*
Maserung *f Holz etc.:* grain
Mask|e *f* mask; **♀ieren: sich ~ put*** on a mask
Maß¹ *n* measure; *Grad:* extent; **~e** *pl* measurements *pl*
Maß² *f* lit|re (*Am.* -er) of beer
Massaker *n* massacre
Masse *f* mass; *Substanz:* substance; **e-e ~** F loads of
massieren massage
mäßig, ~en moderate
massiv solid; *fig.* massive
maßlos immoderate; **~nahme** *f* measure, step; **♀stab** *m* scale; *fig.* standard; **~voll** moderate
Mast *m* mast; *Stange:* pole
mästen fatten; F stuff
Material *n* material(s *pl tech.*); **♀istisch** materialistic
Materie *f* matter
Mathematik *f* mathematics *sg*; **~er(in)** mathematician
Matratze *f* mattress
Matrose *m* sailor, seaman
Matsch *m* mud, sludge
matt weak; *Farbe etc.:* dull, pale; *phot.* matt(e); *Glas:* frosted; *Schach:* checkmate

Matte f mat
Mattscheibe f screen
Matura f östr. → **Abitur**
Mauer f wall
Maul n mouth; ~korb m muzzle; ~tier n mule; ~wurf m mole
Maurer(in) bricklayer
Maus f mouse (a. EDV); ~efalle f mousetrap
maxim|al, ~um n maximum
Mechani|k f mechanics sg; tech. mechanism; ~ker(in) mechanic; ²sch mechanical; ~smus m mechanism
meckern bleat; F grumble
Medaille f medal
Medien pl (mass) media pl
Medi|kament n medicine, drug; ~zin f medicine; ²zinisch medical
Meer n sea, ocean; ~enge f straits pl; ~esspiegel m sea level; ~rettich m horseradish; ~schweinchen n guinea pig
Mehl n flour; grobes: meal
mehr more; übrig: left; ~ere several; ~fach repeated(ly); ²heit f majority; ~mals several times; ²weg... returnable ...; reusable ...; ²wertsteuer f value-added tax, VAT; ²zahl f majority; gr. plural
meiden avoid
Meile f mile
mein my; ~e(r), ~s mine
Meineid m perjury
meinen think*, believe; äußern: say*; sagen wollen, sprechen von: mean*
meinetwegen for my sake; wegen mir: because of me; ~! I don't mind
Meinung f opinion; meiner ~ nach in my opinion; ~sverschiedenheit f disagreement
Meise f titmouse
Meißel m, ²n chisel
meist most(ly); am ~en most (of all); ~ens mostly
Meister|(in) master; Sport: champion; ~schaft f championship; ~werk n masterpiece
melancholisch melancholy
meld|en report; Funk etc.: a. announce; sich ~ report (bei to); amtlich: register (with); Schule: raise one's hand; answer the telephone; Teilnahme: enter (zu for); ²ung f report; announcement; registration; entry
melken milk
Melodie f melody, tune
Melone f melon; Hut: bowler (hat), Am. derby
Menge f quantity, amount; Menschen²: crowd; math. set; e-e ~ lots of
Mensa f cafeteria
Mensch m human being; person; der ~ man(kind); die ~en pl people pl; mankind sg; kein ~ nobody
Menschen|affe m ape; ~leben n human life; ²leer

Menschenmenge   472

deserted; ~menge *f* crowd; ~rechte *pl* human rights *pl*; ~verstand *m* ~ gesund
Menschheit *f* mankind
menschlich human; *fig.* humane; 2keit *f* humanity
Menstruation *f* menstruation
Menü *n* table d'hôte, *Brt. a.* set lunch *etc.*; *EDV* menu
merk|en notice; **sich ~ remember;** 2mal *n* feature; ~würdig strange, odd
Messe *f* fair; *eccl.* mass
messen measure
Messer *n* knife
Meßgerät *n* measuring instrument, meter
Messing *n* brass
Metall *n* metal
Meter *m, n* met|re, *Am.* -er; ~maß *n* tape measure
Methode *f* method, way
Metzger(ei *f) m* butcher('s)
Meuterei *f* mutiny
mich me; ~ (**selbst**) myself
Miene *f* look, expression
mies rotten, lousy
Miet|e *f* rent; 2en rent; *Brt. Auto:* hire; ~er(in) (*of*) *Unter*2: lodger; ~shaus *n* block of flats, *Am.* apartment building; ~vertrag *m* lease; ~wagen *m* hired (*Am.* rented) car; ~wohnung *f* (rented) flat, *Am.* apartment
Mikro|phon *n* microphone, F mike; ~prozessor *m* microprocessor; ~skop *n* microscope; ~welle *f* microwave (*a. Gerät*)

Milch *f* milk; ~glas *n* frosted glass; 2ig milky; ~kaffee *m* coffee with milk; ~reis *m* rice pudding; ~straße *f* Milky Way; ~zahn *m* milk (*Am.* baby) tooth
mild mild; ~ern lessen, soften
Milieu *n* environment
Militär *n* the military *pl*
Milli|arde *f* billion; ~meter *m, n* millimet|re, *Am.* -er; ~on *f* million; ~onär(in) millionaire(ss)
Milz *f* spleen
Minder|heit *f* minority; 2jährig under age
minderwertig inferior (quality *econ.*); 2keitskomplex *m* inferiority complex
mindest least; 2... minimum ...; ~ens at least
Mine *f* mine; *Bleistift*: lead; *Ersatz*2: refill
Mineral *n* mineral; ~wasser *n* mineral water
Minirock *m* miniskirt
Minister|(in) *m* minister, secretary; ~ium *n* ministry, department, *Brit. a.* office
minus minus; below zero
Minute *f* minute
mir (to) me
misch|en mix; *Tee etc.:* blend; *Karten:* shuffle; 2ling *m* half-breed; 2ung *f* mixture; blend
miß|achten disregard, ignore; ~bildung *f* deformity; ~billigen disapprove of; 2brauch *m*, ~brauchen

abuse; ⁢erfolg *m* failure; ⁢geschick *n* mishap; ⁢handlung *f* ill-treatment; *jur.* assault and battery

Mission *f* mission; ⁓ar(in) *f* missionary

miß|lingen, ⁓raten fail; turn out badly; ⁢stand *m* bad state of affairs; grievance; ⁢trauen distrust, suspicion; ⁓trauisch suspicious; ⁓verständnis *n* misunderstanding; ⁓verstehen misunderstand*

Mist *m* manure; F trash

Mistel *f* mistletoe

Misthaufen *m* manure heap

mit with; ⁓ **der Bahn** *etc.* by train *etc.*; → **Jahr**; ⁢arbeit *f* cooperation; ⁓arbeiter(in) colleague; employee; *pl* staff *pl*; ⁓bringen bring* (with one); ⁢bürger(in) fellow citizen; ⁓einander with each other; together; ⁓esser *m med.* blackhead; ⁓fahren: mit j-m ⁓ go* with s.o.; j-n ⁓ lassen give* s.o. a lift; ⁢fahrzentrale *f* car pool(ing) service; ⁓fühlend sympathetic; ⁓geben give* s.o. s.th. (to take along); ⁢gefühl *n* sympathy; ⁓gehen: mit j-m ⁓ go* with s.o.

Mitglied *n* member; ⁓schaft *f* membership

Mit|inhaber(in) copartner; ⁢kommen come* along; *Schritt halten:* keep* up (**mit** with)

Mitleid *n* pity (*a.* ⁓ **haben mit**); ⁢ig compassionate

mit|machen *v/i* join in; *v/t* take* part in; *erleben:* go* through; ⁢mensch *m* fellow man *od.* being; ⁓nehmen take* (along) (with one); *im Auto:* give* s.o. a lift; *fig.* put* s.o. under stress; ⁓schreiben take* notes; ⁓schreiben take* s.th. down; ⁢schüler(in) fellow student; ⁓spielen join in; ⁓ **in** be* *od.* appear in

Mittag *m* noon, midday; **heute** ⁢ at noon today; (**et.**) **zu** ⁓ **essen** have* (s.th. for) lunch; ⁓essen *n* (**zum**) for lunch; ⁢s at noon; ⁓spause *f* lunch break

Mitte *f* middle; cent|re, *Am.* -er

mitteil|en inform s.o. of s.th.; ⁢ung *f* message, information

Mittel *n* means, way; remedy (**gegen** for); *Durchschnitt:* average; ⁓ *pl* means *pl*; ⁓alter *n* Middle Ages *pl*; ⁢alterlich medi(a)eval; ⁢groß of medium height; mediumsized; ⁢los without means; ⁢mäßig average; ⁓punkt *m* cent|re, *Am.* -er; ⁓streifen *m mot.* central reservation, *Am.* median strip; ⁓stürmer(in) cent|re (*Am.* -er) forward; ⁓weg *m* middle course; ⁓welle *f* medium wave, AM

mitten: ~ *in* (*auf, unter*) in the middle of
Mitternacht *f* midnight
mittlere middle; average
Mittwoch *m* Wednesday
mix|en mix; ⁓**er** *m* mixer
Möbel *pl* furniture *sg*; ⁓**stück** *n* piece of furniture; ⁓**wagen** *m* furniture (*Am.* moving) van
möblieren furnish
Mode *f* fashion, vogue
Modell *n* model
Modenschau *f* fashion show
Moderator(in) TV host
moderig musty, mo(u)ldy
modern modern; fashionable; ⁓**isieren** modernize
Modeschmuck *m* costume jewel(le)ry
modisch fashionable
Mofa *m* moped
mogeln cheat
mögen like; *lieber* ~ like better, prefer; *nicht* ~ dislike; *ich möchte* I'd like; *ich möchte lieber* I'd rather
möglich possible; → *bald*: ⁓**erweise** possibly, ⁓**keit** *f* possibility; ⁓**st** if possible; as ... as possible
Mohammedaner(in) Muslim, Mohammedan
Mohn *m* poppy (seeds *pl*)
Möhre, Mohrrübe *f* carrot
Molkerei *f* dairy
Moll *n* minor (key)
mollig snug, cosy; *rundlich*: chubby, plump
Moment *m* moment; *im* ~ at the moment; ⁓**an** *adj* present; *adv* at the moment
Monarchie *f* monarchy
Monat *m* month; ⁓**lich** monthly; ⁓**skarte** *f* (monthly) season ticket
Mönch *m* monk
Mond *m* moon; ⁓**fähre** *f* lunar module; ⁓**finsternis** *f* lunar eclipse; ⁓**schein** *m* moonlight
Mono|log *m* monolog(ue); ⁓**ton** monotonous
Montag *m* Monday
Mont|age *f* assembly; ⁓**eur(in)** fitter; mechanic; ⁓**ieren** assemble; *anbringen*: fit
Moor *n* bog; moor(land)
Moos *n* moss
Moped *n* moped
Moral *f* morals *pl*; *Lehre*: moral; *mil. etc.* morale; ⁓**isch** moral
Morast *m* morass; ⁓**ig** muddy
Mord *m* murder (*an* of)
Mörder(in) murder|er (-ess)
morgen tomorrow; ~ *früh* tomorrow morning
Morgen *m* morning; *Maß*: acre; *am* ~ *morgens*: ⁓**rock** *m* dressing gown; ⁓**s** (*früh*) early) in the morning
morgig tomorrow's
Morphium *n* morphine
morsch rotten, decayed
Mörtel *m* mortar
Mosaik *n* mosaic
Moschee *f* mosque
Moskito *m* mosquito

Moslem *m* Muslim
Most *m* grape juice; *Apfel&:* cider
Motiv *n* motive; *paint., mus.* motif; **~ieren** motivate
Motor *m* motor, engine; **~boot** *n* motor boat; **~haube** *f* bonnet, *Am.* hood; **~rad** *n* motorcycle; **~radfahrer(in)** motorcyclist; **~roller** *m* (motor) scooter; **~schaden** *m* engine trouble
Motte *f* moth
Möwe *f* (sea)gull
Mücke *f* mosquito, midge
müde tired, weary
Muffel *m* sourpuss; **&ig** musty; **2** grumpy
Mühe *f* trouble; *Anstrengung:* effort; *j-m ~ machen* give* s.o. trouble; *sich ~ geben* try hard; **&los** without difficulty; **&voll** laborious
Mühle *f* mill
mühsam laborious
Mulde *f* hollow, depression
Mull *m* gauze
Müll *m* refuse, rubbish, *Am. a.* garbage; **~abfuhr** *f* refuse (*Am.* garbage) collection; **~eimer** *m* dustbin, *Am.* garbage can
Müller(in) miller
Müll|kippe *f* dump; **~schlucker** *m* refuse (*Am.* garbage) chute
multiplizieren multiply (*mit* by)
Mund *m* mouth; *den ~ halten* shut* up; **~art** *f* dialect

münden: *in Fluß:* flow into; *Straße:* lead* into
Mund|geruch *m* bad breath; **~harmonika** *f* harmonica
mündlich verbal; *Prüfung etc.:* oral
Mundstück *n* mouthpiece; *Zigarette:* tip
Mündung *f* mouth; *Feuerwaffe:* muzzle
Mundwasser *n* mouthwash
Munition *f* ammunition
Münster *n* cathedral
munter *wach:* awake; *lebhaft:* lively
Münz|e *f* coin; *Gedenk&:* medal; **~fernsprecher** *m* pay phone; **~wechsler** *m* change machine
mürbe tender; *Gebäck:* crisp; *brüchig:* brittle
murmel|n murmur; **2tier** *n* marmot
murren grumble
mürrisch sullen, grumpy
Mus *n* mush; stewed fruit
Muschel *f* mussel; *Schale:* shell; *teleph.* earpiece
Museum *n* museum
Musik *f* music; **2alisch** musical; **~automat** *m*, **~box** *f* jukebox; **~er(in)** musician; **~instrument** *n* musical instrument
Muskat *m*, **~nuß** *f* nutmeg
Muskel *m* muscle; **~kater** *m* aching muscles *pl*; **~zerrung** *f* pulled muscle
muskulös muscular
Muße *f* leisure

müssen must*, have* (got) to; F have* to go to the toilet; *müßte* should; ought to

Muster n pattern; *Probe:* sample; *Vorbild:* model (*a. in Zssgn*); 2n eye *s.o.*; size *s.o.* up; *mil.* **gemustert werden** have* one's medical

Mut m courage; ~**machen** encourage *s.o.*; 2ig courageous; 2maßlich presumed

Mutter f mother; *tech.* nut

mütterlich motherly

Mutter|mal n birthmark; ~**sprache** f mother tongue

Mutti f mum(my), *Am.* mom(my)

mutwillig wilful, wanton

Mütze f cap

mysteriös mysterious

Mythologie f mythology

N

Nabe f hub

Nabel m navel

nach after; *Richtung:* (to-)wards, for; *gemäß:* according to, by; ~**und ~** gradually

nachahmen imitate, copy; *fälschen:* counterfeit

Nachbar|(in) neighbo(u)r; ~**schaft** f neighbo(u)rhood

nachdem after, when; *je ~, wie* depending on how

nach|denken think* (*über* about); ~**denklich** thoughtful; 2**druck** m emphasis; *print.* reprint; ~**drücklich** emphatic; *raten etc.:* strongly; ~**eifern** emulate

nacheinander one after the other, in turns

nacherzähl|en retell*; 2**ung** f reproduction

Nachfolger(in) successor

nachforsch|en investigate; 2**ung** f investigation

Nachfrage f inquiry; *econ.* demand; 2n inquire, ask

nach|fühlen *j-m et.* ~ understand* how s.o. feels; ~**füllen** refill; ~**geben** give* way; *fig.* give* in; 2**gebühr** f surcharge; ~**gehen** follow; *e-m Fall:* investigate; *Uhr:* be* slow; ~**giebig** yielding, soft; ~**haltig** lasting

nachher afterwards

Nachhilfe f coaching

nachholen make* up for

Nachkomme m descendant; ~**n** *pl jur.* issue *sg*; 2n follow; *fig.* comply with

Nachkriegs-... postwar ...

Nachlaß m *econ.* reduction, discount; *jur.* estate

nach|lassen decrease, diminish; *Schmerz etc.:* wear* off; ~**lässig** careless, negligent; ~**laufen** run* after; ~**lesen** look up; ~**machen** → **nachahmen**

Nachmittag *m* afternoon; *am ~ = 2s* in the afternoon
Nach|nahme *f* cash on delivery; **~name** *m* surname, last name; **~porto** *n* surcharge; **2prüfen** check; **2rechnung** check
Nachricht *f* (*a. ~en pl*); *Botschaft:* message
Nachruf *m* obituary
Nach|saison *f* off(-peak) season; **2schlagen** look up; **~schub** *m* supplies *pl*; **2sehen** *v/i* (*have* a*) look; *ob* (*go* and*) see* if; *v/t* check; *Wort etc.:* look up; **2senden** send* on, forward; **2sichtig** indulgent; **~silbe** *f* suffix; **2sitzen**: *~ müssen* be* kept in; **2sprechen**: *j-m ~ say* od.* repeat *s.th.* after *s.o.*
nächst|beste first; **~e** next; **~stliegend**: *nearest* (*a. Verwandte*).
nachstellen *Uhr:* put* back; *tech.* (re)adjust; *j-m:* be* after *s.o.*
Nächstenliebe *f* charity
Nacht *f* night; *in der ~ → nachts*; **~dienst** *m* night duty
Nachteil *m* disadvantage
Nachthemd *n* nightdress, *Am.* nightgown; *Männer:* nightshirt
Nachtigall *f* nightingale
Nachtisch *m* dessert
Nachtlokal *n* nightclub
nachträglich additional; *später:* later; *Wünsche:* belated
nacht|s at *od.* by night; **2schicht** *f* night shift; **2tisch** *m* bedside table; **2wächter** *m* (night) watchman
nach|wachsen grow* again; **2weis** *m* proof; **~weisen** prove*; **2welt** *f* posterity; **2wirkung** *f* after-effect; **2wort** *n* epilog(ue); **~zahlen** pay* extra; **~zählen** count (again); check; **2zahlung** *f* additional payment
Nacken *m* (nape of the) neck
nackt naked; *bloß, fig.:* bare
Nadel *f* needle; *Steck2, Haar2 etc.:* pin; **~baum** *m* conifer(ous) tree
Nagel *m* nail; **~lack** *m* nail-polish; **~lackentferner** *m* nail polish remover
nagen gnaw (*an* at); **2tier** *n* rodent
nah(e) near, close (*bei* to)
Nähe *f* proximity; *Umgebung:* vicinity; *in der ~* close by; *mit gen:* near
nahe|gehen affect deeply; **~legen** suggest; **~liegen** seem likely
nähen sew; *Kleid:* make*
Näher|es *n* details *pl*; **2n**: *sich ~* approach
Näh|garn *n* thread; **~maschine** *f* sewing machine; **~nadel** *f* needle
nahr|haft nutritious, nourishing; **2ung** *f* food, nourishment; **2ungsmittel** *pl* food *sg*, foodstuffs *pl*
Naht *f* seam; *med.* suture

Nahverkehr *m* local traffic
Nähzeug *n* sewing kit
naiv naive
Nam|e *m* name; ⁓**enstag** *m* name-day; ⁓**entlich** by name; *lit.* in particular
nämlich that is (to say)
Napf *m* bowl, basin
Narbe *f* scar
Narkose *f*: **in** ⁓ under an an(a)esthetic
Narr *m*, ⁓**en** fool
Narzisse *f mst* daffodil
nasal nasal
naschen: **gern** ⁓ have* a sweet tooth
Nase *f* nose; ⁓**nbluten** *n* nosebleed; ⁓**nloch** *n* nostril; ⁓**nspitze** *f* tip of the nose
Nashorn *n* rhinoceros
naß wet
Nässe *f* wet(ness)
naßkalt damp and cold
Nation *f* nation
national national; ⁓**hymne** *f* national anthem; ⁓**ität** *f* nationality; ⁓**mannschaft** *f* national team
Natron *n* baking soda
Natter *f* adder, viper
Natur *f* nature; ⁓**ereignis** *n* natural phenomenon; ⁓**gesetz** *n* law of nature; ⁓**getreu** true to life; lifelike; ⁓**katastrophe** *f* natural disaster, act of God
natürlich *adj* natural; *adv* naturally, of course
Natur|schutzgebiet *n* nature *od.* wildlife (p)reserve; ⁓**wissenschaft** *f* (natural) science; ⁓**wissenschaftler(in)** (natural) scientist
Nazi *m* Nazi
Nebel *m* mist; *stärker:* fog; ⁓**(schluß)leuchte** *f* (rear) fog lamp
neben beside, next to; *außer:* besides; *verglichen mit:* compared with; ⁓**an** next door; ⁓**bei** in addition, at the same time; *übrigens:* by the way; ⁓**beschäftigung** *f* sideline; ⁓**einander** next (door) to each other; ⁓**fach** *n* subsidiary subject, *Am.* minor; ⁓**fluß** *m* tributary; ⁓**gebäude** *n* adjoining building; *Anbau:* annex(e); ⁓**kosten** *pl* extras *pl*; ⁓**produkt** *n* by-product; ⁓**sächlich** unimportant; ⁓**satz** *m* subordinate clause; ⁓**straße** *f* side street; minor road; ⁓**tisch** *m* next table; ⁓**wirkung** *f* side effect; ⁓**zimmer** *n* adjoining room
neblig foggy; misty
neck|en tease; ⁓**isch** saucy
Neffe *m* nephew
negativ negative
nehmen take* (*a.* **sich** ⁓)
Neid *m* envy; ⁓**isch** envious
neig|en: (**sich**) ⁓ bend*, incline; ⁓ **zu** tend to (do) *s.th.*; ⁓**ung** *f* inclination; *fig. a.* tendency
nein no
Nelke *f* carnation; *Gewürz:* clove

nennen name, call; mention; **sich ... ~ be*** called ...; **~swert** worth mentioning
Neon n neon (a. in Zssgn)
Nerv m nerve; **j-m auf die ~en gehen** get* on s.o.'s nerves; **♭en be*** a pain (in the neck)
Nerven|arzt, ~ärztin neurologist; **~klinik** f mental hospital; **~system** n nervous system; **~zusammenbruch** m nervous breakdown
nerv|ös nervous; **♭osität** f nervousness
Nerz m mink (a. Mantel)
Nest n nest; contp. dump
nett so ~ **sein zu ... be*** kind enough to
netto net (a. in Zssgn)
Netz n net; fig. network (a. teleph.); electr. power, Brt. a. mains sg, pl; **~anschluß** m mains supply; **~haut** f retina; **~karte** f (rail etc.) pass
neu new; **~zeitlich:** modern; **~(e)ste** latest; **von ~em** anew, afresh; **was gibt es ♭es?** what's new?; **~artig** novel; **♭bau** n new building; **♭erung** f innovation; **~geboren** newborn; **♭gier** f curiosity; **~gierig** curious; **♭heit** f novelty; **♭igkeit** f (piece of) news; **♭jahr** n New Year('s Day); **~lich** the other day; **♭mond** m new moon
neun nine; **~te, ♭tel** n ninth; **~zehn(te)** nineteen(th); **~zig** ninety; **~zigste** ninetieth
neutr|al neutral; **♭alität** f neutrality; **♭on(en ...)** n neutron (...); **♭um** n gr. neuter
Neuzeit f modern history
nicht not; **~ mehr** not any more, no longer
Nicht... Mitglied, Raucher, Schwimmer etc.: non-...
Nichte f niece
nichts, **♭ n** nothing; **~sagend** meaningless
nick|en nod; **♭erchen** n nap
nie never; **fast ~** hardly ever
nieder adj low; adv down; **~geschlagen** depressed; **♭kunft** f childbirth; **♭lage** f defeat; **~lassen: sich ~** settle (down); econ. set* up; **♭lassung** f establishment; Filiale: branch; **~legen** lay* down; Amt: resign (from); **♭schlag** m rain(fall); radioaktiver: fallout; Boxen: knockdown; **~schlagen** knock (Aufgabe: put*) down; **~trächtig** base, mean; **♭ung** f lowland(s pl)
niedlich pretty, sweet, cute
niedrig low (a. fig.)
niemals never, at no time
niemand nobody, no one; **♭sland** n no-man's-land
Niere f kidney
niesel|n, ♭regen m drizzle
niesen sneeze
Niete f Los: blank; fig. failure; tech. rivet
Nilpferd n hippopotamus
nippen sip (an at)
nirgends nowhere
Nische f niche, recess

nisten nest
Niveau n level; fig. a. standard
noch still (a. ~ **immer**); ~ **ein** another, one more; ~ **einmal** once more od. again; ~ **etwas?** anything else?; ~ **nicht(s)** not(hing) yet; ~ **nie** never before; ~ **größer** etc. even bigger etc.; ~**mals** once more od. again
Nominativ m nominative; 2**ieren** nominate
Nonne f nun
Nord(en) m north
nördlich north(ern); Wind, Kurs: northerly
Nord|ost(en) m northeast; ~**pol** m North Pole; ~**west(en)** m northwest
nörgeln carp, nag
Norm f standard, norm
normal normal; 2... tech. standard ...; Verbraucher etc.: average ...; 2**benzin** n regular (grade) petrol (Am. gas); ~**erweise** normally
Norweg|er(in), 2**isch** Norwegian
Not f need; Elend: misery; **in ~** in need od. trouble
Notar(in) notary (public)
Not|arzt m doctor on call; mot. (emergency) ambulance; ~**ausgang** m emergency exit; ~**bremse** f emergency brake; 2**dürftig** scanty; ~ **reparieren** patch up
Note f note; Zensur: mark,

grade; ~**n lesen** read* music
Not|fall m emergency; 2**falls** if necessary
notieren make* a note of
nötig necessary; ~ **haben** need
Notiz f note, memo; ~**buch** n notebook
not|landen make* an emergency landing; ~**leidend** needy; ~**ruf** m teleph. emergency call; 2**rufsäule** f emergency phone, Am. call box; 2**rutsche** f aer. (emergency) escape chute; 2**signal** n distress signal; 2**wehr** f self-defen|ce, Am. -se; ~**wendig** necessary; 2**zucht** f rape
Novelle f novella
November m November
Nu m: **im ~** in no time
nüchtern sober; sachlich: matter-of-fact
Nudel f noodle
null zero; teleph. 0 [əʊ]; Sport: nil, nothing; Tennis: love; Fehler: no; 2 **f ~ null**; contp. a nobody; **gleich ~** nil; 2**punkt** m zero
numerieren number
Nummer f number; Zeitung etc.: a. issue; Größe: size; ~**schild** n mot. number (Am. license) plate
nun now; also, na: well; ~**?** well?; **was ~?** now what?
nur now, just; bloß: merely; ~ **noch** only
Nuß f nut; ~**knacker** m nutcracker; ~**schale** f nutshell

Nüstern *pl* nostrils *pl*
Nutte *f* tart, *Am. a.* hooker
Nutzen *m* use; *Gewinn:* profit, gain; *Vorteil:* advantage; 2 → **nützen**
nütz|en *v/i* be* of use; **es nützt nichts (zu)** it's no use (*ger*); *v/t* (make*) use (of), take* advantage of; **~lich** useful; advantageous
nutzlos useless, (of) no use
Nylon *n* nylon

O

o *int.* oh!; **~ weh!** oh dear!
Oase *f* oasis
ob whether, if; **als ~** as if
Obdach *n* shelter; **~lose(r)** homeless person
O-Beine *pl:* **~ haben** be* bow-legged
oben above; up; at the top; upstairs; **siehe ~** see above; **~ ohne** topless; **~auf** on the top; *fig.* feeling great; **~erwähnt** above-mentioned
Ober *m* waiter; **~arm** upper arm; **~arzt, ~ärztin** assistant medical director; **~befehlshaber** *m* commander in chief; 2e upper arm; **~fläche** *f* surface; **~flächlich** superficial; 2**halb** above; **~hemd** *n* shirt; **~kellner(in)** head wait|er (-ress); **~kiefer** *m* upper jaw; **~körper** *m* upper part of the body; **~lippe** *f* upper lip
Obers *n östr.* cream
Ober|schenkel *m* thigh; **~schule** *f* → *Gymnasium*
Ober|st *m* colonel; 2**ste** top; highest; **~teil** *n* top; **~weite** *f* bust size

obgleich (al)though
Obhut *f* care
Objekt *n* object (*a. gr.*); **~iv** *n phot.* lens; 2**iv** objective
Obst *n* fruit; **~garten** *m* orchard; **~torte** *f* fruit tart
obszön obscene, filthy
obwohl (al)though
Ochse *m* ox; **~nschwanzsuppe** *f* oxtail soup
öd(e) deserted, desolate
oder or; **~ aber** or else
Ofen *m* stove; *Back*2: oven
offen open; *Stelle:* vacant; *fig.* frank; **~ gesagt** frankly (speaking); **~bar** obvious (-ly); *anscheinend:* apparent(ly); **~lassen** leave* open; **~sichtlich** → **offenbar**
offensiv offensive
offenstehen be* open
öffentlich public; *auftreten etc.:* in public; 2**keit** *f* the public
offiziell official
Offizier *m* officer
öffn|en open (*a. sich ~*); 2**er** *m* opener; 2**ung** *f* opening; 2**ungszeiten** *pl* opening hours *pl*

oft often, frequently
öfter several times; often
oh *int.* o(h)!
ohne without; **~hin** anyhow
Ohn|macht *f med.* unconsciousness; **in ~ fallen** faint; **2mächtig** helpless; *med.* unconscious; **~ werden** faint
Ohr *n* ear
Öhr *n* eye
Ohren|arzt, ~ärztin ear-nose-and-throat doctor; **2betäubend** deafening; **~schmerzen** *pl* earache *sg*
Ohr|feige *f* slap in the face; **~läppchen** *n* ear lobe; **~ring** *m* earring
Ökologie *f* ecology
Oktober *m* October
Öl *n* oil; **2en** oil; *tech. a.* lubricate; **~gemälde** *n* oil painting; **~heizung** *f* oil heating; **2ig** oily
oliv, 2e *f* olive
Öl|quelle *f* oil well; **~unfall** *m* oil spill
Olympia..., 2isch Olympic; **Olympische Spiele** *pl* Olympic Games *pl*
Oma *f* Grandma
Omnibus *m* → *Bus*
Onkel *m* uncle
Oper *f* opera; opera house
Operation *f* operation
Operette *f* operetta
operieren; *j-n:* operate on s.o.; **sich ~ lassen** have* an operation
Opfer *n* sacrifice; *Mensch, Tier:* victim; **2n** sacrifice

Opposition *f* opposition
Optiker(in) optician
Optimist(in) optimist; **2isch** optimistic
Orange *f* orange; **~nmarmelade** *f* marmalade
Orchester *n* orchestra
Orchidee *f* orchid
Orden *m* order (*a. eccl.*); medal, decoration
ordentlich tidy, neat; *richtig:* proper; → *anständig*
ordinär vulgar
ordn|en put* in order; arrange; **2er** *m* file; *Helfer:* attendant; **2ung** *f* order; class; **in ~** all right; **in ~ bringen** put* right; repair, fix; **2ungszahl** *f* ordinal number
Organ *n* organ; *f* voice; **~isation** *f* organization; **2isch** organic; **2isieren** organize (*a. sich ~*); *F get**; **~ismus** *m* organism
Orgel *f* organ
orientalisch oriental
orient|ieren *j-n:* inform; **sich ~** orient o.s.; **2ung** *f* orientation; **die ~ verlieren** lose* one's bearings; **2ungssinn** *m* sense of direction
Original|a, 2al original; **2ell** original; *Idee etc.:* ingenious; witty
Orkan *m* hurricane
Ort *m* place; → *Dorf etc.;* **vor ~** *fig.* on the spot
Orthopäd|e, ~in orthop(a)edic doctor
örtlich local

Ortschaft f place, village
Orts|gespräch n local call; **~kenntnis** f: **~ haben** know ~ a place; **~zeit** f local time
Öse f eye; *Schuh:* eyelet
Ost(en m) east
Oster|ei n Easter egg; **~glocke** f daffodil; **~hase** m Easter bunny; **~n** n Easter
Österreich|er(in), **2isch** Austrian
östlich eastern; *Wind etc.:* easterly; **~ von** east of
Otter[1] m otter
Otter[2] f adder, viper
Ouvertüre f overture
oval, **2** n oval
Oxyd n oxide; **2ieren** oxidize
Ozean m ocean, sea
Ozonschicht f ozone layer

P

Paar n pair; *Ehe2 etc.:* couple; **2: ein ~** a few, some; **2en (sich) ~** mate; **2mal: ein ~** a few times; **2weise** in pairs
Pacht f, **2en** lease
Pächter(in) leaseholder
Päckchen n small parcel; → *Packung*
pack|en pack; *ergreifen:* grab, seize; *fig.* grip, thrill; **2papier** n brown paper; **2ung** f package, box; *kleinere, a. Zigaretten2:* packet, *Am. a.* pack
pädagogisch educational
Paddel n paddle; **~boot** n canoe; **2n** paddle, canoe
Paket n package; *post.* parcel; **~karte** f (parcel) mailing form; *Am.* parcel post slip
Palast m palace
Palm|e f palm (tree); **~sonntag** m Palm Sunday
Pampelmuse f grapefruit
paniert breaded
Panne f breakdown; *fig.* mishap; **~ndienst** m *mot.* emergency road service
Panther m panther
Pantoffel m slipper
Panzer m armo(u)r; *mil.* tank; *zo.* shell; **~schrank** m safe
Papa m dad(dy), pa
Papagei m parrot
Papier n paper; **~e** pl papers pl, documents pl; *Ausweis2e:* identification sg; **~geschäft** n stationer's (shop, *Am.* store); **~korb** m waste (-paper) basket
Pappe f cardboard
Pappel f poplar
Papp|karton m, **~schachtel** f cardboard box, carton
Paprika m **~schote** f: pepper; *Gewürz:* paprika
Papst m pope
Parade f parade
Paradeiser m *östr.* tomato
Paradies n paradise

Paragraph *m jur.* article, section; *print.* paragraph
parallel, 2e *f* parallel
Parfüm *n* perfume; ⁓**erie** *f* perfumery; 2**iert** perfumed
Park *m* park; 2**en** park; ⁓**en verboten!** no parking!
Parkett *n* parquet; *thea.* stalls *pl, Am.* orchestra
Park|**gebühr** *f* parking fee; ⁓**haus** *n* multi-storey car park, *Am.* parking garage; ⁓**lücke** *f* parking space; ⁓**platz** *m* parking space; *Anlage:* car park, *Am.* parking lot; ⁓**scheibe** *f* parking disc, *Am.* -k; ⁓**uhr** *f* parking meter; ⁓**verbot** *n* no parking
Parlament *n* parliament
Parodie *f* parody, takeoff
Partei *f* party; 2**isch** partial; 2**los** independent
Parterre *n* ground floor
Partie *f Spiel:* game; *Teil:* part, passage (*a. mus.*)
Partisan(in) partisan, guerrilla
Partizip *n* participle
Partner|**(in)** partner; ⁓**schaft** *f* partnership
Paß *m* passport; *Sport, geogr.:* pass
Passage *f* passage
Passagier(in) passenger
Passant(in) passerby
Paßbild *n* passport photo
passen fit; *zusagen:* suit (*j-m* s.o.), be* convenient; ⁓ **zu** go* with, match; ⁓**d** suitable; matching

passieren *v/i* happen; *v/t* pass (through)
passiv, 2 *n* passive
Paste *f* paste; ⁓**te** *f* pie
Pate *m* godfather; godchild; ⁓**nkind** *n* godchild
Patent *n* patent; 2 handy, clever
Patient(in) patient
Patin *f* godmother
Patriot(in) patriot
Patrone *f* cartridge
Patsche *f:* **in der** ⁓ **sitzen** be* in a jam
patzig rude, *Am. a.* fresh
Pauke *f* kettledrum
Pauschal|**e** *f* lump sum; ⁓**reise** *f* package tour
Pause *f* break, *Am. Schul*2: recess; *thea. etc.* interval, *Am.* intermission; *Sprech*2: pause; 2**nlos** uninterrupted, nonstop
Pavian *m* baboon
Pavillon *m* pavilion
Pech *n* pitch; *fig.* bad luck
Pedal *n* pedal
pedantisch pedantic
peinlich embarrassing; ⁓ *genau* meticulous
Peitsche *f,* ⁓**n** whip
Pell|**e** *f* skin; 2**en** peel; ⁓**kartoffeln** *pl* potatoes *pl* (boiled) in their jackets
Pelz *m* fur; 2**gefüttert** furlined; ⁓**mantel** *m* fur coat
Pendel *n* pendulum; 2**eln** swing*; *Bus etc.:* shuttle; *Person:* commute; ⁓**elverkehr** *m* shuttle service; com-

muter traffic; ~**ler** m commuter

penetrant obtrusive

Penis m penis

Pension f (old-age) pension; boarding-house; **2ieren**: *sich ~ lassen* retire; **2iert** retired

per *pro*: per; *durch*: by

perfekt perfect; **2** n *gr.* present perfect

Periode f period (a. med.)

Perle f pearl; *Glas2*: bead; **2n** sparkle, bubble

Perlmutt n mother-of-pearl

Person f person; *für zwei* **~en** for two

Personal n staff, personnel; ~**abteilung** f personnel department; ~**ausweis** m identity card; ~**chef(in)** staff manager; ~**ien** pl particulars pl, personal data pl; ~**pronomen** n personal pronoun

Personenzug m passenger train; local train

persönlich personal(ly); **2keit** f personality

Perücke f wig

pessimistisch pessimistic

Pest f plague

Petersilie f parsley

Petroleum n kerosene

Pfad m path; ~**finder** m boy scout; ~**finderin** f girl guide (*Am.* scout)

Pfahl m stake, post; pole

Pfand n security; *Sache*: pawn; *Flaschen2*: deposit

pfänden seize, attach

Pfandflasche f returnable bottle

Pfann|e f pan; ~**kuchen** m pancake

Pfarrer m priest; *Protestant*: minister; *evangelischer*: pastor; ~**in** f (woman) pastor

Pfau m peacock

Pfeffer m pepper; ~**kuchen** m gingerbread; ~**minze** f peppermint; ~**n** pepper; ~**streuer** m pepper pot

Pfeife f whistle; *Tabak2, Orgel2*: pipe; **2n** whistle

Pfeil m arrow

Pfeiler m pillar

Pferd n horse; *zu ~e* on horseback; ~**erennen** n horse race; ~**eschwanz** m *fig.* ponytail; ~**estall** n stable; ~**estärke** f horsepower

Pfiff m whistle

Pfifferling m chanterelle

pfiffig clever

Pfingst|en n Whitsun; ~**montag** m Whit Monday; ~**rose** f peony; ~**sonntag** m Whit Sunday

Pfirsich m peach

Pflanze f, **2n** plant; ~**nfett** n vegetable fat *od.* oil

Pflaster n plaster, *Am.* band-aid; *Straße*: pavement; **2n** pave; ~**stein** m paving stone

Pflaume f plum; *Back2*: prune

Pflege f care; *med.* nursing; *fig.* cultivation; ~... *Eltern, Kind etc.*: foster-...; ~**heim** n nursing home; **2leicht**

pflegen

easy-care, wash-and-wear; 2n care for; *med. a.* nurse; *fig.* cultivate; **sie pflegte zu sagen** she used to say; **~r** *m* male nurse; **~rin** *f* nurse

Pflicht *f* duty; *Sport:* compulsory event(s *pl*); **~fach** *n* compulsory subject; **~versicherung** *f* compulsory insurance

Pflock *m* peg
pflücken pick, gather
Pflug *m* plough, *Am.* plow
pflügen plough, *Am.* plow
Pforte *f* gate, door
Pförtner(in) gatekeeper; doorkeeper
Pfosten *m* (*Sport:* goal)post
Pfote *f* paw
Pfropfen *m* stopper; cork; *Watte etc.:* plug; *med.* clot
pfui ugh!; *Sport etc.:* boo!
Pfund *n* pound
pfuschen bungle
Pfütze *f* puddle, pool
Phantas|ie *f* imagination; *Trugbild:* fantasy; **2ieren** *med.* be* delirious; F talk nonsense; **2tisch** fantastic
Phase *f* phase, stage
Philosoph(in) philosopher; **~ie** *f* philosophy
phlegmatisch phlegmatic
phonetisch phonetic
Phosph|at *n* phosphate; **~or** *m* phosphorus
Photo... → **Foto**
Physik *f* physics *sg*; **2alisch** physical; **~er(in)** physicist
physisch physical

Pianist(in) pianist
Pick|el *m med.* pimple; **2(e)lig** pimpled, pimply
picken peck, pick
Picknick *n* picnic
piep(s)en chirp; *electr.* bleep
Pik *n* spade(s *pl*)
pikant spicy, piquant (*a. fig.*)
Pilger(in) pilgrim
Pille *f* pill
Pilot(in) pilot (*a. in Zssgn*)
Pilz *m* mushroom; *biol., med.* fungus
pingelig fussy
Pinguin *m* penguin
pinkeln (take* a) pee
Pinsel *m* brush
Pinzette *f* tweezers *pl*
Pionier *m* pioneer; *mil.* engineer
Pirat(in) pirate
Piste *f* course; *aer.* runway
Pistole *f* pistol, gun
Plage *f* trouble; *Insekten2 etc.:* plague; **2n** trouble, bother; **sich ~** toil, drudge
Plakat *n* poster, placard
Plakette *f* plaque, badge
Plan *m* plan; *Absicht: a.* intention
Plane *f* awning, tarpaulin
planen (make*) plan(s for)
Planet *m* planet
Planke *f* plank, board
plan|los without plan; *ziellos:* aimless; **~mäßig** *adj* systematic; *rail. etc.* scheduled; *adv* as planned
Plansch|becken *n* paddling pool; **2en** splash, paddle

Plantage f plantation
plappern chatter, prattle
plärren bawl; *Radio:* blare
Plastik¹ f sculpture
Plasti|k² n, ~**k...,** ~**sch** plastic
Platin n platinum
plätschern ripple, splash
platt flat; *fig.* trite; F flabbergasted
Platte f plate; *Stein:* slab; *Schall*~: record; *EDV* disk; *kalte* ~ plate of cold meats (*Am.* cuts)
plätten iron, press
Platten|spieler m record player; ~**teller** m turntable
Platt|form f platform; ~**fuß** m flat foot; *mot.* flat (tyre *Brt.*)
Platz m place; spot; *Raum:* room, space; *Lage, Bau*~: site; *Sitz:* seat; *öffentlicher:* square, *runder:* circus; ~ *nehmen* take* a seat; ~**anweiser(in)** usher(ette)
Plätzchen n → **Keks**
platz|en burst* (a. *fig.*); explode; F *fig.* come* to nothing; 2**karte** f seat reservation; 2**regen** m downpour
Plauder|ei f, 2**n** chat
pleite (*gehen* go*) broke; 2 f bankruptcy; F flop
Plombe f seal; *Zahn*~: filling; 2**ieren** seal; fill
plötzlich sudden(ly)
plump clumsy
plündern plunder, loot
Plural m plural
plus plus; 2 n plus; *im* ~ *econ.* in the black; 2**quamperfekt**

n past perfect
Po m bottom, behind
Pöbel m mob, rabble
pochen *Herz etc.:* throb; ~ *auf fig.* insist on
Pocken pl smallpox *sg*; ~**impfung** f smallpox vaccination
Podium n podium, platform
poetisch poetic(al)
Pokal m *Sport:* cup; ~**endspiel** n cup final; ~**spiel** n cup tie
pökeln pickle, salt
Pol m pole; 2**ar** polar
Pole m Pole
Police f (insurance) policy
polieren polish
Politi|k f politics *sg, pl*; *bestimmte:* policy; ~**ker(in)** politician; 2**sch** political
Politur f polish
Polizei f police *pl*; ~**beamter,** ~**beamtin** police officer; ~**revier** n police station; ~**streife** f police patrol; ~**stunde** f closing time
Polizist(in) police(wo)man
polnisch Polish
Polster n pad; *Kissen:* cushion; ~**möbel** pl upholstered furniture *sg*; 2**n** upholster, stuff; *wattieren:* pad
Polter|abend m eve of the wedding (party); 2**n** rumble
Pommes frites pl chips *pl*, *Am.* French fries *pl*
Pony n pony; *m* fringe, *Am.* bangs *pl*
populär popular

Pore

Por|e f pore; **~ös** porous
Porree m leek
Portemonnaie n purse
Portier m porter
Portion f portion, share; *bei Tisch*: helping, serving
Porto n postage; **~frei** postage paid
Porträt n portrait
Portugies|e, ~in, 2isch Portuguese
Porzellan n china
Posaune f trombone
Position f position
positiv positive
Possessiv... possessive ...
Post f post, *bsd. Am.* mail; *~sachen*: mail, letters *pl*; **~amt** n post office; **~anweisung** f money order; **~beamter, ~beamtin** post-office (*Am.* postal) clerk; **~bote, ~botin** → **Briefträger(in)**
Posten m post; *Stelle*: a. job; *mil.* sentry; *econ.* item; *Waren*: lot
Post|fach n (PO) box; **~karte** f postcard; **~kutsche** f stagecoach; **~lagernd** poste restante, *Am.* general delivery; **~leitzahl** f postcode, *Am.* zip code; **~scheck** m postal che|que, *Am.* -ck; **~scheckkonto** n National Giro account; **~sparbuch** n National Savings Bank (*Am.* postal savings) book; **~stempel** m postmark; **2wendend** by return (of post), *Am.* by return mail

Pracht f splendo(u)r
prächtig splendid
Prädikat n *gr.* predicate
prahlen brag, boast
Prakti|kant(in) trainee, *Am.* a. intern; **~ken** *pl* practices *pl*; **~kum** n practical training (period), *Am.* internship; **2sch** practical; useful, handy; **~er Arzt** general practitioner
Praline f chocolate
prall tight; *drall*: plump; *Sonne*: blazing; **~en** bounce; **~ gegen** hit*
Prämie f premium; bonus
Präpo|sition f preposition; **~sens** n present (tense)
Präservativ n condom
Präsident(in) president
prasseln *Feuer*: crackle; **~ gegen** beat* against
Präteritum n past (tense)
Praxis f practice; *med. ~räume*: surgery, *Am.* doctor's office
predigen preach; **2er(in)** preacher; **2 f** sermon
Preis m price; *erster etc.*: prize; *Film etc.*: award; **~ausschreiben** n competition
Preiselbeere f cranberry
Preis|erhöhung f rise *od.* increase in price(s); **2gekrönt** prize(-winning); **~nachlaß** m discount; **~stopp** m price freeze; **2wert** inexpensive
Prellung f contusion, bruise
Premier|e f first night; **~minister(in)** prime minister

Press|e f, **⁓en** press
prickeln, ⁓ n tingle
Priester(in) priest(ess)
prima great, super
primitiv primitive
Prinz m prince; **⁓essin** f princess
Prinzip n (**im** in) principle
Prise f: **e-e ⁓** a pinch of
privat private; **⁓... Leben, Schule** etc.: private ...
Privileg n privilege
pro per; **das ⁓ und Kontra** the pros and cons of
Probe f trial, test; Muster: sample; thea. rehearsal; **auf die ⁓ stellen** put* to the test; **⁓fahrt** f test drive; **⁓flug** m test flight; **⁓n** thea. rehearse
probieren try; kosten: a. taste
Problem n problem
Produ|kt n product; **⁓ktion** f production; Menge: a. output; **⁓ktiv** productive; **⁓zieren** produce
Prof|essor(in) professor; **⁓i** m pro(fessional)
Profil n profile; Reifen: tread; **⁓ieren**: **sich ⁓** distinguish o.s
Profit m, **⁓ieren** profit (**von** from)
Programm n program(me); EDV program; TV Kanal: channel; **⁓ieren** program; **⁓ierer(in)** program(m)er
Projekt n project; **⁓or** m projector
Prolog m prolog(ue)
Promillegrenze f (blood) alcohol limit
prominen|t prominent; **⁓z** f notables pl, VIPs pl
prompt prompt, quick
Pronomen n pronoun
Propeller m propeller
prophezeien prophesy, predict
Prosa f prose
Prospekt m brochure
prost cheers!
Prostituierte f prostitute
Protest m protest; **⁓ant(in)**, **⁓antisch** Protestant; **⁓ieren** protest
Prothese f artificial limb; **Zahn⁓**: denture(s pl)
Protokoll n record, minutes pl; pol. protocol
protzig show(off)y
Proviant m provisions pl
Provinz f province
Provis|ion f commission; **⁓orisch** provisional
provozieren provoke
Prozent n per cent; **⁓satz** m percentage
Prozeß m jur. lawsuit; Straf⁓: trial; chem. etc. process
prozessieren go* to law
Prozession f procession
prüde prudish
prüf|en examine, test; kontrollieren: check; **⁓er(in)** examiner; tech. tester; **⁓ung** f exam(ination); test
Prügel pl: **⁓ bekommen** get* a beating sg; **⁓n** beat*, clobber; **sich ⁓** (have* a) fight*
pst s(s)h!; hallo: psst!

Psychi|ater(in) psychiatrist; **2sch** mental
Psycho|analyse f psychoanalysis, **~loge** m psychologist; **~logie** f psychology; **~login** f psychologist; **2logisch** psychological; **~terror** m psychological warfare
Pubertät f puberty
Publikum n audience; *Sport*: spectators pl
Pudding m pudding
Pudel m poodle
Puder m powder; **~dose** f compact; **2n** powder (*sich* o.s.); **~zucker** m powdered sugar
Puff m F whorehouse
Pull|i m (light) sweater; **~over** m sweater, pullover
Puls m pulse (rate); **~ader** f artery
Pult n desk
Pulver n powder
pummelig chubby
Pumpe f, **2n** pump

Punkt m point (*a. fig.*); *Tupfen*: dot; *Satzzeichen*: full stop, *Am.* period; *Stelle*: spot, place; **~ zehn Uhr** 10 (o'clock) sharp
pünktlich punctual; **2keit** f punctuality
Pupille f pupil
Puppe f doll (*a.* F *fig.*); *thea.* puppet; *zo.* chrysalis, pupa
pur pure; *Whisky*: straight
Püree n purée, mash
purpurrot crimson
Purzel|baum m somersault; **2n** tumble
Pustel f pustule
pusten blow*; *keuchen*: puff
Pute(r) turkey (hen *od.* cock)
Putz m plaster(ing); **2en** v/t clean; *wischen*: wipe; *sich die Nase (Zähne)* **~** blow* (brush) one's nose (teeth); v/i do* the cleaning; **~frau** f cleaning woman
Puzzle n jigsaw (puzzle)
Pyramide f pyramid

Q

Quacksalber m quack
Quadrat n, **~...** *Meter, Wurzel etc.*, **2isch** square (...)
quaken quack; *Frosch*: croak
Qual f pain, torment, agony
quälen torment; *Tier etc.*: be* cruel to; F pester; *sich* **~** struggle
Qualifi|kation f qualification; **2zieren**: (*sich*) **~** qualify

Qualität f quality
Qualle f jellyfish
Qualm m (thick) smoke; **2en** smoke
qualvoll very painful; *Schmerz*: agonizing
Quantität f quantity
Quarantäne f quarantine
Quark m cottage cheese; curd(s pl)

Quartal n quarter
Quartett n quartet(te)
Quartier n accommodation
Quarz m quartz (a. in Zssgn)
Quatsch m nonsense; **2en** chat; contp. babble
Quecksilber n mercury
Quelle f spring; source (a. fig.); **2n** pour, stream
quer across (a. ~ **über**); **2flöte** f flute; **2schnitt** m cross-section; **~schnittsgelähmt** paraplegic; **2straße** f intersecting road
quetsch|en squeeze; med. bruise; **2ung** f bruise
quiek(s)en squeak, squeal
quietschen squeal; Reifen: a. screech; Tür: creak
quitt quits, even
Quitte f quince
quittieren (give*) a) receipt (for); **den Dienst** ~ resign; **2ung** f receipt
Quote f quota; share

R

Rabatt m discount
Rabbi(ner) m rabbi
Rabe m raven
Rache f revenge, vengeance
Rachen m throat
rächen revenge (**sich** o.s.)
Rad n wheel; Fahr2: bike
Radar m n radar; **~falle** f speed trap; **~kontrolle** f radar speed check
radfahre|n cycle, (ride*) a) bike; **2r(in)** cyclist
radier|en erase; **2gummi** m eraser; **2ung** f etching
Radieschen n (red) radish
radikal radical
Radio n (im on the radio), **2aktiv** radioactive; **~recorder** m radiocassette recorder; **~wecker** m clock radio
Radius m radius
Rad|kappe f hubcap; **~rennen** n cycle race; **~tour** f bicycle tour; **~weg** m bike path od. route
raffiniert refined; fig. clever, cunning
ragen tower (up), rise*
Rahm m cream
Rahmen m, 2 frame
Rakete f rocket; mil. a. missile; **~nabwehr...** antiballistic ...
rammen ram; mot. a. hit*
Rampe f ramp
Ramsch m junk, trash
Rand m edge, border; Seite: margin; Glas, Hut: rim; Teller, Brille: rim; fig. brink
randalier|en (run*) riot; **2er** m hooligan, rioter
Rang m rank (a. mil.)
rangieren rail. shunt, Am. switch; fig. rank
Ranke f tendril; **2n: sich** ~ creep*, climb

Ranzen *m* satchel
ranzig rancid, rank
Rappe *m* black horse
rar rare, scarce
rasch quick, swift; prompt
rascheln rustle
rasen race, speed*; *toben*: rage (*a. Sturm*), be* furious; **~d** raging; *Tempo*: breakneck; *Kopfschmerz*: splitting; **~ werden (machen)** go* (drive*) mad
Rasen *m* lawn; **~mäher** *m* lawn mower
Raser *m* speed(st)er; **~ei** *f* frenzy; *mot.* reckless driving
Rasier|... *Creme, Pinsel, Seife etc.*: shaving ...; **~apparat** *m* (safety) razor; electric razor; **2en** shave (*a. sich ~*); **~klinge** *f* razor blade; **~messer** *n* razor; **~wasser** *n* aftershave
Rasse *f* race; *zo.* breed
rasseln rattle
Rassen|trennung *f* (racial) segregation; **~unruhen** *pl* race riots *pl*
Rassismus *m* racism
Rast *f* rest, stop; **2en** rest, stop, take* a break; **2los** restless; **~platz** *m* *mot.* lay-by, *Am.* rest area; **~stätte** *f* *mot.* service area
Rasur *f* shave
Rat *m* (*ein* a piece of) advice; *pol.* council
Rate *f* instal(l)ment; rate; *in* **~n** by instal(l)ments
raten advise, guess (*a. er~*); *Rätsel*: solve

Ratenzahlung *f* → *Abzahlung*
Rat|geber(in) adviser; *Buch*: guide; **~haus** *n* town (*Am. a.* city) hall
Ration *f* ration; **2alisieren** rationalize, *Am.* reorganize; **2ieren** ration
rat|los at a loss; **~sam** advisable
Rätsel *n* puzzle; **~frage** *f* riddle; *fig. a.* mystery; **2haft** puzzling; mysterious
Ratte *f* rat
rattern rattle, clatter
Raub *m* robbery; *Beute*: loot; *Opfer*: prey; **2en** rob; *j-n*: kidnap
Räuber(in) robber
Raub|mord *m* murder with robbery; **~tier** *n* beast of prey; **~überfall** *m* holdup; armed robbery; **~vogel** *m* bird of prey
Rauch *m* smoke; **2en** smoke; **2 verboten** no smoking; **~er(in)** smoker (*a. rail.*)
Räucher|... *Lachs etc.*: smoked ...; **2n** smoke
rauchig smoky
rauh rough, rugged; *Klima, Stimme*: a. harsh; *Haut etc.*: chapped; **2reif** *m* hoarfrost
Raum *m* room; *Welt2*: space; *Gebiet*: area; **~anzug** *m* spacesuit
räumen leave*; evacuate; *Straße, Lager*: clear; **~ in** put* *s.th.* (away) in
Raumfahrt *f* space flight;

~fahrt... space ...; **~inhalt** m volume; **~kapsel** f space capsule

räumlich three-dimensional

Raumschiff n spacecraft; *bemannt:* a. spaceship

Raupe f caterpillar (*a. tech.*)

Rausch m intoxication; **e-n ~ haben** be* drunk; **2en** rush; *fig.* sweep*

Rauschgift n drug(s *pl*); **~handel** m drug traffic(king); **~händler(in)** drug trafficker, *sl.* pusher; **~süchtige(r)** drug addict

räuspern: sich ~ clear one's throat

Razzia f raid

reagieren react (**auf** to)

Reaktor m reactor

real real; **~istisch** realistic; **2ität** f reality; **2schule** f secondary school

Rebe f vine

Rebell m rebel; **2ieren** rebel, revolt, rise*

Rebhuhn n partridge

Rechen m, **2** rake

Rechen|aufgabe f (arithmetic) problem; **~fehler** m error, miscalculation; **~schaft** f: **~ ablegen über** account for; **zur ~ ziehen** call to account

Rechn|en n arithmetic; **2en** calculate; *Aufgabe:* do*; **~ mit** expect; count on *s.o.*; **~er** m calculator; computer; **~ung** f calculation; *econ.* bill, account; *Am. Lokal:* a. check

recht right; *pol.* right-wing; **~ haben** be* right

Recht n right (**auf** to); *jur.* law; *fig.* justice

Recht|e f right (hand); *pol.* the right (wing); **~eck** n rectangle; **2eckig** rectangular; **2fertigen** justify; **~fertigung** f justification; **2lich** legal; **2mäßig** legal, lawful; legitimate

rechts on the right; *pol.* right(ist); **nach ~** to the right

Rechtsan|walt, ~wältin lawyer, *Am. a.* attorney

Rechtschreibung f spelling

Rechts|händer(in): ~ sein be* right-handed; **~schutzversicherung** f legal costs insurance; **~verkehr** m driving on the right; **2widrig** illegal

recht|wink(e)lig rightangled; **~zeitig** in time (**zu** for)

Reck n horizontal bar

recken stretch (**sich** o.s.)

Redakt|eur(in) f editor; **~ion** f editorial staff, editors *pl*

Rede f speech (**halten** make*); **2gewandt** eloquent; **2n** talk, speak*; **~nsart** f saying

redlich honest, upright

Red|ner(in) speaker; **2selig** talkative

reduzieren reduce

Reeder(in) f shipowner; **~ei** f shipping company

reell *Preis etc.:* fair; *echt:* real; *Firma:* solid

reflektieren reflect
reflexiv, 2**...** reflexive
Reform f reform; **~haus** n health food shop (Am. store); 2**ieren** reform
Regal n shelves pl
rege active, lively; busy
Regel f rule; med. period; 2**mäßig** regular; 2**n** regulate; *erledigen*: take* care of; **~ung** f regulation; *e-r Sache*: settlement
regen: (**sich**) ~ move, stir
Regen m rain; **~bogen** m rainbow; **~mantel** m raincoat; **~schauer** m shower; **~schirm** m umbrella; **~tag** m rainy day; **~tropfen** m raindrop; **~wald** m (tropical) rain forest; **~wasser** n rainwater; **~wetter** n rainy weather; **~wurm** m earthworm; **~zeit** f rainy season
Regie f direction
regier|en reign; govern; 2**ung** f government, Am. a. administration; *Monarchie*: reign
Region f region
Regisseur(in) director
registrieren register, record; *fig.* note
regne|n rain; **~risch** rainy
regulieren regulate, adjust; *steuern*: control
regungslos motionless
Reh n deer, roe; *weiblich*: doe; *gastr.* venison; **~bock** m (roe)buck; **~kitz** n fawn
Reib|e f, **~eisen** n grater; 2**en** rub; *gastr.* grate; **~ung** f friction

reich rich (**an** in), wealthy
Reich n empire, kingdom (a. *eccl., zo.*); *fig.* world; **das Dritte ~** the Third Reich
reichen reach (**bis** to); *nach* [out] for); *zu~: a.* hand, pass; *genügen:* be* enough; **das reicht** that will do
reich|haltig rich; **~lich** plenty (of); *ziemlich:* rather; 2**tum** m wealth (**an** of); 2**weite** f reach; *mil.* range
Reif m (hoar)frost; bracelet; ring
reif ripe; *bsd. fig.* mature; 2**e** f ripeness; *fig.* maturity; 2**en** ripen, mature
Reifen m hoop; *mot. etc.* tyre, Am. tire; **~panne** f puncture, Am. a. flat
Reihe f line, row (*a. Sitz*2); *Anzahl:* number; *Serie:* series; *der ~ nach* in turn; *ich bin an der ~* it's my turn; **~nfolge** f order
Reiher m heron
Reim m rhyme; 2**en:** (**sich**) ~ rhyme
rein pure; *sauber:* clean; *Gewissen, Haut:* clear; 2**fall** m flop; **~igen** (*chemisch:* dry-)clean; 2**igung** f (*chemische:* dry) cleaning; *Betrieb:* (dry) cleaners pl; **~rassig** pureblooded; *Tier:* thoroughbred
Reis m rice
Reise f trip; journey; mar.

Retter(in)

voyage; *Rund2̃*: tour; **~andenken** *n* souvenir; **2̃büro** *n* travel agency; **~führer(in)** guide(book); **~gesellschaft** *f* tourist party, *Am.* tour group; **~leiter(in)** courier, *Am.* tour guide; **2̃n** travel; *durch ...* ~ tour ...; **~nde(r)** travel(l)er; **2̃paß** *m* passport; **~scheck** *m* travel(l)er's cheque (*Am.* check); **~tasche** *f* travel(l)ing bag; **~ziel** *n* destination

reiß|en tear*; *Witze*: crack; **~end** torrential; **2̃verschluß** *m* zip(per *Am.*); **2̃zwecke** *f* drawing pin, *Am.* thumbtack

Reit|... *Schule, Stiefel etc.*: riding ...; **2̃en** ride*; **~er(in)** rider, horse|man (-woman); **~hose** *f* (riding) breeches *pl*

Reiz *m* appeal, attraction; *med. etc.*: stimulus; **2̃bar** irritable; **2̃en** irritate (*a. med.*); provoke; *anziehen*: appeal to; *Karten*: bid; **~end** delightful; *nett*: kind; **2̃voll** attractive

Reklam|ation *f* complaint; **~e** *f* advertising; *Anzeige*: advertisement, F ad

Rekord *m* record

Rekrut(in) recruit

relativ relative; **2̃pronomen** *n* relative pronoun

Religi|on *f* religion; **2̃ös** religious

Reling *f* rail

Reliquie *f* relic

Renn|bahn *f* racecourse; **2̃en** run*; **~en** *n* race; **~fahrer(in)** racing driver; racing cyclist; **~läufer(in)** ski racer; **~pferd** *n* racehorse; **~rad** *n* racing bicycle; **~sport** *m* racing; **~stall** *m* racing stable; **~wagen** *m* racing car

renovieren *Haus*: renovate; *Zimmer*: redecorate

rent|abel profitable; **2̃e** *f* (old-age) pension

Rentier *n* reindeer

Rentner(in) pensioner

Reparatur *f* repair; **~werkstatt** *f* repair shop

reparieren repair, F fix

Report|age *f* report; **~er(in)** reporter

Reptil *n* reptile

Republik *f* republic; **~aner(in)**, **2̃anisch** republican

Reserve *f* reserve; **~rad** *n* spare wheel; **~tank** *m* reserve tank

reservieren reserve (*a. ~ lassen*); *freihalten*: keep*, save; **~t** reserved (*a. fig.*)

Residenz *f* residence

resignieren give* up

Respekt *m*, **2̃ieren** respect

Rest *m* rest; **~e** *pl* remains *pl*; *Essen*: leftovers *pl*

Restaurant *n* restaurant

restaurieren restore

rest|lich remaining; **~los** entirely, completely

retten save (*vor* from); rescue (*aus* from); **2̃r(in)** rescuer

Rettich m radish
Rettung f rescue
Rettungs|boot n lifeboat; ~**mannschaft** f rescue party; ~**ring** m life belt (Am. preserver)
Reue f repentance, remorse
revanchieren: sich ~ pay* s.o. back
Revision f jur. appeal
Revolution f revolution; 2**är**, ~**är(in)** revolutionary
Revolver m revolver
Rezept n med. prescription; gastr., fig. recipe
Rezeption f reception desk
Rhabarber m rhubarb
Rheuma n rheumatism
Rhythmus m rhythm
Ribisel f östr. currant
richten fix; get* s.th. ready; ~ **auf** direct to; Waffe, Kamera: point at; (**sich**) ~ **an** address; **sich** ~ **nach** go* by, act according to; **abhängen von**: depend on
Richter(in) judge
richtig right; correct; echt: real; gehen Uhr: be* right; ~ **nett** etc. really nice etc.; **das** 2**e** the right thing (to do); ~**stellen** put* right
Richtlinien pl guidelines pl
Richtung f direction
riechen smell* (**nach** of)
Riegel m bolt, bar (a. Schokolade etc.)
Riemen m strap; Gürtel, tech.: belt; Ruder: bar
Riese m giant

rieseln trickle, run*; Schnee: fall softly
riesig huge, gigantic
Riff n reef
Rille f groove
Rind n cow; ~**er** pl cattle pl
Rinde f bark; Käse: rind; Brot: crust
Rind|erbraten m roast beef; ~**fleisch** n beef
Ring m ring; fig. a. circle
Ringel|natter f ring-snake; ~**spiel** n östr. merry-go-round
ring|en wrestle; fig. a. struggle; Hände: wring*; 2**en** n wrestling; 2**er(in)** wrestler; 2**kampf** m wrestling match; 2**richter** m referee
Rinn|e f groove, channel; 2**en** run*, flow*; ~**stein** m gutter
Rippe f rib
Risiko n risk; 2**kant** risky; 2**kieren** risk
Riß m tear; Sprung: crack; Haut: chap
rissig cracked; chapped
Ritt m ride; ~**er** m knight
Ritze f chink; 2**n** scratch
Rival|e, ~in rival
Robbe f seal; 2**n** crawl
Robe f robe; gown
Roboter m robot
robust robust, sturdy
röcheln moan; et.: gasp
Rock m skirt
Rodel|bahn f toboggan run; 2**n** toboggan; ~**schlitten** m sled(ge), toboggan
roden clear; pull up

Rogen m roe
Roggen m rye
roh raw; *grob:* rough; *fig.* brutal; **kost** f crudités pl; **öl** n crude (oil)
Rohr n tube, pipe; → *Schiff*
Röhre f tube (*a.* Am. TV), pipe; *Brt.* TV *etc.* valve
Rohstoff m raw material
Roll|laden m rolling shutter; **bahn** f runway
Rolle f roll; *tech. a.* roller; *thea.* part, role; *Garn etc.:* reel; **2n** roll; *aer.* taxi; **r** m scooter
Roll|kragen m turtleneck; **schuh** m roller skate; **stuhl** m wheelchair; **treppe** f escalator
Roman m novel
romantisch romantic
Röm|er(in), **2isch** Roman
röntgen, **2bild** n X-ray; **2strahlen** pl X-rays pl
rosa pink
Rose f rose; **nkohl** m Brussels sprouts pl; **nkranz** m rosary
rosig rosy
Rosine f raisin, currant
Rost m rust; *tech.* grate; *Brat2:* grill; **2en** rust
rösten f toast; *Brot:* toast
rost|frei rustproof, stainless; **ig** rusty; **2schutzmittel** n anti-rust agent
rot red; ** werden** blush; **blond** sandy(-haired)
Röteln pl German measles sg
**röten: (sich) ** redden

Rothaarige(r) redhead
rotieren rotate, revolve
Rot|kehlchen n robin; **kohl** m red cabbage; **stift** m red pencil; **wein** m red wine; **wild** n (red) deer
Roulade f roulade, roll
Route f route
Routine f routine
Rübe f turnip; (sugar) beet
Rubin m ruby
Ruck m jerk, jolt, start
Rückblick m review (*auf* of)
rücken move; shift; *näher * (be*) approach(ing)
Rücken m back; **lehne** f back(rest); **mark** n spinal cord; **schwimmen** n backstroke; **wind** m tailwind; **wirbel** m dorsal vertebra
Rück|erstattung f refund; **fahrkarte** f return (ticket); *Am.* round-trip ticket; **fahrt** f return trip; *auf der * on the way back; **2fällig: werden** relapse; **flug** m return flight; **2gängig: machen** cancel; **grat** n spine, backbone; **halt** m support; **kehr** f return; **licht** n taillight; **porto** n return postage; **reise** f → *Rückfahrt*
Rucksack m rucksack, *Am.* backpack; **tourist** m backpacker
Rück|schlag m setback; **schritt** m step back(ward); **seite** f back, reverse; **sicht** f consideration; ** nehmen auf** show* considera-

rücksichtslos 498

tion for; ⎵**sichtslos** inconsiderate (**gegen** of); *skrupellos*: ruthless; *Fahren etc.*: reckless; ⎵**sichtsvoll** considerate; ⎵**sitz** *m* back seat; ⎵**spiegel** *m* rearview mirror; ⎵**spiel** *n* return match *od.* game; ⎵**stand** *m* arrears *pl*; *chem.* residue; ⎵**ständig** backward; ⎵**tritt** *m* resignation; ⎵**trittbremse** *f* backpedal (*Am.* coaster) brake; ⎵**wärts** backward(s); ⎵**wärtsgang** *m* reverse (gear); ⎵**weg** *m* way back; ⎵**wirkend** retroactive; ⎵**zahlung** *f* repayment; ⎵**zug** *m* retreat

Rudel *n* pack; *Rehe*: herd

Ruder *n* rudder; *Riemen*: oar; ⎵**boot** *n* rowing boat, *Am.* rowboat; ⎵**n** row

Ruf *m* call (*a. fig.*); cry, shout; *Ansehen*: reputation; ⎵**en** call; cry, shout; *~ lassen* send* for

Rüge *f* reproof, reproach

Ruhe *f* quiet, calm; *Gemüts*⎵: calm(ness); *Erholung*: rest (*a. phys.*); **in ~ lassen** leave* alone; ⎵**los** restless; ⎵**n** rest (*auf* on); ⎵**pause** *f* break; ⎵**stand** *m* retirement; ⎵**störung** *f* disturbance (of the peace); ⎵**tag** *m*: *Montag ~* closed on Mondays

ruhig quiet; calm

Ruhm *m* fame; *mil.* glory

Rührleier *pl* scrambled eggs *pl*; ⎵**en** stir (*a. gastr.*), move

(*beide a. sich ~*); *fig. a.* touch, effect; ⎵**end** touching, moving; ⎵**ung** *f* emotion

Ruin *m* ruin; ⎵**e** *f* ruin(s *pl*); ⎵**ieren** ruin (*sich* o.s.)

rülpsen belch

Rum *m* rum

Rummel *m* bustle; *Reklame etc.*: ballyhoo; ⎵**platz** *m* fair, *Am. a.* amusement park

rumpeln rumble

Rumpf *m anat.* trunk; *mar.* hull; *aer.* fuselage

rümpfen *Nase*: turn up

rund *adj* round; *adv* about; *~ um* (a)round; ⎵**blick** *m* panorama; ⎵**e** *f* round; *Rennen*: lap; ⎵**fahrt** *f* tour

Rundfunk *m* (**im** on the) radio; *Gesellschaft*: broadcasting corporation; ⎵**hörer** *m* listener; *pl a.* (radio) audience *sg*; ⎵**sender** *m* radio station; ⎵**sendung** *f* broadcast

Rund|gang *m* tour (*durch* of); ⎵**herum** all (a)round; ⎵**lich** plump; ⎵**reise** *f* tour (*durch* round); ⎵**schreiben** *n* circular

Runzel *f* wrinkle; ⎵**(e)lig** wrinkled; ⎵**eln** → *Stirn*

rupfen pluck

Rüsche *f* frill, ruffle

Ruß *m* soot

Russe *m* Russian

Rüssel *m Elefant*: trunk; *Schwein*: snout

Russ|in *f*, ⎵**isch** Russian

Samstag

rüsten arm (**zum Krieg** for war); **sich ~** prepare, get* ready (**zu, für** for)
rüstig vigorous, fit
Rüstung f armo(u)r; *mil.* armament; **~s... ** *Kontrolle, Wettlauf:* arms ...
Rute f rod; *Gerte:* switch
Rutsch|bahn f, **~e** f slide, chute; **2en** slide*, slip (*a. aus.~*); *mot. etc.* skid; **2ig** slippery
rütteln *v/t* shake*; *v/i* jolt; **~ an** rattle at

S

Saal m hall; **...2 a. ...** room
Saat f *Säen:* sowing; *junge ~:* crop(s *pl*)
Säbel m sab|re, *Am.* -er
Sabotage f sabotage
Sach|bearbeiter(in) official in charge; **2dienlich** relevant; **~e** f thing; *Angelegenheit:* matter; *gute etc.:* cause; **~en** *pl* things *pl*; clothes *pl*; **2gerecht** proper; **~kenntnis** f expert knowledge; **2kundig** expert; **2lich** matter-of-fact, businesslike; objective
sächlich *gr.* neuter
Sach|register n (subject) index; **~schaden** m damage to property
sacht(e) softly; F easy
Sach|verhalt m facts *pl* (of the case); **~verständige(r)** f expert (witness *jur.*)
Sack m sack, bag; **~gasse** f blind alley, cul-de-sac, dead end (street) (*alle a. fig.*)
säen sow (*a. fig.*)
Saft m juice; **2ig** juicy
Sage f legend, myth
Säge f saw; **~mehl** n sawdust
sagen say*; *mitteilen:* tell*
sägen saw*
sagenhaft legendary; F fabulous, incredible
Sahne f cream
Saison f season
Saite f string, chord; **~ninstrument** n string(ed) instrument
Sakko m, n sport(s) coat
Salat m salad; *Kopf~:* lettuce; **~sauce** f salad dressing
Salbe f ointment, salve
Salmiak m, n ammonium chloride; **~geist** m liquid ammonia
salopp casual
Salto m somersault
Salz n, **2en** salt; **2ig** salty; **~kartoffeln** *pl* boiled potatoes *pl*; **~säure** f hydrochloric acid; **~streuer** m saltcellar, *Am.* salt shaker; **~wasser** n salt water
Same(n) m seed; *biol.* sperm, semen
samm|eln collect; **~ler(in)** collector; **2lung** f collection
Samstag m Saturday

samt (along) with
Samt *m* velvet
sämtlich: ~e *pl* all the; *Werke:* the complete
Sanatorium *n* sanatorium
Sand *m* sand
Sandale *f* sandal
Sand|bank *f* sandbank; **2ig** sandy; **~papier** *n* sandpaper
sanft gentle, soft
Sänger(in) singer
sanitär sanitary
Sanitäter(in) ambulance *od.* first-aid (wo)man, *Am.* paramedic; *mil.* medic
Sankt Saint, *abbr.* St.
Sard|elle *f* anchovy; **~ine** *f* sardine
Sarg *m* coffin, *Am. a.* casket
Satellit *m* satellite
Satire *f* satire
satt F full (up); *sich* ~ *essen* eat* one's fill; *ich bin* ~ I've had enough; ~ *haben* be* fed up with
Sattel *m*, **2n** saddle
sättigend filling
Satz *m* sentence, clause; *Sprung:* leap, *Tennis, Werkzeug etc.:* set; *econ.* rate; *mus.* movement; **~ung** *f* statute; **~zeichen** *n* punctuation mark
Sau *f* sow; **2...** F damn ...
sauber clean; *ordentlich:* neat, tidy; F *contp.* fine; **2keit** *f* clean(li)ness; tidiness; **~machen** clean (up), tidy (up)
sauer sour; acid; *Gurke:* pickled; *wütend:* mad; *saurer Regen* acid rain; **2kraut** *n* sauerkraut; **2stoff** *m* oxygen; **2teig** *m* leaven
saufen drink*; F booze
Säufer(in) drunkard
saugen suck (*an et.* [at] s.th.)
säug|en suckle, nurse; **2etier** *n* mammal; **2ling** *m* baby, infant
Säule *f* column, pillar
Saum *m* hem(line); seam
Sauna *f* sauna
Säure *f* acid
sausen rush, dash; *Ohren:* ring*; *Wind:* howl
Saxophon *n* saxophone
S-Bahn *f* suburban fast train
Schabe *f* cockroach; **2n** scrape
schäbig shabby
Schach *n* chess; ~ (*und matt*) check(mate)!; **~brett** *n* chessboard; **~figur** *f* chessman; **2matt:** ~ *setzen* checkmate; **~spiel** *n* (game of) chess
Schacht *m* shaft
Schachtel *f* box; pack(et)
schade a pity, F too bad; *wie* ~! what a pity!
Schädel *m* skull; **~bruch** *m* fracture of the skull
schaden (do*) damage (to), harm, hurt*
Schaden *m* damage (*an* to); *körperlicher:* injury; **~ersatz** *m* damages *pl*; **~freude** *f*: ~ *empfinden* gloat; **2froh** gloating(ly)

schadhaft defective
schäd|igen damage, harm; **⁓lich** harmful, injurious; **⁕ling** *m zo.* pest
Schaf *n* sheep; **⁓bock** *m* ram
Schäfer|(in) shepherd(ess); **⁓hund** *m* sheepdog; *deutscher:* Alsatian
schaffen create (*a.* er⁓); cause; *bewältigen:* manage; *bringen:* take*; *arbeiten:* work; **es ⁓ make*** it
Schaffner(in) conduct|or (-ress), *Brt. rail.* guard
Schaft *m* shaft; *Gewehr:* stock; *Stiefel:* leg; **⁓stiefel** *pl* high boots *pl*
schal stale, flat; *fig. a.* empty
Schal *m* scarf
Schale *f* bowl, dish; *Ei, Nuß etc.:* shell; *Obst, Kartoffel:* peel, skin; **⁓n** *pl Kartoffeln:* peelings *pl*
schälen peel, skin; **sich ⁓ Haut:** peel *od.* come* off
Schall *m* sound; **⁓dämpfer** *m* silencer, *mot. Am.* muffler; **⁕dicht** soundproof; **⁕en** sound; **klingen, dröhnen;** **ring*** (out); **⁓mauer** *f* sound barrier; **⁓platte** *f* record
schalt|en switch, turn; *mot.* change gear; **⁕er** *m* switch; *rail.* ticket office; *Post, Bank:* counter; **⁓hebel** *m* gear (*tech., aer.* control) lever; **⁓jahr** *n* leap year; **⁕tafel** *f* switchboard, control panel
Scham *f* shame (*a. ⁓gefühl*)
schämen: sich ⁓ be* *od.* feel* ashamed (**wegen** of)
schamlos shameless
Schande *f* disgrace
schändlich disgraceful
Schanze *f* ski-jump
Schar *f* group, crowd; *Gänse etc.:* flock; **⁕en: sich ⁓ um** gather round
scharf sharp (*a. fig.*); **⁓gewürzt:** hot; *Munition:* live; F hot; → **geil**; **⁓ auf** crazy about; **⁓n:** *a.* hot on
Schärfe *f* sharpness; *Härte:* severity; **⁕n** sharpen
Scharf|schütze *m* sharpshooter; sniper; **⁓sinn** *m* acumen
Scharlach *m med.* scarlet fever; **⁕rot** scarlet
Scharnier *n* hinge
Schärpe *f* sash
scharren scrape, scratch
Schaschlik *m, n* (shish) kebab
Schatt|en *m* shadow; *im ⁓* in the shade; **⁓ierung** *f* shade; **⁕ig** shady
Schatz *m* treasure; *fig.* darling
schätz|en estimate (**auf** at); F reckon; **zu ⁓ wissen** appreciate; **⁕ung** *f* estimate; **⁓ungsweise** roughly
Schau *f* show; exhibition
Schauder *m,* **⁕n** shudder
schauen look (**auf** at)
Schauer *m* shower; → **Schauder**; **⁕lich** dreadful, horrible
Schaufel *f* shovel; *Kehr⁕:* dustpan; **⁕n** shovel; dig*

Schaufenster n shop window; ⁓bummel m: e-n ⁓ machen go* window-shopping

Schaukel f swing; 2n swing*; *Boot:* rock; ⁓pferd n rocking horse; ⁓stuhl m rocking chair

Schaum m foam; *Bier:* froth; *Seife:* lather

schäumen foam (*a. fig.*); *Seife:* lather; *Wein:* sparkle

Schaum|gummi m foam rubber; 2ig foamy, frothy

Schauplatz m scene

Schauspiel n spectacle; *thea.* play; ⁓er(in) act|or (-ress)

Scheck m chequ|e, *Am.* -ck; ⁓karte f cheque (*Am.* check cashing) card

Scheibe f disc, *Am.*, *EDV* disk; *Brot etc.:* slice; *Fenster:* pane; *Schieß2:* target; ⁓nbremse f disc (*Am.* -k) brake; ⁓nwischer m windscreen (*Am.* windshield) wiper

Scheid|e f sheath; *anat.* vagina; 2en divorce; *sich ⁓ lassen* get* a divorce; *von j-m:* divorce s.o.; ⁓ung f divorce

Schein m certificate; *Formular:* form, *Am.* blank; *Geld2:* note, *Am.* a. bill; *Licht2:* light; *fig.* appearance; 2bar seeming, apparent; 2en shine*; *fig.* seem, appear, look; 2heilig hypocritical; ⁓werfer m searchlight; *mot.* headlight; *thea.* spotlight

Scheiß|... damn ..., fucking ...; ⁓e f, 2en shit*

Scheitel m parting, *Am.* part

scheitern fail, go* wrong

Schellfisch m haddock

Schelm m rascal; 2isch impish

schelten scold

Schema n pattern

Schemel m stool

Schenkel m *Ober2:* thigh; *Unter2:* shank; *math.* leg

schenken give* (*zu* for)

Scherbe f, ⁓n m (broken) piece, fragment

Schere f scissors pl; *große:* shears pl; *zo.* claw; 2n shear*, clip, cut* (*a. Haare*)

Scherereien pl trouble sg

Scherz m, 2en joke; 2haft joking(ly)

scheu shy; 2 f shyness; ⁓en v/i shy (*vor* at); v/t shun, avoid; *sich ⁓ zu* be* afraid of doing s.th.

scheuer|n scrub; *wund2:* chafe; 2tuch n floor cloth

Scheune f barn

Scheusal n monster

scheußlich horrible

Schicht f layer; *Farb2 etc.:* coat; *dünne:* film; *Arbeits2:* shift; *pol.* class; 2en pile up

schick smart, chic, stylish

schicken send*

Schicksal n fate, destiny

Schiebe|dach n *mot.* sunroof; ⁓fenster n sash window; 2n push, shove; ⁓tür f sliding door

Schiebung f put-up job
Schiedsrichter(in) referee (a. Fußball), umpire (a. Tennis)
schief crooked; *schräg:* sloping, *Turm:* leaning; *fig. Bild etc.:* false
Schiefer m slate, shale
schiefgehen go* wrong
schielen squint
Schienbein n shin(bone)
Schiene f rail; *med.* splint; *fig.* (beaten) track; **2n** splint
schier sheer, pure; ~ **unmöglich** next to impossible
schießen shoot* (a. fig.), fire; *Tor:* score; **2erei** f gunfight; **2scheibe** f target; **2stand** m rifle range
Schiff n ship, boat; **~ahrt** f navigation; **2bar** navigable; **~bruch** m shipwreck; **~ erleiden** be* shipwrecked; *fig.* fail; **2brüchig** shipwrecked
schikanieren push around
Schild n sign; *Namens2 etc.:* plate; m shield; **~drüse** f thyroid gland
schilder|n describe; **2ung** f description
Schildkröte f turtle; *Land2, Brt.* tortoise
Schilf(rohr) n reed
schillern be* iridescent
Schimm|el m white horse; *Pilz:* mo(u)ld; **2eln** go* mo(u)ldy; **2(e)lig** mo(u)ldy
Schimmer m, **2n** glimmer
Schimpanse m chimpanzee
schimpf|en scold, tell* *s.o.*

off; **2wort** n swearword
Schindel f shingle
Schinken m ham
Schirm m umbrella; *Sonnen2:* sunshade; *Schutz, Bild2:* screen; *Mütze:* peak; **~mütze** f peaked cap
Schlacht f battle (*bei* of); **2en** slaughter, butcher; **~feld** n battlefield; **~schiff** n battleship
Schlacke f cinder, slag
Schlaf m sleep; **~anzug** m pyjamas pl, Am. pajamas pl
Schläfe f temple
schlafen sleep*; ~ **gehen, sich ~ legen** go* to bed
schlaff slack; *Muskeln:* flabby; *kraftlos:* limp
Schlaf|gelegenheit f sleeping accommodation; **2los** sleepless; **2losigkeit** f med. insomnia; **~mittel** n sleeping pill(s pl)
schläfrig sleepy, drowsy
Schlaf|saal m dormitory; **~sack** m sleeping bag; **~tablette** f sleeping pill; **~wagen** m sleeping car; **~zimmer** n bedroom
Schlag m blow (a. fig.); *mit der Hand:* slap; *Faust2:* punch; *med., Uhr, Blitz:* stroke; *electr.* shock; *Herz etc.:* beat; **Schläge** pl beating sg; **~ader** f artery; **~anfall** m stroke; **~baum** m barrier; **~bohrer** m percussion drill; **2en** hit*, beat* (a. besiegen, Herz, Eier); strike*

(*a. Blitz, Uhr*[*zeit*]); knock (**zu Boden** down); *Sahne:* whip; **sich ~ fight*** (**um** over); → **fällen**; **~er** m hit; (pop) song

Schläger m bat; *Person:* tough; → **Golf-, Tennisschläger**; **~ei** f fight

schlag|fertig quick-witted; **2sahne** f whipped cream; **2wort** n catchword; **2zeile** f headline; **2zeug** n drums pl; **2zeuger(in)** drummer, percussionist

Schlamm m mud

Schlampe f slut; **2ig** sloppy, messy

Schlange f zo. snake; *Menschen:* queue, *Am.* line; **~ stehen** queue (*Am.* line) up

schlängeln: sich ~ wriggle, wind one's way *od.* o.s

schlank slim; **2heitskur** f: **e-e ~ machen** be* *od.* go* on a diet

schlau clever; *listig:* sly

Schlauch m tube; *Spritz2:* hose; **~boot** n rubber dinghy; *life raft;* **2en** wear* *s.o.* out

Schlaufe f loop

schlecht bad; **~ werden** *verderben:* go* bad; → **übel**

schleichen creep*, sneak

Schleier m veil (*a. fig.*)

Schleife f bow; *Fluß, tech., EDV etc.:* loop

schleifen drag; *schärfen:* grind*, sharpen; *Holz:* sand; *Glas, Steine:* cut*

Schleim m slime; *med.* mucus; **~haut** f mucous membrane; **2ig** slimy (*a. fig.*); mucous

schlemm|en feast; **2er(in)** gourmet

schlendern stroll, saunter

schlenkern dangle, swing*

schlepp|en drag (*a. sich ~*); *mar., mot.* tow; **2er** m tug; *mot.* tractor; **2lift** m ski tow

Schleuder f sling, catapult; *Waffe:* **Am.** slingshot; *Trocken2:* spin drier; **2n** v/t fling*, hurl; *Wäsche:* spindry; v/i *mot.* skid

schleunigst at once

Schleuse f sluice; *Kanal:* lock settle; **2er(in)** mediator

schließen shut*, close (*beide a. sich ~*); *für immer:* close down; (*be*)*enden:* finish; *Frieden:* make*; **~ aus** conclude from; **2fach** n *rail. etc.* (luggage) locker; *Bank:* safe-deposit box; **~lich** finally; *immerhin:* after all

schlimm bad; *furchtbar:* awful; **~er** worse; **am ~sten** (the) worst

Schling|e f loop, noose (*a. Galgen2*); *med.* sling; **2en** wind*; *binden:* tie; **2ern** roll; **~pflanze** f creeper, climber

Schlips m (neck)tie

Schlitten m sled(ge); *Rodel2:* toboggan; *Pferde2:* sleigh; **~fahrt** f sleigh ride

Schlittschuh m skate (*a.* **~ laufen**); **~läufer(in)** skater

Schlitz *m* slit; *Einwurf*2: slot; *Hose*: fly; 2**en** slit*, slash

Schloß *n* lock; *Bau*: castle, palace

Schlosser(in) mechanic, fitter; locksmith

schlottern shake* (**vor** with)

Schlucht *f* ravine, canyon

schluchzen sob

Schluck *m* swallow, draught; **~auf** *m*, **~en** *n* the hiccups *pl*; 2**en** swallow

Schlummer *m* slumber

schlüpf|en slip (**in** into; **aus** out of), slide*; 2**er** *m* briefs *pl*; *Damen*2, *Kinder*2: *a.* panties *pl*; **~rig** slippery

schlurfen shuffle (along)

schlürfen slurp

Schluß *m* end; *Ab*2, *~folgerung*: conclusion

Schlüssel *m* key; **~bein** *n* collarbone; **~bund** *m*, *n* bunch of keys; **~loch** *n* keyhole

Schluß|folgerung *f* conclusion; **~licht** *n* taillight; *fig.* tail-ender; **~verkauf** *m* (end-of-season) sale

schmächtig slight, thin

schmackhaft tasty

schmal narrow; *Figur*: thin, slender; **~spur...** *fig.* small-time ...

Schmalz *n* lard; *fig.* schmaltz; 2**ig** schmaltzy

Schmarren *m* östr. gastr. pancake; F trash

schmatzen eat* noisily, smack one's lips

schmecken taste (**nach** of); **schmeckt es?** do you like it?

Schmeich|elei *f* flattery; 2**elhaft** flattering; 2**eln** flatter; **~ler(in)** flatterer

schmeißen throw*, chuck; *Tür*: slam

schmelzen melt* (*a. fig.*)

Schmerz *m* pain (*a.* **~en** *pl*), anhaltender: ache; *fig.* grief, sorrow; 2**en** hurt* (*a. fig.*), ache; **~ensgeld** *n* punitive damages *pl*; 2**haft**, 2**lich** painful; **~los** painless; **~mittel** *n* painkiller; 2**stillend** pain-relieving

Schmetter|ling *m* butterfly; 2**n** smash (*a.* Tennis)

Schmied *m* (black)smith; **~e** *f* forge, smithy; **~eeisen** *n* wrought iron; 2**en** forge; *Pläne*: make*

schmiegen: **sich ~ an** snuggle up to

schmier|en tech. grease, lubricate; *Butter etc.*: spread*; *schreiben*: scrawl **~ig** greasy, dirty; *fig.* filthy

Schminke *f* make-up; 2**n** make* (*sich* o.s.) up

Schmirgelpapier *n* emery paper

schmollen sulk, pout

Schmor|braten *m* pot roast; 2**en** braise, stew

Schmuck *m* jewel(le)ry; *Zierde*: decoration

schmücken decorate

Schmugg|el *m* smuggling; 2**eln** smuggle; **~ler(in)** smuggler

schmunzeln smile (to o.s.)
Schmutz *m* dirt, filth; **2ig** dirty, filthy
Schnabel *m* bill, beak
Schnalle *f* buckle; **2n** buckle; F *et.* ~ **get*** it
schnapp|en catch*; *sich* ~ snatch; *nach Luft* ~ gasp for air; **2schuß** *m* snapshot
Schnaps *m* hard liquor
schnarchen snore
schnattern cackle; chatter
schnauben snort; *(sich) die Nase* ~ blow* one's nose
schnaufen pant, puff
Schnauz|bart *m* (walrus) m(o)ustache; ~**e** *f* snout, muzzle; V trap, kisser
Schnecke *f* snail; *Nackt*2~ slug; ~**nhaus** *n* snail shell
Schnee *m* snow; ~**ball-schlacht** *f* snowball fight; **2bedeckt** *Berg:* snow-capped; ~**flocke** *f* snowflake; ~**gestöber** *n* snow flurry; ~**glöckchen** *n* snowdrop; ~**kette** *f* snow chain; ~**mann** *m* snowman; ~**matsch** *m* slush; ~**pflug** *m* snow|plough, *Am.* -plow; ~**sturm** *m* snowstorm, blizzard; ~**wehe** *f* snowdrift; **2weiß** snow-white
Schneide *f* edge; **2n** cut* *(a. mot.); schnitzen, tranchieren:* carve; *Ball:* slice; ~**r** *m* tailor; ~**rin** *f* dressmaker; ~**zahn** *m* incisor
schneien snow
Schneise *f* firebreak, lane

schnell fast, quick; *(mach)* ~*!* hurry up!; **2gaststätte** *f* fast food restaurant; **2hefter** *m* folder; **2igkeit** *f* speed; **2imbiß** *m* snackbar; **2straße** *f* motorway, *Am.* expressway
schnippisch pert, saucy
Schnitt *m* cut; *Durch*2~: average; *Film:* editing; ~**blumen** *pl* cut flowers *pl*; ~**e** *f* slice; (open) sandwich; ~**lauch** *m* chives *pl*; ~**muster** *n* pattern; ~**punkt** *m* (point of) intersection; ~**stelle** *f* EDV interface; ~**wunde** *f* cut
Schnitzel *n* cutlet; *Wiener* ~ Wiener schnitzel; *n*, *m* chip; *Papier*2: scrap
schnitzen carve, cut*
schnoddrig brash, snotty
Schnorchel *m* snorkel
schnorren sponge, cadge
schnüffeln sniff; *fig.* snoop
Schnuller *m* dummy, *Am.* pacifier
Schnulze *f* tearjerker
Schnupfen *m* cold
schnuppern sniff
Schnur *f* string, cord
Schnürlsamt *m östr.* corduroy
Schnurr|bart *m* m(o)ustache; **2en** purr
Schnür|schuh *m* laced shoe; ~**senkel** *m* shoelace
Schock *m*, **2ieren** shock
Schokolade *f* chocolate
Scholle *f Erd*2: clod; *Eis*2: (ice) floe; *zo.* plaice

schon already; *jemals*: ever; *sogar*: even; **hast du ~ ...?** have you ... yet?; **~ gut!** never mind!

schön beautiful, *gut, nett*: nice; *Wetter*: fine; **~ warm** nice and warm; **ganz ~ ...** pretty ...

schonen go* easy on; *Kräfte etc.*: save; *j-s Leben*: spare; **sich ~** take* it easy

Schönheit *f* beauty

Schonzeit *f* close season

schöpf|en Scot(sman); *die ~ pl* the Scots *pl*

Schotter *m* gravel

Schott|in *f* Scot(swoman); **2isch** Scottish; *Produkt*: Scotch

schräg slanting, sloping

Schramme *f*, **2n** scratch

Schrank *m* cupboard; *Kleider*2: wardrobe; *Am. Wand*2: closet

Schranke *f* barrier (*a. fig.*)

Schraube *f*, **2n** screw; **~nschlüssel** *m* spanner, wrench; **~nzieher** *m* screwdriver

Schreck *m* fright, shock; **e-n ~ einjagen** scare; **~en** *m* terror; *Greuel*: horror; **2haft** jumpy; **2lich** awful, terrible

Schrei *m* cry; *lauter*: shout, yell; *Angst*2: scream

schreiben write*; *tippen*: type; *recht*~: spell*

Schreib|en *n* letter; **2faul: ~ sein** be* a poor correspondent; **~heft** *n* → **Heft**; **~maschine** *f* typewriter; **~papier** *n* writing paper; **~tisch** *m* desk; **~ung** *f* spelling; **~waren** *pl* stationery *sg*; **~warengeschäft** *n* stationer's

schreien cry; *lauter*: shout, yell; *angstvoll*: scream

Schreiner *m* → **Tischler**

Schrift *f* (hand)writing; **~art** *f* script; *print.* typeface; **2lich** *adj* written; *adv* in writing; **~steller(in)** author, writer; **~verkehr** *m*, **~wechsel** *m* correspondence

schrill shrill, piercing

Schritt *m* step (*a. fig.*); **~ fahren!** slow

schroff jagged; *steil*: steep; *fig.* gruff; *kraß*: sharp

Schrot *m*, *n* coarse meal; *hunt.* (small) shot; **~flinte** *f* shotgun

Schrott *m* scrap metal

schrubben scrub, scour

schrumpfen shrink*

Schub|fach *n* drawer; **~karren** *m* wheelbarrow; **~kraft** *f* thrust; **~lade** *f* drawer

schüchtern shy

Schuft *m contp.* bastard; 2en work like a dog

Schuh *m* shoe; ~**anzieher** *m* shoehorn; ~**creme** *f* shoe polish; ~**geschäft** *n* shoe shop (*Am.* store); ~**größe** *f*: ~ **9** (a) size 9 (shoe); ~**macher(in)** shoemaker

Schul|bildung *f* education; ~**buch** *n* textbook

Schuld *f* guilt; *Geld*2: debt; **die ~ geben** blame; **es ist (nicht) meine ~** it is(n't) my fault; **~en haben** be* in debt; 2en owe; 2ig *bsd. jur.* guilty (**an** of); responsible (for); *j-m et.* ~ **sein** owe s. o. s. th.; 2ige *m, f* offender; person *etc.* responsible *od.* to blame; ~los innocent

Schule *f* (**auf** *od.* **in der**) at school; **höhere ~** secondary school; 2n train

Schüler(in) school|boy (-girl), *bsd. Brt.* pupil, *Am. mst* student

Schul|fernsehen *n* educational TV; 2**frei**: **~er Tag** (school) holiday; **heute ist ~** there's no school today; ~**freund(in)** schoolmate; ~**funk** *m* schools programmes *pl*; ~**mappe** *f* schoolbag; 2**pflichtig**: **~es Kind** school-age child; ~**schwänzer(in)** truant; ~**stunde** *f* lesson, class, period

Schulter *f* shoulder; ~**blatt** *n* shoulder blade

Schund *m* trash, junk

Schuppe *f zo.* scale; **~n** *pl Kopf*2*n*: dandruff *sg*

Schuppen *m* shed

Schurke *m* villain

Schürze *f* apron

Schuß *m* shot; *Spritzer*: dash; *Ski*: schuss

Schüssel *f* bowl, dish (*a.* TV)

Schuß|waffe *f* firearm; ~**wunde** *f* gunshot wound

Schuster *m* shoemaker

Schutt *m* rubble, debris; ~ **abladen verboten!** no dumping!; ~**abladeplatz** *m* dump

Schüttel|frost *m* shivering fit; 2n shake*

schütten pour (*a.* F *regnen*)

Schutz *m* protection; *Zuflucht*: shelter; ~**blech** *n* mudguard, *Am.* fender

Schütze *m ast.* Sagittarius; *Tor*2: scorer; **guter ~** good shot; 2n protect; shelter

Schutz|engel *m* guardian angel; ~**heilige(r)** patron (saint); ~**impfung** *f* inoculation; *Pocken*: vaccination; 2**los** unprotected; *wehrlos*: defen|celess, *Am.* -seless; ~**umschlag** *m* (dust) jacket

schwach weak; *unzulänglich*: poor; *leise*: faint

Schwäch|e *f* weakness; 2en weaken; 2**lich** weakly; *zart*: delicate, frail

schwach|sinnig feebleminded; F idiotic; 2**strom** *m* low-voltage current

Schwager *m* brother-in-law

Schwägerin *f* sister-in-law

Schwalbe f swallow
Schwall m gush (a. fig.)
Schwamm m sponge; **~erl** n östr. mushroom
Schwan m swan
schwanger pregnant; 2**schaft** f pregnancy; 2**schaftsabbruch** m abortion
schwanken sway (a. fig. innerlich); torkeln: stagger; ~ **zwischen ... und** vary from ... to
Schwanz m tail; V sl. cock
schwänzen: die Schule ~ play truant, skip school
Schwarm m swarm; Fische: shoal; F dream; Idol: idol
schwärmen swarm; erzählen: rave; ~ **für** be* mad about
Schwarte f rind; F Buch: tome
schwarz black; **~es Brett** notice (Am. bulletin) board; 2**arbeit** f moonlighting; 2**brot** n rye bread; 2**fahrer(in)** fare dodger; 2**seher(in)** pessimist; pirate TV viewer; 2**weiß...** Film etc.: black-and white ...
schwatzen, schwätzen chat; Schule: talk
Schwebe|bahn f cableway; 2**n** be* suspended; Vogel, aer.: hover (a.); gleiten: glide; fig. in Gefahr: be*
Schwed|e, ~in Swede; 2**isch** Swedish
Schwefel m sul|phur, Am. -fur
Schweif m tail (a. ast.)

schweig|en be* silent; 2**en** n silence; **~end** silent; **~sam** quiet, reticent
Schwein n pig (a. fig.); contp. swine, bastard; **~ haben** be* lucky
Schweine|braten m roast pork; **~fleisch** n pork; **~rei** f mess; Gemeinheit: dirty trick; Schande: crying shame; **~stall** m pigsty (a. fig.)
Schweiß m sweat, perspiration; 2**en** tech. weld
Schweizer(in), 2**isch** Swiss
schwelen smo(u)lder
schwelgen: ~ in revel in
Schwell|e f threshold; 2**en** swell*; **~ung** f swelling
schwenken swing*; Hut: wave; spülen: rinse
schwer heavy; schwierig: difficult, hard (a. Arbeit); Wein etc: strong; ernst: serious; **2 Pfund ~ sein** weigh two pounds; **~ arbeiten** work hard; 2**behinderte(r)** disabled person; **~fällig** clumsy; 2**gewicht** n heavyweight; **~hörig** hard of hearing; 2**kraft** f gravity; 2**punkt** m cent|re (Am. -er) of gravity; fig. emphasis
Schwert n sword
schwer|verdaulich indigestible, heavy; **~verständlich** difficult to understand; **~verwundet** seriously wounded; **~wiegend** weighty, serious
Schwester f sister; Nonne: a. nun; Kranken2: nurse

Schwieger... *Eltern, Mutter, Sohn etc.*: ...-in-law
schwielig horny
schwierig difficult, hard; 2keit *f* difficulty, trouble
Schwimm|bad *n* (*Hallen*2: indoor) swimming pool; 2en swim*; *Gegenstand*: float; *ins* 2 *kommen* start floundering; **~er(in)** swimmer; **~flosse** *f* flipper, *Am.* swimfin; **~gürtel** *m* life belt; **~haut** *f* web; **~weste** *f* life jacket
Schwindel *m* dizziness; *Betrug*: swindle; *Ulk*: hoax; **~anfall** *m* dizzy spell; 2n fib, lie
Schwindl|er(in) swindler; 2ig dizzy; *mir ist* **~** I feel dizzy
Schwinge *f* wing; 2n swing*; *phys.* oscillate
Schwips *m*: *e-n* **~** *haben* be* tipsy
schwitzen sweat, perspire
schwören swear*
schwul gay; *contp.* queer
schwül sultry, close
Schwung *m* swing; *fig.* verve, F pep; *Energie*: drive; 2voll full of life
Schwur *m* oath; **~gericht** *n appr.* jury court
sechs six; 2eck *n* hexagon; **~eckig** hexagonal; **~te**, 2tel *n* sixth; **~tens** sixthly, in the sixth place
sech|zehn(te) sixteen(th); **~zig** sixty; **~zigste** sixtieth
See¹ *m* lake
See² *f* sea, ocean; *an der* **~** at the seaside; **~bad** *n* seaside resort; **~gang** *n*: *starker* **~** heavy sea; **~hund** *n* seal; 2krank seasick
Seel|e *f* soul; 2isch mental
See|macht *f* sea power; **~mann** *m* seaman, sailor; **~meile** *f* nautical mile; **~not** *f* distress (at sea); **~reise** *f* voyage, cruise; **~streitkräfte** *pl* naval forces *pl*; **~zunge** *f* (*Brit.* Dover) sole
Segel *n* sail; **~boot** *n* sailing boat, *Am.* sailboat; **~fliegen** *n* gliding; **~flugzeug** *n* glider; 2n sail; **~schiff** *n* sailing ship; **~tuch** *n* canvas
Segen *m* blessing (*a. fig.*)
Segler(in) yachts(wo)man
segnen bless
sehen see*; *blicken*: look; *sich an*~: watch; **~ nach** look after; **~swert** worth seeing; 2swürdigkeit *f* sight
Sehne *f* sinew; *Bogen*: string
sehnen: *sich* **~** *nach* long for
sehn|lich(st) *Wunsch*: dearest; 2sucht *f*, **~süchtig** longing, yearning
sehr very; *mit vb*: (very) much, greatly
seicht shallow (*a. fig.*)
Seid|e *f* silk; **~enpapier** *n* tissue (paper); 2ig silky
Seife *f* soap; **~nblase** *f* soap bubble; **~nschaum** *m* lather
Seil *n* rope; **~bahn** *f* cableway
sein¹ his; her; its
sein² be*; *existieren*: *a.* exist; 2 *n* being; existence

seinerzeit in those days
seit *mit Zeitpunkt:* since; *mit Zeitraum:* for; **~ 1990** since 1990; **~ 2 Jahren** for two years; **~ langem** for a long time; **~dem** *adv* since then; (ever) since; *cj* since
Seite *f* side; *Buch:* page
Seiten... *Straße etc.:* side ...; **~stechen** *f* stitches *pl*; **~wind** *m* crosswind
seit|lich side ..., at the side(s *pl*); **~wärts** sideways
Sekretär *m* secretary; *Möbel:* bureau; **~in** *f* secretary
Sekt *m* champagne
Sekt|e *f* sect; **~or** *m* sector
Sekunde *f* second
selbe same
selbst *pron: ich ~* (I) myself; **mach es ~** do it yourself; **von ~** by itself, automatically; *adv* even
selbständig independent; **2keit** *f* independence
Selbst|bedienung *f* self-service; **~beherrschung** *f* self-control; **2bewußt** self-confident; **2gemacht** homemade; **~gespräch** *n* monolog(ue); **~e führen** talk to o.s.; **~kostenpreis** *m* **zum ~** at cost (price); **2los** unselfish; **~mord** *m* suicide; **2sicher** self-confident; **2süchtig** selfish; **2tätig** automatic; **2verständlich** of course, naturally; **für ~ halten** take* *s.th.* for granted; **~verständlichkeit** *f* a mat-
ter of course; **~verteidigung** *f* self-defen|ce, *Am.* -se; **~vertrauen** *n* self-confidence; **~verwaltung** *f* self-government, autonomy
selchen *bsd. östr.* smoke
selig *eccl.* blessed; *verstorben:* late; *fig.* overjoyed
Sellerie *m, f* celery
selten *adj* rare; *adv* rarely, seldom; **2heit** *f* rarity
seltsam strange, F funny
Semester *n* semester
Semikolon *n* semicolon
Seminar *n univ.* department; *Übung:* seminar; *Priester2:* seminary; *Fortbildung:* workshop
Semmel *f* roll
Senat *m* senate
send|en send*; *Radio etc.:* broadcast*, transmit; *TV a.* televise; **2er** *m* transmitter; radio *od.* TV station; **2ung** *f* broadcast, program(me); *econ.* consignment, shipment
Senf *m* mustard
senior, **2** *m* senior; **2en** *pl* senior citizens *pl*; **~enpaß** *m* senior citizen's rail pass
senk|en lower; *Kopf: a.* bow; *reduzieren: a.* reduce, cut*; **sich ~** drop, go* *od.* come* down; **2recht** vertical
Sensation *f* sensation
Sense *f* scythe
sensibel sensitive
sentimental sentimental
September *m* September

Serie f series; *Satz:* set

Serum n serum

Service¹ n service, set

Service² m service

servieren serve

Serviette f napkin

Servus ~! hi!; bye!

Sessel m armchair, easy chair; ~**lift** m chair lift

setzen put*, set* (*a. print., agr., Segel*), place; *sich* ~ sit* down; *Bodensatz:* settle; *sich* ~ *auf* (*in*) get* on (into); ~ *auf* wetten: bet* on

Seuche f epidemic

seufze|n, 2r m sigh

Sex m sex; ~**ismus** m sexism; ~**ual...** sex ...; 2**uell** sexual

sich oneself; *sg* himself, herself, itself; *pl* themselves; *sg* yourself, *pl* yourselves; *einander:* each other

Sichel f sickle

sicher safe, secure (*vor* from); *gewiß:* certain, sure; *selbst...:* confident; 2**heit** f safety; security; certainty

Sicherheits|... security ...; *bsd. tech.* safety ...; ~**gurt** m seat *od.* safety belt; ~**nadel** f safety pin

sicher|n secure (*sich* o.s.); ~**stellen** secure; 2**ung** f safeguard; *tech.* safety device (*Waffe:* catch); *electr.* fuse

Sicht f visibility; *Aus*2: view; *in* ~ *kommen* come* into view; 2**bar** visible; 2**lich** obvious(ly); ~**vermerk** m visa; ~**weite** f: *in* (*außer*) ~ within (out of) view

sickern trickle, ooze, seep

sie she; *pl* they; 2 *sg, pl* you

Sieb n sieve; *Tee:* strainer

sieben¹ sieve, sift

sieben² seven; ~**te**, 2**tel** n seventh; ~**zehn**(**te**) seventeen(th); ~**zig** seventy; ~**zigste** seventieth

siedeln settle

siede|n boil; 2**punkt** m boiling point

Siedl|er(**in**) settler; ~**ung** f settlement; *Wohn*2: housing development

Sieg m victory; *Sport: a.* win

Siegel n seal; *privat:* signet

sieg|en win*; 2**er**(**in**) winner

siehe: ~ *oben* (*unten*) see above (below)

siezen: *sich* ~ **be*** on 'Sie' terms

Signal n, 2**isieren** signal

Silbe f syllable

Silber n, 2**n** silver

Silhouette f silhouette; *Stadt:* a. skyline

Silvester n New Year's Eve

Sinfonie f symphony

singen sing*

Singular m singular

Singvogel m songbird

sinken sink*; *econ.* fall*

Sinn m sense; *Bedeutung:* meaning; *im* ~ *haben* have* in mind; (*keinen*) ~ *ergeben* (not) make* sense; *es hat keinen* ~ it's no use; ~**es- organ** n sense organ

sinn|lich sensual; *Wahrneh-*

Sonnenbad

mung: sensory; **~los** senseless; useless

Sippe *f* family, clan

Sirup *m* syrup

Sitte *f* custom, habit; **~n** *pl* morals *pl*; manners *pl*

sittlich moral

Situation *f* situation

Sitz *m* seat; *Kleid*: fit; **2en** sit*; *sein*: be*; *passen*: fit*; **~ bleiben** remain seated; **2enbleiben** *ped.* have* to repeat a year; **~platz** *m* seat; **~ung** *f* session; meeting

Skala *f*; *fig.* range

Skandal *m* scandal

Skelett *n* skeleton

skeptisch sceptical

Ski *m* ski (*a.* **~ laufen** *od.* **fahren**); **~läufer(in)** skier; **~lift** *m* ski lift; **~schuh** *m* ski boot; **~springen** *n* ski jumping

Skizz|e *f*, **2ieren** sketch

Sklav|e, **~in** slave

Skonto *m*, *n* (cash) discount

Skorpion *m* scorpion; *ast.* Scorpio

Skrupel *m* scruple; **~los** unscrupulous

Skulptur *f* sculpture

Slalom *m* slalom

Slip *m* → **Schlüpfer**

Smoking *m* dinner jacket

so so, thus; like this *od.* that; **~ ein** such a; **(nicht) ~ ... wie** (not) as ... as; **~bald** as soon as

Socke *f* sock; **~l** *m* base; *Statue*, *fig.*: pedestal

Sodbrennen *n* heartburn

soeben just (now)

sofort at once, immediately; **2bildkamera** *f* instant camera

Software *f* software

Sog *m* suction; *aer.*, *fig.* wake

so|gar even; **~genannt** so-called

Sohle *f* sole; *Tal*: bottom

Sohn *m* son

solange as long as

Solar|... *Zelle etc.*: solar ...; **~ium** *n* solarium

solch such

Sold *m* pay; **~at(in)** soldier

Söldner *m* mercenary

solid(e) solid; *fig. a.* sound

Solist(in) soloist

Soll *n* debit; *Plan*2: target

sollen be* to; be* supposed to; *soll ich ...?* shall I ...? **sollte(st)** should; *stärker*: ought to

Sommer *m* summer; **~lich** summer(y); **~sprossen** *pl* freckles *pl*; **~zeit** *f* summertime; daylight saving time

Sonde *f* probe (*a. med.*)

Sonder|... *Angebot*, *Ausgabe*, *Zug etc.*: special ...; **2bar** strange, F funny; **~ling** *m* eccentric, crank; **~müll** *m* hazardous waste; **2n** but; *nicht nur ..., auch* not only ... but also

Sonnabend *m* Saturday

Sonne *f* sun; **2n**: *sich ~* sunbathe; **~naufgang** *m* sunrise; **~nbad** *n* sunbath; **~n-**

17 Uni Englisch

brand *m* sunburn; **~brille** *f* sunglasses *pl*; **~finsternis** *f* solar eclipse; **~kollektor** *m* solar panel; **~licht** *n* sunlight; **~schein** *m* sunshine; **~schirm** *m* sunshade; **~schutz** *m* *Mittel*: suntan lotion; **~stich** *m* sunstroke; **~strahl** *m* sunbeam; **~uhr** *f* sundial; **~untergang** *m* sunset

sonnig sunny

Sonntag *m* Sunday

sonst otherwise, *mit pron*: else; *normalerweise*: normally; **wer** *etc*. **~?** who *etc*. else?; **~ noch et.?** anything else?; **wie ~** as usual; **~ nichts** nothing else

Sorge *f* worry, problem; *Ärger*: trouble; *Für* **2**: care; **sich ~n machen (um)** worry (about); **keine ~!** don't worry!; **2n: ~ für** care for, take* care of; **dafür ~, daß** see* (to it) that; **sich ~ um** worry about

sorg|fältig careful; **~los** carefree; *nachlässig*: careless

Sort|e *f* sort, kind, type; **2ieren** sort, arrange; **~iment** *n* assortment

Soße *f* sauce; *Braten* **2**: gravy

souverän *m* sovereign

so|viel *cj* as far as; *adv*: **~ ~** as much; **~weit** *cj* as far as; *adv* so far; **~ sein** be* ready; **~wieso** anyway

Sowjet *m*, **2isch** Soviet

sowohl: ~ ... als (auch) both

... and, ... as well as

sozial social; **2... *Arbeiter(in)*, *Demokrat(in)* etc.**: social ...; **2hilfe** *f* social security; **2ismus** *m* socialism; **2ist(in)**, **2istisch** socialist; **2wohnung** *f* council flat, *Am.* public housing unit

sozusagen so to speak

Spalt *m* crack, gap; **~e** *f* → *Spalt*; *print*. column; **2en: (sich) ~** split*

Späne *pl* shavings *pl*

Spange *f* clasp; *Zahn* **2**: brace

Spani|er(in) Spaniard; **2sch** Spanish

Spann *m* instep; **~e** *f* span; **2en** stretch; *Bogen*: draw*; be* (too) tight; **2end** exciting, thrilling; **~ung** *f* tension (*a. tech., pol.*); *electr.* voltage; *fig.* suspense; **~weite** *f* spread

Spar|buch *n* savings book; **2en** save; economize (on); *er* **2**: spare; **~er(in)** saver

Spargel *m* asparagus

Sparkasse *f* savings bank; **~konto** *n* savings account

spärlich scanty; sparse

sparsam economical

Spaß *m* fun; *Scherz*: joke; **~ macht ~** ... is fun; **~vogel** *m* joker

spät late; **zu ~ kommen** be* late; **wie ~ ist es?** what time is it?

Spaten *m* spade

spätestens at the latest

Spatz *m* sparrow

spazieren|fahren go* (*j-n:* take*) for a ride; *Baby:* take* out; **~gehen** go* for a walk

Spazier|fahrt *f* drive, ride; **~gang** *m* walk; **e-n ~ machen** go* for a walk; **~gänger(in)** walker, stroller

Specht *m* woodpecker

Speck *m* bacon

Spedition *f* shipping agency; *Möbel⁓:* removal (*Am.* moving) firm

Speer *m* spear; *Sport:* javelin

Speiche *f* spoke

Speichel *m* spit(tle), saliva

Speicher *m* storehouse; *Wasser⁓:* reservoir; *Boden:* attic; *EDV* memory; **~einheit** *f* storage device

speien spit*; *fig.* spew

Speise *f food; Gericht:* dish; **~eis** *n* ice cream; **~kammer** *f* larder, pantry; **~karte** *f* menu; **⁓n** *v/i* dine; *v/t* feed*; **~röhre** *f* gullet; **~saal** *m* dining room; **~wagen** *m* dining car, diner

spekulieren speculate

Spende *f* gift; donation; **⁓n** give* (*a. Blut*); donate

Spengler *m* plumber

Sperling *m* sparrow

Sperr|e *f* barrier; *rail. a.* gate; *Verbot:* ban (on); *Sport:* suspension; **⁓en** close; *Strom etc.:* cut* off; *Scheck:* stop; *Sport:* suspend; **~ in** lock (up) in; **~holz** *n* plywood; **⁓ig** bulky; **~stunde** *f* (legal)

closing time

Spesen *pl* expenses *pl*

speziali|sieren: sich ~ specialize (*auf* in); **⁓st(in)** specialist; **⁓tät** *f* special(i)ty

speziell special, particular

Spiegel *m* mirror; **~bild** *n* reflection; **~ei** *n* fried egg; **⁓n** reflect; **glänzen:** shine*; *sich* **~** be* reflected

Spiel *n* game; *Wett⁓: a.* match; **~en, ~weise:** play; *Glücks⁓:* gambling; **auf dem ~ stehen** be* at stake; **aufs ~ setzen** risk; **~automat** *m* slot machine; **~bank** *f* casino; **⁓en** play; gamble; **⁓end** *fig.* easily; **~er(in)** player; gambler; **~feld** *n* (playing) field; **~film** *m* feature film; **~halle** *f* amusement arcade, game room; **~kamerad(in)** playmate; **~karte** *f* playing card; **~marke** *f* chip; **~plan** *m* (program(me); **~platz** *m* playground; **~raum** *m* scope; **~regel** *f* rule; **~sachen** *f* toys *pl*; **~verderber(in)** spoilsport; **~waren** *pl* toys *pl*; **~zeug** *n* toy(s *pl*)

Spieß *m* spear, pike; *Brat⁓:* spit; *Fleisch⁓:* skewer

Spinat *m* spinach

Spind *n* locker

Spinn|e *f* spider; **⁓en** spin*; F *fig.* be* nuts; talk nonsense; **~webe** *f* cobweb

Spion *m* spy; **~age** *f* espionage; **⁓ieren** spy

Spirale

Spirale f spiral
Spirituosen pl spirits pl
Spital n hospital
spitz pointed; *Winkel:* acute; *Zunge:* sharp; **2e** f point; *Finger2 etc.:* tip; *Turm:* spire; *Berg etc.:* peak, top; *Gewebe:* lace; *fig. head:* F **toll:** super; **an der ~** at the top; **~en** point, sharpen; **~findig** quibbling; **2name** m nickname
Splitter m, **2n** splinter
Sporn m spur
Sport m sports pl, sport (a. ~art); *Fach:* physical education; **(viel) ~ treiben** do* (a lot of) sports; **~** *Nachrichten, Verein, Wagen etc.:* mst sports ...; **2kleidung** f sportswear; **~ler(in)** f sportsman (-woman); **2lich** athletic; *fair:* fair; *Kleidung:* casual; **~platz** m sports field; stadium
Spott m mockery; *Hohn:* derision; **2billig** dirt cheap; **2en** mock (*über* at); **make* fun (of)**
spöttisch mocking(ly)
Sprach|e f language; *Sprechen:* speech, *Sprechweise: a.* talk; **2los** speechless
Spray(dose f) m, n aerosol
sprech|en speak*; tel., **2er(in)** speaker; *TV etc.* announcer; *Vertreter(in)* spokesperson; **2stunde** f office (*Brt. med.* consulting) hours pl; **2stundenhilfe** f receptionist; **2zimmer** n consulting room
spreizen spread* (out)
spreng|en blow* up; *Wasser:* sprinkle; *Rasen:* water; *fig. break** up; **2stoff** m explosive; **2ung** f blasting; blowing up
sprenkeln sprinkle, spot
Sprichwort n proverb
sprießen sprout
Springbrunnen m fountain
springen jump, leap*; *Ball:* bounce; *Schwimmen:* dive*; *Glas:* crack; *zer~:* break*
Spritze f syringe; *Injektion:* shot, injection; **2n** splash; spray; *med.* inject; *Fett:* spatter; *Blut:* gush; **~r** m splash; *gastr.* dash
spröde brittle (*a. fig.*)
Sproß m shoot, sprout
Sprosse f rung, step
Spruch m saying, words pl
Sprudel m mineral water; bubble (*a. fig.*)
Sprüh|dose f aerosol (can); **2en** spray; *Funken:* throw* out; **~regen** m drizzle
Sprung m jump, leap; *Schwimmen:* dive; *Riß:* crack; **~brett** n springboard (*a. fig.*); *Schwimmen: a.* diving board; **~schanze** f ski jump
Spucke f spit(tle); **2n** spit*
spuken: ~ in haunt *s.th.*; *in ... spukt es* ... is haunted
Spule f spool, reel; *electr.* coil
Spüle f (kitchen) sink; **2n** rinse; wash up (the dishes);

stapfen

W.C.: flush the toilet; ~maschine f dishwasher; ~mittel n (liquid) detergent
Spur f trace (a. fig.); mehrere: track(s pl); Fahr♀: lane; Tonband: track
spüren feel*; sense
Staat m state; government; ♀lich state; Einrichtung: a. public; ~sangehörigkeit f nationality, citizenship; ~sanwalt, ~sanwältin (public) prosecutor, Am. district attorney; ~sbürger(in) citizen; ~sdienst m civil service; ~smann m statesman; ~soberhaupt n head of (the) state
Stab m rod, bar; mil., Team: staff; mus., Staffel♀: baton; ~hochsprung m pole vault
stabil stable; robust: solid
Stachel m spine, prick; Insekt: sting; ~beere f gooseberry; ~draht m barbed wire; ♀ig prickly
Stadion n stadium; ~um n stage, phase
Stadt f town; city; ~gebiet n urban area; ~gespräch n fig. talk of the town
städtisch municipal
Stadt|mitte f town od. city cent|re, Am. -er; ~plan m city map; ~rand m outskirts pl; ~rat m town (Am. city) council; ~rundfahrt f sightseeing tour; ~teil m, ~viertel n district, area, quarter

Staffel f relay race od. team; mil. squadron; ~ei f easel
Stahl m steel
Stall m stable; cowshed
Stamm m stem (a. gr.); Baum♀: trunk; Volks♀: tribe; ~baum m family tree; zo. pedigree; ♀eln stammer; ♀en: ~ aus come* (zeitlich: date) from; ~gast m regular
stämmig stocky, sturdy
Stammkunde m regular (customer)
stampfen v/t mash; v/i stamp (one's foot)
Stand m standing position; Verkaufs♀: stand, stall; Niveau: level; sozialer: status; class; profession; Sport: score; ~bild n statue
Ständer m stand; rack
Standesamt n registry office, Am. marriage license bureau; ♀lich: ~e Trauung civil marriage
stand|haft steadfast; ~halten withstand*, resist
ständig constant(ly); Adresse etc.: permanent
Stand|licht n sidelights pl, Am. parking lights pl; ~ort m position; ~punkt m point of view
Stange f pole; Metall♀: rod, bar; Zigaretten: carton
Stanniol n tin foil
Stanze f, ♀n punch
Stapel m pile, stack; ♀n pile (up), stack
stapfen trudge, plod

Star 518

Star *m zo.* starling; *med.* cataract; *Film etc.*: star
stark strong; *mächtig, leistungs*~: *a.* powerful; *Raucher, Verkehr*: heavy; *Schmerz*: severe; F super
Stärke f strength, power; *chem.* starch; **2n** strengthen (*a. fig.*); *Wäsche*: starch
Starkstrom *m* heavy current
Stärkung f strengthening; *Imbiß*: refreshment
starr stiff; *unbeweglich*: rigid; **~er Blick** (fixed) stare; **~en** stare (**auf** at); **~köpfig** stubborn
Start *m* start (*a. fig.*); *aer.* takeoff; *Rakete*: liftoff, launch(ing); **~bahn** f runway; **2bereit** ready to start (*aer.* for takeoff); **2en** v/i start; *aer.* take* (*Rakete*: lift) off; v/t start; *Rakete*: launch
Station f station; *Krankent*: ward; *fig.* stage
Statistik f statistics *pl*
Stativ *n* tripod
statt instead of; **~ dessen** instead; **~ zu** instead of *ger*
Stätte f place; scene
stattfinden take* place
stattlich imposing; *Summe etc.*: handsome
Statue f statue
Stau *m* (traffic) jam, congestion (*a. med.*)
Staub *m* dust (*a.* **~ wischen**)
Staubecken *n* reservoir
staub|en make* dust; **2ig** dusty; **2sauger** *m* vacuum cleaner; **2tuch** *n* duster
Stau|damm *m* dam; **2en** dam up; **sich ~** *mot. etc.* be* stacked up; *med.* congest
staunen be* astonished *od.* amazed (**über** at)
Staupe f distemper
Stausee *m* reservoir
stech|en prick; (**sich**) one's finger *etc.*; *Insekt*: sting*; *Mücke etc.*: bite*; *mit Messer*: stab; **~end** *Blick*: piercing; *Schmerz*: stabbing; **~uhr** f time clock
Steckdose f (wall) socket
stecken v/t stick*, put*; **~** an pin to; v/i sein: be*; *feststitzen*: stick*, be* stuck; **~bleiben** get* stuck; **2pferd** *n* hobbyhorse; *fig.* hobby
Steck|er *m* plug; **~nadel** f pin
Steg *m* footbridge
stehen stand*; sein: be*; **hier steht, daß** it says here that; **es steht ihr** she looks good in it; **wie(viel) steht es?** what's the score?; **wie steht's mit ...?** what about ...?; **~bleiben** stop; come* to a standstill; **~lassen** leave* (*j-n*: standing there; *et.*: as it is; *Schirm etc.*: behind; *Essen etc.*: untouched)
Stehlampe f standard (*Am.* floor) lamp
stehlen steal*
Stehplatz *m* standing room
steif stiff (**vor** with)
Steig|bügel *m* stirrup; **2en** climb (*a. aer.*); *hoch~, zuneh*-

men: rise*, go* up; → **einsteigen** *etc.;* **2ern: (sich)** ~ increase; *verbessern:* improve; **~ung** *f* gradient; *Hang:* slope

steil steep

Stein *m* stone; **~bock** *m* ibex; *ast.* Capricorn; **~butt** *m* turbot; **~bruch** *m* quarry; **~gut** *n* earthenware; **2ig** stony; **~kohle** *f* hard coal; **~zeit** *f* Stone Age

Stelle *f* place; *Fleck:* spot; *Punkt:* point; *Arbeits2:* job; *Behörde:* authority; *freie* ~ vacancy; *ich an deiner* ~ if I were you

stellen put*, place; set* (*a. Uhr, fig.*); *leiser etc.:* turn; *Frage:* ask; *sich* ~ (go* and) stand*; *fig.* give* o.s. up

Stellung *f* position; *Stelle:* job; **~nahme** *f* opinion, comment; **2slos** unemployed

Stellvertreter(in) representative; *amtlich:* deputy

stemmen lift; *sich* ~ **gegen** press against; *fig.* resist

Stempel *m* stamp; *Post2:* postmark; *bot.* pistil; **2n** stamp

Stengel *m* stalk, stem

Steno|graphie *f* shorthand; **2graphieren** take* *s.th.* down in shorthand; **~typistin** *f* shorthand typist

Steppdecke *f* quilt

Sterbe|hilfe *f* euthanasia, mercy killing; **2en** die (*an of*); **2lich** mortal

Stereo(...) *n* stereo (...)

steril sterile; **~isieren** sterilize

Stern *m* star (*a. fig.*); **~enbanner** *n* Star-Spangled Banner, Stars and Stripes *pl*; **~schnuppe** *f* shooting star; **~warte** *f* observatory

stet|ig constant; *gleichmäßig:* steady; **~s** always

Steuer[1] *f* (steering) wheel; *mar.* helm, rudder

Steuer[2] *m* tax; **~berater(in)** tax adviser; **~bord** *n* starboard; **~erklärung** *f* tax return; **2frei** tax-free; *Waren:* duty-free; **~knüppel** *m* joystick (*a. Computer*); **~mann** *m mar.* helmsman; *Rudern:* cox(swain); **2n** steer; *mot. a.* drive*; *tech., fig.* control; **~rad** *n* steering wheel; **~ruder** *n* helm, rudder; **~ung** *f* steering; *tech.* control; **~zahler** *m* taxpayer

Stich *m* prick; *Bienen2:* sting; *Mücken2:* bite; *Messer2:* stab; *Nähen:* stitch; *Karten2:* trick; *Graphik:* engraving; *im* ~ *lassen* let* *s.o.* down; *verlassen:* abandon, desert; **~probe** *f* spot check; **~tag** *m* fixed day; **~wort** *n thea. cue;* *Lexikon:* entry, *Brt. a.* headword; **~e** *pl* notes *pl*

stick|en embroider; **~ig** stuffy; **2oxid** *n* nitrogen oxide; **2stoff** *m* nitrogen

Stiefel *m* boot

Stief|... *Mutter etc.:* step...; **~mütterchen** *n* pansy

Stiege f östr. staircase
Stiel m handle; *Besen:* stick; *Glas, Pfeife, Blume:* stem
Stier m bull; *ast.* Taurus; ~**kampf** bullfight
Stift m pen; *Bleiℛ:* pencil; *tech.* pin; **2en** found; *spenden:* donate
Stil m style
still quiet, silent; *unbewegt:* still; **sei(d)** ~! be quiet!; **2e** f quiet(ness), silence; ~**egen** close down; ~**en** *Baby:* nurse, breastfeed*; *Schmerz:* relieve; *Hunger, Neugier:* satisfy; *Durst:* quench; *Blutung:* stop; ~**halten** keep* still; ~**schweigend** *fig.* tacit; **2stand** m standstill, stop
Stimm|band n vocal cord; **2berechtigt** entitled to vote; ~**e** f voice; *pol.* vote; **2en** v/t be* true *od.* right *od.* correct (a. *Summe*); *pol.* vote; v/t tune; ~**recht** n right to vote; ~**ung** f mood; atmosphere; ~**zettel** m ballot
stinken stink* (*nach* of)
Stipendium n scholarship
Stirn f forehead; **die** ~ **runzeln** frown; ~**höhle** f sinus
stöbern rummage (about)
stochern: ~ **in** *Feuer:* poke; *Zähnen:* pick; *Essen:* pick at
Stock m stick; ~**werk** n floor, stor(e)y; **im ersten** ~ on the first (*Am.* second) floor
stock|en stop (short); *zögern:* falter; *Verkehr:* be* jammed; **2werk** n stor(e)y, floor

Stoff m material; *Gewebe:* fabric, textile; *Tuch:* cloth; *chem. etc.* substance; *Thema, Lernℛ:* subject (matter)
stöhnen groan, moan
stolpern stumble, trip
stolz proud; **2** m pride
stopfen v/t stuff, fill (a. *Pfeife*); *Socke, Loch:* darn, mend; v/t *Essen:* be* filling (*med.* constipating)
Stoppel f stubble
stopp|en stop; *Zeit:* time; **2schild** n stop sign; **2uhr** f stopwatch
Stöpsel m stopper, plug
Storch m stork
stören disturb, bother; be* in the way
störrisch stubborn
Störung f disturbance; trouble (a. *tech.*); breakdown; *TV etc.* interference
Stoß m push, shove; *Schlag:* blow, knock; *Anprall:* impact; *Schwimm:* stroke; *Erschütterung:* shock; *Wagen:* jolt; *Stapel:* pile; ~**dämpfer** m shock absorber; **2en** push, shove; knock, strike*; ~ **an** *od.* **gegen** bump *od.* run* into *od.* against; **sich** ~ **an** knock one's head against; ~ **auf** come* across; *Probleme etc.:* meet* with; *Öl etc.:* strike*; ~**stange** f bumper; ~**zeit** f rush hour, peak hours pl
stottern stutter
Straf|anstalt f prison; **2bar**

Strickzeug

punishable, criminal; **~e** f punishment; jur., Sport, fig.: penalty; Geld~: fine; **2en** punish

straff tight; fig. strict

Straf|porto n surcharge; **~raum** m penalty area; **~zettel** m ticket

Strahl m ray (a. fig.); Licht: a. beam; Blitz: flash; Wasser etc.: jet; **2en** radiate; Sonne: shine*; phys. be* radioactive; fig. beam; **~ung** f radiation, rays pl

Strähne f strand

stramm tight

strampeln kick; fig. pedal

Strand m (am on the) beach; **2en** strand; fig. fail; **~korb** m roofed wicker beach chair

Strang m rope; anat. cord

Strapaz|e f strain, exertion; **2ieren** wear* out; **2ierfähig** durable

Straße f road; e-r Stadt etc.: street; Meerenge: strait(s pl.)

Straßen|arbeiten pl roadworks pl; **~bahn** f tram(car), Am. streetcar; **~café** n pavement (Am. sidewalk) café; **~karte** f road map; **~sperre** f roadblock; **~verkehrsordnung** f traffic regulations pl, Brt. Highway Code

sträuben Federn: ruffle (up) sich ~ Haare: stand* on end; sich ~ gegen struggle against, resist

Strauch m shrub, bush

Strauß m zo. ostrich; Blumen: bunch, bouquet

streben: ~ nach strive* for

Strecke f distance; Route: route; rail. line; **2n** stretch (sich o.s.), extend

Streich m trick, prank; **2eln** stroke, caress; **2en** paint; schmieren: spread*; aus~: cross out; absagen: cancel; über et. ~ run* one's hand over s.th.; ~ durch roam; ~holz n match; **~orchester** n string orchestra

Streife f patrol(man); berühren: brush (against); Kugel: graze; Thema: touch on; ~n durch roam; Teil: strip; **~nwagen** m patrol car

Streik m strike; **2en** (go* od. be* on) strike*

Streit m quarrel, argument, fight; pol. etc. dispute; **2en** (sich) ~ quarrel, argue, fight* (um for); **~kräfte** pl (armed) forces pl

streng strict, severe (a. Kritik, Strafe, Winter)

Streß m (im unter) stress

stress|en cause stress; put* s.o. under stress; **~ig** stressful

streuen scatter; Weg: grit

Strich m stroke; Linie: line; auf den ~ gehen walk the streets; **~code** m bar code

Strick m rope; **2en** knit*; **~jacke** f cardigan; **~nadel** f knitting needle; **~waren** pl knitwear sg; **~zeug** n knitting

Striemen m welt, weal
Stroh n straw; **~dach** n thatched roof; **~halm** m straw
Strom m (large) river; *electr.* current; *fig.* stream
strömen stream, flow, run*; *Regen, Menschen:* pour
Strom|kreis m circuit; **~schnelle** f rapid
Strömung f current
Strophe f stanza, verse
Strudel m whirlpool, eddy
Struktur f structure
Strumpf m stocking; **~hose** f tights *pl*, pantie-hose
struppig shaggy
Stube f room
Stück n piece; *Teil: a.* part; *Zucker:* lump; *thea.* play
Student(in) student
Stud|ie f study; **2ieren** study, be* a student (of); **~ium** n studies *pl*; studying *law etc*
Stufe f step; *Stadium, Raketen*2: stage
Stuhl m chair; *med.* stool (specimen); **~gang** m (bowel) movement
stumm dumb, mute
Stummel m stump (*a. med.*), stub (*e. Zigarren*2)
Stummfilm m silent film
Stümper m bungler
Stumpf m stump (*a. med.*)
stumpf blunt, dull (*a. fig.*); **~sinnig** dull
Stunde f hour; *Unterricht:* lesson, class
Stunden|kilometer *pl* kilomet|res (*Am.* -ers) per hour; **2lang** *adv* for hours; *adj* hours of ...; **~lohn** m hourly wage; **~plan** m timetable, *Am.* schedule; **2weise** by the hour
stündlich hourly, every hour
stur pigheaded
Sturm m storm; *mil.* assault
stürm|en storm; *Sport:* attack; *fig.* rush; **~er(in)** forward; **~isch** stormy
Sturz m fall (*a. fig.*); *Regierung etc.:* overthrow
stürzen fall*; *e-r:* rush; *Regierung:* overthrow*
Sturzhelm m crash helmet
Stute f mare
Stütze f support; *fig. a.* help
stutzen *v/t* trim, clip; *v/i* stop short; (begin* to) wonder
stützen support (*a. fig.*); **sich ~ auf** lean* on
stutzig: ~ machen make* suspicious; → **stutzen**
Stützpunkt m base
Styropor n polystyrene, *Am.* styrofoam
Subjekt n *gr.* subject; *contp.* character; **2iv** subjective
Sub|stantiv n noun; **~stanz** f substance; **2trahieren** subtract
Suche f search (*nach* for); *auf der ~ nach* in search of; **2n** look (*intensiv:* search) for; **~r** m *phot.* viewfinder
Sucht f addiction
süchtig: ~ sein be addicted to *drugs etc.;* **2e(r)** addict
Süd|(en m) south; **~früchte**

pl tropical fruits *pl*; ⟨lich south(ern); *Wind etc.*: southerly; ⟨ost(en *m*) southeast; ⟨pol *m* South Pole; ⟨west(en *m*) southwest
süffig pleasant (to drink)
Sülze *f* jellied meat
Summe *f* sum (*a. fig.*), (sum) total; *Betrag*: amount
summen buzz, hum
Sumpf *m* swamp, bog; ⟨*Pflanze etc.*: marsh ...; ⟨ig swampy, marshy
Sünde *f* sin; ⟨nbock scapegoat; ⟨r(in) sinner
Super *n* Benzin: Brt. fourstar, *Am.* premium; ⟨lativ *m* superlative; ⟨markt *m* supermarket
Suppe *f* soup; ⟨nschüssel *f* tureen

Surf|brett *n* surfboard; ⟨en go* surfing
süß sweet (*a. fig.*); ⟨en sweeten; ⟨igkeiten *pl* sweets; ⟨speise *f* sweet; ⟨stoff *m* sweetener; ⟨wasser *n* fresh water
Symbol *n* symbol; ⟨isch symbolic(al)
symmetrisch symmetric(al)
sympathisch nice, likable; *er ist mir* ⟨ I like him
Symphonie *f* symphony
Symptom *n* symptom
Synagoge *f* synagogue
synchronisieren synchronize; *Film etc.*: dub
synthetisch synthetic
System *n* system; ⟨atisch systematic, methodical
Szene *f* scene

T

Tabak *m* tobacco
Tabelle *f* table; ⟨nkalkulation *f* EDV spreadsheet
Tablett *n* tray; ⟨e *f* tablet, pill
Tachometer *m* speedometer
Tadel *m* reproof, rebuke; ⟨los faultless; excellent; ⟨n criticize; *förmlich*: reprove
Tafel *f* (black)board; → *Anschlagbrett*; *Schild*: sign; *Gedenk*⟨ *etc.*: plaque; *Schokolade*: bar
täfel|n panel; ⟨ung *f* panel(l)ing
Tag *m* day; *am* ⟨*e* during the

day; *guten* ⟨! hello!; *beim Vorstellen*: ⟨! how do you do?; → *heute*
Tage|buch *n* diary; ⟨lang for days; ⟨n hold* a meeting
Tages|anbruch *m* (*bei* at) dawn; ⟨ausflug *m* day trip; ⟨licht *n* daylight; ⟨lichtprojektor *m* overhead projector; ⟨zeitung *f* daily (paper)
täglich daily
tagsüber during the day
Tagung *f* conference
Taille *f* waist
Takt *m* mus. time; *Einzel*⟨:

Taktik 524

bar; *mot.* stroke; ~**gefühl**: tact; ~**ik** *f* tactics *sg, pl*; **2los** tactless; ~**stock** *m* baton; **2voll** tactful

Tal *n* valley

Talent *n* talent, gift

Talisman *m* charm

Tampon *m* tampon

Tang *m* seaweed

Tank *m* tank; **2en** get* (some) petrol (*Am.* gas), fill up; ~**er** *m* tanker; ~**stelle** *f* petrol (*Am.* gas) station; ~**wart** *m* petrol (*Am.* gas) station attendant

Tanne *f* fir (tree); ~**nzapfen** *m* fir cone

Tante *f* aunt

Tanz *m*, **2en** dance

Tänzer(in) dancer

Tape|te *f*, **2zieren** wallpaper

tapfer brave; courageous

Tarif *m* rate(s *pl*)

tarn|en camouflage; *fig.* disguise; **2ung** *f* camouflage

Tasche *f* bag, pocket

Taschen|buch *n* paperback; ~**dieb(in)** pickpocket; ~**geld** *n* pocket money; ~**lampe** *f* torch, *Am.* flashlight; ~**messer** *n* pocket knife; ~**rechner** *m* pocket calculator; ~**tuch** *n* handkerchief; ~**uhr** *f* pocket watch

Tasse *f* cup (*Tee* of tea)

Tast|atur *f* keyboard; ~**e** *f* key; **2en** grope (*nach* for); *sich* ~ *od.* grope one's way; ~**entelefon** *n* push-button phone

Tat *f* act, deed; *Handeln*: action; *Straf~*: offen|ce, *Am.* -se; crime; **2enlos** inactive

Täter(in) culprit, offender

tätig active; busy; **2keit** *f* activity; occupation, job

tat|kräftig active; **2ort** *m* scene of the crime

tätowier|en, **2ung** *f* tattoo

Tat|sache *f* fact; **2sächlich** actual(ly), real(ly)

tätscheln pat, pet

Tatze *f* paw

Tau¹ *n* rope

Tau² *m* dew

taub deaf; *Finger*: numb

Taube *f* pigeon; *poet.* dove

taubstumm deaf and dumb; **2e(r)** deaf mute

tauch|en dive; *U-Boot*: submerge; ~ *in* dip into; **2er(in)** (*Sport*: skin) diver; **2sport** *m* skin diving

tauen thaw, melt

Tauf|e *f* baptism, christening; **2en** baptize, christen

taug|en be* good (*zu* for); *nichts* ~ be* no good; ~**lich** fit (for service)

taumeln reel, stagger

Tausch *m* exchange; **2en** exchange (*gegen* for), F swap

täusch|en mislead*; *sich* ~ be* mistaken; ~**end** striking; **2ung** *f* deception

tausend(ste) thousand(th)

Tauwetter *n* thaw

Taxi *n* taxi, cab; ~**stand** *m* taxi rank (*Am.* stand)

Technik *f* technology; *Ver-*

Textverarbeitung

fahren: technique (*a. Sport, Kunst*); ~**er(in)** technician
technisch technical; technological; ~**e Hochschule** college *etc.* of technology
Technologie *f* technology
Tee *m* tea; ~**kanne** *f* teapot; ~**löffel** *m* teaspoon
Teer *m*, **2en** tar
Teesieb *n* tea strainer
Teich *m* pond, pool
Teig *m* dough, paste; ~**waren** *pl* noodles *pl*; pasta *sg*
Teil *m, n* part; *An*2: portion, share; **zum** ~ partly, in part; **2bar** divisible; ~**chen** *n* particle; **2en** divide; share (*a. sich a. ~*); **2haben** share (**an** in); ~**haber(in)** partner; ~**nahme** *f* participation; *An*2: sympathy; **2nahmslos** apathetic; **2nehmen**: ~ **an** take* part in, participate in; ~**nehmer(in)** participant; **2s** partly; ~**ung** *f* division; **2weise** partly, in part
Teint *m* complexion
Telefax *n* → **Fax**
Telefon *n* (tele)phone; ~**buch** *n* phone book, telephone directory; ~**gespräch** *n* (tele)phone call; **2ieren** (tele)phone; **2isch** *adv* (tele)phone; ~**ist(in)** (telephone) operator; ~**karte** *f* phonecard; ~**nummer** *f* (tele)phone number; ~**zelle** *f* (tele)phone booth (*Brt. a.* box); ~**zentrale** *f* (tele)phone) exchange

tele|**grafieren** telegraph; **2gramm** *n* telegram; **2objektiv** *n* telephoto lens
Telex *n*, **2en** telex
Teller *m* plate
Tempel *m* temple
Temperament *n* temper(ament); *Schwung*: life, F pep; **2voll** full of life
Temperatur *f* (*messen* take* *s.o.'s*) temperature
Tempo *n* speed; *mus.* time; ~**-30-Zone** 30 kmph zone; ~**limit** *n* (nationwide) speed limit
Tendenz *f* tendency, trend
Tennis *n* tennis; ~**platz** *m* tennis court; ~**schläger** *m* (tennis) racket
Teppich *m* carpet; ~**boden** *m* (wall-to-wall) carpeting
Termin *m* date; *Arzt*2: appointment; *Frist*: deadline
Terrasse *f* terrace
Terror *m* terror; ~**anschlag** *m* terrorist attack; **2isieren** terrorize; ~**ismus** *m* terrorism
Tesafilm *m* sellotape (*TM*), *Am.* scotch tape (*TM*)
Testament *n* (last) will; *eccl.* Testament
Test *m*, **2en** test
teuer expensive; **wie ~ ist es?** how much is it?
Teufel *m* devil
Text *m* text; *Lied*: words *pl*
Textilien *pl* textiles *pl*
Textverarbeitung *f* word processing

Theater *n* theat|re, *Am.* -er; F *fig.* fuss; ~**besucher** *m* playgoer; ~**kasse** *f* box office; ~**stück** *n* play

Theke *f* bar, counter

Thema *n* subject, topic; *bsd. mus.* theme

Theologie *f* theology

theor|etisch theoretic(al); **2ie** *f* theory

Therapie *f* therapy

Therm|al... thermal; ~**ometer** *n* thermometer; ~**osflasche** *f* thermos (*TM*)

Thrombose *f* thrombosis

Thron *m* throne

Thunfisch *m* tuna

Tick *m* kink; *med.* tic; **2en** tick

tief deep (*a. fig.*); *niedrig:* low (*a. Ausschnitt*)

Tief *n* meteor. low (*a. fig.*); ~*f* depth (*a. fig.*); ~**enschärfe** *f* depth of focus; **2gekühlt** deep-frozen; ~**kühl...** → **Gefrier...**

Tier *n* animal; ~**arzt, ~ärztin** vet; ~**kreis** *m* ast. zodiac; ~**quälerei** *f* cruelty to animals

Tiger *m* tiger; ~**in** *f* tigress

tilgen *econ.* pay* off

Tinte *f* ink; ~**nfisch** *m* squid

Tip *m* tip; *Wink: a.* hint

tippen tap; *schreiben:* type; *raten:* guess; play Lotto *etc.*; *Toto:* do* the pools

Tisch *m* table; *den* ~ *decken* set* (*Brt. a.* lay*) the table; ~**decke** *f* tablecloth; ~**ler(in)** cabinetmaker, carpenter,

bsd. Brt. a. joiner; ~**tennis** *n* table tennis

Titel *m* title; ~**bild** *n* cover (picture); ~**blatt** *n*, ~**seite** *f* front page

Toast *m*, **2en** toast

toben rage; *Kinder:* romp

Tochter *f* daughter

Tod *m* death; **2...** *müde, sicher etc.:* dead ...

Todes|anzeige *f* obituary (notice); ~**opfer** *n* casualty; ~**strafe** *f* capital punishment; death penalty

tödlich fatal; deadly

Toilette *f* toilet (*a.* ~**n...**), *Am. mst* bathroom

tolerant tolerant

toll super, great; ~**en** romp; **2wut** *f* rabies

tolpatschig clumsy

Tomate *f* tomato

Ton¹ *m* clay

Ton² *m* sound; *mus., fig.* tone; *Farb*2: *a.* shade; *Note:* note; *Betonung:* stress; ~**abnehmer** *m* pickup; **2angebend** dominant; ~**art** *f* key; ~**band** *n* tape; ~**bandgerät** *n* tape recorder

tönen *v/i* sound, ring*; *v/t* tint (*a. Haar*); *dunkel:* shade

Ton|fall *m* tone (of voice); accent; ~**film** *m* sound film

Tonne *f* ton; *Faß:* barrel

Topf *m* pot; ~**en** *m* öster. curd(s *pl*)

Töpfer(in) potter; ~**ei** *f* pottery (*a.* ~**waren**)

Tor *n* gate; *Fußball etc.:* goal

Torf *m* peat
torkeln reel, stagger
Tor|latte *f* crossbar; ~**linie** *f* goal line; ~**pfosten** *m* Sport: goalpost; ~**schütze(nkönig)** *m* (top) scorer
Torte *f* gateau, layer cake
Torwart *m* goalkeeper
tosend thunderous
tot dead (*a. fig.*); ~**er Punkt** *fig.* deadlock; low point
total total; complete; 2**schaden** *m* write-off, *Am.* total loss
Tote *m, f* dead man *od.* woman; (dead) body, corpse; ~ *pl* casualties *pl*, fatalities *pl*
töten kill
Totenschein *m* death certificate
Toto *F n* football pools *pl*
Totschlag *m* manslaughter, homicide; 2**en** kill
toupieren backcomb
Tour *f* tour (**durch** of); ~**ismus** *m* tourism; ~**ist(in)** *m (f)* tourist; ~**nee** *f* tour
trabe|n trot; 2**r** *m* trotter
Tracht *f* costume; *Schwestern*2 *etc.*: uniform; ~ *Prügel* beating
trächtig pregnant
Tradition *f* tradition; 2**ell** traditional
Trafik *f* östr. tobacconist's
Trag|bahre *f* stretcher; ~**bar** portable; *Kleidung:* wearable; *fig.* bearable
träge lazy, indolent
tragen carry; *Kleidung, Haar etc.:* wear*; *fig.* bear*
Träger *m* carrier; *med.* stretcher-bearer; *am Kleid etc.:* strap; *tech.* support; *arch.* girder
Tragfläche *f aer.* wing; ~**flügelboot** *n* hydrofoil
trag|isch tragic; 2**ödie** *f* tragedy
Tragtüte *f* carrier bag
Trainer(in) coach; 2**ieren** *v/i* practi|se, *Am.* -ce, train; *v/t* train; *Team etc.: a.* coach; ~**ing** *n* practi|ce, *Am.* -se; ~**ingsanzug** *m* track suit
Traktor *m* tractor
trampeln trample, stamp
trampen hitchhike
Träne *f* tear; 2**n** water; ~**ngas** *n* teargas
tränken water; *et.:* soak
Transfusion *f* transfusion
Transistor *m* transistor
transitiv *gr.* transitive
Transport *m* transport(ation); 2**ieren** transport; ~**mittel** *n* (means *sg* of) transport(ation)
Traube *f* bunch of grapes; *Beere:* grape; ~**nsaft** *m* grape juice; ~**nzucker** *m* glucose, dextrose
trauen marry; trust (*j-m* s.o.); *sich* ~ dare
Trauer *f* sorrow; mourning; ~**feier** *f* funeral (service); ~**kleidung** *f* mourning; 2**n** mourn (*um* for)
Traum *m* dream
träumen dream*

traumhaft dreamlike; F a real dream, like a dream
traurig sad
Trau|ring m wedding ring; ~**schein** m marriage certificate; ~**ung** f marriage, wedding; ~**zeuge, ~zeugin** witness to a marriage
treff|en hit*; *begegnen:* meet* (*a. sich ~*); *kränken:* hurt*; *Entscheidung:* make*; **nicht ~** miss; **2en** n meeting; **2punkt** m meeting place
treib|en v/t drive* (*a. tech.*); *Sport:* do*; *j-n:* push; v/i drift, float; *bot.* shoot*; **2gas** n propellant; **2haus** n hothouse, greenhouse; **2hauseffekt** m greenhouse effect; **2riemen** m belt; **2stoff** m fuel
trenn|en separate (*a. sich ~*); *ab~:* sever; *pol., Wort:* divide; *teleph.* disconnect; **~ von** part with; *j-m:* leave*; **2ung** f separation; division; **2wand** f partition
Treppe f staircase, stairs *pl*; ~**nhaus** n staircase; hall
Tresor m safe; bank vault
treten kick; step (**auf** on; **aus** out of; **in** into); *fahren:* pedal
treu faithful; loyal; **2e** f faithfulness; loyalty; **~los** unfaithful; disloyal
Tribüne f platform; *Sport:* (grand)stand
Trichter m funnel; crater
Trick m trick
Trieb m *bot.,* (young) shoot; *Natur*2: instinct; sex urge; ~**kraft** f (*auf* to; *zu* et. with s.th.); **2er(in)** drinker; **2geld** n tip; **2halm** m straw; **2spruch** m toast; **2wasser** n drinking water
trippeln trip
Tripper m gonorrh(o)ea
Tritt m step; *Fuß*2: kick; ~**brett** n running board
Triumph m, **2ieren** triumph
trocken dry (*a. Wein*); **2haube** f hair dryer; **2heit** f dryness; *Dürre:* drought; ~**legen** drain; *Baby:* change
trockn|en dry; **2er** m dryer
Troddel f tassel
Trödel m junk; **2n** dawdle
Trog m trough
Trommel f drum; ~**fell** n *anat.* eardrum; **2n** drum
Trompete f trumpet
Tropen *pl* tropics *pl*
tröpfeln drip; *regnen:* drizzle
tropf|en drip; **2en** m drop; **2steinhöhle** f stalactite cave
tropisch tropical
Trost m comfort
trösten comfort, console
trostlos miserable; *Gegend etc.:* desolate
Trottel m idiot
trotz in spite of, despite; **2** m

tyrannisieren

defiance; **~dem** in spite of it; **~ig** defiant; sulky

trüb(e) cloudy; *Wasser*: a. muddy; *Licht etc*.: dim; *Farbe, Wetter*: dull

Trubel *m* (hustle and) bustle

trübsinnig gloomy

trügerisch deceptive

Truhe *f* chest

Trümmer *pl* ruins *pl*; debris *sg*; *Stücke*: fragments *pl*

Trumpf *m* trump(s *pl*)

Trunkenheit *f* drunkenness; **~ am Steuer** drink driving

Trupp *m* troop; group; **~e** *f* troop; *thea*. company

Truthahn *m* turkey

Tschechoslowak|e, **~in**, **2isch** Czechoslovak(ian)

Tube *f* tube

Tuberkulose *f* tuberculosis

Tuch *n* cloth; → *Hals-, Kopf-, Staubtuch*

tüchtig (cap)able, efficient; F *fig.* good; *arbeiten etc*.: hard, a lot

tückisch treacherous

Tugend *f* virtue

Tulpe *f* tulip

Tumor *m* tumo(u)r

Tümpel *m* pool

Tumult *m* tumult, uproar

tun do* (*j-m et*. s.th. to s.o.); *legen etc*.: put*; *zu ~ haben* be* busy; *so ~, als ob* pretend to

Tunke *f* sauce; **2n** dip

Tunnel *m* tunnel

tupfe|n dab; **tüpfeln** dot; **2n** *m* dot, spot; **2r** *m med*. swab

Tür *f* door

Turb|ine *f* turbine; **~olader** *m* turbo(charger)

Türk|e, **~in** Turk; **~is** *m* turquoise; **2isch** Turkish

Türklinke *f* doorhandle

Turm *m* tower; *Kirch*2: a. steeple; **~spitze** *f* spire; **~springen** *n* platform diving

Turn|en *n* gymnastics *sg*; *Fach*: physical education, PE; **2en** do* gymnastics; **~er(in)** gymnast; **~halle** *f* gym(nasium); **~hose** *f* gym shorts *pl*

Turnier *n* tournament

Turn|schuh *m* gym shoe; **~verein** *m* gymnastics (*Am*. athletics) club

Tür|rahmen *m* door case *od*. frame; **~schild** *n* door plate

Tusche *f* India(n) ink; **2ln** whisper; *fig*. rumo(u)r

Tüte *f* bag

TÜV *m* compulsory (car) inspection; *Brt*. MOT (test)

Typ *m* type; *tech*. a. model; F fellow, guy

Typhus *m* typhoid (fever)

typisch typical (*für* of)

Tyrann *m* tyrant; **2isieren** tyrannize (over), F bully

U

U-Bahn f underground; *London: mst* Tube; *Am.* subway
übel bad; *mir ist (wird)* ~ I'm feeling (getting) sick; **2** n evil; **2keit** f nausea; **~nehmen** take* offen|ce (*Am.* -se) at *s.th.*

üben practi|se, *Am.* -ce
über over; *oberhalb: a.* above; *mehr als: a.* more than; *quer ~:* across; *reisen ~:* via; *Thema:* about, of; *Buch etc.: a.* on; *~ Nacht* overnight; **~all** everywhere; **~ in** throughout, all over
über|anstrengen overstrain (*sich* o.s.); **~belichten** overexpose; **~bieten** outbid*; *fig.* beat*; *j-n: a.* outdo*; **2bleibsel** n remains pl
Überblick m survey (*über* of); *Vorstellung:* general idea; **2en** overlook; *fig.* see*
über|bringen bring*, deliver; **~dauern** survive; **~drüssig** tired of; **~durchschnittlich** above(-)average
übereinander on top of each other; **~schlagen** *Beine:* cross
überein|kommen agree; **~stimmen** ~ (*mit*) *Person:* agree (with); *Sache:* correspond (with, to); **2stimmung** f agreement, correspondence

überempfindlich hypersensitive; *reizbar:* touchy
überfahr|en run* over; *Ampel:* jump; *fig. j-n:* bulldoze; **2t** f crossing
Überfall m assault; *Raub2:* (bank *etc.*) robbery, holdup; **2en** attack; *bsd.* hold* up
überfällig overdue
Überfallkommando n flying (*Am.* riot) squad
über|fliegen fly* over *od.* across; *fig.* glance over; **~fließen** overflow; **~fluß** m abundance (*an* of); **~flüssig** superfluous; **~fluten** flood; **~fordern** overtax
überführ|en transport; *jur.* convict (*gen* of); **2ung** f *mot.* flyover, *Am.* overpass
überfüllt overcrowded
Übergang m crossing; *fig.* transition; **~szeit** f transitional period
über|geben hand over; *sich* ~ throw* up; **~gehen** pass (*in* into; *zu* on to); **2gewicht** n (*haben* be*) overweight; *fig.* predominance; **~glücklich** overjoyed; **~greifen:** ~ *auf* spread* to; **~handnehmen** increase, be* rampant; **~haupt** at all; *sowieso:* anyway; **~nicht(s)** not(hing) at all; **~heblich** arrogant
überhol|en overtake*; *tech.*

überstürzt

overhaul; ~t outdated; 2verbot n no overtaking
über|kochen boil over; ~laden overload; ~lassen: j-m et. ~ let* s.o. have s.th.; fig. leave* s.th. to s.o.; ~lasten overload; fig. overburden; ~laufen run* over; mil. desert (zu to); adj overcrowded
überleben survive; 2de(r) survivor
überleg|en think* about s.th.; es sich anders ~ change one's mind; ~en adj superior (dat to; an in); 2ung f consideration, reflection
Über|lieferung f tradition; ~listen outwit; ~macht f superiority; 2mäßig excessive; 2mitteln send*, transmit; 2morgen the day after tomorrow; 2müdet overtired; 2mütig overenthusiastic; 2nächst the next but one; ~e Woche the week after next
übernacht|en stay overnight; 2ung f overnight stay; ~ und Frühstück bed and breakfast
über|natürlich supernatural; ~nehmen take* over; Verantwortung, Führung etc.: take*; erledigen: take care of; sich ~ overtax o.s.; ~prüfen check; j-n: screen; ~queren cross; ~ragen tower above; ~ragend superior
überrasch|en, 2ung f surprise

über|reden persuade; ~reichen present; 2reste pl remains pl; ~rumpeln (take* by) surprise
Überschall... supersonic ...
über|schätzen overrate; ~schlagen auslassen: skip; econ. make* a rough estimate of; sich ~ turn over; Person: go* head over heels; Stimme: break*; ~schnappen crack up; ~schneiden: sich ~ overlap; ~schreiten cross; fig. go* beyond; Maß, Befugnis: exceed; Tempo: a. break*; 2schrift f heading, title; Schlagzeile: headline; 2schuß m, ~schüssig surplus; 2schwemmung f flood
Übersee... overseas ...
übersehen overlook (a. fig.)
übersetz|en translate (in into); 2er(in) translator; 2ung f translation
Übersicht f general idea (über of); Zusammenfassung: summary; 2lich easy to survey; gegliedert: clear
über|siedeln (re)move (nach to); ~springen Sport: clear; auslassen: skip; ~stehen v/i jut out; v/t get* over; überleben: survive (a. fig.); ~steigen fig. exceed; ~stimmen outvote
Überstunden pl overtime sg; ~ machen work overtime
überstürz|en: et. ~ rush things; ~t (over)hasty

übertragbar

übertrag|bar transferable; *med.* contagious; **~en** broadcast*, transmit (*a. Kraft, Krankheit*); *Blut:* transfuse; *Organ:* transplant; *econ., jur.* transfer; **~en** *adj* figurative; **2ung** *f* radio od. TV broadcast; transmission; transfusion; transfer

übertreffen surpass, F beat*; *j-n: a.* outdo*

übertreiben exaggerate; **2ung** *f* exaggeration

über|treten *v. jur. etc.* break*, **~trieben** exaggerated; **2tritt** *m* change (**zu** to); *eccl.* conversion; **~völkert** overpopulated; **2völkerung** *f* overpopulation; **~vorteilen** cheat; **~wachen** supervise, oversee*; *bsd. tech.* control, monitor (*a. med.*); *polizeilich:* shadow

überwältigen overwhelm*; **~d** overwhelming

überweis|en Geld: remit (**an** to); **2ung** *f* remittance

über|winden overcome*; **sich ~ zu** bring* o.s. to *inf;* **2zahl** *f:* **in der ~** in the majority

überzeug|en convince (**von** of); **2ung** *f* conviction

überziehen put* *s.th.* on; *tech. etc.* cover; *Bett:* change; *Konto:* overdraw*

üblich usual, common

U-Boot *n* submarine

übrig remaining; **die ~en** *pl* the others *pl*, the rest *pl*; **~**
sein (haben) be* (have*) left; **~bleiben** be* left, remain; **~ens** by the way; **~lassen** leave*

Übung *f* exercise; *Üben, Erfahrung:* practice

Ufer *n* shore; *Fluß:* bank; **ans ~** ashore

Uhr *f* clock; *Armband2 etc.:* watch; **um vier ~** at four o'clock; **(um) wieviel ~ ...?** (at) what time ...?; **~armband** *n* watchstrap; **~macher(in)** watchmaker; **~zeiger** *m* hand

Uhu *m* eagle owl

ulkig funny

Ulme *f* elm

Ultra..., 2... *Schall,* violett *etc.:* ultra...; *rot:* infra...

um (a)round; *zeitlich:* at; *ungefähr:* about, around; **~ so besser** *etc.* that's even better *etc.*; **~ ... willen** for ...'s sake; **~ zu** (in order) to

um|armen (sich) embrace; **~bauen** rebuild*; **~blättern** turn over; **~bringen** kill (sich o.s.); **~buchen** change one's booking (for)

umdrehen turn (a)round (*a. sich ~*); **2ung** *f tech.* revolution

umfallen fall*; *zs.-brechen:* collapse; **tot ~** drop dead

Umfang *m* circumference; *Ausmaß:* size; *fig.* extent; **2reich** extensive

um|formen transform, convert; **2frage** *f* (opinion) poll,

umstellen

survey; ~funktionieren: ~ in od. zu turn into
Umgang m company; ~sformen pl manners pl; ~ssprache f colloquial speech
umgeb|en surround; adj surrounded (von by); 2ung f surroundings pl, vicinity; Milieu: environment
umgeh|en ~ mit deal* with, handle, treat; 2ungsstraße f bypass
umgekehrt adj reverse, opposite; adv the other way round; und ~ and vice versa; ~graben dig* (up); ~hängen put* on; Bilder: rehang*
umher (a)round, about
um|hören: sich ~ keep* one's ears open, ask around; ~kehren turn back; et.: turn (a)round; ~kippen tip over; → umfallen; ~klammern clasp (in one's arms)
Umkleideraum m changing (Sport: locker) room
umkommen be* killed (bei in); F ~ vor be* dying with
Umkreis m vicinity; im ~ von within a radius of
Umlauf m circulation; ~bahn f orbit
umlegen put* on; verlegen: move; Kosten: share; sl. töten: bump off
umleit|en divert; 2ung f diversion, Am. mot. detour
umliegend surrounding
umrechn|en convert; 2nungskurs m exchange rate

um|ringen surround; 2riß m outline; ~rühren stir; Buch: 2satz m econ. sales pl; ~schalten switch (over) (auf to); ~schauen → umsehen
Umschlag m envelope; Hülle: cover, wrapper; Buch: jacket; Hose: turn-up, Am. cuff; med. compress; econ. handling; 2en Boot etc.: turn over; fig. change
um|schnallen buckle on; ~schreiben rewrite*; Begriff: paraphrase; ~schulen retrain; ~schwärmen swarm (a)round; fig. idolize, worship; 2schwung m (drastic) change; ~sehen: sich ~ look back; look around (nach for); sich ~ nach suchen: be* looking for; ~sein be* over; Zeit: be* up
umsonst free (of charge); vergebens: in vain
Um|stand m fact; Einzelheit: detail; ~stände pl: unter diesen (keinen) ~n under the (no) circumstances; unter ~n possibly; keine ~ machen not go* to (j-m: cause) any trouble; in anderen ~en sein be* expecting; 2ständlich complicated; ~langatmig: long-winded; zu ~ too much trouble
um|steigen change; ~stellen change (auf to); Möbel etc.: rearrange; Uhr: reset*; → umzingeln; sich ~ auf change (over) to; anpassen:

Umstellung

adjust (o.s.) to; ⁓**stellung** f change; adjustment; ⁓**stimmen** change s.o.'s mind; ⁓**stoßen** knock over; et.: a. upset* (a. Plan); ⁓**sturz** m overthrow; ⁓**stürzen** upset*, overturn

Umtausch m, ⁓**en** exchange (**gegen** for)

um|wandeln transform, convert; ⁓**weg** m detour

Umwelt f environment; ⁓**mst** environmental ...; ⁓**freundlich** non-polluting; abbaubar: biodegradable; ⁓**schädlich** harmful, polluting; ⁓**schutz** m environmental protection; ⁓**schützer(in)** environmentalist; ⁓**verschmutzung** f (environmental) pollution

um|werfen upset*, overturn; ⁓**ziehen** move (**nach** to); **sich** ⁓ change; ⁓**zingeln** surround; ⁓**zug** m move (**nach** to); parade

unabhängig independent; ⁓**keit** f independence

un|absichtlich unintentional; ⁓**achtsam** careless

unan|gebracht inappropriate; pred. a. out of place; ⁓**genehm** unpleasant; peinlich: embarrassing; ⁓**nehmlichkeiten** pl trouble sg; ⁓**ständig** indecent

un|appetitlich unappetizing; schmuddelig: grubby; ⁓**artig** naughty, bad

unauf|fällig inconspicuous;

⁓**hörlich** continuous; ⁓**merksam** inattentive

unausstehlich unbearable

unbarmherzig merciless

unbe|baut undeveloped; ⁓**deutend** insignificant; geringfügig: a. minor; ⁓**dingt** adv by all means; ⁓**fahrbar** impassable; ⁓**friedigend** unsatisfactory; ⁓**friedigt** dissatisfied; disappointed; ⁓**fugt** unauthorized; ⁓**greiflich** incomprehensible; ⁓**grenzt** unlimited; ⁓**gründet** unfounded; ⁓**hagen** n uneasiness; ⁓**haglich** uneasy; ⁓**herrscht** uncontrolled; lacking self-control; ⁓**holfen** clumsy, awkward; ⁓**kannt** unknown; ⁓**kümmert** carefree; ⁓**liebt** unpopular; ⁓**merkt** unnoticed; ⁓**quem** uncomfortable; lästig: inconvenient; ⁓**rührt** untouched; ⁓ **sein** Mädchen: be* a virgin; ⁓**schränkt** unlimited; Macht: a. absolute; ⁓**schreiblich** indescribable; ⁓**ständig** unstable, unsettled (a. Wetter); ⁓**stechlich** incorruptible; ⁓**stimmt** indefinite (a. gr.); unsicher: uncertain; Gefühl: vague; ⁓**teiligt** not involved; gleichgültig: indifferent; ⁓**wacht** unguarded; ⁓**waffnet** unarmed; ⁓**weglich** motionless; fig. inflexible; ⁓**wohnt** uninhabited; Gebäude: unoccupied; ⁓**wußt** uncon-

scious; ~zahlbar priceless (*a. fig.*), invaluable
unbrauchbar useless
und and; **na ~?** so what?
un|dankbar ungrateful; *Aufgabe*: thankless; ~**definierbar** nondescript; ~**denkbar** unthinkable; ~**deutlich** indistinct; ~**dicht** leaky
undurch|dringlich impenetrable; ~**lässig** impervious, impermeable; ~**sichtig** opaque; *fig.* mysterious
un|eben uneven; ~**echt** false; *künstlich*: artificial; *imitiert*: imitation; F *contp.* fake, phon(e)y; ~**ehelich** illegitimate; ~**empfindlich** insensitive (**gegen** to); *haltbar*: durable; ~**endlich** infinite; *endlos*: endless
unent|behrlich indispensable; ~**geltlich** free (of charge); ~**schieden** undecided; **~ enden** end in a draw *od.* tie; **2schieden** *n* draw, tie; ~**schlossen** irresolute
uner|bittlich inexorable; ~**fahren** inexperienced; ~**freulich** unpleasant; ~**hört** outrageous; ~**kannt** unrecognized; ~**klärlich** inexplicable; ~**laubt** unlawful; *unbefugt*: unauthorized; ~**meßlich** immense; ~**müdlich** indefatigable, untiring; ~**reicht** unequal(l)ed; ~**sättlich** insatiable; ~**schöpflich** inexhaustible; ~**schütterlich** unshak(e)able; ~**setz-**

lich irreplaceable; *Schaden*: irreparable; ~**träglich** unbearable; ~**wartet** unexpected; ~**wünscht** undesirable
unfähig incapable (**zu** *of ger*), incompetent; **2keit** *f* incompetence
Unfall *m* accident; ~**flucht** *f* hit-and-run offen|ce, *Am.* -se
un|faßbar unbelievable; ~**förmig** shapeless; misshapen; ~**frankiert** unstamped; ~**freiwillig** involuntary; *Humor*: unintentional; ~**freundlich** unfriendly; *Wetter*: nasty; *Zimmer, Tag*: cheerless; ~**fruchtbar** infertile; **2fug** *m* nonsense; **~ treiben** be* up to no good
Ungar|(in), 2isch Hungarian
unge|bildet uneducated; ~**bräuchlich** unusual; ~**bunden** free, independent
Ungeduld *f* impatience; **2ig** impatient
unge|eignet unfit; *Person*: *a.* unqualified; ~**fähr** approximate(ly), rough(ly); *adv a.* about; ~**fährlich** harmless; *sicher*: safe
ungeheuer vast, huge, enormous; **2** *n* monster
unge|hindert unhindered; ~**hörig** improper; ~**horsam** disobedient; ~**kürzt** unabridged; ~**legen** inconvenient; ~**lernt** unskilled; ~**mütlich** uncomfortable; **~ werden** get* nasty; ~**nau** inaccurate; *fig.* vague; ~**nieß-**

ungenügend 536

bar uneatable; undrinkable; *Person:* unbearable; **~nügend** insufficient; *Leistung:* unsatisfactory; **~niert** (free and) easy; **~pflegt** unkempt; **~rade** odd

ungerecht unjust (*gegen* to); 2**igkeit** *f* injustice

ungern unwillingly; **~ tun** dislike doing s.th

unge|schickt clumsy; **~spritzt** organic(ally grown); **~stört** undisturbed, uninterrupted; **~sund** unhealthy

ungewiß uncertain; 2**heit** *f* uncertainty

unge|wöhnlich unusual, uncommon; 2**ziefer** *n* pests *pl*; *Läuse etc.:* vermin *pl*; **~zogen** naughty; **~zwungen** informal

ungläubig incredulous

unglaub|lich incredible; **~würdig** untrustworthy; *et.:* incredible

ungleich unequal, different; **~mäßig** uneven; irregular

Unglück *n* misfortune; *Pech:* bad luck; *Unfall etc.:* accident; *stärker:* disaster; *Elend:* misery; 2**lich** unfortunate; *traurig:* unhappy; 2**licherweise** unfortunately

un|gültig invalid; **~günstig** unfavo(u)rable; *nachteilig:* disadvantageous; **~handlich** unwieldy, bulky; 2**heil** *n* evil; disaster; **~ anrichten** wreak havoc; **~heilbar** incurable; **~heimlich** creepy, eerie; F *fig.* tremendous(ly); **~höflich** impolite; **~hörbar** inaudible; **~hygienisch** insanitary

Uniform *f* uniform

uninteress|ant uninteresting; **~iert** uninterested

Union *f* union

Universität *f* university

Universum *n* universe

unkennt|lich unrecognizable; 2**nis** *f* ignorance

un|klar unclear; *ungewiß:* uncertain; **im ~ en sein** be* in the dark; 2**kosten** *pl* expenses *pl*; 2**kraut** *n* weeds *pl*; **~leserlich** illegible; **~logisch** illogical; **~lösbar** insoluble; **~mäßig** excessive; 2**menge** *f* vast quantity

Unmensch *m*: **kein ~ sein** have* a heart; 2**lich** inhuman

un|mißverständlich unmistakable; **~mittelbar** immediate(ly), direct(ly); **~möbliert** unfurnished; **~modern** out of style; **~möglich** impossible; **~moralisch** immoral; **~mündig** under age; **~natürlich** unnatural; *geziert:* affected; **~nötig** unnecessary

unord|entlich untidy; 2**nung** *f* disorder, mess

un|parteiisch impartial, unbias(s)ed; **~passend** unsuitable; improper; → **unangebracht**; **~passierbar** impassable; **~päßlich** indisposed, unwell; **~persönlich**

impersonal; ~**politisch** apolitical; ~**praktisch** impractical; ~**pünktlich** unpunctual; ~**rasiert** unshaven

unrecht wrong; ~ **haben (tun)** be* (do* *s.o.*) wrong; ℒ **n** injustice; **zu** ~ wrong(ful)ly; ~**mäßig** unlawful

un|regelmäßig irregular; ~**reif** unripe; *fig.* immature; ~**rein** *fig.* unclean

Unruh|e *f* restlessness; *pol.* unrest; *Besorgnis*: anxiety; ~**n** *pl* disturbances *pl*; *stärker*: riots *pl*; ℒ**ig** restless; *Meer*: rough; *fig.* uneasy

uns (to) us; each other; ~ **(selbst)** ourselves

un|sachlich not objective; personal; ~**sauber** dirty; *fig. a.* unfair; ~**schädlich** harmless; ~**scharf** blurred; ~**schätzbar** invaluable; ~**scheinbar** plain; ~**schlüssig** undecided

Unschuld *f* innocence, ℒ**ig** innocent

unselbständig dependent (on others)

unser our; ~**es** *etc.* ours

un|sicher unsafe, insecure (*a. psych.*); ~ **ungewiß**; ~**sichtbar** invisible; ℒ**sinn** *m* nonsense; ~**sittlich** indecent; ~**sozial** unsocial; ~**sterblich** immortal; ℒ**stimmigkeiten** *pl* disagreements *pl*; ~**sympathisch** disagreeable; **... ist mir** ~ I don't like ...; ~**tätig** inactive; idle

unten below; down (*a. **nach** ~*); downstairs; ***von oben bis*** ~ from top to bottom

unter under; *weniger als*: *a.* less than; *bsd. ~halb*: below; *zwischen*: among

Unter|arm *m* forearm; ℒ**belichtet** underexposed; ~**bewußtsein** *n*: **im** ~ subconsciously; ℒ**binden** stop; ~**bodenschutz** *m* underseal

unterbrech|en interrupt; ℒ**ung** *f* interruption

unter|bringen *j-n*: accommodate, put* *s.o.* up; find* a place for *s.th.*; ~**drücken** suppress; *pol.* oppress

untere lower; ~**einander** between *od.* among each other; *räumlich*: one under the other; ~**entwickelt** underdeveloped

unterernährt undernourished; ℒ**ung** *f* malnutrition

Unter|führung *f* underpass, *Brt. a.* subway; ~**gang** *m ast.* setting; *Schiff*: sinking; *fig.* fall; ℒ**gehen** go* down; *mar. a.* sink*; *ast. a.* set*

Untergrund *m* subsoil; *pol., fig.* underground; ~**bahn** *f* → **U-Bahn**

unterhalb below, underneath

Unterhalt *m* maintenance, support (*a. Zahlungen*); ℒ**en** entertain; *Familie*: support; *econ.* run*, keep*; **sich** ~ **(mit)** talk (to, with); **sich gut** ~ **have*** a good time; ~**ung** *f*

Unterhemd

conversation, talk; entertainment; *econ.* upkeep;
Unter|hemd *n* vest, *Am.* undershirt; **~holz** *n* undergrowth; **~hose** *f* underpants *pl*; **⁐irdisch** underground; **~kiefer** *m* lower jaw; **~kleid** *n* slip; **~kunft** *f* accommodation; **~lage** *f* base; **~n** *pl* documents *pl*; **⁐lassen** fail to do *s.th.*; *Rauchen*: refrain from *ger*; **~legen** *adj* inferior (*j-m* to *s.o.*); **~leib** *m* abdomen, belly; **⁐legen** be* defeated (*j-m* by *s.o.*); *fig.* be* subject to; **~lippe** *f* lower lip; **~mieter(in)** *f* lodger
unternehm|en do* *s.th.* (*gegen* about *s.th.*); *Reise*: go* on; **⁐en** *n* undertaking; *econ.* business; **⁐er(in)** business owner, entrepreneur; *Arbeitgeber*: employer; **~ungslustig** adventurous
Unteroffizier *m* noncommissioned officer
Unterricht *m* instruction; lessons *pl*, classes *pl*; **⁐en** teach*; inform (*über* of)
Unter|rock *m* slip; **⁐schätzen** underestimate; **⁐scheiden** distinguish; *sich* **~** differ; **~schenkel** *m* shank
Unterschied *m* difference; **⁐lich** different; varying
unterschlag|en embezzle; **⁐ung** *f* embezzlement
unter|schreiben sign; **~schrift** *f* signature; **~seeboot** *n* submarine; **⁐setzer**

m coaster; **~setzt** stocky; **~ste** lowest; **~stehen** *j-m*: be* in *s.o.'s* charge; *sich* **~** dare; **~stellen** *et.*: put* (*in* in[to]); *annehmen*: assume; *j-m*: put* under the charge of; *sich* **~** take* shelter; **~streichen** underline (*a. fig.*)
unterstütz|en support; **⁐ung** *f* support; *staatliche*: *a.* aid; *Fürsorge*: welfare
untersuch|en examine (*a. med.*), investigate (*a. jur.*); *chem.* analyze; **⁐ung** *f* examination (*a. med.*), investigation (*a. jur.*); *med. a.* checkup; *chem.* analysis; **⁐ungshaft** *f* custody pending trial
Unter|tasse *f* saucer; **⁐tauchen** dive*, submerge (*a. U-Boot*); *j-n*: hide; *fig.* disappear; **~teil** *n*, *m* lower part; **~titel** *m* subtitle; **~wäsche** *f* underwear; **⁐wegs** on the *od.* one's way; **⁐werfen** subject (*dat* to); *sich* **~** submit (*dat* to); **⁐würfig** servile; **~zeichnen** sign; **~ziehen** put* on underneath; *sich dat med.* undergo*; *Prüfung*: take*
un|tragbar unbearable; **~treu** inseparable; **~tröstlich** inconsolable; **⁐tugend** *f* bad habit **~überlegt** thoughtless; **~sichtlich** *Kreuzung etc.*: blind; *komplex*: intricate; **~windlich** insuperable

Ursache

ununterbrochen uninterrupted; *ständig:* continuous

unver|ändert unchanged; ~**antwortlich** irresponsible; ~**besserlich** incorrigible; ~**bindlich** not binding; *Art etc.:* noncommittal; ~**daulich** indigestible; ~**dient** undeserved; ~**geßlich** unforgettable; ~**gleichlich** incomparable; ~**heiratet** unmarried, single; ~**käuflich** not for sale; ~**letzt** unhurt; ~**meidlich** inevitable; ~**nünftig** unwise, foolish

unverschämt rude, impertinent; 2**heit** *f* impertinence

unver|ständlich unintelligible; *unbegreiflich:* incomprehensible; ~**wüstlich** indestructible; ~**zeihlich** inexcusable; ~**züglich** immediate(ly), without delay

unvoll|endet unfinished; ~**kommen** imperfect; ~**ständig** incomplete

unvor|bereitet unprepared; ~**eingenommen** unbias(s)ed; ~**hergesehen** unforeseen; ~**sichtig** careless; ~**stellbar** unthinkable; ~**teilhaft** *Kleid:* unbecoming

unwahr untrue; 2**heit** *f* untruth; ~**scheinlich** improbable, unlikely; F incredibly

un|wesentlich irrelevant; *geringfügig:* negligible; 2**wetter** *n* (violent) storm; ~**wichtig** unimportant

unwider|ruflich irrevocable; ~**stehlich** irresistible

Unwill|e(n) *m* indignation; 2~**kürlich** involuntary

un|wirksam ineffective; ~**wohl** unwell; uneasy; ~**würdig** unworthy (*gen* of); ~**zählig** countless

unzer|brechlich unbreakable; ~**trennlich** inseparable

Un|zucht *f* sexual offen|ce, *Am.* -se; 2**züchtig** indecent; *Buch etc.:* obscene

unzufrieden dissatisfied; 2**heit** *f* dissatisfaction

unzu|gänglich inaccessible; ~**länglich** inadequate; ~**rechnungsfähig** mentally incompetent; ~**sammenhängend** incoherent; ~**verlässig** unreliable

üppig luxuriant, lush; *Figur:* a. voluptuous; *Essen:* rich

uralt ancient (*a.* F *fig.*)

Uran *n* uranium

Ur|aufführung *f* première; ~**enkel(in)** great-grand|son (-daughter); ~**heberrechte** *pl* copyright *sg*

Urin *m* urine

Urkunde *f* document; *Zeugnis, Ehren*2: diploma

Urlaub *m* holiday(s *pl*), *bsd. Am.* vacation; *amtlich, mil.:* leave; ~**er(in)** *m* holidaymaker, *Am.* vacationist

Urne *f* urn; *pol.* ballot box

Ur|sache *f* cause; *Grund:* reason; keine ~! not at all.

Ursprung

you're welcome; **~sprung** m origin; **2sprünglich** original(ly)
Urteil n judg(e)ment; Strafmaß: sentence; **2en** judge (**über** j-n s.o.); **~sspruch** m verdict
Urwald m primeval forest; Dschungel: jungle
Utensilien pl utensils pl
Utop|ie f illusion; **2isch** utopian; Plan etc.: fantastic

V

vage vague
Vakuum n vacuum
Vanille f vanilla
Vase f vase
Vater m father; **~land** n native country
Vaterunser n Lord's Prayer
Vegeta|rier(in), **2risch** vegetarian; **~tion** f vegetation
Veilchen n violet
Vene f vein
Ventil n valve; fig. vent, outlet; **~ator** m fan
verabred|en agree (up)on, arrange; **sich ~** make* a date (geschäftlich: an appointment); **2ung** f appointment; bsd. private: date
verab|scheuen detest; **~schieden** parl. pass; Offizier: discharge; **sich ~ (von)** say* goodbye (to)
ver|achten despise; **~ächtlich** contemptuous; **2achtung** f contempt; **~allgemeinern** generalize; **~altet** outdated
veränder|lich changeable, variable; **~n: (sich) ~** change; **2ung** f change
veran|lagt inclined (**zu**, **für** to); **... ~ sein** have* a gift for music etc.; **2lagung** f (pre)disposition (a. med.); talent, gift; **~lassen** cause; **~stalten** organize; sponsor; **2stalter(in)** organizer; sponsor; **2staltung** f event; Sport: a. meeting, Am. meet
verantwort|en take* the responsibility for; **sich ~ für** answer for; **~lich** responsible; **j-n ~ machen (für)** hold* s.o. responsible (for); **2ung** f responsibility; **~ungslos** irresponsible
ver|arbeiten process; fig. digest; **2arbeitung** f processing (a. EDV); **~ärgern** annoy
Verb n verb
Verband m bandage; Bund: association, union; **~(s)kasten** m first-aid kit; **~(s-)zeug** n dressing material
ver|bannen banish (a. fig.), exile; **~bergen** hide* (a. sich ~), conceal
verbesser|n improve; be-

verdummen

richtigen: correct; ˌ**ung** *f* improvement; correction

verbeug|en: **sich ~** bow (*vor* to); ˌ**ung** *f* bow

ver|biegen twist; ˌ**bieten** forbid*, prohibit; ˌ**billigen** reduce in price

verbind|en *med.* bandage (up); connect (*a. tech., teleph.*); **kombinieren**: combine (*a. chem.* **sich ~**); *fig.* associate; ˌ**lich** obligatory, binding (*a. econ.*); *nett*: friendly; ˌ**ung** *f* connection; combination; *chem.* compound; *univ.* students' society, *Am.* fraternity, sorority; **sich in ~ setzen mit** get* in touch with

ver|blassen fade; ˌ**bleit** leaded; ˌ**blüffen** amaze; ˌ**blühen** fade; wither; ˌ**bluten** bleed* to death; ˌ**borgen** hidden

Verbot *n* ban (*on s.th.*), prohibition; ˌ**en** prohibited; **Rauchen ~** no smoking

Verbrauch *m* consumption (**an** of); ˌ**en** consume, use up; ˌ**er** *m* consumer

Verbreche|n *n* crime (**begehen** commit); ˌ**r(in)** *f* ˌ**risch** criminal

verbreite|n: (**sich**) **~** spread*; ˌ**rn**: (**sich**) **~** widen

verbrenn|en burn*; *Leiche*: cremate; *Müll*: incinerate; ˌ**ung** *f* burning; cremation; incineration; *med.* burn; ˌ**ungsmotor** *m* internal combustion engine

verbünde|n: **sich ~** ally o.s. (**mit** to, with); ˌ**te** *m, f* ally

ver|bürgen: **sich ~ für** answer for; ˌ**büßen**: **e-e Strafe ~** serve a sentence

Verdacht *m* suspicion; **~ schöpfen** become* suspicious

verdächtig suspicious; ˌ**e** *m, f*, **~en** suspect

verdamm|en condemn; ˌ**t** damned (it)!; **~!** damn it!; *etc.* **~ gut** damn good *etc.*

ver|dampfen evaporate; ˌ**danken** owe *s.th.* to *s.o.*

verdau|en digest; ˌ**lich** (*leicht* easily) digestible; ˌ**ung** *f* digestion; ˌ**ungsstörungen** *pl* constipation *sg*

Verdeck *n* top; *mar.* deck; ˌ**en** cover (up), hide*

ver|derben spoil* (*a. fig. Spaß etc.*); *Fleisch etc.:* go* bad; **sich den Magen ~** upset* one's stomach; ˌ**derblich** perishable; ˌ**deutlichen** make* clear; ˌ**dienen** *Geld:* earn; *fig.* deserve

Verdienst¹ *m* income

Verdienst² *n* merit

ver|doppeln: (**sich**) **~** double; ˌ**dorben** spoiled (*a. fig.*); *Magen:* upset; *moralisch:* corrupt; ˌ**drängen** displace; *psych.* repress; ˌ**drehen** twist (*a. fig.*); *Augen:* roll; **den Kopf ~** turn *s.o.'s* head; ˌ**dreifachen**: (**sich**) **~** triple; ˌ**dummen**

verdunkeln 542

get* (*j-n*: make* stupid; **~dunkeln** darken (*a. sich*); **~dünnen** dilute; **~dunsten** evaporate; **~dursten** die of thirst; **~dutzt** puzzled

verehr|en worship (*a. fig.*); *bewundern*: admire; **2er(in)** admirer; *fan*; **2ung** *f* reverence; admiration

vereidigen swear* in; *Zeugen*: put* under an oath

Verein *m* club; society **vereinbar|en** agree (up)on, arrange; **2ung** *f* agreement, arrangement

vereinfachen simplify

vereinig|en: (*sich*) ~ unite; **2ung** *f* union; *Akt*: unification

ver|eisen ice up; *med.* freeze*; **~eitert** → *eitrig*; **~engen**: (*sich*) ~ narrow; **~erben** leave* to; *biol.* transmit

verfahren proceed; *sich ~ get** lost; **2** *n* procedure; *tech. a.* process; *jur.* proceedings *pl*

Verfall *m* decay (*a. fig.*); **2en** decay (*a. fig.*); *Haus etc.*: a. dilapidate; *ablaufen*: expire

Verfass|er(in) author; **~ung** *f* condition; *pol.* constitution

verfaulen rot, decay

verfilm|en film; **2ung** *f* filming; film version

ver|fliegen evaporate; *fig.* wear* off

verfluch|en curse; **~t** → *verdammt*

verfolge|n pursue (*a. fig.*); *jagen*: chase; *eccl., pol.* persecute; *lesen etc.*: follow; **2r** *m* pursuer

verfrüht premature

verfüg|bar available; **~en** order; **~ über** have* at one's disposal; **2ung** *f* order; **zur ~ stehen** (*stellen*) be* (make*) available

verführ|en seduce; **~risch** seductive; tempting

vergammeln rot; *fig.* go* to the dogs

vergangen, **2heit** *f* past

Vergaser *m* carburet(t)or

vergeb|en give* away; *verzeihen*: forgive*; **~lich** *adj* futile; *adv* in vain

vergehen go* by, pass; **2** *n* offen|ce, *Am.* -se

Vergeltung *f* retaliation

ver|gessen forget*; *Schirm etc.*: leave*; **~geßlich** forgetful; **~geuden** waste

vergewaltig|en, **2ung** *f* rape

ver|gewissern: *sich ~* make* sure (*gen* of); **~gießen** *Blut*, *Tränen*: shed*; *verschütten*: spill* (*a. Blut*)

vergift|en poison (*a. fig.*); **2ung** *f* poisoning

Vergißmeinnicht *n* forget-me-not

Vergleich *m* comparison; *jur.* compromise; **2bar** comparable; **2en** compare

vergnüg|en: *sich ~* enjoy o.s.; **2en** *n* pleasure; *viel ~!* have fun!; **~t** cheerful

ver|graben bury; **~griffen** *Buch*: out of print
vergrößer|n enlarge (*a. phot.*); *opt.* magnify; **sich ~** increase; **2ung** *f* enlargement; **2ungsglas** *n* magnifying glass
verhaft|en, 2ung *f* arrest
verhalten: **sich ~** behave; **2 n** behavio(u)r, conduct
Verhältnis *n* relationship; *Relation*: relation, proportion, *math. ratio*; *Liebes2*: affair; **~se** *pl* conditions *pl*; *Mittel*: means *pl*; **2mäßig** comparatively, relatively
verhand|eln negotiate; **2lung** *f* negotiation; *jur.* hearing; *Straf2*: trial
ver|hängnisvoll fatal, disastrous; **~harmlosen** play s.th. down; **~haßt** hated; *Sache*: a. hateful; **~hauen** beat* s.o. up; *Kind*: spank; **~heerend** disastrous; **~heilen** heal (up); **~heimlichen** hide*, conceal; **~heiratet** married; **~hindern** prevent; **~höhnen** deride, mock (at)
Verhör *n* interrogation; **2en** interrogate, question; **sich ~ get*** it wrong
verhungern die of hunger, starve (to death)
verhüt|en prevent; **2ungsmittel** *n* contraceptive
ver|irren: **sich ~** lose* one's way; **~jagen** drive* away; **~kabeln** cable
Verkauf *m* sale; **2en** sell*; **zu ~ for sale**
Verkäufer(in) seller; *bsd. im Laden*: (shop) assistant, *Am.* (sales)clerk; **2lich** for sale
Verkehr *m* traffic; *öffentlicher*: transport(ation *Am.*); *Geschlechts2*: intercourse; **2en** *Bus etc.*: run*; **~ in** frequent; **~ mit** associate *od.* mix with
Verkehrs|ampel *f* traffic light(s *pl*); **~behinderung** *f* holdup, delay; **~minister(in)** Minister of Transport; **~mittel** *n* means of transport(ation *Am.*); **öffentliche ~ *pl*** public transport(ation *Am.*); **~polizei** *f* traffic police *pl*; **~stau** *m* traffic jam *od.* congestion; **~teilnehmer** *m* road user; **~unfall** *m* traffic accident; **~verbund** *m* linked transport system; **2widrig** contrary to traffic regulations; **~zeichen** *n* traffic sign
ver|kehrt wrong; **~ (herum)** upside down; inside out; **~kennen** mistake*, misjudge; **~klagen** sue (**auf, wegen** for); **~klappen** dump in the ocean; **~kleiden** disguise (**sich** o.s.); *tech.* cover; **~kommen** *v/i* become* run-down; *Person*: go* to the dogs; *adj* rundown; *moralisch*: depraved; **~krachen**: **~ sein (mit)** have* fallen out (with); **~krüppelt** crippled; **~künden, an-**

nounce; *Urteil:* pronounce; ~**kürzen** shorten

Verlag *m* publishing house

verlangen ask for, demand; **2** *n* desire

verlänger|n lengthen; *fig.* prolong (*a. Leben*), extend; *Ausweis:* renew; **2ung** *f* extension; renewal; **2ungsschnur** *f* extension lead (*Am.* cord)

ver|langsamen slow down (*a. sich* ~); **2laß** *m:* **auf ... ist** (**kein**) ~ you can('t) rely on ...; ~**lassen** leave*; *sich* ~ **auf** rely on; ~**läßlich** reliable

Verlauf *m* course; **2en** run*; *sich* ~ lose* one's way

verleb|en spend*; *Zeit etc.: a.* have*; ~**t** dissipated

verlege|n move; *Brille:* mislay*; *tech.* lay*; *zeitlich:* postpone; *Buch:* publish; *adj* embarrassed; **2nheit** *f* (*Geld:*) financial embarrassment; **2r(in)** publisher

Verleih *m* hire od. *Am.* rental (service); *Film2:* distributors *pl*; **2en** lend*; *Autos etc.:* hire (*Am.* rent) out; *Preis:* award

ver|leiten mislead* (*zu into ger*); ~**lernen** forget*; ~**lesen** read* out; *sich* ~ misread* s.th.

verletz|en hurt (*sich* o.s.), injure; *fig.* offend; **2e** *m, f* injured person; *die* **2n** *pl* the injured *pl*; **2ung** *f* injury

verleugnen deny

verleumd|en, 2ung *f* slander; *schriftlich:* libel

verlieb|en: *sich* ~ (*in*) fall* in love (with); ~**t** in love (*in* with); *Blick:* amorous

verlieren lose*

verlob|en: *sich* ~ **get*** engaged (*mit* to); **2te(r)** fiancé(e *f*); **2ung** *f* engagement

ver|lockend tempting; ~**loren** lost; ~**lorengehen** be* *od.* get* lost; ~**losen** draw* lots for; **2losung** *f* raffle, lottery; **2lust** *m* loss; ~**machen** leave*, will; ~**mehren** (*sich*) ~ increase; *biol.* multiply; ~**meiden** avoid; ~**meintlich** supposed; ~**messen** measure; *Land:* survey; *adj* presumptuous; ~**mieten** let*, rent; *Autos etc.:* hire (*Am.* rent) out; **2u to let**; for hire; *Am.* **für beide:** for rent; ~**mischen** mix; ~**missen** miss; ~**mißt** missing (mil. in action)

vermitt|eln *v/t* arrange; *j-m et.* ~ get* *od.* find* *s.o. s.th.*; *v/i* mediate (*zwischen* between); **2ler(in)** mediator, go-between; **2lung** *f* mediation; *Herbeiführung:* arrangement; *Stelle:* agency; *teleph.* exchange

Vermögen *n* fortune

vermummt masked, disguised; **2ungsverbot** *n* ban on wearing masks at demonstrations

vermut|en suppose; ~**lich**

verschlafen

probably; ~ung f supposition

ver|nachlässigen neglect; ~nehmen jur. question, interrogate; ~neigen: sich ~ bow (vor to); ~neinen deny; answer in the negative

Vernetzung f network(ing)

vernicht|en destroy; ~ung f destruction

verniedlichen play down

Ver|nunft f reason; ~nünftig sensible, reasonable (a. Preis)

veröffentlich|en publish; ~ung f publication

ver|ordnen med. prescribe; ~pachten lease

verpack|en pack (up); tech. package; ~ung f pack(ag)ing; Papier~: wrapping

ver|passen miss; ~pesten pollute, foul; ~pfänden pawn; ~pflanzen transplant

verpfleg|en board, feed*; ~ung f board, food

ver|pflichten undertake* to; ~pflichtet obliged; ~pfuschen ruin; ~prügeln beat* s.o. up; ~putzen arch. plaster

Ver|rat m betrayal; pol. treason; ~raten (sich) betray (o.s.); away (o.s.); ~räter(in) traitor

verrechn|en: ~ mit set* off against; sich ~ miscalculate (a. fig.); ~ungsscheck m crossed cheque, Am. check for deposit only

verregnet rainy, wet

verreisen go* away (geschäftlich: on business)

verrenk|en dislocate (sich et. s.th.); ~ung f dislocation

ver|riegeln bolt, bar; ~ringern decrease, lessen (beide: a. sich); ~rosten rust

ver|rück|en move, shift; ~t mad, crazy (beide: nach about); ~te m, f mad|man (-woman), lunatic

verrutschen slip

Vers m verse

versage|n fail; ~n n, ~r(in) failure

versalzen oversalt; fig. spoil

versamm|eln (sich) gather, assemble; ~ung f assembly, meeting

Versand m dispatch, shipment; ~haus, Katalog: mail-order ...

ver|säumen miss; Pflicht: neglect; zu tun: fail; ~schaffen get*; sich ~ a. obtain; ~schärfen: sich ~ get* worse; ~schätzen: sich ~ make* a mistake (a. fig.); sich um ~ be* ... out (Am. off); ~schenken give* away; ~schicken send* (off); econ. a. dispatch; ~schieben shift; zeitlich: postpone

verschieden different; ~e pl mehrere: several; ~es miscellaneous; ~artig various

ver|schimmeln get* mo(u)ldy; ~schlafen oversleep; adj sleepy (a.

Verschlag

schlag *m* shed; **~schlagen** *adj* cunning; **~schlechtern: (sich) ~** make* (get*) worse, deteriorate; **schleiß** *m* wear (and tear); **~schließen** close; *absperren*: lock (up); **~schlimmern** → **verschlechtern**; **~schlingen** devour (*a. fig.*); **~schlossen** closed; locked; *fig.* reserved; **~schlucken** swallow; **sich ~** choke; **schluß** *m* fastener; *aus Metall*: *a.* clasp; *Flaschen*2: cap, top; *phot.* shutter; **~schlüsseln** (en)code; **~schmelzen** merge, fuse; **~schmerzen** get* s.th.; **~schmieren** smear; **~schmutzen** soil, dirty; *Umwelt*: pollute; **~schneit** snow-covered; **~schnüren** tie up; **~schollen** missing; **~schonen** spare; **~schreiben** *med.* prescribe (*gegen* for); **sich ~** make* a slip of the pen; **~schrotten** scrap; **~schuldet** in debt; **~schütten** spill*; *j-n*: bury alive; **~schweigen** hide*, say* nothing about; **~schwenden**, **schwendung** *f* waste; **~schwiegen** discreet; **~schwimmen** become* blurred; **~schwinden** disappear, vanish; **~schwommen** blurred (*a. phot.*)

Verschwör(in) conspirator; **~ung** *f* conspiracy, plot

versehen: sich ~ make* a mistake; 2 *n* oversight; **aus ~ = ~tlich** by mistake

ver|senden → verschicken; **~sengen** singe, scorch; **~setzen** move; *dienstlich*: transfer; *Schule*: move up, *Am.* promote; *verpfänden*: pawn; *j-n*: stand* *s.o.* up; **sich in j-s Lage ~** put* o.s. in s.o.'s place; **~seuchen** contaminate

versicher|n insure (**sich** *o.s.*); *sagen*: assure, assert; **te(r)** the insured; **ung** *f* insurance (company); assurance; **ungspolice** *f* insurance policy

ver|sickern trickle away; **~sinken** sink*

Version *f* version

versöhn|en reconcile; **sich (wieder) ~** become* reconciled; make* (it) up (**mit** with *s.o.*); **ung** *f* reconciliation

versorg|en provide, supply; *betreuen*: take* care of; **ung** *f* supply; care

verspät|en: sich ~ be* late; **~et** belated; delayed; **ung** *f* delay; **~ haben** be* late

ver|speisen eat* (up); **~sperren** bar, block (up), obstruct (*a. Sicht*); **~spotten** make* fun of, ridicule; **~sprechen** promise; **sich ~** make* a slip (of the tongue); 2**sprechen** *n* promise; **~staatlichen** nationalize

Verstand *m* mind; *Vernunft*: reason; *Intelligenz*: brain(s

Vertreter(in)

pl); **den ~ verlieren** go* out of one's mind

verständl|ich inform; **sich ~** communicate; *einig werden:* come* to an agreement; **2igung** *f* communication; **~lich** intelligible; understandable; **2nis** *n* comprehension; understanding; **~nisvoll** understanding

verstärk|en reinforce; strengthen; *Radio, phys.:* amplify; **steigern:** intensify; **2er** *m* amplifier; **2ung** *f* reinforcement (*pl mil.*)

verstauben get* dusty

verstauch|en, 2ung *f* sprain

verstauen stow away

Versteck *n* hiding place; **2e** hide* (*a. sich*), conceal

verstehen understand*, F get*; *einsehen:* see*; **sich (gut) ~** get* along (well) (**mit** with)

Versteigerung *f* auction

verstell|bar adjustable; **~en** move; *tech.* adjust; *versperren:* block; *Stimme:* disguise; **sich ~** put* on an act

ver|steuern pay* tax on; **~stimmt** out of tune; **F** cross; **~stohlen** furtive

verstopf|en block, jam; **~t** *Nase:* stuffed up, *Am.* stuffy; **2ung** *f med.* constipation

verstorben late, deceased; **2e** *m, f* the deceased

Verstoß *m* offen|ce, *Am.* -se; **2en: ~ gegen** violate

ver|strahlt contaminated (by radioactivity); **~streichen** *Zeit:* pass; *Frist:* expire; **~streuen** scatter; **~stümmeln** mutilate; **~stummen** grow* silent

Versuch *m* attempt, try; *Probe:* trial; *phys. etc.* experiment; **2en** try (*a. kosten*), attempt; **~ung** *f* temptation

ver|tagen adjourn; **~tauschen** exchange

verteidig|en defend (**sich** o.s.); **2er(in)** defender; *jur.* counsel for the defen|ce, *Am.* -se; **2ung** *f* defen|ce, *Am.* -se; **2ungsminister** *m* Minister (*Am.* Secretary) of Defen|ce, *Am.* -se

verteilen distribute

vertief|en (sich) ~ deepen; **sich ~ in** *fig.* become absorbed in; **2ung** *f* hollow

Vertrag *m* contract; *pol.* treaty; **2en** endure, bear, stand*; **ich kann ... nicht ~** *Essen etc.:* ... doesn't agree with me; *Lärm, j-n etc.:* I can't stand ...; **sich ~ → vertstehen**

vertrau|en trust; **2en** *n* confidence; trust; **~lich** confidential; **~t** familiar

vertreiben drive* away; expel (**aus** from) (*a. pol.*); *Zeit:* pass; kill

vertret|en substitute for; *pol., econ.* represent; *Idee etc.:* support; **2er(in)** substitute; *pol., econ.* representa-

vertrocknen

tive; *Handels*2: sales representative
ver|trocknen dry up; **~trösten** put* off
verun|glücken have* (*tödlich:* die in) an accident; **~sichern** make* s.o. feel insecure *od.* uncertain, F rattle
verursachen cause
verurteil|en condemn (*a. fig.*), sentence, convict; **2ung** f *jur.* conviction
ver|vielfältigen copy; **~vollkommnen** perfect; **~vollständigen** complete; **~wackeln** *phot.* blur; **~wählen:** *sich ~* dial the wrong number; **~wahrlost** neglected
verwalt|en manage; **2er(in)** manager; **2ung** f administration (*a. pol.*)
verwand|eln turn (*a. sich ~*) (*in* into); **2lung** f change, transformation
verwandt related (*mit* with); **2e(r)** relative, relation; **2schaft** f relationship; *Verwandte:* relations pl
Verwarnung f warning
verwechs|eln confuse (*mit* with), mistake (*for*); **2lung** f confusion; mistake
ver|wegen bold; **~weigern** deny, refuse
Verweis m reprimand; reference (*auf* to); **2en** refer (*auf, an* to); *hinauswerfen:* expel
verwelken wither (*a. fig.*)
verwend|en use; *Zeit etc.:* spend* (*auf* on); **2ung** f use

ver|werfen reject; **~werten** (make*) use (of); **~wirklichen** realize
verwirr|en confuse; **2ung** f confusion
ver|wischen blur; *Spuren:* cover; **~witwet** widowed; **~wöhnen** spoil*; **~worren** confused
verwund|bar vulnerable (*a. fig.*); **~en** wound
Verwund|ete(r) wounded (person), casualty; **~ung** f wound, injury
ver|wünschen curse; **~wüsten** devastate; **~zählen:** *sich ~* miscount; **~zaubern** enchant; **~** *in* turn into; **~zehren** consume
Verzeichnis n list, catalog(ue); register
verzeih|en forgive*; *bsd. int.:* excuse; **2ung** f pardon; (*j-n*) *um ~ bitten* apologize (to s.o.); *vor Bitten etc.:* excuse me!
verzerren distort; *sich ~* become* distorted
verzicht|en: ~ auf do* without; *aufgeben:* give* up
ver|ziehen *Kind:* spoil*; *das Gesicht ~* make* a face; *sich ~ Holz:* warp; F disappear; **~zieren** decorate
verzinsen pay* interest on
verzöger|n delay; *sich ~* be* delayed; **2ung** f delay
verzollen pay* duty on; *et.* (*nichts*) *zu ~* s.th. (nothing) to declare

verzweif|eln despair; **~elt** desperate; **2lung** f despair
Veto n veto
Vetter m cousin
Video n video; **~...** Kassette, Recorder, Spiel etc.: video ...; **auf ~ aufnehmen** videotape; **~text** m teletext; **~thek** f video shop
Vieh n cattle pl; **~zucht** f cattle breeding
viel a lot (of), much; **~e** pl a lot (of), many
viel|beschäftigt very busy; **2falt** f (great) variety; **~leicht** perhaps, maybe; **~mehr** rather; **~sagend** meaningful; **~seitig** versatile; **~versprechend** promising
vier four; **2eck** n quadrangle, square; **~eckig** square; **2linge** pl quadruplets (of); **2taktmotor** m four-stroke engine; **~te** the fourth
Viertel n fourth (part), quarter (a. Stadt2); **(ein) ~ vor (nach)** (a) quarter to (past); **~jahr** n three months pl, quarter (of a year); **2jährlich** quarterly; adv a. every three months; **~stunde** f quarter of an hour
vierzehn fourteen; **~ Tage** pl two weeks pl; **~te** fourteenth
vierzig forty; **~ste** fortieth
Villa f villa
violett violet, purple
Virus n, m virus
Visum n visa

vollzählig

Vitamin n vitamin
Vize... vice-...
Vogel m bird; **~perspektive** f bird's-eye view; **~scheuche** f scarecrow
Vokab|el f word; **~n** pl = **~ular** n vocabulary
Vokal m vowel
Volk n people; nation
Volks|hochschule f adult evening classes pl; **~lied** n folk song; **~musik** f folk music; **~republik** f people's republic; **~tanz** m folk dance; **~wirtschaft(slehre)** f economics sg; **~zählung** f census
voll adj full; **~ er** full of; adv fully; zahlen etc.: in full
voll|automatisch fully automatic; **2bart** m full beard; **2beschäftigung** f full employment; **~enden** finish, complete; **~endet** gr., fig. perfect; **~füllen** (fill up); **2gas** n full throttle; **~geben** F step on it; **~gießen** (fill up)
völlig complete(ly), total(ly)
voll|jährig of age; **2jährigkeit** f majority; **~kommen** perfect; **2korn...** wholemeal ..., bsd Am. whole grain ...; **2macht** f: **~ haben** be* authorized; **2milch** f whole (Brt. a. full-cream) milk; **2mond** m full moon; **2pension** f full board; **~ständig** complete(ly); **~tanken** fill up; **2wertkost** f wholefood(s pl); **~zählig** complete

Volt *n* volt
Volumen *n* volume
von *räumlich, zeitlich*: from; *für Genitiv*: of; *Passiv*: by; **~einander** from each other
vor in front of; *zeitlich, Reihenfolge*: before; *Uhrzeit*: to; **~ e-m Jahr** etc. a year etc. ago; **~ allem** above all
Vor|abend *m* eve; **~ahnung** *f* presentiment, foreboding
voran (*dat*) at the head (of), in front (of), before; *Kopf* **~** head first; **~gehen** go* ahead; **~kommen** get* along
Vorarbeiter(in) fore(wo)man
voraus (*dat*) ahead (of); **im ~** in advance, beforehand; **~gehen** go* ahead; *zeitlich*: precede; **~gesetzt: ~, daß** provided (that); **~sagen** predict; **~schicken** send* on ahead; **~, daß** first mention that; **~sehen** foresee*; **~setzen** assume; **2setzung** *f Bedingung*: prerequisite; *requirements pl*; **~sichtlich** *adv* probably; **2zahlung** *f* advance payment
vorbehalten: sich ~ reserve; **Änderungen ~** subject to change
vorbei *räumlich*: by, past (*an s.o., s.th.*); *zeitlich*: over, past, gone; **~fahren** drive* past; **~gehen** pass, go* by; *nicht treffen*: miss; **~lassen** let* pass
vorbereit|en prepare (*a.* **sich ~**); **2ung** *f* preparation
vorbestellen reserve
vorbeugen prevent (*e-r Sache s.th.*); (**sich**) **~** bend* forward; **~d** preventive
Vorbild *n* model; **sich zum ~ nehmen** follow s.o.'s example; **2lich** exemplary
vorbringen bring* forward; *sagen*: say*, state
Vorder|... Achse, Rad, Sitz, Teil etc.: front ...; **2e** front; **~bein** *n* foreleg; **~grund** *m* foreground; **~seite** *f* front; *Münze*: head
vor|dränge(l)n: sich ~ jump the queue, *Am.* cut* into line; **~dringen** advance; **2druck** *m* form, *Am. a.* blank; **~ehelich** premarital; **~eilig** hasty, rash; **~eingenommen** prejudiced (*gegen* against); **~enthalten: j-m et. ~** withhold* s.th. from s.o.; **~erst** for the time being
Vorfahr *m* ancestor
vorfahr|en drive* up; **2t** *f* right of way; **die ~ beachten** give* way, *Am.* yield (right of way)
Vorfall *m* incident, event
vorfinden find*
vorführ|en show*, present; **2ung** *f* presentation, show (-ing); *thea., Film: a.* performance
Vor|gang *m* event; *biol., tech.* etc.: process; **~gänger(in)** predecessor; **~garten** *m* front garden (*Am.* yard);

⁓gehen go* (up) to the front; → *vorangehen*; *geschehen*: go* on; *wichtiger sein*: come* first; *verfahren*: proceed; *Uhr*: be* fast; **~gesetzte(r)** superior, boss; **⁓gestern** the day before yesterday

vorhaben plan, intend, be* going to do s.th.; ⁂ *n* intention, plan(s *pl*); project

Vorhand *f* forehand

vorhanden existing; *verfügbar*: available; **~ sein** exist; **⁂sein** *n* existence

Vorhang *m* curtain

vor|her before, earlier; *im voraus*: in advance; **~herrschend** predominant

Vorhersage *f* forecast, prediction; **⁂n** predict

vor|hin a (short) while ago; **~ig** previous; **⁂kenntnisse** *pl* previous knowledge *sg od.* experience *sg*

vorkommen be* found; *geschehen*: happen; *scheinen*: seem; *sich ... ~* feel* ...; ⁂ *n* occurrence

Vorkriegs... prewar ...

Vorladung *f* summons

Vor|lage *f* *Muster*: pattern; *parl.* bill; *Sport*: pass; **⁂lassen** let* pass; *empfangen*: admit; **⁂läufig** *adj* provisional; *adv* for the time being; **⁂laut** forward, pert

vorlege|n present; *zeigen*: show*; ⁂**r** *m* rug

vorles|en read* (out) (*j-m* to s.o.); ⁂**ung** *f* lecture (*über* on)

vorletzte next-to-last; **~ Nacht** the night before last

Vor|liebe *f* preference; **⁂marsch** *m* advance; **⁂merken** put* s.o.('s name) down

Vormittag *m* (**am** in the; **heute** this) morning

Vormund *m* guardian

vorn in front; **nach ~** forward; **von ~** from the front (*zeitlich*: beginning)

Vorname *m* first name

vornehm distinguished; *fein*: fashionable, F posh; **~ tun** put* on airs; **~en: sich et. ~** decide to do s.th.

vornherein: von ~ from the first *od.* outset

Vorort *m* suburb; **~(s)zug** *m* suburban train

Vor|rang *m* priority (*vor* over); **⁂rat** *m* store, stock (*an* of); **Vorräte** *pl a.* provisions *pl*, supplies *pl*; **⁂rätig** in stock; **~recht** *n* privilege; **~richtung** *f* device; **⁂rücken** move forward; **~runde** *f* preliminary round; **~saison** *f* off(-peak) season; **~satz** *m* resolution; *jur.* intent; **⁂sätzlich** *bsd. jur.* wil(l)ful; **~schein** *m*: **zum ~ kommen** appear, come* out

Vorschlag *m* suggestion, proposal; **⁂en** suggest, propose

Vor|schrift *f* rule, regulation; *tech., med.* instruction; **⁂schriftsmäßig** according to

Vorschule regulations *etc.*; ~schule *f* preschool; ~schuß *m* advance; 2sehen plan; *jur.* provide; *sich* ~ *be** careful, watch out (*vor* for)

Vorsicht *f* caution, care; ~*!* look out!, (be) careful!; ~, *Stufe!* mind the step!, *Am.* caution: step!; 2ig careful; ~smaßnahme *f*: ~n *treffen* take* precautions

Vorsilbe *f* prefix

Vorsitz *m* chair(manship); ~ende(r) chairperson, chair|man (*f a.* -woman), president

Vorsorg|e *f* precaution; 2lich as a precaution

Vorspeise *f* hors d'oeuvre

Vorspiel *n* prelude (*a. fig.*); *sexuell:* foreplay; 2en: *j-m et.* ~ play s.th. to s.o.

Vor|sprung *m* projection; *Sport:* lead; *e-n* ~ *haben be** ahead (*a. fig.*); ~stadt *f* suburb; ~stand *m* board (of directors); *Club:* managing committee; 2stehen protrude; *fig. be** the head of

vorstell|en *Uhr:* put forward; introduce (*sich* (o.s.); *j-n j-m* s.o. to s.o.); *sich et.* ~ imagine s.th.; *sich* ~ *bei* have* an interview with; 2ung *f* introduction; *Gedanke:* idea; *thea. etc.* performance; 2ungsgespräch *n* interview

Vor|strafe *f* previous conviction; ~*n pl* police record; 2täuschen feign, pretend

Vorteil *m* advantage; 2haft advantageous (*für* to)

Vortrag *m* lecture (*halten* give*); 2en *Gedicht:* recite; *äußern:* express, state

vortreten step forward; *fig.* protrude (*a. Augen*)

vorüber → **vorbei**; ~gehen pass, go* by; ~gehend temporary

Vor|urteil *n* prejudice; ~verkauf *m thea.* advance booking; ~wahl *f teleph.* (STD) code, *Am.* area code; ~wand *m* pretext

vorwärts forward, on(ward); ~*!* let's go!; ~kommen (make*) progress

vor|weg beforehand; ~wegnehmen anticipate; ~weisen show*; ~werfen: *j-m et.* ~ reproach s.o. with s.th.; → **beschuldigen**; ~wiegend chiefly, mainly, mostly

Vorwort *n* foreword; *des Autors:* preface

Vorwurf *m* reproach; *j-m* (*sich*) *Vorwürfe machen* reproach s.o. (o.s.) (*wegen* for); 2svoll reproachful

Vor|zeichen *n* omen, sign (*a. math.*); 2zeigen show*; 2zeitig premature; 2ziehen *Vorhänge:* draw*; *fig.* prefer; ~zug *m be** given preference: *haben:* advantage; *Wert:* merit; 2züglich exquisite

vulgär vulgar

Vulkan *m* volcano

W

Waage f scale(s pl Brt.); Fein≈: balance; ast. Libra; ≈(e)recht horizontal
Wabe f honeycomb
wach awake; ~ **werden** wake* up; **≈e** f guard (a. mil.); Posten: a. sentry; mar., med. watch; Polizei≈: police station; **~en** (keep*) watch
Wacholder m juniper
Wachs n wax
wachsam watchful
wachsen[1] wax
wachsen[2] grow* (a. sich ~ lassen); fig. a. increase
Wächter(in) guard
Wachtturm m watchtower
wackel|ig wobbly; Zahn: loose; **≈kontakt** m loose contact; **~n** shake*; Tisch etc.: wobble; Zahn: be* loose
Wade f calf
Waffe f weapon (a. fig.); ~n pl a. arms pl
Waffel f waffle; Eis≈: wafer
Waffenstillstand m armistice, truce
wagen dare; riskieren: risk; sich ~ in venture into
Wagen m car; ~ Lastwagen etc.; **~heber** m jack; **~spur** f (wheel) track
Waggon m wag(g)on, Am. car
Wahl f choice; pol. election; **~akt** m voting, poll; **zweite ~** econ. seconds pl
wähle|n choose*; pol. vote; j-n: elect; teleph. dial; **≈r(in)** voter; **~risch** particular
Wahl|fach n optional subject, Am. a. elective; **~kampf** m election campaign; **~kreis** m constituency; **≈los** (adv a) random; **~recht** n right to vote, franchise; **~urne** f ballot box
Wahnsinn m insanity, madness (a. fig.), mad; **~ig** insane, mad; adv F awfully
wahr true; wirklich: a. real
während prp during; cj while; Gegensatz: a. whereas
Wahr|heit f truth; **~nehmen** perceive, notice; fig. ergreifen: seize; **~sager(in)** fortune-teller; **≈scheinlich** probably, (most od. very) likely; **~scheinlichkeit** f probability, likelihood
Währung f currency
Wahrzeichen n landmark
Waise f orphan; **~nhaus** n orphanage
Wal m whale
Wald m wood(s pl), forest; **~sterben** n acid rain damage (to forests), waldsterben
Wall m rampart
Wallfahrt f pilgrimage
Wal|nuß f walnut; **~roß** n walrus

Walze

Walze f roller; cylinder
wälzen: (sich) ~ roll
Walzer m waltz
Wand f wall
Wandel m, 2n: **sich** ~ change
Wander|er, ~in hiker; 2n hike; **ziehen; streifen:** wander (a. fig.); **~ung** f hike; **~weg** m (hiking) trail
Wand|gemälde n mural; **~lung** f change; **~schrank** m built-in cupboard, Am. closet; **~tafel** f blackboard
Wange f cheek
wanke|lmütig fickle, inconstant; **~n** stagger, reel
wann when, (at) what time; **seit ~?** (for) how long?, since when?
Wanne f tub; bathtub
Wanze f bedbug; F fig. bug
Wappen n coat of arms
Ware f goods pl; Artikel: article; Produkt: product; **~haus** n department store; **~nlager** n stock; **~nprobe** f sample; **~nzeichen** n trademark
warm warm; Essen: hot
Wärm|e f warmth; phys. heat; 2en warm (up); **~flasche** f hot-water bottle
Warn|dreieck n mot. warning triangle; 2en warn (vor di, against); **~ung** f warning
warten wait (auf for)
Wärter(in) guard; Zoo: keeper; Museum etc.: attendant
Warte|saal m, **~zimmer** n waiting room

Wartung f maintenance
warum why, F what (...) for
Warze f wart
was what; **~ kostet ...?** how much is ...?
wasch|bar washable; 2**becken** n wash|basin, Am. -bowl
Wäsche f wash(ing), laundry; Tisch2, Bett2: linen(s pl); **Unter**2: underwear; **~klammer** f clothes peg (Am. pin); **~leine** f clothesline
waschen: (sich) ~ wash (die Haare etc. one's hair etc.); ~ **und legen** a shampoo and set
Wäscherei f laundry
Wasch|lappen m flannel, Am. washcloth; **~maschine** f washing machine, washer; **~pulver** n detergent, washing powder; **~salon** m launderette, Am. a. laundromat
Wasser n water; **~ball** m beach ball; Sport: water polo; 2**dicht** waterproof; **~fall** m waterfall; **~flugzeug** n seaplane; **~graben** m ditch; **~hahn** m tap, Am. a. faucet
wässerig watery
Wasser|kraftwerk n hydroelectric power station; **~leitung** f water pipe(s pl); **~mann** m ast. Aquarius
wässern water
Wasser|rohr n water pipe; 2**scheu** afraid of water; **~ski** n water skiing; ~ **laufen** waterski; **~sport** m water od. aquatic sports pl; **~stoff** m

Weihnachtsgeschenk

hydrogen; **~stoffbombe** f hydrogen bomb, H-bomb; **~verschmutzung** f water pollution; **~waage** f spirit level; **~weg** m waterway; **auf dem ~** by water; **~welle** f waterwave; **~werk** n waterworks sg, pl

waten wade

watsch|eln waddle; **2e(n)** f östr. slap in the face

Watt n electr. watt; geogr. mud flats pl

Watte f cotton (wool)

web|en weave*; **2stuhl** m loom

Wechsel m change; Geld2: exchange; Bank2: bill of exchange; Monats2: allowance; **~geld** n (small) change; **~kurs** m exchange rate; **2n** change; ab~: vary; Worte: exchange; **~strom** m alternating current; **~stube** f exchange (office)

wecke|n wake* (up); **2r** m alarm clock

wedeln wave (mit et. s.th.); Ski: wedel; Hund: wag its tail

weder: ~ ... noch neither ... nor

Weg m way (a. fig.); Pfad: path; Route: route; Fuß2: walk

weg away; verschwunden, verloren: gone; los, ab: off; **~ (hier)!** (let's) get out of (here)!; **~bleiben** stay away; **~bringen** take* away

wegen because of

weg|fahren leave*; mot. a. drive* away; **~fallen** be* dropped; **~gehen** go* away (a. fig.), leave*; Ware: sell*; **~jagen** drive* away; **~lassen** let* s.o. go; et.: leave* out; **~laufen** run* away; **~machen** Fleck etc.: get* out; **~nehmen** take* away (j-m from s.o.); Platz etc.: take* up; **~räumen** clear away; **~schaffen** remove

Wegweiser m signpost

weg|werfen throw* away; **~wischen** wipe off

weh: ~ tun hurt* (sich o.s.)

Wehen pl labo(u)r pl

wehen blow*; Fahne: a. wave

wehleidig hypochondriac

Wehr n weir

Wehr|dienst m military service; **2en: sich ~** defend o.s.; **2los** defen|celess, Am. -seless

Weib|chen n zo. female; **2lich** female; gr., Art: feminine

weich soft (a. fig.); Ei: softboiled; F **~ werden** give* in

Weiche f rail. points pl, Am. switch

weichlich soft, F sissy

Weide f bot. willow; agr. pasture; **~land** n pasture; **2n** pasture, graze

weiger|n: sich ~ refuse; **~ung** f refusal

weihen eccl. consecrate

Weihnacht|en n Christmas; **~sabend** m Christmas Eve; **~sbaum** m Christmas tree; **~sgeschenk** n Christmas

present; ~slied n (Christmas) carol; ~smann m Father Christmas, Santa Claus
Weih|rauch m incense; ~wasser n holy water
weil because; since, as
Weile f: e-e ~ a while
Wein m wine; Rebe: vine; ~bau m winegrowing; ~beere f grape; ~berg m vineyard; ~brand m brandy
weinen cry (vor with; um for; wegen about, over)
Wein|faß n wine cask; ~karte f wine list; ~lese f vintage; ~probe f wine tasting; ~stock m vine; ~traube f → Traube
weise wise
Weise f Art u. ~: way; mus. tune; auf diese (m-e) ~ this (my) way
weisen show*; ~ aus od. von expel s.o. from; ~ auf point at od. to
Weisheit f wisdom; ~zahn m wisdom tooth
weiß white; 2brot n white bread; 2e(r) f white (man od. woman); 2wein m white wine
weit adj wide; Reise, Weg: long; wie ~ ist es? how far is it?; adv far; bei ~em by far; von ~em from a distance; zu ~ gehen go* too far
weiter adj further; ~e pl noch: another; adv on, further; und so ~ and so on; nichts ~ nothing else; ~... arbeiten etc.: mst go* on doing s.th.; ~fahren go* on; ~geben pass (an to); ~gehen move on; fig. continue; ~kommen get* on (fig. in life); ~können be* able to go on; ~machen go* on, continue
weit|sichtig longsighted, Am. u. fig. farsighted; 2sprung m long (Am. broad) jump; ~verbreitet widespread; 2winkel m phot. wide-angle lens
Weizen m wheat
welch interr pron what, which; ~e(r)? which one?; rel pron who, which, that
Wellblech n corrugated iron
Welle f wave; tech. shaft
wellen: (sich) ~ wave; 2länge f wavelength (a. fig.); 2linie f wavy line
wellig wavy
Welt f world; ~all n universe; 2berühmt world-famous; ~krieg m world war; ~lich worldly; ~meister(in) world champion; ~raum m (outer) space; ~reise f world trip od. tour; ~rekord m world record; ~stadt f metropolis; 2weit worldwide
wem to whom, F mst who ... to; von ~ mst who ... from
wen whom, mst who
Wende f turn; Änderung: change; ~hals m F pol. turncoat; ~n: (sich) ~ turn (nach to; gegen against; an j-n [um Hilfe] to s.o. [for help]);

bitte ~! please turn over!; ~**punkt** *m* turning point
wenig little; ~**(e)** *pl* few *pl*; ~**er** less; *pl* fewer; *math.* minus; **am** ~**sten** least (of all); ~**stens** at least
wenn when; *falls*: if
wer who; *auswählend*: which; ~ **von euch?** which of you? ~ **auch (immer)** who(so)ever
Werbe|fernsehen *n* TV commercials (*Brt. a.* adverts) *pl*; ~**funk** *m* radio commercials (*Brt. a.* ads) *pl*; 2**n** advertise (**für et.** s.th.); ~ **um** court; ~**spot** *m* commercial
Werbung *f* advertising, (sales) promotion; *a. pol. etc.*: publicity
werden become* (*a. zo.*) ([*mit*] *et. nach* s.th. at; *sich* o.s.); *aer. Bomben*: drop
Werft *f* shipyard
Werk *n* work; *Tat: a.* deed; *tech.* works *pl*; *Fabrik*: factory; ~**meister(in)** fore|man (-woman); ~**statt** *f* workshop; repair shop; ~**tag** *m* workday; **an** ~**en** on weekdays; ~**zeug** *n* tool(s *pl*); *feines*: instrument
wert worth; *lesens* *etc.*: worth reading *etc.*; 2 *m* value; *Sinn, Nutzen*: use; ~**e** *pl* data *sg*, *pl*, figures *pl*; ~ **legen auf** attach importance to; 2**gegenstand** *m* article of value; ~**los** worthless; 2**papiere** *pl* securities *pl*; 2**sachen** *pl* valuables *pl*; ~**voll** valuable
Wesen *n* being, creature; *Kern*: essence; *Natur*: nature, character; 2**tlich** essential
weshalb → *warum*
Wespe *f* wasp
wessen whose; what ... of
Weste *f* waistcoat, *Am.* vest
West|(en *m*) west; 2**lich** western; *Wind etc.*: west(erly); *pol.* West(ern)
Wett|bewerb *m* competition; ~**e** *f* bet; 2**en** bet* (**mit j-m um et.** s.o. s.th.)
Wetter *n* weather; ~**bericht** *m* weather report; ~**lage** *f* weather situation; ~**vorhersage** *f* weather forecast
Wett|kampf *m* competition; ~**kämpfer(in)** competitor; ~**lauf** *m*, ~**rennen** *n* race; ~**rüsten** *n* arms race; ~**streit** *m* contest
wichtig important; 2**keit** *f* importance
wickeln wind*; *Baby*: change
Widder *m* ram; *ast.* Aries
wider against, contrary to; 2**haken** *m* barb; ~**legen** refute, disprove; ~**lich** disgusting, sickening; ~**setzen**: *sich* ~ oppose; ~**spenstig** unruly (*a. Haar*), stubborn;

widersprechen

~sprechen contradict; **2~spruch** m contradiction (*in sich* in terms); **2stand** m resistance (*a. phys.*); **~standsfähig** resistant; **~strebend** reluctantly; **~wärtig** disgusting; **2wille** m aversion; *Ekel:* disgust; **~willig** reluctant

widm|en dedicate (*sich* o.s.); **2ung** f dedication

wie how; **~ ich (neu)** like me (new); **~ er sagte** as he said; → **so**

wieder again; *immer* **~** again and again; → **hin**; **2aufbau** m reconstruction; **2aufbereitungsanlage** f (nuclear fuel) reprocessing plant; **~aufnehmen** resume; **~bekommen** get* back; **~bringen** bring* back; **~erkennen** recognize (*an* by); **~geben** give* back, return; *schildern:* describe; **~gutmachen** make* up for; **~herstellen** restore; **~holen** repeat; **2holung** f repetition; **~kommen** come* back, return; **~sehen:** (*sich*) **~** (each other) again; *auf* **2!** good-bye!; **~vereinigung** f reunification

Wiege f cradle; **2n** weigh; *Baby:* rock; **~nlied** n lullaby

Wiese f meadow

Wiesel n weasel

wieso → *warum*; **~viel** how much (*pl* many); **~vielte: der 2 ist heute?** what's the date today?

wild wild (*a. fig.*; *auf* about); **2** n game; *gastr. mst* venison; **2erer** m poacher; **2leder** n suede; **2nis** f wilderness; **2schwein** n wild boar

Wille m will; *s-n* **~n durchsetzen** have* one's way; **~nskraft** f willpower

willkommen welcome

wimm|eln swarm (*von* with); **~ern** whimper

Wimpel m pennant

Wimper f eyelash; **~ntusche** f mascara

Wind m wind

Windel f nappy, *Am.* diaper

winden wind* (*a. sich* **~**); *sich* **~** *vor* writhe in

wind|ig windy; *fig.* shady; **2mühle** f windmill; **2pocken** pl chicken pox *sg*; **2schutzscheibe** f windscreen, *Am.* windshield; **2stärke** f wind force; **2stille** f calm; **2stoß** m gust; **2surfen** n windsurfing

Windung f bend, turn

Wink m sign; *fig.* hint

Winkel m *math.* angle; *Ecke:* corner

winken wave (*mit et.* s.th.)

winseln whimper, whine

Winter m winter; **2lich** wintry; **~sport** m winter sports *pl*

Winzer(in) winegrower

winzig tiny, diminutive

Wipfel m (tree)top

wir we; **~ sind's** it's us

Wirbel *m* whirl (*a. fig.*); *anat.* vertebra; **Haar**⁓: cowlick; F *Getue:* fuss; ⁓**sturm** *m* cyclone, tornado

wirk|en work; be* effective (**gegen** against); (*er*)*scheinen:* look, seem; ⁓**lich** real (-ly), actual(ly); ⁓**lichkeit** *f* reality; ⁓**sam** effective; ⁓**ung** *f* effect; ⁓**ungsvoll** effective

wirr confused; *Haar:* tousled; ⁓**warr** *m* mix-up, chaos

Wirt(in) land|lord (-lady)

Wirtschaft *f* economy; *Geschäftswelt:* business; → **Gastwirtschaft**; ⁓**lich** economic; *sparsam:* economical; ⁓**sminister** *m* minister for economic affairs

wischen wipe; → **Staub**

wissen know* (**von** about); ⁓ *n* knowledge

Wissenschaft *f* science; ⁓**ler(in)** scientist; ⁓**lich** scientific

wissenswert worth knowing; ⁓**es** useful facts *pl*

witter|n scent, smell*; ⁓**ung** *f* weather; *hunt.* scent

Witwe(r) widow(er)

Witz *m* joke; ⁓**bold** *m* joker; ⁓**ig** funny; *geistreich:* witty

wo where; ⁓**anders(hin)** somewhere else

Woche *f* week; ⁓**nende** *n* weekend; ⁓**nlang** for weeks; ⁓**nlohn** *m* weekly wages *pl*; ⁓**nschau** *f* newsreel; ⁓**ntag** *m* weekday

wöchentlich weekly; **einmal** ⁓ once a week

wo|durch how; *durch was:* through which; ⁓**für** for which; ⁓? what (...) for?

Woge *f* wave (*a. fig.*)

wogegen whereas, while

wo|her where ... from; ⁓**hin** where (... to)

wohl well; *vermutlich:* I suppose; **sich ⁓ fühlen** be* well; *seelisch:* feel* good; **j-s**, **o.'s well-being; zum ⁓!** your health!, F cheers!; ⁓**behalten** safely; ⁓**fahrts**⁓ welfare ...; ⁓**habend** well-to-do; ⁓**ig** cosy, snug; ⁓**stand** *m* prosperity; **Stat⁓ ff**ig. pleasure, relief; ⁓**tätig** charitable; ⁓**tätigkeits**⁓ *Konzert etc.:* benefit ...; ⁓**tuend** pleasant; ⁓**verdient** well-deserved; ⁓**wollen** *n* goodwill; ⁓**wollend** benevolent

wohn|en live (**in** in; **bei j-m** with s.o.); ⁓ **vorübergehend:** stay (**at**; with); ⁓**gemeinschaft** *f:* **in e-r ⁓ leben** share a flat (*Am.* apartment) *od.* house; ⁓**mobil** *n* camper; ⁓**sitz** *m* residence; ⁓**ung** *f* flat, *Am.* apartment; ⁓**wagen** *m* caravan, *Am.* trailer; ⁓**zimmer** *n* living room

wölb|en: (sich) ⁓ arch; ⁓**ung** *f* vault, arch

Wolf *m* wolf

Wolke *f* cloud; ⁓**nbruch** *m* cloudburst; ⁓**nkratzer** *m* skyscraper; ⁓**nlos** cloudless

wolkig cloudy, clouded
Woll|... *Decke etc.*: wool(l)en ...; **⁓e** *f* wool
wollen want (to); *lieber* ⁓ prefer; ⁓ *wir (...)?* shall we (...)?; ⁓ *Sie bitte ...* will you please ...; *sie will, daß ich ...* she wants me to *inf*
wo|mit which ... with; ⁓? what ... with?; **⁓möglich** perhaps; if possible; **⁓nach** what ... for?; **⁓ran:** *denkst du?* what are you thinking of?; **⁓rauf** after (*örtlich*: on) which; ⁓ *wartest du?* what are you waiting for?; **⁓raus** from which; ⁓ *ist es?* what is it made of?; **⁓rin** in which; ⁓? where?
Wort *n* word; *beim* ⁓ *nehmen* take* *s.o.* at his word
Wörterbuch *n* dictionary
wörtlich literal
wort|los without a word; **2schatz** *m* vocabulary; **2stellung** *f gr.* word order; **2wechsel** *m* argument
wo|rüber what ... about?; **⁓rum:** ⁓ *handelt es sich?* what is it about?; **⁓von** what ... about?; **⁓vor** what ... of?; **⁓zu** what ... for?
Wrack *n* wreck
wringen wring*
Wucher *m* usury; **2n** grow* rampant; **⁓ung** *f* growth
Wuchs *m* growth; build

Wucht *f* force; **2ig** heavy
wühlen dig*; *Schwein:* root; *fig.* ⁓ *in* rummage in
wulstig *Lippen:* thick
wund sore; **⁓e** *Stelle* sore; **2e** *f* wound
Wunder *n* miracle; **2bar** wonderful, marvel(l)ous; **2n** surprise; *sich* ⁓ be* surprised (*über* at); **2schön** lovely; **2voll** wonderful
Wundstarrkrampf *m* tetanus
Wunsch *m* wish (*a. Glück2*); *Bitte:* request
wünschen wish, want (*a. sich* ⁓); **⁓swert** desirable
Würde *f* dignity
würdig worthy (*gen* of); **⁓en** appreciate
Wurf *m* throw; *zo.* litter
Würfel *m* cube; *Spiel2:* dice; **2n** (play) dice; *gastr.* dice; **⁓zucker** *m* lump sugar
Wurfgeschoß *n* missile
würgen choke
Wurm *m* worm; **2en** gall; **2stichig** wormeaten
Wurst *f* sausage
Würze *f* spice; *fig. a.* zest
Wurzel *f* root (*a. math. etc.*)
würz|en spice, season; **⁓ig** spicy, well-seasoned
wüst F messy; *wild:* wild; *öde:* waste; **2e** *f* desert
Wut *f* rage, fury
wüten rage; **⁓d** furious

X, Y, Z

X-Beine pl knock knees pl
x-beliebig: *jede(r, -s)* ~e ... any (... you like)
x-mal umpteen times
x-te: *zum ~n Male* for the umpteenth time
Xylophon n xylophone

Yacht f yacht

Zack|e f, **~en** m (sharp) point; **2ig** jagged
zaghaft timid
zäh tough; **~flüssig** thick, viscous; *fig.* slow-moving
Zahl f number; *Ziffer:* figure; **2bar** payable
zählbar countable
zahlen pay*; *~, bitte!* the bill (*Am.* a check), please!
zähle|n count; *~ zu* rank with; **2r** m counter; meter
Zahl|karte f paying-in (*Am.* deposit) slip; **2los** countless; **2reich** *adj* numerous; *adv* in great number; **~tag** m payday; **~ung** f payment
zahm, zähmen tame.
Zahn m tooth; *tech. a.* cog; **~arzt, ärztin** dentist; **~bürste** f toothbrush; **~fleisch** n gums pl; **2los** toothless; **~lücke** f gap between the teeth; **~pasta** f toothpaste;

~rad n cogwheel; **~radbahn** f rack railway; **~schmerzen** pl toothache sg; **~stocher** m toothpick
Zange f pliers pl; *Kneif~:* pincers pl; *med.* forceps pl; *Greif~:* tongs pl; *zo.* pincer
zanken → **streiten**
zänkisch quarrelsome
Zäpfchen n anat. uvula; med. suppository
Zapf|en m *Faß:* tap, *Am.* faucet; *Pflock:* peg; **2en** tap; **~hahn** m tap, *Am.* faucet; **~säule** f petrol (*Am.* gas) pump
zappeln fidget, wriggle
zart tender; *sanft:* gentle
zärtlich tender, affectionate; **2keit** f affection; *Liebkosung:* caress
Zauber m magic, spell, charm (*alle a. fig.*); **~er** m wizard, magician; **2haft** charming; **~in** f sorceress; **~künstler(in)** f illusionist, conjurer; **2n** v/t conjure; do* magic (tricks)
Zaum m bridle (*a.* **~zeug**)
Zaun m fence
Zebra n zebra; **~streifen** m zebra crossing
Zeche f bill; (coal) mine
Zecke f tick
Zeh m, **~e** f toe; *Knoblauch:*

clove; ~enspitze *f* tip of the toe; ~n gehen tiptoe
zehn ten; 2kampf *m* decathlon; ~te, 2tel *n* tenth
Zeichen *n* sign; *Merk*2: mark; *Signal*: signal; ~block *m* drawing block; ~papier *n* drawing paper; ~trickfilm *m* (animated) cartoon
zeichn|en draw*; kenn~: mark (*a. fig.*); 2er(in) draughts|man (-woman), *Am.* drafts|man (-woman); 2ung *f* drawing; *zo.* marking
Zeige|finger *m* forefinger, index finger; 2n show* (*a. sich* ~); ~ *auf* (*nach*) point at (to); ~r *m* Uhr2: hand; *tech.* pointer, needle
Zeile *f* line
Zeit *f* time; *gr.* tense; *zur* ~ at the moment; *in letzter* ~ recently; *laß dir* ~ take your time; ~alter *n* age; 2gemäß modern, up-to-date; ~genosse, ~genossin, 2genössisch contemporary; ~karte *f* season ticket; 2lich *adj* time ...; *adv*: ~ *planen etc.* time *s.th.*; ~lupe *f* slow motion; ~punkt *m* moment; date, (point of) time; ~raum *m* period, space (of time); ~schrift *f* magazine; ~ung *f* (news)paper
Zeitungs|kiosk *m* newsstand; ~notiz *f* press item; ~verkäufer(in) newsvendor, *Am.* newsdealer
Zeit|verlust *m* loss of time; ~verschwendung *f* waste of time; ~vertreib *m* pastime; 2weise for a time; ~zeichen *n* time signal
Zell|e *f* cell; *teleph.* booth; ~stoff *m*, ~ulose *f* cellulose
Zelt *n* tent; 2en (go*) camp(ing); ~lager *n* camp; ~platz *m* campsite
Zement *m* cement
Zensur *f* censorship; *Schule*: mark, grade
Zentimeter *m*, *n* centimet|re, *Am.* -er
Zentner *m* 50 kilograms
zentral central; 2e *f* headquarters *sg*, *pl*; 2einheit *f EDV* central processing unit, CPU; 2heizung *f* central heating; 2verriegelung *f mot.* central locking
Zentrum *n* cent|re, *Am.* -er
zerbrech|en break* (to pieces); *sich den Kopf* ~ rack one's brains; ~lich fragile
Zeremonie *f* ceremony
Zerfall *m* decay; 2en disintegrate, decay (*a. fig.*)
zer|fetzen tear* to pieces; ~fließen melt; ~fressen eat*; *chem.* corrode; ~gehen melt; ~kauen chew; ~kleinern cut* up; *mahlen*: grind*; ~knirscht remorseful; ~knittern (c)rumple, crease; ~knüllen crumple up; ~kratzen scratch; ~legen take* apart *od.* to pieces; *Fleisch*: carve; ~lumpt ragged; ~mahlen

grind*; ~**platzen** burst*; explode; ~**quetschen** crush; ~**reiben** grind*, pulverize; ~**reißen** v/t tear* up od. to pieces; (fig. Drogenring etc.) tear*; v/i tear*; Seil etc.: break*

zerr|en drag; med. strain; ~**an** tug at; ℒ**ung** f strain

zer|sägen saw* up; ~**schellen** be* smashed (Schiff: wrecked); aer. crash; ~**schlagen** break*, smash (a. fig. Drogenring etc.); ~**schneiden** cut* (up od. into pieces); ~**setzen:** (sich) ~ decompose; ~**splittern** shatter; Holz etc., fig.: splinter; ~**springen** burst*; Glas: crack

Zerstäuber m atomizer

zerstör|en destroy; ℒ**er** m destroyer (a. mar.); ℒ**ung** f destruction; ℒ**ungswut** f vandalism

zerstreu|en disperse, scatter; **sich ~** fig. take* one's mind off things; ~**t** absent-minded; ℒ**ung** f distraction

zer|stückeln cut* up; ~**teilen** divide; Fleisch: carve; ~**treten** crush (a. fig.); ~**trümmern** smash; ~**zaust** tousled

Zettel m slip (of paper); Nachricht: note

Zeug n stuff (a. fig. contp.); Sachen: things pl

Zeug|e m witness; ℒ**en** become* the father of; biol. procreate; ~**enaussage** f testimony, evidence; ~**in** f witness; ~**nis** n (school) report, Am. report card; certificate, diploma; vom Arbeitgeber: reference

Zickzack m zigzag (a. **im ~ fahren etc.**)

Ziege f (she-)goat; F witch

Ziegel m brick; Dach℁: tile; ~**stein** m brick

Ziegen|bock m he-goat; ~**leder** n kid

ziehen v/t pull, draw* (a. Strich); Blumen: grow*; **heraus~:** pull od. take* out; **j-n an** pull s.o. by; **auf sich ~** Aufmerksamkeit etc.: attract; **sich ~** run*; **dehnen:** stretch; v/i pull (**an** at); sich bewegen, um~: move; Vögel, Volk: migrate; gehen: go*; reisen: travel; ziellos: wander; **es zieht** there is a draught (Am. draft)

Zieh|harmonika f accordion; ~**ung** f Lotto etc.: draw(ing)

Ziel n aim; fig. a. goal, objective; Sport: finish; Reise℁: destination; gehen (take*) aim (**auf** at); ~**los** aimless; ~**scheibe** f target

ziemlich adj quite a; adv fairly, rather, F pretty

Zier|de f (**zur** as a) decoration; ℒ**en:** decorate; **sich ~** make* a fuss; ~**lich** dainty

Ziffer f figure; ~**blatt** n dial, face

Zigarette f cigarette; ~**nautomat** m cigarette machine

Zigarre f cigar
Zigeuner(in) gipsy, *Am.* gypsy
Zimmer n room; ~**mädchen** n chambermaid; ~**mann** m carpenter
zimperlich fussy; *prüde:* prudish
Zimt m cinnamon
Zink n zinc; ~**e** f tooth; *Gabel:* prong
Zinn n pewter; *chem.* tin
Zins|en pl interest sg; ~**satz** m interest rate
Zipfel m corner; *Mütze:* tip, point; *Wurst&:* end; ~**mütze** f pointed *od.* tassel(l)ed cap
Zirk|el m circle (*a. fig.*); *math.* compasses pl; **&ulieren** circulate; ~**us** m circus
zischen hiss; *Fett:* sizzle
Zit|at n quotation; **&ieren** quote; *falsch ~* misquote
Zitrone f lemon
zittern tremble, shake* (**vor** with)
zivil civil; **&** n civilian (*Polizei:* plain) clothes pl; **&bevölkerung** f civilian pl; **&dienst** m alternative national service; **&isation** f civilization; **&ist** m civilian
zögern hesitate
Zoll m customs sg; *Abgabe:* duty; *Maß:* inch; ~**abfertigung** f customs clearance; ~**amt** n customs office; ~**beamter, ~beamtin** customs officer; ~**erklärung** f customs declaration; **&frei** duty-free; ~**kontrolle** f customs examination; **&pflichtig** liable to duty, dutiable
Zone f zone
Zoo m zoo
Zoologie f zoology
Zopf m plait; *Kind:* pigtail
Zorn m anger; **&ig** angry
zottig shaggy
zu *prp Richtung:* to, toward(s); *Ort, Zeit:* at; *Zweck, Anlaß:* for; ~ *Weihnachten schenken etc.:* for Christmas; *Schlüssel etc.* ~ key *etc.* to; *adv* too; F *geschlossen:* closed, shut; *Tür ~!* shut the door!; ~**allererst** first of all
Zubehör n accessories pl
zuberei|ten prepare; **&tung** f preparation
zubinden tie (up)
Zucht f *zo.* breeding; *bot.* cultivation; *Rasse:* breed; *fig.* discipline
züchte|n breed*; *bot.* grow*; **&r(in)** breeder; grower
Zuchthaus n prison; ~**strafe** f imprisonment
zucken jerk; twitch (*mit et. s.th.*); *vor Schmerz:* wince; *Blitz:* flash; → **Achsel**
Zucker m sugar; ~**dose** f sugar bowl; **&krank, ~kranke(r)** diabetic; **&l** n *östr.* → **Bonbon**; **&n** sugar; ~**rohr** n sugarcane; ~**rübe** f sugar beet
Zuckungen pl convulsions pl
zudecken cover (**sich** *o.s.*)

zu|drehen turn off; **~dringlich:** ~ **werden** get* fresh (**zu** with)
zuerst first; *anfangs:* at first
Zufahrt f approach; **~sstraße** f access road
Zu|fall m (*durch*) by chance; **℔fällig** *adj* accidental; *adv* by accident, by chance; **~flucht** f refuge, shelter
zufrieden content(ed), satisfied; **℔heit** f contentment; satisfaction; **~stellen** satisfy; **~stellend** satisfactory
zu|frieren freeze* over; **~fügen** do*, cause; *Schaden* ~ a. harm; **℔fuhr** f supply
Zug m *rail.* train; *Menschen, Wagen* a.: procession; *Fest*℔: parade; *Gesichts*℔: feature; *Charakter*℔: trait, *Luft*℔, *Schluck:* draught, *Am.* draft; *Ziehen:* pull, *Rauchen:* a. puff
Zu|gabe f extra; *thea.* encore; **~gang** m access (a. *fig.*); **℔gänglich** accessible (**für** to) (a. *fig.*); **℔geben** add; *fig.* admit; **℔gehen** *Tür etc.:* close, shut*; *geschehen:* happen; ~ **auf** walk up to, approach (a. *fig.*)
Zügel m rein (a. *fig.*); **~los** uncontrolled
Zuge|ständnis n concession; **℔tan** attached (*dat* to)
zugig draughty, *Am.* drafty
zügig brisk, speedy

Zugkraft f traction; *fig.* draw, appeal
zugleich at the same time
Zugluft f draught, *Am.* draft
zugreifen grab it; *sich bedienen:* help o.s.; *kaufen:* buy*
zugrunde: ~ **gehen** perish; ~ **richten** ruin
zugunsten in favo(u)r of
Zugvogel m migratory bird
zu|haben be* closed; **℔hause** n home; **℔hälter** m pimp
zuhören listen (*dat* to); **℔er(in)** f listener; *pl* a. audience *sg, pl*
zu|jubeln cheer; **~kleben** seal; **~knallen** slam; **~knöpfen** button (up); **~kommen:** ~ **auf** come* up to; *et. auf sich ~ lassen* wait and see
Zu|kunft f future; **℔künftig** *adj* future; *adv* in future
zu|lächeln smile at; **℔lage** f bonus; **~lassen** allow; *j-n:* admit; *amtlich:* license, register (a. *mot.*); F keep* closed; **℔lassung** f admission; *mot. etc.* licen[ce, *Am.* -se]; **~letzt** in the end; *als letzte(r, -s):* last; **~liebe** for s.o.'s sake; **~machen** close; F hurry
zumindest at least
zumut|en: *j-m et.* ~ expect s.th. of s.o.; **℔ung** f unreasonable demand
zunächst first of all; *vorerst:* for the present
Zu|nahme f increase; **~name** m surname

zünden

zünd|en *tech.* ignite, fire; **2holz** *n* match; **2kerze** *f* spark(ing) plug; **2schlüssel** *m* ignition key; **2ung** *f* ignition
zunehmen increase (*an* in); *Person:* put* on weight
Zuneigung *f* affection
Zunge *f* tongue
zunichte: ~ **machen** destroy
zu|nicken nod to; **~nutze: sich ~ machen** utilize, make* use of; **~packen** *fig.* work hard
zupfen pluck (*an* at)
zurechnungsfähig of sound mind; responsible
zurecht|finden: sich ~ find* one's way; **~kommen** *mit:* get* along (*mit* with); **~machen** get* ready, prepare; **sich ~ do*** (*Am.* fix) o.s. up
zureden encourage s.o.
zurück back; *hinten:* behind; **~bringen, -fahren, -nehmen, -schicken** *etc.*: ... back; **~bekommen** get* back; **~bleiben** stay behind; *fig.* fall* behind; **~blicken** look back; **~führen** lead* back; **~ auf** attribute to; **~geben** give* back, return; **~geblieben** *fig.* backward; *geistig:* retarded; **~gehen** go* back, return; *fig.* decrease; **~ auf** *Zeit etc.*: date back to; **~gezogen** secluded; **~halten** hold* back; **sich ~** control o.s.; **~haltend** reserved; **2haltung** *f* reserve; **~kommen** come* back, return (*beide: auf* to); **~lassen** leave* (behind); **~legen** put* back (*Geld:* aside); *Strecke:* cover; **~schlagen** *v/t Angriff:* beat* off; *Decke etc.*: throw* back; *Ball:* return; *v/i* hit* back; **~schrecken** shrink* (*vor* from); **~setzen** *mot.* back (up); *fig.* neglect *s.o.*; **~stellen** *f* (*Uhr:* set*) back; *fig.* put* aside; *mil.* defer; **~treten** step *od.* stand* back; resign (*von* Amt: from); withdraw* (*von Vertrag:* from); **~weisen** turn down; **~werfen** throw* back (*a. fig.*); **~zahlen** pay* back (*a. fig.*); **~ziehen** draw* back; *fig.* withdraw*; **sich ~** retire, withdraw*; *mil. a.* retreat
Zuruf *m* shout; **2en** shout (*j-m et.* s.th. to s.o.)
Zusage *f* acceptance; *Versprechen:* promise; *Einwilligung:* assent; **2n** promise; accept (an invitation); *passen:* suit
zusammen together; **2arbeit** *f* cooperation; **~arbeiten** work together; cooperate; **~brechen** break* down, collapse; **~bruch** *m* breakdown (*a. med.*), völliger: collapse; **~fallen** collapse; *zeitlich:* coincide; **~fassen** summarize; sum up; **2fassung** *f* summary; **~gehören**

belong together; 2hang *m* connection; *textlich:* context; ~hängen be~ connected; ~hängend coherent; ~klappen fold up; *fig.* break* down; ~kommen meet*; 2kunft *f* meeting; ~legen fold up; *Geld:* club (*Am.* pool) together; ~nehmen *Mut etc.:* muster; *sich* ~ pull o.s. together; ~packen pack up; ~passen harmonize; 2prall *m* collision; ~prallen collide; ~rechnen *v/i.* zählen; ~rücken move up; ~schlagen *Hände:* clap; beat* *s.o.* up; ~setzen put* (*sich* get*) together; *tech.* assemble; *sich* ~ aus consist of; 2setzung *f* composition; *chem.* ling. compound; ~stellen put* together; *anordnen:* arrange; 2stoß *m* collision; *fig. a.* clash; ~stoßen collide; *fig. a.* clash; ~treffen meet*; *zeitlich:* coincide; ~ziehen contract (*a. sich* ~).

Zu|satz *m* addition; *chem. etc.* additive; 2sätzlich additional, extra

zuschauen look on, watch; 2er(in) spectator; *TV* viewer; *pl* audience *sg, pl;* 2erraum *m thea.* auditorium

zuschicken send* (*dat* to)

Zuschlag *m* surcharge (*a. Post*); 2en strike*; *Tür etc.:* slam shut; *fig.* act

zu|schließen lock (up); ~schnappen *Hund:* snap; *Tür:* snap shut; ~schneiden cut* out; *Holz:* cut* (to size); ~schrauben screw shut; ~schrift *f* letter; 2schuß *m* allowance; *staatlich:* subsidy; ~sehen → zuschauen; ~sehends *schnell:* rapidly; ~senden send* to; ~setzen: *j-m* ~ press s.o. (hard)

zusichern: *j-m et.* ~ assure s.o. of s.th.; 2ung *f* assurance

zu|spitzen: *sich* ~ become* critical; 2stand *m* condition, state, F shape; ~stande: ~ bringen manage; ~ kommen come* about; ~ständig responsible, in charge; ~stehen: *j-m steht es zu* s.o. is entitled to (do) s.th.

zustell|en deliver; 2ung *f* delivery

zustimm|en (*dat*) agree (to *s.th.;* with *s.o.*); 2ung *f* approval, consent

zustoßen happen to s.o.

Zutaten *pl* ingredients *pl*

zuteilen assign, allot

zu|tragen: *sich* ~ happen; ~trauen: *j-m et.* ~ credit s.o. with s.th.; 2trauen *n* confidence (*zu* in); ~traulich trusting; *Tier:* friendly

zutreffen be* true; ~ *auf* apply to; ~d right, correct

zutrinken: *j-m* ~ drink* to s.o.

Zutritt *m* → *Eintritt*

zuverlässig reliable; **2keit** f reliability

Zuversicht f confidence; **2lich** confident, optimistic

zuviel too much (f many)

zuvor before, previously; **~kommen** anticipate; **~kommend** obliging

Zuwachs m increase

zu|weilen at times; **~weisen** assign; **~wenden: (sich) ~** turn (dat to); **~wenig** too little (pl few); **~werfen** Tür: slam (shut); Blick: cast* at s.o.; **~wider: ... ist mir ~** I hate od. detest ...; **~winken** wave to; signal to; **~ziehen** v/t Vorhänge: draw*; Schlinge etc.: pull tight; **sich ~** med. catch*; v/i move in; **~züglich** plus

Zwang m compulsion; Gewalt: force; **2los** informal

zwängen squeeze (sich o.s.)

zwanzig twenty; **~ste** twentieth

zwar: ich kenne ihn ~, aber I do know him, but; **und ~** that is, namely

Zweck m purpose; **guter ~** good cause; **es hat keinen ~ (zu** inf) it's no use (ger); **2los** useless; **2mäßig** practical; angebracht: wise

zwei two; **2** f Note: B, good; **~deutig** ambiguous; Witz: off-colo(u)r; **~erlei** two kinds of; **~fach** double

Zweifel m doubt; **2haft** doubtful, dubious; **2los** no doubt; **2n** doubt (*an et.* s.th.)

Zweig m branch (a. fig.); kleiner: twig; **~geschäft** n, **~stelle** f branch

Zwei|kampf m duel; **2mal** twice; **2motorig** twin-engined; **2seitig** two-sided; pol. bilateral; **~sitzer** m two-seater; **2sprachig** bilingual; **2spurig** mot. two-lane; **2stöckig** two-stor[e]yed, Am. -ied

zweit second; **aus ~er Hand** second-hand; **wir sind zu ~** there are two of us; **~beste** etc.: second-...

zwei|teilig two-piece; **~tens** secondly

Zwerchfell n diaphragm

Zwerg(in) f dwarf; midget

Zwetsch|(g)e, ~ke östr. f plum

zwicken pinch, nip

Zwieback m rusk, zwieback

Zwiebel f onion; Blumen2: bulb

Zwie|licht n twilight; **~spalt** m conflict; **~tracht** f discord

Zwilling|e pl twins pl; ast. Gemini sg; **~s...** Bruder etc.: twin ...

zwing|en force; **2er** m kennels sg

zwinkern wink, blink

Zwirn m thread, yarn

zwischen between; unter: among; **~durch** in between; **2ergebnis** n intermediate result; ℨfall *m* incident; ℨlandung *f* stop(over); ℨraum *m* space, interval; ℨstecker *m* adapter; ℨstück *n* connection; ℨwand *f* partition; ℨzeit *f*: *in der* ~ meanwhile

zwitschern twitter, chirp
Zwitter *m* hermaphrodite
zwölf twelve; *um* ~ (*Uhr*) at twelve (o'clock); at noon; at midnight; ~**te** twelfth
Zyankali *n* cyanide
Zylind|er *m* top hat; *math.*, *tech.* cylinder
zynisch cynical
Zypresse *f* cypress
Zyste *f* cyst

Britische und amerikanische Abkürzungen

a.m.	***ante meridiem*** (=***before noon***) vormittags
BBC	***British Broadcasting Corporation*** (*brit. Rundfunkgesellschaft*)
CET	***Central European Time*** MEZ, mitteleuropäische Zeit
CIA	***Central Intelligence Agency*** (*amer. Geheimdienst*)
Co.	***Company*** Gesellschaft *f*
c/o	***care of*** (wohnhaft) bei
COD	***cash*** (*Am.* ***collect***) ***on delivery*** per Nachnahme
CPU	***central processing unit*** *Computer:* Zentraleinheit *f*
ECU	***European Currency Unit*** Europäische Währungseinheit
e.g.	***exempli gratia*** (=***for instance***) z. B., zum Beispiel
enc(l).	***enclosure(s)*** Anlage(n *pl*) *f*
F	***Fahrenheit*** F, Fahrenheit (*Thermometereinteilung*)
FBI	***Federal Bureau of Investigation*** (*amer. Bundeskriminalamt*)
ft	***foot, feet*** Fuß *m, pl*
gal(l).	***gallon(s)*** Gallone(n *pl*) *f*
GB	***Great Britain*** Großbritannien *n*
GMT	***Greenwich Mean Time*** WEZ, westeuropäische Zeit
GP	***general practitioner*** Arzt *m*/Ärztin *f* für Allgemeinmedizin
GPO	***General Post Office*** Hauptpostamt *n*
Inc., inc.	***incorporated*** (amtlich) eingetragen
IOC	***International Olympic Committee*** IOK, Internationales Olympisches Komitee
£	***pound sterling*** Pfund *n* Sterling
lb(.)	***pound(s)*** Pfund *n, pl* (*Handelsgewicht*)
LCD	***liquid crystal display*** Flüssigkristallanzeige *f*
Ltd.	***limited*** mit beschränkter Haftung
M	*Brit.* ***motorway*** Autobahn *f*; ***medium (size)*** mittelgroß
MA	***Master of Arts*** Magister *m* der Philosophie
MD	***Doctor of Medicine*** Dr. med., Doktor *m* der Medizin

MP	***Member of Parliament*** Parlamentsabgeordnete *m*, *f*; ***Military Police*** Militärpolizei *f*
mph	***miles per hour*** Meilen *pl* in der Stunde
Mr	['mɪstə] ***Mister*** Herr *m*
Mrs	['mɪsɪz] *ursprünglich* ***Mistress*** Frau *f*
Ms	[mɪz] Frau *f (neutrale Anrede für Frauen)*
Mt	***Mount*** Berg *m*
NATO	['neɪtəʊ] ***North Atlantic Treaty Organization*** NATO *f*, Nordatlantikpakt-Organisation *f*
OPEC	['əʊpek] ***Organization of Petroleum Exporting Countries*** Organisation *f* der Erdöl exportierenden Länder
oz	***ounce(s)*** *(Handelsgewicht)*
p	*Brt.* F ***penny, pence*** *(Währungseinheit)*
PC	***personal computer*** PC, Personalcomputer *m*
PhD	***Doctor of Philosophy*** Dr. phil., Doktor *m* der Philosophie
p.m.	***post meridiem*** (= ***after noon***) nachmittags, abends
PO	***Post Office*** Postamt *n*; ***postal order*** Postanweisung *f*
RAM	[ræm] ***random access memory*** *Computer:* Speicher *m* mit wahlfreiem Zugriff
ROM	[rɒm] ***read only memory*** *Computer:* Nur-Lese-Speicher *m*, Fest(wert)speicher *m*
s	***small*** *(size)* klein
$	***dollar(s)*** Dollar *m, pl*
TU	***trade(s) union*** Gewerkschaft *f*
UK	***United Kingdom*** Vereinigtes Königreich *(England, Schottland, Wales u. Nordirland)*
UN(O)	***United Nations (Organization)*** UN(O) *f*, (Organisation *f* der) Vereinte(n) Nationen *pl*
US(A)	***United States (of America)*** USA *pl*, Vereinigte Staaten *pl* (von Amerika)
USSR	***Union of Sovereign Soviet Republics*** UdSSR *f*, Union *f* der Souveränen Sowjetrepubliken
VAT	[viː eɪ ˈtiː; væt] ***value-added tax*** MwSt., Mehrwertsteuer *f*
VIP	[viː aɪ ˈpiː] ***very important person*** VIP *f (prominente Persönlichkeit)*
XL	***extra large*** *(size)* extra groß

Unregelmäßige englische Verben

Die an erster Stelle stehende Form bezeichnet das Präsens (present tense), nach dem ersten Gedankenstrich steht das Präteritum (past tense), nach dem zweiten das Partizip Perfekt (past participle).

alight – alighted, alit – alighted, alit
arise – arose – arisen
awake – awoke, awaked – awoken, awaked
be – was (were) – been
bear – bore – borne *getragen*, born *geboren*
beat – beat – beaten, beat
become – became – become
beget – begot – begotten
begin – began – begun
bend – bent – bent
bet – bet, betted – bet, betted
bid – bade, bid – bidden, bid
bind – bound – bound
bite – bit – bitten
bleed – bled – bled
bless – blessed, blest – blessed, blest
blow – blew – blown
break – broke – broken
breed – bred – bred
bring – brought – brought
broadcast – broadcast(ed) – broadcast(ed)
build – built – built
burn – burnt, burned – burnt, burned
burst – burst – burst

buy – bought – bought
can – could
cast – cast – cast
catch – caught – caught
choose – chose – chosen
cling – clung – clung
come – came – come
cost – cost – cost
creep – crept – crept
cut – cut – cut
deal – dealt – dealt
dig – dug – dug
do – did – done
draw – drew – drawn
dream – dreamed, dreamt – dreamed, dreamt
drink – drank – drunk
drive – drove – driven
dwell – dwelt, dwelled – dwelt, dwelled
eat – ate – eaten
fall – fell – fallen
feed – fed – fed
feel – felt – felt
fight – fought – fought
find – found – found
flee – fled – fled
fling – flung – flung
fly – flew – flown
forbid – forbad(e) – forbid(den)

forecast – forecast(ed) – forecast(ed)
forget – forgot – forgotten
forsake – forsook – forsaken
freeze – froze – frozen
get – got – got, *Am.* gotten
gild – gilded – gilded, gilt
give – gave – given
go – went – gone
grind – ground – ground
grow – grew – grown
hang – hung – hung
have – had – had
hear – heard – heard
hew – hewed – hewed, hewn
hide – hid – hidden, hid
hit – hit – hit
hold – held – held
hurt – hurt – hurt
keep – kept – kept
kneel – knelt, kneeled – knelt, kneeled
knit – knitted, knit – knitted, knit
know – knew – known
lay – laid – laid
lead – led – led
lean – leant, leaned – leant, leaned
leap – leapt, leaped – leapt, leaped
learn – learned, learnt – learned, learnt
leave – left – left
lend – lent – lent
let – let – let
lie – lay – lain
light – lighted, lit – lighted, lit
lose – lost – lost
make – made – made
may – might
mean – meant – meant
meet – met – met
mow – mowed – mowed, mown
pay – paid – paid
prove – proved – proved, *Am. a.* proven
put – put – put
quit – quit(ted) – quit(ted)
read – read – read
rid – rid, *a.* ridded – rid, *a.* ridded
ride – rode – ridden
ring – rang – rung
rise – rose – risen
run – ran – run
saw – sawed – sawn, sawed
say – said – said
see – saw – seen
seek – sought – sought
sell – sold – sold
send – sent – sent
set – set – set
sew – sewed – sewn, sewed
shake – shook – shaken
shall – should
shave – shaved – shaved, shaven
shear – sheared – sheared, shorn
shed – shed – shed
shine – shone – shone
shit – shit(ted), shat – shit(ted), shat
shoot – shot – shot
show – showed – shown, showed
shrink – shrank, shrunk – shrunk

- **shut** – shut – shut
- **sing** – sang – sung
- **sink** – sank, sunk – sunk
- **sit** – sat – sat
- **sleep** – slept – slept
- **slide** – slid – slid
- **sling** – slung – slung
- **slit** – slit – slit
- **smell** – smelt, smelled – smelt, smelled
- **sow** – sowed – sown, sowed
- **speak** – spoke – spoken
- **speed** – sped, speeded – sped, speeded
- **spell** – spelt, spelled – spelt, spelled
- **spend** – spent – spent
- **spill** – spilt, spilled – spilt, spilled
- **spin** – spun – spun
- **spit** – spat, *Am. a.* spit – spat, *Am. a.* spit
- **split** – split – split
- **spoil** – spoiled, spoilt – spoiled, spoilt
- **spread** – spread – spread
- **spring** – sprang, *Am. a.* sprung – sprung
- **stand** – stood – stood
- **steal** – stole – stolen
- **stick** – stuck – stuck
- **sting** – stung – stung
- **stink** – stank, stunk – stunk
- **stride** – strode – stridden
- **strike** – struck – struck
- **string** – strung – strung
- **strive** – strove – striven
- **swear** – swore – sworn
- **sweat** – sweated, *Am. a.* sweat – sweated, *Am. a.* sweat
- **sweep** – swept – swept
- **swell** – swelled – swollen, swelled
- **swim** – swam – swum
- **swing** – swung – swung
- **take** – took – taken
- **teach** – taught – taught
- **tear** – tore – torn
- **tell** – told – told
- **think** – thought – thought
- **thrive** – thrived, throve – thrived, thriven
- **throw** – threw – thrown
- **thrust** – thrust – thrust
- **tread** – trod – trodden
- **wake** – woke, waked – woken, waked
- **wear** – wore – worn
- **weave** – wove – woven
- **weep** – wept – wept
- **wet** – wet, wetted – wet, wetted
- **win** – won – won
- **wind** – wound – wound
- **wring** – wrung – wrung
- **write** – wrote – written

Zahlwörter

Grundzahlen

- **0** zero, nought [nɔːt]
- **1** one *eins*
- **2** two *zwei*
- **3** three *drei*
- **4** four *vier*
- **5** five *fünf*
- **6** six *sechs*
- **7** seven *sieben*
- **8** eight *acht*
- **9** nine *neun*
- **10** ten *zehn*
- **11** eleven *elf*
- **12** twelve *zwölf*
- **13** thirteen *dreizehn*
- **14** fourteen *vierzehn*
- **15** fifteen *fünfzehn*
- **16** sixteen *sechzehn*
- **17** seventeen *siebzehn*
- **18** eighteen *achtzehn*
- **19** nineteen *neunzehn*
- **20** twenty *zwanzig*
- **21** twenty-one *einundzwanzig*
- **22** twenty-two *zweiundzwanzig*
- **30** thirty *dreißig*
- **31** thirty-one *einunddreißig*
- **40** forty *vierzig*
- **41** forty-one *einundvierzig*
- **50** fifty *fünfzig*
- **51** fifty-one *einundfünfzig*
- **60** sixty *sechzig*
- **61** sixty-one *einundsechzig*
- **70** seventy *siebzig*
- **80** eighty *achtzig*
- **90** ninety *neunzig*
- **100** a *od.* one hundred *(ein)hundert*
- **101** a hundred and one *hundert(und)eins*
- **200** two hundred *zweihundert*
- **572** five hundred and seventy-two *fünfhundert(und)zweiundsiebzig*
- **1000** a *od.* one thousand *(ein)tausend*
- **1066** *als Jahreszahl:* ten sixty-six *tausendsechsundsechzig*
- **1998** *als Jahreszahl:* nineteen (hundred and) ninety-eight *neunzehnhundertachtundneunzig*
- **2000** two thousand *zweitausend*
- **5044** *teleph.* five 0 [əʊ] *(Am. a.* zero) double four *fünfzig vierundvierzig*
- **1,000,000** a *od.* one million *eine Million*
- **2,000,000** two million *zwei Millionen*
- **1,000,000,000** a *od.* one billion *eine Milliarde*

Ordnungszahlen

1st	first *erste*	**40th**	fortieth *vierzigste*
2nd	second *zweite*	**41st**	forty-first *einundvierzigste*
3rd	third *dritte*	**50th**	fiftieth *fünfzigste*
4th	fourth *vierte*	**51st**	fifty-first *einundfünfzigste*
5th	fifth *fünfte*	**60th**	sixtieth *sechzigste*
6th	sixth *sechste*	**61st**	sixty-first *einundsechzigste*
7th	seventh *sieb(en)te*	**70th**	seventieth *siebzigste*
8th	eighth *achte*	**80th**	eightieth *achtzigste*
9th	ninth *neunte*	**90th**	ninetieth *neunzigste*
10th	tenth *zehnte*	**100th**	(one) hundredth *hundertste*
11th	eleventh *elfte*	**101st**	hundred and first *hundert(und)erste*
12th	twelfth *zwölfte*	**200th**	two hundredth *zweihundertste*
13th	thirteenth *dreizehnte*	**300th**	three hundredth *dreihundertste*
14th	fourteenth *vierzehnte*	**572nd**	five hundred and seventy-second *fünfhundert(und)zweiundsiebzigste*
15th	fifteenth *fünfzehnte*		
16th	sixteenth *sechzehnte*		
17th	seventeenth *siebzehnte*		
18th	eighteenth *achtzehnte*	**1000th**	(one) thousandth *tausendste*
19th	nineteenth *neunzehnte*	**1,000,000th**	(one) millionth *millionste*
20th	twentieth *zwanzigste*		
21st	twenty-first *einundzwanzigste*		
22nd	twenty-second *zweiundzwanzigste*		
23rd	twenty-third *dreiundzwanzigste*		
30th	thirtieth *dreißigste*		
31st	thirty-first *einunddreißigste*		